비서 1급

초단기합격

시대에듀

머리말 PREFACE

기업과 사회의 글로벌화로 전문비서의 역할이 중요해지고 있습니다. 이에 따라 비서라는 직업의 수요와 인기 또한 날로 증가하는 추세입니다.

과거의 비서는 CEO 일정 조정, 서류 작성 등 주로 단순한 업무를 담당하였으나, 최근에는 재무구조 점검, 신규사업 프레젠테이션, 대외홍보, 우편물 및 서류 관리, 상사 부재 시 권한대행, 비즈니스 문서 관리 등 주요하고 광범위한 업무를 수행하고 있습니다. 비서는 CEO를 최측근에서 보좌하는 사람으로서 CEO가 경영능력을 효율적으로 발휘할 수 있도록 어학, 경영, 사무 실무, 대인관계 등 다방면의 전문지식과 보좌능력을 갖추어야 합니다.

비서는 형태에 따라 단순 업무보조 역할을 하는 일반비서와 숙련된 전문능력을 바탕으로 상사를 보좌하는 전문비서로 나누어집니다. 전문비서는 소속에 따라 법률비서, 의료비서, 회계비서, 종교비서 등으로 구분할 수 있습니다. 또한, 역할에 따라 행정업무비서, 안내비서, 서기비서 등으로 구분하기도 합니다.

이처럼 비서는 기업의 성공적인 비즈니스를 관리하는 핵심인재로 기능하고 있지만, 비서 자격시험 관련 수험서는 부족한 것이 현실입니다. 비서교육연구소는 이러한 현실을 반영하여 다음과 같은 점을 고려해 본서를 출간하게 되었습니다.

첫 째 최신 출제경향을 분석하여 빠르게 핵심만 볼 수 있도록 핵심이론을 압축하여 수록하였습니다.

둘 째 빈출되는 이론에 '기출' 표시를 하여 이론 간의 중요도를 파악하고 효율적인 학습을 할 수 있도록 하였습니다.

셋 째 문제은행 기출유형 모의고사 10회분으로 실제 시험에 대비하고 문제에 익숙해질 수 있도록 하였습니다.

본서와 함께 비서 자격시험을 준비하는 모든 수험생의 도전이 합격으로 이어지기를 진심으로 기원합니다.

비서교육연구소

시험안내 INFORMATION

응시자격

필기시험	제한 없음
실기시험	필기시험 합격 후 2년 이내에 실기시험 응시 가능

시험과목

등 급	시험방법	시험과목	출제형태	시험시간
1급	필기시험	• 비서실무 • 경영일반 • 사무영어 • 사무정보관리	객관식 80문항	80분
	실기시험	워드프로세서 단일등급(1급), 컴퓨터활용능력 1 · 2급, 한글속기 1 · 2급, 전산회계운용사 1 · 2급 중 택일	선택 종목의 기준에 따름	
2급	필기시험	• 비서실무 • 경영일반 • 사무영어 • 사무정보관리	객관식 80문항	80분
	실기시험	워드프로세서 단일등급(1급), 컴퓨터활용능력 1 · 2급, 한글속기 1 · 2급, 전산회계운용사 1 · 2급 중 택일	선택 종목의 기준에 따름	
3급	필기시험	• 비서실무 • 사무영어 • 사무정보관리	객관식 60문항	60분
	실기시험	워드프로세서 단일등급(1급), 컴퓨터활용능력 1 · 2급, 한글속기 1 · 2 · 3급, 전산회계운용사 1 · 2 · 3급 중 택일	선택 종목의 기준에 따름	

합격기준

필기시험	각 과목 100점 만점에 과목당 40점 이상, 평균 60점 이상
실기시험	선택 종목의 합격기준에 따름

수험료

필기시험	17,500원
실기시험	선택 종목의 수험료에 따름

과목별 공략 포인트 STRATEGY

1과목 비서실무 ▶ 고득점을 노려야 하는 과목!

자격시험부터 실무까지 활용할 수 있는 가장 기초적인 과목입니다. 상사와의 관계, 내방객응대, 전화응대, 일정 관리, 출장 관리 등 비서의 기본적인 업무에 대한 내용이 주를 이루는데, 실제 상황에서 어떻게 행동해야 적절할지 가정해보는 방식으로 학습하면 쉽게 이해할 수 있습니다. 특히 국제매너와 실용한자는 최신 시험에서 꾸준히 출제되는 영역이니 꼼꼼히 숙지하시기 바랍니다. 다른 과목에 비해 내용상의 어려움이나 지루함이 덜하고 기출문제와 유사한 문제가 자주 출제되는 과목이니 고득점을 노리세요.

2과목 경영일반 ▶ 전문용어의 정확한 의미와 활용 맥락을 파악하세요!

경영, 경제, 마케팅, 인사 분야의 전문용어들을 익혀야 하는 과목으로서, 시험에 도전하는 수험생들이 가장 어려워하는 과목입니다. 경영학 또는 경제학을 전공했거나 관련 지식이 있다면 수월하게 학습할 수 있는 부분이지만, 이러한 분야를 처음 접하는 수험생의 경우에는 이 과목이 생소하게 느껴질 수밖에 없습니다. 그러나 학문적으로 깊은 이해가 필요하다기보다는 전문용어의 정확한 의미 및 활용 맥락 등을 파악하는 정도로만 숙지하면 큰 어려움 없이 문제풀이가 가능한 과목입니다. 단순 암기에서 나아가 다양한 유형의 문제를 풀어보며 개념을 확립하세요.

3과목 사무영어 ▶ 기본 어휘 및 표현 익히기부터 시작하세요!

사무영어의 경우 비즈니스 대화 유형이 반복적으로 출제되고 있습니다. 이러한 출제유형을 파악하는 것과 함께 기본적인 단어 및 표현들을 숙지하는 것부터 시작하세요. 지문을 모두 읽지 않아도 해결 가능한 문제가 종종 출제되고 있으니, 시험 중 시간이 촉박할 경우 지문을 읽기 전 문제를 먼저 살펴보는 방법을 활용하는 것도 좋습니다.

4과목 사무정보관리 ▶ 필수적으로 출제되는 이론을 공략하세요!

이 과목은 '제1과목 비서실무'와 더불어 실무와 가장 근접한 과목입니다. 우편물과 전자문서의 작성, 그래프와 도표의 이해 및 작성, 정보기기의 활용 등에 관한 문제가 빠지지 않고 출제되므로 필수적으로 학습해야 합니다. 최근에는 인터넷활용과 SNS, 태블릿 PC 등 최신 이슈에 관한 문제 또한 출제되고 있으니 이러한 부분도 염두에 두어야겠습니다.

합격수기 REVIEW

비서직에 종사 중이었지만 별도의 자격증은 없었던 현직자입니다. 자격증 없이도 실제 업무는 가능했지만 이직을 위해 이력서를 작성하며 자격증의 필요성을 느꼈고, 늦게나마 비서 자격시험을 준비하게 되었습니다. 직장을 다니며 시험준비를 병행해야 했던 상황이라 다른 사람에 비해 긴 시간을 투자하지는 못했지만, 반신반의하며 선택했던 시대에듀 도서 덕분에 한번에 합격할 수 있었습니다. 저처럼 비서 자격증을 준비하시는 직장인분들께 조금이나마 도움을 드리고 싶어 저의 합격수기를 공개합니다. 제 글을 통해 시험에 도전하는 모든 분들이 자신감을 가지고 공부하셨으면 좋겠습니다.

첫 번째, 문제풀이의 반복!

이론을 공부한 뒤에는 문제를 반복해서 풀었습니다. 실무에 종사 중이었기에 손쉽게 고득점이 가능할 것이라고 생각했는데, 막상 문제를 풀어보니 실무에서 활용되는 지식과 시험에서 원하는 답이 다른 경우가 있었습니다. 또, 지문과 보기의 뉘앙스 차이로 정답이 갈리기도 해서 처음에는 정답을 맞히는 것이 쉽지 않았습니다. 하지만 여러 차례 반복해서 문제를 풀다 보니 시험에서 원하는 답이 무엇인지 감각을 익힐 수 있었습니다. 중복된 문제가 나오는 경우에는 체크해두고 따로 암기했습니다. 그렇게 문제유형을 파악하고 시험장에 갔는데 그동안 풀었던 문제들과 유사한 문제들이 보여서 몇 문제는 빠르게 풀 수 있었습니다. 덕분에 시간적 여유가 생겨 검토까지 마치고 시험장을 나왔습니다.

두 번째, 시간 배분!

80문제에 80분이라고 해서 문제당 1분으로 생각하시면 안 됩니다. 쉬운 문제는 빠르게 넘어갈 수 있지만 지문이 길거나 어렵고 헷갈리는 문제도 여럿 출제되기 때문에 실제 체감 시간은 더 짧습니다. 1번에 어려운 문제가 있다고 해서 5분의 시간을 허비하면 쉽게 풀 수 있는 뒷부분의 문제들을 놓칠 수 있습니다. 문제 푸는 속도가 느려지면 집중력도 떨어지게 됩니다. 따라서 문제의 배점은 같으니 아는 문제를 최대한 많이 맞히는 것을 목표로 했습니다. 가장 자신 없었던 경영일반을 마지막으로 남겨두고 3과목 ➞ 4과목 ➞ 1과목 ➞ 2과목 순서로 ① 어려운 부분은 건너뛰며 문제를 끝까지 풀고 ② 확실한 답부터 우선 체크하고 ③ 앞서 건너뛰었던 문제들을 다시 풀었습니다. 또한, 실전처럼 시간을 재고 문제를 여러 번 풀어봤던 것이 큰 도움이 되었습니다.

세 번째, 과목별 전략 수립!

각 과목에서 60점을 받을 것인지, 자신 없는 과목은 과락만 면하고 나머지 과목에서 높은 점수를 받을 것인지를 결정하고 자신만의 전략을 세우는 것이 중요합니다. 그러기 위해서는 과목별 특성이 다르기 때문에 내가 어떤 과목을 잘하는지, 학습하는 데 비교적 많은 시간이 필요한 과목이 무엇인지 파악해야 합니다. 저는 상대적으로 자신 없었던 경영일반은 과락만 피하고, 사무영어는 60점, 비서실무와 사무정보관리는 80점을 취득하는 것을 목표로 했습니다. 경영일반은 범위가 넓어 자주 나오는 부분만 암기했고, 나머지는 눈에 익히는 정도로 학습했습니다. 필요하면 인터넷 검색도 병행하면서 부족한 부분을 보완했습니다. 사무영어의 경우 모르는 단어를 표시하여 평소에 틈틈이 보고, 문제풀이를 반복하니 금세 익숙해질 수 있었습니다. 비서실무와 사무정보관리는 틀린 문제와 빈출 이론을 집중적으로 암기했습니다.

이 책의 구성과 특징 STRUCTURES

핵심을 짚는 과목별 이론

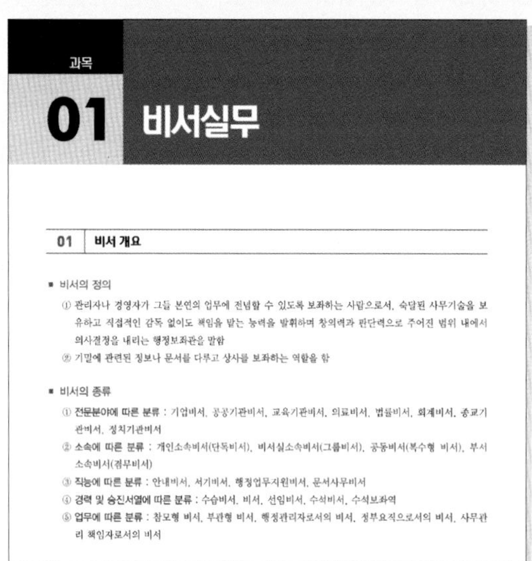

과목

01 비서실무

01 비서 개요

■ 비서의 정의

① 관리자나 경영자가 그들 본연의 업무에 전념할 수 있도록 보좌하는 사람으로서, 숙달된 사무기술을 보유하고 직접적인 감독 없이도 책임을 맡는 능력을 발휘하며 창의력과 판단력으로 주어진 범위 내에서 의사결정을 내리는 행정보좌관을 말함

② 기밀에 관련된 정보나 문서를 다루고 상사를 보좌하는 역할을 함

■ 비서의 종류

① 전문분야에 따른 분류 : 기업비서, 공공기관비서, 교육기관비서, 의료비서, 법률비서, 회계비서, 종교기관비서, 정치기관비서

② 소속에 따른 분류 : 개인소속비서(단독비서), 비서실소속비서(그룹비서), 공동비서(복수형 비서), 부서소속비서(겸무비서)

③ 직능에 따른 분류 : 안내비서, 서기비서, 행정업무지원비서, 문서사무비서

④ 경력 및 승진서열에 따른 분류 : 수습비서, 비서, 선임비서, 수석비서, 수석보좌역

⑤ 업무에 따른 분류 : 참모형 비서, 부관형 비서, 행정관리자로서의 비서, 정부요직으로서의 비서, 사무관리 책임자로서의 비서

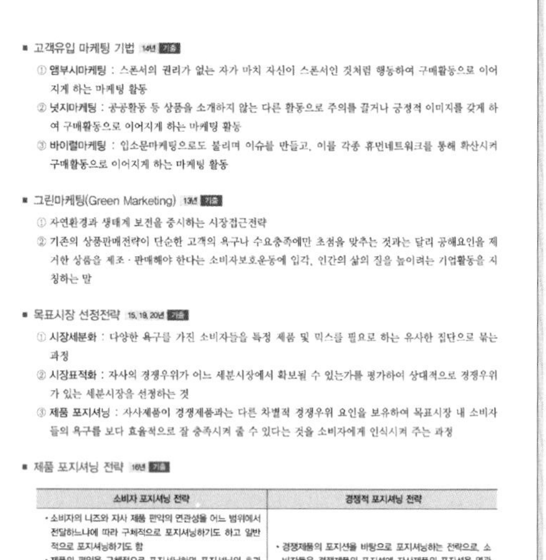

■ 고객유입 마케팅 기법 14년 기출

① 앰부시마케팅 : 스폰서의 권리가 없는 자가 마치 자신이 스폰서인 것처럼 행동하여 구매활동으로 이어지게 하는 마케팅 활동

② 넛지마케팅 : 공공활동 등 상품을 소개하지 않는 다른 활동으로 주의를 끌거나 긍정적 이미지를 갖게 하여 구매활동으로 이어지게 하는 마케팅 활동

③ 바이럴마케팅 : 입소문마케팅으로도 불리며 이슈를 만들고, 이를 각종 휴먼네트워크를 통해 확산시켜 구매활동으로 이어지게 하는 마케팅 활동

■ 그린마케팅(Green Marketing) 13년 기출

① 자연환경과 생태계 보전을 중시하는 시장접근전략

② 기존의 상품판매전략이 단순한 고객의 욕구나 수요충족에만 초점을 맞추는 것과는 달리 공해요인을 제거한 상품을 제조 · 판매해야 한다는 소비자보호운동에 입각, 인간의 삶의 질을 높이려는 기업활동을 지칭하는 말

■ 목표시장 선정전략 15, 19, 20년 기출

① 시장세분화 : 다양한 욕구를 가진 소비자들을 특정 제품 및 믹스를 필요로 하는 유사한 집단으로 묶는 과정

② 시장표적화 : 자사의 경쟁우위가 어느 세분시장에서 확보될 수 있는가를 평가하여 상대적으로 경쟁우위가 있는 세분시장을 선정하는 것

③ 제품 포지셔닝 : 자사제품이 경쟁제품과는 다른 차별적 경쟁우위 요인을 보유하여 목표시장 내 소비자들의 욕구를 보다 효율적으로 잘 충족시켜 줄 수 있다는 것을 소비자에게 인식시켜 주는 과정

■ 제품 포지셔닝 전략 16년 기출

소비자 포지셔닝 전략	경쟁적 포지셔닝 전략
• 소비자의 니즈와 자사 제품 편익의 연관성을 어느 범위에서 전달하느냐에 따라 구체적으로 포지셔닝하기도 하고 일반적으로 포지셔닝하기도 함 • 제품의 편익을 구체적으로 포지셔닝하면 포지셔닝의 효과	• 경쟁제품의 포지션을 바탕으로 포지셔닝하는 전략으로, 소비자들은 경쟁제품의 포지션에 자사제품의 포지션을 연관

시험의 최신 출제경향을 분석하여 핵심이론을 정리하였습니다. 초단기합격을 위해 방대한 내용을 압축하여 중요하고 자주 빈출되는 이론만 쏙 담았습니다. 실제 출제된 기출연도를 표시하였으니 자주 출제되는 이론을 확인하고 꼼꼼하게 학습하세요.

영어가 활용되는 제3과목도 쉽고 재미있게

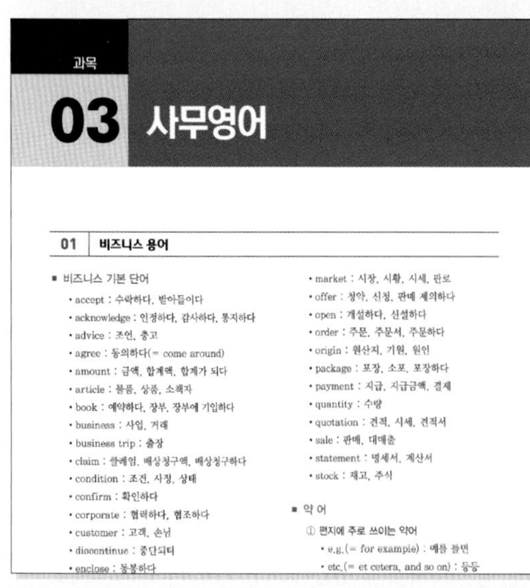

과목

03 사무영어

01 비즈니스 용어

■ 비즈니스 기본 단어

• accept : 수락하다, 받아들이다
• acknowledge : 인정하다, 감사하다, 통지하다
• advice : 조언, 충고
• agree : 동의하다(= come around)
• amount : 금액, 합계액, 합계가 되다
• article : 물품, 상품, 소책자
• book : 예약하다, 장부, 장부에 기입하다
• business : 사업, 거래
• business trip : 출장
• claim : 클레임, 배상청구액, 배상청구하다
• condition : 조건, 사정, 상태
• confirm : 확인하다
• corporate : 협력하다, 협조하다
• customer : 고객, 손님
• discontinue : 중단되다
• enclose : 동봉하다
• market : 시장, 시황, 시세, 판로
• offer : 청약, 신청, 판매 제의하다
• open : 개설하다, 신설하다
• order : 주문, 주문서, 주문하다
• origin : 원산지, 기원, 원인
• package : 포장, 소포, 포장하다
• payment : 지급, 지급금액, 결제
• quantity : 수량
• quotation : 견적, 시세, 견적서
• sale : 판매, 대매출
• statement : 명세서, 계산서
• stock : 재고, 주식

■ 약 어

① 편지에 주로 쓰이는 약어
• e.g.(= for example) : 예를 들면
• etc.(= et cetera, and so on) : 등등

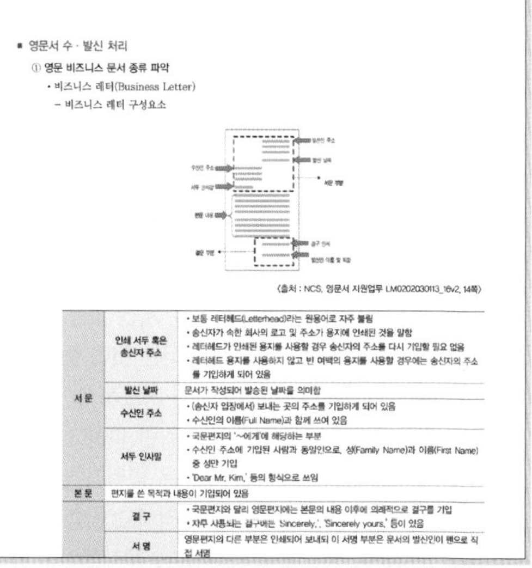

■ 영문서 수 · 발신 처리

① 영문 비즈니스 문서 종류 파악
• 비즈니스 레터(Business Letter)
– 비즈니스 레터 구성요소

〈출처 : NCS, 영문서 지원업무 LM0202030113_16v2, 14쪽〉

서 문	인쇄 서두 혹은 송신자 주소	• 보통 레터헤드(Letterhead)라는 원용어로 자주 불림 • 송신자가 속한 회사의 로고 및 주소가 용지에 인쇄된 것을 말함 • 레터헤드가 인쇄된 용지를 사용할 경우 송신자의 주소를 다시 기입할 필요 없음 • 레터헤드 용지를 사용하지 않고 빈 여백의 용지를 사용할 경우에는 송신자의 주소를 기입하게 되어 있음
	발신 날짜	문서가 작성되어 발송된 날짜를 의미함
	수신인 주소	• (송신자 입장에서) 보내는 곳의 주소를 기입하게 되어 있음 • 수신인의 이름(Full Name)과 함께 쓰여 있음
	서두 인사말	• 국문편지의 '~에게'에 해당하는 부분 • 수신인 주소에 기입된 사람과 동일인으로, 성(Family Name)과 이름(First Name) 중 성만 기입 • 'Dear Mr. Kim,' 등의 형식으로 쓰임
본 문	편지를 쓴 목적과 내용이 기입되어 있음	
	결 구	• 국문편지와 달리 영문편지에는 본문의 내용 이후에 의례적으로 결구를 기입 • 자주 사용되는 결구에는 'Sincerely,', 'Sincerely yours,' 등이 있음
	서 명	영문편지의 다른 부분은 인쇄되어 보내되 이 서명 부분은 문서의 발신인이 펜으로 직접 서명

평소의 영어 실력이 부족해도 걱정하지 마세요. 시험마다 구체적인 내용은 달라지지만, 영문서의 기본 구성과 회화유형에는 큰 변동이 없습니다. 시험에 자주 나오는 단어와 회화유형, 해석이 제3과목을 보다 쉽고 재미있게 학습할 수 있도록 돕습니다.

철저한 실전 대비가 가능한 문제은행 기출유형 모의고사 10회분

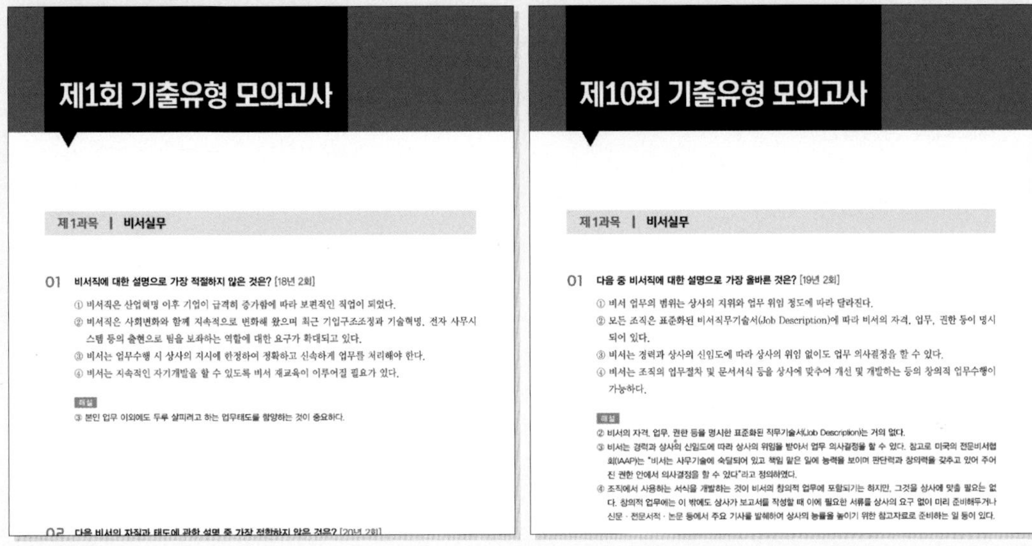

제1회 기출유형 모의고사

제1과목 | 비서실무

01 비서직에 대한 설명으로 가장 적절하지 않은 것은? [18년 2회]

① 비서직은 산업혁명 이후 기업이 급격히 증가함에 따라 보편적인 직업이 되었다.
② 비서직은 사회변화와 함께 지속적으로 변화해 왔으며 최근 기업구조조정과 기술혁명, 전자 사무시스템 등의 출현으로 팀을 보좌하는 역할에 대한 요구가 확대되고 있다.
③ 비서는 업무수행 시 상사의 지시에 한정하여 정확하고 신속하게 업무를 처리해야 한다.
④ 비서는 지속적인 자기개발을 할 수 있도록 비서 재교육이 이루어질 필요가 있다.

해설
③ 본인 업무 이외에도 두루 살피려고 하는 업무태도를 함양하는 것이 중요하다.

02 다음 비서의 자질과 태도에 관한 설명 중 가장 적절하지 않은 것은? [20년 2회]

제10회 기출유형 모의고사

제1과목 | 비서실무

01 다음 중 비서직에 대한 설명으로 가장 올바른 것은? [19년 2회]

① 비서 업무의 범위는 상사의 지위와 업무 위임 정도에 따라 달라진다.
② 모든 조직은 표준화된 비서직무기술서(Job Description)에 따라 비서의 자격, 업무, 권한 등이 명시되어 있다.
③ 비서는 경력과 상사의 신임도에 따라 상사의 위임 없이도 업무 의사결정을 할 수 있다.
④ 비서는 조직의 업무절차 및 문서서식 등을 상사에 맞추어 개선 및 개발하는 등의 창의적 업무수행이 가능하다.

해설
② 비서의 자격, 업무, 권한 등을 명시한 표준화된 직무기술서(Job Description)는 거의 없다.
③ 비서는 경력과 상사의 신임도에 따라 상사의 위임을 받아서 업무 의사결정을 할 수 있다. 참고로 미국의 전문비서협회(IAAP)는 "비서는 사무기술에 숙달되어 있고 책임 맡은 일에 능력을 보이며 판단력과 창의력을 갖추고 있어 주어진 권한 안에서 의사결정을 할 수 있다"라고 정의하였다.
④ 조직에서 사용하는 서식을 개발하는 것이 비서의 창의적 업무에 포함되기는 하지만, 그것을 상사에 맞출 필요는 없다. 창의적 업무에는 이 밖에도 상사가 보고서를 작성할 때 이에 필요한 서류를 상사의 요구 없이 미리 준비해두거나 신문 · 전문서적 · 논문 등에서 주요 기사를 발췌하여 상사의 능률을 높이기 위한 참고자료로 준비하는 일 등이 있다.

실전에 대비할 수 있게 2015년부터 2020년까지의 비서 기출문제를 다양하게 섞어서 모의고사를 구성하였습니다. 실제 출제된 문제를 풀어보면서 기출유형을 파악하고, 본인의 부족한 점을 파악해 보세요.

문제의 이해를 돕는 상세한 해설

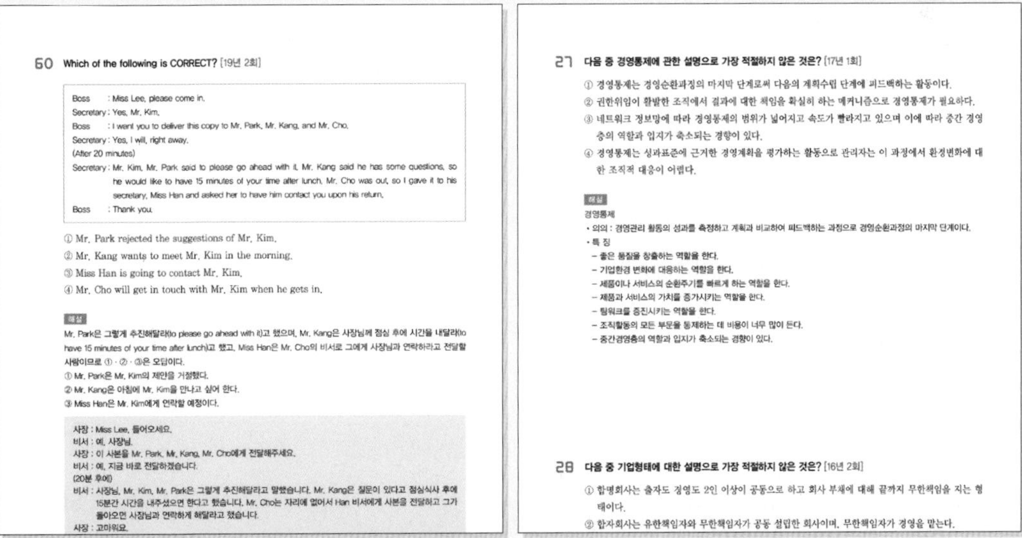

60 Which of the following is CORRECT? [19년 2회]

Boss : Miss Lee, please come in.
Secretary : Yes, Mr. Kim.
Boss : I want you to deliver this copy to Mr. Park, Mr. Kang, and Mr. Cho.
Secretary : Yes, I will, right away.
(After 20 minutes)
Secretary : Mr. Kim, Mr. Park said to please go ahead with it. Mr. Kang said he has some questions, so he would like to have 15 minutes of your time after lunch. Mr. Cho was out, so I gave it to his secretary, Miss Han and asked her to have him contact you upon his return.
Boss : Thank you.

① Mr. Park rejected the suggestions of Mr. Kim.
② Mr. Kang wants to meet Mr. Kim in the morning.
③ Miss Han is going to contact Mr. Kim.
④ Mr. Cho will get in touch with Mr. Kim when he gets in.

해설
Mr. Park은 그렇게 추진해달라(to please go ahead with it)고 했으며, Mr. Kang은 사장님께 점심 후에 시간을 내달라(to have 15 minutes of your time after lunch)고 했고, Miss Han은 Mr. Cho의 비서로 그에게 사장님과 연락하라고 전달할 사람이므로 ① · ② · ③은 오답이다.
① Mr. Park은 Mr. Kim의 제안을 거절했다.
② Mr. Kang은 아침에 Mr. Kim을 만나고 싶어 한다.
③ Miss Han은 Mr. Kim에게 연락할 예정이다.

사장 : Miss Lee, 들어오세요.
비서 : 예, 사장님.
사장 : 이 사본을 Mr. Park, Mr. Kang, Mr. Cho에게 전달해주세요.
비서 : 예, 지금 바로 전달하겠습니다.
(20분 후에)
비서 : 사장님, Mr. Kim, Mr. Park은 그렇게 추진해달라고 말했습니다. Mr. Kang은 질문이 있다고 점심식사 후에 15분간 시간을 내주셨으면 한다고 했습니다. Mr. Cho는 자리에 없어서 Han 비서에게 사본을 전달하고 그가 돌아오면 사장님과 연락하게 해달라고 했습니다.
사장 : 고마워요.

27 다음 중 경영통제에 관한 설명으로 가장 적절하지 않은 것은? [17년 1회]

① 경영통제는 경영순환과정의 마지막 단계로써 다음의 계획수립 단계에 피드백하는 활동이다.
② 권한위임이 활발한 조직에서 결과에 대한 책임을 확실히 하는 메커니즘으로 경영통제가 필요하다.
③ 네트워크 정보망에 따라 경영통제의 범위가 넓어지고 속도가 빨라지고 있으며 이에 따라 중간 경영층의 역할과 입지가 축소되는 경향이 있다.
④ 경영통제는 성과표준에 근거한 경영계획을 평가하는 활동으로 관리자는 이 과정에서 환경변화에 대한 조직적 대응이 어렵다.

해설
경영통제
• 의의 : 경영관리 활동의 성과를 측정하고 계획과 비교하여 피드백하는 과정으로 경영순환과정의 마지막 단계이다.
• 특 징
– 좋은 품질을 창출하는 역할을 한다.
– 기업환경 변화에 대응하는 역할을 한다.
– 제품이나 서비스의 순환주기를 빠르게 하는 역할을 한다.
– 제품과 서비스의 가치를 증가시키는 역할을 한다.
– 팀워크를 증진시키는 역할을 한다.
– 조직활동의 모든 부문을 통제하는 데 비용이 너무 많이 든다.
– 중간경영층의 역할과 입지가 축소되는 경향이 있다.

28 다음 중 기업형태에 대한 설명으로 가장 적절하지 않은 것은? [16년 2회]

① 합명회사는 출자도 경영도 2인 이상이 공동으로 하고 회사 부채에 대해 끝까지 무한책임을 지는 형태이다.
② 합자회사는 유한책임자와 무한책임자가 공동 설립한 회사이며, 무한책임자가 경영을 맡는다.

문제은행 기출유형 모의고사의 해설과 함께 학습을 완벽하게 마무리하세요. 문제를 풀며 헷갈렸거나 어려웠던 부분은 비서교육연구소만의 꼼꼼하고 상세한 해설로 보완할 수 있습니다.

이 책의 차례 CONTENTS

벼락치기 핵심이론

문제은행 기출유형 모의고사

비서1급

벼락치기 핵심이론

계속 갈망하라. 언제나 우직하게.

– 스티브 잡스 –

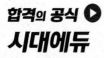

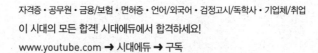

과목

01 비서실무

01 비서 개요

■ 비서의 정의

① 관리자나 경영자가 그들 본연의 업무에 전념할 수 있도록 보좌하는 사람으로서, 숙달된 사무기술을 보유하고 직접적인 감독 없이도 책임을 맡는 능력을 발휘하며 창의력과 판단력으로 주어진 범위 내에서 의사결정을 내리는 행정보좌관을 말함

② 기밀에 관련된 정보나 문서를 다루고 상사를 보좌하는 역할을 함

■ 비서의 종류

① **전문분야에 따른 분류** : 기업비서, 공공기관비서, 교육기관비서, 의료비서, 법률비서, 회계비서, 종교기관비서, 정치기관비서

② **소속에 따른 분류** : 개인소속비서(단독비서), 비서실소속비서(그룹비서), 공동비서(복수형 비서), 부서소속비서(겸무비서)

③ **직능에 따른 분류** : 안내비서, 서기비서, 행정업무지원비서, 문서사무비서

④ **경력 및 승진서열에 따른 분류** : 수습비서, 비서, 선임비서, 수석비서, 수석보좌역

⑤ **업무에 따른 분류** : 참모형 비서, 부관형 비서, 행정관리자로서의 비서, 정부요직으로서의 비서, 사무관리 책임자로서의 비서

■ 전문비서의 관리역할 16년 기출

① **커뮤니케이션 관리자** : 메시지에 담겨 있는 의미를 파악하여 전하는 전략적 의사소통에 기여하는 자

② **재고관리자** : 단순한 물품 주문만 하는 것이 아니라 재고수준 관리, 비용절감 효과를 측정함으로써 구매에 관한 의사결정에 참여하는 자

③ **정책관리자** : 조직의 정책과 절차 등을 유지하고 갱신하고 보완하는 자. 편람을 정비하고 종업원들을 위해 정책이나 절차 등을 설명하기도 함

■ 비서의 역할 12, 13, 14, 19년 기출

① 상사가 본연의 업무에 전념할 수 있도록 상사를 보좌하는 역할
② 상사의 본래의 업무에서 파생된 세부적인 업무, 부수적인 업무를 처리하는 역할
③ 상사의 상황판단이나 의사결정에 필요한 정보나 자료를 수집 · 정리해주는 역할
④ 인간관계 관리자로서 상사의 대내외 인간관계를 향상시켜 상사와 조직의 이미지를 제고하는 역할
⑤ 커뮤니케이션 관리자로서 상사의 사내외의 의사소통의 통로이며 조정자로서의 역할

■ 그룹비서, 공동비서 및 겸무비서 12, 13년 기출

① 그룹비서
- 우리나라와 일본의 기업이 가장 많이 채택하고 있는 형태
- 여러 명의 비서가 비서실에 배속되어 최고경영층의 업무를 분담하여 보좌
- 비서실 구성원 전체가 비서업무를 분담하여 비서실장이나 비서과장의 책임과 지휘 아래 업무를 수행
- 경험이 부족하더라도 비서실 내에서 훈련이 가능하며 개인비서에 비해 업무범위가 불명확
- 외국의 그룹비서는 Secretary Pool이라는 Pool에 대기하고 있으며, 직속상사는 갖지 않고 부름을 받아서 일을 함

② 공동비서
- 한 명의 비서가 여러 명의 상사를 지원하는 형태
- 한 명의 비서가 여러 상사의 지시사항을 처리해야 하므로 업무의 우선순위가 바뀌지 않도록 업무조정이나 계획을 신중하게 해야 함
- 개인에 속해 있는 비서에 비하여 여러 명의 상사를 지원하기 때문에 업무수행이 힘들지만 능력을 인정받을 수 있는 기회가 많음

③ 겸무비서(부서비서)
- 일반 업무를 수행하면서 부장이나 과장 같은 중간관리자를 보좌하는 어떤 부서에 소속되어 그 업무를 겸하는 형태
- 영업소와 출장소의 경우에 소속장의 비서가 경리업무를 겸하는, 즉 비서업무와 일상 업무를 겸하는 경우가 있음

■ 비서직의 장단점

① **장점** : 취업 분야의 다양성, 취업 지역의 융통성, 다양한 업무, 높은 수준의 보수와 인정
② **단점** : 업무 내용의 가변성, 상사에 대한 예속성, 승진의 제한

■ 소속형태에 따른 비서의 상사 보좌 형태 15년 기출

① **팀소속비서** : 조직계통상 비서과(실)에 소속된 비서
② **개인비서** : 최고관리자, 중역 등 특정인 한 사람에게 소속된 비서
③ **복수형비서** : 둘 이상의 중역이나 상사에게 소속된 비서
④ **부서소속비서** : 영업부, 총무부, 연구부 혹은 프로젝트팀 전체에 소속된 비서
⑤ **업무비서** : 비서의 업무와 다른 고유한 업무를 병행하는 비서
⑥ **임시비서** : 본래의 비서가 휴가 혹은 결근일 때, 타 부서로부터 파견을 나와서 비서업무를 수행하는 비서

■ 비서가 갖추어야 할 자질 15년 기출

① 상법, 기업법, 노동법 등의 법학지식과 기업경영, 인적자원관리, 마케팅 등의 경영학 지식
② 비서는 비정형적인 업무가 많으므로 상황에 따른 적절한 업무판단을 할 수 있는 판단력
③ 상사의 직접적인 지시가 없어도 스스로 솔선수범하여 업무를 찾아서 수행할 수 있는 적극성과 주도성

■ 전문비서 윤리 강령 16년 기출

① 직무에 관한 윤리
- 상사 및 조직과 고객의 기밀 유지 : 비서는 업무와 관련하여 얻게 되는 상사나 조직, 또는 고객에 대한 정보의 기밀을 보장하고 업무 외의 목적으로 기밀정보를 사용하지 않음
- 조직과 상사와의 관계 : 비서는 전문적인 지식과 사무능력을 보유하고 업무를 효율적으로 수행함으로써 상사와 조직의 이익을 증진시킴
- 예의와 정직 : 비서는 항상 상사와 고객에게 예의를 갖추어 친절하게 대하며 직무수행에 있어 직위의 범위를 벗어나는 언행을 삼가고 정직하게 임하여 신뢰를 받도록 노력함
- 동료와의 관계 및 팀워크 : 비서는 존중과 신뢰를 바탕으로 동료들과의 관계를 협조적, 우호적으로 유지하여 효과적인 팀워크를 이루어 나갈 수 있도록 노력함
- 보상 : 비서는 최선의 업무결과에 대한 정당한 대우를 받을 권리가 있으나 부당한 목적을 위해 제공되는 보상에 대해서는 응하지 않음
- 자원 및 환경 보존 : 비서는 업무 수행 시 경비절감과 자원절약, 환경보존을 위해 노력함
- 직무수행 봉사정신 : 비서는 자신의 직무와 관련된 사항에 대해 직무수행 효과를 제고함

② 전문성에 관한 윤리
- 전문성 유지 및 향상 : 비서는 지속적인 자기개발을 위해 교육훈련 프로그램에 적극적으로 참여함으로써 비서로서의 전문성을 유지 및 향상시킴
- 전문직 단체 참여 : 비서는 자신의 전문성을 향상시킬 수 있는 전문직 단체에 참여하여 정보교환과 상호 교류를 통해 비서직 성장 발전과 권익 옹호를 도모함
- 품위 유지 : 비서는 직업의 명예와 품위 향상을 위하여 노력함
- 사회봉사 : 비서는 지역사회의 발전 및 공공의 이익을 도모할 수 있는 각종 봉사활동에 적극적으로 참여함

■ 비서의 직업의식 12년 기출

① 주인의식 : 자신의 일과 직장에 대한 주인의식을 가지고 자발적으로 일을 찾아서 함
② 전문가의식 : 직업인은 직업에 대한 사회적 역할과 직무를 충실히 수행하고 책임을 다해야 함
③ 문제의식 : 주어진 일을 타성적으로 처리하지 않고 자신이 수행하는 업무를 보다 능률적으로 개선할 수 있는 방안을 꾸준히 연구하고 찾아야 함
④ 개인 생활과 직업인으로서의 역할을 구분 : 어떤 경우에도 개인적인 사정이 직업인으로서의 업무수행에 차질을 가져오지 않도록 노력하여 조화를 이루도록 해야 함
⑤ 자기개발 : 미래 지향적인 사고를 가지고 자신의 직업 분야에서 앞서 나가기 위하여 자기개발을 게을리 하지 않고 항상 노력해야 함

■ 직장 내 성희롱 대처 방안

① 행위자에게 명확하게 표현하지 않으면 허용하는 것으로 오해할 수도 있기 때문에 명확한 거부 의사를 표시해야 함

② 처음에는 행위의 시점에 정중하게 중단할 것을 요청하고, 그래도 성희롱 행위가 중단되지 않으면 문서화된 기록을 증거로 남기는 것이 필요함

③ 문제가 심각하다고 인식될 때에는 직장 내 선배, 상급자, 회사 내 상담요원 등에게 상담을 요청하거나 여성단체나 고용노동부(여성고용정책과, 지방노동청, 지방노동청 사무소)로 상담을 하거나 신고를 함

■ 기밀유지 12, 15년 기출

① 기밀서류는 세심한 주의를 기울여 다른 사람에게 보이지 않도록 해야 함

② 묻기를 좋아하는 사람이나 직장에서 험담을 잘하는 사람과는 의식적으로 접촉하지 않도록 주의하여 신중히 사귀어야 함

③ "아, 그렇습니까?"라고 얼버무리기도 하고 "그것에 관해서는 잘 알고 있지 않기 때문에 알게 되면 알려드리지요" 등으로 변명하는 기술을 몸에 익힘

④ 비서는 회사와 관련한 기밀정보를 많이 알게 되므로, 노동조합에는 가입하지 않는 경향이 있음

■ 비서의 신뢰성

① 어떠한 경우에도 거짓 보고는 금물

② 약속시간 내에 업무 완수

③ 일의 처리에 독선이나 독단은 금물

④ 언어의 정확성을 위해 문장을 작성한 후 소리 내어 읽어보고 숫자 등을 체크함

⑤ 아무리 시간이 급해도 한 번 보고 소리 내어 읽는 여유가 필요

⑥ 오탈자를 막기 위해 사전류 등을 최대한 활용

■ 비서의 업무처리 방식 19년 기출

① 사무비품과 사무용품은 회사물품 청구일에 맞추어 신청

② 어떠한 업무를 먼저 처리할 것인가는 업무의 중요도와 긴급도를 기준으로 결정

③ 사무원가 절감을 위한 이면지나 재생활용지 사용 시 기밀문서는 제외

④ 기본적으로 일의 계획은 꼼꼼하게 처리하고 실행단계에서는 신속하게 처리

■ 비서업무의 유형 13년 기출

① **매일같이 반복하는 일상 업무** : 우편물 처리, 서류정리, 전화 응대, 내방객 응대

② **상사로부터 지시를 받아 수행하는 업무** : 팩스의 초안 작성, 상사의 출장을 위한 교통편 · 숙박업소의 예약, 편지나 보고서를 일정한 형식에 맞추어 워드프로세싱하는 업무

③ **상사를 보좌하는 데 솔선해서 창의력을 발휘하는 업무** : 회사에서 사용하는 서식을 개발하거나 상사의 참고자료를 준비하는 업무

④ **우선순위를 설정하여서 하는 업무** : 기존의 우선순위를 고수하여 일을 처리하되 별도의 사항이 있으면 지시를 받음

■ 상사의 지시 없이 할 수 있는 비서의 홍보업무 16년 기출

① 상사와 관련된 기사를 정기적으로 검색하여 스크랩하고 보고함
② 사내에서 친밀도가 높은 임직원의 기념일을 정리하여 알려 드림
③ 상사의 외부 강연 활동에 대한 내용을 정리하여 이력서와 함께 관리함
④ 상사의 개인 블로그를 방문하는 것은 사생활 영역을 침범하는 것으로 지양해야 함

■ 업무처리의 기본원칙 12, 14, 15년 기출

① 일상적인 순서에 구애받지 말고 사례별로 처리
② 일을 시작할 때 철저히 준비하고 마친 후에는 정리
③ 문서화된 모든 것에는 작성일자 또는 접수일자를 기입
④ 업무처리는 정확히 함
⑤ 업무는 진행과정을 추적하여 마무리함
⑥ 모든 서류를 일정한 기준에 따라 정리 · 보관
⑦ 기업의 비밀에 관한 사항은 보안에 특히 유의
⑧ 상사의 가치관과 업무스타일을 고려하여 업무의 우선순위를 정함
⑨ 즉시 처리할 일, 오늘 중으로 해야 할 일, 시간 나는 대로 할 일 등을 구분하여 수행

■ 비서업무 한계의 인식 12, 13, 14, 17년 기출

① 비서는 상사의 보좌 역할이지 상사 본인은 아니므로 상사의 대리 역할은 하지만, 상사가 가지고 있는 권한을 그대로 행사해서는 안 된다는 사실을 늘 기억해야 함
② 조언자의 입장에서 자신의 의견을 말할 수 있으나 경영관리상의 업무와 같은 상사 고유의 직무 권한에 대해서는 함부로 관여해서는 안 됨
③ 비서가 업무의 한계를 실천하지 않으면 회사에 피해를 끼치는 문제를 일으킬 수도 있음

■ 비서의 성실한 업무 태도 16년 기출

① 비서는 항상 최선을 다하여 자신의 업무를 수행해야 하며, 선배나 동료 비서가 있을 때에는 이들과도 상호 협조적인 업무 관계를 유지함
② 상사로부터의 지시 및 명령을 바르게 이해하여 충실히 이행해야 하고 그러기 위해서는 업무에 대한 목적, 내용, 방법, 순서, 기한 등을 정확히 알고 있어야 함

■ 비서의 시간관리 12, 15, 16년 기출

① **즉시처리의 원칙** : 미루지 말고 즉석에서 처리하고 결정함
② **계획에 의한 업무 추진** : 업무수행에 필요한 목적을 설정하고 그 목적을 효과적으로 달성하기 위한 활동의 순서, 지침, 방향을 정함
③ **상사와의 업무 및 시간 조절** : 상사와 지속적인 의사소통으로 업무일정을 조율하고 상사의 일정에 맞추어 자신의 시간을 조절함
④ **스스로의 통제** : 생각날 때마다 기록하고 모든 물건을 항상 제자리에 놓으며, 일이 몰릴 경우에도 한 가지씩 차분히 처리함

⑤ 시간일지를 기록하여 시간계획을 세우는 데 참고해야 함
⑥ 시간일지를 작성할 때 시간단위를 너무 크게 나누어 기록하면 시간별로 기록한다는 의미가 없어짐
⑦ 예상치 못한 일정이 생길 수 있으므로 여유 있게 일정을 잡아야 함

■ 시간관리의 효과

① 시간을 낭비하는 것을 방지함
② 일을 진행하는 방식을 개선할 수 있음
③ 최선의 결과를 기대할 수 있음
④ 보다 높은 동기가 생기며 자신의 일에 대한 성취도가 높아짐
⑤ 크게 당황하거나 스트레스를 받는 일을 최소화할 수 있음
⑥ 실수를 줄일 수 있음
⑦ 보다 높은 차원의 일에 도전할 수 있는 자질을 함양함

■ 스트레스 관리 요령 17년 기출

① 사람들이 표현하는 말, 행동, 태도를 그 사람의 독특한 성격특성으로 인정 · 수용함
② 스트레스 관리를 위해 심신이완과 명상을 하고 건강관리를 위해 규칙적인 운동을 함
③ 행복한 삶, 가치 있는 삶을 위해 일의 의미와 삶의 의미를 항상 인식
④ 상대의 말, 행동을 고의성을 띤 것으로 해석하거나 감정적으로 맞서지 않고 문제 삼지 않기
⑤ 오늘은 내친김에 푹 쉬고 내일 조금 더 하면 된다고 미루지 않기
⑥ 일에 대한 갈등, 불안, 좌절을 인생의 낙오자로 비하시키지 않기
⑦ 인간관계에 대한 갈등으로 자신을 비하시키지 않기

■ 인사의 기본자세

① **표정** : 밝고 부드럽고 온화한 표정을 지음
② **시선** : 상대의 눈이나 미간을 부드럽게 응시함
③ **턱** : 내밀지 말고 자연스럽게 당김
④ **어깨** : 힘을 뺌
⑤ **가슴, 허리, 무릎 등** : 자연스럽게 곧게 펴서 일직선이 되도록 함
⑥ **입** : 조용히 다물도록 함
⑦ **손** : 여성은 자연스럽게 오른손이 위가 되도록 두 손을 앞으로 모으고, 남성은 두 손을 달걀을 쥔 모양으로 감싸 쥐며 바지 옆선에 가볍게 닿도록 함
⑧ **발** : 무릎과 발뒤꿈치는 서로 붙이고 양발은 자연스럽게 가지런히 모음

■ 인사의 순서

① 정중하게 허리를 굽히고 등과 목이 일직선이 되도록 함
② 턱은 앞으로 나오지 않게 하고, 엉덩이는 힘을 주어 뒤로 빠지지 않게 하며 금방 고개를 들지 말고 0.5~1초간 멈춤
③ 천천히 고개를 들고 상체를 숙일 때보다 한 박자 천천히 들어야 함

■ 자기개발의 필요성 16, 17, 19년 기출

① 비서에게 자기개발이 필요한 이유는 과거의 지식과 경험으로는 변화하는 환경에 능동적으로 대처할 수 없기 때문

② 새롭게 도입되는 컴퓨터와 사무자동화 기기는 업무능률 향상을 위한 도구로 자유롭게 다룰 수 있어야 하고, 파일의 조작 · 관리 등과 관련된 업무 능력도 지속적으로 높여나감으로써 자기개발을 할 수 있어야 함

③ 요즘 기업체에서는 비서를 선발할 때 컴퓨터 활용, 홈페이지 관리, 인터넷 활용, 멀티미디어 기기조작 등 다양한 능력을 갖춘 사람을 희망하는 사례가 늘고 있음

④ 비서는 경영자인 상사를 보좌하는 역할을 하기 때문에 경영 전반에 대한 지식이 요구됨

⑤ 커뮤니케이션 능력을 향상시키기 위해서 경청과 표현능력뿐 아니라 인간관계 능력, 프레젠테이션 능력, 문제해결 능력, 논리력 등도 개발해야 함

⑥ 회계능력을 보유한다는 것은 한 단계 높은 수준의 비서로 자리매김하는 계기가 될 수 있음

⑦ **자기개발의 종류** : 업무에 관한 창의력, 각종 외국어 습득, 새롭게 개발되는 사무기기의 활용, 빠른 속도로 변화하는 컴퓨터 소프트웨어를 끊임없이 익히는 것 등

■ 자기개발의 방법 15, 16, 18, 19, 20년 기출

① **목표관리에 의한 방법**
- 효과적인 자기개발을 위해서 목표를 설정
- 현재의 능력, 환경 등을 고려한 구체적이고 실현할 수 있는 합리적인 목표를 세움
- 업무관련 목표(지식과 기술 습득), 자기 성장 목표(도달하고자 하는 직위나 업무에 대한 중 · 장기적인 계획 수립 및 실천), 삶의 질 향상을 위한 목표(취미, 운동 등)를 세움

② **업무를 통한 방법**
- 문서를 작성할 때 문서의 내용을 이해하면 상사가 하는 일에 대하여 배울 수 있는 좋은 기회가 됨
- 우편물은 업무나 조직의 상황에 대해 좀 더 알 수 있는 훌륭한 자료원이 됨
- 회사와 관련된 신문 기사 스크랩, 인터넷 검색 등을 통해 회사의 상품 · 업종에 대한 정보 수집
- 기존의 방법보다 시간 · 비용을 덜 투자하면서도 같은 효과를 거둘 수 있는 방안을 연구

■ 경력개발을 위한 자세 16년 기출

① 본인이 속한 조직의 업종에 관련한 공부를 지속적으로 하여 향후 동종업계 이직 기회 발생 시 경력 요소로 활용함

② 사내 프로젝트 및 기획에 대한 업무 참여를 통하여 기획에 대한 내용을 익히려고 노력함

③ 우편물, 문서, 업무일지 등을 통한 직무분석을 통해서도 개인 역량을 증진시킬 수 있음을 이해함

02 대인관계업무

■ 전화응대 태도 12, 17, 18, 19년 기출

① 친절하게 전화응대를 하면 상대방이 상사나 기업에 대하여 좋은 인상을 가질 수 있어 업무관계가 원만히 이루어지는 데 기여할 수 있음

② 전화벨이 3번 이상 울리기 전에 받아야 하며 전화를 받을 때는 소속과 성명을 밝힘

③ 고객과의 언쟁은 피하고 자신의 불쾌한 감정을 목소리에 나타내지 않음

④ "여보세요"를 연발하지 않음

⑤ 상대방의 말이 끝날 때까지 전화를 끊지 않음

⑥ 수화기를 큰 소리 나게 내려놓지 않음

⑦ 불필요하게 긴 통화로 회사 경비를 낭비하지 않음

⑧ 사적인 전화는 하지 않음

■ 상황별 전화 연결 13, 19년 기출

① 전화를 연결할 때

- 다른 사람에게 전화를 연결할 때에는 보류 버튼을 누르거나 송화구를 손으로 막고, 상대방의 성명과 용건을 간단히 전하고 연결함
- 다른 부서로 연결할 때에는 끊어질 경우를 대비하여 내선번호나 전화번호를 안내해 주고 연결함
- 즉시 바꿔주지 못하고 지연될 때에는 수시로 중간 상황을 알림

② 오래 기다리게 할 때

- 상사가 바로 전화를 받지 못할 경우에는 상황을 알리고 계속 기다릴 것인지 여부를 물어봄
- 상대방이 계속 기다린다고 하더라도 상사의 다른 전화 통화가 금방 끝나지 않을 것으로 예상되거나 상대방의 직위가 상사보다 높거나 고객인 경우 통화가 끝나는 대로 비서가 연결할 것을 제의함

③ 전화가 잘못 걸려 왔을 때 : 잘못 걸려온 전화라도 친절하게 응대해야 함

④ 회사의 위치를 물을 때 : 회사 근처의 대형 건물이나 대표적인 정류장 이름, 교통편 등을 익혀 놓고 현재 손님의 위치, 이용 차편을 묻고 그것에 따라 위치를 설명함

⑤ 항의 전화가 왔을 때 : 상대방이 화를 내는 이유를 충분히 들어 주고, 상대방의 감정을 가라앉히도록 노력함

■ 상황별 전화 걸기

① 통화 희망자가 부재중일 때 : 언제 돌아올 예정인지 묻고, 다시 전화할 것을 약속하거나 돌아오면 전화해 줄 것을 요청함

② 상사 대신 거는 전화일 때

- 번호를 누르고 상대방의 비서가 받으면 인사한 후, 상사의 부탁으로 전화하였음을 밝힘
- 상사가 원하는 상대방이 받기 바로 직전에 상사가 수화기를 들 수 있도록 중재함

③ 직급이 다른 상사들의 전화를 중재할 때

- 상사보다 지위가 높은 사람에게 전화를 할 때에는 우선 상대방 비서와 통화하는 것이 원칙이며, 상대방 비서에게 용건을 전하고 적당한 조치를 기다리는 것이 바람직함
- 직급이 낮은 상사가 직급이 높은 상사보다 먼저 수화기를 들고 기다리도록 중재하는 것이 좋으며, 직급이 비슷할 때에는 동시에 수화기를 들 수 있도록 상대방 비서와 협의함

■ 전화 부가 서비스 16, 20년 기출

① **착신전환** : 걸려오는 전화를 다른 번호에서도 받을 수 있도록 착신을 전환하는 서비스

② **부재중 안내** : 걸려오는 전화를 받을 수 없을 때 부재중으로 인해 전화를 받을 수 없음을 알려주는 서비스

③ **3자통화** : 동시에 세 사람이 함께 통화할 수 있게 하는 서비스

④ **대표번호** : 전화회선이 2개 이상일 경우 사업장을 대표하는 전화번호를 하나 정하고, 그 대표번호가 통화 중일 경우에도 다음 회선에 순서대로 접속되어 통화할 수 있도록 하는 서비스

⑤ **다른 지역 번호 사용 서비스** : 다른 지역으로 회사를 이동하여 전화를 옮기는 경우 착신전환 기능을 이용하여 전국 어디서나 일반전화 또는 이동전화에서 계속 받을 수 있게 하는 서비스

⑥ **미팅콜** : 예약을 하거나 예약을 하지 않더라도 별도의 장비 없이 최대 32명까지 전화로 회의를 할 수 있는 음성회의 서비스

⑦ **음성생활정보(ARS ; Audio Response System)** : 음성정보를 제공하는 시스템으로, 정보 이용료와 통화료가 부과되는 서비스

⑧ **로밍서비스(Roaming Service)** : 한 통신업체가 다른 통신업체망에 접속할 수 있도록 하는 것으로 주로 국가 간의 로밍서비스를 말함

■ 국가별 국제전화 코드

나 라	코 드	나 라	코 드
미 국	1	대 만	886
오스트레일리아(호주)	61	중 국	86
싱가포르	65	일 본	81

■ 손님의 안내

① 복도의 크기를 고려하여 손님보다 약간 앞서감

② 계단에서 안내할 때에는 손님과 1~2계단 떨어져서 안내함

③ 에스컬레이터에서의 안내 시 안내자가 먼저 탔는데 손님이 미처 에스컬레이터를 타지 못할 수도 있으므로 올라갈 때나 내려갈 때 모두 손님을 먼저 타게 하고 안내자가 뒤따라야 함

■ 엘리베이터에서의 안내

① 엘리베이터를 탈 때에는 타기 전에 미리 가는 층을 알려줌
② 엘리베이터를 타고 내릴 때에는 문이 닫히지 않도록 손으로 문을 잡음
③ 비서가 먼저 타거나 내릴 때에는 양해를 구함
④ 승무원이 있는 경우에는 손님이 먼저 타고 먼저 내림
⑤ 승무원이 없는 경우 엘리베이터를 탈 때에는 비서가 먼저 타서 열림버튼을 누르고, 다음에 손님이 타도록 함
⑥ 승무원이 없는 경우 엘리베이터에서 내릴 때에는 반대로 엘리베이터 문이 닫히지 않도록 비서는 열림버튼을 누르고, 손님이 먼저 내리도록 함

■ 문에서의 안내

① 여닫이문으로 문을 당겨서 열 경우에는 문을 열고 잡은 후 내방객이 먼저 안으로 들어가도록 안내하며, 문을 밀어서 열 경우에는 안내자가 먼저 문을 열고 들어가서 내방객이 안으로 들어오도록 함
② 미닫이문일 경우에는 들어가고 나올 때 모두 안내자가 문을 열고, 손님이 먼저 들어가고 나오게 함
③ 회전문의 경우에는 손님을 먼저 들어가게 하고, 안내자가 뒤에 따라 들어가 회전문을 밀어주며 들어감

■ 내방객 응대 12, 16, 17, 19, 20년 기출

① 내방객의 접수와 안내, 상사가 없을 때의 내방객 응대, 상사와 내방객의 중개, 상사의 집무실 또는 응접실로의 안내, 다과 접대, 환송, 돌아간 후의 뒤처리 등을 포함함
② 내방객을 응대하는 태도도 상사나 기업의 이미지에 영향을 끼치므로 항상 예의 바르고 정중하게 대해야 함
③ 어떤 내방객이 어떤 용건을 가지고 오든 비서는 항상 호의적인 태도로 친절히 접대해야 함
④ 약속시간보다 일찍 도착한 내방객은 우선 대기실로 안내하고 상사의 앞 일정이 종료되는 대로 말씀드리겠다고 양해를 구함
⑤ 자주 방문하거나 전화를 주는 고객의 성명, 회사명, 직위 등은 기본적으로 암기하고 있어야 하며, 손님에게서 받은 명함은 정리해 두었다가 참고자료로 이용함
⑥ 내방객을 안내할 때에는 내방객보다 두서너 걸음 앞에서 안내하고 방문객의 대각선 방향(방문객에게는 130° 각도)에서 안내함
⑦ 팔은 45° 정도의 위치로 들고 안내함
⑧ 손가락을 벌리지 않고 손바닥을 위쪽으로 해서 방향을 안내함
⑨ 시선은 고개와 함께 움직여야 하고, 어깨를 펴고 등을 굽히지 않음
⑩ 신분을 밝히지 않으려는 내방객에게는 성명, 소속, 방문목적이 확인되어야 면담이 가능하다는 것을 기분 나쁘지 않도록 잘 설명하도록 함
⑪ 내방객이 교통체증 등의 이유로 약속시간보다 늦는다고 연락한 경우에는 상사에게 내방객의 상황을 알리고 지시에 따르도록 함

- **선약되어 있는 내방객** 19년 기출

① 안내직원이 처음 내방객을 응대하는 경우 비서는 약속된 내방객의 이름과 방문 시각을 미리 전달해 둠
② 중요한 방문자가 사무실 위치를 정확히 모르는 경우 비서가 직접 안내데스크로 가서 맞이하여 안내하도록 함
③ 미리 약속된 내방객은 방문을 상사에게 구두로 전달(내방객의 소속회사, 이름, 직책 등을 정확히 전달)
④ 상사가 통화 중이거나 먼저 방문한 내방객이 계신 경우 반드시 바로 메모로 보고
⑤ 고위직의 내방객이 있을 경우 회사정문의 경비에게도 방문시각 및 차량번호의 정보를 주고 연락해 달라고 요청함
⑥ 상사와 이전 내방객과의 면담이 예정보다 길어지는 경우 방문자에게 대신 정중하게 상황을 설명하고 지루하지 않도록 세심하게 배려함
⑦ 내방객이 비서실에서 대기 중인 경우 책상 위에 기밀문서를 보이지 않도록 하고 일하던 서류들은 폴더 등에 잠시 보관하도록 함
⑧ 상사와 내방객이 첫 대면일 경우 대개는 먼저 상사에게 내방객을 소개(방문자가 연장자이거나 높은 직책일 경우 보편적 소개 순서에 의함)
⑨ 내방객이 시간을 오래 끌거나 상사가 다음 스케줄이 있는 경우 비서는 센스 있게 면담을 마칠 수 있도록 보좌하도록 함

- **선약되지 않은 내방객** 17, 19년 기출

① 평소 상사가 약속이 없어도 만나는 사람과 만나지 않는 사람을 잘 구분하도록 함
② 내방객에게 성급하게 상사가 만나 줄 것이라는 확신을 주지 않아야 함
③ 신분과 방문목적을 정확히 밝히도록 함
④ 상사가 면담을 거절하거나 기다려 줄 것을 지시하면 내방객이 불쾌하지 않도록 요령 있게 설명
⑤ 상사가 외출 중에 내방객이 방문한 경우, 신분과 방문목적, 연락처를 반드시 받아 두고 후에 보고
⑥ 상사가 외출 중인데 먼 곳에서 급한 일로 찾아온 경우나 평소 상사와 친분이 두터운 내방객의 경우 즉시 상사에게 전화로 먼저 보고

- **내방객 조정** 20년 기출

① **상사가 면담 중이거나 통화 중인 경우** : 내방객에게 상황을 설명하고 양해를 구하도록 함. 시간이 걸릴 때는 상사에게 약속된 내방객이 기다리고 계신다는 내용을 메모로 전달
② **두 사람 이상 동시에 방문했을 경우** : 먼저 온 내방객이나 약속이 된 내방객을 우선 안내함. 기다리게 되는 내방객에게는 정중하게 이유를 설명하고 대기실로 안내하여 신문이나 잡지 또는 차를 미리 권하도록 함
③ **대기실에 여러 내방객이 동석한 경우, 대기실에 여러 내방객이 동석하고 있게 될 경우** : 서로 소개해도 좋은 내방객들인지 상면하지 않는 것이 좋은 내방객들도 있는지 신경을 쓰도록 함. 서로 알아도 될 경우에는 소개하도록 하고 서로 상면하지 않는 것이 좋은 경우는 다른 장소에서 기다리도록 안내

■ **불만 처리의 5단계** 16년 기출

① 불만사항을 다 털어놓을 수 있도록 경청 및 공감
② 일단 사과한 후 불만의 원인 분석
③ 본인이 해결할 것인지 상사에게 보고할 것인지 결정
④ 문제의 해결책을 검토하고 고객과 확인 후 신속히 문제 해결
⑤ 불만 처리 결과 검토 및 파악

■ **직장 내 인간관계의 자세** 16년 기출

① 신입사원에게 기억해야 할 이름, 사무실 위치, 회사 방침을 알려줌
② 신입으로 입사한 동료비서가 자신보다 나이가 많더라도 회사의 공식적인 부분은 입사연차에 따르도록 함

■ **응접실 상석의 구분** 15년 기출

① 기본적으로 손님이 가장 편안하고 쾌적하게 여길 수 있는 곳이 상석으로 접견실의 구조나 계절에 따라 달라질 수 있음
② 일반적으로 상석이란 사람의 출입이 적은 곳, 소음이 적은 곳, 비좁지 않고 넉넉한 곳 등 심리적으로 안정을 줄 수 있는 좌석, 또는 미관상 보기 좋은 좌석임
③ 상사의 자리가 따로 마련되어 있는 경우에는 상사와 가까운 곳, 특히 오른편이 상석
④ 창문이나 액자가 있는 경우에는 전망이나 그림이 보이는 곳이 상석
⑤ 응접세트인 경우에는 긴 의자의 깊숙한 곳이 상석

■ **교통수단 상석의 구분** 13, 14, 16년 기출

① **승용차** : 운전기사가 있는 경우에는 운전기사와 대각선에 있는 뒷 좌석이 상석, 운전기사 옆 좌석이 말석. 자가운전인 경우는 운전석 옆 좌석이 상석, 뒷줄의 가운데 좌석이 말석
② **열차** : 열차의 진행방향으로 밖을 볼 수 있는 창가가 상석이고, 마주 보이는 곳이 차석
③ **비행기** : 비행기 밖을 볼 수 있는 창가가 상석, 통로 쪽 좌석이 차석, 가운데 불편한 좌석이 말석

■ **상사와의 관계** 12, 15, 20년 기출

① 상사와의 신뢰관계 형성을 위해 조직 내에서 상사의 위치와 업무영역을 이해하고 업무를 수행
② 상사의 성격적 특성을 파악한 후 단점은 비서가 보완
③ 상사와의 원활한 커뮤니케이션을 위하여, 업무진행 중간에 의견 전달이 필요하다고 판단될 때는 진행상황을 알리고 피드백을 받는 것이 좋음
④ 상사와 일하는 방식이 맞지 않을 때는 일단 서로 대화를 통해서 상호 변화를 이끌어 내도록 해야 함
⑤ 비서와 상사와의 관계는 업무에 대한 신뢰를 바탕으로 형성되기 때문에, 가급적이면 상사의 개인생활보다 업무스타일에 대해 빨리 파악하도록 해야 함(꼼꼼히 체크하는 스타일의 상사인 경우 사소한 사항도 보고하고 상사의 지시를 따르는 것이 바람직)

⑥ 상사가 많이 화가 난 경우 그 이유가 무엇인지를 그 자리에서 물어보기보다는 일단 감정이 가라앉을 때까지 기다리는 것이 좋음
⑦ 사소한 것이라도 놓치지 않고 늘 정확하고 꼼꼼하게 처리하여 신뢰도를 높이도록 노력해야 함
⑧ 두 명 이상의 상사를 모시는 경우 직위가 높은 상사와 직위가 낮은 상사의 업무를 잘 이해하고 직위가 높은 상사의 일을 우선적으로 처리하되 예절이 결여되지 않는 범위 내에서 중요 순으로 처리함
⑨ 상사의 개인적인 용무를 도와야 하는 경우에는 예절이 결여되지 않는 범위 내에서 돕고, 지나친 협력은 삼가야 함

■ 동료와의 관계 12, 13, 14, 15년 기출

① 직장 동료와의 관계에서 자신보다 나이가 어리지만 회사에서의 경력이 많다면 선배의 예우를 갖추어야 함
② 같은 신입사원 사이라도 학교 선배라면 이에 대한 예우를 해주는 것이 좋음
③ 나이 차이가 많이 나는 후배라도 실수를 했을 경우 타인 앞에서 야단치지 않음
④ 동료의 업무가 많을 경우, 먼저 도와주겠다는 의사를 표현해도 좋음
⑤ 직장은 다양한 배경을 가진 사람들이 모이므로 화제를 취사선택하여 말함

■ 외부 고객과의 관계 12, 13, 16년 기출

① 직위가 낮은 사람을 먼저 윗사람에게 소개하고, 그다음에 윗사람을 아랫사람에게 소개
② 사회적 지위나 연령 차이가 있는 경우에는 성별과 관계없이 지위나 연령이 낮은 사람을 먼저 소개
③ 한 사람을 여러 사람에게 소개할 때는 그 한 사람을 먼저 여러 사람에게 소개하고 그 후에 각각 소개
④ 소개할 때는 소속, 성과 이름, 직책명 등을 포함해야 함
⑤ 외부 고객을 응대할 때 공평하게 대우하는 것이 필요함
⑥ 예약하지 않은 방문객이 찾아와도 하던 일을 멈추고 친절하게 인사함
⑦ 업무가 바쁘더라도 항상 미소와 예의 바른 태도로 외부 고객을 대함
⑧ 악수는 상급자, 연장자가 먼저 손을 내미는 것이 보통임. 외국인과의 악수 시 허리를 굽히거나 머리를 숙이지 않음

■ 차를 내는 순서

① 쟁반을 왼손으로 쥐고, 오른손으로 노크한 후 문을 열고 들어감
② 들어간 후 재빨리 문을 닫고, 두 손으로 쟁반을 잡은 후 인사를 함
③ 상석의 손님부터 차를 냄
④ 차를 다 내면 쟁반을 왼쪽에 끼고 두세 걸음 물러난 뒤 인사를 함
⑤ 문을 열고 나갈 때 등을 보이지 않도록 하며, 다시 한번 인사를 하고 문을 닫음

■ 다과(茶菓)를 내는 법

① 다과를 낼 때는 과자를 먼저 내고 차를 내야 함
② 찻잔은 손님의 무릎 앞, 테이블 끝에서 5~10cm 위치에 놓음
③ 될 수 있으면 손님의 오른쪽에서 차를 냄
④ 차를 놓는 몸의 자세는 낮은 탁자일 경우에는 허리를 편 상태에서 무릎을 약간 굽히고 냄
⑤ 탁자 위에 서류가 있을 때에는 그 위에 놓지 말고, 양해를 구한 뒤 서류를 한쪽 옆으로 치우고 차를 냄

■ 명함 관리방법과 예절 12년 기출

① 명함을 교환할 때는 아랫사람이 먼저 윗사람에게 주어야 함
② 명함을 줄 때 자기의 이름이 상대방 쪽으로 보이게 오른손으로 내밀어야 함
③ 맞교환할 때는 왼손으로 받고, 오른손으로 건네야 함
④ 받은 명함은 그 자리에서 보고, 읽기 어려운 글자가 있을 때는 바로 물어보아야 함
⑤ 명함을 받고 성명과 직책을 확인한 후, 회의하는 동안 테이블 위에 앉은 순서대로 배열하여 참고해야 함
⑥ 명함은 주기적으로 정리하여 최신화하도록 하며, 신속한 사용을 위해 항목별로 구분하여 저장함

■ 홈페이지 내 서비스 불만 12년 기출

① 홈페이지 관리 담당자의 사생활을 고려하여 우선 이메일로 현황파악을 요청함
② 상사의 지시 없이 독단으로 항의성 글을 삭제하거나 양해의 글을 게재하기보다는 중요한 사안에 대해서는 상사에게 보고를 드리고 지시에 따라 행동을 취하도록 함

■ 집단 간 갈등

① **긍정적인 결과** : 조직문제의 정확한 이해, 집단 내의 응집력 증대, 권력한계의 명확화, 집단 간의 연계성 강화 등
② **부정적인 결과** : 정보의 은폐, 집단 간의 괴리증대, 소속집단의 이익 집착으로 고착화, 상호 작용의 감소, 불신풍토의 조성 등

■ 갈등관리의 전략

① 갈등의 상황이나 근원을 근본적으로 변동시키지 않고 사람들을 적응시킴(인간관계기법)
② 조직상의 배열을 적극적으로 변동시켜 갈등상황을 제거
③ 조직의 순기능적인 갈등의 조장

■ 경 청

① 장 점

- 상대방도 나의 말을 경청하게 됨
- 자유롭게 말할 수 있는 분위기 조성
- 상호관계가 깊어지고 인간관계가 증진됨
- 내면적인 변화가 생김

② 경청방안

- 메모하면서 듣기
- 감정이입하며 듣기
- 말의 전체 의미를 이해하려고 노력하기
- 편견이나 선입견을 배제하고 듣기
- 상대가 말한 것을 확인하기

■ 대화 예절

① 책상 위에 팔꿈치를 올려놓는다거나 팔짱을 끼고 앉아서 말하지 않음
② 상사나 선배가 책상 근처에 와서 말을 건네는 경우에는 아무리 바빠도 일어서서 대화에 응함
③ 시선은 상대방의 눈에 두되, 뚫어지게 보거나 위협적으로 보지 않음
④ 타인의 말을 들으면서 손으로 종이 · 물건을 만지작거리거나 낙서하지 않음
⑤ 주머니에 손을 넣은 채로 말하지 않음
⑥ 전화통화 중인 사람 옆에서 큰 소리로 말하지 않음
⑦ 개인적인 잡담은 될 수 있는 대로 삼가며, 특히 손님이 있을 때에는 업무 외의 개인적인 이야기는 하지 않음

■ 조직의 대외이미지 관리에 대한 비서업무 12, 14년 기출

① 연말 사내 바자회 행사개최로 얻은 수익금을 상사와 의논하여 자선사업단체에 기부하는 업무
② 평소 회사연혁, 글로벌 네트워크, 대표적 제품 등에 대한 정보를 지속적으로 습득하여 고객들에게 기업의 제품과 서비스에 대한 일반적인 정보를 전달할 수 있도록 하는 업무
③ 웹 관련 자격증을 취득하여 상사의 블로그를 효과적으로 관리하는 업무
④ 회사와 관련된 일간지 기사가 게재되었을 경우, 사본을 준비하여 상사에게 보고하고 사내에 회람시키는 업무
⑤ 사내 전문가 집단에 의해 작성된 신간 서적을 고객사에 전달하는 업무
⑥ 업무와 관련이 있거나 도움이 될 때 상사의 승낙을 얻어 조직 외부의 강연이나 행사에 참여하는 업무

03 일정 및 출장관리

■ 상황별 일정관리 16, 17, 19년 기출

① 매일 오후에 상사에게 다음날 일정을 보고하면서 미처 파악하지 못한 상사의 개인적 약속이 있는지 확인하고 최종본을 완성하여 상사에게 전달함

② 상사의 외출 중에 면담 약속을 정할 때에는 비서의 임의대로 정하는 것이 아니라, 상사에게 보고 후 최종결정하도록 함

③ 잘 알고 있는 공휴일이나 회사의 정기일정이라고 하더라도 다른 일정과 겹치지 않도록 연말에 반드시 기입해 놓도록 함

④ 일정관리에 있어서 명심해야 할 것은 일정이란 언제든지 변경될 수 있다는 사실이므로 일정이 변경되는 상황에 유연하게 대처할 수 있는 자세를 가짐

⑤ 상사 출장 중 실시간으로 보고하여 지시를 받는 것은 옳지 않음

■ 거래처 관리 12년 기출

① 유사 서비스를 제공하는 업체는 많으므로 늘 가격 및 서비스 비교를 통해 최신정보를 얻는 것이 유리함

② 거래처의 관리에 있어서 최초 선정 시 또는 임원이나 동료의 추천 시에는 추천된 업체와 그렇지 않은 업체와의 가격이나 서비스의 비교를 통해 결정하고 결정된 업체와는 일정기간 거래를 유지하여 장기거래처로서의 이점을 활용하지만 오래된 거래업체라고 해도 가끔 타 업체와의 비교분석으로 교차점검을 하는 것이 바람직함

③ 사내임원이나 동료의 추천으로 거래처를 소개받았을 경우에는 기존의 거래처에서 변경하는 것이 좋음

④ 한번 선정된 업체는 가급적 변경하지 않고 동일 조건하에 계속 거래를 유지하는 것이 가장 바람직함

■ 일정표 작성 시 유의점 13년 기출

① 면담약속의 결정은 항상 상사의 승낙을 받아야 하며, 면담일정을 정할 때에는 예정된 일정에 유의해야 함

② 예상치 못한 일들을 고려하여 여유 있게 면담약속을 정함

③ 하루에 과다하게 여러 건의 약속을 잡지 않도록 주의하며, 하루 중 약속이 여러 번 있을 경우 간격을 너무 짧게 잡지 않아야 함

④ 만나는 장소가 회사 밖일 경우에는 점심시간이나 퇴근길에 정하는 것이 좋으며, 교통사정 등을 감안해서 여유 있게 약속시간을 정함

⑤ 일정계획의 보고 시에는 비서가 미처 모르는 상사의 약속 여부를 반드시 확인하여 누락되지 않도록 하고, 상사의 일정에 맞춰 비서 자신의 업무일정표를 작성함

⑥ 일정은 항시 변동되기 쉬우므로 사전에 확인하는 습관을 가져야 하며, 변경 시에도 업무에 차질이 있지 않도록 대비해야 함

■ 일정표의 종류

① 연간일정표(Annual Schedule)

- 시무식, 종무식, 입사식, 주주총회, 사원체육대회 등 매년의 정기행사나 임시행사 등의 일정을 기록
- 기획실, 총무부 등 조직 전반의 행사를 관장하고 있는 부서가 연초에 모든 행사를 표로 만들어 각 부서로 통지하는 것이 일반적이나, 비서 자신이 만들 때에는 전년도의 일정표를 참고하고 일시, 장소, 회의내용 등은 상사나 행사를 담당하는 부서에 확인

② 월간일정표(Monthly Schedule)

- 1개월간의 예정을 기록하기 위한 표로 정기적으로 발생하는 보고, 결재, 방문, 회의 등을 포함
- 연간일정표보다 구체적인 것으로 행사명, 일시 및 장소 등을 기입하되, 전달의 마지막 주일 전까지 작성하여 상사에게 보이고, 수정할 사항이 있으면 정정함

③ 주간일정표(Weekly Schedule)

- 주요일정, 내방객의 방문일정, 임원회의, 출장계획, 각 부서의 행사 등을 요일별 · 시간별로 구분하여 작성하는 것으로, 1주일간의 예정을 기록함
- 변경 가능성이 적고 매우 명확하며, 시각 표시는 물론 각종 회합 장소도 기재함
- 주간일정표는 전주의 금요일까지 작성하여 상사에게 보이고 수정할 사항이 있으면 정정함

④ 일일일정표(Daily Schedule)

- 하루 단위로 작성하는 일정표를 말하며 내방객 면담, 행사 및 각종 회의 등을 시간대별로 적어 두는 것으로, 가장 상세한 부분까지 기록되는 것이기 때문에 단순한 시간적인 예정뿐만 아니라 면회 약속이라면 예상되는 필요 자료에 대해서도 기록하도록 함
- 일일일정표에는 약속시간, 약속장소, 이동시간, 연락처, 만나게 될 사람, 주제, 준비자료 등을 자세히 기록하는데, 이렇게 작성한 일일일정표를 전날 상사가 퇴근하기 전까지 작성하여 상사에게 설명하거나 지시를 받음

■ 일정 기입 요령

① 모든 일정 기입은 상사의 의견을 들어서 정함
② 업무 후의 저녁 약속은 상사의 개인적인 용무 등을 고려하고, 반드시 상사의 승낙을 얻고 난 다음에 시간과 장소를 기입함
③ 일정이 결정되면 즉시 비서의 종합일정표에 기입하고, 그것을 토대로 상사의 일정표에 기입함
④ 상사가 비서를 통하지 않고 직접 정한 일정도 종합일정표에 누락되지 않도록 함
⑤ 최초의 연간 예정은 비서의 종합일정표에 옮김
⑥ 일정표는 가능한 한 상세하게 기입하고 기억해 둠
⑦ 일정을 여러 곳에 나누어 기록하면 혼란이 생길 수 있으므로 되도록 한 곳에 기록함
⑧ 일정표의 내용이 상사의 직무에 관련하여 기밀사항이 되어 있는 경우에는 특히 보안 유지에 주의해야 함
⑨ 잠정적인 예약은 연필로 기입하고, 결정되면 곧바로 펜으로 고쳐 씀
⑩ 교통체증, 약속장소로의 이동시간, 상사의 준비시간 등 시간적인 여유를 두고 작성함
⑪ 일정 중에 출장계획이 들어있을 때에는 출발 및 도착 시각을 기입하고, 별도로 출장일정표를 만듦

■ 일정 확인

① 전화로 면담과 회의의 일정을 잡았을 때에는 가능한 한 문서로 작성하여 공식 일정으로 확정
② 회의와 방문은 하루나 이틀 전에 회의 주최자와 방문처에 연락하여 일시와 장소 등을 재확인
③ 매일 아침 당일의 일정을 상사의 일정표와 동시에 비교 · 확인
④ 주말에는 다음 주의 일정표를, 월말에는 다음 달의 일정표를, 연말에는 다음 연도의 일정표를 상사에게 전달
⑤ 회의 주최자가 상사일 때에는 회의실을 확인하고 외부 참석자의 비서에게 통지
⑥ 회사 업무용 차량을 이용하는 경우, 일시 및 장소를 명확히 기재한 1주일간의 외출 일정을 운전기사에게 전달하고, 예정에 없던 주말이나 공휴일에 일정이 생기면 될 수 있는 대로 빨리 연락하여 대비하게 함
⑦ 비서와 운전기사가 긴밀한 연락을 취함으로써 장소와 시간 등에 대한 실수가 없도록 함

■ 체크리스트 사용 시 좋은 점

① 반복적인 업무를 할 때 업무의 정확성을 기할 수 있음
② 장기간 지속되는 업무에 대한 그때그때의 추진상황을 기록할 수 있음
③ 시간을 절약하고, 실수로 해야 할 업무를 못 하는 경우를 방지할 수 있음

■ 상사 부재중 업무 태도 12, 15년 기출

① 상사의 출장 기간에 비서는 상사의 부재 시의 업무지침을 마련해 두고 원활하게 모든 업무가 수행될 수 있도록 조치를 취해야 함
② 일정한 시각을 정해 놓고 통화를 하거나 이메일 등을 이용하면 편리하게 업무보고와 지시를 받을 수 있음
③ 상사 부재 사실의 공개 여부에 대한 원칙을 마련하여 이에 맞게 내방객과 전화업무, 우편업무를 처리해야 함
④ 상사가 없을 때에 비서의 근무 자세가 해이해지거나 자리를 자주 비우는 것은 다른 직원들에게 태만하게 보일 수 있으며, 사고는 방심할 때 생기기 쉽기 때문에 좋지 않음
⑤ 부득이하게 자리를 비워야 할 사정이 생기면, 외부나 상사로부터 급한 연락이 올지도 모르므로 다른 직원에게 전화를 부탁하고 외출 목적과 돌아오는 시각 등을 알려둠
⑥ 상사의 부재 기간이라도 스스로 일을 찾아서 하는 태도가 필요하며 이러한 시간을 활용하여 평소에 밀렸던 서류정리나 캐비닛 정리 등을 해 두는 것이 바람직함

■ 상사 부재중 우편물 처리 13년 기출

① 상사가 출장 가기 전에 우편물 종류에 따른 취급 원칙에 대하여 미리 지시를 받아 두는 것이 중요함
② 개인 우편물은 개봉하지 않고 상사의 책상 위에 가지런히 놓아두는데, 장기출장인 경우에는 상사의 자택에 전달할 수도 있음
③ 업무상의 대외비 또는 특수취급우편물은 개봉하지 않고 상사의 대리인에게 전해 주는 경우가 많음
④ 보통의 업무용 서신은 개봉하여 일부인을 찍고 복사한 후에 사본을 상사의 대리인에게 전달
⑤ 개봉한 편지에는 일부인 옆에 전달자의 이름을 써넣고 서류철에 끼워 상사의 책상 위에 놓아둠
⑥ 상사의 출장이 장기간이고 급한 용건의 우편물을 접수했을 때에는 출장지의 상사에게 팩스를 보내 업무의 처리를 지시받도록 하며 원본은 비서가 보관함

■ 상사 부재중 내방객 및 전화 관리 20년 기출

① 상사의 부재중에 방문한 내방객 명단을 만들어 일시, 회사명, 성명, 직함, 면회 대리자의 명단을 기록해 둠

② 전화메모는 기록해 두었다가 상사가 돌아오면 한꺼번에 책상 위에 둠

③ 장기출장일 경우에는 표로 정리하여 한눈에 파악되도록 함

■ 예약업무 12, 19년 기출

① 오찬이나 만찬은 성격에 따라서 적절한 장소를 예약하고 음식의 경우 참석자의 성향과 문화를 고려하여 예약함

② 회담 등의 경우 상사가 선호하는 장소나 방을 선택하고, 외부예약 시 상사의 이름 외에도 상대방의 이름도 함께 알려주어 안내를 받을 수 있도록 함

■ 골프 예약업무 16, 18, 19년 기출

① 그린피와 캐디피 · 카트피로 나누어지며, 캐디피와 카트피는 법인카드 사용이 안 되는 곳이 대부분이므로 현금을 준비하도록 하고, 회원 여부 그리고 주말이나 주중에 따라서 가격이 달라지므로 해당 골프장 홈페이지를 참조해서 가격 정보를 확인함

② 회원권 소지자만 예약이 가능한 회원제 골프장과 일반인도 예약 가능한 퍼블릭 골프장이 있으며, 골프 예약은 주로 회사나 상사 개인이 회원권을 소유한 골프장을 이용하는 경우가 대부분이나 예약 대행사를 통해서 예약을 진행하기도 함

③ 골프장마다 자체적으로 정한 위약 규정이 홈페이지에 안내되어 있고, 규정을 어기면 벌점을 받게 되는데 일정 점수 이상이 되면 골프 예약이 불가하므로 규정을 잘 준수해야 함

■ 항공편 좌석등급

① 1등석(First Class) : 등받이를 완전히 젖힐 수 있고 사용공간이 넉넉한 최상급 좌석. 개별 모니터, 고급 레스토랑급 식사를 이용할 수 있고, 1인당 거의 1~2명의 승무원이 배정되어 개별 서비스를 담당함

② 2등석(Business/Executive/Prestige Class) : 우등 고속버스 좌석 정도의 중간급의 좌석. 음료수 및 주류 수시 제공, 일반 레스토랑급 식사 배정, 승무원 1명이 10명 정도의 서비스를 담당함

③ 3등석(Economy Class) : 일반 버스 수준의 좁은 좌석. 도시락 같은 기내식이 배정되고, 식사나 음료 서비스가 가장 늦게 제공됨

■ 항공편 예약 시 알아야 할 항공용어 13, 15, 16년 기출

① 공동운항(Code Share) : 2개의 항공사가 노선 확충과 비용 절감을 위해서 항공 동맹을 통하여 1개의 항공기를 운항하는 것으로 마일리지 제도도 통합하여 관리

② 오픈티켓(Open Ticket) : 일정이 확정되지 않아 돌아오는 날짜를 정확히 지정하기 어려운 경우 돌아오는 날짜를 임의로 정하여 예약하고 항공권의 유효기간 내에서 일정 변경이 가능한 항공권

③ 초과예약(Over Booking) : 판매하지 못한 항공권은 시간적으로 재판매가 불가능하므로 예약이 취소되는 경우와 예약 손님이 공항에 나타나지 않는 경우를 대비하여 실제 판매 가능 좌석 수보다 예약을 초과해서 접수하는 것

④ **경유(Transit)** : 비행기가 목적지까지 한 번에 가는 것이 아니라 중간 기착지에 들러서 1~2시간을 대기한 후 다시 동일한 비행기에 탑승하여 목적지에 도착하게 됨

⑤ **환승(Transfer)** : 경유와 비슷하나 환승은 비행기가 중간 기착지에 도착하면 다른 비행기로 갈아타고 목적지에 도착하게 됨

⑥ **체류(Stop-over)** : 여정상 두 지점 사이에 잠시 체류하는 것으로, 24시간 이상 체류 시에는 해당 국가 입국 심사를 마치고 위탁 수하물을 수령하여 세관검사까지 마쳐야 함

■ 항공권에 표기된 제한사항 18년 기출

① NON-REF : 환불 불가

② NO MILE UPGRADE : 마일리지로 클래스 업그레이드 불가

③ NON-ENDS : 항공사 변경 불가

④ MAX 3M : 유효기간 3개월

⑤ NON-RER : 다른 여정으로 변경 불가

■ 면담 중 용건 전달 13, 19년 기출

① 면담 중 상사에게 전화가 걸려 왔거나 급한 전언이 있을 때에는 내용을 구두로 전달하지 않고 메모하여 상사에게 전달

② 이때, "말씀 중에 죄송합니다"라고 말하고 상사에게 메모를 보이며, 면담 중인 손님에게 전화가 걸려 왔을 때는 상대방에게 손님과 직접 통화해야 하는지 또는 전화의 용건을 전달해도 좋은지를 물어보고 급한 경우에는 용건을 메모하여 알려줌

③ 손님과의 면담이 너무 길어져서 다음 손님이 기다리거나 일정이 있을 때에는 적절한 시간에 상사가 면담을 마칠 수 있도록 다음 일정을 메모로 전함

■ 면담약속을 정하는 요령 16년 기출

① 만나고자 하는 목적을 먼저 파악한 후 약속시간을 조정함

② 약속일정을 정할 때 상대방에게 막연히 어느 때가 좋은지를 묻지 말고, 이쪽에서 가능한 시간을 2~3개 제시하여 상대방이 선택하도록 함

③ 상대방을 방문하는 약속인 경우 장소확인 및 목적지까지의 소요시간을 물어봄

④ 상대방이 찾아오는 약속인 경우 출발지로부터 차편에 따른 소요시간을 알려줌

⑤ 면담요청을 받을 때에는 반드시 메모를 하고 확인함

⑥ 면담 · 식사약속 등은 반드시 기록으로 남김

⑦ 승용차의 준비 여부, 필요한 서류 및 정보 등을 미리 확인함

⑧ 평상시 상사와 교류가 빈번한 상대방의 비서와 좋은 업무관계를 형성하여 만일의 사태에 대처하기 쉽도록 함

⑨ 보기 쉬운 약도(승용차용, 지하철용)를 준비해 두었다가 필요한 경우에 팩스로 보내거나 회사 홈페이지에 올려둠

■ 면담약속 시 피해야 할 시간

① 월요일 오전은 주말 동안 들어온 편지, 팩스, 결재 서류 등이 쌓여 있거나 회의가 있을 수 있으므로 피함
② 외출이나 식사 시간이 예상외로 길어질 수도 있기 때문에 오후 1시에서 1시 30분 사이는 피함
③ 회의가 예정보다 길어져서 다음 약속시간을 지킬 수 없게 되는 경우가 종종 있으므로 회의 직후는 피함
④ 출장 전날이나 출장에서 돌아온 다음 날에는 준비하고 처리해야 할 업무들이 많으므로 가급적 피함
⑤ 출근한 직후는 그날 바로 처리해야 할 일 등이 있을 수 있고, 퇴근 직전은 약속시간이 지연되어 퇴근 시간에 차질을 줄 수 있기 때문에 가급적 피함
⑥ 출퇴근 시간 약속은 교통 체증으로 지키지 못할 경우가 있으므로 가급적 피함
⑦ 토요일은 휴무인 회사가 많으며, 근무하더라도 주로 반나절만 근무하게 되어 짧은 시간 내에 끝내야 할 업무들이 많으므로 될 수 있으면 피함

■ 출장업무 13, 15, 16, 19, 20년 기출

① 비서가 처리해야 하는 출장에 관련된 업무는 여행일정표 작성, 교통편 예약, 숙박업소 예약, 출장경비 계산, 휴대품 준비, 출장지의 연락 · 확인, 여행에 필요한 자료 · 서류 준비 등 다양함
② 비서는 상사가 능률적으로 출장업무를 수행할 수 있도록 보좌하기 위하여 사전에 교통기관, 숙박시설, 해외여행 등에 대한 지식을 충분히 익혀서 이를 바탕으로 상사의 의견을 들어 출장계획을 세움
③ 출장일정표를 작성할 때에는 출장의 성격, 목적지의 기후 조건 등을 고려하고, 일정표에는 출장의 목적지, 출발일, 기간, 숙박시설, 목적지에서 만날 사람과 연락처, 개최되는 회의, 관계된 서류 등을 구체적으로 기입
④ 상사의 출장기간 동안 위임된 업무를 수행하며, 주의해야 하는 일을 대리권자에게 알리거나 상사 부재 시의 영향을 최소화하는 방향으로 처리
⑤ 상사가 출장에서 돌아오면 방문객, 전화 등 부재중에 일어난 일에 대한 결과를 보고하고 상사가 가져온 자료를 정리하며, 보고서 작성과 출장여비 정산
⑥ 상사가 받은 명함을 정리하고, 필요에 따라 인사장을 작성하여 발송

■ 출장계획안 작성

① 출장이 결정되면 상사는 우선 비서에게 출장지, 출발일, 도착일 등의 기본내용을 밝힘
② 기본내용들을 중심으로 하여 보다 구체적인 사항을 검토하면서 계획안을 작성함
③ 출장과 관련된 예전의 문서철을 참고자료로 이용해도 좋으며, 모르는 부분은 상사에게 질문함
④ 출장계획안을 작성하여 일정에 무리는 없는지, 빠진 것은 없는지를 검토한 후 상사에게 보여주고 의견을 구함
⑤ 필요하다면 수정하고 출장일정을 확정함

■ 출장일정표 작성 12년 기출

① 숙소와 교통편이 정해지면 출발부터 도착까지의 일정을 알기 쉽게 정리한 출장일정표를 만듦
② 출장일정표는 출장 기간 중의 예정을 한눈에 볼 수 있도록 한 장의 표에 모아 작성함
③ 출장일정이 복잡할수록 일정표의 준비는 매우 중요하며, 완성되면 관계자(동행인, 출장지 담당자, 차량 운행자, 필요한 경우 자택)에게 배부
④ 해외출장 시 재외공관주소, 현지 항공사연락처, 여권과 신용카드번호 및 만기일, 여행자 수표번호, 각종 예약번호, 현지기상정보, 세계시차표, 지도 등을 정리해 두면 좋음
⑤ 출장일정표를 한 번에 완성하기는 어려우므로 여러 번 확인 · 점검을 한 후에 비로소 마무리 짓게 되며 비슷한 일정표가 여러 장 있으면 혼동하거나 틀리기 쉽기 때문에 초안이나 복사본은 즉시 폐기 처리함

■ 환전할 때의 유의점

① 적어도 출발하기 이틀 전에는 출장 가지급금을 가불받아서 환전해야 함
② 선진국에서는 신용카드의 사용이 편리하므로 상사와 의논하여 환전할 금액을 결정함
③ 환전할 때에는 상사의 여권을 지참하고 은행의 외환계를 이용
④ 일본 출장을 제외하고는 대부분 미국 달러화로 환전하는 경우가 많음

■ 상사의 해외출장 계획안 작성 시 고려 사항

① 여권만기일 및 비자발급 필요여부 확인
② 방문 예정지 확인
③ 출발 및 도착 일시 확인
④ 현지 기상상태 확인
⑤ 교통수단의 선정 및 예약
⑥ 숙박 장소 예약
⑦ 지참할 서류, 자료 등 휴대품
⑧ 상사의 건강상태 확인

■ 상사의 해외출장 시 수명(受命)과 보고 16년 기출

① 상사 출장 시 상사 업무대행자에게 사안을 보고하여 상사의 부재를 최소화함
② 상사 출장 중에 상사의 회신을 요하는 통신문이나 우편물은 미리 취급원칙을 정하고 상사에게 알려 회신이 늦어지지 않도록 함
③ 매일 회사의 주요 사안 및 중요 인물의 전화, 방문 등을 브리핑하는 이메일을 보내고 보충설명이 필요한 경우 상사와 통화함

04 회의 및 의전관리

■ 회의업무 12, 14, 16, 17, 19년 기출

① 원활한 회의 진행을 위하여 각종 준비를 하고 회의가 끝난 후 필요한 사무를 처리하는 등 상사가 주재하거나 참석하는 회의가 원만하게 진행되기 위해서는 비서가 보이지 않는 노력을 해야 함

② 비서가 수행해야 하는 회의 관련 업무에는 안내장의 작성과 발송, 참석자의 명단 작성, 통지서 발송, 회의 장소의 선정 · 예약, 회의장 운영, 필요한 비품의 준비, 회의 자료의 준비 · 작성 · 배부, 회의장에서의 접수, 출석 확인, 미도착 인사에 대한 연락, 다과 · 식사 등의 준비, 폐회 후의 뒤처리, 회의록의 작성 · 배부 등이 있음

③ 비서는 회의에 직접 참석하지 않더라도 회의의 성격이나 참석자의 범위, 사회자의 진행발언, 내용과 토론, 결정사항과 그 정리 등을 상사와 협의하여 녹음하거나 속기하도록 하여 능동적인 대처를 함

④ 회의에 관련된 업무는 상사와 상의하면서 순서대로 진행해 나감

⑤ 외부강사를 초청하는 경우 비서는 강사료를 강사가 원하는 방법으로 준비함

■ 주주총회 준비 12년 기출

① 신문에 정기 총회 공고를 15일 전에 냄

② 주주총회는 교실형으로 좌석 배치

③ 주주총회의 장소를 결정할 때는 교통편만을 고려하는 것이 아니라 회의의 목적, 참석인원, 비용, 근접성을 총괄적으로 고려하여 결정

④ 주주총회 소집 통지서에 일시, 장소, 주주총회의 결의사항을 명시하고, 의결권위임장을 함께 동봉하여 발송

■ 직원교육 시 회의실 환경 13년 기출

① 회의의 형식으로 워크샵 형태가 적절함

② 교육인원이 소규모인 경우 대회의실을 이용하는 것은 비효율적임

③ 직원교육의 좌석배치는 ㅁ자형보다 V자형이 적당함

④ 신입비서들이 서로 이름과 소속을 쉽게 인식할 수 있도록 회의실 탁자 위에 명패를 비치함

■ 신입비서 교육용 업무매뉴얼에서 유의해야 할 요소 13년 기출

① **일상적 업무내용** : 상사가 선호하는 업무처리방식을 기술해 놓음

② **업무상 자주 연락하는 전화번호** : 신입비서가 회사정보를 적절하게 관리할 수 있는 능력을 갖출 때까지 업무에 필요한 최소한의 정보만을 제공하는 것이 바람직함

③ **각종 서류의 위치** : 상사의 기호를 분석하여 기술함

④ **자주 사용하는 비품 위치** : 자주 쓰는 소모품은 책상 서랍 중에 가장 가까운 곳에 넣어 두고 다른 용품들도 종류별, 사용 빈도별로 구분하여 지정된 위치에 수납한 후 서랍 번호를 붙이고 사용 대장을 비치함

■ 회의장 좌석의 배치 12, 19년 기출

① 회의장의 크기는 지나치게 넓으면 산만한 느낌을 주고, 지나치게 좁으면 답답하게 느껴지므로 유의해야 함

② 회의장의 좌석배치는 회의의 목적과 성격, 참석자 수, 회의장의 크기 등을 기준으로 하여 정함

③ 좌석의 배치는 사내 의전 규정을 따르며, 일반적으로 의장의 좌석은 의사진행을 하기 좋은 중앙에 배치하고, 내빈과 상사는 될 수 있는 대로 상석에 배치하며, 주최 측 중 회의 운영관련자는 입구 가까운 곳에 배치함

극장형	연사 또는 주빈석 쪽을 정면으로 향하여 좌석을 배열하는 방법으로, 대규모 강연, 연차 대회에 적합함
U자형	60명 내외의 인원이 참가하는 회의에 적합한 배열로서, 좌석 간격은 60cm 정도가 적당함
T자형	T자형으로 좌석을 배치하면 넓은 공간을 효율적으로 이용할 수 있음
이사회형 (타원형)	좌석의 간격은 60cm 정도로 배치하는 것이 적당함
ㅁ자형	U자형과 같으나 완전히 막혀 있으며, 외부 쪽에만 의자를 배열함
교실형	회의실 중앙 통로를 중심으로 양옆에 테이블 2~3개를 붙여 정면 주빈석과 마주 보게 배열하고, 테이블당 좌석을 3개로 배치함
V자 교실형	중앙 통로를 중심으로 30° 각도의 V자형으로 테이블을 배치, 50~100명 규모의 연수 회의에 적합함
원탁 테이블	총회 후 그 자리에서 그룹 토의를 진행할 수 있고 오찬, 만찬 등의 행사용으로도 쓸 수 있음

[회의장 좌석배치]

■ 회의 통지서 발송

① 회의 참석 통지문이나 청첩장은 받는 쪽을 생각해서 적어도 10일 전에 알리도록 함

② 비정규 회의라도 2~3일 전에 연락을 취하지 않으면 상대방의 일정에 맞추기가 어려울 수 있음

③ 통지서에는 필요한 정보를 빠뜨리지 않도록 주의하고, 간단명료한 표현을 쓰도록 함

■ 회의시설의 점검 16년 기출

① 회의장에 조금 일찍 도착하여 조명, 환기, 냉 · 난방, 책상과 의자의 수, 명패, 명찰 등 준비해 두어야 할 물건들이 잘 정돈되어 있는지 재확인

② 마이크와 녹음장치, 빔프로젝터 등을 시험해 보고, 의사진행 순서를 보기 쉬운 곳에 붙여 둠

③ 회의용 자료, 메모지, 필기구 등은 책상 위에 잘 정리하고, 정해진 자리의 순서에 따라 명패를 놓음

④ 다과 준비와 접대용 비품이 잘 갖추어져 있는지 점검

■ 회의의 형태

① **세미나** : 지정된 주제를 가지고 참가자들이 공동으로 토론 및 연구하게 하는 방법으로, 지명된 몇 명의 회원이 분담된 소주제에 대해 연구 · 발표하고 이를 바탕으로 회원 모두의 토론을 통해 대주제에 이르도록 하는 회의

② **심포지엄** : 여러 명의 전문가가 특정 의제에 대해 각자의 의견을 논하고 청중 혹은 사회자가 질문해 강연자가 여기에 답변하는 토의 형식

③ **버즈세션** : 다수의 인원을 소그룹으로 나누어 정해진 짧은 시간에 자유롭게 발언해 나온 의견을 그룹 대표자가 전체 앞에서 발표함으로써 전체의 의견을 통합해 나가는 형식

④ **패널(공개토론)** : 토의할 문제에 대해 참석자 중에서 여러 대표자가 청중 앞에서 토론한 뒤 다시 전원에 의한 공개토론에서 질의응답을 하는 형식

⑤ **포럼** : 1~3인 정도의 전문가가 10~20분간 공개연설을 한 후에, 이 내용을 중심으로 참가자들과 질의응답하는 방식의 토의

■ 국제영상회의 16, 18년 기출

① 모든 회의참석자들이 영상화면에 보일 수 있도록 테이블 형태 및 배치를 확인할 필요가 있음

② 타 국가와의 영상회의 시 특히 Daylight Saving Time Zone에 주의하여 회의시각을 결정해야 함

③ 나날이 발달하는 과학기술을 반영하는 하이테크 기기를 사용하면 비서업무의 생산성과 효율성을 높일 수 있음

④ 사내 영상회의 시설이 설치되지 않았을 때에는 특급호텔의 비즈니스 센터에 마련된 영상회의장을 대여하여 활용할 수도 있음

■ 회의 시 접수업무 12, 13년 기출

① 등록부 또는 방명록에 서명을 받음

② 가나다순으로 정리된 참석자 명찰을 해당 참석자에게 전달

③ 참석을 미리 통보하지 않은 사람이 참석할 경우를 대비하여 빈 명찰과 검정 사인펜을 여분으로 준비

④ 참가비나 회비를 접수할 때 영수증 발급(미리 직인을 찍어둠)

⑤ 식사시간이 있을 경우 식사 여부에 대해 체크하여 정확한 인원을 알려줌

⑥ 참석자의 주소록이나 동정에 관한 변경사항을 체크함

⑦ 회의용 자료나 회의일정표 및 기념품 배부

■ 회의록 구성 13, 17년 기출

① **결재란** : 회의에 참석하지 않은 상사나 상부에 회의내용을 전달하기 위한 결재 과정

② **회의 의제** : 회의의 핵심 안건을 기재하는 항목, 여러 안건이 있을 경우 모두 적는 것이 좋음

③ **일시 및 장소** : 회의 개최시기 및 장소를 적는 항목

④ **회의자료** : 회의를 진행하면서 필요한 자료를 첨부하여 회의참석자들에게 배포하도록 함

⑤ **참석자 명단** : 회의에 참석한 사람과 불참한 사람들의 명단을 적는 항목

⑥ **회의내용** : 회의안건의 세부사항을 적는 항목으로 회의참석자들의 찬반의견이나 회의 중 논의된 사항을 일목요연하게 정리하고 회의안건에 대한 진행사항이나 계획 등을 적으며, 다음 회의에 논의할 사항을 따로 기입해 둠

⑦ **결재자 의견** : 회의록을 결재한 상사의 의견을 적는 항목

⑧ **문서번호** : 상기와 같이 회의록을 작성할 경우에는 문서의 체계적인 관리를 위하여 문서의 고유번호 내지는 문서의 코드를 정해 문서를 일관성 있게 분류하여 관리해야 하며, 체계적으로 문서를 분류하여 관리하면 해당 문서를 관리하거나 다시 찾을 때 보다 효율적인 업무 활용도를 나타낼 수 있음

■ 회의진행 순서

① **개회** : 출석(정족수 확인), 개회 선언
② 전(前) 회의록 통과
③ 의장(회장) 인사
④ 특별 순서(감사장 증정 등의 순서가 있을 경우)
⑤ 서기, 회계 보고
⑥ 임원회/위원회 보고
⑦ 전 회의에서 심의 미결된 안건
⑧ 새로운 의사 진행
⑨ 폐회선언

■ 회의 용어 13, 15, 16, 17, 19년 기출

① **정족수(定足數)** : 회의를 개최하기 위하여 필요한 최소한의 출석인원수
② **동의(動議)** : 예정된 안건 이외에 전체 회의에서 심의하도록 안을 내는 것
③ **개의(改議)** : 동의와 관련하여 수정된 의안을 발의하는 것
④ **의안(議案)** : 회의에서 심의하기 위하여 제출되는 안건
⑤ **발의(發議)** : 회의에서 의견이나 의안을 내는 것
⑥ **채결(採決)** : 의장이 회의참석자에게 거수, 기립, 투표 등의 방법으로 의안에 대한 가결 여부를 결정하는 것
⑦ **표결(表決)** : 채결에 참가하여 의안에 대하여 찬성인지 반대인지 의사표시를 하는 것
⑧ **표결(票決)** : 표결하는 과정에서 거수나 기립이 아닌 투표로 채결하는 것
⑨ **성원(成員)** : 구성원
⑩ **재청(再請)** : 타인의 동의를 얻어 거듭 청하는 것

■ 드레스 코드 16, 20년 기출

① 일반 행사는 평상복이 원칙임
② 평상복(Informal)은 Lounge Suit, Business Suit라고도 하며 색깔은 진한 회색이나 감색이 적합함(재킷과 바지의 색깔이 다른 것을 입어서는 안 됨)
③ 야회복(White Tie)은 상의의 옷자락이 제비 꼬리 모양을 하고 있어 연미복(Tail Coat)이라고도 하고 주로 무도회나 정식 만찬 또는 저녁 파티 등에서 입음
④ 약식 야회복(Black Tie)은 디너 재킷으로 턱시도(Tuxedo)라고도 하며, 검은 나비 타이를 착용함

■ PCO(Professional Congress Organizer)의 주요 업무 15년 기출

① 국제회의 유치, 회의 전체의 운영, 회의 예산의 편성
② **회의사무국 업무대행** : 각종 문서작성, 수송, 숙박 등 각종 관련업체 수배
③ 동시통역, 일반통역의 제공
④ 회의의사록, 프로그램, 초대장 등 회의관련 자료의 제작과 발송
⑤ 리셉션, 관광, 동반자 프로그램 등 관련행사 계획과 실시
⑥ 필요 인력 제공, 회의운영 종합 컨설팅 등

■ 국제의전원칙(5R) 18년 기출

① 의전은 상대방에 대한 존중(Respect)임
② 의전은 상호주의(Reciprocity)가 원칙임
③ 의전은 문화의 반영(Reflecting Culture)임
④ 의전은 서열(Rank)임
⑤ 오른쪽(Right)이 상석임

■ 의전 기본원칙 16, 18, 19년 기출

① 공적 직위가 없는 인사의 서열기준은 전직(前職)과 연령을 기준으로 하되 행사 관련성도 고려함
② 정부기관 인사가 참여했을 경우, 직위가 같을 때는 정부조직법상의 순서를 기준으로 자리를 배치함
③ 태극기와 외국기를 교차 게양할 경우는 밖에서 보아 태극기의 깃대는 외국기의 깃대 앞쪽으로 함
④ 정부의전 행사에 있어서 참여인사에 대한 의전예우 기준은 헌법 등 법령에 근거한 공식적인 것과 공식행사의 선례 등에서 비롯된 관행적인 것으로 대별할 수 있음

■ 다양한 문화의 비즈니스 관행 12년 기출

① 미국에서는 비즈니스 목적이 아닌 경우에는 명함교환을 안 하는 경우가 많음
② 브라질은 기업이나 관공서, 상점, 은행 등에서의 업무처리속도가 빠른 편이 아니므로 업무 시 끈기를 가지고 임해야 함
③ 아랍에미리트와 같은 이슬람 문화권 국가에서는 단식기간인 라마단 기간에는 바이어상담에 응하지 않음을 유의하여 업무를 진행하여야 함
④ 나이지리아, 카메룬 등의 서아프리카 대부분의 국가들에서 선진국과 같은 정확한 시간계획에 의한 일정의 진행을 기대하기는 어려움

■ 상석의 일반적 기준 12년 기출

① 남성과 여성이 길에서 동행할 때에는 여성이 길 안쪽으로 걸어가도록 하는 것이 예의임
② 상석의 일반적인 기준은 중요인사의 오른쪽과 행사장 앞쪽임
③ 기차에서는 일반적으로 기차가 진행하는 방향 쪽의 창가가 제1석, 그 건너편 창가가 제2석, 제1석의 옆자리가 제3석, 그 건너편 통로 쪽 좌석이 제4석임
④ 엘리베이터 내부에서의 상석은 엘리베이터 안쪽이고 조작버튼 앞이 말석임

■ 외부인사 특강 관련 비용처리 12년 기출

① 특강료를 외부인사에게 지급하기 위해 주민등록증과 통장사본을 전달받아 원천징수한 금액을 외부인사 통장으로 입금함
② 특강에 필요한 기자재를 비서가 먼저 구매하면 구매 후 경리부에 세금계산서를 전달
③ 상사가 외부인사에게 선물을 준비하라고 하시면 그 비용은 법인카드로 지불
④ 기업에서 비용처리를 위해서는 간이영수증보다는 가급적 세금계산서 또는 법인카드로 지불한 카드영수증으로 처리함

■ 비즈니스 인간관계 예절 – 인사법

① 악수는 손을 마주잡음으로써 서로에 대한 친근한 정을 나누고 관계를 돈독히 하는 행위이나 제대로 하지 않을 때에는 상대방에게 불쾌감을 줄 수도 있음
② 악수할 때는 여성이 남성에게, 손윗사람이 아랫사람에게, 선배가 후배에게, 상급자가 하급자에게 먼저 악수를 청하는 것이 원칙임
③ 사교모임에서 외국인을 만났을 경우에는 자신을 소개하면서 손을 내밀어 악수를 청하는 것이 좋음
④ 상대가 악수를 청할 때 남성은 반드시 일어서야 하는 것이 예의이나 여성은 앉은 채로 악수를 받아도 됨

■ 비즈니스 인간관계 예절 – 소개법

① 쌍방을 아는 소개자나 중개자가 있을 때 나이가 어린 사람이나 직위가 낮은 사람을 먼저 연장자나 높은 사람에게 소개함
② 중개자 없이 자신을 직접 소개할 때는 자신의 이름을 밝히면서 상대방에게 말을 건넴
③ 일단 상대방의 이름을 알고 나면 대화 중 상대방의 이름을 자주 사용하는 것이 예의임

■ 비즈니스 인간관계 예절 – 명함 사용법

① 악수하기 전에 명함을 먼저 제시하는 경우가 있는데 이는 서양 예의상 바람직하지 않음
② 서양인들에게 명함의 의미는 단지 서로 충분한 대화를 나눈 후 추후 연락할 필요가 있을 때 전화번호와 주소 등을 적은 메모 이상의 역할을 하지 않음
③ 일본인들과 인사를 할 때는 미리 명함을 찾아 들고 있다가 자신의 이름을 말하며 명함을 주는 동시에 허리를 굽혀 인사함

■ 비즈니스 인간관계 예절 – 호칭 17년 기출

① 외국 사람, 특히 북미나 유럽 사람들은 일단 인사를 하고 조금 친숙해지면 자신의 First Name, 즉 이름을 불러달라고 함. 예를 들면 “Call me Bob”과 같이 이름 중에서도 애칭을 부르며 일대일의 평등한 관계에서 친밀감을 나타냄
② 외국인과의 인간관계가 많은 사람은 자신의 이름을 외국인이 알아듣기 쉽고 외우기 쉽게 약간 변형해서 불러달라고 하면 좋음

■ 비즈니스 인간관계 예절 – 복장 · 몸가짐

① 깨끗한 복장과 몸가짐은 인간관계의 기본임
② 단정하고 깨끗하면서도 시간과 장소에 맞는 옷차림에 유의하여야 함
③ 정장을 하고 갈 자리에 평상복 차림으로 가거나 주말 야외 모임과 같은 비공식적인 자리에 넥타이 차림으로 가는 것은 격에 맞지 않음
④ 일반적으로 서양 사람들은 구취, 체취와 같은 냄새에 대하여 예민하므로, 진하지 않은 향수나 방향제를 사용하여 상대방에게 불쾌감을 주지 않도록 함

■ **단상 좌석배치**

행사장의 단상에 귀빈들을 배치할 경우에는 행사에 참석한 최상위자를 가운데로 하고, 최상위자의 우측에 차상위자, 좌측에 그 다음 인사를 배치함. 즉, 최상위자 자리를 중심으로 단 아래를 향하여 우-좌의 순으로 교차 배치. 만약 최상위자가 부인을 동반한 경우라면, 중심의 우측에 최상위자를, 좌측에 부인을 배치한 후, 나머지는 마찬가지로 우-좌 순으로 교차 배치함

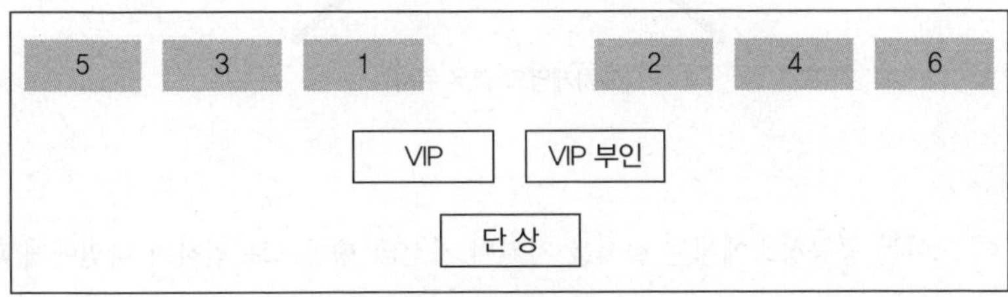

[VIP 내외분 참석]

■ **국제회의 국기게양법** 16, 20년 기출

다수의 기를 게양할 때의 위치상 우선순위는 기의 수가 홀수일 경우와 짝수일 경우가 다름

① **참여국이 홀수인 경우** : 개최국의 국기가 정가운데 위치하고 개최국을 기준으로 국가명 알파벳순으로 참여국의 좌우 순으로 배치

② **참여국이 짝수인 경우** : 개최국의 국기가 앞에서 게양대를 바라볼 때 왼쪽 첫 번째에 위치하고 나머지 나라의 국기는 국명의 알파벳순으로 그 오른쪽에 차례대로 게양함

③ **교차 게양인 경우** : 왼쪽에 태극기가 오도록 하고 그 깃대는 외국기의 깃대 앞쪽에 위치함

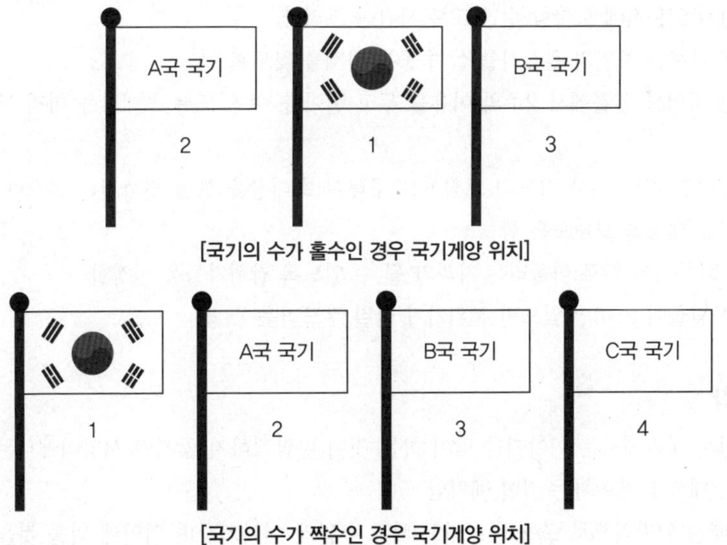

[국기의 수가 홀수인 경우 국기게양 위치]

[국기의 수가 짝수인 경우 국기게양 위치]

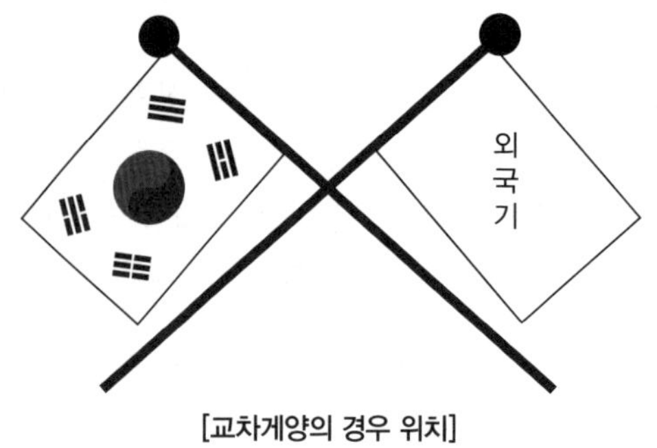

[교차게양의 경우 위치]

■ 생활예절

① 많은 사람이 모이는 공공장소에서는 질서를 지키며 자신의 행동으로 인하여 타인에게 피해가 돌아가는 일이 없도록 유의함

② 목소리를 높여서 언쟁을 하거나 금연 공간에서 담배를 피우는 행위 등은 주위 사람에게 피해를 줌

③ 외국인들은 타인의 근처(앞이나 옆)를 지나갈 때는 일단 그 사람의 공간을 침해한다는 의식이 있기 때문에 항상 “Excuse me(실례합니다)”라고 이야기하여 양해를 얻어야 함

④ 발을 밟았거나 옷깃을 스치더라도 “I am sorry(죄송합니다)”라고 이야기하는 것이 습관처럼 되어 있음

■ 초대예절 19년 기출

① 초대를 받았을 때는 감사하다는 표현을 충분히 하며 자신이 준비하거나 도와줄 것은 없는지 물어봄

② 만약 초대장을 받았는데 참석 여부를 알려달라는 요청이 있을 경우에는 빠른 시일 내에 참석 여부를 알림

③ 당일에는 정시 5분 전에 도착할 수 있도록 시간을 고려함

④ 초대 가정에 가서는 주인의 관심사를 살펴 공통 화제를 찾도록 함

⑤ 초대할 때는 적어도 열흘에서 2주의 여유를 두고 받아볼 수 있도록 초대장을 미리 보내거나 전화로 연락함

⑥ 가정에서 간단한 저녁 식사 정도의 모임에는 구태여 초대장을 보낼 것까지는 없으나 공적인 성격을 띨 때는 반드시 초대장을 보내도록 함

⑦ 초대받은 사람들끼리 서로 어울리는 자리가 될 수 있도록 참석자들을 선정함

⑧ 서로 아는 사람들이 2~3명 있으면 분위기가 한결 부드러움

■ 식사 중의 대화

① 동양식의 식사 자리에서는 이야기를 많이 하는 것이 바람직하지 않지만 서양식에서는 착석하여 식사를 마칠 때까지 대화를 계속하는 것이 예의임

② 대화를 할 때는 일반적으로 조용히 그리고 빠르지 않게 이야기하며 입안에 먹을 것을 넣은 상태에서는 말을 하지 않음

③ 화제는 심각하거나 전문적이기보다는 명랑하고 상호 관심이 있는 분야의 공통 화제를 찾아 나눔

■ **외국인과 선물을 주고받을 때의 매너** 12, 13, 15년 기출

① **미국** : 백합은 죽음을 의미하므로 피하며, 선물은 받은 즉시 풀어보는 것이 예의

② **독일** : 흰색, 검정색, 갈색의 포장지와 리본은 사용하지 않고, 꽃은 짝수가 아닌 홀수로 선물하며 13송이는 피해야 함

③ **프랑스** : 빨간 장미는 구애를 뜻하므로 함부로 선물하지 않으며, 향수나 와인처럼 프랑스인이 잘 알고 있는 기호품은 좋지 않음. 또한, 카네이션은 장례식용 꽃이므로 선물용으로 사용하지 않음

④ **중국** : 종이 달린 시계는 종결이나 죽음을 의미하므로 선물하지 않으며, 과일 중 배는 이별을 상징하므로 피해야 함. 또한, 거북이는 우리나라에서는 장수를 상징하는 긍정적인 동물이지만 중국에서는 욕설과 발음이 비슷하기 때문에 선물로는 피해야 함

⑤ **일본** : 은장도 등의 칼은 단절을 의미하므로 선물로 좋지 않으며, 하얀색 종이는 죽음을 의미하므로 사용하지 않음

⑥ **중동** : 반려동물은 격이 낮은 선물로 취급받으며 손수건은 눈물이나 이별을 상징하므로 좋지 않음. 또한, 선물을 주고받을 때는 반드시 오른손으로 해야 함

⑦ **라틴 아메리카** : 일본과 마찬가지로 칼은 단절을 의미하므로 선물하지 않음

⑧ **인도네시아** : 이슬람교의 영향으로 돼지고기를 먹지 않고 개는 불결한 동물로 여겨 가까이하지 않으므로 개나 돼지 모양의 선물은 피해야 함

* 선물을 받고 바로 개봉해야 하는 경우, 성의에 감사하고 그 자리에서 "열어 봐도 될까요?"라고 말한 다음 선물 상자를 풀어 본 후 감사의 표시를 하는 것이 매너임

05 상사 지원 업무

■ **지시를 받을 때 주의해야 할 점** 13년 기출

① **명령을 받을 때는 메모를 할 것** : 육하원칙, 즉 언제, 어디서, 누가, 무엇을, 어떻게, 왜를 활용

② **우선 끝까지 듣고 질문할 것** : 이해가 안 되는 점이 있으면 표시해 두었다가 중간에 끊지 말고 지시가 끝난 후에 질문을 함

③ **지시를 받은 뒤 간단히 복창하여 확인할 것** : 지시를 다 받고 난 뒤에는 지시 내용을 요령 있게 복창하여 잘못 들었거나 빠뜨린 것이 없나 확인하여야 함

④ **곧바로 지시받은 업무를 착수할 것** : 지시를 받으면 바로 일을 시작해야 함

⑤ 상사가 부르면 "네" 하고 분명하게 대답함

■ **보고의 요령**

① 지시한 사람에게 완료 즉시 직접 보고함

② 보고의 내용이 긴 경우 '결론 → 경과나 이유 → 소견' 등의 순서로 말함

③ 보고할 내용이 몇 가지 이상 겹쳤다면 전체 상황을 먼저 이야기하고, 하나씩 조목별로 번호를 매겨서 이야기하는 것이 좋음

④ 듣는 사람에게 확신이 가도록 수치를 사용하거나 명확한 표현을 쓰며, 말의 끝을 분명하게 맺음
⑤ 보고는 시기가 매우 중요하며, 일이 종료되었을 때뿐만 아니라 어떤 문제가 예상될 때, 실수를 저질렀을 때, 갑자기 변경해야 할 때 등은 일이 해결될 때까지 기다리기보다는 중간에 보고함
⑥ 일이 순조롭게 진행되고 있는 사안에 대해서도 중간보고는 필수적임
⑦ 상사에게 보고할 때에는 상사의 정면을 피해서 약간 측면으로 적정 거리에서 보고함
⑧ 보고가 길어지는 경우에도 상급자의 권유가 있을 때까지 자리에 앉지 않도록 함

■ 보고의 일반원칙 14년 기출

① 필요성의 원칙
- 보고의 용도를 명확하게 제시하고 불필요한 보고 억제
- 활용할 목적에 합치되도록 함
- 적정한 보고의 양과 질 확립

② 완전성의 원칙
- 철저한 자료 수집으로 관련 사실을 완전히 정리
- 보고서 작성 시 책임 한계를 명백히 함

③ 적시성의 원칙
경영활동을 위한 전략적 또는 전술적 조치를 수행할 수 있도록 적시에 보고함

④ 정확성의 원칙
- 독단과 편견을 배제하고 공정한 판단에 의하여 정확하게 작성
- 불확실한 자료는 제외하고 임의성은 배제

⑤ 간결성의 원칙
- 간결한 형식으로 내용을 요약함
- 보고서식은 간단명료하게 함
- 이해하기 쉬운 표현 사용

⑥ 유효성의 원칙
- 관리 통제나 방침 결정에 유용한 보고를 함
- 보고받는 사람이 즉시 활용할 수 있도록 함

■ 효과적인 정보 보고 19년 기출

① 간단명료한 상태일 것
② 신속한 보고일 것
③ 확실한 목적이 있는 보고일 것
④ 보고 내용은 문제의 핵심만 요약할 것
⑤ 현상 파악과 아울러 경향 파악을 할 수 있을 것
⑥ 탄력성과 융통성이 있을 것
⑦ 결론부터 보고할 것
⑧ 사실 그대로 보고할 것
⑨ 물어오기 전에 보고할 것

■ 경어의 표현 12, 13년 기출

존대어		겸양어		정중어	
있 다	계시다	나, 우리	저, 저희	미안해요	죄송합니다
만나다	만나시다	말하다	말씀드리다	했어요	했습니다
일	용 건	만나다	만나뵙다	그래요	그렇습니다
야 단	꾸 중	찾아가다	찾아뵙다	~여요	입니다
상대방 회사	귀 사	우리 회사	당사, 폐사	아니에요	아닙니다
집	댁	주 다	드리다	고마워요	감사합니다

■ 실용한자 13, 14, 19년 기출

① 단 어

- 採用(채용) : 사람을 골라서 씀
- 各位(각위) : 다수의 사람
- 貴下(귀하) : 상대방을 높여 부르는 말(직위가 있는 경우)
- 諸位(제위) : 여러분
- 先生(선생)님 : 남을 존대하여 부르는 말(직위가 없는 경우)
- 創業(창업) : 사업을 시작함
- 開院式(개원식) : 원(院)을 공식적으로 처음 열 때에 하는 의식
- 參席(참석) : 모임에 참여함
- 問議(문의) : 모르는 것을 상대에게 물어서 의논함
- 代表(대표) : 조직을 대신하여 일을 하거나 생각을 드러냄
- 所長(소장) : 소(所)의 우두머리
- 訃告(부고) : 사람의 죽음을 알리는 것

② 사자성어

- 朝三暮四(조삼모사) : 눈앞에 보이는 차이만 알고 결과가 같은 것을 모르는 것을 풍자함
- 同病相憐(동병상련) : 처지가 어려운 사람끼리 서로 동정하고 돕는 것
- 刮目相對(괄목상대) : 학문이나 그 밖의 실력이 눈에 띄게 늘었음을 가리킴
- 破竹之勢(파죽지세) : 대나무를 쪼갤 때의 맹렬한 기세라는 뜻으로 세력이 강대함
- 臥薪嘗膽(와신상담) : 한 번 실패해도 포기하지 않고 새롭게 도전함
- 三顧草廬(삼고초려) : 훌륭한 인재와 파트너를 등용하는 노력
- 無限追求(무한추구) : 한 번 일을 시작하면 끝장을 내려고 노력함
- 脣亡齒寒(순망치한) : 입술과 이의 관계처럼 결코 끊어서는 안 되는 관계

■ 승진 · 취임 · 영전 축하 한자 12, 19, 20년 기출

① 祝昇進(축승진) : 직위가 오를 때
② 祝榮轉(축영전) : 더 좋은 자리로 전임을 할 때
③ 祝就任(축취임) : 맡은 자리에 처음으로 일하러 나아갈 때
④ 祝轉役(축전역) : 다른 역종으로 편입될 때
⑤ 祝遷任(축천임) : 다른 관직이나 임지로 옮길 때

■ 개업 · 창립 축하 한자 20년 기출

① 祝發展(축발전) : 좋은 상태로 나아가길 바라며
② 祝開業(축개업) : 영업시작을 축하하며
③ 祝盛業(축성업) : 사업이 잘되기를 바라며
④ 祝繁榮(축번영) : 일이 잘되기를 바라며
⑤ 祝創設(축창설) : 새롭게 시작함을 축하하며
⑥ 祝創刊(축창간) : 정기 간행물지를 시작했을 때
⑦ 祝移轉(축이전) : 사업장을 옮겼을 때
⑧ 祝開院(축개원) : 병원, 학원 등의 설립을 축하하며
⑨ 祝開館(축개관) : 도서관, 박물관 등의 설립을 축하하며

■ 약혼 · 결혼 축하 한자 12, 15, 20년 기출

① 祝約婚(축약혼)
② 祝結婚(축결혼)
③ 祝成婚(축성혼)
④ 祝華婚(축화혼)

■ 죽음 애도 관련 한자 13, 15, 19, 20년 기출

① 賻儀(부의)
② 謹弔(근조)
③ 追慕(추모)
④ 追悼(추도)
⑤ 哀悼(애도)
⑥ 弔意(조의)
⑦ 慰靈(위령)
⑧ 謹弔花環(근조화환)
⑨ 聘父喪(빙부상) : 장인어른 상

■ 생일 축하 한자

① 祝生日(축생일)
② 祝生辰(축생신)
③ 祝壽宴(축수연) : 61세를 축하하며
④ 祝華甲(축화갑) : 61세를 축하하며
⑤ 祝回甲(축회갑) : 61세를 축하하며
⑥ 祝古稀(축고희) : 70세를 축하하며

■ 이사 축하 한자

① 祝入宅(축입택)
② 祝入住(축입주)
③ 祝家和萬事成(축가화만사성) : 가정이 화목하길 기원하며

■ 상사보좌 업무 16, 19년 기출

① 비서는 중요한 모임의 초청장과 행사 안내장의 날짜에 형광펜으로 표시하여 올림
② 공휴일 다음 날이나 상사가 출장에서 귀국한 직후는 평소 출근 시간보다 조금 더 일찍 출근하여 업무를 시작하도록 함
③ 해외 출장의 경우 시차가 회복되지 않아 일찍 출근하시면 피로가 쌓여 있을 수 있으므로 더욱 긴장한 자세로 업무에 임함
④ 중요한 우편물의 경우 서류와 함께 올려 드리고, 급하지 않은 것은 오후에 업무가 바쁘지 않은 시간에 드리도록 함

■ 사무실 환경 12, 15년 기출

① 사무실 환경과 정리 상태는 마치 사람의 외모와도 같이 중요한 역할을 하며 업무공간은 기능적으로 배치하고 정리 · 관리해야 할 뿐 아니라, 시각적으로도 기업과 업무 담당자의 바람직한 이미지를 창출할 수 있도록 꾸며져야 함

② 바람직한 사무실 환경을 조성하기 위해서는 사무공간의 쾌적성, 안정성, 그리고 사무공간의 배치를 점검함

③ 사무실 내의 환경조건을 자주 점검하여 상사나 방문자, 또 비서 자신에게 쾌적한 환경이 되도록 관리함

■ 사무실 환경유지 12, 18년 기출

① 사무기기나 책상 등 집기의 색상도를 고려하여 통일감이 들도록 함

② 여름에 습도가 높아지면 불쾌지수가 높아지므로 쾌적한 환경조성을 위해서 제습기를 이용함

③ 조명은 자연 광선을 최대한 이용하되, 인공조명을 사용할 때는 직접조명과 간접조명을 적절히 사용함

④ 사무실 소음을 줄이기 위해 바닥에 카펫을 깔고 외래 방문객의 출입이 많은 부서는 입구 쪽에 배치함

⑤ **사무실의 환경조건**

- 천장 높이 : 2.5~2.6m가 적당함
- 실내 공기 : 기온 18~25℃, 습도 50~60%, 환기는 자주 함
- 실내 조명 : 책상면의 조도는 일반 작업일 경우 500~700Lux
- 실내 소음 : 사무실 내에서는 통상적인 대화에 방해가 되지 않는 40~50dB
- 실내 색채 : 밝고 부드럽고 따스한 색을 많이 사용. 가구 및 기기와도 어울리도록 함
- 전기 배선 : 통로, 바닥, 가구, 기기 등의 주위에 노출 배선이 없도록 함

■ 경조사 업무 13, 16, 18년 기출

① 신문이나 각종 경로를 통하여 상사와 관련된 인사의 경조사에 관한 정보를 수집하고 확인

② 상사와 상의하여 경조전보나 화환을 보내고, 상사가 직접 참석해야 하는 경조사는 위치와 시각 등을 정확히 확인

③ 상사와 관련된 각종 행사의 안내, 초대장의 작성이나 발신을 하기도 하고, 경조사에서의 안내, 조사의 대리 출석, 선물의 구입 · 관리 · 발송 등의 교제업무도 수행

④ 회사의 경조사 업무는 상사의 재량보다는 관례나 회사의 경조규정에 따라 형식을 갖춤

⑤ 조문을 하는 절차는 조객록에 서명을 한 후 조의금을 전달하고 호상(護喪)에게 신분을 밝힌 후 조문을 함

■ 경조사 업무관리 순서

① 회사의 경조규정과 선례 알아두기

② 경조소식 인지(사내와 정보 연락, 신문, 기타 방법)

③ 경조상황 확인(경조 내용, 일시, 장소, 연락처 등)

④ 상사에게 보고 및 지시받기(즉시 보고, 참여방법 확인)

⑤ 경조사의 처리(참석, 축의금, 조의금, 선물, 화환 등)

■ **발송업무** 12년 기출

① **연하장 발송** : 다량 우편물 발송의 경우엔 요금별납 서비스를 이용하도록 함

② **발송대상자 주소 및 인적사항 확인** : 발송대상자가 작년에 이미 발송을 했던 대상자라고 하더라도 이직 · 이전 · 승진 등의 변경이 있을 수 있으므로 확인해야 함

③ **연하장 샘플 수령 및 선택** : 대중브랜드의 연하장을 이용하는 것도 좋지만 회사의 이미지를 살려 주문제작된 연하장은 수령인에게 색다른 느낌을 전달할 수 있음

④ **임원 및 직원별 연하장 주문량 확인** : 사내 여러 임원이 미국본사의 동일인물에게 개별카드를 보내는 것보다는 공동명의로 연하장 한 장을 보내는 것이 합리적일 수 있음

■ **연하장 발송 관련 업무의 순서** 12년 기출

① **연하장 발송대상자 명단 작성, 발송대상자 주소 및 인적사항 확인** : 상사와 의논하여 발송대상자의 명단을 확정하고 발송대상자의 주소 및 회사명 직급 등에 변화가 있는지 확인함

② **연하장 샘플 수령 및 선택** : 금년 연하장으로 사용할 샘플을 요청하고 이를 상사께 보여드려 선택함

③ **임원 및 직원별 연하장 주문량 확인, 연하장 발송량 총합 확인 및 주문** : 자신이 보좌하는 임원 외에 다른 임원분들도 필요하다고 할 경우 수량을 확인하여 총주문량을 결정함

④ **연하장 발송** : 레이블작업을 통하여 연하장을 완성하고 이를 발송함

■ **조 문**

① **상사 보고** : 비서는 자사(自社)나 거래처 직원 또는 상사가 관련된 모임이나 단체 관계자의 사망, 또는 가족상을 당했다는 소식을 들으면 상대방의 직원이나 가족에게 다음과 같은 사항을 확인하고, 상사에게 보고한 후 지시를 받아야 함

- 상주의 성명, 주소, 전화번호
- 사망 · 사고 일시, 사인(死因)
- 문상 장소, 병원명 및 영안실 위치, 호수
- 장례의 형식, 장소, 시각, 장지(葬地)

② **조위금 및 조화의 준비**

- 상을 당한 유가족에게 애도의 뜻을 표하고, 조금이나마 위로하기 위하여 돈이나 물건을 보내는 것을 조위금이라 함
- 조위금은 깨끗한 흰 종이에 싸고, 단자(單子)를 써서 함께 봉투에 넣으며 봉투 앞면에는 부의(賻儀), 근조(謹弔), 조의(弔意) 등의 글귀를 써넣음
- 조화를 보낼 때에는 백색과 황색의 국화 등을 주문하며, 리본을 쓸 경우 회사명 또는 상사의 이름을 넣는지 확인해야 함

③ **조위 전보(弔慰電報)**

- 거리가 멀거나 부득이한 사정으로 조문을 갈 수 없는 형편이면 조위 전보를 침
- 조위 전보는 발인 전에 도착하도록 하고, 부의금을 보낼 경우에는 우편 서비스를 이용
- 전보를 신청할 때에는 경축 전화와 마찬가지로 국번 없이 115번을 돌려 전화를 건 쪽의 전화번호를 말하고 신청함

④ 문 상

- 문상을 가야 할 경우가 생기면 가급적 검정색 옷을 입고 가는 것이 좋으며, 식사 때에는 방문을 피하는 것이 좋음
- 소식을 접하는 즉시 문상하는 것이 바람직하되, 사망 직후에는 준비시간이 필요하므로 이 점을 고려함

■ 장례절차 유의 사항 16년 기출

① 외부 안내표시 작성 시 '故, 호, 이름, 직위, 영결식'이라고 씀

② 부고소식을 언론자료로 배포 시 고인의 약력과 업적, 발인일시, 향년 나이, 가족 관계 내용을 포함시킴

■ 금융업무 12, 13, 14, 19년 기출

① 소액으로 판단되더라도 간이영수증이 처리되는지 확인 후에 비용처리 해야 함

② 외부인력에 대한 인건비의 경우 원천징수 금액을 제하고 입금하는 경우가 있으니 확인해야 함

③ 업무 관련 판매관리비는 가능한 한 법인카드로 규정에 맞게 항목별로 사용하고 영수증 처리해야 함

④ 상사의 통장과 도장은 기밀장소에 보관하고, 현금은 필요할 때마다 찾음

⑤ 신용카드 매출전표는 청구서가 오더라도 일정기간 폐기하지 않고 보관함

과목

02 경영일반

01 경영환경 및 기업형태

■ 경영환경 12, 13, 17, 18, 19, 20년 기출

① 기업이나 기업활동에 영향을 미치는 기업의 내부 및 외부적인 요소를 말함

② 환경은 기업에 기회와 위협을 동시에 제공함

③ 자연적 환경이 기업활동에 있어 중요하게 부각된 것은 환경오염과 파괴가 사회적 문제로 대두되었기 때문임

④ **내부환경** : 기업내부에 존재하는 요소와 상황을 의미함(예 조직목표, 기업문화, 최고경영자의 관리스타일, 회사방침 및 종업원, 노조 등)

⑤ **외부환경** : 기업외부에 존재하는 환경으로 다양한 기회와 위협을 제공하는 일반환경과 기업목표달성에 직 · 간접적으로 영향을 미치는 이해관계자 집단을 포함하는 과업환경으로 나눌 수 있음

■ 일반환경과 과업환경 12, 13, 20년 기출

① **일반환경** : 범위가 넓고 조직에 간접적 영향(예 조직의 경제적, 정치적, 사회 · 문화적, 기술적, 자원환경)

② **과업환경** : 특정 경영체에 의해 직접적 영향(예 고객, 주주, 거래기업, 금융기관, 정부, 지역사회)

■ 기업경영의 거시 · 미시환경 12년 기출

① 거시환경은 그 변화 양상을 정확히 예측하거나 변화패턴을 통제할 수 없으므로 경영자는 그 변화에 신속하고 적극적으로 대응하는 전략경영을 수립해야 함

② 거시환경의 변화에 대응하기 위한 기업의 전략경영은 바로 미시환경에 영향을 미침과 동시에 기업경영활동에 파급적 영향을 미치게 됨

③ 거시환경와 미시환경은 기업에 대해 서로 상호연관된 형태로 영향을 미침

④ 미시환경은 기업에 밀접한 영향이 있는 것이 사실이지만, 거시환경 또한 미시환경과 상호연관된 형태로 기업의 경영환경에 중요한 영향을 미치므로, 그 변화에 신속히 대응하는 것이 중요함

■ 기업의 사회적 환경과 경제적 환경 12년 기출

① 기업의 사회적 환경 중 '인구 통계적 특성'이란 총인구 가운데 성별, 연령별 직업 소득수준 등을 의미함
② 기업의 경제적 환경에는 GDP, 물가상승률, 실업률, 이자율, 국제수지 등의 요인이 포함

■ 경영환경의 이해관계자 20년 기출

① 이해관계자(Stakeholder)란 기업의 경영활동과 관련하여 직·간접적으로 이해관계를 맺고 있는 사회조직 또는 집단으로, '조직에 연결된 사람들, 조직에 이해관계가 있는 사람들 또는 조직의 의사결정에 의해 영향을 받는 사람들'을 말함
② 이해관계자들은 기업의 경영활동, 의사결정, 정책 등에 의해 영향을 받기도 하고 기업의 경영활동, 의사결정, 정책에 영향을 주기도 함
③ 이해관계자의 3가지 범주
- 소유권(Ownership)을 기반으로 한 이해관계 : 소유경영자, 대주주 및 일반주주
- 권리(Right)를 기반으로 한 이해관계 : 종업원 및 노동조합, 소비자, 공급기업, 채권자 등
- 이익 또는 이해를 근간으로 한 이해관계 : 정부, 지역사회, 금융기관, 경쟁기업, 시민단체, 해외 진출 지역의 정부 등

④ 기업과 이해관계자의 관계
- 가해자와 피해자의 대립적 관계 : 기업권력 남용으로 인한 사회갈등 고조, 이해관계자 반발
- 상호의존성을 기반으로 한 공생적 관계 : 더 많은 경제적 이익과 바람직한 영향을 주고받음

⑤ 대표적인 이해관계자
- 주주(Stockholder) : 자기자본을 제공하는 개인, 투자집단, 투자기관
- 노동조합 및 근로자집단 : 경영자 집단과 함께 조직을 구성하는 기업의 주요 과업환경
- 소비자 및 소비자 집단 : 구매력과 구매의욕을 가지고 기업이 생산한 상품 및 서비스를 반복하여 구매하는 소비 주체
- 관계기업 : 같은 시장을 대상으로 하는 경쟁기업과 원재료와 부품의 공급 및 완제품의 수요를 통해 상호보완하는 협력기업
- 지역사회 : 공해·환경 파괴 등으로 기업의 사회적 책임이 부각되면서 중요성이 증가하고 있음
- 정부 : 일반환경을 포괄하는 영향력을 행사하는 과업환경

■ 사회적 책임의 주요내용 14, 15, 19년 기출

① 사회적 책임은 우리 사회의 목표나 가치적 관점에서 바람직한 정책을 추구하고, 그러한 의사결정을 하거나 행동들을 좇아야 하는 기업인의 의무를 의미
② 기업의 사회적 책임은 기업의 활동으로 인해 발생하는 문제의 관점 및 기업과 사회의 관계를 지배하게 되는 윤리원칙의 관점에서 생각될 수 있으며 이러한 문제의 해결과 윤리의 준수가 곧 기업의 사회적 책임
③ 사회적 책임은 경제적, 법률적인 필요요건을 넘어서 사회로부터 정당성을 인정받을 수 있는 기업활동을 의미

④ 사회적 책임은 주어진 특정 시점에서 사회가 기업에 대하여 가지고 있는 경제적 · 법적 · 윤리적 및 재량적 기대를 모두 포함
⑤ 사회적 책임을 갖는 기업은 공해방지와 생활환경을 보호할 책임이 있음
⑥ 기업이 망하면 재화와 서비스 공급이 끊기고 실직자가 증가하므로, 경영자는 기업을 잘 유지하고 발전시켜야 하는 책임이 있음
⑦ 기업은 기업의 주인인 소유주 또는 주주에 대한 책임을 다하기 위해 기업가치를 높이는 일을 추구해야 함

■ 기업의 사회적 책임 12년 기출

① 기업이 사회적 책임을 수행하는 것은 기업 자체에 대해서도 장기적이고 지속적인 기업경쟁력의 원천이 됨
② 기업의 사회적 책임수행은 국가행정기관에 의한 복지정책의 미흡한 부분을 보완해주어 사회적 형평성을 제고시킴
③ 기업이 자발적으로 사회적 책임을 수행하면 사회적 감시비용이 줄어들게 됨
④ 기업이 사회봉사, 고용안정, 예술활동지원 등에 앞장서는 것은 사회적 책임의 적극적인 실현을 위한 활동에 해당함
⑤ 기업이 사회적 책임을 다한다면 고객이나 지역사회로부터 환영받게 되어 장기적으로 회사에 이익이 됨

■ 기업의 4가지 책임 15년 기출

경제적 책임	기업의 사회적 책임 중 제일의 책임이며 기업이 사회의 기본적인 경제단위로서 재화와 서비스를 생산할 책임
자선적 책임	기업에 대해서 명백한 메시지를 갖고 있지 않으며, 기업의 개별적 판단이나 선택에 맡겨져 있는 책임으로 사회적 기부행위, 보육시설 운영 등 자발적 영역에 속하는 활동
법적 책임	기업의 경영이 공정한 규칙 속에서 이루어져야 한다는 의미로, 기업이 속한 사회가 제정해 놓은 법을 준수하는 책임
윤리적 책임	법적으로 강제되는 책임이 아니지만, 기업이 모든 이해관계자의 기대와 기준 및 가치에 부합하는 행동을 하여야 할 책임

■ 기업윤리

기업윤리는 기업경영이라는 상황에서 나타나는 행동이나 태도의 옳고 그름이나 선악을 구분해주는 규범적 판단기준, 또는 도덕적 가치를 반영하는 기업행동과 의사결정의 기준. 경제 사회의 한 구성원으로서 가져야 하는 기업의 도덕적 책임도 포함

■ 사회적 책임과 기업윤리 12, 13, 20년 기출

사회적 책임	기업윤리
• 기업행동의 대사회적 영향력이라는 사회적 결과 강조 • 수행 주체로서 조직차원의 기업을 보다 강조 • 사회적 책임은 이를 실천하려는 기업의 자유의지를 반영하는 능동적 역할을 보다 강조 • 사회적 책임을 논하는 학자들의 기반은 대부분 경영학이나 경제학 등 사회과학	• 기업행위나 경영의사결정의 옳고 그름을 따지는 판단기준 자체에 보다 큰 중요성을 부여 • 기업윤리는 상대적으로 이를 준수해야 한다는 수동적인 역할에서 시작함 • 수행주체로서 인적 차원의 경영자나 조직구성원을 보다 중요시함 • 기업윤리를 주장하는 학자들의 기반은 대부분 철학이나 윤리, 신학, 교육학 등 인문과학

■ 기업윤리의 중요성 16년 기출

① 기업윤리를 충분하고도 완전하게 준수하도록 함

② 경영활동의 윤리성이 기업의 내부적 이해관계자뿐만 아니라 외부적 이해관계자에게 미치는 영향이 큼

③ 기업윤리는 인간 또는 조직구성원의 윤리적 성취감을 충족시켜 줌

④ 기업윤리의 준수는 장기적인 면에서 조직유효성의 증대를 기대할 수 있음

⑤ 기업윤리는 사회적 윤리에 관계되는 일반의 인식과 제도 및 입법의 기본취지를 바탕으로 함

⑥ 기업활동의 부정적 효과를 감소시키기 위해 각국은 그 상황에 적합한 기업윤리강령이나 헌장을 채택하고 준수하도록 권장함

■ 벤처의 유형 12, 13, 14, 15년 기출

① **합작벤처** : 벤처기업이 기술을 제공하고 대기업의 자본 및 판매망을 제공하는 형태로, 벤처가 고도의 기술력을 제공하고 대기업이 자본과 판매망, 기술개발 결과의 활용과 적용에 역점을 둔 형태

② **사내벤처(내부벤처)** : 회사 내부에 모험 자본을 마련해 놓고 기업내부의 구성원들에게 사업 아이디어를 제안해 벤처비즈니스를 설립하게 하는 방식으로 기존 우수인력의 지속적 활용과 이탈 방지, 다양한 사업기회 포착 등을 위한 형태

③ **컨소시엄 벤처** : 벤처캐피탈 회사가 다른 몇 개의 회사와 함께 컨소시엄을 구성하여 벤처기업에 투자한 형태

④ **벤처창업 절차** : 내부여건 및 외부환경 분석 → 창업아이템 선정 → 창업아이템 타당성 분석 → 사업계획 수립과 추천

■ 벤처비즈니스 12, 17년 기출

① 벤처비즈니스는 자본력은 부족하지만 모험적 사업에 도전하려는 왕성한 기업가 정신을 가진 기업인에 의해 주도됨

② 벤처에 대한 정부의 정책적 지원에 힘입어 모험 자본과 투자자의 주요 회수시장인 코스닥이 형성된 것도 벤처창업의 촉진요인으로 작용됨

③ 미공개 벤처기업의 창업이나 초기단계에 필요한 자금이나 경영노하우를 제공하는 벤처캐피탈과 엔젤로 인해 벤처기업의 탄생이 가능하게 됨

④ 벤처캐피탈은 법인이며, 엔젤은 개인투자가로서 자본이나 경영수완이 부족한 벤처기업 창업가에게 경영노하우와 지분투자 형태의 자금을 지원하는 개인투자가를 의미함

■ 글로벌 경영 15, 16, 17년 기출

① 경제활동이 일어나는 대상을 특정 국가의 시장이 아닌 세계시장으로 하는 경영체제

② 자유무역체제가 확산되고 각국의 개방화가 진전됨에 따라 국경이라는 개념의 중요성이 사라지면서 등장함

③ 사업영역을 세계시장으로 확장하여 자사의 이익과 시장을 확보하기 위해 세계에 분산된 자원을 효율적으로 확보하는 것을 목적으로 함

④ 성공적인 글로벌 경영을 이행하기 위해 기업 사이에 적절히 협력과 제휴 관계를 맺어 타 지역의 시장에서 토착화할 필요가 있음

■ 글로벌 경영 전략 15년 기출

의 의	세계를 하나의 시장으로 보고 범세계적 차원에서 사고하고 기업활동을 계획 · 집행하는 것
목 적	• 국가 간 차이 : 생산요소의 차이를 활용, 각국 자원의 요소부존도 측면에서 차이 • 규모의 경제효과 : 생산규모 증대로 단위당 생산비 감소 • 범위의 경제 : 다수의 제품을 연계하여 생산할 때 소요비용 절감
과 제	• 세계 차원에서의 사고와 행동 • 글로벌 기업의 개별기업들은 하나의 범세계적 분업과 전문화 체계연계, 긴밀한 협력과 의사소통 실현 • 국가 간에 회계적 균형유지 추구 • 현실적 문제(이중성 문제) : 기업은 현지화 욕구와 글로벌화 욕구를 동시에 가지므로 융통성이 필요
글로벌 경영 전략 수립의 주요요소	• 핵심역량의 이전가능성 • 가치사슬 배치 • 진출시장의 선정 • 진입방식의 선택 • 통제와 조정

■ 기업의 해외시장 진출방식 12, 18, 19년 기출

① 라이센싱(Licensing)

- 상표 등록된 재산권을 가지고 있는 개인 또는 단체가 기업이 소유하고 있는 브랜드를 사용하도록 허가해주고 제공받은 디자인이나 제조기술을 활용하여 국내에서 영업할 수 있도록 하는 합작 또는 제휴의 형태
- 국제 라이센싱(Licensing)
  - 현지국의 무역장벽이 높을 경우 수출보다 진입 위험이 낮아 진입전략으로 유리
  - 서비스의 경우 수출과 이전 비용이 적게 소요되므로 직접투자보다는 라이센싱을 선호

- 라이센싱에 따른 수익이 해외투자에 따른 수익보다 적지만 정치적으로 불안정한 시장에서 기업의 위험부담이 적다는 장점이 있음
- 라이센서(공여기업)가 라이센시(수혜기업)의 마케팅 전략, 생산 공정을 통제하기 어려움

② **프랜차이징** : 외국기업이 자신의 상호, 상표, 경험, 노하우, 인지도 등을 자국에서 제품을 생산할 수 있도록 허락해 주고 그 대가로 로열티 수수료를 받는 방식. 프랜차이징 가맹사들은 본부의 정책과 운영절차에 따라 보다 더 강한 통제를 받음

③ **해외 직접투자** : 관세, 비관세 문제를 극복하기 위해 현지화 수준을 높이는 방법

④ **직접수출방식** : 간접수출방식에 비해 시장개입의 범위를 확대할 수 있음

⑤ **턴키프로젝트** : 생산설비, 기술자, 노하우 등을 복합적으로 이전하는 수출 형태로 현지정부의 규제로 직접투자가 어려운 국가에 유용한 진입방식

⑥ **조인트벤처** : 기업과 해외파트너가 각자의 지분을 가지고 새로운 합작회사를 설립하겠다는 협정

⑦ **위탁제조** : 외국의 기업에 물품의 제조를 위탁하여 생산한 제품에 회사의 브랜드와 상표를 부착하여 판매하는 방식

■ 기업의 기능

① **생산활동** : 원재료를 기술적으로 결합하여 일정한 품질의 재화나 서비스를 창출하는 활동

② **마케팅활동** : 신제품 및 서비스 개발, 가격결정, 판매촉진 및 유통활동

③ **재무활동** : 기업에 필요한 자금의 조달 및 운용에 관한 활동

④ **인사활동** : 기업활동에 필요한 인력의 채용과 교육, 임금관리, 노사관리활동

⑤ **회계 및 정보활동** : 기업 내의 활동을 숫자로 보고하고 분석하는 활동

⑥ **연구개발활동** : 신기술의 개발 및 연구 활동

■ 중소기업의 특성 12, 14, 15, 17, 19년 기출

① 종업원 수, 자본액 및 생산량 등에 있어서 중소규모의 독립기업을 말함

② 생산과 고용의 증대에 기여하며, 산업구조의 저변을 형성함

③ 개인적 기호나 유행의 변화가 심하여 대량생산이 곤란한 제품의 경우에는 중소기업이 유리함

④ 경영규모가 작기 때문에 경기변동에 대해 탄력적으로 적응할 수 있음

⑤ 기계화가 어렵고 노동집약적인 제품생산의 경우 중소기업이 유리함

⑥ 대기업에 소재, 부품을 공급하고 창조성과 신속한 전환능력을 토대로 해외 수요변화에 유연하게 대응함

⑦ 다방면으로 창업의 기회를 제공하고, 종업원이 여러 가지 업무활동에 관여하여 이에 따른 경험의 증가로 다방면에 걸쳐 능력을 개발시킴

⑧ 사회의 안정대로서의 역할을 하는 중산층을 창출 · 유지 · 존속시키는 기반임

⑨ 전국에 광범위하게 분산해 지역주민의 소득증대, 생필품 제공 등 지역사회 발전에 기여하여 도시와 지방 사이의 소득격차를 해소하는 역할을 수행

⑩ 경영규모가 작기 때문에 불황 시에는 타 산업으로 전환하여 탄력적으로 적응할 수 있음

⑪ 원재료의 구입과 판매 면에서 거래조건상 불리한 경우가 많음

⑫ 대개 대기업과 대등한 관계를 유지하지 못하고 수직적 거래관계를 이룸

⑬ 대기업에 비해 신용도가 낮고 자금력이 부족한 경우가 대부분임

■ 중소기업의 범위(중소기업기본법 시행령 별표1 참고)

① **평균매출액 등 1,500억 원 이하 :** 제조업(의복, 의복액세서리 및 모피제품, 가죽, 가방 및 신발, 펄프, 종이 및 종이제품, 1차 금속, 전기장비, 가구)

② **평균매출액 등 1,000억 원 이하 :** 농업, 임업 및 어업, 광업, 제조업(식료품, 담배, 목재 및 나무, 화학물질 및 화학제품 등), 건설업, 수도사업, 도소매업 등

③ **평균매출액 등 800억 원 이하 :** 음료 제조업, 인쇄 및 기록매체 복제업, 운수업, 비금속 광물제품 제조업, 정보통신업 등

④ **평균매출액 등 600억 원 이하 :** 전문, 과학 및 기술서비스업, 보건업 및 사회복지 서비스업 등

⑤ **평균매출액 등 400억 원 이하 :** 숙박 및 음식점업, 금융 및 보험업, 부동산업, 교육 서비스업 등

■ 대기업의 특성 12년 기출

① 신용도가 높아서 자본조달이 용이

② 대량생산을 할 수 있어 규모의 경제효과를 얻을 수 있음

③ 분업을 통한 전문화가 이루어져 생산성이 높아짐

④ 자본력이 강하지만 경영규모의 확대에 따라 관리비용이 방만하게 운용될 가능성이 높음

⑤ 거액의 자본이 기계설비 등에 고정화되어 있어 수요의 변동에 대한 탄력성을 상실함

⑥ 분업에 따라 근로자의 일이 전문화되어 작업이 단조로워지므로 노동소외현상의 가능성이 높음

⑦ 시장지배력이 강하여 독과점 폐해가 발생할 확률이 큼

■ 대기업과 중소기업의 장 · 단점 18, 19년 기출

구 분	대기업	중소기업
장 점	• 수출의 주역 • 국가발전의 원동력 • 제조업 위주의 경제 성장주도 • 높은 생산성으로 타기업 선도 • 조세를 부담하여 사회에 이바지 • 인재의 산실	• 창업과 폐업이 유리 • 창의성을 충분히 발휘할 수 있음 • 일반적으로 경기변동의 적응성이 높음 • 다품종 소량생산에 유리 • 저렴한 원가와 틈새시장의 확보에 유리 • 개인의 경제적 욕구 및 아이디어 실현 • 기업환경의 변화에 빠르게 대응
단 점	• 과잉중복투자 • 무분별한 다각화 • 과도한 차입 경영 • 작업의 단순화로 인하여 작업의욕 감퇴 • 시장변화에 대응하는 탄력성이 적음 • 관리비용 증대	• 약한 자본력과 부족한 자금 • 낮은 신용도와 독립성 유지 곤란 • 기술의 전문화, 능률화가 상대적으로 곤란 • 개인적 자력과 기술에 의존하는 경향이 큼

■ 회사기업의 종류 12, 13, 14, 15, 16, 18, 19, 20년 기출

① **합명회사** : 무한책임사원만으로 구성된 회사로서 전형적인 인적회사
- 개인적인 신뢰관계에 기반을 두고 출발하여 보통 2~3인의 출자자로 구성되는 공동기업 형태
- 회사규모는 작으나 거래에 있어서 비교적 안전함

② **합자회사** : 무한책임사원+유한책임사원, 콤멘다가 기원이나 현재는 거의 존재하지 않음

③ **유한회사** : 물적회사와 인적회사의 중간형태(지분의 증권화 불가능)
- 중소기업에 적합한 회사형태이며 50인 이하의 출자자
- 주식회사에 비해 설립 절차가 간단하고 설립 비용이 적으며 운영상 제약이 적지만 개인 지분의 양도 시 타 사원의 동의가 있어야 하므로 양도가 어려움

④ **주식회사** : 유한책임사원만으로 구성, 소유와 경영의 분리(전문경영인 고용)
- 주식의 발행을 통해 자본을 조달하는 현대 기업의 대표적인 형태
- 대중에게 대규모의 자본조달을 받을 수 있으며 주주의 개인재산과 주식회사의 재산이 뚜렷이 구별됨

■ 주식회사의 특징 12, 15, 16, 18, 19, 20년 기출

① 주식회사는 대중으로부터 대규모의 자본조달이 가능하며, 주주의 개인재산과 주식회사의 재산은 뚜렷하게 구별됨

② 자본은 소액단위의 주식으로 균등 분할되어 모집되며, 출자자인 주주는 의결권과 배당청구권을 행사할 수 있음

③ 주식회사의 출자자인 주주는 모두 유한책임사원으로서 출자액을 한도로 회사의 적자, 채무, 자본리스크에 대한 책임을 짐

■ 주식회사의 3대 기관 16, 20년 기출

① **감사** : 이사의 업무집행을 감시하는 필요상설기관으로 회사의 회계감사 권한을 지님

② **이사회** : 법령 또는 정관에서 주주총회의 권한으로 정한 사항을 제외하고 모든 회사업무 집행에 관한 의사결정 권한을 위임받은 수탁기관

③ **주주총회** : 주식회사의 최고의사결정기관으로 이사와 감사의 선임과 해임, 정관의 변경은 이사회가 결정

■ 주식회사의 설립방법

① **발기설립(發起設立)** : 발기인만이 설립 시에 발행하는 주식총수를 인수하는 방법

② **모집설립(募集設立)** : 발기인이 주식총수의 일부만을 인수하고 나머지 주식은 발기인 이외의 주주를 모집하여 설립하는 방법

■ 주식회사의 주주총회 19년 기출

주식회사의 최고기관으로서 전체 주주로 구성되며, 이사나 감사의 선임권 및 해임권이 있고, 이사나 주주 등은 그 의결에 반드시 복종해야만 함

① 정기총회

- 정관에서 정한 장소에서 매년 1회 이상 일정한 시기에 이사가 소집을 함
- 재산목록, 대차대조표, 손익계산서, 이익배당에 관한 토의를 함

② 임시총회

- 이사가 필요하다고 할 때, 감사가 필요하다고 인정할 때, 자본을 10분의 1 이상 가지고 있는 주주가 청구할 때, 회사가 자본의 반액을 손실할 때 요구하게 됨
- 총회소집은 2주일 전에 각 주주에게 서면으로 통지해야 하며, 총회의 결의는 출석한 주주의 과반수 의결로 결정함
- 정관변경, 사채모집, 매수 및 합병의 결의는 주주의 과반수와 자본의 과반수를 점하는 주주가 출석하고 의결권의 과반수로 결의해야 함

■ 주식회사의 이사

① 이사의 선임은 주주총회의 전속권한으로 정관의 규정 또는 주주총회의 특별 결의로도 이사의 선임을 제3자나 타 기관에 위임하지 못함

② 이사의 수는 3인 이상이어야 하며, 그 임기는 3년임

③ 이사회의 소집권과 이사회에서의 의결권이 있음

④ 이사의 해임은 주주총회의 결의를 통해 이루어질 수 있으며, 중대한 잘못이 있음에도 불구하고 총회에서 해임결의가 부결되었을 경우 발행주식의 5% 이상에 해당하는 주식을 가진 주주가 의결일로부터 1개월 이내에 이사의 해임을 법원에 청구할 수 있음

■ 주식회사와 개인기업의 장 · 단점 13년 기출

구 분	주식회사	개인기업
장 점	• 주주는 회사에 대해 개인적으로 출자한 금액한도에서 책임이 부여되기 때문에 안심하고 기업에 출자할 수 있음 • 주식이라는 유가증권을 통해 출자의 단위를 소액단위의 균일한 주식으로 세분하여 출자를 용이하게 하고 이를 주식시장에서 매매 가능하도록 하여 소유권 이전이 용이 • 대규모의 자금조달에 가장 편리한 기업형태	• 정부의 규제가 상대적으로 적음 • 설립과 해산이 간편함 • 신속한 의사결정, 기업의 비밀유지 보장 • 모든 이익이 소유자 개인에게 귀속
단 점	회사의 설립이 상대적으로 복잡하고 비용이 많이 듦	• 무한책임을 짐 • 자본규모가 작고 자본조달의 한계가 있음 • 경영능력의 전문성 결여 • 기업의 계속성이 보장되지 않음

■ **지주회사** 12년 기출

① 여러 주식회사의 주식을 보유함으로써 다수기업을 지배하려는 목적으로 이루어지는 대규모의 기업집중 형태

② 증권대위 방식과 피라미드형의 지배단계를 활용하여 자본적 지배관계를 형성

③ 순수지주회사는 뚜렷한 실체도 없고 독자적인 사업부문도 없이 전략수립, 인사, 재무 등 자회사의 경영 활동을 총지휘하는 본부기능을 함

④ 타기업을 지배하면서도 동시에 자신도 사업을 영위하는 사업지주회사의 경우 콘체른 형태로 기업결합이 이루어짐

■ **공기업의 특징** 18년 기출

① 매년 국회의 의결을 얻어 확정되는 예산에 의해 운영됨

② 예산회계 및 감사관계법령의 적용을 받음

③ 직원은 공무원이며 그들의 임용방법, 근무조건 등은 일반 공무원과 동일함

④ 이 형태의 공기업은 중앙관서 또는 그 산하기관의 형태로 운영됨

⑤ 정부부처의 형태를 지닌 공기업은 창의력과 탄력성을 상실하기 쉽고, 많은 국가에서 정부부처의 형태를 지닌 공기업을 공사로 전환하고 있음

■ **사회적 기업** 15년 기출

① 취약계층에게 사회서비스 또는 일자리를 제공해 지역주민의 삶의 질을 높이는 등의 사회적 목적을 추구하면서 재화 및 서비스의 생산 · 판매 등 영업활동을 수행하는 기업

② 주요 특징

- 취약계층에게 일자리 및 사회서비스 제공 등의 사회적 목적 추구
- 영업활동 수행 및 수익의 사회적 목적 재투자
- 민주적인 의사결정구조 구비

■ **협동조합 운영원칙**

① 소비자, 소규모 생산자 등과 같은 경제적 약자들이 협동하는 조합이며 조합원의 상호부조를 목적으로 함

② 무한생명을 가진 법적 실체이며 조합원은 유한책임을 짐

③ 조합원의 임의 가입 · 탈퇴를 인정, 각 조합원은 평등한 의결권이 부여됨

④ 조합 활동으로 생긴 잉여금은 원칙적으로 조합원의 조합이용도에 따라 배분함

■ 기업집중의 목적

시장 통제적 목적	시장에 있어서 기업 상호 간의 경쟁을 피하고 서로 유리한 조건을 유지하기 위해서 행해지는 경우로 이를 횡단적 또는 수평적 결합이라고 하며, 카르텔이나 트러스트는 대체로 시장 통제적 목적으로 이루어짐
생산공정의 합리화 목적	생산공정의 합리화를 통해 생산원가를 절감하거나 안정을 위하여 원료분야의 기업과 생산(제품)분야의 기업이 결합하는 경우로 이를 종단적 또는 수직적 결합이라고 하며, 산업형 콘체른이 이 같은 목적으로 이루어짐
금융적 목적	재벌 또는 금융기관이 기업을 지배할 목적으로 그 출자관계에 의하여 여러 기업을 집중하고 그 지배력을 강화하려는 경우로 자본적 결합이라고 하며 금융형 콘체른은 여기에 속함

■ 기업합병 13, 14, 17년 기출

정 의	2개 이상의 기업이 합하여 법률적으로 하나의 기업이 되는 가장 강력한 기업결합의 수단		
흡수합병	2개 이상의 기업이 결합할 때 그중 1개 기업만이 법률적으로 존속하여 다른 기업을 인수하고, 인수되는 기업은 해산하여 소멸하는 합병 형태		
신설합병	결합하려고 하는 기업이 모두 해산 · 소멸하고 제3의 새로운 기업이 설립되어 여기에 해산된 기업의 모든 권리와 의무를 이전시키는 방법. 이 경우 해산된 기업의 결손금은 신설된 합병기업에 승계되지 않음	수평적 합병	동일시장, 동일업종 간의 합병, 시장점유율 확보가 목적
		수직적 합병	동일업종의 기업이나 생산단계가 다른 기업 간의 인수합병
		다각적 합병	수평적이나 수직적 관계에 있지 않은 이종시장에 있는 기업 간의 합병
우호적 합병	상대기업의 동의를 얻고 그 기업의 경영권을 얻음		
적대적 합병	인수를 거부하고 방어를 취해 사전에 수립된 인수전략에 따라 경영권을 얻음		

■ 기업의 인수합병(M&A ; Merger and Acquisition) 12, 16, 18, 19, 20년 기출

① 다른 기업의 경영권을 얻거나, 둘 이상의 기업들이 하나의 기업으로 합쳐지는 것

② 경영기반을 확립하는 데 소요되는 시간 절약, 규모의 경제, 시장지배력의 강화, 시너지 효과, 조세절감, 자금조달능력의 확대 등의 목적

③ 연구개발, 시장 등을 신속하게 수행하기 위한 외적 성장 기법

④ 합병은 한 회사가 존속하고 다른 회사가 흡수되는 흡수합병, 모든 회사가 합산되고 동시에 새로운 회사를 설립하는 신설합병으로 구분

⑤ 기업이 인수합병을 통하여 신규진출하는 경우 기존 경쟁사와의 마찰이 더 심해질 이유는 없음

⑥ 혼합합병은 상호관련성이 없고 경쟁관계가 없는 이종업종의 기업들 간에 이루어지는 합병. 주로 재무적 측면에서의 상승효과를 얻기 위한 합병이지만 일반관리기술의 이전 등 경영 측면에서의 효과도 있을 수 있음

⑦ '실사 → 협상 → 계약 → 합병 후 통합'의 과정을 거침

■ 기업결합의 형태 12, 13, 16, 19, 20년 기출

① **카르텔(Cartel)** : 다수의 동종 산업 또는 유사 산업에 속하는 기업들이 독점적 지배를 목적으로 협정을 맺는 기업결합 형태. 카르텔의 참가기업들은 법률적 · 경제적 독립성을 유지하면서 협약에 의거, 시장통제에 관한 일정사항에 관해서 협정을 체결

② **트러스트(Trust)** : 기업합동 · 기업합병이라고 하며 카르텔보다 강력한 기업집중의 형태로서 시장독점을 위하여 각 기업체가 개개의 독립성을 상실하고 합동하는 것을 말함

③ **콘체른(Concern)** : 수 개의 기업이 독립성을 유지하면서 주식의 소유나 자금의 대부와 같은 금융적 방법에 의해 이루어지는 기업결합 형태

④ **콤비나트(Combinat)** : 상호보완적인 여러 생산부문이 생산기술적인 관점에서 결합하여 하나의 생산 집합체를 구성하는 결합 형태

⑤ **콩글로머릿(Conglomerate)** : 눈사람처럼 쌓여 자꾸만 확대되는 것을 의미하며, 흔히 '집괴기업'이라고도 불리며 복합합병의 일종임

02 경영관리

■ 경영자의 유형 13, 17, 19년 기출

① **최고경영자** : 회장, 부회장, 사장, 부사장, CEO 등의 명칭으로 불리는 이사회 구성멤버들이 여기에 속함. 최고경영자는 조직 전체의 경영에 책임을 지고 있으며 조직이 나아갈 방향을 제시하는 데 많은 노력을 기울임

② **중간경영자** : 처장, 국장, 실장, 부장 그리고 과장 등의 직함을 보유. 중간경영자는 최고경영자가 정한 목표를 달성하기 위해 자신이 책임지고 있는 하부조직의 구체적인 목표를 세우고 정책을 실행하는 데 중추적인 역할을 함

③ **일선경영자** : 현장경영자라고도 하며, 작업자의 활동을 감독하고 조정하는 경영자로 기업 내에서 가장 낮은 단계의 경영자를 말함. 따라서 일선경영자는 자신이 담당하고 있는 어떤 작업을 직접 실행하는 작업자만을 감독하고 다른 경영자의 활동은 감독하지 않음. 일선경영자로는 공장의 생산감독자, 기술감독자 또는 관리부서의 사무감독자 등을 들 수 있음

■ 민츠버그(Mintzberg)의 경영자의 10가지 역할 20년 기출

대인관계적 역할	정보관리적 역할	의사결정적 역할
• 상징적 대표자의 역할 • 지도자의 역할 • 연락(접촉)자의 역할	• 정보수집, 청취자의 역할 • 정보보급, 전파자의 역할 • 대변자의 역할	• 기업가의 역할 • 분쟁(동요) 조정자의 역할 • 자원 배분자의 역할 • 협상자의 역할

■ **중간관리층** 20년 기출

① 최고관리층의 바로 하위층에 분포하면서 전반적인 행정관리를 담당하는 관리계층

② 정책결정에 참여하여 보조적 역할을 수행하고, 전문적 지식과 기술에 의하여 정책을 구체적으로 집행하는 수준의 계층

③ 감독적 의사결정은 하급감독층의 역할에 해당함

④ 하급감독층은 중간관리층의 지시나 방침에 따라 사무의 진행순서를 바르게 조정 · 조절하고 업무와 관련해 지도 · 촉진하는 주임 · 반장 · 조장 등을 말함

■ **중간관리층의 기능**

① 정책결정의 집행 · 조언기능

② 조정기능

③ 최고관리층의 권한대행

④ 지도기능

⑤ 통제기능

■ **경영관리기법** 12, 13, 14, 19년 기출

① **전사적 자원관리(ERP)** : 기업활동을 위해 사용되는 기업 내의 모든 인적 · 물적 자원을 효율적으로 관리하여 궁극적으로 기업의 경쟁력을 강화시켜 주는 역할을 하는 통합정보시스템

② **공급사슬관리(SCM)** : 공급자로부터 소비자에게 이르는 일련의 공급사슬을 통합화한 경영체계

③ **고객관계관리(CRM)** : 고객에 대한 정보관리를 통하여 고객의 욕구를 충족시키는 가치를 제공함으로써 수익을 창출하는 경영 전반에 걸친 관리체계

④ **공급망관리시스템(SCM)** : 공급사슬망 전체의 정보를 각종 기능 도입을 통해 고객서비스 수준의 제고, 원가절감, 이상 발생에 대한 대응력 등을 강화하여 유통채널 및 협력업체와 긴밀히 연계하고자 하는 시스템

■ **전사적 자원관리(ERP ; Enterprise Resource Planning)** 12, 19년 기출

① 기업 내의 전 부문에 걸쳐 있는 경영자원을 하나의 체계로 통합 시스템을 재구축하는 것으로 기업 리엔지니어링의 한 기법

② 구매와 생산관리 물류, 제조, 판매, 서비스, 회계 등의 비즈니스 각 기능분야 전반에 걸친 업무를 통합하는 통합정보 시스템이라고 할 수 있음

③ 전사적 차원에서 통합된 데이터베이스를 구축하여 정보의 일관성 유지 및 효율적인 정보의 관리가 가능해짐

④ ERP 도입 후에도 정보시스템을 쉽게 확장하여 사용할 수 있게 됨

■ 카츠(Katz)의 경영관리기술

① **전문적 기술** : 지식, 분석적 능력 및 특정 활동에서 도구와 기술의 사용에 숙련되어 있는 것
② **인적 기술** : 사람들과 함께 일하고 협조를 이끌어낼 수 있는 능력
③ **관념적 기술** : 기업을 하나의 전체로 보고 부분들의 의존관계를 파악할 수 있는 능력

■ 전사적 품질경영(TQM ; Total Quality Management) 13년 기출

① 평가단계에서 경영내용을 변화시키는 기법으로 생산 부서의 통계적 품질관리(SQC ; Statistical Quality Control)와 사업부단위의 전사적 품질관리(TQC ; Total Quality Control)로부터 발전된 개념
② 전략적인 관점에서 회사 전체를 대상으로 기존 조직문화와 경영관행을 재구축하여 제품과 서비스의 질을 향상시키고 소비자의 만족도를 높이자는 것이 목적
③ 제품의 기능과 미관은 물론 구성원의 만족감과 긍지, 환경보호, 사회봉사 등을 포괄하는 총체적인 품질을 극대화하여 소비자, 조직구성원, 사회 등 모든 고객에게 기쁨을 주자는 것

■ 균형성과표(BSC ; Balanced Score Card) 12, 15, 16년 기출

① 균형성과표란 조직의 사명과 전략을 측정하고 관리할 수 있는 포괄적인 측정지표들의 집합으로 바꾸어 주는 하나의 툴(Tool)
② 균형성과표는 재무적 시각, 고객시각, 내부비즈니스 프로세스 시각, 학습과 성장의 네 가지 시각에서 다각적으로 접근하여 조직의 사명과 전략을 포괄적으로 측정하기 위하여 고안된 도구
③ 균형성과표는 전통적인 단기투자영역이 아니라, 새로운 설비와 신제품 연구개발과 같은 미래에 대한 투자의 중요성을 강조
④ BSC 체계하에서 기업의 급여체계는 연공급보다 성과급이 더 적절함
⑤ 균형성과표는 재무적 성과지표와 동시에 비재무적 성과지표를 고려하는 성과측정이 기업경영에 있어 균형적이고 종합적 정보와 지식을 제공한다는 개념을 바탕으로 함
⑥ 균형성과표는 미래지향적인 비재무적 지표를 통합한 평가시스템이기 때문에 조직의 비전과 전략에 따라 차별적으로 설계, 운용될 수 있음
⑦ 균형성과표의 구체적 도입과 실행에 있어서는 각 조직의 성격에 맞게 설계되어야 함

■ 페욜(Fayol)의 관리 5요소와 관리기능 12, 19년 기출

① 페욜은 광산회사를 경영하며 얻은 지식과 경험을 바탕으로 산업관리, 일반관리에 대한 자신의 생각을 정리하여 관리이론을 제시
② **경영활동 6가지** : 기술적 활동, 상업적 활동, 재무적 활동, 보호적 활동, 회계적 활동, 관리적 활동이 존재
③ **관리적 활동(관리 순환 과정) 5가지** : 계획, 조직, 지휘(명령), 조정, 통제의 기능을 설명함으로써 경영과 관리의 개념을 구분
- 계획기능(Planning) : 경영활동의 목표, 방침, 절차 등을 사전에 설정하는 기능을 말하며 기업체의 부문별 계획과 시간적 계획이 포함됨

- 조직기능(Organizing) : 직무를 분석하여 구성원에게 할당하고 책임과 권한을 확정하는 기능으로, 사업경영을 위한 사람과 직무의 결합
- 지휘기능(Directing) : 기업체가 기대하는 바를 부하(종업원)들에게 인식시키고, 그들이 맡은 바 직책을 능률적으로 수행하여 기업의 목적달성에 기여하도록 인도하고 감독하는 경영자의 기능
- 조정기능(Coordinating) : 업무 수행상 이해관계와 의견 대립 등을 조정 · 조화시켜 협력 체제를 이루게 하는 기능
- 통제기능(Controlling) : PDS(Plan-Do-See)의 경영사이클에서 See의 과정으로 계획된 목표와 실적을 측정 · 비교 · 수정하고 처음 계획에 접근시키는 기능. 통제기능을 발휘하려면 경영자는 계획대로 집행활동이 이루어지고 있는지 또는 이루어졌는지를 파악하고, 만일 이루어지지 않고 있거나 이루어지지 않았을 때에는 집행활동을 시정시켜야 함. 집행활동 실시 후에도 수행되어야 함

④ **관리일반원칙** : 관리활동 수행 시 일반적인 규칙과 기준으로 14가지를 제시(분업, 권한과 책임, 규율, 지시의 통일, 지휘의 통일, 개인 이익의 전체 이익으로의 종속, 종업원의 보수, 권한의 집중, 계층조직, 질서, 공정, 종업원의 안정, 이니시어티브, 종업원의 단결 등)

■ 페욜(Fayol)의 관리순환과정 19년 기출

① **계획** : 부문별 계획+시간적 계획

② **조직** : 사업경영을 위한 물적 · 사회적 유기체의 구성

③ **지휘** : 사회체를 기능시키는 일

④ **조정** : 모든 사업 활동에 조화를 가져오는 것

⑤ **통제** : PDS(Plan-Do-See)의 경영사이클에서 See의 과정

■ 목표관리(MBO ; Management By Objectives) 16년 기출

① 효율적인 경영관리체계를 실현하기 위한 경영관리의 기본수법

② 목표관리의 구성요소는 목표설정, 참여, 피드백

③ 목표관리는 연봉인상, 성과급 지급뿐 아니라 승진 등 인사자료로도 활용

④ 상급자와 하급자가 함께 목표를 설정하고 실행한 후 이를 평가하는 과정

⑤ 추상적이 아닌 핵심사항 중심으로 이해하기 쉽고 구체적인 목표

⑥ 목표달성 시기를 구체적으로 명시하고 가능하면 숫자로 측정 가능한 목표 설정

⑦ 반기 말에 업무 추진실적에 대하여 평가하는 제도로서, 근본적으로 인간의 자주성과 성취동기에 의한 자기관리에 기초를 두고 있음

⑧ 기업목표와 개인목표를 합치시키고 종업원의 근로의욕 향상을 꾀하며, 나아가 기업의 목표달성에 이바지할 수 있도록 하려는 것

⑨ 관리자는 명령하지 않으며, 종업원의 자주적 결정에 필요한 정보를 제공하고 종업원 상호 간의 조정만을 관리함

■ **MBO의 특징과 성격**

① 통합적 · 종합적 관리방법
② 자기실현적 인간관리
③ 목표설정과정에서 부하의 참여
④ 조직 전체목표와 개인목표의 일치 모색
⑤ 장기적 · 전략적 성격, 집권화와 분권화의 조화
⑥ 성과와 능률의 중시, 의도적인 관리방법

■ **맥그리거(McGregor)의 XY이론**

X이론	Y이론
• 인간은 원천적으로 일하기를 싫어함 • 인간은 책임지기를 싫어하며, 타인의 지휘와 통제받기를 좋아함 • 인간은 엄격히 통제되어야 하고, 조직목표를 달성하기 위해서는 강제적으로 다루어야 함	• 인간은 작업조건만 정비된다면 일하는 것을 자연스러워함 • 인간은 조직문제를 해결하기 위한 창의력을 누구나 갖고 있음 • 인간은 적절한 동기부여를 하면 직무에 자율적이고 창의적임

■ **테일러(Taylor)의 과학적 관리론**

① 경영의 합리화와 능률화의 요청에 따라 등장한 이론
② 최소의 노력과 비용으로 최대의 산출을 획득하기 위해 최선의 방법을 추구하는 관리이론
③ 종업원의 시간연구와 동작연구(Time and Motion Study)에 따라 객관화 · 표준화된 과업을 설정하고 경제적 욕구에 대한 자극을 통하여 공장경영을 합리화하려 하였음

■ **매슬로우(Maslow)의 인간욕구 5단계설** 19, 20년 기출

① **자아실현의 욕구** : 가장 고차원적인 단계로, 자신의 잠재능력을 최대한 발휘하고자 함(직무충실, 직무확대, 사회적 평가제고)
② **존경의 욕구** : 타인으로부터 존경받기를 원하는 단계(교육훈련, 제안제도)
③ **사회 · 애정의 욕구** : 이웃 사람과의 친밀한 인간관계(의사전달의 원활)
④ **안전의 욕구** : 외부환경으로부터 생명의 안전 · 위협적인 요인을 제거하는 단계(고용안정, 신분보장)
⑤ **생리적 욕구** : 가장 하위욕구(의식주 문제와 관련된 보수, 시설 등)

■ **앨더퍼(Alderfer)의 ERG이론** 20년 기출

매슬로우의 5단계 욕구를 앨더퍼가 3단계로 수정하여 재분류한 이론
① **3단계** : 성장 욕구
② **2단계** : 관계 욕구
③ **1단계** : 존재 욕구

■ **피들러(Fiedler)의 상황모형에서의 상황적 요소** 12년 기출

① 지도자와 조직 구성원과의 관계

② 업무의 구조화 여부

③ 지도자의 권한의 정도

■ **조직의 사명** 13년 기출

① 조직이 원래 무엇을 하기로 되어 있는지를 간단하고 명확한 용어로 표현한 것

② 조직의 사명은 다른 기업과 해당 기업을 차별화시켜 주고 활동의 영역을 규정함으로써 기업의 근본적인 존재 의의와 목적을 나타내는 것. 사명은 기업의 기본적인 지향점을 나타냄으로써 기업의 나침반 역할을 담당하게 되는 것으로 특별한 사정이 있지 않는 한 재정립하지 않음

③ 조직이 수행하는 업무에 대한 의미를 최고로 표현한 것

④ 조직의 모든 사람들이 힘을 합쳐서 해야 할 일, 즉 공유된 목표를 제시

■ **조직의 요소** 13년 기출

① **부문화** : 조직의 목표달성에 필요한 업무들을 합리적으로 분류하고 구성된 각종의 부서와 관리단위에 할당하는 과정을 의미. 즉, 직무를 어떻게 집단화해야 하는가에 관한 것

② **직무할당** : 조직에 있어 부문화가 이루어지면 모든 업무는 각 조직구성원들이나 각 직위에 직무로서 할당되어야 하며, 직무가 할당되면 각 구성원은 자기가 해야 할 업무를 부여받게 됨

③ **권한배분** : 권한은 직무가 할당되고 직위를 부여받은 업무수행자가 직무를 수행하는 데 필요한 힘을 의미하며, 권한을 부여받은 자가 직무를 스스로 수행하거나 또는 다른 사람으로 하여금 직무를 수행할 수 있도록 하는 공적인 힘을 말함

④ **책임배분** : 책임은 주어진 권한의 행사에서 수반되는 행동에 대한 의무라고 할 수 있는데, 여기서 의무는 조직목표 달성에 기여할 구체적인 의무를 말함

■ **조직구조의 구성요소** 12년 기출

① **과업의 분화** : 조직의 목표달성을 위해 필요한 업무들을 할당하는 방법

② **공식화** : 업무수행을 위해 필요한 규정과 절차를 명시하는 방법

③ **코디네이션(조정)** : 업무수행 과정에서 발생하는 갈등을 조정하는 방법

④ **권한의 배분** : 업무를 어느 정도나 담당자의 재량에 맡길 것인가를 정하는 방법

■ **경영 조직화의 과정** 18년 기출

① **조직화(Organizing)** : 기업목표를 최상의 방법으로 실현할 수 있도록 어떠한 형태로 조직을 구성할 것인가를 결정하고 각종 경영자원을 배분하고 조정하는 활동

② **수평적 분화** : 일의 종류에 따른 단위부서 간의 횡적인 분화

- 1차분화 : 과정적 분화, 라인부문의 형성, 구매, 영업, 제조 등
- 2차분화 : 요소적 분화, 스태프부문의 형성, 인사, 경리, 총무 등
- 3차분화 : 부문적 분화, 관리스태프의 형성, 기획, 관리 등
- 4차분화 : 단위적 분화, 사업부문의 형성, 지역별, 제품별, 고객별 사업부

③ **수직적 분화** : 업무에 따른 계층별 분화(예 최고경영층, 중간관리층, 하위(일선)관리층)

④ **조직구조의 형태** : 라인 조직, 라인 · 스태프 조직, 기능식 조직, 사업부제 조직, 팀 조직, 매트릭스 조직, 네트워크형 조직

■ **조직구조의 유형별 특징** 12년 기출

① 매트릭스 구조는 다양한 기능별 전문가들을 하나의 팀으로 모아둠으로써 나타나는 경제성을 지속적으로 유지하면서 여러 가지 프로젝트를 독립적으로 다양하게 수행할 수 있음

② 네트워크 구조는 유행과 같이 변화가 빠른 시장이나 제품의 변화에 대응하기 위해 많은 유연성을 요구하는 경우에 유리한 조직

③ 기능식 조직은 이익 및 책임 중심적으로 운영하므로 경영성과가 향상되고 업무수행에 대한 통제와 평가가 용이함

④ 사업부제 조직은 제품별, 고객별, 시장별로 분화된 각각의 조직을 독립적인 사업단위로 인정하여 운영하는 분권화 조직의 대표적인 형태. 따라서 이 조직에서는 사업부별 경영성과가 분명히 나타나고 그에 대한 보상이 이루어지기 때문에 동기부여가 용이하며, 하나의 사업부를 직접 경영하여 봄으로써 관리자의 능력개발 및 유능한 경영자의 양성이 수월함

■ **조직화 과정의 원칙** 12, 18년 기출

① **명령일원화의 원칙** : 모든 부하는 한 사람의 상사로부터 명령을 받아야 함

② **관리한계의 법칙** : 한 사람의 관리자가 가장 효과적으로 직접 지휘 · 감독할 수 있는 부하직원의 수는 한계가 있음

③ **계층화의 원칙** : 조직의 효율적 관리를 위해 직위의 정도에 따라 조직구성원들 간에 상하의 계층이나 등급을 설정하고 권한과 책임을 배분하여 명령계통과 지휘 · 감독계통을 체계화함

④ **권한위양의 원칙** : 권한을 가지고 있는 상급자가 하급자에게 직무를 넘겨주어야 할 경우에 그 직무수행에 관련된 일정한 권한도 부여해야 함

⑤ **전문화의 원칙** : 다양한 업무활동을 단일화 · 세분화하여 한 사람이 그 업무를 수행함으로써 전문적 지식, 기술, 경험 등을 익히게 하여 경영활동의 효율성을 높여야 함

⑥ **권한과 책임의 원칙** : 조직에는 업무수행을 위한 각각의 직무와 직위가 있고, 거기에 적합한 권한과 책임이 동시에 수반되어야 함

■ 기능적 조직구조(기능별 부문화)

① 동일하거나 상호 밀접하게 관련된 활동 및 기능을 수행하는 직접 단위들을 별개의 부서로 관리단위화하는 것
② 기능별 규모의 경제를 달성
③ 과업할당과 기술훈련 경험을 일치시킴
④ 관리 · 감독 용이
⑤ 기능부서 간의 협력과 의사소통이 어려움
⑥ 총괄경영자 양성의 어려움

■ 가상 조직 12년 기출

① 다양한 업종의 기업이 각 개별업체가 보유하고 있는 경쟁력 있는 기술과 자원을 통합하여 우수한 제품 및 서비스를 고객에게 신속히 제공할 수 있도록 일시적으로 구성되었다가 목표가 달성되면 자동적으로 해체되는 조직
② 지리적인 근접성에 구애받지 않으며 참여기업 간 정보공유로 원거리에서도 기업 간 협력이 가능
③ 기업 간 지속적 협력관계를 위해 참여기업 간에 조직의 운영규칙, 이익분배, 손실분담 등을 명확히 해둘 필요가 있음
④ 전문성과 유연성을 확보할 수 있다는 장점이 있으나 협력자에 대한 통제력 상실의 위험이 따를 수 있음

■ 매트릭스 조직 13, 15, 16, 19년 기출

① 조직구성원이 수직적으로는 기능별 조직의 일원으로, 수평적으로는 프로젝트 조직의 일원으로 조직에 이중으로 소속되는 조직구조 형태
② 기능식 구조이면서 동시에 사업부제적인 구조를 가진 상호 연관된 구조
③ 애드호크라시(Adhocracy) : 조직에 해당되는 개념으로 다중명령체계라고도 부르며 조직의 수평적 · 수직적 권한이 결합된 형태
④ 종축과 횡축(행과 열)의 두 지휘명령 계통을 설치하고, 이원적 관리에 의해 활동함
⑤ 특수 과제를 맡은 팀에서 작업하는 직원들은 높은 수준의 주인의식, 몰입도 및 높은 작업 의욕을 체험할 수 있다는 장점이 있는 반면, 팀 구성원들 사이의 혼란, 보고관계와 직무에 대한 책임이 명확하지 않을 수 있음
⑥ 장점으로 자원의 효율적인 활용, 즉 관리자는 유휴인력을 가진 거대집단을 구축하기보다는 오직 일을 완수하기 위해 필요로 하는 전문화된 스태프(Staff)만 활용
⑦ 이원적인 권한과 권력의 균형이라는 특성으로 인해 동태적이고 복잡한 환경에서 성장전략을 추구하는 조직체에 적합

■ 프로젝트 조직 12, 19년 기출

① 특정한 목표를 달성하기 위하여 일시적으로 조직 내의 인적 · 물적 자원을 결합하는 조직형태

② 조직을 둘러싼 환경조건이 다양해지고 변화의 폭이 증대함에 따라 분화 · 전문화의 원리가 지배하는 계층적 의사결정 구조에서는 환경변화에 따르는 불확실성을 극복하지 못하게 되었고 이에 따라 나타난 동태적인 조직형태

③ 프로젝트란 조직이 제 노력을 집중하여 해결하고자 시도하는 과제를 말함

④ 프로젝트 조직은 직능의 과정을 중심으로 해서 이것과 구조가 통합되고 있는 시스템이기 때문에 권한의 계층적 구조라는 성격보다는 직무의 체계라는 성격이 강하게 나타나고 있음

⑤ 프로젝트 조직은 스태프 조직이 아닌 라인 조직이므로 프로젝트 관리자는 라인의 장이며, 그는 프로젝트를 실현하는 책임과 권한을 갖고 있음

⑥ 프로젝트 자체가 시간적 유한성을 지니므로 프로젝트 조직도 임시적 · 잠정적임

■ 기능식 조직

① 수평적 분업관계에서 연결되는 여러 전문기능별 직장들이 각기 그 전문적 입장에서 모든 작업자를 지휘 · 감독하는 조직체계

② 관리기능은 수평적 분화에 따라 지휘, 감독의 전문화로 높은 작업능률을 기대할 수 있음

③ 관리기능별로 전문가 양성이 용이

④ 지휘자나 작업자 모두의 과업이 분명하기에 성과급 실시가 용이

⑤ 관리기능별로 분업화되어 있어 기능별 전문가 양성이나 감독이 용이하나 전반적인 관리자의 양성은 어려움

■ 라인 조직 14, 15, 20년 기출

① 상부에서 하부로 직선적으로 명령이 전달되는 형태로 직계조직이라고도 함

② 임기응변에 의한 응급조치가 가능함

③ 조직원들이 창의력을 발휘하기 어렵고, 각 부문 간의 유기적인 조정이 어려움

④ 명령일원화의 원리에 의해서 경영활동의 통제가 용이함

⑤ 결정과 집행이 신속하고, 통일성 · 질서 유지가 용이하며, 책임의 소재가 명확함

⑥ 상위자에게 너무 많은 책임이 맡겨진다는 단점이 있으며, 소기업에 적합함

⑦ 인적 · 물적 자원을 조직화하며 지휘명령 계통을 가짐

⑧ 영업부, 생산부, 구매부, 제조부, 판매부 등의 부서에 해당됨

■ 스태프 조직

① 전문적인 지식을 활용해 라인에 조언하는 것이 주요 역할
② 기업 규모가 작을 때에는 라인만으로도 충분하지만 규모가 확대됨에 따라 직능이 분화하여 스태프를 두게 됨
③ 인사부, 경리부, 기술부, 조사부, 기획부, 관리부 등의 부서에 해당됨
④ 경영활동의 목적을 달성하는 데 간접적으로 기여

■ 네트워크 조직 15년 기출

① 조직 내부에서 수행하던 기능을 계약을 통해 외부 조직으로 아웃소싱(Outsourcing)한 결과로 나타나는 조직
② 계층이 거의 없고 조직 간의 벽도 없으며, 부문 간 교류가 활발하게 이루어지는 특징을 지님

■ 사업부제 조직 15년 기출

① 회사 내에 자주성을 갖는 통일적인 경영단위를 형성하는 것과 같은 부문화를 행하는 조직형태
② 사업단위별로 책임경영과 자율경영을 실시할 수 있음
③ 미래의 최고경영자를 양성할 수 있는 학습기회 제공
④ 사업부단위를 편성하고 각 단위에 대하여 독자적인 생산과 영업 및 관리 권한을 부여하는 조직형태
⑤ 전 사업부에 걸쳐 공통적으로 존재하는 자원과 부서가 중복됨에 따라 관리비용이 증대되는 단점이 있음

■ 팀 조직

장 점	단 점
• 업무추진에 있어 불필요한 부서 간의 장벽 제거 • 신속한 의사결정체계 • 매트릭스 조직의 이중적인 명령 보고체계 탈피 • 구성원의 의사가 최고경영자에게 바로 전달 • 성과에 대한 평가와 동기부여가 쉬움	• 무능한 구성원으로 팀을 구성하면 다른 형태의 조직보다 성과가 못할 수도 있음 • 구성원의 능력을 일정 수준으로 유지하도록 교육훈련에 많은 비용과 시간을 들여야 한다는 부담이 있음

■ 기계적 조직과 유기적 조직 20년 기출

① 번스와 스터커는 조직을 기계적 조직과 유기적 조직으로 구분함.
② 기계적 조직은 명령과 지시에 의한 집권적, 공식적, 수직적 관계의 조직으로 정보의 흐름이 제한적, 하향적이고 규칙과 절차가 엄격하고 많으며 부서 간 업무가 매우 독립적임
③ 유기적 조직은 충고와 자문을 중심으로 의사소통하며 분권적이고 융통성이 있는 조직으로 정보의 흐름이 상하로 자유롭고 절차가 적으며 부서 간 상호 의존적임
④ 안정적인 환경에서는 기계적 조직의 효율이 높을 수 있으나 빠르게 변화하는 동태적인 환경에서는 유기적 조직이 효과적이라고 판단됨

■ 공식조직과 비공식조직의 특징 및 기능 14, 17, 20년 기출

공식조직	비공식조직
• 계층 및 부서 간의 권한 및 책임과 의사소통의 경로를 분명하게 함 • 모든 구성원에게 구체적으로 직무가 할당되며 지위, 신분의 체계가 문서화됨 • 조직목적을 달성하기 위해 의도적으로 구성된 조직 • 조직수명이 지속적	• 구성원들 간의 친밀감을 바탕으로 하여 의사소통을 원활하게 함 • 구성원 개인이 좌절이나 불행, 욕구불만 등을 느낄 때 토론하고 해소함으로써 조직 유지의 안전장치 구실 • 구성원들에게 일정한 행동양식, 규범, 가치체계 등을 제공함으로써 귀속감, 안정감, 만족감 등 정서적 만족 제공 • 구성원들 간의 협동 도모, 의사결정 참여, 유기적 상호관계 증진 등을 도모함으로써 업무를 능률적으로 수행하게 함 • 구성원들 간의 커뮤니케이션을 통해 조직의 생리 파악 가능

■ 경영체제(소유권 분산정도에 따른 경영권의 소재)에 따른 분류

① **소유경영자** : 기업의 소유자가 경영 전반에 관한 의사결정 권한을 행사하는 경영자일 때를 말하며, 기업이 거대화하여 경영의 내용이 복잡해질 경우 소유와 경영이 분리되는 현상이 나타남

② **고용경영자** : 소유자에 의해 위양된 특정 경영활동에 대해서만 책임을 지는 경우, 즉 소유경영자에게 고용되어 경영관리기능의 일부 또는 전부를 위탁받은 대리인으로서의 경영자

③ **전문경영자** : 출자기능만을 제외한 경영 전반에 대해 책임을 지는 경우, 즉 자본과 경영이 분리된 전문경영 체제하에 자율성과 영향력을 지니고 경영활동을 수행하는 경영자

■ 경영의 새로운 전략

① **경영전략** : 사업기회 창출/핵심역량 강화/범위의 경제, 속도 경영/차별화 중시/질적 경영

② **산업구조** : 핵심역량을 기반으로 한 사업구조 재구축

③ **마케팅** : 고객 중심의 마케팅

④ **경영관리** : 전사적 자원관리, 현업 및 수익 중심의 경영관리

⑤ **인력 · 조직** : 업적/능력 중시/자원 위주의 관리, 창의성/혁신성/국제감각

⑥ **기업문화** : 네트워킹과 오픈 조직, 능력과 성과 중시

■ 직무분석 · 직무설계 12, 18년 기출

① 직무분석이란 직무수행을 위해 요구되는 경험, 기능, 능력, 책임 등을 분석하고 그 직무가 다른 직무와 구별되는 요인을 명확하게 밝히는 일련의 과정

② 직무분석은 직무의 단위 결정, 직무내용의 체계적 기술, 직무기술서 작성, 직무명세서 작성의 단계를 거침

③ 직무설계란 직무수행자에게 일의 의미와 만족을 부여하여 직무를 효율적으로 수행할 수 있도록 작업단위 · 직무내용 · 작업방법을 질적 · 양적으로 개선하거나 다시 설계하는 것

④ 직무확대는 수행하는 업무의 단위를 넓히는 것으로 양적 증가를 의미하며 직무의 범위를 새롭게 넓혀 주는 직무설계방법
⑤ 직무충실화는 수직적 확대라고도 할 수 있는데, 단지 신체적 활동의 내용을 다양화할 뿐만 아니라 여기에 다시 판단적 또는 의사결정적 내용을 추가하여 인간이 지닌 문제해결능력을 활용하기 위한 직무설계방법

■ 인사고과 12, 20년 기출

① 인사고과(Performance Appraisal)는 구성원들이 조직의 목표달성에 기여한 정도, 즉 업무수행상의 업적이나 잠재능력을 평가하는 과정
② 승급 및 임금관리 등의 자료로 활용하기 위해 실시
③ 중심화 경향은 집단화 경향이라고도 하는데 피고과자에 대한 평가점수가 보통 또는 척도상의 중심점에 집중하는 경향
④ 평가자가 평가에 필요한 자료를 충분히 수집하지 않고 자신이 이미 가지고 있는 지각의 틀을 사용하여 편하게 평가할 경우 인사고과 시 오류가 발생

■ 기업의 경쟁력 강화기법

① 리스트럭쳐링(Restructuring) : 미래변화를 예측하여 어떤 사업을 주력사업으로 하고 어떤 사업부를 축소·철수하며, 어떤 신규사업으로 새로이 진입하고, 더 나아가 중복사업을 통합함으로써 사업구조를 개혁하는 것
② 벤치마킹(Benchmarking) : 타업종이나 동일업종의 최고수준을 가진 기업을 모델로 삼아 그들의 독특한 비법을 배우면서 부단히 자기혁신을 꾀하는 기법
③ 아웃소싱(Outsourcing) : 기업의 내부 프로젝트나 활동을 외부의 제3자에게 위탁처리하는 방식
④ 다운사이징(Downsizing) : 기구축소 또는 감원을 의미하며 원가절감이 주요목표

■ 조해리의 창(Johari's Window)

① 자기공개와 피드백의 측면에서 우리의 인간관계를 진단해 볼 수 있는 방법이 조해리의 '마음의 창(Johari's Window of Mind)'임
② 심리학자인 Joseph Luft와 Harry Ingham에 의해서 개발되었고 두 사람의 이름을 합성하여 '조해리(Joe+Harry=Johari)의 창'이라고 명명

■ 기업의 경영환경

외부환경 (통제 불가능 요인)	미시환경(과업환경)	고객, 경쟁자, 공급자, 노조, 종업원 등
	거시환경(일반환경)	경제적, 사회적, 정치적, 법률적, 기술적 환경 등
내부환경 (통제 가능 요인)	기업의 연혁, 역량, 조직문화, 조직분위기, 기업 내부자원 등	

■ SWOT 분석 14, 15, 19, 20년 기출

① 내부환경 분석

강점 (Strength)	시장에서 기업의 우위를 얻을 수 있는 경쟁적, 차별적 능력 또는 보유 자원
약점 (Weakness)	기업의 효과적인 성과를 방해하는 요인으로, 극복해야 하는 자원이나 능력의 결핍

② 외부환경 분석

기회 (Opportunity)	기업 활동에 유리하게 영향을 미치는 환경 요인
위협 (Threat)	현재 또는 미래의 기업 활동에 불이익을 초래하는 환경 요인

③ 기업은 환경 분석을 통해 강점(Strength), 약점(Weakness), 기회(Opportunity), 위협(Threat) 요인을 규정하고 SO전략, ST전략, WO전략, WT전략을 수립할 수 있음

구 분	강점 (Strength)	약점 (Weakness)
기회 (Opportunity)	① SO전략(강점-기회 전략) 시장의 기회를 활용하기 위해 강점을 사용하는 전략을 선택	③ WO전략(약점-기회 전략) 약점을 극복함으로써 시장의 기회를 활용하는 전략을 선택
위협 (Threat)	② ST전략(강점-위협 전략) 시장의 위협을 회피하기 위해 강점을 사용하는 전략을 선택	④ WT전략(약점-위협 전략) 시장의 위협을 회피하고 약점을 최소화하는 전략을 선택

■ GE & 맥킨지의 산업매력도–사업강점 분석

산업매력도와 사업강점(경쟁력)을 지표로 하여 9가지 영역으로 사업을 구분하는 분석 방법

구분	내용
1. 우위 사수 (높은 시장 매력도, 높은 사업 강점)	높은 시장 매력도와 시장 경쟁력을 가진 사업단위는 강점을 고수하는 전략을 수행 (예 집중 투자)
2. 성장 투자 (높은 시장 매력도, 평균적인 사업 강점)	자사 시장 경쟁력을 확장하여 경쟁사와 격차를 벌리는 것을 전략으로 선택 (예 투자 및 비즈니스 모델 강점 강화를 위한 전술)
3. 선택적 성장 (높은 시장 매력도, 약한 사업 강점)	시장 매력도에 비해 자사 강점이 약한 경우, 도전자 또는 틈새시장의 강자로 포지셔닝이 필요 (예 시장 내 우수 사업자 인수 · 합병)
4. 이익 극대화 및 리스크 최소화 (평균적인 시장 매력도, 높은 사업 강점)	소비자 집단을 세분화하여 가장 매력적인 집단에 투자
5. 현상 유지 (평균적인 시장 매력도, 평균적인 사업 강점)	탐색적 접근과 특화된 상품을 통한 수익 중심의 시장 접근 필요
6. 선택적 투자/철수 (평균적인 시장 매력도, 약한 사업 강점)	위험도를 중심으로 확장 전략을 수립하되 투자를 최소화하는 탐색적 접근 필요 (예 특화 상품, 원가 합리화)
7. 이익 창출 (낮은 시장 매력도, 높은 사업 강점)	현금흐름을 중심으로 하여 시장 지위를 유지하는 전략 수립
8. 선택적 수확 및 리스크 배제 (낮은 시장 매력도, 평균적인 사업 강점)	수익이 발생하는 사업만 유지하고 다른 사업은 철회 또는 철수 준비 필요
9. 철수 및 손실 최소화 (낮은 시장 매력도, 약한 사업 강점)	투자 축소, 고정비 요소 제거, 매각 등의 방법으로 시장 철수 계획

■ 마이클 포터의 5 세력 모델(5 Force Model)–외부환경의 분석법 20년 기출

① **5 Force Model 분석** : 자사가 속한 시장구조에서 자사에 가해지는 힘(Power)을 경쟁요인에서 가장 중요한 것으로 보아 '이익을 낼 수 있는 시장인지 아닌지'를 판단하기 위한 분석법. 산업의 매력도 측정 또는 산업구조분석이라고도 함

② **경쟁상황 결정 요인** : 5가지 요인은 기존 기업 간의 경쟁을 기본으로 하면서 새로운 경쟁기업의 진출 위협, 대체품의 위협, 구매자의 교섭력, 공급자의 협상력이 있으며 이 중에서 가장 강한 힘(경쟁에서 가장 중요한 요인)이 결정적 요소가 됨

■ BCG 매트릭스(성장-점유율 분석)-시장과 제품에 대한 분석

① 사업이 현재 어떤 상황에 처해있는지 시장점유율(Market Share)과 사업성장률(Growth)을 기준으로 사업 포트폴리오를 평가하는 기법으로, 가로축에는 상대적 시장점유율(현대 시장점유율), 세로축에는 시장성장률(성장가능성)로 하여 4가지로 사업 분류

② BCG 매트릭스에서 이상적인 기업전략은 '캐시카우'에서 발생한 초과 자금을 '스타'에 지원하여 안정적 사업단위를 구축하고, '도그'에서는 서서히 발을 빼(비용절감) 투자금을 회수하거나 타기업에 매각해 철수하는 것임

스타 (Star)	높은 성장률과 점유율을 보이는 것으로, 수익성과 성장성이 크므로 지속적인 투자가 필요
캐시카우 (Cash Cow)	낮은 성장률과 높은 시장점유율을 보이는 것으로, 안정적이고 성공적인 사업이며 높은 이익을 창출함. 보통 현상유지 전략이 필요
물음표 (Question Mark)	높은 성장률과 낮은 시장점유율을 보이는 것으로, 신규 사업이 이에 해당함. 스타 혹은 도그로 위치하게 될 수 있으며, 시장점유율을 높이기 위해 많은 투자 금액이 필요
도그 (Dog)	낮은 성장률과 낮은 점유율을 보이는 것으로 철수가 필요한 사업임

■ 전략평가시스템(SES ; Strategic Evaluation System)

① 기존의 평가시스템을 개선한 것이 아닌 새로운 그림을 그리는 차원에서 등장한 개념

② 경영환경의 변화를 고려하여 수립된 전략의 실행 및 결과를 평가하는 것이며, 조직 전체의 관점에서 기업경쟁력 강화를 추구하는 평가 여건까지 고려한 평가시스템

■ 파레토 최적

① 자원배분이 가장 효율적으로 이루어진 상태. 이탈리아 경제학자 파레토가 처음 이 개념을 경제분석에 사용함

② 파레토 최적이 이루어지기 위해서는 생산의 효율과 교환의 효율에 대해 다음의 조건이 충족되어야 함
- 생산의 효율에 있어서는 어떠한 재화의 생산량을 증가시키기 위해서 다른 재화의 생산량을 감소시키지 않으면 안 된다는 조건
- 교환의 효율에 있어서 한 소비자의 효용을 증가시키기 위해서는 다른 소비자의 효용을 감소시키지 않으면 안 된다는 조건

■ 조직문화의 중요성 14, 18년 기출

① 조직문화란 구성원이 공유하고 있는 가치관, 이념, 관습 등을 총칭

② 조직문화는 기업의 전략수행에 영향을 미침

③ 기업의 합병, 매수 및 다각화에 있어서 조직문화가 중요한 영향을 미침

④ 신기술을 도입하거나 통합하는 경우에 영향을 미침

⑤ 조직 내의 집단 간 갈등에 영향을 미침

⑥ 효과적인 회의나 의사소통에 영향을 미침
⑦ 조직구성원을 사회화하는 데 영향을 미침
⑧ 조직의 생산성에 영향을 미침

■ 조직시스템의 형상

① **업무핵심층** : 제품 및 서비스의 생산과 직접 관련이 있는 기본적인 업무를 수행하는 구성부분
② **전략상층부** : 조직의 목표를 효과적으로 달성해야 하는 책임이 있으며, 조직에 대한 전반적인 책임자
③ **중간라인** : 사장의 관리적 역할을 수행하지만 그 관리의 범위는 그가 속한 단위부서에 한정
④ **테크노스트럭처** : 다른 사람들의 업무에 영향을 미침으로써 조직에 공헌하는 분석자
⑤ **지원스태프** : 작업흐름과 분리되어서 조직상층부를 지원하는 전문화된 단위

■ 조직문화의 구성요소(조직문화의 7S) 19년 기출

구분	내용
공유 가치 (Shared Value)	• 조직구성원이 함께 가지는 신념이나 믿음을 말하며, 이것은 다른 조직문화의 구성요소에 영향을 줄 수 있음 • 일반적으로 조직의 비전을 달성하기 위해 공유된 가치를 강조하며, 조직문화 형성에 의미 있는 역할을 함
전략 (Strategy)	• 조직의 장기적인 방향과 기본 성격을 결정할 수 있으며, 다른 조직문화 구성요소에 큰 영향을 줄 수 있음 • 조직목표의 달성을 위해 추구하는 방향성을 의미하며, 이러한 전략은 조직의 사명이나 비전에 의해 도출될 수 있음
조직구조 (Structure)	• 조직체의 전략수행을 위한 기본 틀로 권한 관계와 방침, 조직구조와 직무설계 등 구성원의 역할과 그들의 상호관계를 지배하는 공식요소를 포함 • 조직의 전략에 따른 목표달성을 위해 요구되는 조직 및 부서 등의 특정한 형태 • 고유의 조직구조에 따라 부서마다 다른 직무를 수행하고 권한이나 책임 등의 범위가 결정될 수 있음
조직시스템 (System)	• 조직을 더 효과적으로 운영하기 위해 조직 내에서 실행하는 여러 제도들을 의미 • 조직경영의 의사결정과 일상 운영의 틀이 되는 보상시스템, 복리후생제도, 성과관리 시스템, 경영계획과 목표설정 시스템, 경영정보와 의사결정 시스템, 결과측정과 조정 · 통제 등 경영 각 분야의 관리제도와 절차를 포함
조직구성원 (Staff)	• 조직구성원의 인력 구성에 따른 특징 • 구성원들의 능력, 신념, 전문성, 욕구와 동기, 과업수행에 필요한 행동이나 조직에 대한 태도와 행동 등을 포함
관리 기술 (Skill)	• 관리자가 조직구성원을 통제하거나 목표를 달성하기 위해 사용할 수 있는 기법 • 조직체 내 변화 관리, 갈등 관리와 같은 문제를 다루는 데 필수적
리더십 스타일 (Style)	• 조직의 구성원을 이끌어 가는 관리자의 유형 • 구성원들의 동기부여와 상호작용, 조직분위기 및 조직문화에 직접 영향을 끼침

■ **동기부여의 내용이론** 13, 14, 15, 19년 기출

① 동기를 유발하는 요인의 내용을 설명하는 이론

② 무엇이 개인의 행동을 유지 혹은 활성화시키는가, 혹은 환경 속의 무슨 요인이 사람의 행동을 움직이게 하는가에 관한 이론

③ **동기유발의 주요 내용이론**

- 매슬로우(Abraham H. Maslow)의 욕구단계이론
- 앨더퍼(Clayton R. Alderfer)의 ERG이론
- 허즈버그(Frederick Herzberg)의 2요인이론
- 맥클랜드(David C. McClelland)의 성취동기이론

■ **리더십 이론** 13, 15, 16, 17, 20년 기출

① 리더십은 집단행위에 영향력을 행사하여 조직의 유효성을 증대시키는 지도력을 의미하고, 리더는 구성원들에게 비전을 제시하고 동기를 유발시키면서 이끌어가는 사람

② **리커트의 리더유형 구분(시스템4 이론)** : 면접연구를 통해 '직무중심적 리더'와 '종업원중심적 리더'로 나누고 조직원과의 관계와 부하의 개인적 발전 · 성장에 관심을 갖는 종업원(인간)중심적 리더십이 직무중심적 리더십보다 효과적이라고 주장

③ **허쉬와 블랜차드의 수명주기이론** : 하급자의 자발적 참여 정도와 능력에 따라 리더십의 유형 변화가 필요하다는 이론으로, 부하의 성숙수준이 가장 낮은 M1단계에서는 '지시형 리더십', M2단계에서는 '지도형 리더십', M3단계에서는 '지원적 리더십', 부하의 성숙수준이 가장 높은 M4단계에서는 '위임적 리더십'이 가장 효과적이라고 주장

④ **리더십 특성이론** : 리더와 리더가 아닌 사람들의 개인적인 특성과 자질을 고려하는 이론

⑤ **피들러의 상황모형(상황적합이론)** : 모든 상황에 적합한 하나의 리더십은 존재하지 않고 각각의 상황과 조건에 따라 적합한 리더십 스타일이 존재한다는 이론으로, 리더십의 유효성은 리더의 행동유형과 환경요소에 의해 결정된다고 판단

⑥ **블레이크와 모튼의 관리격자모형(리더십 그리드)** : 생산과 사람에 대한 관심을 변수로 리더십을 분석하여 인기형(1.9형), 이상형(9.9형), 타협형(5.5형), 무관심형(1.1형), 과업형(9.1형)으로 구분하고 좌표 위에 표시하여, 각 리더십의 특성을 시각화한 '관리격자모형'을 제시. 과업수행과 대인관계를 둘 다 중시하여야 높은 수준의 참여와 팀워크를 형성할 수 있다고 주장

⑦ **리더-부하 교환 이론** : 리더와 부하가 서로 영향을 주고받는다는 이론으로, 리더는 부하직원의 역량, 능력, 책임감에 따라 다르게 대우함. 부하직원을 리더와 높은 상호작용을 하는 내집단과 공식적 관계만 유지하는 외집단으로 구분

⑧ **에반스와 하우스의 경로-목표 이론** : 부하의 개인특성과 환경의 특성에 따라 리더십의 유형을 지시적, 지지적, 참여적, 성취지향적의 4가지로 분류

■ **리더십의 유형** 12, 18, 19년 기출

① **비전적 리더십** : 하위자들이 자기 자신을 스스로 관리하고 통제할 수 있는 힘과 기술을 갖도록 개입하고 지도하는 리더십

② **서번트 리더십** : 섬기는 자세를 가진 봉사자로서의 역할을 먼저 생각하는 리더십

③ **카리스마적 리더십** : 리더가 원하는 것과 하위자들이 원하는 보상이 교환되고, 하위자들의 과업수행 시 예외적인 사항에 대해서만 리더가 개입하는 리더십

④ **변혁적 리더십** : 리더가 부하들에게 장기적 비전을 제시하고 그 비전을 향해 매진하도록 부하들로 하여금 자신의 정서나 가치관, 행동규범 등을 바꾸어 목표달성을 위한 성취의지와 자신감을 고취시키는 리더십

■ **리더가 갖는 권력의 유형** 19년 기출

① **강압적 권력** : 리더가 가지고 있는 강압적 권한에 의해 발생

② **합법적 권력** : 리더의 공식적인 권위와 개인적인 능력에 의하여 발휘되는 영향력

③ **준거적 권력** : 리더가 조직에 우호적이고 매력적인 카리스마를 가짐으로써 조직원들에게 믿음을 주며 생기는 영향력

④ **보상적 권력** : 리더가 조직원에게 원하는 보상을 줄 수 있을 때 발생하는 능력

⑤ **전문적 권력** : 능력이나 전문적 기술, 지식 등 리더의 개인적인 실력을 통하여 발휘되는 영향력

■ **의사소통의 원칙**

① **명료성의 원칙** : 전달하는 내용이 분명하고 정확하게 이해할 수 있게 해야 함

② **일관성의 원칙** : 전달내용은 전후가 일치되어야 함

③ **적시성의 원칙** : 필요한 정보는 필요한 시기에 적절히 입수해야 함

④ **적정성의 원칙** : 전달하고자 하는 정보의 양과 규모는 적절해야 함

⑤ **배포성의 원칙** : 의사전달의 내용은 모든 사람들이 알 수 있도록 공개해야 함

⑥ **적응성의 원칙** : 의사소통의 내용은 상황에 따라 융통성과 신축성이 있어야 함

⑦ **수용성의 원칙** : 피전달자가 수용할 수 있어야 함

■ **의사소통의 과정**

① **부호화(Encoding)** : 전달자가 아이디어를 전달 가능하고 이해 가능한 형태로 변환시키는 과정

② **매체를 통한 전송(Transmission Through Media Channels)** : 부호화된 메시지는 의사소통 매체를 통해 수신자에게 전달되며, 전화선, 라디오, TV시그널, 광섬유케이블, 우편 등 다양한 매체들이 이용될 수 있고, 매체는 대체로 전달하고자 하는 정보형태에 의해 결정됨

③ **해독(Decoding)** : 수신자는 전해진 메시지를 아이디어로 환원하는 해독작업을 수행

④ **피드백(Feedback)** : 메시지가 해독된 후 수신자가 메시지를 전달자에게 다시 전달하는 것

⑤ **잡음(Noise)** : 잡음은 전달과 수신 사이에 발생하여 의사소통의 정확도를 감소시킴

■ 커뮤니케이션 13, 20년 기출

① 커뮤니케이션은 정보의 전달(Communis)이라는 라틴어에서 유래

② 커뮤니케이션을 통해 종업원에게 희망을 주고 불만을 덜어 줄 수 있음

③ 공식적 커뮤니케이션은 조직의 권한체계나 공식적인 구조를 따라 구성원 간에 이루어지는 커뮤니케이션

④ 포도덩굴(Grapevine) 형태의 정보 교환은 비공식적 관계를 중심으로 이루어짐

■ 의사소통의 기능

① **정보전달기능** : 커뮤니케이션은 개인과 집단 또는 조직에 정보를 전달해 주는 기능을 함으로써 의사결정의 촉매제 역할을 함. 의사소통은 여러 가지 대안을 파악하고 평가하는 데 필요한 정보를 제공해 줌으로써 의사결정이 원활히 이루어지게 함

② **동기유발기능** : 커뮤니케이션은 조직구성원들의 동기유발을 촉진하는 데 사용됨

③ **통제기능** : 커뮤니케이션은 조직구성원의 행동을 조정 · 통제하는 기능을 함

④ **정서기능** : 커뮤니케이션을 통해 조직구성원들은 자신의 감정을 표현하고 사회적 욕구를 충족할 수 있음

■ 조직 내의 커뮤니케이션 18년 기출

구분	내용
상향식	• 하급자로부터 최상급자로 전달되어 조직계층을 따라 계속 위로 진행되는 형태 • 부하직원들의 태도와 느낌이 상부로 피드백됨 • 업무절차의 개선과 새로운 아이디어에 관한 하급자의 제안을 받을 수 있음 • 하부 조직원들의 불만과 그들이 원하는 바가 무엇인지를 알고 이에 효과적으로 대처할 수 있음
하향식	• 조직계층의 상위수준에서 하위 수준의 사람에게로 흐르는 형태 • 조직목표와 전략 수행, 규칙과 절차 설명, 작업지시와 성과 피드백
교 차	조직 내의 동일 또는 유사 수준에 있는 사람들 간의 정보의 수평적 흐름 및 직접 보고 관계에 있지 않은 상이한 수준의 사람들 간의 대각선적인 정보흐름

■ 브레인스토밍 12, 13년 기출

① 여러 명이 한 가지 문제를 놓고 무작위로 아이디어를 교환하며 해결책을 찾아내는 방식

② 복잡한 사안을 놓고 논리적으로 해결하기에는 한계가 있으므로 가능한 아이디어를 모두 쏟아내면서 상대방의 아이디어에 자신의 의견을 첨가하고 또 다른 사람이 더 좋은 아이디어를 도출하는 방식으로 진행

03 경영활동

■ 마케팅믹스(Marketing Mix) 12, 14, 16, 17, 20년 기출

① 목표시장에서 기업의 목표를 달성하기 위하여 통제 가능한 마케팅 변수를 최적으로 배합하는 것
② 통제 가능한 마케팅 변수는 '제품(Product), 가격(Price), 유통(Place), 촉진(Promotion)'을 포함하며, 머리글자를 따서 4P라고도 함
③ 제품관리의 핵심은 시장수요의 변화패턴을 의미하는 제품수명주기에 대한 이해가 필요
④ 제품수명주기는 일반적으로 도입기, 성장기, 성숙기, 쇠퇴기로 구분
⑤ 제품관리전략이란 시장의 변화를 검토하여 시장의 욕구와 필요에 부응하도록 제품의 구성을 끊임없이 조정하는 것

■ 마케팅환경

① 거시적 환경 : 인구통계학적, 사회경제적, 기술적, 정치적, 법률적, 생태적 환경
② 내부환경 : 최고경영층, 각 기능부서
③ 과업환경 : 원료공급업자, 유통기관, 고객 및 시장(조직에 직접적으로 미치는 영향 요인)
④ 제약환경 : 경쟁업자, 공중(금융 · 매체 · 정부 · 시민운동 등)
⑤ 소비자환경 : 소비자의 마케팅(제품, 가격, 유통, 촉진) 자극 요인

■ 마케팅관리 과정

① 마케팅기회 분석 : 기업의 마케팅활동 성과를 향상시킬 수 있는 장기적인 기회를 파악, 분석
② 표적시장의 선정 : 어떤 시장을 표적으로 선정하여 마케팅 활동을 전개할 것인지 결정
③ 마케팅믹스(통제 가능한 마케팅 수단의 집합)의 개발
④ 마케팅활동의 집행과 통제

■ 마케팅 기법 12년 기출

구분	내용
니치마케팅	시장의 빈틈을 공략하는 새로운 상품을 내놓아 경쟁력을 제고시키는 마케팅
프로슈머 마케팅	소비자의 요구 혹은 아이디어를 기업이 받아들여 신제품을 개발하는 마케팅
디마케팅	기업들이 자사 상품에 대한 고객의 구매를 의도적으로 줄임으로써 적절한 수요를 창출하는 마케팅
스프레드 마케팅	신문이나 방송 등에 광고를 내보내지 않고 인터넷과 입소문을 활용하여 소문을 퍼뜨리는 기법으로 비용을 줄이고 홍보효과는 극대화하는 마케팅

■ 고객유입 마케팅 기법 14년 기출

① **앰부시마케팅** : 스폰서의 권리가 없는 자가 마치 자신이 스폰서인 것처럼 행동하여 구매활동으로 이어지게 하는 마케팅 활동

② **넛지마케팅** : 공공활동 등 상품을 소개하지 않는 다른 활동으로 주의를 끌거나 긍정적 이미지를 갖게 하여 구매활동으로 이어지게 하는 마케팅 활동

③ **바이럴마케팅** : 입소문마케팅으로도 불리며 이슈를 만들고, 이를 각종 휴먼네트워크를 통해 확산시켜 구매활동으로 이어지게 하는 마케팅 활동

■ 그린마케팅(Green Marketing) 13년 기출

① 자연환경과 생태계 보전을 중시하는 시장접근전략

② 기존의 상품판매전략이 단순한 고객의 욕구나 수요충족에만 초점을 맞추는 것과는 달리 공해요인을 제거한 상품을 제조 · 판매해야 한다는 소비자보호운동에 입각, 인간의 삶의 질을 높이려는 기업활동을 지칭하는 말

■ 목표시장 선정전략 15, 19, 20년 기출

① **시장세분화** : 다양한 욕구를 가진 소비자들을 특정 제품 및 믹스를 필요로 하는 유사한 집단으로 묶는 과정

② **시장표적화** : 자사의 경쟁우위가 어느 세분시장에서 확보될 수 있는가를 평가하여 상대적으로 경쟁우위가 있는 세분시장을 선정하는 것

③ **제품 포지셔닝** : 자사제품이 경쟁제품과는 다른 차별적 경쟁우위 요인을 보유하여 목표시장 내 소비자들의 욕구를 보다 효율적으로 잘 충족시켜 줄 수 있다는 것을 소비자에게 인식시켜 주는 과정

■ 제품 포지셔닝 전략 16년 기출

소비자 포지셔닝 전략	경쟁적 포지셔닝 전략
• 소비자의 니즈와 자사 제품 편익의 연관성을 어느 범위에서 전달하느냐에 따라 구체적으로 포지셔닝하기도 하고 일반적으로 포지셔닝하기도 함 • 제품의 편익을 구체적으로 포지셔닝하면 포지셔닝의 효과는 크지만 고객의 범위가 작아질 우려가 있음 • 일반적으로 포지셔닝하면 범위가 크기는 하지만 막연하고 애매하기 때문에 커뮤니케이션에 문제가 생길 수 있음 • 제품의 편익과 소비자의 욕구를 연관시킬 수 있는 포지셔닝 전략을 세우는 것이 중요 • 제품의 편익과 연관성을 전달하는 방법에 따라서 정보를 제공하는 방법으로 포지셔닝하기도 하고 상징적으로 심상을 전달하는 방법으로 포지셔닝하기도 함	• 경쟁제품의 포지션을 바탕으로 포지셔닝하는 전략으로, 소비자들은 경쟁제품의 포지션에 자사제품의 포지션을 연관지어 인식하게 됨 • 주로 경쟁제품과의 차별화를 목적으로 비교광고를 통해서 많이 수행되며 보다 수월하게 포지셔닝을 할 수 있음 • 해당 제품에 대한 고객의 지각과 평판에 차이를 가져옴 • 소비자들의 혼란을 야기하고 경쟁제품의 인지도가 오히려 더 커질 수도 있음

■ 시장세분화 기준 설정

① 세분화 전제 조건 : 측정 가능성, 접근 가능성, 실질성(규모), 수행 가능성, 신뢰성, 유효 · 정당성(차별화)

② 세분화 개념 : 세분시장 상호 간에는 이질성 극대화, 세분시장 내에서는 동질성 극대화

③ 세분화 변수 : 인구통계학적, 심리 분석적, 구매행동 변수를 조합하여 효율적으로 사용

■ 래퍼곡선(Laffer Curve)

① 미국의 경제학자 A. Laffer에 의해 제시된 세율과 세수에 관한 곡선

② 세율이 0이면 세수 또한 0임은 자명한 일이고, 세율이 100%라면 누구도 소득을 얻기 위한 활동을 거부할 것이므로 세수는 0이 됨

③ 래퍼곡선은 그 중간에 세수가 극대로 될 수 있는 점의 존재를 주장하는 것이며, 일정의 세율(최적세 부담률)을 지나면 세수는 다시 감소됨

■ 밴드왜건과 베블런 19년 기출

① 밴드왜건 효과(Band-wagon Effect) : 어떤 소비재의 가격하락 등으로 새로운 소비자가 이 소비재의 수요자로 등장한 결과, 즉 어떤 재화에 대한 수요가 많아지면 다른 사람들도 그 경향에 따라 수요를 증가시키는 현상

② 베블런 효과(Veblen Effect) : 허영심에 의해 수요가 발생하는 것. 예를 들어, 다이아몬드는 비싸면 비쌀수록 사람의 허영심을 사로잡게 되어 가격이 상승하면 수요는 오히려 증대함

■ 제품수명주기 12, 13, 18년 기출

구분	내용
도입기	• 신제품이 처음 시장에 선을 보이면서 시작됨 • 이 시기의 마케팅활동은 소비자들과 중간상인들에게 제품의 존재와 제품의 이점을 알리는 데 중점을 두며, 광고와 판매촉진에 많은 투자를 함 • 상대적으로 가격 경쟁이 가장 적은 단계
성장기	• 소비자들이 문제의 제품에 대해서 이미 어느 정도 알게 됨 • 매출액이 급격히 신장되고 실질적 이익이 뚜렷하게 증가하기 시작
성숙기	• 자사제품의 독특한 점을 부각시켜 자사제품이 경쟁제품과 구별되도록 하는 데 주안점을 둠 • 매출액성장률이 성장기에 비해 둔화됨 • 새로운 고객을 찾기보다는 구고객의 사용률과 구매빈도를 높여야 함 • 신제품 개발전략보다는 기존 제품의 시장점유율을 극대화시키는 전략이 중요함
쇠퇴기	• 판매 부진과 이익 감소로 인하여 몇몇 회사는 시장을 떠남 • 남은 회사들은 광고와 판매촉진비를 줄이고 가격을 더 낮추며, 원가관리를 강화하는 등의 자구책을 강구하게 됨

■ 가격 관리 19년 기출

① 원가 중심 가격 결정

- 원가 가산 가격 결정법 : 제품의 단위당 원가에 표준이익을 가산
- 목표 이익 가격 결정법 : 일정한 표준 생산량에서 총원가에 예정된 수익률을 가산

② 수요 중심 가격 결정

- 지각 가치 가격 결정법 : 구매자의 제품에 대해 지각된 가치에 입각하여 결정
- 수요차 가격 결정법 : 수요의 정도에 따른 가격 결정

③ 경쟁 중심 가격 결정

- 모방가격 : 자사의 생산비용이나 시장수요를 토대로 하여 가격을 결정하기보다는 경쟁사의 가격을 기초로 하여 결정
- 입찰가격 : 경쟁사보다 낮은 가격을 제시해야 계약을 체결할 수 있을 때 쓰는 방법

■ 적시생산(JIT ; Just In Time) 방식 12년 기출

① 재고를 쌓아 두지 않고서도 필요한 때 적기에 제품을 공급하는 생산방식으로 재고비용을 최대한 줄이기 위하여 고안된 방식. 즉, 팔릴 물건을 팔릴 때에 팔릴 만큼만 생산하여 파는 방식

② 모든 생산 공정이 완벽하게 믿을 수 있도록 가동되어야 함

③ 문제가 발생하는 경우에 생산공정을 중지시킬 수 있는 재량권을 종업원에게 줌

④ 문제가 발생하는 경우 그 근본원인을 해결할 수 있도록 함

■ 인적자원관리 15, 19년 기출

① 조직의 목표달성을 위해 미래 인적자원 수요예측을 바탕으로 인적자원을 확보 · 개발, 배치, 평가하는 일련의 업무

② 구성원들이 조직의 목적과 그들의 능력에 맞게 활용되고 그에 걸맞은 물리적, 심리적 보상과 더불어 실질적으로 조직구성원들의 발탁, 개발 그리고 활용의 문제뿐만 아니라 구성원들의 조직과의 관계 및 능률을 다룸

③ 채용, 선발, 배치부터 조직설계, 역량개발, 노경관계까지를 포괄하는 광범위한 활동에 있어 종래의 인사관리의 틀을 넘어선 보다 포괄적인 개념으로 주목받고 있음

④ 현대의 인적자원 관리는 구성원 존중과 조직발전이 조직의 목표달성과 동시에 이루어질 수 있도록 초점을 두고 접근하는 경향이 크게 대두되고 있음

■ 인적자원계획 수립활동 16년 기출

① 불필요한 인적자원을 줄이는 해고계획을 수립하는 활동

② 현재의 종업원과 필요한 종업원 간의 수급불균형을 맞추기 위한 방법을 계획하는 활동

③ 종업원의 능력을 개발하기 위한 인적자원개발계획을 수립하는 활동

■ OJT(On the Job Training)

① '직장 내 교육훈련'이라는 뜻으로, 피교육자는 직장 내에서 직무에 종사하면서 상사나 선배 등에 의해 교육이나 훈련을 받게 됨

② 지도자와 피교육자 사이에 친밀감을 조성하며 시간낭비가 적고 기업의 필요에 합치되는 교육훈련을 할 수 있다는 장점이 있지만, 동시에 지도자의 높은 자질이 요구되며 교육훈련 내용의 체계화가 어렵다는 등의 단점이 있음

■ 연봉제 도입의 장점

① 능력과 실적이 임금과 직결되어 있으므로 능력주의, 실적주의를 통하여 종업원들에게 동기를 부여하고 의욕을 고취시켜 조직의 활성화와 사기앙양을 유도할 수 있음

② 국제적인 감각을 가진 인재를 확보하기가 쉬움

③ 연공급의 복잡한 임금체계와 임금지급구조를 단순화시켜 임금관리의 효율성을 증대시키는 효과가 있음

■ 인사고과의 목적

① 인사의 공정성 확보

② 능력개발

③ 승진 · 배치전환의 자료

■ 인사고과상의 오류 20년 기출

① 상동적 태도(常同的態度, Stereotyping) : 피고과자가 속한 사회적 속성에 대한 편견

② 현혹 효과(眩惑效果, Halo Effect) : 어느 한 측면에서의 호의적 · 비호의적 인상이 다른 측면의 평가 시에도 영향을 주는 경향(후광 효과)

③ 관대화 경향(寬大化傾向, Leniency Tendency) : 실제보다 과대 또는 과소평가하는 경향

④ 중심화 경향(中心化傾向, Central Tendency) : 척도상 중심점에 평가가 집중(집단화 경향)

■ 인사고과의 분류 13년 기출

전통적 인사고과	현대적 인사고과
• 과거의 실적 중심, 인물, 특히 인격 강조 • 포괄적, 획일적 차원의 다목적 고과 • 추상적 기준, 일방적 · 하향적 평가 • 약점을 발견하여 상벌의 자료로 활용 • 1년 1회 정도로 실시	• 미래의 잠재력 개발 지향, 직책과 목표 강조 • 계층별 · 직능별로 업적, 능력을 분리하는 목적별 고과 • 구체적 기준, 상하가 공동으로 결정 • 장점을 발견하여 적재적소 배치 및 능력개발에 활용 • 평상시에 수시로 평가

■ 단체교섭(Collective Bargaining) 19년 기출

① **단체교섭** : 경영자와 노동조합의 대표가 단체협약을 체결하기 위하여 교섭하는 과정을 의미하며, 임금, 노동시간, 근로조건 등 노사 간 이해가 대립되는 것을 다룸

- 기업별 교섭 : 특정 기업이나 사업장의 노동조합과 사용자 간에 단체교섭이 행하여지는 것
- 공동교섭 : 산업별 노동조합과 그 지부가 공동으로 사용자와 교섭하는 것
- 대각선교섭 : 패턴교섭이라고도 하며, 산업별 노동조합과 개별 사용자가 행하는 교섭 또는 기업별 노동조합의 상부단체가 개별 사용자와 행하는 단체교섭의 방식
- 통일교섭 : 산업별, 직종별 노동조합과 이에 대응하는 산업별, 직종별 사용자 단체 간의 단체교섭
- 집단교섭 : 다수의 노동조합과 그에 대응하는 다수의 사용자가 서로 집단을 만들어 교섭에 응하는 형태

② **기능** : 근로조건을 통일적이고 일률적으로 개선하며 근로자의 QWL을 향상시키고, 불만을 조정하고 경영에 건전한 자극을 부여하며, 노사관계를 대등하고 협동적인 관계로 발전하는 데 공헌

③ **단체협약** : 단체교섭에 의하여 노사 간 의견 일치를 본 사항을 문서로 작성한 것으로 법률에 저촉되지 않는 한 취업규칙이나 개별 근로계약에 우선하여 적용되는데, 주로 임금과 고용조건에 관한 사항으로 구성

■ 직무기술서와 직무명세서 12, 14, 17, 18년 기출

직무기술서(Job Description)	직무명세서(Job Specification)
• 직무의 책임, 의무, 활동의 정도 및 범위를 설명하는 직무평가의 기초자료로, 종업원의 채용 및 배치의 적정화와 직무의 능률화를 목적으로 함 • 일반적으로 직무명칭, 소속직군 및 직종, 직무의 내용, 직무수행에 필요한 원재료 · 설비 · 작업도구, 직무수행 방법 및 절차, 작업조건(작업 집단의 인원수, 상호작용의 정도 등) 등을 기록함	• 직무의 내용과 함께 직무에 요구되는 자격요건, 즉 직무담당자의 인적 요건을 설명한 문서 • 모집과 선발에 사용되며 직의 명칭, 소속 및 직종, 교육수준, 기능 · 기술수준, 지식, 정신적 특성(창의력, 판단력 등), 육체적 능력, 작업경험, 책임정도 등에 관한 사항이 포함

■ 경영정보시스템의 기본형태

① **거래처리시스템** : 거래로부터 발생하는 자료를 수집하고 저장하는 시스템이며, 때로는 거래의 부분으로 발생하는 의사결정을 통제하기도 함

② **경영정보시스템** : 조직에서 사용되는 효과적인 정보시스템의 개발과 사용을 말함

③ **의사결정시스템** : 인간의 의사결정을 지원하기 위해 컴퓨터와 상호작용을 하는 시스템

④ **사무자동화시스템** : 사무실과 경영조직 내의 매일 매일의 업무소통과 정보처리업무를 지원하는 시스템

■ 정보시스템의 구성요소 15, 20년 기출

① **하드웨어** : 데이터를 처리하기 위한 컴퓨터 장치를 의미

② **소프트웨어** : 하드웨어를 작동시키고 원하는 작업을 수행하기 위한 프로그램

③ **데이터베이스** : 데이터를 정해진 규칙에 따라 모아놓은 것

■ 정보기술 15, 17, 20년 기출

① **빅데이터** : 디지털 환경에서 생성되는 데이터로 그 규모가 방대하고, 생성주기도 짧고, 형태도 수치데이터뿐 아니라 문자와 영상데이터를 포함하는 대규모 데이터. 빅데이터의 3V는 크기(Volume), 속도(Velocity), 다양성(Variety)을 의미

② **사물인터넷(IoT)** : 인터넷을 기반으로 모든 사물을 연결하여 사람과 사물, 사물과 사물 간의 정보를 상호 소통하는 지능형 기술 및 서비스

③ **NFC(Near Field Communication)** : 10cm 이내의 가까운 거리에서 다양한 무선데이터를 주고받는 통신기술

④ **클라우드** : 사용자가 음악이나 동영상, 문서 등 각종 콘텐츠를 데이터센터에 저장해 놓고 인터넷으로 사용하는 서비스. 사용자가 모바일 기기나 PC 등 다양한 수단으로 시간과 장소에 구애받지 않고 콘텐츠를 편리하게 이용할 수 있음

■ 경영정보시스템 13, 17년 기출

① **CRM(Customer Relationship Management)** : 고객의 내 · 외부 자료를 분석 · 통합한다는 점에서 데이터베이스 마케팅의 성격을 가짐

② **SCM(Supply Chain Management)** : 기업에서 생산 · 유통 등 모든 공급망 단계를 최적화해 수요자가 원하는 제품을 원하는 시간과 장소에 제공하는 '공급망 관리'를 뜻함. SCM은 부품 공급업체와 생산업체 그리고 고객에 이르기까지 거래관계에 있는 기업들 간 IT를 이용한 실시간 정보공유를 통해 시장이나 수요자들의 요구에 기민하게 대응토록 지원하는 것

③ **ERP(Enterprise Resources Planning)** : 기업 전체를 경영자원의 효과적 이용이라는 관점에서 통합적으로 관리하고 경영의 효율화를 기하기 위한 수단

④ 성공적 CRM을 위해서는 고객과의 접점인 웹사이트와 내부의 ERP가 통합되어 정보교환이 원활해야 함

■ 경제학적 비용 12년 기출

① **고정비용** : 기업의 생산량이 변화하여도 단기적으로는 변동이 없는 비용. 고정비용은 기업시설의 존재와 유지에 관련되어 있으므로 비록 생산을 중단한다 하더라도 같은 액수만큼 발생

② **기회비용** : 어떤 재화의 여러 가지 종류의 용도 중 어느 한 가지만을 선택한 경우, 나머지 포기한 용도에서 얻을 수 있는 이익의 평가액

③ **매몰비용** : 이미 매몰되어 버려서 다시 되돌릴 수 없는 비용으로, 의사결정을 하고 실행한 이후에 발생하는 비용 중 회수할 수 없는 비용. 일단 지출하고 나면 회수할 수 없는 기업의 광고비용이나 R&D 비용 등이 이에 속함

■ 수직적 통합전략

① 생산과정상 또는 유통경로상에서 공급자나 수요자를 통합하는 전략

② 원가절감과 안정적 수요와 공급이 가능하다는 전략적 이점을 가짐

③ 수직적 통합은 원재료의 획득에서 최종제품의 생산, 판매에 이르는 전체적인 공급과정에서 기업이 일정 부분을 통제하는 전략으로 다각화의 한 방법

④ 자동차 회사가 부품공급업체를 수직 통합한다면 품질향상과 유지를 통해 제품차별화를 달성할 가능성이 높아질 수 있음

⑤ 수직적 통합을 하게 되면 경기의 변동이나 기업 내부의 운영에 대한 유연성이 떨어짐. 예를 들어 조선산업이 불황기를 맞게 되면 외부에서 구매하는 부품은 주문을 줄이면 되지만 자체적으로 부품을 만들고 있다면 불황기에도 많은 고정비용은 계속 투입됨

■ 분식회계

① 기업이 고의로 자산이나 이익 등을 크게 부풀리고 부채를 적게 계상함으로써 재무상태나 경영성과 등을 고의로 조작하는 것

② 분식회계를 막기 위해 회사는 감사를 둬야 하고, 외부 감사인인 공인회계사에게서 회계감사를 받도록 되어 있음

③ 부채의 과소계상은 부채가 있음에도 재무제표에 기재하지 않는 분식회계 유형임

■ 손익분기점(Break Even Point)

① 한 기간의 매출액이 당해 기간의 총비용과 일치하는 점으로, 매출액이 그 이하로 감소하면 손실이 나며 그 이상으로 증대하면 이익을 가져오는 기점을 가리킴

② 손익분기점 분석에서는 보통 비용을 고정비와 변동비(또는 비례비)로 분해하여 매출액과의 관계를 검토하며 매출액은 매출수량과 매출단가의 관계로 대치되므로 판매계획의 입안에 있어서 이 분석방법은 중요한 실마리가 됨

③ 그들 상호의 인과관계를 추구하는 것에 의하여 생산계획 · 조업도(操業度)정책 · 제품결정 등 각 분야에 걸쳐 다각적으로 이용됨

■ 회계의 일반원칙

① **신뢰성** : 회계처리 및 보고는 신뢰할 수 있도록 객관적인 자료의 증거에 의하여 공정하게 처리

② **명료성** : 재무제표의 양식 및 과목과 회계용어는 이해하기 쉽도록 간단명료하게 표시

③ **충분성** : 중요한 회계방침과 회계처리기준, 과목 및 금액에 관하여는 그 내용을 재무제표상에 충분히 표시

④ **계속성** : 회계처리에 관한 기준 및 추정은 기간별 비교가 가능하도록 매기 계속하여 적용하고, 정당한 사유 없이 이를 변경해서는 안 됨

⑤ **중요성** : 회계처리와 재무제표 작성에 있어서 과목과 금액은 그 중요성에 따라 실용적인 방법에 의하여 결정

⑥ **안정성** : 선택 가능한 둘 이상의 회계처리방법이 존재하고 어느 방법이 더 타당한 방법인지 결정하기가 어려운 경우, 가능한 한 순이익이나 재무 상태에 가장 불리한 영향을 미치는 방법을 선택하여야 한다는 것

⑦ **실질성** : 회계처리는 거래의 실질과 경제적 사실을 반영할 수 있어야 함

■ 대차대조표의 구성요소(자산=부채+자본) 12, 16, 19, 20년 기출

자 산	• 경제적 가치가 있는 자원(가치가 있는 물건 또는 권리, 총자본), 대차대조표의 왼쪽(차변) • 현금과 예금, 유가증권, 매출채권(외상매출금, 받을어음), 대여금, 미수금, 선급금, 상품, 건물, 비품 등
부 채	• 미래에 남에게 갚아야 할 의무(빚, 타인자본, 타인으로부터 조달), 대차대조표의 오른쪽(대변) • 매입채무(외상매입금, 지급어음), 차입금, 선수금, 미지급금 등
자 본	• 본인 소유의 순수한 재산(자기자본, 자신이 조달), 대차대조표의 오른쪽(대변) • 자본금, 자본잉여금, 이익잉여금, 당기순이익

■ 손익계산서의 구성요소(수익－비용=순이익 or 순손실) 12, 19년 기출

수 익	• 일정기간 동안 경영활동을 통해 벌어들인 자산 및 자본의 증가 • 매출액, 영업외수익(이자수익, 임대료, 유가증권처분이익, 외환차익 등), 특별이익(보험차익 등)
비 용	• 수익을 얻기 위해 일정기간 동안 소비한 자산 및 자본의 감소 • 매출원가, 판매비와 관리비, 영업외비용(이자비용, 유가증권처분손실, 평가손실 등), 특별손실(재해손실 등), 법인세비용
순이익	• 수익 > 비용 → 당기순이익 • 수익 < 비용 → 당기순손실

■ 포괄손익계산서 16년 기출

① 일정기간 동안의 기업의 경영성과를 한눈에 나타내기 위해 작성하는 재무재표

② 기업의 수익발생 부분과 지출내역 등을 파악하고 그에 관해 미래를 예측할 수 있는 지표

■ 손익분기점을 결정하는 요소

① 매출액

② 고정비(감가상각비, 경영진의 임금, 보험료, 재산세, 임차료, 이자 등)

③ 변동비(재료비, 노무비, 판매수당, 포장비, 연료비 등 : 단위당 변동비는 일정하다고 가정)

④ 매출량 또는 생산량

■ 각종 세금 13년 기출

① **토빈세** : 국제 투기자본이 나라 경제를 교란시키는 것을 막기 위하여 단기 외환거래에 저율의 단일세율로 부과하는 세금

② **버핏세** : 부유세(富裕稅)라고도 하며, 일정액 이상의 재산을 보유하고 있는 자에게 그 순자산액의 일정 비율을 비례적 혹은 누진적으로 과세하는 세금

③ **로빈후드세** : 저소득층을 지원하기 위한 목적으로 고수익을 올리는 기업 또는 개인에게 부과하는 세금

■ 근로소득 간이세액표 16년 기출

① 고용주가 매월 근로소득을 지급할 때 적용

② 월급여 및 부양가족에 따른 소득세 원천징수 금액을 지정해 놓은 것

■ 개인퇴직연금(IRP) 16년 기출

① 개인 이름으로 개설하는 퇴직연금

② 이직 시 받은 퇴직금 등을 불입하여 은퇴 후 연금으로 활용 및 연말정산 시 세액공제 혜택

■ 환 율 12년 기출

① 우리 돈과 외국돈의 교환비율로서 외국돈과 비교한 우리 돈의 값어치

② 기본적으로 외환시장에서 외환에 대한 수요와 공급에 의해 결정되나 물가상승률, 금리차, 정치사회의 안정 여부 등 복합적인 요인에 의해 영향을 받음

③ **우리나라의 환율제도 변화** : 고정환율제도 → 단일변동환율제도 → 복수통화바스켓 제도 → 시장평균환율

■ 단기금융시장

① 단기자금의 수요자와 공급자 간 수급불균형을 조절하기 위하여 통상 만기 1년 미만의 단기금융자산이 거래됨

② 자본손실위험 및 신용위험을 축소함

③ 개별 경제주체의 유동성 포지션을 적정수준으로 유지할 수 있게 함으로써 금융의 효율성을 제고함

④ 효율적인 통화신용정책의 장(場)을 제공

■ 금융기관의 기능

① **거래비용절감 기능** : 금융기관은 다수의 자금공급자의 수요자를 대상으로 금융자산을 거래하기 때문에 거래비용 면에서 규모의 경제를 발휘하는 것을 가능하게 함

② **자산변환 기능** : 금융기관은 다수의 소액저축자로부터 자금을 Pooling하여 이를 투자자에게 거액자본으로 전환시켜주는 자금중개 기능을 수행하며 자금의 규모, 이용기간, 이자율 등을 조정하여 자금의 수요자와 공급자 간에 거래를 성사시킴(금액변환, 만기변환, 위험변환)

③ **지급결제수단의 창출 기능** : 금융기관은 화폐나 수표 등을 발행함으로써 거래를 구체적으로 실행시키는 지급결제수단을 제공

■ 증권의 종류

① **전환증권** : 약정된 기간 내에 정해진 수의 보통주로 전환할 수 있는 권리에 해당되는 전환권이 부여되어 있는 증권을 말하며 전환사채가 대표적인 예

② **보통주** : 주식회사가 출자에 대한 증표로 보통 주주에게 발행한 주권을 뜻하며 소유자 지분에 따라 회사에서 주인의 역할을 담당

③ **우선주** : 이익의 배당이나 잔여 재산의 분배 등에 보통주보다 우선해 권리를 행사할 수 있는 주식으로, 기업 정리 시 우선주주의 청구권은 채권자보다는 낮으나 보통주주보다는 그 순위가 앞섬. 안전성을 주로 추구하는 투자자들을 대상으로 자금 조달을 쉽게 하기 위해 발행되는데, 보통주에는 있는 의결권이 우선주에는 없음

■ 펀드의 종류

① **매칭펀드(Matching Fund)** : 투자신탁회사가 국내 및 해외 투자자들을 대상으로 수익증권을 발행, 판매된 자금으로 국내증권과 해외증권에 동시에 투자하는 펀드

② **뮤추얼펀드(Mutual Fund)** : 유가증권 투자를 목적으로 설립된 법인회사로 주식발행을 통해 투자자를 모집하고 모집된 투자자산을 전문적인 운용회사에 맡겨 그 운용 수익을 투자자에게 배당금의 형태로 되돌려주는 형태의 펀드

③ **헤지펀드(Hedge Fund)** : 100명 미만의 투자자에게서 개별적으로 자금을 모아 국제증권과 외환시장에 투자해 단기이익을 올리는 민간투자기금

④ **자사주펀드** : 상장기업이 자사 주식을 취득할 목적으로 투신사의 수익증권을 매입하면 투신사는 이 자금으로 해당 기업의 주식을 사고 이를 위해 상장기업이 매입하는 수익증권

■ 인플레이션 12, 13, 15년 기출

① **인플레이션(Inflation)** : 화폐가치가 하락하여 물가수준이 지속적으로 상승하는 현상

② **디플레이션(Deflation)** : 통화량의 축소에 의하여 물가가 하락하고 경제활동이 침체되는 현상

③ **애그플레이션(Agflation)** : 농업(Agriculture)과 인플레이션(Inflation)의 합성어로 농산물 가격급등으로 일반물가가 상승하는 현상

■ 스태그플레이션(Stagflation)

① 경기가 침체되는데도 물가는 오르는 현상으로, 경기침체를 의미하는 스태그네이션과 물가상승을 의미하는 인플레이션의 합성어

② 1970년대에 들어 경기침체 속에서 물가가 오르면서 등장한 개념

③ 스태그플레이션은 경기가 침체되더라도 이전소득(정부나 기업의 소득이 개인의 소득으로 대체되는 수입의 이전)의 증대, 임금의 하향경직화 등으로 물가가 오름세를 나타내기 때문에 발생하는 것으로 여겨지고 있음

■ 한계효용체감의 법칙

① 한계효용은 욕망의 강도에 정비례하고, 재화의 존재량에 반비례하므로 재화의 양을 한 단위씩 추가함에 따라 전부효용은 증가하나 한계효용은 점차 감소하게 되는데, 이것을 한계효용체감의 법칙이라고 함

② 한계효용의 합계는 전부효용과 같으며, 한계효용이 0일 때 전부효용은 극대가 됨(욕망포화의 법칙)

■ 자유무역협정(FTA)

① 국가 간 상품의 자유로운 이동을 위해 모든 무역의 장벽을 제거시키는 협정

② 특정 국가 간의 상호 무역증진을 위해 물자나 서비스 이동을 자유화시키는 협정으로, 국가 간의 제반무역장벽을 완화하거나 철폐하여 무역자유화를 실현하기 위한 양국 간 또는 지역 사이에 체결하는 특혜무역협정

③ WTO가 모든 회원국에게 최혜국대우를 보장해 주는 다자주의를 원칙으로 하는 세계무역체제인 반면 FTA는 양자주의 및 지역주의적인 특혜무역체제로, 회원국에만 무관세나 낮은 관세를 적용

④ 시장이 크게 확대되어 비교우위에 있는 상품의 수출과 투자가 촉진되고 동시에 무역창출 효과를 거둘 수 있다는 장점이 있으나, 협정대상국에 비해 경쟁력이 낮은 산업은 문을 닫아야 하는 상황이 발생할 수도 있다는 점이 단점으로 지적됨

■ 국제기업환경 문제가 중요한 이유

① 우리 기업이 진출하려는 나라마다 정치적, 경제적, 법적, 사회 · 문화적 체제나 제도가 다름

② 외국시장의 여러 환경요인들은 국내에서보다 경직적, 일방적임

③ 언어 등과 같은 제반 문화적 환경요인은 불가피한 요인으로 작용

④ 각 나라마다 자국의 이익을 우선시하며 외국기업에 대한 강력한 통제와 규제가 많음

■ 주요금융용어 13년 기출

① **리보금리(LIBOR)** : 런던 국제금융시장에서 은행들 간에 돈을 빌려줄 때 적용되는 금리. 리보금리는 국제금융거래에서 기준금리 역할을 함

② **머니론더링(Money Laundering)** : 마약거래를 통해 얻은 부정자금을 계좌에서 계좌로 옮겨 자금의 출처나 수익자를 알 수 없게 하는 것

③ **머니마켓펀드(MMF)** : 공사채를 중심으로 투자하는 투자 신탁의 일종

④ **다우존스지수(DJI)** : 뉴욕증권시장에 상장되어있는 주식 가운데 가장 신용 있고 안정된 30개 종목을 표본으로 시장가격을 평균하여 산출하는 주가지수

⑤ **코스닥(KOSDAQ)** : 미국의 나스닥(NASDAQ)을 한국식으로 영문 합성한 명칭으로, 코스닥에서 거래되는 주식은 장외거래 대상종목으로 금융투자협회에 등록된 기업의 주식

⑥ **차등배당** : 대주주가 소액주주에 비해 낮은 배당률을 받는 배당정책

⑦ **서브프라임 모기지(Subprime Mortgage)** : 비우량임에도 불구하고 저소득층의 주택마련을 위해 자금을 빌려주는 제도

⑧ **핫머니(Hot Money)** : 국제 정세의 급변, 사회적 정치적 불안, 환율 변동 등이 예상되는 경우 금리차익을 노리고 국제 금융시장을 돌아다니는 유동성 단기자금

■ **국제무역환경** 12, 13, 16년 기출

① IMF(국제통화기금) : 1947년에 발족. 환율과 국제수지를 감시함으로써 국제 금융체계를 감독하는 것을 위임받은 국제기구

② WTO(세계무역기구) : 관광진흥을 통한 경제발전, 국제 평화와 번영에 공헌하는 목적으로 설립된 국제기구. 세계무역분쟁 조정, 관세인하 요구, 반덤핑규제 등 막강한 국제적인 법적 권한과 구속력을 행사

③ FTA(자유무역협정) : 국가 간의 상호 무역증진을 위해 물자나 서비스 이동을 자유화시키는 협정으로 나라와 나라 사이의 제반 무역장벽을 완화하거나 철폐하는 것을 목적

④ NAFTA(북미자유무역협정) : 1992년 체결되어 1994년 1월부터 발효된 캐나다 · 멕시코 · 미국이 체결한 자유무역협정

⑤ Green Round(그린라운드) : 지구환경 보호문제를 협상에 올려 국제적으로 합의된 환경기준을 만들어 국제무역거래에 각종 제재조치를 가하도록 하자는 다자간 협상

■ **경영학적 주요 법칙** 12년 기출

① 파레토의 법칙 : 결과물의 80%는 조직의 20%에 의하여 생산된다는 법칙

② 롱테일 법칙 : 80%의 사소한 다수가 20%의 핵심 소수보다 뛰어난 가치를 창출한다는 법칙

③ 무어의 법칙 : 메모리의 용량이나 CPU의 속도가 약 1.5년에 2배씩 증가한다는 법칙

④ 메칼프의 법칙 : 통신망 사용자에 대한 효용성을 나타내는 망의 가치는 대체로 사용자 수의 제곱에 비례한다는 법칙

■ **시사용어** 12년 기출

① SNS(Social Network Service) : 페이스북, 트위터, 인스타그램 등과 같이 웹상에서 인맥을 새롭게 쌓거나 기존 인맥과의 관계를 강화할 수 있는 서비스

② 통화스와프(Currency Swap) : 서로 다른 통화를 약정된 환율에 따라 일정한 시점에서 서로 교환하는 외환거래

③ 더블딥(Double Dip) : 경기가 일시 회복되었다가 다시 침체에 빠지는 이중경기 하강을 일컫는 신조어

④ 창조적 자본주의(Creative Capitalism) : 빈익빈부익부(貧益貧富益富)를 심화시키는 기존 자본주의의 폐해를 시장의 힘과 작동원리로 바로 잡아 소외계층들도 배려하는 자본주의

■ **아웃소싱(Outsourcing)** 12년 기출

① 조직이 수행하던 활동을 외부에 맡김으로써 조직의 활동범위를 좁히는 것

② 정보통신 기술의 발전으로 인해 더욱 다양한 아웃소싱이 가능해짐

③ 거래비용이 감소하는 경우에 아웃소싱이 더 활발해짐

④ 상대적 비교우위에 있지 않거나 기타 부가적인 서비스를 전문적으로 제공하는 기관들의 도움을 받는 것

■ 금융관련 용어 15, 18년 기출

① EVA(경제적부가가치) : 기업의 영업활동 결과 창출된 부가가치라는 의미로 투하자본에 '투하자본 수익률에서 가중평균 자본비용을 차감한 율'을 곱하여 구한 값이며, 투하된 모든 자본(자기자본 및 타인자본)의 기회비용을 고려하여 기업(경영자)의 실질적인 경영성과를 측정하기 위해 개발된 개념임

② ROE(자기자본이익률) : 기업의 부채를 제외한 자본에서 어느 정도의 이익을 창출하는가를 나타내는 값

③ ROA(자산수익률) : 기업 총자산(자본+부채)에서 어느 정도의 이익을 창출하는가를 나타내는 값

④ ROI(투자자본수익률) : 기업의 순이익을 투자액으로 나눈 값

⑤ PER(주가수익비율) : 주가를 주당순이익으로 나눈 값으로, 주가가 주당순이익의 배율이 얼마인가를 나타내는 지표

⑥ KPI(핵심성과지표) : 목표를 성공적으로 달성하기 위하여 핵심적으로 관리하여야 하는 요소들에 대한 성과지표

⑦ CVR(전환율) : 웹사이트 방문자가 구매, 회원가입, 소프트웨어 다운 등 사이트가 의도하는 행동을 취하는 비율

■ 회사채 12, 15년 기출

① 주식회사가 투자자에게 사업자금을 장기간 빌리려고 발행하는 채권으로 일반적으로 금융채보다 금리가 높음

② 회사채는 채권자의 권리를 기준으로 일반사채와 특수사채로 구분하고 특수사채에는 전환사채, 신주인수권부사채 등이 있음

③ 회사채 중 전환사채는 발행 시 사채로 보유하지만 일정기간 내에 발행사의 주식으로 전환할 수 있는 청구권을 갖게 됨

■ 엔젤투자 13년 기출

① 창업 또는 창업초기 단계인 벤처기업에 필요한 자금을 공급해 주고 경영에 대한 조언을 수행하는 개인투자

② 엔젤의 주요 투자동기는 높은 수익성 추구이며 친분을 중시

③ 엔젤투자는 기업이 창업단계 투자와 성장단계 투자 사이의 자본공급 갭을 극복하게 하고 멘토링을 통해 창업기업에 경영 및 기술, 마케팅 등의 지원을 제공하는 등 초기 기업성장에서 필수적인 요소

④ 엔젤은 주로 개인투자자로서 일정한 법적 자격요건을 필요로 하지 않음

■ 노조가입 제도

① **오픈숍** : 조합원, 비조합원을 모두 고용할 수 있으므로 조합가입이 고용조건이 되지 않음

② **클로즈드숍** : 노조가입이 고용의 전제조건이 되는 강력한 제도

③ **유니언숍** : 사용자의 자유로운 채용은 허락되지만 일정한 수습기간이 지나면 본인의 의사와는 관계없이 자동적으로 노조에 가입하게 되는 제도

과목

03 사무영어

01 비즈니스 용어

■ 비즈니스 기본 단어

- Accept : 수락하다, 받아들이다
- Acknowledge : 인정하다, 감사하다, 통지하다
- Advice : 조언, 충고
- Agree(= come around) : 동의하다
- Amount : 금액, 합계액, 합계가 되다
- Article : 물품, 상품, 소책자
- Book : 예약하다, 장부, 장부에 기입하다
- Business : 사업, 거래
- Business trip : 출장
- Claim : 클레임, 배상청구액, 배상청구하다
- Condition : 조건, 사정, 상태
- Confirm : 확인하다
- Corporate : 협력하다, 협조하다
- Customer : 고객, 손님
- Discontinue : 중단되다
- Enclose : 동봉하다
- Expense : 비용
- Favor : 호의, 은혜, 은혜를 베풀다
- Furnish : 제공하다, 보내다
- Goods : 상품
- Increase : 증가, 상승, 증가하다, 상승하다
- Interest : 이자, 관심, 관심을 끌다
- Line : 업종, 상품 거래망
- Manufacture : 제조, 제품, 제조하다
- Market : 시장, 시황, 시세, 판로
- Offer : 청약, 신청, 판매 제의하다
- Open : 개설하다, 신설하다
- Order : 주문, 주문서, 주문하다
- Origin : 원산지, 기원, 원인
- Package : 포장, 소포, 포장하다
- Payment : 지급, 지급금액, 결제
- Quantity : 수량
- Quotation : 견적, 시세, 견적서
- Sale : 판매, 대매출
- Statement : 명세서, 계산서
- Stock : 재고, 주식

■ 약 어

① 편지에 주로 쓰이는 약어

- e.g.(= for example) : 예를 들면
- etc.(= et cetera, and so on) : 등등
- ext.(= extension number) : 내선번호
- vs.(= versus, against) : 대(對)
- enc(= enclosure) : 동봉물
- cc(= carbon copy) : 함께 받는 사람
- c/o(= care of, carried over) : 전교
- bcc(= blind carbon copy) : 숨은 참조인
- attn(= attention) : ~앞
- P.S.(= post script) : 추신

- R.S.V.P.(= reply, French for 'respond, if you please') : 회답 주시기 바랍니다
- FYI(= for your information) : 참고로
- TBA(= to be announced) : 추후공고
- TBC(= to be confirmed) : 추후확정, 변경 가능
- ASAP(= as soon as possible) : 가능한 한 빨리

② 직위, 학위, 회사 관련 약어

- VIP(= very important person) : 귀빈
- VP(= vice-president) : 부사장
- CEO(= chief executive officer) : 최고경영자, 사장
- CFO(= chief financial officer) : 재무책임자
- CKO(= chief knowledge officer) : 지식관리자
- COO(= chief operating officer) : 최고운영책임자
- CTO(= chief technology officer) : 최고기술책임자
- Dept(= department) : 부서
- Div.(= division) : (관청 · 회사 등의) 부문, 국, 부, 과
- R&D(= research and development) : 연구개발부
- MBA(= master of business administration) : 경영학 석사
- Corp.(= corporation) : 기업, 회사
- Inc.(= incorporated) : 유한회사, 주식회사(영국에서는 Ltd.를 주로 씀)

③ 회의 관련 약어

- TO(= table of organization) : 편성표
- ETA(= estimated time of arrival) : 도착예상시간
- ETD(= estimated time of departure : 출발[출항]예정시간
- FAQ(= frequently asked questions) : 자주 묻는 질문
- OHP(= overhead projector) : 오버헤드 프로젝터, 광학 투영기
- VCR(= video cassette recorder) : 비디오카세트녹화기

④ 국제기구 약어

- WTO(= World trade organization) : 세계무역기구
- OECD(= Organization for economic cooperation and development) : 경제협력개발기구
- WHO(= World health organization) : 세계보건기구
- NGO(= Non-government organization) : 비정부기구

⑤ 기 타

- w/(= with) : ~와 함께[더불어], ~에 곁들여
- w/o(= without) : ~없이, ~와는 별개로
- wk(= week) : 주, 일주일
- a/c.(= account) : 계좌
- bldg.(= building) : 건물
- Ave.(= Avenue) : 거리, ~가
- St.(= street) : 거리, 가로, ~가, ~로
- FY(= fiscal year) : 회계연도
- N/A(= not applicable) : 해당 없음
- Pls(= Please) : 부탁하거나 무엇을 하라고 할 때 덧붙이는 말
- DOB(= date of birth) : 생년월일

• Blvd(= boulevard) : 도로
• DTP(= desktop publishing) : 전자출판
• WPM(= words per minute) : 1분간 타자속도
• VAT(= value added tax) : 부가가치세
• F.O.C(= free of charge) : 공짜
• C.O.D(= cash on deliver) : 화물인도 대금결제

■ 거래, 회계, 인사 · 조직 용어

① 거 래

• Price list : 가격표
• Sample : 견본
• Price quotation : 견적서
• Tariffs : 관세
• Sales contract : 계약조건
• Termination : 계약해제
• Warranty : 담보
• Due date : 만기일
• Sales contract : 매매계약서
• Purchase Order(P/O) : 매입서
• Specification : 명세서
• Returns : 반송품
• Date of issue : 발행일
• Delivery charge : 배송료
• Guarantee : 보증
• Deposit : 보증금
• Shipment : 선적
• Payment in advance : 선지급
• Remittance : 송금
• Invoice : 송장
• Commission : 수수료
• Acceptance : 승낙
• Letter of Credit(L/C) : 신용장
• Credit inquiry : 신용조회
• Bill : 어음
• Mail transfer : 우편환
• Carriage : 운송
• Freight : 운임
• Interest : 이자
• Bid : 입찰
• Inventory : 재고
• Stock sale : 재고매매
• Slip : 전표
• Order : 주문
• Delay : 지연
• Customs clearance : 통관
• Patent : 특허권
• Breakage : 파손
• Packing list : 포장명세서
• Reimbursement : 환불
• Exchange rate : 환율

② 회 계

• Accounting : 회계
• Audit : 감사
• Budget : 예산
• Cost : 비용
• Asset : 자산
• Capital : 자본
• Dividend : 배당금
• Borrowings : 차입금
• Cash flow : 현금흐름
• Bookkeeping : 기장(부기)
• Financial statement : 재무제표
• Annual report : 연차보고서
• Balance Sheet(B/S) : 대차대조표
• Income Statement(I/S) : 손익계산서
• Break-even point : 손익분기점
• Bill : 청구서
• Fiscal year : 회계연도

③ 인사 · 조직

- Headquarters(= head office) : 본사
- Regional headquarters : 지역본부
- Branch : 지점
- Representative office : 사무소
- Full-time employees : 정규직
- Contract employees : 계약직
- Pay slip : 급여명세서
- Part-time employees : 시간제 근로
- Temporary employees : 임시직
- Outsourcing : 파견직
- Probation period : 견습기간
- Transfer : 이동
- Secondment : 파견
- Turnover : 이직
- Resignation : 사직
- Retirement : 정년퇴직
- Layoff(= redundancy) : 해고
- Performance appraisal(= performance evaluation) : 인사평가
- Annual salary : 연봉
- Promotion : 승진
- Bonus : 상여금
- Employee benefit : 복리후생
- On-the-Job Training(OJT) : 현장직무훈련
- Off-the-Job Training(Off JT) : 외부훈련

■ 영문부서명과 직함명

① 회사 부서명

- President's Office : 사장실
- Secretary's Office : 비서실
- Planning Department : 기획부
- General Affairs Department : 총무부
- Personnel Department, Human Resources Department : 인사부
- Sales Department : 영업부
- Public Relations Department : 홍보부
- Accounting Department : 경리부
- Engineering Department : 기술부
- Research and Development Department : 연구 및 개발부
- Marketing Department : 마케팅부
- Overseas Operation Department : 해외사업부
- Financial Department : 재정부

② 직함명

- Chairman, President : 회장
- President, CEO : 사장
- Vice-President : 부사장
- Senior Executive Managing Director : 전무이사
- Executive Managing Director : 상무이사
- Director : 이사
- Department Head, General Manager : 부장
- Deputy Department Head, Deputy General Manager : 차장
- Section Chief, Manager : 과장
- Section Chief, Subsection Chief : 계장
- Deputy Section Chief : 대리
- Assistant Manager : 주임
- Staff : 사원

■ 사무기기 및 사무용품 용어

- Audible effect : 음향
- Lapel microphone : 핀마이크
- Laser pointer(= laser marker) : 레이저포인터
- Paper shredder : 문서세단기

- Scanner : 스캐너
- Copy machine(= copier, photocopier) : 복사기
- Fax machine(= facsimile) : 팩스
- Temporary phone : 가설전화, 임시설치전화
- Wired microphone : 유선마이크
- Wireless microphone : 무선마이크
- Slide projector : 슬라이드영사기
- Slide viewer : 슬라이드뷰어
- Waste-paper basket : 휴지통
- Fire extinguisher : 소화기
- Bookcase : 책꽂이
- White board : 화이트보드
- In-tray : 도착서류함
- Out-tray : 발송서류함
- Postal scale : 우편물저울
- Bookshelf : 책장선반
- Drawer : 서랍
- Supply cabinet : 비품보관함
- Swivel chair : 회전의자
- Bulletin board : 게시판
- File cabinet : 문서보관함

■ 기타 중요 용어

① 공항 관련 어휘

- Admission : 입국허가
- Airline : 항공사
- Airline ticket : 항공권
- Baggage(= luggage) : 수하물
- Baggage claim area : 수하물 찾는 곳
- Boarding : 탑승
- Boarding area : 탑승장
- Boarding pass : 탑승권
- Carry-on baggage : 기내휴대용 수하물
- Check-in : 탑승수속
- Check-in baggage : 탁송화물
- Check-in counter : 탑승창구
- Claim area : 수하물 찾는 곳
- Claim check : 수하물표
- Customs : 세관
- Customs declaration form : 세관 신고서
- Customs official : 세관원
- Declare : 신고하다
- Departure : 출발(↔ arrival : 도착)
- Destination : 목적지
- Detector : 검색대
- Domestic line : 국내선
- Duration of stay : 체류기간
- Duty-free shop : 면세점
- Embarkation card : 출국카드, 승선권(↔ disembarkation card : 입국카드)
- Excess baggage charge : 추가수하물 운임
- Flight(= airplane) : 항공편
- Gate : 탑승구
- Immigration : 출국신고, 입국심사
- International line : 국제선
- Limousine bus : 리무진버스
- One-way ticket : 편도편
- Passport : 여권
- Port of disembarkation : 도착지
- Purpose of visit : 방문목적
- Quarantine station : 검역소
- Round trip ticket(= return ticket) : 왕복표
- Visa : 비자, 입국사증

② 항공기 관련 어휘

- Aisle : (좌석 사이의) 통로
- Aisle seat : 통로좌석
- Beverage : 음료

- Business class : 비즈니스석
- Captain : 기장
- Cockpit : 조종실(석)
- Complimentary service : 무료서비스
- Connection : 접속편 비행기
- Economy class : 일반석
- ETA(= estimated time of arrival) : 도착예정시각
- Flight attendant : 기내승무원
- In-flight feature : 기내영화
- In-flight magazine : 기내지
- In-flight meal : 기내식
- Jet lag : 항공여행에서 시차 때문에 오는 피로
- Land : 착륙하다
- Life vest(= life jacket) : 구명조끼
- Nonsmoking area : 금연구역
- Occupied : (화장실 등을) 사용 중인 (↔ vacant : 비어 있는)
- Overhead rack : (기내의 짐 넣는) 선반
- Rest room : 화장실
- Runway : 활주로
- Stopover : 중간기착(지)
- Take off : 이륙하다
- Window seat : 창가좌석

③ 호텔 관련 어휘
- Accommodation : 숙박시설
- Bellboy(= bellhop) : 벨보이
- Booked up : 예약이 모두 된
- Capacity : 수용능력
- Check-in : 체크인, 투숙
- Check-out : 체크아웃, 퇴실
- Conference room : 회의실
- Doorman : 도어맨
- Double : 침대 한 개가 있는 2인용 객실
- Fitness center : 운동시설
- Key deposit : 열쇠예치금
- Lobby : 로비
- Lounge : 라운지
- Maid : (호텔의) 여급
- Maid service : 객실청소서비스
- Meeting room : 회의실(대체로 소규모)
- No-smoking room : 금연층 객실
- Page : (구내방송이나 호출기로) 호출하다
- Party : 일행
- Receptionist : 접수계원
- Registration card : 등록카드
- Restaurant : 레스토랑
- Reservation : 예약
- Reservation number : 예약번호
- Reserve : 예약하다
- Room rate : 방값, 숙박료
- Room service : 룸서비스
- Safety box : 귀중품보관함
- Sauna : 사우나
- Service charge(= tip) : 봉사료, 팁
- Single : 싱글, 1인용 객실
- Suite : 스위트룸
- Twin : 트윈, 싱글침대 두 개가 있는 2인용 객실
- Valuables : 귀중품
- Wake-up call : 모닝콜

④ 은행 관련 어휘
- Accrue : (이자 등이) 붙다, (결과로서) 생기다
- ATM(= automatic teller machine) : 현금자동인출기
- Balance : 잔고
- Bankbook(= passbook) : 통장
- Banker : 은행가
- Branch : 지점

- Bank clerk : 창구직원
- Bank guard : 은행경비원
- Bank statement : 예금내역서
- Bill : 지폐
- Bounce : (수표가) 부도나다
- By wire : 전신으로, 전신환으로
- CD(= certificate of deposit) : 양도성 정기예금증서
- Checking account : 결제용계좌, 당좌예금
- Clear : 결제하다
- Collateral : 담보(물)
- Compound : 복합의, 복리의
- Compound interest : 복리
- Confidential access number : 비밀번호
- Credit : (금융상의) 신용(도), 신용거래 (대출), 외상
- Creditor : 채권자
- Credit to : ~에 입금하다
- Credit record : 신용평가기록
- Debt : 채무
- Debtor : 채무자
- Delinquent(= being overdue) : 체납되어있는
- Delinquent account : 체납계좌
- Deposit : 입금(예금)하다
- Direct deposit : 봉급의 온라인입금
- Deposit slip : 입금표
- Down payment : 계약금, 착수금
- Draw a bill : 어음을 발행하다
- Endorsement : (수표의) 배서
- Exchange : 환전
- Exchange rate : 환율, 외환시세
- Fee : 수수료
- Financial history : 신용거래실적
- Forge : 위조하다
- Have an account : 은행에 계좌가 있다
- Home equity loan : 주택담보대출
- ID(= identification) : 신분증
- Interest : 이자
- Joint account : 공동계좌
- Loan : 융자, 대출
- Loan office : 대출부서
- Make a deposit : 입금하다
- Minimum balance : 최소잔고
- Money order : 은행(우편)환
- Mortgage (loan) : 담보대출
- Note : 어음
- Open an account : 계좌를 개설하다
- Outstanding(= unpaid) : 미해결의, 미지불의
- Overdraw : 초과 인출하다
- Overdue : (지불) 기한이 지난, 미지불의
- Paycheck : 급여
- Pay off : ~을 갚다
- Personal check : 개인수표
- Principal : 원금
- Promissory note : 약속어음
- Redeemable : 상환할 수 있는
- Remittance : 송금
- Savings account : 저축용계좌, 보통예금
- Security : 저당, 담보
- Signature : 서명
- T/C(= traveler's check) : 여행자 수표
- Teller : 은행창구직원
- Transfer : 이체하다
- Transact : 거래하다
- Utility bill : 공공요금
- Wire transfer : 전신송금
- Withdraw : 인출하다
- Withdrawal slip : 예금청구서

⑤ 자동차 관련 어휘

- Accelerator : 가속페달
- Back : 후진하다
- Brake : 브레이크
- Breakdown : 고장
- Cab(= taxi) : 택시
- Collision(= crash) : 충돌
- Compact car : 소형차
- Dent : 부딪혀서 움푹 들어간 곳
- Driveway : (도로에서 차고로 들어오는) 진입로
- Fare : 요금
- Flat (tire) : 펑크가 난 (타이어)
- Garage : 차고
- Hood : 후드, 보닛
- Horn : 경적
- Jeep : 지프
- License number : 차량번호
- License plate : 차량번호판
- Luxury car : 고급차
- Mechanic : 정비사
- Metro : 지하철
- Mileage : 주행거리
- Offroad vehicle : 비포장도로용 차량
- Pull over : (차를) 길가에 대다
- Rent-a-car : 렌터카
- Repair shop : 정비소
- Secondhand(= used) : 중고의
- Tow : 견인하다
- Transmission : 변속기
- Van : 밴
- Vehicle : 차량

⑥ 회사 관련 어휘

- Accounting department : 경리부
- Affiliate : 계열회사, 자매회사
- Assistant manager : 대리
- Board of directors : 이사회
- Company(= firm) : 회사
- Conglomerate : 복합기업, 대기업
- Coworker(= colleague) : 동료
- Demote : 좌천시키다
- Department : 부서
- Downsize : (기업) 규모를 줄이다
- Employee(= worker) : 사원
- Enterprise : 기업
- Executive : 경영진, 간부
- Executive board : 집행이사회, 운영위원회
- Executive director : 전무
- General manager(= department head) : 부장
- Main office(= headquarters) : 본사
- M&A(= merger and acquisition) : 합병과 인수
- Management : 경영진
- Manager(= section chief) : 과장
- Managing director(= executive managing director) : 상무
- Manufacture : 제조(업)
- Merge : 합병하다
- Personnel department : 인사부
- Position : 직급, 직위
- Promote : 승진하다
- Section : ~과
- Staff : 임직원
- Subsidiary : 자회사
- Supervision : 감독, 지휘
- Supervisor : 주임, 감독자
- Take over : 경영권을 인수하다
- Unemployment rate : 실업률
- Workplace : 작업장

⑦ 경제 관련 어휘

- Bankruptcy : 도산, 파산
- Boom : 반짝경기, 붐
- Brisk : 활기를 띤, 바쁜
- Capital : 자금, 자본
- Competitive edge : 경쟁우위
- Consumption : 소비
- Deflation : 디플레이션, 통화수축
- Depression : 불황
- Extravagant : 낭비하는
- Fluctuate : 오르내리다
- Goods : 상품
- Income : 수입
- Inflation : 인플레이션, 통화팽창
- Infrastructure : 산업기반, 기간시설
- Investment : 투자
- Output : 생산(량)
- Overconsumption : 과소비
- Plunge(= plummet) : 폭락하다
- Produce : 생산하다
- R&D(= research and development) : 연구개발
- Recession : 경기침체
- Sector : 부문, 분야
- Sluggish : 부진한
- Slump : 경기폭락
- Soar : 치솟다
- Stable : 안정된
- Stimulate : 활성화하다
- Supplier : 공급자
- Supply : 공급(량)
- Thrifty(= frugal) : 절약하는
- Trade deficit : 무역수지 적자

⑧ 증권과 보험 관련 어휘

- Allot : 배당하다
- Bond : 채권
- Cash value(= cash buildup) : 해약(만기) 환급금
- Claim : 청구하다
- Commercial paper : 상업어음
- Coverage : 보상범위
- Dow Jones Industrial Average : 다우존스평균지수
- Dividend : 배당금
- Full coverage : 종합보험
- Futures trading : 선물거래(先物去來)
- Insurance : 보험
- Insurance agent : 보험중개인, 보험대리인
- Insurance company : 보험회사
- Insurance policy : 보험증서, 보험약관
- Insure : 보험에 들다, 가입하다
- Issue : 발행하다
- Liability : 책임보험
- Partial coverage : 부분보상
- Policyholder(= insured) : 보험계약자
- Policy terms : 보험약관, 보험계약조항들
- Portfolio : 포트폴리오
- Premium : 보험료
- Securities : 유가증권
- Share : 주, 주식
- Stock broker(= broker) : 증권중개인
- Stock exchange : 증권거래소
- Stockholder(= shareholder) : 주주
- Stock : 주식, 증권
- Stock price index : 주가지수
- Surrender : 보험해약
- Treasury bond : 재무부 발행의 장기채권

⑨ 무역 관련 어휘

- Barter : 물물교환, 구상(求償)무역
- Business correspondence : 상업통신문
- Buyer : 구매자, 바이어
- Claim : 클레임
- Contract : 계약(서)
- Deficit : 적자
- Delivery date : 납품일
- Dumping : 덤핑
- Embargo : 금수(禁輸)조치, 엠바고
- Export : 수출, 수출하다
- FOB(= free on board) : 본선인도
- Import : 수입
- Impose : 부과하다
- Invoice : 송장(送狀)
- L/C(= letter of credit) : 신용장
- Multilateral : 다자간
- P. O.(= purchase order) : 구입주문서
- Reimbursement : 변상
- Shipment : 선적
- Stipulation : 조항, 약정
- Surplus : 흑자
- Tariff : 관세

⑩ 회의 관련 어휘

- Adjourn : 휴회하다
- Agenda : 의제, 안건
- Agreement : 합의, 합의서
- Alternative : 대안
- Approval(= consent) : 찬성
- Approve : 찬성하다
- Attendee : 참석자
- Board room : 중역회의실
- Brainstorming : 브레인스토밍
- Breakthrough : (난관의) 타개
- By majority : 다수에 의해
- Call A to order : A의 개회를 선언하다
- Chair : 의장(석)
- Conference room : 회의실
- Conference(= meeting) : 회의
- Deadlock : 교착상태
- Debate(= argument) : 토론
- Decision-making : 의사결정
- Handout : 유인물
- Opening address : 개회사
- Opinion(= view) : 견해, 의견
- Preside : 사회를 맡다
- Proposal : 제안
- Quorum : (의결에 필요한) 정족수
- Representative : 대표자, 대의원
- Session : 회의, 회의기간
- Turnout : 참석자 수
- Unanimous : 만장일치의
- Vote : 표결, 투표

⑪ 우편 관련 어휘

- Addressee : 수신인
- Addresser(= sender) : 발신인
- Address : 주소
- Air freight : 항공화물
- Airmail : 항공우편
- Correspond : 서신왕래하다
- Enclosure : 동봉물
- Enclose : 동봉하다
- Envelop : (편지) 봉투
- Express : 빠른, 속달의
- First-class mail : 제1종우편
- Fragile : 깨지기 쉬운
- International mail : 국제우편
- Junk mail : 광고우편물
- Mail : 우편(물), 우송
- Mailbox : 우편함
- Mailman : 우체부
- Money order : 우편환
- POB(= post office box) : 사서함
- Parcel(= package) : 소포
- Postage(= postal rates) : 우편요금
- Registered : 등기의
- Regular mail : 일반우편
- Return address : 발신인 주소
- Seal : 밀봉
- Self-addressed : 반송용의
- Surcharge : 추가요금
- Telegram(= telegraph) : 전보
- Zip code : 우편번호

⑫ 전화 관련 어휘

- Answering machine : 자동응답기
- Area code : 지역번호
- Beeper(= pager) : 호출기, 삐삐
- Busy : 통화 중인
- Call : 전화하다
- Cellular phone : 휴대용 전화기
- Coin slot : 동전투입구
- Collect call : 수신자 부담 전화
- Connect : 연결하다
- Cordless(= wireless) : 무선의
- Country code : 국가번호
- Dial : 다이얼을 돌리다
- Direct call : 직통전화
- Discount rate : 할인요금
- Extension (number) : 내선번호
- Hang up : (전화를) 끊다
- Hold on(= hang on) : 전화를 끊지 않다
- Leave a message : 메시지를 남기다
- Local call : 시내전화
- Long-distance call : 장거리전화
- Operator : 교환원
- Person-to-person call : 지명통화
- Phone booth : 공중전화박스
- Reach : ~와 연락이 되다
- Receiver : 수화기
- Return one's call : ~의 전화에 회답하다
- Station-to-station call : 번호통화
- Telephone directory(= phone book) : 전화번호부
- Transfer : 전화를 돌려주다

⑬ 미디어 관련 어휘

- Anchorman : 앵커
- Article : 기사
- Bimonthly : 격월간지
- Broadcast : 방송하다
- Broadcasting station : 방송사
- Cablecast : 유선방송
- Cable channel : 유선방송사
- Channel : 채널
- Circulation : 발행부수
- Classified (ad) : (신문 · 잡지의) 항목별 광고
- Correspondent : 특파원
- Feature : 특집기사
- In-depth coverage : 심층보도
- Live : 생중계
- Monthly : 월간지
- News weekly : 시사주간지
- Newsstand : 신문가판대
- Obituary : (신문의) 부고란
- Paper(= newspaper) : 신문
- Quarterly : 계간지
- Real time : 실시간
- Reporter : 기자
- Scoop : 특종
- Section : (신문의) 섹션, 난(欄)
- Sitcom(= situation comedy) : 시트콤
- Soap opera : 연속극, 드라마
- Subscribe to : ~을 구독하다
- Subscriber : 구독자
- Tabloid : 타블로이드판 신문
- Talk show : 대담프로
- Up-to-the-minute(= up-to-date) : 최신의
- Web site : 웹사이트

02 영문법

■ 전치사의 목적어

전치사의 목적어로는 명사 상당어구(명사, 명사구, 명사절, 동명사 등 명사에 상응하는 어구)가 오며, 전치사의 목적어의 격은 목적격이 됨

- He is good at write. (×) / He is good at writing.(○)
- Look at he. (×) / Look at him. (○)

■ 형용사와 부사의 순서

① 형용사는 통상 수식의 대상이 되는 명사 앞에 쓰이나 '~thing, ~body, ~one'으로 끝나는 부정대명사를 수식하는 형용사, 단독 명사가 아닌 명사구 등 어구가 길어질 때, alike, alive 등은 후치 수식함

- I went over the car, but found nothing wrong.
  (차를 잘 조사해 보았지만 아무 데도 이상은 없었다.)

② 형용사나 다른 부사를 수식하는 부사는 수식의 대상이 되는 형용사나 부사의 앞에 쓰임. 단, enough는 수식의 대상이 되는 형용사나 부사의 뒤에 쓰임

- She was kind enough to help me.
  (그녀는 나를 도와줄 만큼 충분히 친절하였다.)
  (의역 : 그녀는 친절하게도 나를 도와주었다.)

■ 사역동사

① 사역동사란 뒤에 오는 원형부정사의 동작을 하도록 '~을 시키다'라는 사역의 의미를 지닌 동사. 사역동사에는 let, make, have, help(준사역동사) 등이 있으며, 사역동사 뒤에는 동사의 원형부정사형이 옴

- He did not let Tom use his dictionary. = He let Tom not use his dictionary.
  (그는 톰이(에게) 그의 사전을 이용하지 못하게 했다.)

② 사역동사의 구문이 수동태가 되면 아래 지각동사의 경우와 마찬가지로 to가 살아나 'to 부정사'가 됨. 다만 let과 have의 경우는 수동태로 할 수 없음

- I'll have him do it at once. (○)
- He will be had to do it at once by me. (×)

■ 지각동사

① 지각동사에는 feel, hear, notice, observe, smell, taste, see, watch, listen to, look at 등이 있음

- I saw him dance.
  (나는 그가 춤을 추는 것을 보았다.)

② 지각동사는 '완결된 동작'을 나타낼 때에는 '원형부정사'를 쓰고 '진행 중의 동작'을 나타낼 때는 '현재분사'를 보어로 취함

- I saw the man cross(crossing) the road.
  (나는 그 남자가 도로를 가로지르는(가로질러 가고 있는) 것을 보았다.)

③ 지각동사와 사역동사의 보어로 쓰인 원형부정사는 지각동사가 수동태가 되면 to 부정사의 형태로 사용됨

- I saw him fall. = He was seen to fall by me.
- They made him work too hard. = He was made to work too hard (by them).

■ 부정문

① to 부정사 및 현재분사는 바로 앞에 not을 써서 부정형을 만듦

- He told us not to go to the movies.
- Not taking this train, you will not arrive in London at six.

② 준부정어인 'hardly, scarcely, rarely, seldom, little' 등과 같은 부사들은 be 동사나 조동사 다음에 쓰고, 일반 동사 앞에 쓰는 것이 원칙

- My mother can hardly drive a car.
  (어머니는 자동차를 거의 운전하지 못한다.)
- I scarcely know him.
  (나는 그를 거의 모른다.)

■ 의문문

think, believe, guess, imagine, suppose, say 등의 동사로 묻는 의문문 다음에 간접의문문이 오는 경우에는 의문사가 문두에 위치하며, Yes나 No의 대답은 할 수 없음

- Do you think?+What do they want?
  → Do you think what they want? (×)
  → What do you think they want? (○)
  (그들이 무엇을 원한다고 생각하니?)

■ 수여동사

수여동사들 중 afford, carry, ensure, get, hand, intend, make, mean, pass, reach, read, sell, write, yield 등의 경우는 간접목적어를 주어로 하지 않는데, 이는 실제로 말이 안 되기 때문임

- Mother made Mary a new dress.
  → Mary was made a new dress by mother. (×)
  → A new dress was made for Mary by mother. (○)
  (메리를 위한 새 드레스는 어머니에 의해 만들어졌다.)

■ 지각 · 사역동사의 수동태

지각 · 사역동사가 수동태가 되면 뒤의 원형부정사 앞에는 to가 살아나며 watch는 수동태가 안 됨

- I saw the train come. → The train was seen to come by me. (○)
  (열차가 오는 것이 보였다.)
- She watched me pack. → I was watched to pack by her. (×)
  (그녀는 내가 짐 싸는 것을 지켜보았다.)

■ 부정사와 동명사의 수동태

to 부정사는 〈to be+과거분사〉, 동명사는 〈being+과거분사〉의 형태로 수동태를 취함

- I was warned not to be late.
  (나는 지각하지 않도록 경고를 받았다.)
- He felt sure of being elected to parliament.
  (그는 국회의원에 당선될 것을 확신했다.)

■ 가주어 it

일기, 시간, 거리, 명암, 막연한 상황 등을 이야기하는 문장에서 필수성분인 주어를 갖추기 위해 그 자체로는 별 의미가 없는 it으로 시작하기도 함

- It is snowing outside.
  (밖에 눈이 오고 있다.)
- It is four years since he died.
  (그가 죽은 지 4년이 지났다.)

■ 왕래발착동사

go, come, arrive, leave, begin, start 등 왕래발착을 나타내는 동사의 현재시제는 미래를 나타내는 부사상당어구와 함께 사용되어 미래시제를 표현함

- The train arrives at 7:30 this evening.
  (기차는 오늘 저녁 7시 30분에 도착한다.)
- He comes here tomorrow.
  (그는 내일 여기에 온다.)

■ 시간과 조건의 부사절

시간과 조건의 부사절에서는 현재형이 미래를 대신함

- Let's go to meet him before it rains.
  (비가 오기 전에 그를 만나러 가자.)
- If it rains, we won't go on a picnic.
  (비가 오면 우리는 피크닉을 가지 않을 것이다.)

■ 부정사만을 목적어로 취하는 동사

want(원하다), hope(희망하다), decide(결정하다), plan(계획하다), promise(약속하다), choose(선택하다), wish(원하다), desire(바라다), learn(배우다), refuse(거절하다), manage(그럭저럭 해내다) 등

■ 동명사만을 목적어로 취하는 동사

admit(인정하다), enjoy(즐기다), forbid(금하다), adore(좋아하다), delay(연기하다), deny(거절하다), risk(감행하다), advise(충고하다), excuse(변명하다), mind(꺼리다), avoid(피하다), miss(놓치다), understand(이해하다), consider(고려하다), escape(모면하다), practise(연습하다), stand(견디다), defend(방어하다), finish(끝내다), resist(저항하다), postpone(연기하다), go on(계속하다), give up(포기하다), have done[finish](끝내다), help(피하다), keep on(계속하다), leave off(그만하다), put off(연기하다) 등

■ would / used to

과거의 불규칙적인 습관은 would로 나타내고, 과거의 규칙적인 습관이나 지속적인 상태는 〈used to+원형부정사〉으로 나타냄

- He would take a walk every morning.
  (그는 매일 아침 산책을 하곤 했다.)
- There used to be a book store around the corner.
  (예전에는 길모퉁이에 서점이 있었다.)

■ 인칭대명사의 격

인 칭	구 분		주 격	소유격	목적격	소유대명사	재귀대명사
1인칭	단 수		I	my	me	mine	myself
	복 수		we	our	us	ours	ourselves
2인칭	단 수		you	your	you	yours	yourself
	복 수		you	your	you	yours	yourselves
3인칭	단 수	남 성	he	his	him	his	himself
		여 성	she	her	her	hers	herself
		중 성	it	its	it	–	itself
	복 수		they	their	them	theirs	themselves

■ 의문대명사의 격

용 도	주 격	소유격	목적격
사 람	who	whose	whom
사물 · 동물	which	×	which
사람 · 사물 · 동물	what	×	what

■ 분 수

분자는 기수로, 분모는 서수로 읽음. 분자가 2 이상이면 분모에 s를 붙여 읽음. 숫자가 두 자리 이상일 때에는 분자, 분모 모두 기수로 읽으며 전치사는 over를 사용

- 1/2 one half (or a half)
- 1/6 a sixth (or one sixth)
- 2/3 two thirds

■ 배수사

배수사는 half(반의), double(두 배의), twice(두 배의) 등으로 표현하며, 3배 이상일 때는 〈기수사+times+as+형용사+as〉의 형태로 표현. twice는 '두 배'와 '두 번'을 뜻함

- That house is twice as large as this one.
  (저 집은 이 집보다 두 배는 크다.)
- I have been to Gwang-ju twice.
  (나는 광주에 두 번 가봤다.)

■ 형용사의 위치

형용사의 위치는 보통 〈관사+부사+형용사+명사〉의 순이지만, 두 개 이상의 형용사가 쓰이면 그 순서는 〈관사(또는 지시형용사)+수량형용사+성상형용사+명사〉로 됨(성상형용사는 성질, 상태를 나타내는 형용사)

- This is an interesting book.
- This is a very interesting book.
- Those two tall boys are her sons.

■ 비교급

① 비교급의 형용사 다음에 of the two 또는 of A and B라는 말이 올 때에는 비교급 앞에 정관사 the를 씀

- Bill is the taller of the two boys.
  (빌은 두 소년 중에서 더 키가 크다.)

② 라틴어 계통의 비교를 나타내는 단어인 superior, inferior, senior, junior 등은 다음에 than을 쓰지 않고 to를 씀

- He is superior to me in physics.
  (그는 나보다 물리를 잘한다.)

■ 최상급

최상급의 형용사 앞에는 the를 붙임. 최상급 다음에는 of나 in이 오는 경우가 많은데, '~중에서'라는 뜻. 지역이나 단체에는 in을 쓰고, 같은 종류의 비교는 of를 씀

- Bill is the tallest of the three boys.
  (빌은 세 소년 중에서 가장 키가 크다.)

■ very / much

very는 형용사, 부사, 현재분사, 과거분사를 수식하고, much는 동사, 비교급, 최상급, 과거분사를 수식. very가 형용사나 부사를 수식할 때에는 반드시 형용사나 부사 앞에 위치해야 함

- He is very honest.
  (그는 매우 정직하다.)
- He helped me much.
  (그는 나를 많이 도와주었다.)

■ too / either

'역시'라는 뜻으로 쓰일 경우 too는 긍정문, either는 부정문에 쓰임

- He is an engineer, too.
  (그도 역시 엔지니어이다.)
- He is not an engineer, either.
  (그도 역시 엔지니어가 아니다.)

■ already / yet / still

• already : 긍정문에 쓰임(이미, 벌써)
• yet : 의문문 · 부정문에 쓰임(이미, 벌써)
• still : 긍정문 · 부정문 · 의문문에 쓰임(지금도, 아직도, 여전히)

■ ago / since

ago는 명백한 과거를 나타내는 표현이므로 과거시제에만 사용할 수 있으며, since는 대체로 현재완료시제와 함께 쓰임

• We lived in Busan ten years ago.
(우리는 10년 전에 부산에서 살았다.)
• I haven't seen my sister since Chuseok.
(나는 자매를 추석 이래로 못 보았다.)

■ 자동사+전치사

전치사의 목적어는 반드시 전치사 다음에 오며, 자동사와 전치사 사이에 올 수 없음

• 자동사+전치사+명사 : Look at the picture. (○)
• 자동사+명사+전치사 : Look the picture at. (×)

■ 타동사+부사

타동사의 목적어는 타동사 다음에 올 수도 있고, 부사 다음에 올 수도 있음. 하지만 목적어가 대명사인 경우 대명사는 타동사 바로 뒤에 와야 함

• 타동사+부사+명사 : Put on your coat. (○)
• 타동사+명사+부사 : Put your coat on. (○)
• 타동사+부사+대명사 : Put on it. (×)

■ till / by

둘 다 '~까지'를 의미하지만, till은 어떤 동작의 '계속'을 나타내는 반면, by는 일회적인 사건의 발생이나 어떤 동작의 완료를 나타냄

• I will wait here till five.
(나는 5시까지 여기서 기다릴 것이다.)
• We need to get home by five.
(우리는 5시까지 귀가해야 한다.)

■ 관계대명사의 종류

선행사	주 격	소유격	목적격
사 람	who	whose	who, whom
동물, 사물	which	whose, of which	which
사람, 동물, 사물	that	–	that

■ 관계부사의 종류

용 도	선행사	관계부사	전치사+관계대명사
시 간	the time	when	at (on, in)+which
장 소	the place	where	in (on, at)+which
이 유	the reason	why	for which
방 법	(the way)	how	in which

■ for / during / through

세 단어는 모두 '~동안'을 의미하지만, for는 구체적 시간, 일반적으로 숫자 앞에서 쓰이고, during은 구체적이지 않은 기간, through는 '처음부터 끝까지'라는 의미로 쓰임

- He has studied English for three hours.
  (그는 영어를 3시간 동안 공부했다.)
- I went to my uncle's (house) during the summer vacation.
  (나는 여름방학 동안 삼촌네 집에 갔다.)
- It kept raining through the night.
  (밤새도록 비가 왔다.)

■ 기타 영문법

① 1형식으로 착각하기 쉬운 3형식 동사

graduate(~을 졸업하다), complain(~을 불평하다), wait(~을 기다리다), experiment(~ 을 실험하다), sympathize(~을 동정하다), consent(~을 승낙하다), interfere(~을 간섭하다), read(~읽혀지다)

② 자동사와 타동사의 의미가 서로 다른 경우

동 사	자동사일 때	타동사일 때
become	되다(He became a teacher)	어울리다(Her new dress becomes her well) (= match, go well with)
grow	되다(He grew old)	기르다(He is growing a beard)
run	되다(The well ran dry) 달리다(He ran in the rain)	경영하다(He runs a small shop)
stand	(서)있다(There stands a tall tree)	참다(He couldn't stand such manners)
turn	되다(He turned pale)	돌리다(He turned his back)

③ 자동사로 착각하기 쉬운 타동사

괄호 안의 전치사를 쓰면 틀린 문장이 됨

address (to), accompany (with), approach (to), attend (at), await (for), reach (at), discuss (about), follow (after), leave (from), marry (with), mention (about), enter, resemble (with), answer (to), explain (about), greet, affect, approach, board, contact, follow, join, meet, obey, report, surpass, survive 등

④ 타동사로 착각하기 쉬운 자동사

전치사와 함께 써야 목적어를 취할 수 있음. 특히 아래 전치사와 함께 사용되어 파생되는 의미로 인해 착각하기 쉬움

account for, agree to, arrive at, complain about, graduate from, go into, listen to, look for, object to, reply to, start from, wait for, apologize to, assent to, compensate for, compete with, consent to, dissent from, interfere with, participate in 등

⑤ 진행형을 쓰지 않는 대표 동사

- 상태동사 : be(이다), seem(보이다), look(보이다)
- 지각동사 : feel(느끼다), see(보다), smell(냄새를 맡다)
- 감정 및 사고동사 : prefer(선호하다), love(사랑하다), hate(미워하다)
- 소유동사 : have(가지다), belong(소유하다), possess(소유하다)

⑥ 사람을 주어로 할 수 없는 형용사

necessary, natural, easy, important 등의 형용사는 사람을 주어로 할 수 없음

- You are necessary to go there. (×)
- It is necessary for you to go there. (○)
- It is necessary that you should go there. (○)

⑦ 분사구문

- 분사구문의 사례

  분사구문의 시제는 주문동사의 시제에 따라 판단하지만, 분사구문의 시제가 주절의 시제보다 이전일 때에는 〈having + 과거분사〉 형태(완료분사)를 사용

  – Never having seen him before, I didn't know who he was.
    (전에 한 번도 본 적이 없었기 때문에 나는 그가 누구인지 몰랐다.)

- 수동태를 나타내는 분사구문

  분사구문이 수동태를 나타낼 때에는 〈being+과거분사〉, 〈having been+과거분사〉를 사용. 문장의 앞에 오는 분사구문에서는 being은 생략되고 과거분사만 남는 것이 보통임

  – Compared with what it was, it has improved greatly.
    (그것은 전과 비교하면 크게 개선되었다.)

⑧ both / either / neither

both는 둘 다 긍정, either는 양자택일, neither는 둘 다 부정할 때 쓰임

- I like both of the books.
  (나는 그 책을 둘 다 좋아한다.)

03 영문서 지원업무

■ 영문서 구성내용 및 형식

① 비즈니스 레터 구성요소 및 스타일

- 문서의 구성요소
  - 제목 : Subject
  - 수신인 주소 : Inside Address
  - 끝인사말 : Complimentary Closing
- 비즈니스 서신의 순서 : 레터헤드(Letterhead) → 날짜(Date) → 우편물 내부주소(Inside Address) → 인사말(Salutation) → 내용(Body) → 결구(경의 포함)(Complimentary Close) → 서명(Signature)
- 영어의 날짜 : 표기 월, 일, 연도, 요일의 순으로 표기
- 영문편지에서의 약어
  - Blvd. : Boulevard, (-가)
  - Ave. : Avenue, (남북으로 난) 큰 도로
  - St. : Street, (동서로 난) 도로
  - Rd. : Road, 작은 도로
- 편지 마무리 순서 : 끝맺음 인사 → 서명 → 이름 → 직위 → 첨부내용(이력서 등)

> Best regards,
> *Micelle Sanderson*
>
> Micelle Sanderson
> Planning Manager
> Enclosure

- 맺음인사의 예
  - 일반적 : Sincerely, Sincerely yours, Yours always
  - 격식을 갖춤 : Truly yours, Respectfully yours
  - 감사편지 등 : Gratefully yours
  - 기타(친밀한 사이) : With Love, Yours, Best wishes, Regards, Best regards
- 수신인 주소의 순서

- 경칭+성명	Ms. Christina Anderson
- 직급명	Managing Director
- 회사명	Swany Hotel
- 거리명(또는 사서함 번호)	9 Hill Street
- 시, 주, 우편번호	Albany, NY 20221
- 국가명(모두 대문자로 표기)	USA

• 한글주소표기 : 한글주소의 영문표기법은 정반대. 행정구역 사이에는 (,)로 구분하며 시 · 군 · 구에 해당하는 표기는 (-)로 구분

예 서울특별시 강남구 압구정로 29길 21

21, Apgujeong-ro 29-gil, Gangnam-gu, Seoul

② 봉투 작성법

David Jones (발신자) Sales Director ABC Corporation 1362 West Avenu Los Angeles, CA 90210 CONFIDENTIAL	Stamp Via Air Mail
	Mr. James Brown (수신자) Marketing Director Daehan Semiconductors Hellgrundweg 100 22523 Hamburg Germany

※ confidential : 기밀서류, sender : 발신자, recipient : 수신자, via air mail : 항공우편

③ 전자우편(E-mail)

인터넷 또는 기타 컴퓨터 통신망을 통해 주고받는 우편방식으로, 전자메일의 약어

A system of sending written messages electronically from one computer to another. E-mail is an abbreviation of electronic mail.

From : Susan Kim 〈Su11@kmail.com〉
To : Mr. I.C. Choi 〈choi@lmail.com〉
Cc : Ms. Wang 〈wiyong@kmail.com〉
Re : meeting on Oct 15th
Dear Mr. Choi
I'm writing to confirm the Sep 15th at 15:00 for our meeting.
If you need to talk with me prior to the appointment, feel free to call me at 012-345-678.
Looking forward to meeting you.

Respectfully,
Susan Kim
Sales Manager

9월 15일 오후 3시 회의를 확인하기 위해 이메일을 보냅니다.
약속 전에 말씀하실 것이 있으시면 012-345-678로 전화주시기 바랍니다.

④ 사내연락문(Memorandum 혹은 Memo)

회사 내 동료나 같은 부서원 혹은 팀원들과의 의사소통을 위해 사용하는 문서

Short official note that is sent by one person to another within the same company or organization.

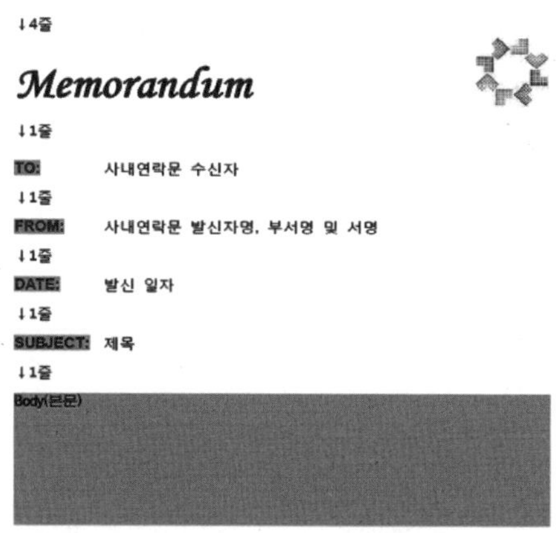

↓4줄

Memorandum

↓1줄

TO: 사내연락문 수신자

↓1줄

FROM: 사내연락문 발신자명, 부서명 및 서명

↓1줄

DATE: 발신 일자

↓1줄

SUBJECT: 제목

↓1줄

Body(본문)

[레터헤드지를 이용한 사내연락문 구성요소 및 작성법]

〈출처 : 교육부(2015). 비서 국제업무지원(0202030110_13). p7. 한국직업능력개발원. 재구성〉

〈출처 : NCS, 영문서 지원업무 LM0202030113_16v2, 71쪽〉

⑤ 팩스문서(Fax)

- 전화선을 따라 전자로 정보를 보내는 송수신 방식

  Send information electronically along a telephone line, and to receive copies that are sent in this way.

- 팩스문서 관련 표현

  – Please find the enclosed pages of 3 including cover letter.
  (첫 장 포함 3페이지를 확인해 주십시오.)

  – I sent a fax to confirm my order.
  (주문내용을 확인하려고 제가 팩스를 보냈어요.)

  – Fax your report to me at this number.
  (이 번호로 제게 보고서를 팩스로 보내주십시오.)

  – Mr. Brown wants to fax this report to Mr. Jones.
  (브라운 씨가 이 보고서를 존스 씨에게 팩스를 보냈으면 하는데요.)

  – Please enter the Recipient Fax Number.
  (수취인 팩스 번호를 입력하십시오.)

FAX

To:	From:
Fax:	Pages: (including cover sheet)
Phones:	Dates:
Re:	cc:

〈출처: 교육부(2015). 비서 국제업무지원(0202030110_13). p5. 한국직업능력개발원. 재구성〉

〈출처 : NCS, 영문서 지원업무 LM0202030113_16v2, 70쪽〉

⑥ 기타 비즈니스 영문서

• 이력서(Resume)

자신의 정보를 기재하여 회사 등에 보여주기 위해 제출하는 문서로, 취업을 목적으로 지원자의 인적 사항, 학력사항, 경력사항 등을 기재한 것

Brief account of your personal details, your education, and the jobs you have had. You are often asked to send a resume when you are applying for a job.

• 커버레터(Cover letter)

자기소개서, 팩스의 첫 장, 다른 자료와 함께 제출하는 소개서 등

A covering letter is a letter that you send with a parcel or with another letter in order to provide extra information.

> Ji-won Kim
> 90-4, 1ga Cheongdam-dong,
> Gangnam-gu, Seoul.
> 010-2765-3878
> jykim@nate.com
>
> February, 15, 2021
>
> Mr. Billson Miller
> Human Resource Team Manager
> Soul Communications Ltd.
> 120 sinmun-ro
> Jong ro gu, Seoul, 42344
>
> Dear Mr. Miller:
> I am a recent college graduate with a B.A. Degree in Secretarial Science. I am interested in applying for an administrative assistant as advertised in today's newsletter.
> This is a job that I believe was made for me. I have been employed as Administrative Assistant in ABC Communications for the last 6 months. My full particulars are shown on my enclosed Resume. I am available immediately. If you don't mind, I will call you next week to see if a personal interview can be scheduled.
>
> Thank you for your consideration and I look forward to speaking with you next week.
>
> Sincerely,
> Ji-Won Kim

→ 지원자는 비서학을 전공하고 오늘자 뉴스에 공고한 행정비서직에 지원하고자 하고 있다. 이전에 ABC Communications에 6개월 근무한 적이 있고 자세한 사항은 이력서에 기재했으니 참고해 달라는 커버레터이다.

• 구매주문서(Purchase Order)

Messrs.

PURCHASE ORDER
Your Ref...........
Our Ref...........
Date & Place...........

Dear Sirs.
We as Buyer, hereby confirm our purchase of the following goods in accordance with the terms and conditions given below.

DESCRIPTION

QUALITY
PACKING

QUANTITY
PRICE

AMOUNT
INSURANCE

PAYMENT

SHIPMENT

MARKS & NOS

REMARKS

Confirmed & accepted by

• 일정표(Schedule)

- 상사가 만나는 것으로 예정된 고객 명단과 회의가 이루어지는 시간 및 장소, 교통편 등이 기입된 문서
- 일정표 서식은 자유로운 형식으로 작성하면 되며, 각 회사나 팀 혹은 부서에서 사용되고 있는 형식이 있다면 그에 따름

• 전화메모

TELEPHONE MEMO	
Date :	Time :
For :	
From :	
Tel No.	ext.
□ Telephoned	□ Please call
□ Wants to see you	□ Will call again
□ Returned your call	□ URGENT
□ Was here to see you	
□ Message :	
Taken by	

• 초청장

KRIVET GRAND OPENING

KRIVET requests the pleasure of your company at a reception
Friday, 25th May, 2017
From 6:30 PM to 8:30 PM

RSVP by 28th April
to Kay Min (☎044-345-6789)
or kmin@krivet.co.kr

The Grand Banquet Hall
KRIVET Annex

〈출처 : NCS, 영문서 지원업무 LM0202030113_16v2, 84쪽〉

■ 영문서 내용 이해(상황별 영문서 내용 파악)

① 알림 : 직원들에게 알리는 문서를 작성하는 상황에는 새로운 임직원이 온다거나 회의를 알린다거나 회사 정책 변경되었음을 알린다거나 등의 여러 가지 상황이 있음

> Dear all,
>
> I am out of the office from August 20 thru 24 but will get back to you as soon as I can. In the mean time, please contact Ms. Sehyun Lim (shlim@krivet.co.kr). She will be happy to assist you.
>
> Many thanks,

[상사가 출장을 알리는 글의 예시]

→ 8월 20일에서 24일 사이 사무실에 없으며, 돌아오는 대로 가능한 한 빨리 연락할 것이니, 그 사이 임세현(Ms. Sehyun Lim) 씨에게 연락하면 기꺼이 도움을 받을 수 있다는 취지의 예문이다.

② 약속 : 상사의 일정을 잡고 조율하기 위해 비서가 상사 대신 전자우편을 작성하여 서신교환을 하는 경우가 자주 있어 일정업무와 관련된 문구를 알아두면 업무를 수행하는 것이 용이함

> Dear ○○○,
>
> This coming Wednesday, 3rd of November at 10 am (Seoul time), Mr. Mingook Lee will speak on a conference call to you. Please let me know if you are unable to call in.
>
> The telephone number, pass code, and conference room number will be informed before the end of this week.
>
> Regards,

[전화회의(conference call) 일정 조율을 위해 보내는 글의 예시]

〈출처 : 민선향, 장은주, 하선영, 박경옥(2014). 『영문 비즈니스 문서 작성 및 수발신』. 도서출판 청람. p73 재구성〉

→ 11월 3일 서울 시각으로 오전 10시 이민국(Mr. Mingook Lee) 씨가 전화회의로 전화를 걸 것이니 통화가 되지 않을 것 같으면 알려달라는 글이다. 그러면서 전화 회의에 필요한 전화번호, 암호, 회의실 번호 등은 금요일(the end of this week)이 되기 전에 공지가 갈 것이라고 알리고 있다.

③ 취소 : 일정을 조율하다 보면 예기치 않은 상황으로 일정을 취소해야 하는 경우가 종종 발생함

> Dear ○○○,
>
> I am sorry to inform you that Catherine Jo's business trip to London has been cancelled. Would you please cancel any hotel arrangements you may made for her?
>
> Best wishes,

[예약한 호텔 취소를 요청하는 글의 예시]

〈출처 : 민선향, 장은주, 하선영, 박경옥(2014). 『영문 비즈니스 문서 작성 및 수발신』. 도서출판 청람. p78 재구성〉

→ 런던 지사의 동료에게 보내는 요청의 글이다. 캐서린 조(Catherine Jo)의 런던 출장이 취소되었으니, 캐서린 이름으로 예약된 호텔이 있다면 취소를 부탁하는 글을 보낸 글이다.

④ 조 의

Dear Mr. Brown :

We are sorry to learn about the demise of your beloved grand father. We wish to extend our deepest condolences to you and your family during this time bereavement.

With best personal wishes,
Jim Anderson

→ 조부님의 사망 소식을 접하게 되어 유감스럽게 생각하며 가족분들께 우리의 심심한 위로의 말씀을 전하는 내용이다.

⑤ 문의 : 상사의 지시에 따라 혹은 여러 가지 업무를 수행하는 데에 정보가 필요하여 문의하는 일이 종종 발생함

Dear ○○○,

I have a big interest in EM-123 ergonomics monitor advertised on the front page of "Office for Industry 4.0." I would appreciate if you send me a brochure to the following address: 370, Sicheong-daero, Sejong-si, 30147 Korea.

Best regards,

[사무기기 안내 책자를 받을 수 있는지 문의하는 글의 예시]

〈출처 : 민선향, 장은주, 하선영, 박경옥(2014). 『영문 비즈니스 문서 작성 및 수발신』. 도서출판 청람. p.91 재구성〉

→ "4차 산업 시대의 오피스" 책자의 첫 페이지에 광고된 인체공학 모니터에 관심을 갖고 상품 책자를 요청하는 글이다. 그러면서 책자를 받아볼 주소를 우편번호와 함께 알려주고 있다.

⑥ 요 청

E-MAIL : Liz Ranger 5/21/21 3:45p.m.
TO : All staff
SUB : Vacation schedules
MESSAGE :
I need to know your vacation schedules for the month of June and July. Please send your vacation dates to me by June 1, 2021.
Thank you for your cooperation.

→ 전 직원에게 휴가계획 여부를 묻고 2021년 6월 1일까지 휴가날짜를 이메일로 답신하도록 요청하는 내용이다.

⑦ **예약** : 상사의 회의일정을 예약, 출장으로 인한 교통예약, 숙박예약뿐만 아니라 예약된 사항을 관련 부서에 알리는 것도 비서업무의 하나임

> Dear OOO,
>
> Please arrange a car transfer with the following flights details for David Chen and Becky Row.
>
> | | Date | Flight | ETD / ETA |
> |---|---|---|---|
> | Beijing (PEK) - Incheon (ICN) | Jun 3 | KE 456 | 07:00 / 08:05 |
> | Incheon (ICN) – Beijing (PEK) | Jun 5 | KE 321 | 21:15 / 00:20+1 |
>
> Many thanks,

[비행기 예약 사항을 출장지 사무소에 알리는 글의 예시]

〈출처: 민선향, 장은주, 하선영, 박경옥(2014). 『영문 비즈니스 문서 작성 및 수발신』. 도서출판 청람. p105. 재구성〉

→ 데이비드 첸(David Chen) 씨와 벡키 로우(Becky Row) 씨의 서울 출장에 따른 비행기 예약을 서울 지사에 알리면서 공항에서의 자동차 픽업을 부탁하는 글을 받은 예시 글이다. 6월 3일 오전 8시 5분에 인천공항에 도착하여 6월 5일 저녁 9시 15분에 인천공항을 출발하여 다음 날 새벽 12시 20분에 베이징에 도착하는 일정이다.

⑧ 초 청

> Mr. Kang
> Requests the honor of your presence at a formal reception of our new Vice President on Wednesday, March 25th from 6 to 9 o'clock in the evening at Shilla Hotel.
>
> RSVP
> 010 515 2463

→ 3월 25일 수요일 저녁 6시부터 9시까지 신라호텔에서 하는 새로 부임하신 부사장님의 공식 리셉션에 초대하고 있으며, 회신을 바라는 내용이다.

⑨ 감 사

> We were highly honored by your participation in our company's opening ceremonies and we do thank you for your significant endeavor. I believe what ABC Corporation is now owes to those who have sent me consistent encouragement and affection by now.
> I do wish your persistent interests and guidances toward me, and I also wish your great achievements in your every business.

→ 회사의 창립기념식에 참석해주셔서 감사하며 성원에 힘입어 계속 번창하기를 바란다는 내용이다.

■ 영문서 수 · 발신 처리

① 영문 비즈니스 문서 종류 파악

• 비즈니스 레터(Business Letter)

– 비즈니스 레터 구성요소

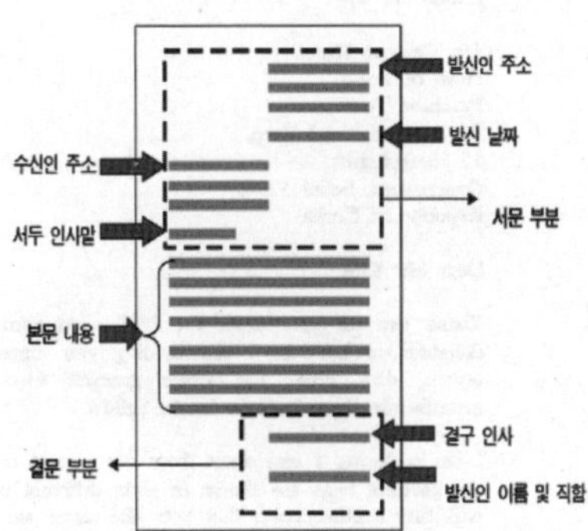

〈출처 : NCS, 영문서 지원업무 LM0202030113_16v2, 14쪽〉

<table>
<tr><td rowspan="4">서 문</td><td>인쇄 서두 혹은 송신자 주소</td><td>• 보통 레터헤드(Letterhead)라는 원용어로 자주 불림
• 송신자가 속한 회사의 로고 및 주소가 용지에 인쇄된 것을 말함
• 레터헤드가 인쇄된 용지를 사용할 경우 송신자의 주소를 다시 기입할 필요 없음
• 레터헤드 용지를 사용하지 않고 빈 여백의 용지를 사용할 경우에는 송신자의 주소를 기입하게 되어 있음</td></tr>
<tr><td>발신 날짜</td><td>문서가 작성되어 발송된 날짜를 의미함</td></tr>
<tr><td>수신인 주소</td><td>• (송신자 입장에서) 보내는 곳의 주소를 기입하게 되어 있음
• 수신인의 이름(Full Name)과 함께 쓰여 있음</td></tr>
<tr><td>서두 인사말</td><td>• 국문편지의 '~에게'에 해당하는 부분
• 수신인 주소에 기입된 사람과 동일인으로, 성(Family Name)과 이름(First Name) 중 성만 기입
• 'Dear Mr. Kim,' 등의 형식으로 쓰임</td></tr>
<tr><td>본 문</td><td colspan="2">편지를 쓴 목적과 내용이 기입되어 있음</td></tr>
<tr><td rowspan="4">결 문</td><td>결 구</td><td>• 국문편지와 달리 영문편지에는 본문의 내용 이후에 의례적으로 결구를 기입
• 자주 사용되는 결구에는 'Sincerely,', 'Sincerely yours,' 등이 있음</td></tr>
<tr><td>서 명</td><td>영문편지의 다른 부분은 인쇄되어 보내되 이 서명 부분은 문서의 발신인이 펜으로 직접 서명</td></tr>
<tr><td>발신인의 이름 및 직위</td><td>윗부분의 펜으로 서명한 발신인의 이름과 직위, 소속 등이 인쇄체로 작성되는 부분</td></tr>
<tr><td>동봉물</td><td>• 영문편지와 함께 첨부한 문서가 있다는 것을 알리는 것
• 동봉물 표시가 편지 아랫부분에 보이면 전달 시 누락되지 않도록 주의하여야 하는데, '발신인의 이름 및 직위' 아래에 'Enclosure'(첨부 문서가 하나인 경우) 혹은 'Enclosures'(첨부 문서가 2개 이상인 경우)가 표시되어 있는지 주의 깊게 살펴야 함</td></tr>
</table>

– 레터헤드가 인쇄된 용지를 사용한 비즈니스 레터 예시

KRIVET
1st Avenue, Suite 100
New York, NY 10456, USA
www.krivet.com

March 30, 20--

Mr. Chulsoo Kim
Head of Team
Purchase Team
Food International Corp.
15 Hangul gil
Gangnamgu, Seoul 12345
Republic of Korea

Dear Mr. Kim,

Thank you for your order for 2000 vinyl garment bags. We are delighted to have it. I am sending you immediately the black, brown, dark blue, and white garment bags. We no longer manufacture these bags in lemon yellow.

I am enclosing a tear sheet from our current catalog in which all our garment bags are shown in eight different colors. Perhaps you will find another color that you like since we don't have lemon yellow. Incidentally, two very popular bags at the moment are gold and maroon. I can send you either or both of these colors immediately. To save time, why not telephone me collect at (456) 123-4567.

Sincerely yours,

Jane Kirby
Sales Manager

〈출처 : NCS, 영문서 지원업무 LM0202030113_16v2, 16쪽〉

– 레터헤드가 인쇄된 용지를 사용하지 않은 비즈니스 레터 예시

Jane Kirby
Titan Company
1st Avenue, Suite 100
New York, NY 10456
U.S.A.
March 30, 20--

Mr. Chulsoo Kim
Head of Team
Purchase Team
Food International Corp.
15 Hangul gil
Gangnamgu, Seoul 12345
REPUBLIC OF KOREA

Dear Mr. Kim,

Thank you for your order for 2000 vinyl garment bags. We are delighted to have it. I am sending you immediately the black, brown, dark blue, and white garment bags. We no longer manufacture these bags in lemon yellow.

I am enclosing a tear sheet from our current catalog in which all our garment bags are shown in eight different colors. Perhaps you will find another color that you like since we don't have lemon yellow. Incidentally, two very popular bags at the moment are gold and maroon. I can send you either or both of these colors immediately. To save time, why not telephone me collect at (456) 123-4567.

Sincerely yours,

Jane Kirby
Sales Manager

〈출처 : NCS, 영문서 지원업무 LM0202030113_16v2, 17쪽〉

• 전자우편(E-mail)
  - 일상적으로 빈번히 사용되고 있는 비즈니스 전자우편은 개인적으로 사용되는 전자우편의 형식과 동일하므로, 수 · 발신인과 첨부파일 등의 요소를 잘 확인하고 문서를 처리하는 것이 중요함
  - 전자우편을 다룰 때 주의해야 하는 것은 수신자에 감추어진 사본송부처(bcc, blind carbon copy)가 있을 경우인데, 이는 발신인이 수신인들이 모르게 제3자에게 보낸 경우로, 비서가 bcc로 전자우편을 수신하였을 경우 다른 수신인에게 비서 본인이 문서를 받았다는 사실에 대해 알려지지 않도록 주의하여야 함
• 사내연락문(Memorandum 혹은 Memo)
  - 구성은 팩스 표지와 비슷하며, 다양한 형식의 포맷으로 사용되고 있음
  - 다른 영문서 서식과 마찬가지로 레터헤드를 사용할 수도, 사용하지 않을 수도 있음
• 팩스문서(Fax)
  - 팩스로 문서를 교환하는 경우 내용만 송수신하는 것이 아니고, 팩스표지(Fax Cover Sheet)를 작성하여 수 · 발신인을 표시하고 총 몇 매가 보내지는 것인지에 대해 기입하여 그 사안이 정확하게 처리될 수 있도록 해야 함
  - 팩스표지의 구성요소

발신인 정보	• 발신인에 대한 정보는 비즈니스 레터의 인쇄 서두와 마찬가지로, 팩스 표지를 위한 인쇄 서두가 인쇄된 용지를 사용할 수 있음 • 인쇄 서두 부분에 발신인의 회사명과 주소, 전화번호가 기입되어 있어, 팩스를 수신하는 곳에서 잘못 받았을 경우 연락할 수 있음 • 'FROM' 부분에 발신인을 정확히 기입함 • 인쇄 서두 부분에 발신인의 직통번호가 기입되어 있지 않은 경우 발신인의 이름과 함께 연락처를 함께 기입함
수신인 정보	• 팩스 수신인을 'TO' 부분에 기입하고, 참조할 수신인이 있다면 'cc' 옆에 수신인의 목록을 기입할 수 있음 • 팩스 표지에 TO와 cc의 목록으로 수신인이 여럿 있다면 TO뿐만 아니라 cc의 목록에 기입된 모든 이가 수신인이라는 것을 알고 배부해야 함 • 수신인의 전화번호와 팩스 번호도 함께 기입하기도 함
기타 정보	• 팩스 표지에서 가장 중요한 부분의 하나로 송수신하는 팩스 문서의 총 매수를 정확히 파악하여야 함 • '페이지(Pages)' 란에 기입된 총 매수가 팩스 표지 포함인지 아닌지 정확히 살펴보아야 함 • 위의 내용 외에 문서 발송 날짜(Date), 제목(Subject), 문서 참조번호(Reference) 등이 있음

• 위에 제시된 영문서 외에도 회의록, 출장보고서, 일정표 등 다양한 영문서가 있으며 이러한 문서들이 전자우편의 첨부파일로 함께 수 · 발신되어 사용되고 있음

② 영문 비즈니스 문서 보고 반영

영문서 파악	영문 비즈니스 문서 종류 파악	수신한 영문서의 종류를 먼저 파악하는 것이 내용을 짐작하는 데에 도움이 됨
	영문 비즈니스 문서 내용 파악	수신한 영문서의 종류를 파악한 후에는 각 문서에서 전달하고자 하는 내용이 무엇인지 파악하여야 함
영문서 보고	• 영문서 보고 절차는 비서가 수행하는 일반 보고 절차와 같음 • 상사로부터 업무 지시를 받게 되면, 받은 지시의 내용을 파악하고, 처리방법을 정하여 일의 수행 순서를 정하는 것이 바람직함 • 수행 순서를 정하였다면, 그에 따라 업무를 진행하여 결과가 나오면 미리 검토한 후 상사에게 보고하고, 상사에게 피드백을 받게 되면 그것을 반영하여 일을 마무리하면 됨	

■ 영문서 작성

① 상황별 영문서 작성

- 회신 문서 작성 : 회신을 위한 이메일 작성 예시

> Subject : RE : Invitation from Korea
>
> Dear Mr. Hong
>
> Thank you for your E-mail. I apologize for the delay in responding, but we have just returned from our summer vacations.
>
> ABC Inc. is indeed interested in your proposal and in furthering our activities in the Korean market. I would like some more information regarding your intentions for cooperation in this project.
>
> ABC Inc. is a world leader in developing quality educational software, and we have recently begun development on a complete internet – based online Chinese – learning system with more than 27 different support languages.
>
> I look forward to hearing your comments on the possibilities for our business cooperation.
>
> Best regards,

→ 보내주신 이메일에 감사드리며, 여름휴가를 다녀오느라 회신이 늦은 것에 사과를 드립니다. ABC사는 귀하의 제안에 관심이 있으며 향후 한국 시장의 활동에 박차를 가하고자 합니다. 우리는 귀하의 이 프로젝트에 대한 협력 의사에 관해서 더 많은 정보를 얻고자 합니다. ABC사는 우수한 교육적 소프트웨어 분야의 세계적 리더이며, 최근 27개 이상의 다양한 언어지원과 함께 인터넷 기반 온라인 중국어 학습시스템을 개발했습니다. 귀하의 사업협력 가능성에 관한 의견을 기다립니다.

• 회의 통지문 작성

- 회의참석을 위한 등록안내 영문서 예시

> You are invited to attend Sales Managers Workshop. Managers Workshop is a one-day workshop designed to equip you with the foundation to understand how to progress deals faster through your pipelines and help your team perform at a higher level.
>
> To Register
> Click on the registration link for the session you wish to attend. Three sessions will be held. On the resulting page, select the "Enroll" button, located on the top-right side of the page. You will receive an email confirmation and a calendar entry.
>
> Each workshop has a maximum capacity of twenty seats. If you register but are unable to attend, please send an email to Mirae Lee to cancel your registration.

→ 파이프라인을 통한 더 빠른 협상 진행 방법의 이해와 향상된 팀 수행을 위한 하루 일정의 세일즈 매니저 워크샵에 초대하는 내용으로 등록 방법은 컴퓨터 신청으로 해야 하며, 추가사항으로 좌석은 최대 20석이며 불참할 경우 취소 이메일을 보내야 함을 안내하고 있다.

- 회의참석을 요청하는 영문서 예시

> We have had some difficulty arranging parking spaces for all employees. Also, as you know, we have committed to a new green guide for the company. Therefore, we need to bring green practices to our company. We are interested in finding a green solution to the parking problem. A meeting will be held on Thursday, March 23, at 12:30 p.m. to hear your suggestions. We encourage everyone to join the meeting.

→ 주차 공간 마련의 어려움으로 새로운 지침서가 필요하여 3월 23일 목요일 오후 12시 30분에 회의를 개최하니 모두 참석하여 의견을 제시하도록 독려하고 있다.

• 출장일정표(Itinerary) 작성 : 출장일정표는 출장계획을 적은 표로서, 출장일정뿐만 아니라 교통, 숙박, 현지 대사관 정보 등을 기입

- 출장일정표에 기입해야 할 내용

교통편	출발공항, 도착공항, 출발/도착 날짜, 현지 시각, 항공사, 편명, 좌석번호, 예약번호, 항공사 회원번호 등
숙박편	호텔명, 주소, 전화번호, 예약번호, 공항 호텔 간 셔틀버스, 픽업 서비스 여부 등
일 정	만날 사람, 소속, 연락처, 시간, 장소 등
여행티켓	편도(One-way Ticket), 왕복(Round-trip Ticket, Return Ticket), (유효) 기한이 없는 티켓(Open-ended Ticket)

– 출장일정표 예시

Albert Denton : Tuesday, October 24	
8:30 a.m.	Meeting with S.H. Park in Central Hotel lobby, Taxi to Extec Factory 센트럴호텔 로비에서 S.H. Park과 만나 택시로 Extec 공장 이동
9:00~11:30 a.m.	Factory tour 공장순회
12:00~12:45 p.m.	Lunch in factory cafeteria with factory executive managers 중역들과 공장 카페테리아에서 오찬
1:00~2:00 p.m.	Meeting with quality control supervisors 품질관리 감독자들과 회의
2:00 p.m.	Car to warehouse 물류창고로 이동
2:30~4:00 p.m.	Warehouse tour 물류창고 순회
4:00 p.m.	Taxi to hotel (approx. 1 hour 30 min.) 택시로 호텔이동(약 한 시간 반)
6:00 p.m.	Dinner with senior managers 고위간부들과 저녁식사

② 상황별 표현의 적절성

• 회의 상황

회의 관련 문서	– Conference report : 회의 보고서 – Title page–table of contents–abstract : 표제–목차–개요 – Quarterly sales report : 분기별 판매보고서 – Draft : 원고, 초안 – Final draft : 최종안, 확정안 – Agenda : 의제, 안건 – Minutes : 회의록 – Contract : 계약서
회의 관련 표현	– The meeting will be held in the main conference room on the 3rd floor. (회의는 3층의 주 회의실에서 열리게 됩니다.) – Let me give you the direction to the conference room. (회의실로 가는 길을 알려드리겠습니다.) – To summarize, we agree to Mr. Hong's cost–cutting idea. (요약하면, 우리는 Mr. 홍의 비용 절감 아이디어에 동의합니다.) – I want to summarize that we have another possibility that the process will be more simplified. (프로세스를 더 간단하게 만들 수 있는 또 다른 가능성이 있다고 요약할 수 있을 것 같습니다.) – Let's just go over the main points we have suggested so far. (지금까지 제기한 요점을 살펴보겠습니다.) – Let me summarize the matter just as it is. (그 문제를 그대로 요약해 드리겠습니다.)

회의 도중 휴식에 관한 표현	– Let's take a 10-minute break. (10분간 휴식시간을 갖겠습니다.) – We will adjourn after lunch time and resume the conference at 2. (점심시간 후까지 휴회하기로 하고 2시 정각에 회의를 재개하겠습니다.) – Let's have a short coffee break and resume at 3. (잠깐 커피타임을 갖도록 하고 3시에 다시 시작하겠습니다.) – Now, we have twenty minute intermission. (그럼, 20분간 중간 휴식시간을 갖겠습니다.)
회의 종료에 관한 표현	– Before we close, please go over the main issues we have discussed. (회의를 마치기 전에, 오늘 토론한 주된 사안에 대해 검토해 주시기 바랍니다.) – Thank you for your time, everyone. (시간 내주셔서 감사합니다, 여러분.) – I really appreciate your presentation. (오늘 발표해 주셔서 감사드립니다.) – Today's meeting is over now. (오늘 회의를 마치겠습니다.) – Please let's meet again at regular meeting on the next Monday. (다음 주 월요일 정례회의 시간에 다시 모이도록 하겠습니다.) – The next meeting is at 10 a.m. on May 4th. (다음 회의는 5월 4일 오전 10시에 열릴 예정입니다.) – I declare today's meeting closed. (오늘의 회의가 종결되었음을 선언합니다.)

• 출 장

출장경비 정산 관련 용어	– Open an account : 신규계좌를 개설하다 – Deposit money : 예금 – Cash a check : 수표를 현금으로 바꾸다 – Withdraw money : 예금을 인출하다 – Travel expenditure, travel expense : 출장경비 – Travel expense report : 출장경비보고서 – Settlement costs : 비용을 정산하다
출장경비 관련 영어 표현	– Could you arrange the foreign currency for me? (외화를 준비해 주시겠어요?) – I need to change a thousand dollars into traveller's check. (1,000달러를 여행자 수표로 바꾸어야 합니다.) – I'll get right on it. (바로 준비하겠습니다.)

• 영문서의 독해 및 작문 사례

– We were highly honored by your participation in our company's opening ceremony and we do thank you for your significant endeavor.
(당사의 개막식에 참석해 주셔서 영광으로 생각하며 귀하의 노고에 감사드립니다.)

– We believe that ABC Corporation owes what it is to those who have given consistant encouragements and love to it by now.
(오늘의 ABC 회사가 있게 된 것은 그동안 변함없는 격려와 사랑을 보내주신 많은 분들의 덕분이라고 생각합니다.)

– All staff will do their best to become the first major company in Korea.
(저희 전직원은 한국을 대표하는 회사가 될 수 있도록 최선을 다할 것입니다.)

– We do hope your persistent interest and guidance to us, and we also hope your everything in business.
(앞으로도 변함없는 관심과 지도를 바라오며, 하시는 모든 일이 잘되기를 바랍니다.)

– I am pleased to inform you that we have decided to sign the contract with you.
(우리가 계약을 체결하기로 결정했음을 알려드리게 되어 기쁩니다.)

– Please note that this agency will be closed from the 6th until 9th.
(우리 영업소는 6일부터 9일까지 문을 닫으니 유념해 주시기 바랍니다.)

– Please write back if you receive my e-mail, promptly.
(제 이메일을 받고 바로 확인메일을 보내주세요.)

– Please let me know if you have any trouble when opening the file I am sending.
(제가 보내드리는 파일을 여는 데 문제가 있을 경우 저에게 알려 주십시오.)

– Thank you for your letter concerning your recent order of October 25.
(최신 오더와 관련된 10월 25일자 편지에 대해 감사드립니다.)

– Please accept our apologies for the inconvenience, and we look forward to serving you again.
(불편을 끼쳐드린 점 사과드리며 서비스로 보답하기를 희망합니다.)

– Can you do me a favor? I need someone who proofreads this brochure.
(도와주시겠습니까? 이 책자를 검수할 사람이 필요합니다.)

04 영어회화 업무

■ 전화응대

① 응대 인사(수 · 발신)

• 전화를 받을 때

– This is ○○○ speaking.
(저는 ○○○입니다).

– May I ask who is calling? / Can I ask who is calling?
(누가 전화하셨는지 여쭤도 될까요?)

– May I have your name, please?
(성함을 말씀해 주시겠습니까?)

– Who are you trying to reach?
(어느 분과 연락하고자 하시는지요?)

– Who do you want to speak to?
(어느 분과 통화하고자 하시는지요?)

• 전화를 걸 때

– This is ○○○ from ABC company. / This is ○○○ of ABC company.
(저는 ABC 회사의 ○○○입니다.)

– I'd like to speak to ○○○. / I want to speak with ○○○. / I want to talk to ○○○.
(○○○와 통화하고 싶습니다.)

– Can I speak to ○○○?
(○○○와 통화할 수 있나요?)

– Could you connect me with Planning Department?
(기획부와 연결해 주시겠어요?)

– Could you transfer this call to Sam's office?
(이 전화를 Sam의 사무실로 연결해 주시겠어요?)

– Can you put me through to Sam?
(Sam에게 연결해 주시겠어요?)

– Can you switch over to his extension?
(그의 교환번호로 연결해 주시겠어요?)

– May I talk to the person in charge?
(담당자와 통화할 수 있을까요?)

– I'd like to speak to the man in charge.
(책임자와 통화하고 싶어요.)

– Will you transfer this call to Mr. Kim?
(이 전화를 김 선생님에게 돌려주시겠습니까?)

② 용건 파악

• Can I tell him why you're calling?
(용건이 무엇인지 그에게 전할까요?)

• Is it anything urgent?
(긴급한 사항입니까?)

• May I take a message?
(메시지를 전달해 드릴까요?)

• Could you like to leave a message?
(메시지를 남기시겠습니까?)

• Is there anything you'd like me to tell him?
(무언가 전하실 말씀이 있습니까?)

③ 메시지 전달

• Here are some messages for you.
(여기 메시지를 받아놓았습니다.)

• Here, this is the message for you.
(여기 메시지가 있습니다.)

• The sales manager said that they'd offer us a bigger discount.
(세일즈 매니저가 말하길 대폭 할인해 준다던데요.)

• Mr. Baker said that the suppliers need confirmation in writing.
(베이커 씨가 공급자 측에서는 서면 확인이 필요하다고 하셨습니다.)

• She told me that the meeting began at 3 o'clock.
(그녀는 나에게 회의가 3시에 시작한다고 말했습니다.)

• They wanted to know how long the meeting was going to last.
(그들은 그 회의가 얼마나 계속될 것인지 알기를 원했습니다.)

• Mr. Brown asked me when Mr. Clark was coming back.
(브라운 씨는 나에게 클라크 씨가 언제 돌아오시는지를 물었습니다.)

• There have been □ phone call(s) while you were out.
(자리 비우신 사이에 □통의 전화가 왔었습니다.)

• Mr./Ms. ○○○ asked you to call him/her back.
(○○○ 님께서 전화 다시 걸어달라고 부탁하셨습니다.)

• Mr./Ms. ○○○ would like you to ~(동사)
(○○○ 님께서 ~(동사)해 주시기를 바라십니다.)

• There was a phone call from Mr. Baker of EEC company.
(EEC사의 베이커 씨로부터 전화 왔었습니다.)

• You've got a phone call from Mr. Brown.
(브라운 씨로부터 전화 왔었습니다.)

• Miss Roh called you this morning.
(미스 노가 오늘 아침에 당신에게 전화했었습니다.)

• Can you call back later?
(나중에 전화해 주시겠습니까?)

• Can you call again later, please?
(나중에 다시 전화해 주실 수 있습니까?)

• Could you like to call him back?
(그분에게 다시 전화를 걸어주시겠습니까?)

• Please tell him to call me back.
(전화해 달라고 말씀해 주십시오.)

• Could you ask him to ring me back?
(그가 나에게 전화하도록 해주시겠습니까?)

• May I have him call you back?
(제가 그분께 전화하라고 말씀드릴까요?)

• May I have him call you when he gets in?
(그분이 들어오시면 전화를 드리라고 할까요?)

- Could you like me to call you when he comes in?
  (그분이 들어오시면 제가 전화를 드릴까요?)
- Shall I ask him to return your call?
  (응답전화를 하시라고 할까요?)
- He would like you to call him back.
  (그는 당신이 전화하기를 원합니다.)
- He wants you to come to the meeting.
  (그는 당신이 그 회의에 오기를 원합니다.)
- Mr. Hampton asked you to give them a report on the trip.
  (햄턴 씨가 여행에 관한 보고서를 제출할 것을 요청했습니다.)

④ 전화 연결

- Let me check if Mr./Ms. ○○○ is available.
  (○○○가 계신지 (통화 가능하신지) 확인해 보겠습니다.)
- I'll put you through.
  (연결시키겠습니다.)
- Let me put you through.
  (연결시키도록 하겠습니다.)
- I'll transfer your call to ○○○. / I'll connect you to ○○○.
  (○○○분께 전화를 돌리겠습니다.)
- Could you hold on a moment, please? / Would you mind hanging on for a minute? / Can I put you on hold for a second?
  (잠시만 기다려 주시겠습니까?)
- Hold on a moment, please. / Hold the line, please. / Hang on, please. / Please hold a moment. / One moment, please.
  (잠시만요.)
- Hold on please. I'll transfer you to the □□□ department. / Let me put you through to the □□□ department.
  (잠시만 기다려 주세요. 제가 당신을 □□□ 부서로 연결하겠습니다.)
- I'll get ○○○'s secretary for you.
  (제가 ○○○ 씨의 비서와 연결시켜 드리겠습니다.)
- In case this call isn't connected successfully, the direct number is 000-0000.
  (만약 통화 연결이 안 될 시, 직통 전화 번호는 000-0000입니다.)
- I'm sorry, but Mr./Ms. ○○○ is in a meeting right now.
  (죄송합니다만, ○○○께서 지금 회의 중이십니다.)
- Her line is busy at this moment. / I'm sorry he is on the other line[on another line]. / He's on the phone. / I'm sorry, but Mr.[Ms.] ○○○ is on the phone at the moment.
  (죄송합니다만, ○○○께서는 통화 중이십니다.)

- I'm sorry, but Mr./Ms. ○○○ is not at the desk at the moment.
  (죄송합니다만, ○○○께서 지금 자리에 안 계십니다.)
- I'm sorry, but Mr./Ms. ○○○ is on a business trip.
  (죄송합니다만, ○○○께서 출장 중이십니다.)
- I'm sorry, but Mr./Ms. ○○○ is on vacation.
  (죄송합니다만, ○○○께서 휴가 중이십니다.)
- I'm sorry, but Mr./Ms. ○○○ has gone for the day.
  (죄송합니다만, ○○○께서 퇴근하셨습니다.)
- May I take your message?
  (메모를 받아드릴까요?)
- Would you like to leave a message?
  (메모를 남기시겠습니까?)
- Let me put you on hold for a moment.
  (잠시 통화 대기시키도록 하겠습니다.)
- May I put you on hold?
  (통화 대기시켜도 되겠습니까?)

⑤ 상황별 전화영어 응대 요령

- 상사 부재 시 응대
  - He just left for lunch.
    (점심식사하러 나가셨습니다.)
  - He just stepped out.
    (금방 나가셨습니다.)
  - He is out of town.
    (출장 중이십니다.)
  - Would you like to leave a message?
    (메시지를 남기시겠습니까?)
  - May I have your name please?
    (성함이 어떻게 되십니까?)
  - How do you spell your name?
    (이름 철자가 어떻게 됩니까?)
  - What is your contact number?
    (연락처 번호가 어떻게 되나요?)
  - May I have it, just in case?
    (만약을 대비해 제가 (이름이나 연락처를) 가져도 될까요?)
  - Could you read that back to me?
    (다시 읽어주시겠습니까?)
  - I'll read it again. / Let me read that back to you. / Let me repeat it.
    (다시 읽어보겠습니다.)

• 상사 통화 중 응대
  – I'm sorry, but Mr. Lee is on the phone right now.
  – Would you like to wait or shall I take a message?
  – I'll put you on hold.
  – May I have your number?
• 상사 회의 중 응대
  – I'm sorry Mr. Lee is in a meeting at the moment.
  (이 선생님은 지금 회의 중이십니다.)
  – I'm afraid Mr. Kim is in a meeting at the moment. Would you like to leave a message?

⑥ 그 밖의 표현
• I'm sorry, but you've got the wrong number.
(죄송합니다만, 잘못 거셨습니다.)
• I'm sorry there is no one by that name.
(죄송합니다만, 그런 이름을 가진 분은 안 계십니다.)
• Thank you for calling. Good Bye.
(전화해 주셔서 감사합니다.)
• There is a lot of interference on this line.
(전화가 혼선이 심합니다.)
• We seem to have a lot of echoes.
(소리가 울립니다.)
• We are having some break-ups.
(전화가 좀 끊깁니다.)

■ 내방객 응대

① 내방객 맞이
• Good morning. / Good afternoon.
(안녕하십니까?)
• What can I do for you?
(무엇을 도와드릴까요?)
• How may I help you?
(어떻게 도와드릴까요?)
• May I have your name please?
(성함이 어떻게 되시죠?)
• You are Mr./Ms. ○○○. We have been expecting you.
(당신이 ○○○ 씨군요. 오실 줄 알고 있었습니다.)
• I'll let Mr./Ms. ○○○ know that you are here.
(○○○ 님께 당신이 오셨다고 말씀드리겠습니다.)
• Mr. Peterson is waiting for you.
(Peterson 씨가 기다리고 계십니다.)

② 약속확인 또는 용건파악

- Do you have an appointment?
  (약속이 되어 있으신가요?)
- Did you make an appointment?
  (약속을 하셨습니까?)
- What is the nature of your business?
  (무슨 일 때문이신지요?)
- What is the purpose of your business?
  (무슨 이유 때문이신지요?)
- Why do you want to meet ○○○? / May I ask the reason why you want to meet ○○○?
  (왜 ○○○ 씨를 만나려고 하시나요?)

③ 안 내

- Could you have a seat and wait a little?
  (잠시 앉아서 기다려 주시겠습니까?)
- I'll let her know that you are here.
  (여기 오신 것을 말씀드리겠습니다.)
- Mr. Kim will be available soon. Would you please wait for a minute?
  (Mr. Kim께서 곧 시간이 괜찮으십니다. 잠시만 기다려주시겠어요?)
- Please come with me.
  (저와 함께 가시지요.)
- Please go in.
  (안으로 들어가시지요.)
- Take the elevator to the □th floor.
  (□층까지 엘리베이터로 가세요.)
- When you step out of the elevator, turn right[left].
  (엘리베이터에서 내리시면, 오른쪽[왼쪽]으로 돌아가세요.)
- It's on your right[left].
  (그것은 오른편[왼편]에 있습니다.)
- It's at the end of the hallway.
  (그것은 복도 끝에 있습니다.)
- It's past the □□□.
  (그것은 □□□를 지나면 있습니다.)
- It's next to the □□□.
  (그것은 □□□ 옆에 있습니다.)
- It's opposite to the □□□.
  (그것은 □□□의 반대편에 있습니다.)

④ 접 대

- Please have a seat here.
  (이쪽으로 앉으세요.)
- Please make yourself comfortable.
  (편히 쉬십시오.)
- Please have a seat. I'll bring you some newspapers.
  (앉으세요. 신문을 가져다 드리겠습니다.)
- I'll let her know that you are here.
  (여기 오신 것을 말씀드리겠습니다.)
- Would you like something to drink? / Would you care for something to drink?
  (마실 것을 좀 드릴까요?)
- How would you like your coffee, black or with cream and sugar?
  (커피는 어떻게 드릴까요? 블랙으로 아니면 크림과 설탕을 같이 드릴까요?)
- We have some (green, herb, ginseng, black, etc.) tea if you like.
  (원하시면 (녹차, 허브, 인삼, 홍차 등)도 있습니다.)

⑤ 배 웅

- Are you leaving?
  (지금 떠나시나요?)
- Are you finished?
  (다 끝나셨나요?)
- Let me show you to the elevator.
  (엘리베이터로 안내해 드리겠습니다.)
- Do you know where the elevator is?
  (엘리베이터가 어디에 있는지 아세요?)
- It was nice meeting you.
  (만나 뵈어서 좋았습니다.)
- Thank you for visiting us.
  (방문해주셔서 감사합니다.)
- Have a nice trip.
  (즐거운 여행 되십시오.)
- I hope to see you again.
  (다시 뵙겠습니다.)
- I'll take you to the lobby.
  (로비까지 모셔다 드리겠습니다.)

⑥ **상황별 응대**

- 상사 부재 시 내방객 응대
  - I'm sorry, but Mr./Ms. ○○○ is not in.
    (죄송합니다만, ○○○ 씨는 안 계십니다.)
  - She is not in at this moment.
    (지금은 안 계십니다.)
  - Not right now.
    (지금은 안 됩니다.)
  - He is not in the office.
    (사무실에 안 계십니다.)
  - He is not at his desk.
    (자리에 안 계십니다.)
  - May I ask your name and the nature of your business?
    (성함과 용건을 여쭤도 될까요?)
  - Would you like to make an appointment?
    (약속을 정하시겠습니까?)
  - Let me pencil your name in.
    (일단 귀하를 예정에 넣어드리겠습니다.)
  - May I have your contact number just in case?
    (만약의 경우에 대비하여 연락처를 주시겠어요?)
  - Would you give me your business card, please?
    (명함을 한 장 주시겠습니까?)
  - How do you pronounce your name?
    (성함을 어떻게 읽어야 할까요?)
- 약속이 되어 있는 내방객 응대
  - May I have your name please?
  - You are Mr./Ms. ○○○. Nice to meet you.
  - We have been expecting you.
  - I'll let Mr./Ms. ○○○ know that you are here. Could you wait a little?
- 선약이 없이 방문한 내방객 응대
  - May I have your name please?
  - May I ask the nature of your business?
  - I'm sorry, but Mr./Ms. ○○○ has another appointment.
    (죄송합니다만 ○○○ 씨가 선약이 있으십니다.)
  - I'm sorry, but he/she is booked up today.
    (죄송합니다만, 상사께서 오늘 일정이 꽉 차 있으십니다.)
  - I'm sorry, but he/she is tied up all day.
    (죄송합니다만, 상사께서 오늘 일정이 종일 빠듯하십니다.)

- I'm sorry, but he[she] has planned meeting with somebody now.
  (죄송합니다만, 상사께서 지금 선약된 분을 만나고 계십니다.)
- Would you like to leave your business card, and I'll let him[her] know that you came when he[she] gets back.
  (명함을 남겨주고 가시면, 상사께서 돌아오시면 방문하셨다고 전해드리겠습니다.)

■ **일정에 따른 예약**

① 교통수단 예약(항공, 철도, 버스 등)

• 비행기를 예약할 때

- I'd like to reserve a flight. / I'd like to book a flight. / I'd like to make a reservation for a flight.
  (비행기 좌석을 예약하고 싶습니다.)
- I'd like to reserve a round trip flight for △ on ○ ○.
  (○월 ○일에 △행 왕복 편 비행기를 예약하고 싶습니다.)
- I'd like to reserve under the name of ○○○.
  (○○○의 이름으로 예약하고 싶습니다.)
- How much is it? / How much will it cost?
  (얼마입니까?)
- When does it depart? / When does it leave?
  (언제 출발합니까?)
- When does it arrive?
  (언제 도착합니까?)
- We are fully booked. / We are booked up. / All seats are reserved.
  (좌석 예약이 모두 찼습니다.)
- Can you place ○○○ on the waiting list? / Can you put ○○○ on the waiting list?
  (○○○를 대기자 명단에 올려주시겠습니까?)
- I would like to book a flight to ~
  (~로의 항공편을 예약하고 싶습니다.)
- One-way, or round-trip?
  (편도인가요? 왕복인가요?)
- Business[Ecomomy], please.
  (비즈니스[이코노미] 석으로 해주세요.)
- Can I get my seat assignment now?
  (좌석 배치도를 볼 수 있을까요?)
- I'd like to pre-order my in-flight meals.
  (기내식을 미리 주문하고 싶습니다.)
- I'd like to leave Busan around April 4th and be back here by April 15th.
  (저는 4월 4일쯤 부산을 출발하여 15일에 여기로 돌아오고 싶습니다.)

- How do you spell your name?
  (이름 철자를 알려주세요.)
- Would you like a window seat or aisle seat?
  (창가 또는 복도 좌석 중 어느 좌석을 원하십니까?)
- Aisle seat, Please.
  (복도 자리로 부탁합니다.)
- I have a carry-on and another 2 bags to check-in.
  (가지고 탈 가방 1개와 부칠 가방 2개가 있습니다.)

• 그 밖의 교통수단 관련 표현
- Is there a high-speed train?
  (고속열차가 있나요?)
- These are reserved seating.
  (이것은 지정석입니다.)
- Make it round-trip, please.
  (왕복으로 주세요.)
- I'd like to reserve a berth.
  (침대차를 예약하고 싶어요.)
- I'd like a seat on the 12:30 train.
  (12시 30분 열차 자리 하나 주세요.)
- Can I cancel this ticket?
  (이 표를 취소할 수 있을까요?)
- I'd like to change my flight reservation.
- OK. I'll take it. / It sounds great.

② 호텔 · 식당 예약

• 호텔 예약
- I'd like to reserve[book] a room for ○ nights from ○ ○. / I'd like to make a reservation for a room for ○ nights from ○ ○.
  (○월 ○일부터 ○일간 방을 예약하고 싶습니다.)
- Do you have any rooms available? / Are there any vacancies?
  (묵을 수 있는 객실이 있습니까?)
- Does it include breakfast?
  (조식은 포함되나요?)
- I'd like to reserve under the name of ○○○.
  (○○○의 이름으로 예약하고 싶습니다.)
- We are fully booked. / We are booked up. / All rooms are reserved[booked].
  (객실 예약이 다 찼습니다.)
- May I have your credit card information to guarantee your reservation?
  (객실 확보를 위해서 신용카드 정보를 알려주시겠습니까?)

- I'd like to book a single room for this weekend.
  (이번 주에 1인용 침실을 예약하고 싶습니다.)
- I didn't make a reservation. Do you have any vacancies?
  (예약하지 않았습니다. 빈방이 있습니까?)
- I want 5 small rooms that can hold more than 10 people.
  (10명 이상을 수용할 수 있는 다섯 개의 작은 방을 원합니다.)
- What is your room rate per night?
  (하룻밤에 얼마인가요?)
- What's the check-in time?
  (체크인 시간은 언제입니까?)
- Could you put me on the waiting list?
  (대기자 명단에 올려주시겠어요?)
- Could you check under the name Kim?
  (Kim의 이름으로 확인해주세요.)
- I'm sure the reservation was made under the name (of) Kim.
  (Kim의 이름으로 예약이 되어 있을 것입니다.)
- I'd like to cancel my reservation.
- What's your cancellation policy?
- What's the penalty for cancellation?

• 식당 예약
  - Can I book[reserve] a table for 요일 at 시간?
    (~요일 ~시에 예약이 가능한가요?)
  - How many are there in your party?
    (몇 분 일행이십니까?)
  - I'd like to book[reserve] a quiet private dining room.
    (조용한 별실로 예약하고 싶습니다.)
  - I'd like to book[reserve] a table in the hall.
    (홀로 예약하고 싶습니다.)
  - We are fully booked. / We are booked up. / All tables are reserved.
    (자리 예약이 모두 찼습니다.)
  - I'd like to book a table for this Monday.
    (이번 주 월요일 테이블을 예약하고 싶습니다.)
  - I have 4 guests and I'd like to come at 6:00.
    (네 분이고 6시에 갈 것입니다.)
  - I'd like to book a table for 5.
    (5인용 테이블을 예약하고 싶습니다.)

③ 예약 관련 지식

• 호텔 예약 시 필요 정보

필요 정보	영 문	예 시
도착 날짜	Arrival / check-in	Wednesday, June 7
출발 날짜	Department / check-out	Monday, June 12
투숙객 수	No. of Guests	2 adults
방 개수	No. of room	1(with 2 single beds)
숙박료	Room Charge	$ 130 per night
신용카드번호 / 유효기간	Credit Card	AMEX A33208272-3887 Expiry date: Aug. 2017

• 항공 예약 관련 표현

영 문	뜻
[first / business / economy] class	일등석 / 비즈니스석 / 이코노미석
window seat / aisle seat	창가 쪽 좌석 / 통로 쪽 좌석
single[one-way] ticket / return[round-trip] ticket	편도티켓 / 왕복티켓
open ticket	오픈티켓, 출발과 도착 날짜를 임의로 지정하고 유효기간 안에 날짜 변경이 가능한 티켓
direct ticket	직항편
connecting flight	연결 항공편
code share	공동운항(코드쉐어), 특정 노선을 취항하는 항공사가 좌석 일부를 다른 항공사와 나눠 운항하는 공동운항 서비스
stopover	경유지 혹은 기착, 목적지까지 이동하는 과정에서 중간기착지에 머무는 시간이 24시간 이상인 체류
PNR(Passenger Name Record)	예약기록, 항공여행을 원하는 서비스 예약 등을 요청한 승객의 정보가 저장되어 있는 여객 예약 기록
ENDS(Endorsement)	항공사 간에 항공권의 권리를 양도하기 위한 이서(배서). 타 항공사로의 변경 가능
NON-ENDS	항공사 변경 불가
NON-REF	환불 불가
NO MILE UPGRADE	마일리지로 클래스 업그레이드 불가

• 호텔 예약 관련 표현

영 문	뜻
single room	일인실
double room	이인실(침대 하나)
twin room	이인실(침대 두 개)
suite room	거실이 딸린 방
check-in/out	체크인/아웃
room service	객실 식음료 서비스
mini bar	객실 내 냉장고의 음료, 술
house keeping	객실 청소 담당
concierge	컨시어지(각종 안내)
business center	투숙객의 사무 공간
amenities	호텔 내 편의용품 및 서비스 설비
complimentary	무료의, 우대하는

④ 일정 계획 및 조율

• 만남을 제안할 때

– Do you have time to meet ○○○ next week?
(다음 주에 ○○○를 만날 시간이 있으신가요?)

– I was wondering if you might have time to meet next week.
(다음 주에 만날 시간이 되실지 알고 싶습니다.)

– When would suit you? / When would be good for you? / When are you available?
(언제가 괜찮으신가요?)

– Would ~day be OK for you?
(~요일이 괜찮으시겠습니까?)

– How about ~day morning?
(~요일 오전은 어떻습니까?)

– Where would you like to meet?
(어디에서 만나는 게 좋겠습니까?)

– Shall we say 10 o'clock in my office? / How about 10 o'clock in my office?
(10시에 제 사무실은 어떠십니까?)

– Please pencil me in on ~day morning.
(일단 제 이름을 ~요일 오전에 써주세요.)

– Let me check my schedule. / I need to check my diary.
(제 스케줄을 확인해 보겠습니다.)

– I think that should be possible.
(괜찮을 것 같은데요.)

– Yes, that would be good for me.
(네, 그게 제게는 좋을 것 같습니다.)

– I'm sorry, but ~day is bad for me.
(죄송하지만 ~요일은 힘들겠습니다.)

– I'm tied up all day.
(하루 종일 (일정에) 묶여있습니다.)

– OK. I'll see you on ~day.
(알겠습니다. 그러면 ~요일에 뵙지요.)

– So, that's ~day at 10 o'clock at your office.
(그러면 ~요일 오전 10시에 당신 사무실입니다.)

• 일정을 변경해야 할 때

– I'm sorry something has come up.
(죄송합니다만 일이 좀 생겼습니다.)

– The meeting lasted longer than I expected.
(회의가 제 생각보다 길어졌습니다.)

- One of our clients brought forward our appointment. / One of our clients moved up our appointment.
  (고객분이 약속된 일정을 당기셨습니다.)
- I am afraid I can't make it.
  (아무래도 안 될 것 같습니다.)
- I have another appointment then.
  (그때는 다른 약속이 있습니다.)
- We are going to have to delay the meeting to another day.
  (미팅을 다른 날로 연기해야 할 것 같습니다.)
- I will be out of the office all day tomorrow.
  (저는 내일 하루 종일 사무실에 없을 거예요.)
- We will have to cancel the appointment.
  (약속을 취소해야 되겠습니다.)
- I wanted to ask you if we could meet a bit earlier? / Can we meet a bit earlier?
  (혹시 우리가 조금만 일찍 만날 수 있을까요?)
- I wanted to ask you if we could meet a bit later? / Can we meet a bit later?
  (혹시 우리가 조금만 늦게 만날 수 있을까요?)
- I was wondering if we could reschedule our appointment. / Can we reschedule our appointment?
  (우리의 약속을 재조정할 수 있을지 알고 싶습니다.)
- Would tomorrow afternoon be okay?
  (내일 오후에 괜찮을까요?)
- Could we meet in the afternoon?
  (오후에 만날 수는 없을까요?)
- Can you set up a meeting?
  (당신은 회의를 열 수 있습니까?)
- When are you coming to Seoul?
  (언제 서울로 돌아오시나요?)
- Let me check my schedule first.
  (우선, 스케줄을 확인해보겠습니다.)
- When would suit you best?
  (언제가 좋으십니까?)
- Let's meet in two days in your office.
  (이틀 후에 당신의 사무실에서 만납시다.)
- So how about next week?
  (그럼 다음 주는 어떠세요?)

■ 지시와 보고

① 지시받기

- Can you come to my office now?
  (지금 제 사무실로 와 줄 수 있나요?)
- There's something I'd like to ask of you.
  (당신에게 부탁할 일이 있습니다.)
- What are you working on?
  (지금 무슨 일을 하고 있지요?)
- I need your help on this project.
  (이 프로젝트에 당신의 도움이 필요해요.)
- Can you handle this? / Can you do this?
  (당신이 할 수 있겠습니까?)
- How soon do you need to have[get] it done? / How soon would you like me to finish this?
  (언제까지 해 드려야 됩니까?)
- When is the deadline? / When is it due?
  (기한이 언제죠?)
- When do I need to turn it in?
  (언제까지 제출해야 하죠?)
- Is this urgent?
  (급한 건가요?)
- Is there anything else? / Anything else?
  (또 다른 건 없나요?)
- Make (photo) copies, please.
  (서류 좀 복사해 주세요.)
- It needs stapling.
  (스테이플러로 찍어주세요.)
- Send a fax please.
  (팩스 좀 보내주세요.)
- Pass this memo around please.
  (이 메모를 회람 좀 돌려주세요.)
- Please send an email.
  (이메일 보내주세요.)
- Reduce this page to △ percent please.
  (이 페이지를 △ 퍼센트로 축소해주세요.)
- Make copies on both sides please.
  (양면 복사해 주세요.)

- Make color copies please. / Can you make color copies?
  (컬러 복사해 주세요.)
- Can you make it as soon as possible?
  (가능한 한 빨리해 줄 수 있습니까?)
- This has to be done right away. / Can you have[get] it done right away? / Can you have[get] it finished right away?
  (이건 바로 해주세요.)
- It needs to be done by the end of the day. / It has to be done by the end of the day.
  (오늘 퇴근 전까지 해주세요.)
- Have[Get] this done by tomorrow please. / Can you finish this by tomorrow? / Can you get this done by tomorrow?
  (내일까지 해주세요.)
- I need to have[get] it done by next △day at the latest. / Can you have[get] it done by next △day at the latest?
  (늦어도 다음 주 △요일까지는 해주세요.)
- Please finish this within two days.
  (이틀 안에 끝냈으면 좋겠습니다.)

② 보고하기

- How's the report going?
  (보고서는 어떻게 되어가고 있습니까?)
- How soon will the paperwork be finished/done?
  (서류 작업은 언제까지 완성됩니까?)
- Is everything on schedule?
  (다 예정대로 진행되고 있습니까?)
- Is the work coming along well?
  (일은 잘 진행되고 있습니까?)
- How soon is the event going to be ready?
  (행사는 언제까지 준비가 됩니까?)
- Has the report come out yet?
  (보고서는 나왔습니까?)
- It's almost done. / I'm almost finished.
  (거의 다했습니다.)
- I've done about half of it.
  (반쯤 끝냈습니다.)
- I got it done.
  (다 끝냈습니다.)
- It will be done on schedule.
  (예정대로 끝날 것입니다.)

- It is ahead of schedule.
  (예정보다 빨리하고 있습니다.)
- It is behind the schedule.
  (예정보다 늦어지고 있습니다.)
- I'll get it done by 시간/요일/날짜. / It will be done by 시간/요일/날짜. / I'll get through by 시간/요일/날짜.
  (~까지는 이 일을 마치겠습니다.)
- I am still working on it. / It's being processed.
  (아직 하는 중입니다.)
- I haven't done[finished] it yet.
  (아직 끝내지 못했습니다.)
- Could you extend the deadline? / Could you postpone the deadline?
  (마감 기한을 연장해 주실 수 있을까요?)
- Can I complete the report by next week?
  (보고서를 다음 주까지 완성해도 될까요?)
- I can give you another week. / I can give you one more week.
  (한 주 더 드릴 수 있어요.)

과목

04 사무정보관리

01 문서작성

■ 문서의 필요성

① 사무처리 결과의 증빙자료로서 문서가 필요한 때
② 사무처리의 형식상 또는 체제상 문서의 형식이 필요한 때
③ 사무처리에 대한 의사소통이 대화로는 불충분한 때
④ 사무처리의 결과를 일정기간 동안 보존할 필요가 있을 때

■ 문서의 기능

① **의사전달기능** : 상급자와 하급자 간, 부서와 부서 간 업무의 원활한 진행을 보조함
② **의사보존기능** : 문서에 의한 기록이 남아 있어 명확한 의사전달이 가능하며, 차후에 증거자료로써 이용할 수 있음
③ **자료제공기능** : 처리가 완료된 문서는 지정한 기간만큼 보관, 차후에 관련 업무를 진행할 때나 부가자료가 필요할 때 언제든지 열람할 수 있음
④ **협조기능** : 부서 간의 협조 업무가 필요할 때 단순히 구두로 행하는 것보다 일목요연하게 정돈된 문서로 대체하면 전달과정에서의 오류를 최대한 줄일 수 있고 목적을 확실히 이해할 수 있어 매우 효율적임

■ 문서작성의 원칙

① **문서의 목적 파악** : 문서를 작성하는 목적이 무엇인지 분명하게 파악한 뒤에 문서를 작성해야 문서를 받는 사람의 입장에서 내용이 일목요연하게 전달됨
② **읽는 사람 중심 접근** : 작성된 문서를 받는 사람이 누구인지에 따라 문서의 표현과 형식을 다르게 접근
③ **분명한 메시지 진술** : 전달하고자 하는 메시지를 여러 번 반복하기보다는 분명하고 간결하게 한두 문장으로 표현. 주제문장을 먼저 진술하고 세부사항을 작성하는 두괄식으로 구성하면 분명한 메시지 진술을 할 수 있음
④ **단순하고 짧은 표현** : 가급적 단어를 적게 사용하면서 메시지를 분명하게 전달. 즉, 전달하고자 하는 결론적인 메시지가 눈에 띄도록 작성
⑤ **문서 전달 전략 수립** : 작성된 문서가 받는 사람에게 제때에 전달될 수 있도록 전달전략을 세워야 함. 우편, 인편, 전자적 등의 방법을 고려

⑥ **상사를 통한 최종 검토** : 상사를 대신해서 작성하는 문서는 초안 작성 후 상사의 최종 검토와 확인을 받아서 발송되도록 해야 함

■ 공문서와 사문서

공문서	사문서
• 행정기관 또는 공무원이 그 직무상 작성 또는 접수한 문서 • 사무관리규정에 의하면 '공문서'라 함은 행정기관 내부 또는 상호 간이나 대외적으로 공무상 작성 또는 시행되는 문서 및 행정기관이 접수한 문서로 정의 • 일반적인 문서는 물론 도면 · 사진 · 디스크 · 테이프 · 필름과 슬라이드 등도 포함	• 개인이 사적인 목적을 위하여 작성한 문서 • 사문서 중에서도 각종 신청서 등과 같이 행정기관에 제출하여 접수된 것은 사문서가 아닌 공문서로 취급

■ 공문서의 종류 16년 기출

① **법규문서** : 헌법 · 법률 · 규칙 · 규정 및 내규 등에 관한 문서

② **지시문서** : 지침 · 수칙 · 지시 · 예규 · 일일명령 등 기관의 장이 소속공무원에 대하여 일정한 사항을 지시하는 문서

③ **공지문서** : 고시 · 공고 등 일정한 사항을 소속기관, 공무원 또는 일반국민에게 알리기 위한 문서

④ **비치문서** : 비치대장 · 비치카드 등 소속기관이 일정한 사항을 기록하여 소속기관 내부에 비치하면서 업무에 활용하는 문서

⑤ **민원문서** : 민원인의 청원 · 진정 및 처분 등 특정한 행위를 요구하는 문서와 그에 대한 처리문서

■ 공문서 용지 규정

① **용지의 크기** : 용지의 크기는 한국공업규격에서 지정한 A4용지를 기본 용지로 사용

② **용지의 색상** : 특별한 사유가 없는 한 용지의 색상은 흰색

③ **용지의 여백** : 기본적으로 위 30mm, 아래 15mm, 좌 20mm, 우 15mm의 여백을 원칙으로 함

④ **용지의 지질 및 중량의 결정기준** : 보존기간, 활용빈도, 재활용 여부에 따라 결정

■ 공문서 작성요령 16, 18, 19년 기출

① 공문서는 두문, 본문, 결문으로 구성되어 있음

② 공문서의 두문에는 발신기관명, 분류기호, 시행년월일, 수신기관(경유, 수신, 참조) 등이 들어감

③ 수신기관이 여럿인 경우는 '수신'란에 '수신자 참조'라고 기재하고, 결문의 발신명의 다음 줄에 '수신자'란을 만들어 수신자 기호 또는 수신자명을 표시함

④ 경유기관은 수신기관에 앞서 중간에 거쳐 가는 기관임

⑤ 공문서에는 음성정보나 영상정보 등이 수록되거나 연계된 바코드 등을 표기할 수 있음

⑥ 공문서에 쓰는 날짜는 숫자로 표기하되, 연 · 월 · 일의 글자는 생략하고 그 자리에 온점을 찍어 표시함

⑦ 금액을 표시할 때에는 아라비아 숫자로 쓰되, 숫자 다음에 괄호를 하고 한글로 기재하기도 함

⑧ 공문서는 본문이 끝나면 한 자(2칸) 띄우고 "끝" 표시함

■ 문서의 결재 12, 18, 19년 기출

① **전결** : 위임전결(행정기관의 장으로부터 위임을 받은 자가 행하는 결재)
② **대결** : 급한 상황일 경우 그 일을 대리하는 자가 대리 결재
③ **후결** : 대결 후 결재권자가 문서의 내용 검토
④ **선결** : 시행문을 접수하여 결재권자가 최초로 결재(의사 결정권자의 일반적인 의미의 결재)

■ 우편물 처리 업무 16, 17년 기출

① 발신하는 모든 문서는 중요 여부에 관계없이 복사본을 만듦
② 우편물에 Express라고 기재되어 있다면 속달의 의미임
③ 보안을 유지해야 하는 문서의 경우 수령인이나 인수자의 서명을 받게 함
④ 상사에게 우편물을 전달할 때 작은 동봉물은 문서의 앞쪽에, 큰 동봉물은 뒤쪽에 배치함
⑤ 친전 또는 Confidential이라고 표기된 경우 우편물을 개봉해서는 안 됨
⑥ 100통이 넘는 우편물을 한 번에 발송하려면 요금별납으로 우표 대신 스탬프를 찍어서 발송

■ 우편 업무 관련 용어 12, 15년 기출

① **일부인(日附印)** : 편지나 서류 등에 그날의 날짜를 찍게 만든 도장
② **등기** : 접수에서 배달까지 기록을 남기는 우편물로, 중요한 우편물을 보낼 때 이용
③ **내용증명** : 내용증명은 어떤 내용의 것을 언제, 누가, 누구에게 발송하였는지를 발송인이 작성한 등본을 근거로 우체국장이 공적인 입장에서 증명하는 제도
④ **요금후납등기** : 분실위험이 없이 안전하게 도착하며 회사가 우편요금을 부담하는 우편제도
⑤ **요금별납** : 같은 요금의 우편물을 동시에 많이 발송할 때 우표를 붙이는 작업을 생략하고 요금을 별도로 납부하는 제도
⑥ **유가증권 등기** : 우편환증서나 수표 기타 유가증권(상품권 등)을 보험등기봉투에 넣어 직접 수취인에게 송달해 주는 서비스
⑦ **우편요금감액제도** : 동일 규격의 우편물을 대량으로 발송할 때 우편요금을 감액해주는 제도

■ 상사 부재중 우편물 처리방법

① 상사 부재중에 수신한 회의 참석통지서나 초대장, 또는 상사의 의견이 필요한 우편물은 적절한 시기를 놓치지 말고 답해 줌
② 출장 중인 상사에게 우편물을 보낼 때는 분실 상황에 대비하여 복사본을 마련해 놓고, 상사의 대리권자에게 우편물을 보낼 경우에는 복사본을 전함
③ 출장 중인 상사에게 우편물을 보낼 경우에는 '수신우편물 요약지'를 작성하여 함께 송부함
④ 상사 부재중의 우편물은 회신을 내지 않고 상사의 처리를 기다리는 우편물, 사내의 타 직원에 의해 처리된 우편물 및 처리결과, 그리고 비서가 회신한 편지와 답장복사본으로 분류하여 정리함
⑤ 상사 부재 시 처리한 우편물에 대해 보고할 경우에도 '수신우편물 요약지'를 작성하여 함께 제시함

■ 문서의 정확성

① 자료를 완전히 갖추어야 하며 불완전한 자료로 작성된 문서에서는 정확성을 기대할 수 없음
② 표기법을 정확히 해야 하고, 문자 · 언어를 정확히 사용함은 물론 문법상 · 관습상의 잘못이 없도록 주의할 필요가 있음
③ 작성이 합리적이어야 함
④ 공문서의 경우 육하원칙에 의해 전달할 내용을 정확하게 작성함

■ 5W1H

① 무엇을 쓸 것인가(what) : 테마, 내용을 정확히 인식하여야 함
② 무엇을 위하여 쓸 것인가(why) : 문서의 목적을 분명히 함
③ 언제 행해지는 것인가(when) : 회의개최의 일시, 출장 시의 도착일시 등을 정확히 기재하여야 함
④ 어디서 행해질 것인가(where) : 장소의 기술, 표시에는 세심한 배려가 요구됨
⑤ 누가 주최자인가(who) : 주최자가 분명하지 않으면 책임의 소재가 불분명해짐
⑥ 어떻게 할 것인가(how) : 문서내용에 대하여 어떻게 할 것인가가 분명해지려면 그 방법, 절차 등이 제시되어야 함

■ 문서의 수정 19년 기출

① 문서의 일부분을 삭제 또는 수정하는 경우 : 원안의 글자를 알 수 있도록 삭제 또는 수정하는 글자의 중앙에 가로로 두 선을 그어 삭제 또는 수정하고, 삭제 또는 수정한 자가 그곳에 서명 또는 날인
② 문서의 중요한 내용을 삭제 또는 수정하는 경우 : 문서의 여백에 삭제 또는 수정한 자수를 표시하고 서명 또는 날인
③ 시행문을 정정하는 경우 : 문서의 여백에 정정한 자수를 표시하고 관인으로 날인
④ 전자문서를 수정하는 경우 : 수정한 내용대로 재작성하여 시행하되, 수정 전의 문서는 기안자 · 검토자 또는 결재권자가 보존할 필요가 있다고 인정하는 경우에는 이를 보존하여야 함

■ 문서의 적절한 표현

① 긍정문으로 작성함
② 문제점 및 결론을 먼저 씀
③ 한자는 상용한자의 범위 내에서 사용함
④ 문장은 짧고 간결하게 씀
⑤ 행을 적당하게 나눔
⑥ 한 번 읽어서 내용의 취지를 이해할 수 있도록 간단한 표제를 붙임

■ 문서의 신속성과 경제성

① 신속성

- 신속히 작성하려면 표준화되어야 함
- 기업체의 일상업무는 동일업무의 반복이므로, 표준적인 예문을 준비해 두고 활용하면 노력과 시간을 절약할 수 있음
- 이를 위해서는 표준예문, 상례문, 패러그래프 시스템(Paragraph System)을 활용하고 반복적인 문서는 워드프로세서를 이용하면 상당한 도움이 됨

② 경제성

- 기업의 경제활동을 위한 문서작성비용은 가능한 한 최소화시킴
- 경비절감에 초점을 두고 워드프로세서와 같은 기기를 이용하며 기존문서를 활용하는 등 적은 노력으로 큰 효과를 올릴 수 있는 문서작성방법을 고안해야 함
- 목적에 맞게 경제적으로 종이를 선택하는 등의 방법으로 경비를 절감할 수 있음

■ 문장의 작성방법

① 긴 문장은 적당히 끊음
② 주어와 술어의 관계를 분명히 함
③ 무엇인가를 병렬시킬 때는 분명히 함
④ 수식어를 정확히 사용함
⑤ 이해하기 쉬운 용어를 씀
⑥ 결론을 먼저 제시함
⑦ 예고형 부사를 활용함
⑧ 애매모호한 표현을 하지 않음

■ 문장의 의미가 애매한 경우

① 문장 작성 원칙 : 간단명료한 용어의 사용
② 애매모호한 표현이 나타나는 경우

- 문장이 지나치게 길어서 의미를 잘못 이해하는 경우
- 격조사(의, 를, 이, 가, 에서, 로)가 무엇을 받는지 분명하지 않은 경우
- 부정어법에 말려들어 잘못 이해하는 경우
- 술어가 애매하여 의미가 잘못 전달되는 경우

■ 문서의 면표시

① 문건별 면표시는 중앙 하단에, 문서철 단위 면표시는 우측 하단에 표기함
② 양면에 기재된 문서는 양면에 모두 표시함
③ 기록물 철의 면표시는 편철 순서대로 맨 위로부터 아래로 일련번호로 부여하되, 표지와 색인목록은 제외하고 본문(붙임 포함)부터 면표시를 시작함

④ 동일 기록물 철을 2권 이상으로 나누어 편철 시 2권 이후부터 철단위, 면표시는 전권의 마지막 쪽수 다음부터 시작하는데 이 경우에도 표지와 색인목록은 면표시를 제외함
⑤ 기록물 철단위, 면표시는 최초에는 연필로 했다가 기록물 정리가 끝나면 비로소 잉크 또는 넘버링 기기로 확정하여 표시함

■ **문서의 용어표기**

① **글자** : 문서는 문화예술진흥법의 규정에 의한 어문 규범에 맞게 한글로 작성하되, 쉽고 간단명료하게 표현하고, 뜻을 정확하게 전달하기 위하여 필요한 경우에는 괄호 안에 한자나 그 밖의 외국어를 쓸 수 있으며, 특별한 사유가 있는 경우를 제외하고는 가로로 씀
② **숫자** : 특별한 사유가 있는 경우를 제외하고 아라비아 숫자로 씀
③ **연호** : 서기연호를 쓰되 '서기'는 표시하지 않음
④ **날짜** : 숫자로 표기하되 연월일의 글자는 생략하고 그 자리에 온점을 찍어 표시함

■ **문서용지의 규격**

① 용지의 규격은 문서의 작성 · 처리 · 보관 · 보존에 있어서 매우 중요한 사항 중의 하나이며, 문서의 규격을 표준화하면 문서의 작성 · 분류 · 편철 · 보관 · 보존이 용이해짐
② 문서작성에 쓰이는 용지의 기본규격은 도면, 증표류, 기타 특별한 형식의 문서를 제외하고는 가로 210mm, 세로 297mm(A4용지)로 함
③ 문서는 용지의 위로부터 30mm, 왼쪽으로부터 20mm, 오른쪽 및 아래로부터 각각 15mm의 여백을 두어야 함

■ **감사장 쓰는 목적** 16, 19년 기출

① 축하나 문안 등의 편지를 받았을 때
② 신년이나 연말 등에 선물을 받았을 때
③ 출장에서 상대방에게 신세를 졌을 때
④ 개인적인 경조사에 상대방이 물품만 보내주었을 때

■ **감사장 작성방법** 16, 17, 19, 20년 기출

① 취임축하장에 대한 감사장은 축하에 대해서 감사인사를 한 후 포부와 결의를 밝힘
② 창립기념 축하연 참석에 대한 감사장은 먼저 참석에 대한 감사의 말을 전하고 앞으로 협력을 부탁하는 내용을 기술함
③ 출장 중의 호의에 대한 감사장은 출장지에서 돌아온 후에 즉시 작성하며 신세를 진 담당자와 그 상사에게 감사의 인사를 기술함
④ 출장 후 감사장은 출장지에서 신세를 많이 진 담당자뿐만 아니라 그 상사에게도 보냄
⑤ 행사참석에 대한 감사장에 행사 중 미진함으로 인해 불편을 준 것에 대해 사과의 말도 함께 적음

■ 사내문서의 서식

① 두문(머리말) : 문서의 상단에 수신자와 발신자명, 문서번호, 발신 연월일 등을 기록

- 문서번호 : 문서의 고유번호로 다른 문서와 구별되는 표시가 되며, 문서의 왼쪽 상단에 표기
- 발신 연월일 : 발신 연월일은 문서 오른쪽 상단에 쓰되 날짜를 표시하는 마지막 글자가 오른쪽 한계선과 만나도록 하며 연월일의 글자를 생략할 경우 마침표(.)를 찍어서 대신함
- 수신자명 : 문서를 받아볼 상대방을 기입. 사내문서의 경우는 직명과 성명만 기입
- 발신자명 : 그 문서내용에 대해 책임을 지는 발신자의 성명을 기재

② 본문 : 문서의 주된 내용을 기록

- 제목(題目) : 본문의 내용을 구체적으로 간략하게 표현하는 것으로, 너무 짧으면 이해하기 어려운 경우가 많음
- 주문(主文) : 문서의 주된 내용을 기록하되 간결하고도 정확하게 표현해야 함. 한편, 본문의 내용을 보기 좋고 알기 쉽게 표현하기 위해서 '별기'란을 사용하기도 하는데, '별기'란은 '다음', '아래' 등으로 나타내며, 주문의 내용을 함축해서 담고 있어야 함
- 결문(結文) : 문서의 아래 여백에 담당자명을 기록하며, 통신문서의 발신인은 그 문서의 내용을 실제로 처리한 담당자와 일치하지 않는 것이 보통임

■ 사외문서의 서식

① 두 문

- 문서번호 : 문서번호는 생략하고 기재하지 않는 경우가 많으나 관공서 앞으로 보내는 문서의 경우는 문서의 왼쪽 상단에 표시함
- 발신 연월일 : 사내문서의 서식과 동일함
- 수신인 : 사외문서는 수신인에 주소를 사용하는 경우가 많으나 주소는 생략해도 됨
- 발신인 : 그 문서내용에 대해 책임을 지는 발신자의 성명을 기재함. 사외문서에서는 발신자의 주소, 회사명을 기재함

② 본 문

- 제목(題目) : 본문의 내용을 간략하게 한 마디로 간추린 것이므로 그 문서의 내용을 한눈에 파악할 수 있게 함
- 전문(前文) : 용건을 말하기 전에 하는 간단한 인사말로, 일반적으로 계절인사와 더불어 상대방에 대한 축하의 말을 쓰고 평소의 깊은 관심과 도와주심에 대한 감사의 표현을 기록함
- 주문(主文) : 문서의 핵심에 해당되는 것으로, 전하고자 하는 내용을 간결 · 명확하게 나타냄
- 말문(末文) : 문장을 요약해서 매듭짓는 것이므로 행을 바꾸어 '우선', '일단' 등으로 쓰기 시작해서 '…해 주시면 감사하겠습니다' 등으로 끝내는 것이 관례임

③ 부기(첨기, 첨문) · 추신

- 추신 : 본문에서 빠뜨린 것을 보충하거나 발신자가 본문 내용 중의 일부를 다시 강조하기 위해서 기록하는 부분으로 '추신(追伸)'이라고 쓰고 추가사항을 첨가하여 본문이 끝나는 곳에서 2~3행 띄어서 씀
- 첨부물 : 통신문에 동봉하여 보내는 문서가 있을 경우, 그 문서의 명칭과 수량을 기입하는데, 첨부물의 내용이 많은 경우는 순서대로 첨부물 번호를 매김

• 담당자의 직위 및 성명 : 문서의 아래 여백에 담당자명을 기록하며 통신문서의 발신인은 그 문서의 내용을 실제로 처리한 담당자와 일치하지 않는 것이 보통임

■ 전자우편에 포함되어야 할 사항

① From 및 Received : 이들 단어로 시작되는 행은 중요하지 않은 내용으로, 전자우편이 어느 곳을 경유하여 여기까지 도착했는가를 알려주며 그 내용은 보통 전자우편의 실제 발신자의 주소(답신할 상대편 정보)와 다름

② Date : 헤드는 메시지가 보내진 날과 시간을 나타내며, 전자우편을 보낸 이의 주소는 'From : '행에 나타난 것임. 가끔 이 행에 나타난 정보는 전체 이름을 보여주지 않는 경우도 있으며 매우 다를 수도 있으나, 보낸 이의 전자우편 주소는 항상 쓰여 있음

③ Message ID : 이 행은 주로 전자우편이 어떤 경로로 왔는지를 조사하는 데 사용되며, 일반 사용자에게는 중요하지 않음. 그리고 모든 전자우편의 'Message ID : '는 다름

④ To : 전자우편을 받는 이의 전자우편 주소를 보여주며 가끔 cc 헤드가 존재하는 경우도 있는데, 이것 역시 전자우편을 받는 이의 주소를 의미함

⑤ Subject : 마지막 행으로서 전자우편의 제목을 의미

■ 메일링 리스트(Mailing List)

① 공통의 관심사를 가진 사람들이 서로의 의견을 교환하기 위해 만든 그룹을 말하는데, 메일링 리스트는 한 명의 사용자처럼 취급되기 때문에 전자우편이 그룹가입자 모두에게 전송됨

② 특정 주제에 관한 포럼이나 뉴스 그룹에 전자우편 주소를 등록시켜 놓으면 거기서 오고가는 각종 정보들이 자동으로 그 주소로 전달되는 시스템

■ 전자우편 시스템의 사용 방법 15년 기출

① 전자우편은 업무용과 개인용으로 구분하여 사용하는 것이 좋음

② 아이디는 알파벳 엘(l)과 숫자 1(1)과 같이 혼동될 수 있는 것은 가급적 피함

③ 계정이 생기면 비밀번호(Password)로 자신 이외의 타인의 접근을 막을 수 있기 때문에 한 번에 한 사람에게만 보내지 않아도 개인정보 보호가 됨

④ 받는 사람 모르게 다른 사람에게도 같은 전자우편을 보내려면 숨은 참조를 사용함

■ 메일머지(Mail Merge) 13, 14, 17년 기출

① 여러 사람의 성명, 직책, 부서 등이 들어 있는 데이터 파일과 본문의 내용은 같고 성명, 직책, 부서 등의 개인별 인적사항이 다른 '초대장', '안내장', '시행문' 발송 등의 본문 파일을 병합하여 서로 다른 문서를 한꺼번에 작성하는 기능

② 회원들에게 정기적으로 안내장 등을 발송할 때 많은 양의 단순 반복 작업을 '메일머지' 기능으로 대신할 수 있으며, 메일머지를 하기 위해서는 내용문 파일과 데이터 파일이 필요함

02 문서관리

■ 문서관리의 목적

① 문서 색출시간 절약
② 문서 보관공간 절약
③ 사무환경 개선
④ 유지 · 보완
⑤ 표준화 · 간소화 기준을 설정 · 적용

■ 문서관리의 표준화 12년 기출

① 표준화란 문서사무 처리에 적용할 수 있는 여러 가지 방법 중에서 가장 타당한 것을 기준으로 정하는 것
② 문서관리의 표준화로 인해 문서사무의 통일성과 객관성을 유지할 수 있게 되며, 같은 내용의 문서사무는 누가, 언제 처리하더라도 동일한 방법이 적용됨
③ 표준화의 대상은 용지의 크기, 정형문서의 서식, 문서의 접수 및 배부에 관한 사항, 그 밖에 문서의 작성 · 처리 · 발송에 관한 사항 등이 있음

■ 문서관리의 간소화 20년 기출

① 문서처리의 절차나 방법 중에서 중복되는 것이나 불필요한 것을 없애고 동일 종류의 문서처리는 하나로 통합하여 처리함
② 문서처리 시간을 단축하고 업무 능률을 증진시킬 수 있음

■ 문서관리의 전문화

① 문서관리 업무에는 문서의 작성 · 배포 · 접수 · 보관 등 여러 가지가 있는데, 이 중 특정 사무에 담당자를 정하여 전담하도록 함으로써 전문성을 높이는 것임
② 전문화를 이루면 문서사무의 숙련도를 높이고 문서사무의 능률을 증대시킬 수 있음

■ 문서관리의 기계화 · 자동화 20년 기출

① 문서관리를 자동화함으로써 신속하고 편리하게 관리할 수 있음
② 문서작성에 기계를 사용하여 자동화하는 것은 문서작성의 정확도를 높이고 문서처리 시간을 단축하는 데 의의가 있음

■ **문서정리 절차**

① **검사** : 각 왕복문서는 처리필의 결과, 정리에 회부되었다는 것을 확인하기 위하여 검사함

② **한글 혹은 알파벳순의 색인과 기호화** : 문서가 정리될 때의 명칭 혹은 항목을 결정하고 밑줄을 긋고 상호참조를 위한 명칭도 결정하고 표시함

③ **가나다순 혹은 알파벳순의 분류** : 문서는 가나다순 혹은 알파벳순으로 분류하고 수용함

④ **숫자의 기호화** : 카드 색인에 의하여 확인된 폴더번호는 각각 문서의 상단 우측 구석에 기재하며 잡폴더에 수용되는 문서에 관한 카드에는 Miscellaneous의 M(혹은 雜)이라는 기호를 기재하며 색연필을 사용함

⑤ **숫자의 분류** : 분류되는 문서는 우선 100단위로, 그다음에 10단위, 그리고 마지막에 정확한 번호순으로 분류함

⑥ **문서의 정리** : M이라는 기호가 붙은 문서는 잡폴더에 수용하고, 숫자번호를 가진 문서는 해당 개별폴더에 수용함

■ **이관된 문서의 보존 · 관리**

① 이관된 문서를 보존할 서고에는 보존문서 진열용 서가를 준비하고 보존문서의 변질이나 병충해를 막기 위한 적절한 시설을 갖춤

② 보존 장소를 최대한 활용하기 위하여 가급적 이동식 서가를 이용하며, 적절한 온 · 습도 유지 및 소독을 철저히 하고 항상 청결하게 관리함

③ 보존문서의 관리책임자를 지정하여 문서의 보존 및 대출을 관장하도록 함

④ 보관 시에 사용했던 폴더, 바인더 등은 그대로 옮겨 사용함

⑤ 보존문서대장을 준비하고 보존이 시작되는 시기부터 기록하며 이 대장은 문서보존을 전담하는 부서에 비치함

⑥ 문서의 보존기간은 일반적으로 1년, 5년, 10년, 영구보존의 4단계로 구분됨

⑦ 대량의 문서를 보존해야 하는 정부기관이나 대기업에서는 문서내용을 축소하여 마이크로필름에 수록하여 이를 보존하고 이용함. 마이크로필름은 보통 16mm와 35mm를 사용하나 도면과 같이 큰 문서는 70mm 필름을 사용함

■ **문서의 폐기** 15년 기출

① 폐기하고자 하는 문서가 재차 필요할 것인가의 여부는 사업 및 사무의 성질과 과거의 사례를 참작하여 판단함

② 폐기하고자 하는 문서가 어떤 예측할 수 없는 이례적인 사건이나 사정에 의해서 재차 필요하게 되는 경향의 유무를 검토해야 함

■ **문서의 분류** 16, 17, 19년 기출

① **유통 대상에 의한 분류** : 대내문서, 대외문서, 전자문서

② **작성 주체에 의한 분류** : 공문서, 사문서

③ **문서의 성질에 의한 분류** : 법규문서, 지시문서, 공고문서, 비치문서, 일반문서, 민원문서

④ 문서사무의 처리절차에 의한 분류 : 접수문서, 배포문서, 공람문서, 기안문서, 이첩문서*, 결재문서, 미결문서, 시행문서, 완결문서, 보관문서, 보존문서

* 이첩문서 : 배포문서의 내용이 타부서나 타기관의 소관사무인 경우 그곳으로 보내기 위하여 기안된 문서

■ 대내문서와 대외문서

사내(대내) 문서	사외(대외) 문서
• 기업이나 정부기관 내에서, 혹은 본점과 지점 사이에서 여러 가지의 업무 연락이나 정보의 전달을 목적으로 작성하는 조직체 내부의 문서 • 종업원에게 내리는 지시문이나 전달문, 본점과 지점 사이의 각종 보고서, 지시서, 전언 통신문, 각종 장표 등이 해당함	• 외부의 다른 기업 혹은 다른 조직과 주고받는 문서로서 통지, 조회, 의뢰, 초대, 독촉 등의 형식을 취하는 문서 • 사외문서는 공문서에서부터 사교적인 문서에 이르기까지 다양함 • 상거래에 직접 관계되는 거래문서를 상용 통신문서라고 하는데 주문서, 청구서, 송품장, 검수증, 영수증 등이 해당함

■ 명함의 분류방법 14, 16, 17, 19년 기출

① 분류 기준은 개인명, 회사명으로 두 가지 종류가 있음

② 보통은 개인별 가나다순으로 분류하지만 거래처의 회사가 많고 동일 회사에 여러 사람의 명함이 있을 경우에는 회사별로 분류함

③ 회사명을 가나다순으로 분류한 다음 다시 개인의 명함을 가나다순으로 분류하며, 회사 앞에 색카드를 끼워 개인의 이름을 써넣는 경우도 있음

④ 영문명의 명함을 정리할 때는 '성'을 기준으로 알파벳순으로 정리하며, 만약 '성'이 동일한 경우 '이름'을 기준으로 알파벳순으로 정리함

■ 명함의 관리방법

① 명함의 뒤에 날짜, 상황 등을 메모해 두면 편리함

② 정리 상자식으로 정리할 때는 빽빽하게 끼우지 말고 여유를 남겨두는 것이 요령임. 명함이 많아지면 상자를 빨리 증가시켜야 함

③ 1년에 1회는 오래전의 명함이나 연락할 필요성이 없는 명함을 정리하도록 함

④ 주소, 전화번호, 회사명 변경이나 승진, 이동으로 칭호가 변경된 것을 알면 즉시 정정하여야 함

⑤ 연하장, 여름인사장을 낼 때에도 최근의 명함으로 체크할 필요가 있음

⑥ 언제라도 필요할 때 사용할 수 있도록 항상 최근의 명함을 구비해 놓음

■ 수신문서의 처리 12, 13, 14, 15년 기출

① 수신된 우편물 중 상사 개인에게 보내온 편지나 친전편지 등은 개봉하지 말고 상사에게 직접 전하며, 은행, 증권회사에서 온 편지 등의 개봉 여부는 상사의 지시에 따름

② 수신문서는 받은 날짜가 중요하므로 문서는 개봉하여 서류의 여백에 접수 일부인을 찍음

■ **문서의 회람** 16년 기출

① 업무와 관련한 글을 여러 사람이 차례로 돌려보는 것
② 회람할 때에는 여러 장 복사해서 배포
③ 기업이나 단체에서 전달해야 하는 내용을 개인적으로 발송하기 힘든 경우 한 문서로 여러 직원들에게 전달하고자 할 때 편리함
④ 다수가 보아야 하는 사안인 경우 각자가 문서를 열람하였다는 확인을 할 수 있도록 함

■ **문서 수신 처리방법** 16년 기출

① 당직근무자가 접수한 문서는 익일 관련부서에 전달
② 접수문서는 문서수신부서에서 접수하여 등록대장에 기재
③ 접수문서는 접수인을 찍고 접수번호와 접수일시를 문서에 표시
④ 여러 부서원들이 보아야 할 문서는 복사본으로 회람함

■ **문서 발신 처리방법** 16년 기출

① 문서를 발송하기 전 상사 확인 후 서명을 받아서 발송함
② 익일특급으로 발송하였을 때 등기번호를 잘 기록해 두어야 함
③ 사내로 전달하는 기밀문서인 경우 봉투에 봉한 후 직접 전달함

■ **문서효력 발생 시기** 17년 기출

① 우리나라에서는 문서의 효력 발생시기에 대한 견해로 도달주의를 채택
② 도달주의는 문서가 수신자에게 도착했을 때 효력이 발생하는 것
③ 표백주의는 문서작성완료 시점부터 효력이 발생하는 것

■ **문서접수 요령** 12년 기출

① 문서과 : 수령한 문서를 기록물 배부대장에 기록하고, 문서접수란에 접수일시(접수등록번호는 기재하지 아니함)를 기재한 후 처리과에 배부하고, 기록물 배부대장의 인수자란에 처리과의 인수자를 기재하여야 함
② 처리과 : 처리과는 당해 처리과에서 직접 받은 문서(대내외문서 등 불문)와 문서과로부터 받은 문서를 기록물 등록대장에 등재하고, 접수문서의 문서접수란에 접수일시(문서과에서 받은 문서는 문서과에서 기재) 및 접수등록번호를 기재한 후, 처리과의 문서수발사무를 담당하는 자는 전자문서 시스템상에서 처리담당자에게 인계(배부)하고, 처리담당자는 접수된 문서에 대한 공람 여부 및 공람할 자의 범위 등을 정함

■ **문서관리** 16년 기출

① 조직체의 업무수행에 꼭 필요한 정보교환의 매체인 문서를 통해 업무 효율을 향상시킬 목적임
② 문서의 작성 · 접수 · 정리 · 보관 · 폐기 등 각 단계별로 표준화 · 간소화 기준을 설정, 이를 적용하고 유지 · 보완하는 일련의 활동을 말함

■ 경유문서의 결재 및 처리

① 경유기관은 접수한 경유문서에 대한 검토를 마친 후 다른 경유기관의 장 또는 최종 수신자에게 경유문서를 첨부한 결재권자의 결재를 받아 경유기관의 장의 명의로 발송하여야 함

② 경유기관의 의견이 있는 때에는 그 의견을 본문에 표시하거나 첨부하여 보내야 함

③ 경유기관의 의견이 없는 경우에도 경유문서를 이송한다는 내용으로 결재권자의 결재를 받아 경유기관의 장의 명의로 발송하는 문서에 경유문서를 첨부하여 이송하여야 함

■ 접수문서의 공람방법

① **종이문서의 공람방법** : 접수문서의 적당한 여백에 공람할 자의 직위 또는 직급을 표시하여 공람(서명)을 받음

② **전자문서의 공람방법** : 전자문서는 전자문서시스템 내에서 공람하였다는 기록이 유지되도록 함. 접수된 전자문서 자체에는 공람할 난이 없으므로, 전자문서시스템 내에서 공람자의 직위 또는 직급, 성명 및 공람일시 등이 자동으로 표시되도록 하여야 함

■ 문서의 반송 및 이송

① 행정기관의 장은 접수한 문서가 형식상의 흠이 있을 때에는 그 문서의 생산등록번호 · 시행 일자 · 제목과 반송사유를 명시하여 발신 행정기관의 장에게 반송할 수 있음

② 처리과는 문서과로부터 그 소관에 속하지 아니하는 문서를 인계받은 경우 지체 없이 문서과에 반송하여야 하며, 문서과는 당해 문서를 즉시 재배부하되, 문서과의 장이 지정하는 처리과로 보냄

③ 처리과에서 직접 접수한 문서가 그 소관에 속하지 아니하는 경우에는 이를 지체 없이 문서과에 보내어 해당 처리과에 배부하도록 요청하여야 함

④ 행정기관의 장은 접수한 문서가 다른 기관의 소관사항인 경우에는 이를 지체 없이 소관기관의 장에게 이송하여야 함

■ 우편제도 16, 17, 19년 기출

① 내용증명은 보통 3통(원본 1통, 등본 2통)을 작성하며, 1통은 수취인에게 발송되고, 1통은 발송인이, 그리고 나머지 1통은 우체국에서 보관

② EMS는 서류, 서신 등을 빠르고 안전하게 외국으로 배달하여 주는 국제우편 서비스

③ 통화등기란 현금을 발송할 때 이를 넣은 봉투에 그 금액을 표기한 우편물로 100만 원 이내의 금액을 발송할 수 있으며, 배달 중 분실 시 전액이 변상됨

④ 민원우편이란 정부 각 기관에서 발급하는 민원서류를 우체국을 통하여 신청하고, 발급된 민원서류를 집배원이 배달하는 제도

⑤ e-그린우편은 편지 내용문과 주소록을 우체국이나 인터넷 우체국에 접수하면 내용문 출력부터 봉투에 넣어 배달해주는 전 과정을 대신해주는 서비스

■ 봉투의 처리

① 봉투의 처리는 조직마다 그 특성에 따라 다르겠으나 하루 정도 보관하고 폐기하는 것이 일반적

② 봉투를 보관하여야 하는 경우

- 편지 속의 발신인 주소와 봉투의 주소가 다른 경우
- 잘못 배달된 편지가 회송됐을 경우, 이쪽에서 회신이 늦어지게 되는 이유가 되므로 봉투를 그 증거로 보관
- 편지 겉봉에 찍힌 소인의 날짜와 편지 안에 적힌 날짜가 많이 차이나는 경우
- 편지 속에 발신자의 주소와 성명이 없을 경우
- 동봉물이 있어야 할 우편물에 동봉물이 보이지 않을 경우
- 입찰이나 계약서 등의 서류봉투에 찍힌 소인은 법적 증거가 되므로 보관해야 함

■ 문서정리의 대상

① 일반문서 : 수신문서와 발신문서의 비본, 품의서, 보고서, 조사서, 의사록, 증서 등

② 장표 : 기재가 끝난 장부, 전표 등

③ 도면 : 설계도면, 청사진 등

④ 자료 : 정기 간행물, 스크랩, 카탈로그, 팸플릿 등

⑤ 도서 : 사전, 육법전서, 참고 도서 등

⑥ 기타 : 그 밖에 중요한 자료나 문서가 마이크로필름화되거나 광(光)디스크에 저장된 경우 파일링의 대상이 됨

■ 문서의 보관 방법

① 집중식 관리 : 문서를 전담하는 부서에서 모든 문서를 보관, 관리

② 분산식 관리 : 각 부서에서 문서를 직접 관리

③ 절충식 관리 : 일정 한도의 문서는 각 부서별로 분산관리하고, 중요문서는 주관 부서에서 집중 관리

■ 문서정리체제(Filing System)의 조건

① 정확성 : 파일체계가 잘못되면 많은 노력과 시간이 낭비되므로 파일링 방법이 표준화되고 과학적인 정확성을 가진 시스템이 되어야 함

② 경제성 : 시스템이 완전하다 해도 성과에 비해 경비가 과다하면 실현 가능성이 작아지므로 관리수단인 파일링시스템에 소요되는 경비는 가능한 한 줄여야 함

③ 융통성 : 파일링시스템은 모든 조건변화에 적응할 수 있어야 하며, 조건변화에 대한 혼란이 없도록 확장 · 축소가 용이해야 함

④ 간이성 : 파일링시스템의 간소화는 정확히 취급할 수 있고 쉽게 이용할 수 있도록 난해한 분류와 자연스럽지 못한 사고는 피해야 함

⑤ 논리성 : 실제적으로 파일링시스템이 항상 논리적이라고는 볼 수 없음

■ 문서정리체제의 기본 원칙 19, 20년 기출

① **전원 참가** : 문서정리체제를 효율적으로 운용하기 위해서는 전 사원이 적극적으로 참여하여야 함

② **문서정리방법의 표준화** : 문서정리는 전사(全社)에 걸쳐 점진적으로 혹은 동시에 실시하게 되므로 문서정리방법 전반에 대한 내부 규정을 제정하여 표준화함

③ **문서검색의 용이화 및 신속화** : 필요한 문서를 쉽게, 그리고 신속하게 찾아낼 수 있도록 하며 문서가 보관된 서류함이나 서랍의 위치를 누구나 쉽게 알 수 있도록 소재를 명시함

④ **문서의 적시 폐기** : 쓸모없는 서류들 때문에 정작 필요한 자료를 찾기 위해서 많은 시간을 소비해야 하므로 수시로 정해진 규칙에 의해 폐기하는 것을 습관화, 제도화해야 함. 또한, 불필요한 문서를 보관하게 되면 자리를 많이 차지하여 보관비용을 증대시킬 뿐만 아니라 반드시 보관 · 관리해야 할 문서에도 지장을 줌

⑤ **부수(部數)의 제한** : 꼭 필요한 자료를 꼭 필요한 곳, 꼭 필요한 사람에게만 배포하고 있는지를 다시 한 번 생각해야 하며, 자료수집 또한 필요한 것만 한정하도록 하고 새로운 자료 입수 시에는 오래된 자료는 즉시 폐기하도록 함

⑥ **자동화** : 문서관리를 자동화함으로써 신속하고 편리하게 관리할 수 있는 것

■ 문서의 분류법 12, 13, 14, 16, 18년 기출

① **명칭별 분류법(거래처별 정리)** : 문서를 거래처별로 회사명칭이나 고객명칭으로 통합하여 정리하는 것으로 첫머리 글자를 기준으로 해서 가나다순이나 알파벳순으로 분류하는 것임. 동일한 개인 혹은 회사에 관한 문서가 한 곳에 집중되고, 색인이 불필요하며, 배열 방식이 용이하고 다양한 서류의 처리가 쉬움

② **주제별 분류법(업무별 정리)** : 문서의 내용별로 조직 내에서 문서가 다루고 있는 업무내용에 따라서 배열할 수 있도록 분류하는 방법임. 주제별 분류를 전사적으로 실시하거나 통일된 문서정리를 하기 위해서는 업무분류에 따른 문서분류표를 작성하여야 함

③ **형식별 분류법** : 문서를 형식에 따라 품의서 · 보고서 · 계약서 · 의사록 등으로 정리하는 방법임

④ **표제별 분류법** : 문서의 표제에 따라 분류 · 정리하는 방식으로, 견적서 · 생산월보 · 판매일보 등이 문서의 표제라고 하면 각각의 표제를 용어로 하여 동일 표제의 것을 한 파일에 모으는 방법임

⑤ **프로젝트별 분류법** : 계약, 소송, 정기행사 등 어떤 구체적인 행사나 프로젝트별로 일의 발생에서부터 완결까지의 전 과정과 관련된 문서를 하나의 파일로 정리함

■ 문서정리의 일반적 순서 12년 기출

① **검사(Inspecting)** : 이 문서가 과연 파일하여도 좋은 상태로 되어 있는가의 여부를 검사하여야 함. 그 문서가 파일하여도 되는 상태이면 문서에 문서정리 인을 날인하고 담당 취급자의 날인과 처리 연월일을 기입함

② **주제결정(Indexing)** : 문서를 어느 제목으로 정리할 것인가를 정하기 위하여 내용을 읽음. 경우에 따라서 그 내용이 기술적이거나 전문적이어서 비서가 주제를 결정하기 어려운 경우 그 업무의 담당자에게 문의 · 결정하는 것도 한 방법임

③ **주제표시(Coding)** : 문서의 제목으로 정한 주제에 붉은색 밑줄을 그음

④ 상호참조표시(Cross Referencing) : 두 개 이상의 제목으로 요청될 가능성이 있는 문서의 경우, 주된 제목의 폴더에 이 문서를 넣어두고 관계가 적은 편 제목의 폴더에는 상호참조표를 넣어둠으로써 어느 경우라도 검색이 용이하도록 함. 혹은 복사를 하여 양쪽에 보관할 수도 있으며, 상호참조를 위한 문서 제목에는 밑줄을 긋고 옆에 '×' 표시함

⑤ 분류 및 정리(Sorting & Storing) : 문서를 한 장씩 편철하느라 같은 서랍을 여러 번 여닫지 말고 동선(動線) 절약을 위해 우선 큰 묶음으로 순서를 나눈 뒤 재분류하여 가나다순 혹은 번호순으로 정리함

■ 명칭별 문서정리 방법 16, 20년 기출

거래자나 거래 회사명에 따라 이름의 첫머리 글자를 기준으로 해서 가나다순 혹은 알파벳순으로 분류함

구분	내용
장 점	• 동일한 개인 혹은 회사에 관한 문서가 한곳에 집중됨 • 직접적인 정리와 참조가 가능하며 색인이 불필요함 • 가이드나 폴더의 배열 방식이 단순함 • 잡건(雜件)의 처리가 용이함
단 점	• 비슷한 명칭이 밀집해서 지장이 있음 • 명칭, 특히 조직명의 표시 방법에 관련하여 문서가 분산됨

■ 주제별 문서정리 방법 18년 기출

문서의 내용으로부터 주제를 결정하고 이 주제를 토대로 문서를 분류 · 정리함

구분	내용
장 점	• 같은 내용의 문서를 한곳에 모을 수 있음 • 무한하게 확장할 수 있음
단 점	• 분류하는 것이 어려워 색인 카드가 필요함 • 잡건의 취급이 어려움 • 어떠한 관점으로도 찾을 수 있도록 상호참조를 해야 함

■ 지역별 문서정리 방법 12, 14년 기출

거래처의 지역이나 범위에 따라 가나다순으로 분류하는 방법. 예를 들어, 거래처가 전국으로 분산되어 있는 경우에는 단계별로 분류하며, 외국의 여러 나라와 거래를 하는 경우에는 국가, 지역, 거래처 명칭 순으로 분류 · 정리함

구분	내용
장 점	• 장소에 따른 문서의 집합이 가능함 • 직접적인 정리와 참조가 가능함 • 잡건의 처리가 가능함
단 점	• 지역별로 분류한 다음에 가나다순, 알파벳순으로 구분하기 때문에 착오가 많고 노력이 많이 듦 • 명칭과 같이 장소를 모르면 조사할 수 없음 • 카드 색인에 의존해야 함

■ 번호식 문서정리 방법 12, 13, 16년 기출

숫자로 색인된 주된 문서정리는 활동 중의 거래처나 항목에 관한 왕복문서가 일정량 모이면 개별폴더에 넣어 숫자를 지정하여 주된 정리서랍에 보관함

장 점	• 정확함 • 카드 색인이 그대로 거래처의 목록표가 됨 • 무한히 확장할 수 있음 • 문서를 구별하거나 부를 때에 번호를 사용할 수 있어 기밀을 유지할 수 있음
단 점	• 간접적인 정리 방법 • 잡문서가 별도의 철에 보관됨 • 인건비 등 비용이 많이 듦

■ 문서의 정리와 보관

① 문서의 작성, 유통, 처리가 끝난 문서의 대부분은 장래에 자료로 이용되기 때문에 적절한 방법으로 정리하여 일정기간 동안 소중히 보관해야 함

② 당장 처리되지 않는 문서는 처리될 때까지 보관해야 함

③ 문서의 정리와 보관은 정보의 보관에 관한 사무로서 기업의 발전을 위하여 중요함

■ 스크랩 정리 12, 13, 14, 15, 17년 기출

① 우선 신문이나 잡지의 제목 또는 차례를 훑어보고 주제와 관련된 기사를 찾아낼 것인가, 내용을 대강 읽어보고 스크랩할 것인가를 결정함

② 미리 스크랩할 부분에 붉은색으로 선을 긋고 중요한 대목에 밑줄을 그음

③ 앞뒤 양면을 오려낼 때에는 한쪽 면은 복사를 해서 오려내야 함

④ 신문은 그다음 날, 잡지의 경우는 다음 호가 온 후에 스크랩을 함

⑤ 스크랩한 기사 하나하나에 반드시 날짜 및 발간 사항(○○신문, ○○잡지, 연월일, 호, 페이지), 건명(件名) 등을 기입해 둠

⑥ 오려낸 기사는 한 건마다 한 장이 되도록 함

⑦ 받침종이에 부착할 때에는 주제별 등 미리 분류한 색인지를 받침종이에 붙임

■ 서명의 종류 13년 기출

① **서명** : 기안자 · 검토자 · 협조자 · 결재권자 또는 발신명의인이 공문서(전자문서는 제외)상에 자필로 자기의 성명을 다른 사람이 알아볼 수 있도록 표시하는 것

② **전자문자서명** : 기안자 · 검토자 · 협조자 · 결재권자 또는 발신명의인이 전자문서상에 전자적 결합으로 자동 생성된 자기의 성명을 전자적인 문자 형태로 표시하는 것

③ **전자이미지서명** : 기안자 · 검토자 · 협조자 · 결재권자 또는 발신명의인이 전자문서상에 전자적인 이미지 형태로 된 자기의 성명을 표시하는 것

④ **행정전자서명** : 기안자 · 검토자 · 협조자 · 결재권자 또는 발신명의인의 신원과 전자문서의 변경 여부를 확인할 수 있도록 당해 전자문서에 첨부되거나 논리적으로 결합된 전자적 형태의 정보로서 인증을 받은 것

■ **문서저장형식**

① 아스키코드(ASCII Code) : 정보교환을 위한 7비트 미국표준코드로 어떠한 시스템에서도 읽을 수 있지만 글자의 크기, 모양, 서식 지정이 불가능함

② 완성형 텍스트 : 완성형 코드로 저장된 문서파일

③ 조합형 텍스트 : 조합형 코드로 저장된 문서파일

④ HTML 파일 : 인터넷의 웹브라우저에서 읽을 수 있는 파일

⑤ RTF(Rich Text Format) : Microsoft, IBM, Apple 등 3개의 컴퓨터 회사가 응용프로그램의 텍스트와 그래픽을 포함한 문서의 호환을 위해 만든 파일 형식으로, OS와 관계없이 문서의 호환이 가능함

■ **HTML(Hyper Text Markup Language)**

① 컴퓨터의 기종에 관계없이 하이퍼텍스트 문서를 만드는 데 사용되는 언어의 규약으로 웹문서의 표준으로 사용되고 있음

② HTML 문서의 규약에 대한 표준은 IETF의 HTML 워킹그룹에서 규정됨

■ **전자파일링 시스템(Electronic Filing System)**

① 일상적인 파일과 구분하기 위하여 컴퓨터 내부에서 처리되는 데이터의 묶음을 전자파일이라고 부름

② 전자파일 저장매체에 수록된 자료들의 데이터베이스에 의거, 색인을 작성하고 필요할 때마다 신속하게 데이터의 검색과 편집이 가능하도록 한 시스템

③ 전자파일링 시스템을 구성할 때에는 문서발생 건수에 따른 문서처리능력, 데이터베이스에 수록할 입력문서의 기준, 색인에 사용될 검색키의 합리적 설정, 보관자료의 중복성 배제 등을 신중하게 고려해야 함

■ **전자결재 시스템의 기능** 16, 17, 19, 20년 기출

① 결재경로 지정 및 수정 기능

② 결재 진행 중 결재경로의 변경 및 수정 기능

③ 문서 검토 중 의견 첨부 기능

④ 결재상황 조회 기능

⑤ 문서작성 양식을 단순화

⑥ 문서 유통과정 표준화

⑦ 문서작성 실명제

⑧ 자동으로 문선의 등록번호 지정

■ 데이터베이스 관리 시스템(Database Management System)

① 어떤 특정한 목적의 응용을 위해 상호연관성이 있는 자료를 저장하고 운영할 수 있도록 모아둔 집합체

② 데이터베이스 시스템의 구성요소에는 데이터베이스 관리자(DBA ; Data Base Administrator)가 포함됨

③ 데이터베이스를 구축하는 목적은 통합되지 않은 데이터들을 체계적으로 정리하여, 데이터의 중복성을 최소화하고 데이터의 공유, 데이터의 일관성 유지, 데이터의 보안, 보장 등을 통하여 전체적인 업무의 표준화와 효율을 극대화하는 데 있음

④ 데이터베이스 시스템이 가지는 단점은 운영비가 많이 들고 시스템이 복잡하며, 시스템 고장에 따른 영향이 너무 크다는 것임

■ EDI(전자데이터교환)의 효과 13, 17년 기출

① 송신 측의 문서발송 비용 절감

② 수신 측의 재입력 비용 절감

③ 송수신 양측의 오류감소 및 수작업(자료의 분류, 저장, 보관, 발송) 비용절감

④ 물품의 재고관리에 JIT(Just-In-Time) 전략을 도입하여 창고면적 및 관리인원, 관리비 등을 절감

⑤ 적절한 생산계획 및 재고관리를 통하여 경영업무의 효율성 증대

⑥ 정확한 정보 전달을 통해 업무의 정확성과 신뢰성 증대

■ EDIFACT(행정 · 상업 · 수송을 위한 전자자료교환)의 주요 특징

① 기존의 종이 서류양식을 전자파일로 대체시킴

② 국제 표준에 따라 작성된 메시지를 통일적으로 제공함

③ 개방통신을 통하여 응용력과 경쟁력을 향상시킴

④ 세계적인 승인과 국제적 지원으로 무역절차 및 거래를 간소화시킴

⑤ 현대적 네트워크 및 서비스를 최대한 이용할 수 있음

⑥ 행정, 상업 및 운송업무 등에서 전 세계적으로 폭넓게 지원됨

■ EDMS(전자문서 관리 시스템) 12, 14, 16년 기출

① **개념** : EDMS(Electronic Document Management System)란 네트워크상의 여러 서버에 분산되어있는 텍스트, 그래픽, 이미지, 영상 등 모든 문서자원을 발생부터 소멸까지 통합관리해주는 문서관리 소프트웨어로서 윈도우 NT, 유닉스 등 다양한 플랫폼에서 워크그룹 간 정보공유를 지원할 수 있음

② **특 징**

- 신속한 문서 조회 · 검색 및 활용 등을 통한 생산성 극대화
- 종이문서 보관장소의 획기적인 절감으로 쾌적한 사무환경 조성 가능
- 자료집계 및 대장관리의 자동화로 업무 환경 개선과 조건검색에 의한 필요문서를 즉시 제공받을 수 있음

■ **전자문서의 보존 · 관리** 15, 19, 20년 기출

① 전자문서는 컴퓨터 파일로 보존하거나 출력하여 보존할 수 있으나 보존기간이 20년 이상인 전자문서는 컴퓨터 파일과 장기보존 가능한 용지에 출력한 출력물을 함께 보존하여야 함

② 전자문서를 보존 · 관리함에 있어서 멸실, 분실, 도난, 유출, 변조, 훼손되지 않도록 필요한 안전장치를 하여야 함

③ 보존기간이 20년 이상인 전자문서는 보존기간 중 이를 폐기할 수 있음

④ 컴퓨터 파일상의 전자문서를 출력하거나 복사할 경우 전자문서 출력대장 또는 복사대장에 출력일시 또는 복사일시, 출력자 또는 복사자, 출력매수 또는 복사매수 등을 표시하고 처리과의 장의 확인을 받아야 함

⑤ 파일명이 문서내용을 충분히 반영하여 파일명만으로도 충분히 문서내용을 유추할 수 있는지 확인하여야 함

⑥ 조직의 업무분류 체계를 근거로 하여 문서의 종류, 보안등급에 따라 접근에 대한 권한을 부여하여 분류하여야 함

⑦ 진행 중인 문서의 경우, 문서의 진행처리 단계에 따라서 문서의 파일명을 변경하거나 변경된 폴더로 이동시켜서 정리, 보관하여야 함

■ **전자문서가 관계법령이 정하는 문서와 동일한 효력을 가지는 경우**

① 전자문서의 내용을 열람할 수 있을 것

② 전자문서가 작성 및 송 · 수신된 때의 형태 또는 그와 같이 재현될 수 있는 형태로 보존되어 있을 것

③ 전자문서의 작성자, 수신자 및 송 · 수신 일시에 관한 사항이 포함되어 있는 경우에는 그 부분이 보존되어 있을 것

■ **전자공시 시스템** 19년 기출

① 상장법인 등이 공시서류를 인터넷으로 제출하고, 이용자는 제출 즉시 인터넷을 통해 공시서류를 조회할 수 있도록 금융감독원에서 제공하는 기업공시 시스템

② 전자공시 시스템은 회사개황은 물론 얼마나 순이익을 내고 있는지, 매출액은 얼마인지 등 기업의 '신체검사'가 잘 나타나 있음

03 정보관리

■ 사무관리와 정보관리

① 사무관리
- 조직의 목표달성을 위해 정보를 수집 · 가공 · 저장 · 활용을 관리
- 지정된 데이터를 지정된 기일 및 방법으로 작성
- 사무관리의 범위는 정보관리의 기능 중 정보통제, 정보처리기능만을 대상으로 함

② 정보관리
- 의사결정을 지원하기 위하여 신속 · 정확 · 활용의 이성이 제공되어야 함
- 광범위한 정보의 생산 · 수집 · 검색 · 제공
- 관리범위는 정보관리가 넓음

■ PDF 파일 16, 19년 기출

① 컴퓨터 기종에 관계없이 호환이 가능한 문서 형식임
② 소프트웨어 종류에 관계없이 호환이 가능한 문서 형식임
③ 암호화 및 압축 기술을 통해 내용의 변조가 어려움
④ PDF/A는 전자문서 장기보존 국제표준임
⑤ PDF는 전자문서의 국제표준과 우리나라 전자문서 국제표준임

■ 자료와 정보

① **자료(Data)** : 특정 목적에 이용될 수 있도록 평가되지 않은 단순 사실이나 사건들로 대부분 인터넷에서 얻을 수 있는 내용들을 말함
② **정보(Information)** : 자료들을 수집 · 가공 · 재처리하여 어떤 목적에 활용될 수 있도록 체계적으로 정리한 것임

■ 정보검색과 정보필터링

① **정보검색(Finding)** : 사용자의 질의에 따라 원하는 정보를 찾아주는 것
② **정보필터링(Removing)** : 사용자의 프로파일에 따라서 필요 없는 정보를 걸러주는 과정

■ **정보필터링의 단점**

① **단어 선택** : 대부분의 관심도를 단어로 표현한다고 할 때 같은 관심분야라고 하더라도 사람마다 선택하는 단어가 다를 수 있고 심지어는 같은 사람이라도 시간경과에 따라 다른 형태로 표현할 수 있음

② **문서구조화** : 문서구조화가 되어있지 않거나 일부만 되어있는 경우, 사용자에게 유입되는 정보의 종류가 다양하고 각각이 서로 다른 구조를 가지고 있기 때문에 이를 모두 고려하는 작업이 필요함

③ **정보여과시스템의 학습** : 사용자의 프로파일은 처음에 사용자의 의도를 완벽하게 나타낼 수 없기 때문에 점진적으로 만족스러운 상태로 재구성해야 하는데, 관련성 피드백이나 사용습성에 따라 정보여과시스템을 학습해야 함

■ **검색엔진의 종류**

① **메타 검색엔진**

- 자기 자신을 비롯해서 다른 검색엔진을 이용하여 정보를 검색
- 여러 개의 검색엔진을 참조하게 되므로 검색 속도가 느리며, 특정한 검색엔진별로 검색에 실패할 때가 많음

② **주제별(디렉터리) 검색엔진**

- 데이터를 큰 주제부터 작은 주제로 정보를 찾아 주제별로 분류하고 설명 및 평가를 덧붙여 데이터베이스를 구축한 검색엔진
- 구체적인 검색어를 잡아내기 어려운 검색이나, 해당 분야에 대한 지식이 없는 경우 검색하기가 편리하지만, 정보를 찾기까지 여러 단계를 거치므로 많은 시간과 노력이 필요함

③ **키워드 검색엔진**

- 해당 단어나 숫자, 키워드가 포함된 파일과 폴더를 찾아주는 검색엔진
- 구체적 단어나 키워드로 검색이 가능하지만, 올바른 검색어를 선정하지 않으면 정보검색이 어려움

④ **하이브리드 검색엔진** : 키워드 검색엔진과 주제별 검색엔진의 특징을 모두 제공하는 검색엔진으로 검색엔진의 대부분은 하이브리드형 검색엔진에 속함

■ **비서에게 필요한 정보 관련 지식과 기술**

① 상사의 정보 요구를 미리 파악할 수 있어야 함

② 필요한 정보를 어디에서 입수할 수 있는지 판단할 수 있어야 함

③ 필요한 정보와 불필요한 정보를 취사선택할 줄 알아야 함

④ 사내정보의 흐름을 파악하고 있어야 함

⑤ 컴퓨터, 전화기, 팩시밀리 등 정보관리 관련 기술을 잘 알아야 함

⑥ 능률적인 정보관리시스템을 유지할 수 있어야 함

■ 비서의 정보업무

① 사업계획, 영업계획, 상품개발계획 등 기획에 관한 일
② 임원이나 종업원의 임용, 승진, 승인, 고시 등 인사에 관한 일
③ 예산, 결산, 자금운용, 재무제표 등 재무에 관한 일
④ 상사가 관여하는 기업 내외의 중요 회의에 관한 일
⑤ 담당부분이 불명확한 업무나 임시로 발생하는 업무에 관한 일
⑥ 기타 상사가 필요로 하는 정보 등에 관한 일

■ 비서의 정보활동 16년 기출

① 비서는 상사의 의사 · 의향을 기업 내외로 전하거나 기업 내외에서 듣게 되는 여러 가지 정보의 중개 · 집약 · 정비를 대신함에 따라 상사의 업무를 돕는 역할을 하게 됨
② 정보교환은 상사와 상대방 간에 개별적으로도 이루어지고 다수의 관계자가 회의를 함으로써 동시에 이루어지는 것도 많음. 주주총회, 이사회, 경영간부회의 등은 기업의 의사를 결정하는 중요 회의임
③ 기업의 회의에 상사가 참석할 경우에는 의제에 대비해서 의제내용을 명료하게 표현할 의안서나 기업활동이나 사회동향의 흐름 간파를 정확히 하기 위한 자료작성이 필요함
④ 상사가 회의를 소집하는 경우에는 일정표의 조성, 회의 일정의 결정, 의제의 집회, 소집 통지, 회의장 준비, 의사록정리 등이 필요함
⑤ 비서는 상사의 지시에 따라 상사가 작성한 의안의 원안 메모, 의사록의 메모, 기업내외의 여러 가지 자료를 기초로 하여 의안을 작성하고 관계자와의 연락 · 조성을 상의하는 등 회의에 관련한 업무수행의 보조대행을 함
⑥ 상사의 정보를 외부에서 요청한 경우 상사에게 보고한 후 지시를 기다리고 상사가 무심코 버린 문서 중 기밀에 해당하는 것은 세단기를 이용하여 파쇄함

■ 정보업무의 기본능력

① **사물을 표현하는 기술** : 언어, 문자, 기호, 도표 등의 표기기술
② **문서에 기록하는 기술** : 타이핑, 속기, 복사, 인쇄 등의 서기기술
③ **자료정리능력** : 산술, 주판, 계산기, 부기, 파일링 등의 처리기술
④ 상사의 요구에 적시 적절한 정보활동 수행능력
⑤ 정보의 유능한 처리, 미디어의 우수한 조작능력

■ **도표화의 이점** 14년 기출

① **잠재적인 문제점의 부각** : 숫자만으로는 자칫 놓쳐 버리기 쉬운 문제점이 명확해지므로 개선 방향으로 연결짓기 쉽고 어디에 중점을 두어야 하는가의 해결책도 파악하기 쉬움

② **시계열적인 변화나 경향 파악** : 얻은 정보를 시계열로 그래프화함으로써 문자나 숫자의 경우와 달리 그 내용의 변화 상태나 경향을 시각적으로 알 수 있음

③ **전체와 그 구성의 내용 파악** : 전체를 구성하는 개개의 요소 상태를 비유로 파악하는 경우, 원그래프로 표현하면 이해하기 쉬움

④ **목표달성 등의 동기부여에 도움** : 목표의 달성까지 조직이나 개인의 입장에서 앞으로 어느 정도의 노력을 기울여야 하는지에 대해 도표로 나타내면 쉽게 알 수 있음

■ **그래프화의 주의할 점**

① **그래프의 목적 확인** : 데이터를 그래프로 전환할 때 '무엇을 나타내고자 하는가, 무엇을 알고자 하는가'라는 질문을 해보며 목적을 확인함

② **가장 적합한 표현방법을 선택** : 그래프에는 몇 가지 유형이 있으므로 각각 그 특성에 따라 사용할 필요가 있음

③ **시계열적인 경향을 파악** : 어느 한 시점의 값이 저조하다고 할지라도 장기적으로 과거까지 거슬러 올라가 전체로서 파악하여 상승경향에 있다면 좋은 평가를 할 수 있으므로 도표화 시 시계열로 경향을 파악해볼 필요가 있음

■ **그래프 유형**

① **분산형 그래프** : 두 개 이상의 보고서에 있는 데이터 모음과 요약을 활용하여 중요한 정보를 표시할 때 적합함

② **선그래프** : 시간별 추세를 표시할 때 적합함

③ **가로 막대그래프** : 거리 혹은 시간을 비교할 때 적합함

④ **100% 누적 막대그래프** : 여러 가지 집단이 있을 때 각 집단에 대한 값 사이의 비율이나 각 집단의 합계를 확인할 때 적합함

⑤ **누적 막대그래프** : 데이터를 구분 짓고 개개의 데이터를 비교하여 각 카테고리의 차이를 확인할 때 적합함

⑥ **원그래프** : 전체를 구성하는 개개의 요소 상태를 비율로 파악할 때 적합함

⑦ **띠그래프** : 전체에 대한 각 부분의 비율을 파악할 때 적합함

■ **프레젠테이션** 16년 기출

① 생각이나 주장, 제안, 요청, 설명 등을 시청각 자료를 활용해 청중에게 전달하는 작업

② 좋은 프레젠테이션을 위해서는 말의 완급, 강약, 고저, 장단, 순간 멈춤, 강조 등으로 변화를 줘야 함

■ 프레젠테이션 만들기의 기본 13, 18년 기출

① **프레젠테이션의 대상 파악** : 프레젠테이션의 자료를 준비할 때에는 먼저 참석할 대상을 파악한 후 그들에게 맞춰 화면과 시간을 선택하고 알맞은 기능을 사용하며, 유인물을 준비해야 함

② **검증된 자료 사용** : 제시하는 정보가 정확하지 못하면 개인이나 소속된 기업 또는 학교의 신뢰도가 떨어질 수 있으므로, 반드시 검증된 자료만을 사용해야 함

③ **핵심내용만 입력** : 한 화면에는 핵심내용만 입력하고, 유인물을 사용하거나 진행자가 설명을 곁들이는 것이 좋음. 본문은 5줄 내외로 입력하는 것이 적당하며 문자부호는 생략해도 무방하나, 맞춤법은 정확하게 지켜야 함

④ **슬라이드 개수를 적절하게 줄임** : 슬라이드의 개수는 주제와 장소, 그리고 대상에 따라 적절하게 선정해야 함

⑤ **요란하게 꾸미지 않음** : 중요한 것은 내용이므로 소리, 동영상, 애니메이션, 각종 그림 등은 내용을 파악하는 데 도움이 될 정도로만 삽입하고, 시선을 분산시켜서 집중도를 떨어뜨릴 정도의 화려한 애니메이션, 화면전환 등은 피해야 함

■ 프레젠테이션의 준비

① **효과적인 시간 배분**

- 프레젠테이션의 성격에 따라 다르기는 하지만 시간은 가능한 한 15분을 넘지 않도록 함
- 주어진 예정 시간보다 오히려 짧게 준비하여 끝난 후 수신자의 질문이나 의견 혹은 피드백 등을 유도함으로써 프레젠테이션의 효과를 높일 수 있음
- 시간이 길어질 경우에는 중간에 휴식시간을 넣거나, 사용하는 시청각 기 · 자재를 다른 것으로 바꾸는 등의 배려를 함으로써 주의를 환기시킴
- 점심시간 직전이나 직후, 혹은 퇴근 직전 등은 주의력이 떨어지는 시간이므로 피하도록 함

② **기 · 자재 선정 및 준비**

- 시각적 효과를 주는 여러 매체 중에서 비즈니스에서는 빔프로젝터가 일반적으로 널리 활용되고 있음
- 비디오나 애니메이션을 사용한 그래픽 형태의 프레젠테이션도 늘고 있음

■ 프레젠테이션 발표 시 유의점 16년 기출

① 가능하면 프레젠테이션 장소에서 리허설을 진행함. 조명, 전원, 좌석 배치에 따른 문제점을 사전에 발견할 수 있을 뿐만 아니라 발표 당일 낯익은 환경에서 편안한 마음으로 발표하는 데에 도움이 됨

② 준비한 대본에 지나치게 의지하지 말고 발표 전 충분한 연습을 통하여 편안한 태도로 문어체가 아닌 회화체로 발표함

③ 프레젠테이션의 목적을 밝힘

④ 수신자의 입장에서 전달하도록 함

⑤ 빔프로젝터를 사용하여 프레젠테이션할 때에도 스크린만을 응시할 것이 아니라 한 번씩 수신자를 향하여 시선을 줌으로써 수신자의 반응을 파악하여 일방적인 자료의 전달이 아닌 쌍방 의사소통의 효과를 높임

■ 소셜미디어의 관리 19, 20년 기출

① 회사 및 경쟁사의 SNS를 수시로 모니터링함
② SNS 관련 모니터링 결과를 보고서로 작성
③ 다양한 SNS에 관심을 가짐
④ 작성된 모니터링 보고서는 타부서와 공유
⑤ 소셜미디어를 통해 항상 모니터링한 후 고객들의 반응과 의견을 정리하여 상사에게 보고
⑥ 소셜미디어의 기능과 특징에 대해 이해
⑦ 최근 사용 추이와 새로운 소셜미디어가 무엇인지 등에 대한 확인 필요

■ 기업정보시스템 12, 13년 기출

① **중역정보시스템(EIS ; Executive Information System)** : 중역이 그들의 경영기능을 수행하고 경영 목적을 달성하는 데 필요한 경영의 주요 정보를 신속하게 조회할 수 있도록 지원하는 터미널과 소프트웨어 인터페이스에 의해 제공되는 컴퓨터지원시스템
② **전문가시스템(ES ; Expert System)** : 전문지식의 기억, 논리적 추론에 따라 결론을 도출할 수 있는 전문가와 같은 지적능력을 갖는 소프트웨어 체계
③ **전략정보시스템(SIS ; Strategic Information System)** : 정보기술을 기업전략의 일환으로서 적극적으로 활용하여 경쟁에서 앞서가기 위한 정보시스템

■ 일정 관련 정보의 보안 18년 기출

① 상사의 일정도 때에 따라서는 극비 정보가 될 수 있으므로, 상사에게 "사장님의 여행일정에 대해 질문하는 임원이 있으면 일정을 말씀드려도 됩니까?"와 같이 구체적인 질문을 하여 일정정보의 공개 여부를 파악해 두어야 함
② 상사의 일정에 대하여 질문을 받았을 때 "잘 모르겠습니다"라는 대답은 일반적으로 상사의 일정을 물어보는 사람은 비서가 모른다고 생각하지는 않기 때문에 바람직하지 않으며, 이러한 상황에서는 "일정에 대한 자세한 말씀은 드릴 수 없습니다. 이해해 주시기 바랍니다"라고 대답하는 것이 좋음. 그래도 계속 알려달라고 하면, "업무규칙상 말씀드릴 수 없습니다"라고 응대함

■ 기밀정보의 누출방지 12, 13, 19년 기출

① 중요한 서류나 메모의 원본 · 사본은 쓰레기통에 함부로 버리지 말고 문서세단기를 이용하여 파기한 후 버리고, 문서세단기가 없을 경우에는 여러 번 찢어서 버려야 함
② 회사 내 친한 동료나 다른 부서의 윗사람에게도 함부로 기밀을 말하지 않음
③ 서류 취급 시 회사에서 정한 기밀 등급(극비, 대외비 등)에 따라 규정대로 유의하여 다룸
④ 서류함 열쇠 등은 눈에 띄지 않는 곳에 보관함
⑤ 컴퓨터나 팩스, 복사기 사용 시에는 특히 보안에 유의함
⑥ 사무실이나 회의실을 정비하면서 보안에 특별한 이상이 없는지 살핌
⑦ 서류함, 저장장치 등의 보안을 철저히 함
⑧ 중요한 서류를 자의로 회사 밖으로 가지고 나가지 않도록 함
⑨ 회사 밖의 사적인 모임에서 큰소리로 회사 관련 이야기를 하지 않음
⑩ 방문객이 회사나 상사의 근황에 관하여 필요 이상으로 자세히 물을 때에는 일단 주의하여 개략적인 답변만 함

■ 보안관리를 위한 노력 19, 20년 기출

① 스파이웨어와 악성코드 제거를 위하여 주기적으로 백신프로그램 사용
② 주기적으로 주요 데이터를 외장하드에 백업
③ 가능한 한 윈도우 보안업데이트 패치를 모두 설치
④ 바이러스 예방 프로그램을 램(RAM)에 상주시켜 바이러스 감염 예방
⑤ 인터넷을 통해 다운받은 파일이나 외부에서 복사해 온 파일은 반드시 바이러스 검사를 수행한 후 사용
⑥ 발신자가 불분명한 전자우편은 열어보지 않고 삭제
⑦ P2P 사이트에서 파일을 다운로드받지 않아야 함

■ RSS 서비스 12년 기출

① 포털사이트나 블로그와 같이 콘텐츠의 업데이트가 자주 일어나는 웹사이트의 업데이트된 정보를 자동적으로 사용자들에게 제공하기 위한 서비스
② 각각의 사이트로부터의 정보는 개별적으로 관리 가능함
③ 여러 웹사이트를 방문할 필요 없이 자동으로 정보를 이용하는 것임
④ 사이트가 제공하는 RSS 주소를 RSS Reader 프로그램에 등록하면 업데이트된 정보를 찾기 위해 매번 로그인이나 방문할 필요 없이 자동적으로 정보가 제공되므로, 사용자는 쉽고 빠르게 정보를 조회할 수 있음
⑤ 온라인상에 콘텐츠를 배열하는 HTML과 이를 전송해주는 이메일의 장점을 하나로 묶은 기술이므로 이메일 수발신이 가능한 아웃룩 프로그램에서도 사용할 수 있음

■ 티클러 파일(Tickler File) 12년 기출

① 해야 할 일들을 잊지 않도록 하기 위하여 12개의 월을 나타내는 표지와 날짜를 표시하는 31개의 파일을 준비하여 해당 날짜에 필요한 서류들을 넣어놓아 추후에 일정관리 및 서류정리에 도움을 주도록 하는 것으로 'Bring Forward System'과도 유사한 개념

② '월'을 나타내는 표지 12매와 '일'을 나타내는 표지 31매로 구성되어 있으며 각 '일'별 안내 표지 뒤에 해당 일에 해야 할 일이나 그날 필요한 문서를 보관해줌

③ 추후에 처리해야 할 서류를 정리하는 데 도움을 주는 것으로 이곳에 보관하였다가 해당 날짜에 다시 꺼내볼 수 있음

■ 무선공유기에서 제공하는 보안기술 16년 기출

구 분	WEP (Wired Equivalent Privacy)	WPA (Wi-Fi Protected Access)	WPA2 (Wi-Fi Protected Access 2)
인 증	사전 공유된 비밀키 사용(64비트, 128비트)	사전에 공유된 비밀키를 사용하거나 별도의 인증서버 이용	사전에 공유된 비밀키를 사용하거나 별도의 인증서버 이용
암호방법	• 고정 암호키 사용 • C4 알고리즘 사용	• 암호키 동적 변경(TKIP) • RC4 알고리즘 사용	암호키 동적 변경 AES 등 강력한 암호 알고리즘 사용
보안성	가장 취약하여 널리 사용되지 않음	WEP 방식보다 안전하나 불완전한 RC4 알고리즘 사용	가장 강력한 보안기능 제공

■ 개인정보보호 12년 기출

① 갑작스러운 정전으로 인한 손실을 보전하기 위해 비상전원공급장치 준비

② USB 드라이브에 도난방지용 암호 설정

③ 중요한 데이터는 별도의 드라이브(USB, Zip, CD 등)에 저장해 둠

④ 비밀번호를 변경할 때에는 같은 번호를 번갈아 사용하기보다는 새로운 번호로 설정하는 것이 보다 안전함

⑤ 백신은 항상 업데이트하며, 주기적으로 검사함

■ IT 관련 용어 12, 13, 15, 16, 17, 18, 19년 기출

① **클라우드** : '어딘가'에 위치한 저장공간에 내 정보를 보관해두고, 이것을 필요할 때에 가지고 있는 각종 단말기를 통해서 불러올 수 있는 기술

② **인트라넷** : 인터넷기술을 기업 내 정보시스템에 적용한 것으로 전자우편시스템, 전자결재시스템 등을 인터넷 환경으로 통합하여 사용하는 것

③ **클리핑 서비스** : 신문이나 잡지 등에서 기사를 발췌해 다른 업체에 판매하는 서비스

④ **블루투스** : 디바이스 간 물리적인 연결선이 없으나 파일을 전송할 수 있는 무선전송기술

⑤ **LTE** : HSDPA(고속하향패킷접속)보다 12배 이상 빠른 고속무선데이터 패킷통신 규격

⑥ **와이브로** : 이동 중에도 초고속인터넷을 이용할 수 있는 무선휴대인터넷

⑦ **와이파이** : 인터넷에 데이터를 전달해 주는 기능을 하는 AP(액세스포인트)와 노트북이나 스마트폰과 같이 사용자가 서비스를 받는 단말 간의 통신

⑧ **트위터와 페이스북** : 소셜네트워크서비스(SNS)의 일종으로 개인의 의견이나 생각을 공유하고 소통할 수 있는 사이트

⑨ **파밍** : 사용자가 자신의 웹브라우저에서 정확한 웹페이지 주소를 입력해도 가짜 웹페이지에 접속하게 하여 개인정보를 훔치는 것

⑩ **소셜커머스** : 소셜네트워크서비스(SNS)를 통하여 이루어지는 전자상거래

⑪ **클라우딩 컴퓨팅** : 하드웨어, 소프트웨어 데이터 등 각종 정보자원을 중앙데이터센터로 통합하고 인터넷을 통해 어느 때, 어느 곳에서든 사용할 수 있도록 제공하는 기술

⑫ **데이터웨어하우스** : 기업의 대단위 데이터를 사용자 관점에서 주제별로 통합하여 축적하여 별도의 장소에 저장해 놓은 것

⑬ **유비쿼터스(Ubiquitous)** : 시간과 장소에 구애받지 않고 언제나 정보통신망에 접속하여 많은 정보통신서비스를 활용할 수 있는 환경

⑭ **모바일 오피스** : 노트북 PC와 휴대전화 등을 갖추고 필요한 정보를 찾아보고 업무하여 결과를 보고하는 근무 형태

⑮ **랜섬웨어** : 사용자 컴퓨터시스템에 침투하여 중요파일에 대한 접근을 차단하고 금품을 요구하는 악성프로그램

⑯ **핑크메일** : 직원해고 혹은 거래처와 거래를 끊을 때 보내는 메일

■ 전자문서 시스템 12년 기출

① CRM : 고객의 정보(연락처, 거주지역, 연령, 구매패턴)를 데이터베이스화하여 고객과의 관계를 구축하고 발전시켜 나가는 마케팅의 종류로 데이터베이스화하기 때문에 전자문서시스템을 이용한 사례에 해당함

② BOLERO : 무역거래에 있어서 볼레로시스템은 중앙등록시스템을 사용하여 공개키/개인키 방식에 의한 디지털서명을 채용함으로써 전자선하증권이 물품보다 먼저 도착하는 문제점을 해결하기 위해 도입됨

③ NEIS(National Education Information System) : 전국의 초·중등학교와 시·도교육청, 교육부를 인터넷으로 연결하여 교육관련 정보를 공동으로 이용할 수 있는 전산환경을 구축하기 위한 교육행정정보시스템. 학생생활기록부, 건강기록부 등의 학사기록을 인터넷으로 통합 관리하고, 학생·학부모·교사가 함께 이용할 수 있도록 함

■ 저장공간 16, 17년 기출

① **마이크로 SD** : SD 카드의 마이크로 버전으로 SD(Micro SD)는 디지털카메라 같은 휴대용 전자기기의 부족한 내장 메모리 문제를 해결함

② **외장형 하드디스크** : 컴퓨터에 내장하지 않고 휴대할 수 있도록 만든 것

③ SSD(Solid State Disk) : 반도체를 이용하여 정보를 저장하는 장치

④ CD-R : 많은 양의 자료를 디지털 형태로 저장할 수 있는 광학 외부기억 매체

⑤ CD-ROM : 디지털 정보를 저장하는 광디스크로, 제작 시 최초 1회만 기록할 수 있고 그 후로는 읽기만 가능하며 주로 음악, 게임, 소프트웨어 등을 담아 판매할 때 주로 사용

■ 이메일 관련 용어 12, 13, 15, 16, 20년 기출

① SMTP(Simple Mail Transfer Protocol) : 서로 다른 메일서버로 메일을 보내거나 받을 때 이용되는 프로토콜
② POP(Post Office Protocol) 3 : 메일서버에 도착한 메일을 클라이언트 사용자가 전송받을 때 이용하는 프로토콜
③ MUA(Message User Agent) : 사용자가 메일을 보내기 위하여 사용하는 프로그램(Outlook 등)
④ MTA(Message Transmit Agent) : 사용자의 MUA에 의해서 전달받은 메시지를 다른 메일서버로 전달해주는 프로그램(Sendmail 등)
⑤ 답장메일을 전송하면 수신자의 메일 제목 앞에 'Re:'로 표시되어 나타남

■ 이메일 접수에 관련한 비서의 업무 16년 기출

① 상사의 업무메일을 주기적으로 확인하여 업무처리가 늦어지지 않도록 주의함
② 상사가 직접 처리해야 하는 메일의 경우 이메일 내용을 인쇄한 후 중요한 부분에 형광펜으로 표시하여 종이문서의 형태로 상사에게 전달함
③ 상사가 이메일 열람 권한을 주지 않을 때에는 상사가 전달해주는 이메일의 처리만을 함
④ 상사의 이메일 중 다른 부서에서 처리해야 할 메일인 경우는 해당 부서 담당자에게 포워드함

■ 사무기기 12, 15, 16년 기출

① **플립차트** : 윗부분을 고리 따위로 철한 도해 · 설명용 차트
② **실물화상기(실물환등기)** : 각종 문서, 사진, 그림, 물건, 필름 등을 TV 또는 LCD 프로젝터, 모니터 등 영상화면 확대장치와 연결하여 실물 그대로의 컬러영상을 볼 수 있게 하는 기기
③ **환등기** : 환등장치를 이용하여 그림, 필름 따위를 확대하여 스크린에 비추는 기계
④ OHP(Overhead Projector) : 투명 필름 환등기
⑤ **링제본기** : 제본 후 묶을 경우에 사용하는 사무기기
⑥ **빔프로젝터** : 극장의 영사기처럼, 영상을 빛으로 쏘아 내 흰 스크린에 출력하는 영상장치

■ 정보전송기기 19년 기출

① **팩시밀리(Facsimile)** : 일반적으로 줄여서 팩스라고도 하며 문서나 도면을 송 · 수신하는 기기로, 본인의 필적이나 서명을 원형 정보 그대로 보낼 수 있다는 장점이 있음
② **화상전화기** : 화상 전화기로 통화하면 목소리뿐만 아니라 상대방의 표정까지 전달되므로 비서는 상냥한 목소리와 함께 친절한 표정으로 통화를 해야 함
③ **전자우편시스템** : 컴퓨터를 이용하여 전자적 방식으로 메시지를 송 · 수신하는 것으로 이 시스템의 가장 큰 장점은 수신자가 원할 때에 수시로 검색 · 출력해 볼 수 있다는 점임
④ **원격화상회의시스템** : 지역적으로 떨어진 장소에 있는 사람들이 컴퓨터와 통신 수단을 이용하여 한자리에 모이지 않고서도 의사소통을 할 수 있도록 해주는 시스템으로, 원격회의실 컴퓨터에 연결된 대형스크린이나 전자흑판 등을 이용하여 서로 다른 장소에 있는 상태에서 회의를 진행할 수 있음
⑤ **이동전화** : 언제 어디서나 음성정보뿐만 아니라 문자정보와 화상정보를 전송받아 활용할 수 있으며, 기술발전이 가속화됨으로써 인터넷을 검색하거나, 파일을 송 · 수신하는 작업도 가능함

■ 와이어 제본기의 특징 15, 16년 기출

① 360°로 자료를 펼치거나 접기 쉬움

② 링 크기가 작아 보관이 편리함

③ 문서의 제거는 가능하지만 추가는 거의 불가능함

④ 제본 상태가 견고함

■ e-Business 12년 기출

① e-SCM은 대리점, 협력업체 등 공급사슬망 파트너 간의 업무협조 및 정보, 실물흐름의 동기화를 위한 온라인 커뮤니케이션 수단의 활용을 말함

② e-SEM은 전략적 경영의사 결정을 지원하는 통합경영관리를 말하며, 이는 투자자, 주주관계 관리에 의한 기업가치 제고, 경영전략의 효율적인 내부 수행관리, 통합된 목표설정, 계획관리 및 실적분석의 기능이 있음

③ e-CRM은 고객의 데이터베이스를 활용한 것으로 고객관리 차원에서 개별고객의 상세한 거래특성 정보를 획득, 분석하여 고객의 기여도를 극대화하는 제품, 서비스를 제공하는 기능을 담당함

④ e-HR은 Web을 기반으로 HR 관련정보를 수집, 공유, 처리하고 관련업무를 수행하는 시스템을 말함

⑤ e-CIM은 고객 상호관리로서, 단순히 걸려온 전화를 받아 응대하는 수동적인 콜센터나 일방적인 CRM과 달리, 음성, 전자우편, 팩스, 웹, 영상 등 새롭고 다양한 미디어를 통한 다양한 접촉창구를 이용하여 양방향으로 기업과 고객 사이의 접촉을 지원하고 관리하게 됨

⑥ e-Business의 의의 : e-비즈니스, 인터넷 비즈니스, 전자상거래 등의 각 개념은 국가나 기관별로 다양하지만 대체로 e-비즈니스는 네트워크 기술을 기반으로 한 상품 서비스정보 및 지식의 전달과 교환 등을 핵심요소로 하는 경제활동이며, 이는 인터넷 비즈니스와 전자상거래(e-Commerce)를 포괄하는 개념으로 정의되고 있음

⑦ e-Business의 배경

- e-Business는 1997년에 IBM이 마케팅을 위해 새로운 용어를 사용하기 시작하면서 처음 등장함
- 그 당시까지도 기업들이 관심을 갖던 분야는 전자상거래였으며, 체계화된 e-Business 개념이 정립된 것은 아니었음
- 이후 인터넷이 폭발적으로 확산되면서 몇 단계의 변화과정을 거쳐 'e-Business'라는 용어가 정착됨
- e-Business는 단순히 새로운 경영기법의 등장보다는 경영 패러다임의 변화와 경영방식의 변화를 의미함

■ e-Business의 유형 13, 15년 기출

① 개념 : B는 원래 비즈니스(Business)를 뜻하지만 전자상거래에서는 기업을 의미함. C는 일반 소비자(Consumer), 고객(Customer), G는 정부(Government)를 의미함(2는 to의 뜻)

② C2B : 소비자가 주체가 돼서 기업과 상거래를 하는 것. 역경매가 대표적

③ C&C2B : 여러 소비자가 기업을 상대하는 것, 즉 공동 구매

④ B2C : 기업과 소비자 간 거래. 일반 소비자가 인터넷쇼핑몰 등에 들어가 물품을 구입하는 형태

⑤ B2B : 기업 간 거래. 조달 · 구매 등 기업들이 협력 · 하청 관계로 인터넷 공간에서 상호거래 관계를 맺는 행위

⑥ B2G : 기업-정부 간 거래. 조달청의 물품 판매, 공문서 교환 등

⑦ G2B : 정부-기업 간 거래. 정부 전자조달. 물품이나 용역의 입찰, 공문서 교환 등

⑧ B2E : 기업-종업원 간 거래

⑨ C2G : 소비자-정부 간 전자상거래. 세금이나 각종 부가세 등을 인터넷으로 처리하는 것

⑩ G2C : 정부-소비자 간 전자상거래. 정부에서 물품을 소비자에게 조달하는 경우

⑪ C2C : 소비자 간 전자상거래. 옥션, 이베이 등 경매형태

■ 주요 어플리케이션 16, 17년 기출

① 명함관리 어플리케이션 : 리멤버(Remember), 캠카드(CamCard), 비즈리더(BizReader) 등

② 일정 · 시간 관리 어플리케이션 : 조르테(Jorte), 굿캘린더(Good Calendar), 어썸노트(Awesome Note), 구글 캘린더(Google calendar) 등

③ 내비게이션 관련 어플리케이션 : 맵피, 아틀란 등

④ 택시 관련 어플리케이션 : Uber, 카카오택시, T맵택시 등

아이들이 답이 있는 질문을 하기 시작하면

그들이 성장하고 있음을 알 수 있다.

-존 J. 플롬프-

비서1급

문제은행
기출유형 모의고사

실패하는 게 두려운 게 아니라
노력하지 않는 게 두렵다.

\- 마이클 조던 -

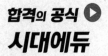

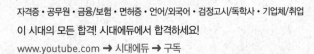

제1회 기출유형 모의고사

제1과목 | 비서실무

01 **비서직에 대한 설명으로 가장 적절하지 않은 것은?** [18년 2회]

① 비서직은 산업혁명 이후 기업이 급격히 증가함에 따라 보편적인 직업이 되었다.
② 비서직은 사회변화와 함께 지속적으로 변화해 왔으며 최근 기업구조조정과 기술혁명, 전자 사무시스템 등의 출현으로 팀을 보좌하는 역할에 대한 요구가 확대되고 있다.
③ 비서는 업무수행 시 상사의 지시에 한정하여 정확하고 신속하게 업무를 처리해야 한다.
④ 비서는 지속적인 자기개발을 할 수 있도록 비서 재교육이 이루어질 필요가 있다.

해설
③ 본인 업무 이외에도 두루 살피려고 하는 업무태도를 함양하는 것이 중요하다.

02 **다음 비서의 자질과 태도에 관한 설명 중 가장 적합하지 않은 것은?** [20년 2회]

① 다양한 사무정보 기기를 능숙히 다루기 위하여 많은 노력을 기울인다.
② 바쁜 업무시간 틈틈이 인터넷 강의를 들으며 외국어 공부를 한다.
③ 평소 조직 구성원들과 호의적인 관계를 유지하기 위해 노력한다.
④ 상사의 직접적인 지시가 없어도 비서의 권한 내에서 스스로 업무를 찾아 수행한다.

해설
② 끊임없는 자기개발이 필요한 비서의 직무 특성상 외국어 능력을 키우는 것도 중요하지만 급하게 처리해야 할 업무가 있거나 많은 양의 업무로 바쁜 경우에는 업무를 처리하는 것이 우선이다.

정답 01 ③ 02 ②

03 비서의 자기개발 방법으로 가장 적절한 것은? [20년 1회]

① 결재 올라온 문서들을 읽으면서 회사의 경영환경 동향을 파악하기 위해 노력한다.
② 상사의 업무처리 방법과 아랫사람을 대하는 태도를 닮도록 노력한다.
③ 회사 거래처 자료를 보관해 두었다가 퇴사 후에도 지속적으로 거래처와 연락을 취하여 그들과의 인간관계가 잘 유지되도록 노력한다.
④ 좀 더 많은 사람들과 좋은 인간관계를 맺기 위해서는 항상 상대방에게 맞추는 연습을 한다.

해설

② 비서는 상사를 보좌하는 입장에서 정중함을 잃지 않아야 한다. 그러기 위해서는 상사의 아랫사람이 자신의 아랫사람이라고 은연중에라도 착각하는 일이 없어야 한다.
③ 비서는 무엇보다 기밀유지를 하는 것이 중요하다. 퇴사 후 개인적으로 회사 거래처 자료를 보관해 두어서는 안 되며 그 거래처와 연락을 취하여 관계를 유지하는 행동도 옳지 못하다.
④ 항상 상대방에게 맞추는 연습을 하기보다는 분별력을 가지고 행동할 줄 알아야 한다.

04 전화응대 업무에 대한 설명으로 가장 적절한 것은? [20년 1회]

① 상사가 해외에 상품 주문을 요청하여 상품 재고 여부를 직접 전화로 알아보기 위해 국제클로버 서비스가 가능한지 확인해 보았다.
② 업무상 자리를 두 시간 정도 비울 예정이라 발신 전화번호 서비스를 이용하였다.
③ 상사가 회의 중일 때 당사 대표이사로부터 직접 전화가 와서 비서는 상사가 지금 회의 중임을 말씀드리고 회의가 끝나는 대로 바로 전화 연결하겠다고 응대하였다.
④ 상사가 연결해달라고 요청한 상대방이 지금 통화가 힘들다고 하여 비서는 다시 전화하겠다고 한 후 이를 상사에게 보고하였다.

해설

② 걸려오는 전화를 다른 번호에서도 받을 수 있도록 착신을 전환하는 서비스인 착신전환 서비스를 이용하거나 걸려오는 전화를 받을 수 없을 때 부재중으로 인해 전화를 받을 수 없음을 알려주는 부재중 안내 서비스를 이용하는 것이 좋다.
③ 회의가 끝난 후 말씀드려야 하지만 상대방이 상사보다 직위가 높거나 급한 용건일 경우 메모지에 기재한 후 상사에게 전달하는 것이 바람직하다.
④ 상대방에게 통화하기 어려운 이유를 물어본 뒤 그 사유를 상사에게 전달해야 한다.

03 ① 04 ① **정답**

05 **상사가 외부 행사에 참석할 예정이다. 그런데 지금 행사장 앞에서 행사를 반대하는 시위가 있다. 이때 전문비서로서의 역할로 가장 적절하지 않은 것은?** [19년 1회]

① 상사에게 상황을 보고하고 행사 참석 여부를 결정해 줄 것을 상사에게 부탁한다.
② 상사가 행사에 참석하는 것이 좋을지 아니면 다른 사람이 대신 참석하는 것이 좋을지 상사가 결정할 수 있도록 시위 관련 정보를 신속히 보고한다.
③ 상사가 참석하지 못할 경우 행사에 어떤 불이익이 있을지에 대해 행사 담당자와 논의한다.
④ 상사가 참석하지 못할 경우 상사 대신 누가 참석하는 것이 좋을지에 대해 상사와 논의한다.

해설

① 어떤 대안이나 해결책을 위한 정보도 포함하지 않은 채 있는 사실 그대로만을 보고하는 것은 전문비서의 행동으로 보기 어렵다.

06 **일정을 자주 변경하는 상사를 보좌하는 비서의 자세로 가장 적절하지 않은 것은?** [19년 1회]

① 막판에 일정을 변경 및 취소해야 할 경우를 대비해 즉각 연락해야 할 사람과 전화번호를 정리해 둔다.
② 일정을 수없이 바꾸더라도 비서는 상사를 보좌하는 데에 전념해서 상사가 일정변경으로 어려움을 겪지 않도록 보좌한다.
③ 일정의 변경으로 상사의 대내외 신뢰도가 낮아지고 있음을 상사에게 말씀드려 상사가 일정을 변경하지 않도록 보좌한다.
④ 상사는 업무가 바빠 일정을 모두 잘 기억하기 어려우므로 일정을 자주 상기시킨다.

해설

③ 상사는 스케줄이 많고 바쁘기 때문에 일정변경은 늘 있을 수 있는 일임을 이해하고 이러한 상사에 맞추어 갑작스러운 변경이 생겨도 이에 대처할 수 있도록 하는 것이 비서의 올바른 자세이다.

정답 05 ① 06 ③

07 다음 중 식당 예약업무를 진행하는 비서의 태도로 가장 적절한 것은? [19년 2회]

① 이금자 비서는 상사가 요청한 식당으로 4월 15일 오후 6시 예약을 시도하였지만 그날 자리가 만석으로 예약이 불가하다는 식당 측 답변을 들었다. 하지만 포기하지 않고 4월 14일까지 취소 자리를 기다리다가 그때도 자리가 없자 상사에게 보고하였다.
② 한영희 비서는 상사가 횟집 '서해마을' 예약을 지시하자 여러 지점 중 상사가 주로 이용하는 '서해마을 일산점'으로 예약을 진행하였다.
③ 윤영아 비서는 상사가 지시한 이태리 식당에 예약을 하며 상사의 이름과 비서의 연락처로 예약을 진행하였다.
④ 고은정 비서는 상사가 7시 가나호텔 식당 예약을 지시하자 오후 7시 만찬으로 예약을 하였다.

해설

① 예약 진행 중에 문제가 발생하면 즉시 상사에게 중간보고를 해야 한다.
② 장소는 회사 인근으로 예약해야 한다.
④ 예약 날짜를 정확히 확인해야 하며 날짜 확인 시 요일도 확인하여 날짜를 혼동하는 일이 없도록 해야 한다.

08 한 비서가 김 사장의 출장일정을 보좌하기 위한 업무로 가장 적절한 것은? [16년 2회]

편 명	출/도착지	일자 및 시간	좌 석	기 종
KE121	Seoul/Incheon Sydney	9/23 19:10 9/24 06:25	Prestige	Boeing 777
KE122	Sydney Seoul/Incheon	9/27 07:55 9/27 17:25	Prestige	Boeing 777

숙소 : Marriott Sydney Harbour 30 Pitt Street, Sydney 2000
Tel. 61-2-9259-7700 / Fax. 61-2-9259-1100
Confirmation No. A1730S80

① 9월 23일 오전에 회사에 출근하신 후 출국하실 예정이어서, 오전에 US 달러로 환전하여 준비해드렸다.
② 시드니의 호텔은 4박 일정으로 예약하였다.
③ 김홍철 사장의 항공편은 국적기 1등석 좌석 등급으로 좌석은 사전에 미리 예약하였다.
④ 9월 21일경에 호텔 예약 확인증을 보내달라고 Marriott 호텔에 팩스 요청을 하였다.

해설

① 시드니로 출장을 가므로 최소한 출발하기 이틀 전에 호주(AU) 달러로 환전을 해 놓아야 한다.
② 시드니에 24일 도착해서 27일 오전에 출발하므로 호텔 예약은 3박만 한다.
③ 김홍철 사장의 항공편은 국적기 비즈니스석(2등석 좌석=Prestige)으로 예약하였다.

07 ③ 08 ④ **정답**

09 **회사 50주년을 축하하는 기념식 행사를 준비하는 비서가 행사장의 좌석배치 계획을 수립할 때 다음 중 가장 부적절한 것은?** [20년 2회]

① 단상에 좌석을 마련할 경우는 행사에 참석한 최상위자를 중심으로 단 아래를 향하여 우좌의 순으로 교차 배치한다.
② 단하에 좌석을 마련할 경우는 분야별로 좌석 군을 정하는 것이 무난하여, 당해 행사의 관련성을 고려하여 단상을 중심으로 가까운 위치부터 배치한다.
③ 단하에 좌석을 마련할 경우 분야별로 양분하는 경우에는 단상에서 단하를 바라보아 연대를 중심으로 왼쪽은 외부 초청 인사를, 그 오른쪽은 행사 주관 기관 인사로 구분하여 배치한다.
④ 주관 기관의 소속 직원은 뒤에, 초청 인사는 앞으로 한다. 행사 진행과 직접 관련이 있는 참석자는 단상에 근접하여 배치한다.

해설

③ 단하에 좌석을 마련할 경우, 단상에서 단하를 바라보아 연대를 중심으로 오른쪽에 외부 초청 인사를, 왼쪽에 행사 주관 기관 인사로 배치하여야 한다.

10 **다음 중 회의 용어를 적절하게 사용하지 못한 것은?** [19년 2회]

① "오늘 심의할 의안을 말씀드리겠습니다."
② "김영희 위원님의 동의로 사내 휴게실 리모델링이 의결되었습니다."
③ "이번 안건에 대해서는 표결(票決)로 채결을 하겠습니다."
④ "오늘 안건을 추가로 발의하실 분 계십니까?"

해설

② '동의(同意)'는 의안이나 발언에 찬성하는 것이고, '의결(議決)'은 '표결에 부친 안건에 대해 가결 혹은 부결을 최종적으로 결정하는 것'이므로 두 언어를 함께 사용하는 것은 적절하지 않다.

정답 09 ③ 10 ②

11 **우리 회사는 미국에 본사를 두고 있는 다국적 기업이라 본사에서 오는 손님이 많은 편이다. 이번에 미국에서 2명의 남자임원과 1명의 여성임원이 우리 회사를 방문하였다. 외국인 내방객 응대 시 비서의 업무 자세로 가장 적절한 것은?** [19년 1회]

① 본사 현관 입구에 환영문구를 적을 때 이름 알파벳 순서로 배치하였다.
② 차 대접을 할 때는 선호하는 차의 종류를 각 손님에게 여쭈어본 후 내 · 외부인사의 직급순으로 대접하였다.
③ 처음 인사를 할 때는 Mr. Ms. 존칭 뒤에 Full Name을 넣어 불렀다.
④ 처음 인사를 나눈 후에는 친근감의 표시로 First Name을 불렀다.

해설

① 여성 임원을 남성 임원에 우선하여 배치한다.
③ 처음 인사를 할 때는 Mr. 혹은 Ms. 등의 존칭 뒤에 Family Name을 넣어 부른다.
④ First Name은 친숙해지면 사용하는 표시이므로 처음 인사를 나눈 후에 부르는 것은 바람직하지 않다.

12 **거래처 사장의 빙부 부고 소식을 전화로 듣고 비서가 상사에게 보고 전에 반드시 확인해야 할 사항이 아닌 것은?** [18년 2회]

① 장 지
② 빈 소
③ 발인일
④ 호상 이름

해설

④ 부고 알림에서 필수적으로 들어가는 부분(장지, 장례식장, 발인장소, 장일 등)은 반드시 확인해서 보고해야 한다. 이 밖에 별세일, 상주 및 호상의 이름도 부고 알림에 기재될 수 있으나 이는 필수적으로 전달할 사항은 아니다.

13 **김 비서는 주주총회와 이사회에 관한 업무교육을 받고 있다. 다음 중 보기에서 적절한 것을 모두 고른 것은?** [18년 1회]

a. 정기 주주총회는 보통 매년 1회 열린다.
b. 주주의 의결권은 주주 평등의 원칙에 따라 1주 1의결권이 주어진다.
c. 대표이사 선임은 이사회에서 결정하여야 하며 주주총회에서 결정하는 것은 절대 불가하다.
d. 이사회는 투자전략이나 신사업 진출의 결정 등 회사의 운영에 관한 결정을 하는 곳이다.

① a, b, c, d
② b, c, d
③ a, c, d
④ a, b, d

해설

c. 대표이사는 원칙적으로 이사회에서 선임하지만, 정관(定款)에 의하여 주주총회(株主總會)에서 직접 선임할 수도 있다.

11 ② 12 ④ 13 ④ 정답

14 **다음은 대기업의 계열사인 택배회사의 사장님 비서로 근무 중인 고소영 씨가 전화를 받고 있는 장면이다. 내용 중 비서가 해야 하는 전화응대 방법으로 옳지 않은 구문이나 행동, 대처방법이 있으면 모두 고르시오.** [17년 2회]

> 사장님은 현재 사내에서 열리는 회의에 참석 중이며, 1시간 정도가 지난 후에 회의가 끝날 예정이다. 사장님실로 걸려온 전화가 비서실의 전화기에 연결되어 벨이 울렸다.
> (가) 비서 고소영 씨가 벨이 2번 울리고 난 후에 수화기를 들고 통화를 시작하였다.
> 비서 : (나) (필기구를 들면서) 안녕하십니까? 빨리택배입니다.
> 고객 : 사장님 좀 바꿔주세요.
> 비서 : 실례지만, 어느 분이시라 여쭐까요?
> 고객 : 보석은행의 김유정 상무입니다.
> 비서 : (다) 네, 김 상무님. 안녕하십니까? 죄송합니다만, 사장님께서는 지금 회의 중이라 통화하실 수 없습니다. (말이 끝난 후, 전화를 부드럽게 끊기 위해 준비를 한다.)
> 고객 : 중요한 일로 통화를 해야 하는데, 어떻게 하면 될까요?
> 비서 : (라) 중요한 일이 무엇인지요?
> 고객 : 네, ABC 회사와의 투자거래 계약서 건으로 통화 원한다고 해주세요.
> 비서 : (마) 네, 알겠습니다. 김 상무님, 연락 가능한 전화번호를 알려주세요.
> 고객 : 이천삼십에 천칠백번입니다.
> 비서 : (바) 네, 이공삼공에 일칠공공번 맞으시죠?
> 고객 : 네.
> 비서 : 김 상무님, 사장님 회의 끝나시면 메시지 전달해 드리도록 하겠습니다. (사) 전화 주셔서 감사합니다. (인사를 하자마자 바로 신속하게 수화기를 내려놓으며, 후크 스위치를 눌러 부드럽게 통화를 종료하였다.)

① (가), (나), (다)
② (가), (다), (마)
③ (나), (라), (사)
④ (다), (라), (사)

해설
(나) "안녕하십니까? ○○부의 ○○○입니다."라고 말하며 인사 후 소속과 이름을 밝힌다.
(라) 용건을 청취하고 메모한 후 상사에게 전해드리겠다고 한다.
(사) 인사를 하자마자 바로 전화를 끊지 않고 상대방이 수화기를 내려놓은 후 끊는다.

정답 14 ③

15 행사 의전 원칙에 대한 설명으로 적절하지 않은 것은? [17년 2회]

① 의전 원칙은 상대에 대한 존중(Respect), 문화의 반영(Reflecting Culture), 상호주의(Reciprocity), 서열(Rank), 오른쪽(Right)이 상석이라는 것이다.

② 행사 참석 인사에 대한 예우 기준은 행사의 성격, 행사에서의 역할과 당해 행사와의 관련성 등을 고려하여 결정된다.

③ 단상 좌석배치는 행사에 참석한 최상위자를 중심으로 하고 최상위자가 부인을 동반하였을 때에는 단 위에서 아래를 향하여 중앙에서 좌측에 최상위자를, 우측에 부인을 각각 배치한다.

④ 단하 좌석배치는 분야별로 좌석군을 정하는 것이 무난하며, 당 행사와의 관련성이 높은 사람들 순으로 단상에서 가까운 좌석에 배치한다.

해설

③ 단상 좌석배치는 행사에 참석한 최상위자를 중심으로 하고, 최상위자가 부인을 동반하였을 때에는 단 위에서 아래를 향하여 중앙에서 우측에 최상위자를, 좌측에 부인을 각각 배치한다.

16 다음의 상황에서 김 비서의 대처방법으로 가장 바람직하지 못한 것은? [17년 1회]

> 우리 회사는 싱가폴에 본사를 두고 있는 다국적 기업이다. 한국 지사 대표인 상사가 중국 출장 중일 때 김 비서는 싱가폴 본사 직원이라는 외국인의 전화를 받았다. 미국 내 샌프란시스코 지사의 전화번호를 알려달라고 하여 대표번호를 알려주자 다시 샌프란시스코 지사 소속직원들의 전화번호를 이메일로 전송해 달라는 요청을 받았다.

① 전화번호 등 개인적인 정보와 관련해서는 제3자가 제공하기 어렵다는 사실을 안내한다.

② 정보를 요청하는 사람의 이름과 신분이 확인되면 요청한 정보는 신속히 제공하는 것이 좋다.

③ 정보를 제공하기 전에 어떤 용도로 사용되며 누가 사용할 것인지에 대한 정보를 확인한 후 정보를 제공한다.

④ 필요 이상의 정보제공을 요청받을 경우에는 상대방의 연락처를 받고 상부의 허락을 얻은 후에 처리하도록 한다.

해설

② 정보를 요청하는 사람의 이름과 신분이 확인되더라도 상사의 허락을 얻은 후에 처리하도록 해야 한다.

15 ③ 16 ② **정답**

17 **상사가 뉴욕으로 출장을 가게 되었다. 이때 비서의 업무처리로 가장 바람직하지 않은 것은?** [15년 1회]

① 대도시에는 공항이 2개 이상인 경우가 있으므로 갈아타는 경우 동일한 공항에서 갈아탈 수 있는 비행기를 예약한다.
② 예산범위 내에서 상사가 선호하는 비행기 등급과 숙박호텔을 예약한다.
③ 상사가 선호하는 항공편의 좌석이 없는 관계로 대기인 명단에 일단 올려놓는다.
④ 예약 시 예약받는 사람, 전화번호, 예약번호를 받아 놓는다.

해설

③ 상사가 선호하는 항공편이 없을 경우에는 상사에게 보고하여 의견을 구하도록 한다.

18 **김 비서는 주말에 일간지에 대표이사의 행동을 비난하는 기사를 발견하였다. 이에 대해 김 비서가 취할 수 있는 가장 적절한 태도는?** [16년 2회]

① 일간지 편집국장에게 이메일을 보내 사태 수습을 먼저 한다.
② 주말이라도 상사에게 바로 보고 드리고 지시에 따라 행동한다.
③ 일간지 담당기자에게 연락하여 일단은 글을 먼저 삭제하도록 요청한다.
④ 홍보팀 담당자에게 이 사실을 알리고 선조치를 취한 후 상사에게 경과보고를 한다.

해설

② 비서는 비상상황에 대처하기 위한 행동지침을 잘 알아두어야 하며, 이런 상황이 발생하면 사내외로 연락하고, 상사의 지시에 따라 신속히 필요한 조치를 취해야 한다.

19 **신유라 비서는 마케팅팀 업무를 추가로 맡게 되어 업무량이 증가하였다. 이에 따라 주어진 시간 내에 업무를 마치려면 철저한 시간관리가 필요한 상황이다. 신 비서의 시간 관리 방법에 대한 다음 설명 중 가장 바람직하지 않은 것은?** [15년 1회]

① 바쁜 일정 속에서 우선순위에 따라 일하는 것은 불가능하므로 필요한 일은 그때그때 바로 처리하도록 한다.
② 일상적인 업무에 대해서는 표준화된 매뉴얼을 만들어 두면 타인에게 업무를 용이하게 위임할 수 있다.
③ 업무처리 방식이 비슷한 업무는 동시에 처리하는 방식으로 업무에 대한 집중도를 높인다.
④ 시간낭비 요소라고 여겨지는 요소들을 제거함으로써 시간을 효율적으로 관리한다.

해설

① 기업에서 비서를 채용하는 이유의 가장 큰 부분은 일정관리에 있다. 이러한 일정들을 일일, 주간, 월간 등 우선순위 없이 그때그때 처리한다면 비서가 존재할 이유가 없다.

정답 17 ③ 18 ② 19 ①

20 **상사의 인적 관계를 파악하고 데이터베이스 프로그램 등을 사용하여 전산화시키는 상사의 네트워크 관리 방법으로 가장 적절한 것은?** [15년 2회]

① 상사와 공적으로 혹은 사적으로 관련된 인사에 대한 소문 등도 파악하도록 한다.
② 작성한 명부에 대해서는 필요로 하는 부서와 공유할 수 있도록 한다.
③ 내부 인사에 대한 정보는 회사 내 인사기록카드를 참고할 수 있으므로 따로 기록하지 않는다.
④ 바이어나 고객에 대한 거래실적이나 상담기록은 추후 의사 결정에 도움이 되므로 기록해 두도록 한다.

해설

① 상사와 공적으로 혹은 사적으로 관련된 인사에 대한 소문 등은 파악하지 않는다.
② 작성한 명부에 대해서 공유해서는 안 된다.
③ 내부 인사에 대한 정보는 기록해 두어야 한다.

제2과목 | 경영일반

21 **다음은 기업윤리를 설명한 내용이다. 이 중 가장 적합한 내용은?** [20년 1회]

① 기업은 소비자와의 관계에서 고객을 통해 얻은 이익을 소비자 중심주의를 채택하여 소비자의 만족도를 높여야 한다.
② 기업의 종업원과의 관계에서 종업원의 승진, 이동, 보상, 해고 등에 대한 내용들은 기업윤리와 상관이 없다.
③ 기업은 투자자와의 관계에서 그들의 권리보장은 관계없이 수익을 최우선적으로 증대시키기 위해 노력해야 한다.
④ 기업은 매일 수없는 윤리논쟁에 직면하고 있는데, 일반적으로 크게 소비자와의 관계, 기업구성원과의 관계, 기업투자자와의 관계, 국제기업과의 관계로 나눌 수 있다.

해설

② 기업은 인적 차원의 경영자나 구성원을 보다 중요시해야 한다. 따라서 종업원의 승진, 이동, 보상, 해고 등에 대한 내용들도 기업윤리와 상관이 있다.
③ 기업은 수익 창출에 대한 책임도 있지만 투자자들의 권리 또한 보장해주어야 한다.
④ 국제기업과의 관계는 글로벌 경영과 관련이 있다.

20 ④ 21 ① **정답**

22 다음은 기업 형태에 대한 설명이다. ( ) 안에 알맞은 말로 올바르게 짝지은 것은? [19년 2회]

(A)은/는 자본적인 결합 없이 동종업종 또는 유사업종 기업들이 경쟁을 제한하면서 수평적으로 협정을 맺는 기업결합 형태이며, (B)은/는 자본적으로나 법률적으로 종래의 독립성을 상실하고 상호결합하는 기업집중 형태를 말한다.

① A – 콘체른, B – 지주회사　　② A – 카르텔, B – 트러스트

③ A – 지주회사, B – 콤비나트　　④ A – 트러스트, B – 콘체른

해설

- 콘체른 : 법률적으로 독립된 몇 개의 기업이 출자 등의 자본적 연휴를 기초로 하는 지배종속관계에 의해 형성되는 기업결합체로 기업결합이라고도 한다.
- 지주회사 : 여러 주식회사의 주식을 보유함으로써 다수 기업을 지배하려는 목적으로 이루어지는 대규모의 기업집중 형태이다.
- 콤비나트 : 상호보완적인 여러 생산부문이 생산기술적인 관점에서 결합하여 하나의 생산 집합체를 구성하는 결합 형태이다.

23 (A)는 계약에 의한 해외시장진출방식에 대한 설명이다. 다음 보기 중 (A)에 대한 내용으로 가장 적절한 것은? [18년 1회]

(A)은/는 특정 국가에서 외국기업에게 특허권, 상표, 기술, 제조 프로세스, 이미지 등을 사용하도록 허가하고 이에 대한 사용료나 로열티를 받는 방식을 말한다.

① 상대적으로 적은 비용으로 해외 진출이 가능하므로 해외 직접투자에 비해 대체로 수익성이 높은 편이다.

② 프랜차이징 방식으로 마케팅 프로그램에 대한 교육이나 경영노하우 등을 기업에게 직접 제공해 줌으로써 표준화된 마케팅 활동을 수행할 수 있다.

③ 현지국에 고정자본을 투자함으로써 정치적 위험에 노출될 수 있다는 단점이 있다.

④ 수입장벽을 우회하는 전략적 특징이 있어서 진출 예정국에 수출이나 직접투자에 대한 무역장벽이 존재할 경우에 유리하다.

해설

라이센싱(Licensing)

- 상표등록된 재산권을 가지고 있는 개인 또는 단체가 기업이 소유하고 있는 브랜드를 사용하도록 허가해주고 제공받은 디자인이나 제조기술을 활용하여 국내에서 영업할 수 있도록 하는 합작 또는 제휴의 형태이다.
- 진출 예정국의 무역장벽이 높을 경우, 라이센싱이 수출보다 진입위험이 낮으므로 진입전략으로 유리하다.
- 해외에 진출하는 제품이 서비스인 경우 수출과 이전비용이 적게 소요되므로 직접투자보다는 라이센싱을 선호한다.
- 라이센싱에 따른 수익은 해외투자에 따른 수익보다 적지만, 정치적으로 불안정한 시장에서 기업의 위험부담이 적다.

정답 22 ② 23 ④

24 다음은 기업을 둘러싸고 있는 경영환경의 예이다. 그 속성이 다른 것은? [19년 2회]

① 시장의 이자율, 물가, 환율에의 변동
② 새로운 기술 개발 및 기술 혁신
③ 노동조합 설립
④ 공정거래법, 노동법, 독과점 규제법 강화

해설

기업의 경영환경

외부환경 (통제 불가능 요인)	과업환경(미시환경)	고객, 경쟁자, 공급자, 노조, 종업원 등
	일반환경(거시환경)	경제적, 사회적, 정치적, 법률적, 기술적 환경 등
내부환경 (통제 가능 요인)	기업의 연혁, 역량, 조직문화, 조직분위기, 기업 내부자원 등	

25 다음 중 기업의 외부환경분석 중 포터(M. Porter)의 산업구조분석모형에서 다섯 가지 세력(5-Forces)에 해당하지 않는 것은? [20년 2회]

① 기존산업 내 경쟁 정도
② 공급자의 협상력
③ 신규 시장 진입자의 위협
④ 정부의 금융 · 재정정책

해설

④ 포터의 산업구조분석모형에서 다섯 가지 세력은 새로운 경쟁기업의 진출위협, 공급자의 협상력, 구매자의 교섭력, 대체품의 위협, 기존 기업 간의 경쟁강도 등이다.

24 ③ 25 ④ **정답**

26 다음 중 공동기업의 기업형태에 대한 설명으로 옳은 것은? [19년 2회]

① 합자회사는 2인 이상의 무한책임사원이 공동 출자하여 정관을 법원에 등기함으로써 설립되는 기업형태이다.

② 합명회사는 출자만 하는 유한책임사원과 출자와 경영을 모두 참여하는 무한책임사원으로 구성된 기업형태이다.

③ 익명조합은 조합에 출자를 하고 경영에 참여하는 무한책임영업자와 출자만 하고 경영에는 참여하지 않는 유한책임사원의 익명조합원으로 구성되는 기업형태이다.

④ 주식회사는 2인 이상 50인 이하의 사원이 출자액을 한도로 하여 기업채무에 유한책임을 지는 전원 유한책임사원으로 조직되는 기업형태이다.

해설

① 합자회사 : 무한책임사원과 유한책임사원으로 구성되기 때문에 2원적 회사라고 불리며 폐쇄적인 성격이 강하다.

② 합명회사 : 출자자 전원이 무한책임을 지는 개인적 성격이 강한 회사이다. 2인 이상의 사원이 공동으로 정관을 작성하고, 총사원이 기명날인 또는 서명함으로써 설립된다.

④ 주식회사 : 주식의 발행을 통해 자본을 조달하는 현대 기업의 대표적인 형태로, 주식회사의 출자자인 주주는 모두 유한책임사원으로서 출자액을 한도로 회사의 적자, 채무, 자본 리스크에 대한 책임을 진다.

27 다음 중 여러 가지 조직구조에 대한 설명으로 가장 적절하지 않은 것은? [18년 2회]

① 수평적 분화는 부문화와 직무의 전문화 등으로 나타난다.

② 조직의 공식화 수준이 높을수록 조직구성원 개인의 직무수행에 대한 재량권이 증가한다.

③ 집권화가 큰 조직은 의사결정권한을 상위층의 경영자가 보유하게 된다.

④ 분권적 관리조직은 신속한 의사결정이 가능하지만 공동비용의 발생으로 비용증가의 가능성이 있다.

해설

조직의 구조적 변수

- 공식화
  - 조직 내 직무가 표준화되어 있는 정도
  - 조직구성원들이 수행하는 업무들이 어느 정도 공식적인가에 대한 개념
  - 공식화가 고도화된다는 것은 개인의 재량권이 낮다는 것을 의미 → 공식화가 너무 지나치면 개인의 자유 재량권을 제한
- 집권화와 분권화
  - 집권화는 조직이 사용 가능한 자원분배와 관련된 의사결정의 집중 정도. 조직구성원 간의 직무수행에 관계된 직위권한이 어떻게, 얼마나 분배되는지에 따라 집권화 또는 분권화가 결정
  - 최근에는 집권화에서 분권화 쪽으로 권한 관계가 변화되는 경향이 있어, 과거의 수직적인 간호조직에서 팀제나 파트장이라는 분권화된 직책으로 개편되는 조직이 증가
  - 대규모 조직인 경우에는 일반적으로 분권화가 더 적절
  - 비교적 일상적이고 규칙적인 직무의 경우에는 집권화가 적절한 반면, 일정하지 않고 불규칙적인 직무의 경우에는 하부의 실무계층에 위임하는 분권화가 적절

정답 26 ③ 27 ②

28 다음 중 경영의 기본 관리기능에 대한 설명으로 가장 적절하지 않은 것은? [19년 1회]

① 계획화는 조직의 목표를 세우고 이를 달성하기 위한 방법을 찾는 일종의 분석과 선택의 과정을 말한다.
② 조직화는 조직목표를 달성하기 위해 요구되는 업무를 수행하도록 종업원들을 독려하고 감독하는 행위를 말한다.
③ 통제화는 경영활동이 계획과 부합되도록 구성원의 활동을 측정하고 수정하는 기능이다.
④ 조정화는 이해와 견해가 대립된 제 활동과 노력을 결합하고 동일화해서 조화를 기하는 기능이다.

해설

② 조직화는 직무를 분석하여 구성원에게 적절하게 할당하고 책임과 권한을 확정하여 조직 목표를 달성할 수 있는 체계적인 구조를 만드는 것이다.

29 민츠버그가 제시한 경영자의 역할 중에서 종업원을 동기부여하는 역할로서 가장 적절한 것은? [20년 2회]

① 정보적 역할
② 대인적 역할
③ 의사결정적 역할
④ 협상자 역할

해설

② 대인적 역할은 종업원들에게 동기를 부여하고 격려하며, 조직 내 갈등을 해소하는 역할이다.
① 정보적 역할에는 정보를 수집하고 관찰하는 모니터 역할, 수집된 정보를 조직 구성원들에게 알리는 전파자 역할, 투자 유치와 기업 홍보를 위한 대변인의 역할이 있다.
③ 의사결정적 역할에는 창업자로서의 기업가 역할, 조직 내 갈등을 극복하는 문제해결사로서의 분쟁조정자 역할, 주어진 자원을 효율적으로 배분하는 자원배분자 역할, 외부와의 협상에서 회사에 유리한 결과를 이끌어내는 협상자 역할이 있다.
④ 협상자 역할은 외부와의 협상에서 경영자가 회사에 유리한 결과를 이끌어내도록 최선을 다해야 하는 것을 의미한다.

30 의사결정 유형은 수준과 범위에 따라 전략적–관리적–업무적 의사결정으로 분류한다. 다음 중 의사결정 유형에 대한 설명으로 가장 적절하지 않은 것은? [19년 1회]

① 전략적 의사결정은 주로 기업 내부에 관한 의사결정으로, 의사결정에 필요한 능력으로는 기업 내부의 부문 간 조율을 위해 대인관계능력이 강조된다.
② 관리적 의사결정은 주로 중간경영층에서 이루어지고 최적의 업적 능력을 내도록 기업의 자원을 조직화하는 것과 관련이 있다.
③ 업무적 의사결정은 주로 하위경영층에 의해 이루어지고 생산, 마케팅, 인사 등과 관련한 일상적으로 이루어지는 의사결정을 포함한다.
④ 업무적 의사결정을 하는 데 필요한 능력으로 업무의 문제를 발견하고 해결하는 기술적 능력이 있다.

28 ② 29 ② 30 ① 정답

해설

전략적 의사결정의 특징
- 최고경영자의 의사결정(전사적 의사결정) 필요
- 대규모의 자원동원 필요
- 기업의 경영성과에 장기적인 영향을 미침
- 미래지향적
- 비정형적, 비반복적

31 다음의 의사소통에 관한 설명 중 가장 적절하지 않은 것은? [18년 1회]

① 의사소통이란 정보와 구성원들의 태도가 서로 교환되는 과정이며, 이때 정보는 전달뿐 아니라 완전히 이해되는 것을 의미한다.
② 의사소통의 목적은 통제, 지침, 동기부여, 문제해결, 정보전달 등이 포함된다.
③ 직무지시, 작업절차에 대한 정보제공, 부하의 업적에 대한 피드백 등은 하향식 의사소통에 포함된다.
④ 동일 계층의 사람들 간의 의사전달, 부하들의 피드백, 새로운 아이디어 제안 등은 수평식 의사소통에 포함된다.

해설

④ 하급자의 성과, 의견, 태도 등이 상위의 계층으로 전달되는 의사소통은 수직적 의사소통 중 상향식 의사소통으로 볼 수 있다.

32 다음 중 허즈버그의 2요인 이론에 대한 설명으로 가장 적합한 것은? [19년 2회]

① 만족과 불만족을 동일한 개념의 양극으로 보지 않고 두 개의 독립된 개념으로 본다.
② 작업환경, 관리자의 자질, 회사정책은 동기요인에 속한다.
③ 위생요인을 충족시켜주면 직무만족도가 증가하고 결핍되면 직무불만족에 빠지게 된다.
④ 경영자는 종업원의 직무동기를 유발하기 위해서는 종업원의 급여나 대인관계와 같은 동기요인에 관심을 기울여야 한다.

해설

② 작업환경, 관리자의 자질, 회사정책 등은 위생요인에 속한다.
③ 동기요인을 충족하면 직무만족도가 증가하고 결핍되면 직무불만족에 빠진다.
④ 경영자는 종업원의 직무동기를 유발하기 위해 종업원의 업무에 관한 성취나 성장과 같은 동기요인에 관심을 기울여야 한다.

정답 31 ④ 32 ①

33 다음의 마케팅에 관한 설명 중 가장 적절하지 않은 것은? [18년 1회]

① 선행적 마케팅 활동은 마케팅 조사활동, 마케팅 계획활동 등을 말한다.
② 관계 마케팅은 충성도를 증진시키기 위해 멤버십카드 등을 활용하기도 한다.
③ 자사의 상품에 대한 구매를 의도적으로 줄이는 마케팅 활동을 심비오틱 마케팅이라고 한다.
④ 동시화 마케팅은 제품 및 서비스의 공급능력에 맞추어 수요발생시기를 조정 또는 변경한다.

해설

디마케팅(Demarketing)에 대한 설명으로, 자사 제품이나 서비스에 대한 수요를 일시적 또는 영구적으로 감소시키려는 마케팅이다.

34 인사관리 중 선발의 경우, 면접 시 생길 수 있는 오류의 설명 중 바르게 설명된 것은? [20년 2회]

① 현혹효과는 후광효과라고도 하는데, 이는 한 측면의 평가결과가 전체 평가를 좌우하는 오류를 말한다.
② 관대화경향은 평가할 때 무조건 적당히 중간 점수로 평가하여 평가치가 중간에 치중하는 현상을 나타나게 하는 오류이다.
③ 스테레오타입오류는 피그말리온효과라고도 하는데, 자기충족적 예언을 의미한다.
④ 다양화오류는 사람들이 경험을 통한 수많은 원판을 마음에 가지고 있다가 그 원판 중에 하나라도 비슷하게 맞아떨어지면 동일한 것으로 간주해버리는 오류를 의미한다.

해설

② 관대화경향은 피고과자를 평가함에 있어 가능한 한 높은 점수를 주려는 오류이다.
③ 스테레오타입오류는 특정한 사람에게 갖고 있는 고과자의 지각에 의한 것으로, 예를 들어 고과자가 평소 특정 종교에 갖고 있는 좋지 않은 감정이 피고과자의 평가에 영향을 미치는 오류이다.

35 다음 중 기업이 보상수준을 결정할 때 중요하게 고려해야 할 요인에 대한 설명으로 가장 적절하지 않은 것은? [19년 1회]

① 보상수준은 기본적으로 종업원의 생계를 보장할 수 있는 수준이 되어야 한다.
② 보상수준은 기업의 지불능력 한도 내에서 결정되어야 하며 지불능력에 따라 임금수준의 하한선이 결정된다.
③ 정부의 최저임금제도나 노동력의 수급상황 등과 같은 환경적 요인도 보상수준을 결정하는 데 영향을 미친다.
④ 임금관리의 공정성을 확보하기 위하여 동종업계의 임금수준을 조사할 필요가 있다.

33 ③ 34 ① 35 ② **정답**

해설

보상(Compensation)

보상이란 다음의 사항을 포함하는 것으로 종업원이 받는 모든 형태의 금전적 대가, 무형적 서비스 및 혜택을 말한다.

- 임금(Wage) : 사용자가 노동의 대가로 노동자에게 지급하는 봉급, 급여, 보너스 등의 금품
- 봉급(Salary) : 사무직에게 장기간 기준으로 지급되는 주급, 월급, 연봉
- 급여(Pay) : 복리후생을 제외한 일체의 금전적 보상
- 기본급(Base) : 회사가 정해진 룰에 의해 종업원들에게 공통적 · 고정적으로 지급하는 현금
- 수당(Allowance) : 기본급 외에 추가적으로 지급되는 금전적 보상(예 식비, 교통비, 명절보너스)
- 보너스(Bonus) : 종업원과 기본적으로 약속한 금액보다 추가되는 일체의 보상
- 장려금(Incentive) : 종업원을 동기화시키려고 성과에 따라 일시적 포상의 의미로 지급하는 보상
- 복리후생(Benefits) : 종업원의 생활안정, 생활향상을 위해 부가적으로 지급되는 일체의 현금급여(예 수당, 퇴직금)와 현물급여(예 사원아파트, 탁아소, 문화사업)

36 다음 중 기업에서 활용되는 다양한 마케팅 활동에 대한 설명으로 가장 적합하지 않은 것은? [20년 2회]

① 디마케팅(Demarketing)은 자사 제품이나 서비스에 대한 수요를 일시적 또는 영구적으로 감소시키려는 마케팅이다.

② 퍼미션(Permission)마케팅은 같은 고객에게 관련된 기존상품 또는 신상품을 판매하는 마케팅이다.

③ 자극(Stimulation)마케팅은 제품에 대한 지식이나 관심이 없는 소비자에게 자극을 주어 욕구를 가지게 하는 마케팅이다.

④ 바이럴(Viral)마케팅은 네티즌들이 이메일이나 다른 전파매체를 통해 자발적으로 제품을 홍보하는 메시지를 퍼트리는 것을 촉진하는 마케팅이다.

해설

② 퍼미션마케팅은 고객에게 동의를 받은 마케팅 활동을 말한다.

37 다음의 투자안의 경제성 분석기법에 관한 설명으로 가장 옳지 않은 것은? [18년 1회]

① 회수기간법은 회수기간 이후의 현금흐름은 고려하지 않는다.

② 회계적 이익률법은 화폐의 시간적 가치를 고려한다.

③ 순현재가치법은 내용연수 동안의 모든 현금흐름을 고려한다.

④ 내부수익률법은 투자기간 동안 자본비용이 변하는 경우에는 적용하기 어렵다.

해설

② 회계적 이익률법은 회계적 이익률을 기업에서 정한 목표이익률과 비교하여 투자 의사 결정을 하는 방법으로, 자료를 쉽게 얻을 수 있고 계산이 간편하며 이해가 쉽지만, 미래의 실제 현금흐름과 차이가 있으며 화폐의 시간가치를 고려하지 않는다.

정답 36 ② 37 ②

38 **A기업의 자본총계는 1억 6천만 원이고 부채총계는 4천만 원이다. 이때 A기업의 자산총계와 부채비율은 각각 얼마인가?** [19년 2회]

① 자산총계 – 1억 2천만 원이며, 부채비율 – 20%
② 자산총계 – 1억 6천만 원이며, 부채비율 – 400%
③ 자산총계 – 2억 원이며, 부채비율 – 25%
④ 자산총계 – 2억 4천만 원이며, 부채비율 – 17%

해설

- 자산총계 = 자본총계 + 부채총계 = 160,000,000 + 40,000,000 = 200,000,000
- 부채비율 = (타인자본/자기자본) × 100 = 40,000,000 ÷ 160,000,000 × 100 = 25%

39 **최근 승차 공유서비스인 카풀의 경우 택시업계와 갈등을 빚어 왔으며, 승합차 호출 서비스와 개인택시 간에 서비스 불법 논란이 불거지고 있다. 이처럼 한번 생산된 제품을 여럿이 함께 협력 소비를 기본으로 한 방식을 일컫는 용어를 무엇이라 하는가?** [20년 1회]

① 공유소비
② 공유경영
③ 공유경제
④ 공유사회

해설

③ 공유경제는 제품이나 서비스를 소유하는 것이 아니라, 필요에 의해 서로 공유하는 활동을 일컫는다. 유형과 무형을 모두 포함하며 불필요한 낭비가 감소하고 상대적으로 저렴한 가격으로 제품과 서비스를 이용할 수 있는 등의 장점이 있지만, 공동소유의 경우 관리 책임이 불명확하며 현행 법령을 어길 수 있다는 가능성 등의 문제가 있다.

40 **다음의 내용을 읽고 괄호에 들어갈 용어로 가장 적합한 것은?** [17년 2회]

( )을 실생활에 응용한 예를 보자. 뷔페식당은 다양한 음식을 갖추어 놓고 일정한 식사비만 내면 얼마든지 먹게 한다. 어떻게 그런 무모한 마케팅 전략을 세울 수 있는가? 이는 ( )이 성립되기 때문이다.

① 무차별곡선 법칙
② 총효용의 법칙
③ 수요균등의 법칙
④ 한계효용체감의 법칙

해설

④ 한계효용체감의 법칙이란 한 소비재의 소비량만 늘려나갈 때 궁극적으로 한계효용이 점차 감소한다는 것이다.

38 ③ 39 ③ 40 ④ **정답**

제3과목 | 사무영어

41 **Which is LEAST correct according to the following?** [19년 2회]

I have been attempting to schedule a trip to Korea for the past 6 weeks without success. I have been thinking about my schedule this fall and I have realized that it has been a year since the last audit. I would like to schedule an Audit visit on the 1st week of Oct.(6th~10th). Please let me know if there are two consecutive days of this week that are available. I will send the paperwork and agenda for this activity by Sept. 5, 2019.

Sincerely yours,
John Kim

① John could not visit Korea for the last six weeks.

② John is planning to visit Korea.

③ The recent audit was done last year.

④ John would like to do the audit only on Oct. 6th and 10th.

해설

John이 10월 첫째 주에 회계감사 방문 일정을 잡기를 원한다(I would like to schedule an Audit visit on the 1st week of Oct)고 했으므로 '10월 6일과 10일만(Oct. 6th and 10th)'이라고 한 보기 ④는 옳지 않다.

① John은 지난 6주간 한국을 방문할 수 없었다.

② John은 한국을 방문할 계획이다.

③ 최근 회계감사는 지난해에 한 것이다.

저는 지난 6주간 한국행 일정을 잡으려고 애썼지만 잡지 못했습니다. 올가을 일정에 대해 생각하다가 지난 회계감사 이후 1년이 지났다는 것을 깨달았습니다. 저는 10월 첫째 주(6일~10일)에 회계감사 방문일정을 잡기를 원합니다. 이번 주에 이틀 연속으로 시간을 사용할 수 있는 날이 있으면 저에게 알려주십시오. 2019년 9월 5일까지 이 일에 필요한 문서업무와 안건을 보내드릴 것입니다.

정답 41 ④

42 According to the followings, which one is true? [20년 1회]

This is the overview of the Sejong Hotel in Seoul.

- Three Diamond downtown hotel with indoor pool
- The Sejong Hotel is a few minutes walking distance from Cityhall Subway Station and Namsan Tower. Approximately a 15–minute walk to Gyeongbokgung Palace and Kyobo Tower is located outside the front door of the hotel.
- We have Business Center, Fitness Center, and Meeting Rooms.
- All guests get free standard Wi–Fi in–room and in the lobby.
- Free cancellation is available up to 5 days before arrival.

① There is no subway station near the hotel.

② Business Center and Fitness Center are in the Sejong Hotel.

③ You can use standard Wi–Fi in your room with charge.

④ You can cancel your reservation up to 3 days before your arrival without charge.

해설

① 세종호텔 근처에는 Cityhall 지하철역이 있다.

③ 모든 방문객들은 호텔로비와 방 안에서 무료 와이파이를 이용할 수 있다.

④ 예약은 도착 5일 전까지 무료로 취소할 수 있다.

43 According to the following dialogue, which is NOT true? [19년 1회]

A : Good morning. May I help you?
B : Good morning. I'd like to see Mr. Taylor.
A : May I ask your name and the nature of your business?
B : I'm Mary Chung of P&G Consumer Products Company. I just want to talk to him about our new products.
A : I see. Let me see if Mr. Taylor is available. Could you please wait for a while?
B : Sure.
A : Thank you for waiting, Ms. Chung. I'm sorry but Mr. Taylor is going to attend a meeting soon. Could you please make an appointment before you visit him?
B : I will. Here is my business card. Please give it to him.

① Ms. Chung belongs to P&G Consumer Products Company.

② Mr. Taylor can't meet Ms. Chung because of his schedule.

③ Ms. Chung didn't want to introduce herself to Mr. Taylor.

④ Ms. Chung visited Mr. Taylor's office without appointment.

42 ② 43 ③ 정답

해설

대화의 내용과는 다른 것을 고르는 문제로 Ms. Chung은 Mr. Taylor에게 자신의 회사 신제품 관련 이야기를 하러 찾아 온 점, 말미에 자신의 명함을 Mr. Taylor에게 전하도록 한 점 등으로 미루어 보아 ③의 내용을 답으로 볼 수 있다.

44 Which is CORRECT according to the phone conversation? [19년 2회]

S1 : Good morning. Is that Sales Manager's office?
S2 : Yes, it is. How can I help you?
S1 : I'm Miss Chang, secretary to Mr. Brown, Vice President of Diwon Company. Mr. Brown would like to see him to discuss the new products around this week, if that is convenient.
S2 : Yes, Miss Chang. I shall have to check with the Sales Manager. May I call you back?
S1 : Certainly. I'll be here all morning. My number is 254-3928 extension 133.

① Mr. Brown himself called first.

② Sales manager called the Vice President.

③ Vice President had an appointment to meet the Sales Manager this afternoon.

④ Secretary of Sales Manager will call back to Miss Chang.

해설

대화 마지막의 'May I call you back?(전화 드릴까요?)'과 'Certainly(그렇게 해주세요)'로 영업부장의 비서가 Chang 비서에게 전화하리라는 사실을 짐작할 수 있으므로 정답은 ④이다. Brown 부회장이 먼저 전화를 했거나 영업부장이 부회장에게 전화했었다는 근거는 대화 중에 나타나지 않았고, Brown 부회장과 영업부장이 만날 날은 아직 정해지지 않았기 때문에 ①·②·③은 오답이다.

S1 : 안녕하세요? 영업부장실인가요?
S2 : 예, 맞습니다. 무엇을 도와드릴까요?
S1 : 저는 회사 Diwon의 Brown 부회장님 비서인 Miss Chang입니다. 괜찮으시다면, Brown 부회장님이 이번 주쯤에 영업부장님을 만나서 신제품에 대해 의논하고 싶어 하십니다.
S2 : 예, 알겠습니다. 영업부장님께 확인해보겠습니다. 전화 드릴까요?
S1 : 그렇게 해주세요. 오전 중에는 자리를 비우지 않을 것입니다. 전화번호는 254-3928이고, 내선번호는 133입니다.

정답 44 ④

45 Choose one which is not true to the given text. [18년 1회]

TELEPHONE MEMO

To Mr. S. Y. Kim

Date 2017. 2. 2. Time 2:20 p.m

WHILE YOU WERE OUT

Mr. Paul Robinson

of International Home Appliances

phone 555–2485 Ext 144

■ Telephoned	□ Please Call
□ Returned Your Call	□ Will Call Again
□ Came to see You	□ Wants to see you

Message : Mr. Robinson'd like to cancel the meeting of February 4th, Monday at 2 o'clock. He has to leave for New York tonight and will be back on February 12th.

taken by Michelle Lee

① Mr. Paul Robinson left this message to Ms. Michelle Lee.

② Mr. Paul Robinson called Mr. Kim to cancel the meeting of February 4th.

③ Ms. Michelle Lee is working for International Home Appliances.

④ This message should be given to Mr. S. Y. Kim as soon as possible.

해설

③ Mr. Paul Robinson is working for International Home Appliances.

45 ③ 정답

46 According to the following invitation, which is not true? [17년 2회]

> We are pleased to invite you to ERP Conference which is being held at New York City, NY(U.S.A.) from November 21 to 23, 2017. Presentations, chats and panel discussions will be held on the recent ERP issues. Please join this exclusive Conference to network, socialize, and engage directly with ERP Systems technologists.
>
> To Register
>
> Click on the registration link for the ERP session you wish to attend. Three sessions will be held.
> On the resulting page, select the "Enrol" button, located on the top-left side of the page.
> You will receive an email confirmation and a calendar entry.

① ERP session에 참석 가능 인원이 채워지면 등록버튼이 작동하지 않는다.
② 회의 내용은 최근 ERP 관련 사안들이다.
③ 참석자들은 자신들이 원하는 ERP session에 등록가능하다.
④ 이번 회의에서는 전문가들의 패널 토론도 진행될 예정이다.

해설

① 내용은 본문에 나와 있지 않다.

> 우리는 2017년 11월 21일부터 23일까지 뉴욕(미국)에서 개최되는 ERP 컨퍼런스에 여러분을 초대하게 되어 기쁩니다. 최근의 ERP 문제에 대한 발표, 이야기 나누기 및 패널 토론이 진행될 것입니다. 이 특별회의에 네트워크로 참여하고, 함께 어울리며, ERP 시스템 최신 과학기술 분야 전문가들과 직접 소통하십시오.
>
> 등 록
>
> 참석하고자 하는 ERP 세션의 등록링크를 클릭하십시오. 3회의 세션이 개최됩니다.
> 결과 페이지에서 페이지의 왼쪽 상단에 있는 "등록" 버튼을 선택하십시오.
> 그러면 이메일 확인 및 일정 입력을 받게 됩니다.

정답 46 ①

47 **Which of the following is MOST appropriate?** [18년 2회]

> ① May 5, 2018.
>
> Supplies Limited
> 316 Wilson boulevard
> Arlington, VA 22207
> USA
>
> ② Dear sir or madam,
>
> This morning I received a carton of computer printout paper(stock number CP4–9). This paper is useless. The carton was damaged and wet, I'm returning it under separate cover.
>
> We'd like a replacement as soon as possible.
>
> ③ Please call me if there are any questions?
> Thank you for your cooperation.
>
> ④ Cordially yours,
>
> Sophie Yang

① May 5, 2018.

② Dear sir or madam,

③ Please call me if there are any questions?

④ Cordially yours,

해설

비즈니스레터 순서

1. Letterhead 혹은 Return Address
2. Date
3. Inside Address
4. Salutation
5. Body of the Letter
6. Complimentary Close
7. Signature Block
8. Final Notations

47 ④ **정답**

48 Choose the most effective subject line that reflects the following e-mail message. [15년 1회]

> We have had some difficulty arranging parking spaces for all employees. Also, as you know, we have committed to a new green guide for the company. Therefore, we need to bring green practices to our company. We are interested in finding a green solution to the parking problem. A meeting will be held on Thursday, March 23, at 12:30 p.m. to hear your suggestions. We encourage everyone to join the meeting.

① Stop by to give your ideas at this Thursday's meeting.
② Monday's Meeting.
③ Meeting for everyone.
④ Meeting for Monday.

해설

'A meeting will be held ~ suggestion'의 문장을 통해 귀하의 제안을 청취하고자 하는 회의의 개최 사실을 알리고 전원 참석할 것을 독려하고 있다. 따라서 의견을 알리기 위해 목요일 회의에 참석할 것을 요청하는 ①이 제시된 서신의 목적을 단적으로 나타내는 제목이라고 할 수 있다.

- have difficulty ~ing : ~하는 것이 어렵다
- stop by : 들르다

49 Belows are in the envelope. Which of the followings is INCORRECT? [19년 1회]

① 항공우편 – Via Air Mail
② 속달우편 – Express Delivery
③ 반송주소 – Inside Address
④ 긴급 – Urgent

해설

③ Inside Address는 우편물 안에 적는 주소를 말한다. 반송주소는 Return Address이다.

정답 48 ① 49 ③

50 Which of the following is the most appropriate term for the blank? [15년 1회]

Bob	: Would anyone like to comment on that last suggestion?
Linda	: ______________. I can see how it could really help sales.
Bob	: Thank you. Let me give you some more examples of other companies.

① That's not a good idea

② I totally agree with you

③ That doesn't really make

④ I don't get your idea

해설

Bob이 지난번의 제안에 대한 의견을 묻자 Linda는 매출에 긍정적이라는 반응을 보였고, 이에 Bob은 타사의 견본도 보여준다고 말하고 있다. 따라서 선택지 중 긍정적인 대답인 ②가 공란에 들어갈 내용으로 적절하다.

51 According to the dialog below, which statement is not true to the conversation? [16년 1회]

Boss	: Are there any special plans for the week that I have to bear in mind?
Secretary	: Yes. You've accepted an invitation to the banquet for the delegation from the Asian Investment Bank. It is at Continent Hotel on Wednesday at 7:00. Besides, you agreed to deliver a welcoming speech on behalf of the reporters' association.
Boss	: Is the draft for the speech proofread by the managing editor?
Secretary	: Yes, of course. As soon as you go over it and finalize the speech, it will be printed and be ready for distribution.
Boss	: OK. Then, let's start off with reviewing the draft.

① The boss will be present at the party on Wednesday at 7:00.

② There will be a welcoming speech during the banquet.

③ The boss will peruse the draft of his welcoming speech to finalize it.

④ The secretary should proofread the draft for the managing editor.

해설

- peruse the draft : 초안을 숙독하다
- welcoming speech : 환영사
- finalize : 최종화하다
- proofread : 교정을 보다

50 ② 51 ④ **정답**

Boss : 이번 주 제가 기억해둬야 할 특별한 계획이 있나요?
Secretary : 수요일 7시 컨티넨트호텔에 아시아 투자회사 대표자들을 위한 만찬초대에 대해 수락하셨고, 기자협회를 대표해서 환영사를 전하기로 하셨습니다.
Boss : 편집장님께서 연설초안을 교정보십니까?
Secretary : 네. 그렇습니다. 사장님께서 그것을 검토하고 확정하시면 바로 인쇄하여 배포되도록 준비할 것입니다.
Boss : 좋아요. 그럼 초안부터 검토해봅시다.

52 Choose the most appropriate expression that has the same meaning of the underlined word. [17년 1회]

The financial manager gave down-to-earth advice to his long term client.

① practical ② profitable
③ critical ④ determined

해설

① practical : 현실적인, 실제적인
② profitable : 유익한
③ critical : 비판적인
④ determined : 단호한
• down-to-earth : 실제적인, 견실한

재무 관리자는 그의 장기적인 고객에게 현실적인 조언을 해주었다.

53 Choose the one which has a grammatical error among ⓐ~ⓓ. [16년 2회]

ⓐ I am writing on relation to your recent complaint. ⓑ I would like to apologize for the inconvenience you have suffered. ⓒ We will send replacement items immediately. ⓓ Please accept my assure that it will not happen again.

① ⓐ ② ⓑ
③ ⓒ ④ ⓓ

해설

④ 'assure'은 '장담하다, 확인하다'의 뜻을 가진 동사이므로 문법상 올바르게 고치기 위해서는 'assurance'로 고쳐야 한다.

고객님의 최근 불만족에 대해 답변을 드립니다. 불편을 끼쳐드린 점 사과드립니다. 저희가 즉시 제품을 교체해 드리도록 하겠습니다. 향후 이런 일이 일어나지 않을 것을 약속드립니다.

정답 52 ① 53 ④

54 Followings are sets of conversation. Choose one that does NOT match correctly each other. [20년 1회]

① A : Did you get an email from him?
B : I should have gotten it done tomorrow.

② A : How's the project going?
B : Everything is okay with it.

③ A : I'm sick and tired of writing a report.
B : So am I. I think I have written as many as 200 reports this year.

④ A : Did you finish the sales report?
B : Oops! It slipped my mind.

해설

① A : 그에게서 이메일을 받았습니까?
B : 나는 내일까지 이것을 끝냈어야 했습니다.
② A : 프로젝트는 어떻게 진행되고 있습니까?
B : 순조롭게 진행되고 있습니다.
③ A : 보고서를 작성하느라 아프고 피곤합니다.
B : 나도 그렇습니다. 이번년도에 무려 200장만큼의 많은 보고서를 작성한 것 같습니다.
④ A : 매출 보고서의 작성을 다 끝냈습니까?
B : 아이고! 깜빡 잊어버렸습니다.

55 Choose the English expression which is not matching with the Korean part. [15년 2회]

① 각 프레젠테이션에 대해 10분의 질문 시간이 주어집니다.
10 minutes of question time is allocated for each presentation.

② 오늘 발표자를 한 사람씩 소개하겠습니다.
Let me introduce today's presenters to you one by one.

③ 다음 중요 사항을 다시 짚어보겠습니다.
Let me just run over the key points again.

④ 저 사항은 제가 프레젠테이션 끝날 때 말씀드리겠습니다.
That brings me to the end of my presentation.

해설

④ 저 부분은 제 프레젠테이션의 마지막이 되겠습니다.

54 ① 55 ④ 정답

56 Choose one that has the least appropriate definition for the underlined meeting and conference related words. [17년 2회]

① Stroll is drinks and small amounts of food that are provided during a meeting.
② Place card is a piece of stiff paper or thin cardboard on which something is written or printed.
③ The closing address is at the end of the conference.
④ Session is a period of time that is spent doing a particular activity.

해설

① Stroll은 한가롭게 거니는 것을 말한다.

① 산책은 회의 중에 제공되는 음료수와 약간의 음식을 말한다.
② 좌석표는 무언가가 쓰였거나 인쇄된 딱딱한 종이 또는 얇은 카드보드지이다.
③ 폐회사는 회의 종료 때 행해진다.
④ 세션은 특정 활동을 하는 데 소요되는 시간이다.

57 Followings are expressions to confirm an appointment that has already been made. Which is the MOST appropriate expression? [20년 1회]

① Would you like to meet on the 2nd at 10:00?
② I'd like to remind you of the meeting on the 2nd at 10:00.
③ Do you have any schedule on the 2nd at 10:00?
④ Are you free on the 2nd at 10:00?

해설

이미 약속된 것을 확인하기 위한 표현을 골라야 한다. 따라서 2일 10시에 있는 약속을 상기시켜주고 싶다는 의미를 내포한 ②가 가장 적절하다. 나머지 보기는 2일 10시에 약속을 잡기 위해 상대방에게 물어보는 것을 의미하고 있다.

정답 56 ① 57 ②

58 Read the following conversation and choose one which is not true? [16년 2회]

Mr. James : Good morning, ABC Travel. How can I help you today?
Ms. Loppez : Hello, I need to book a flight to Beijing for my employer. She needs to arrive by 10:00 a.m. on January 21st.
Mr. James : Which airport would you like to depart from?
Ms. Loppez : Manchester.
Mr. James : We have a flight departing from Manchester at 6:00 p.m. on January 19th. It lands on the 20th at 1:40 p.m. local time.
Ms. Loppez : Perfect. Could you please book a business class seat for Teresa May?
Mr. James : Of course. Is there anything else I can do for you?
Ms. Loppez : Yes. Can you arrange a hotel in the centre and an driver to take Mrs. May there from the airport?
Mr. James : I'll arrange a driver to meet her at the airport, and I'll make reservations with a top hotel. We'll send them to you with the tickets.
Ms. Loppez : Great. Thanks so much.

① Ms. Loppez wants to reserve a hotel in the centre for her boss.
② The travel agent will organize a driver for Mrs. May.
③ Ms. Loppez works for Mrs. May's office.
④ A flight to Beijing will depart from Manchester at 1:40 p.m., on January 20.

해설

④ "We have a flight departing from Manchester at 6:00 p.m. on January 19th."에서 1월 19일 오후 6시에 비행기가 맨체스터를 출발한다고 하였으므로 설명이 맞지 않는다.

Mr. James : 안녕하세요. ABC 여행사입니다. 무엇을 도와드릴까요?
Ms. Loppez : 안녕하세요. 저희 사장님을 위해 베이징행 비행기를 예약하려 하는데요. 1월 21일 10시까지 도착하려 합니다.
Mr. James : 어느 공항에서 출발하실 건가요?
Ms. Loppez : 맨체스터입니다.
Mr. James : 맨체스터로부터 출발하는 비행기가 1월 19일 오후 6시에 있습니다. 현지시간으로 20일 오후 1시 40분 도착합니다.
Ms. Loppez : 좋아요. Teresa May 이름으로 비즈니스석 예약해 주시겠어요?
Mr. James : 알겠습니다. 다른 도와드릴 것이 있나요?
Ms. Loppez : 네. 도심에 호텔 예약과 공항에서 Mrs. May를 태워줄 운전자분을 주선해 주시겠어요?
Mr. James : 공항에서 만날 운전자분을 주선해 드리겠습니다. 그리고 최상의 호텔을 예약해 놓겠습니다. 저희가 표와 함께 보내드리도록 하겠습니다.
Ms. Loppez : 감사합니다.

58 ④ **정답**

59 Which is NOT true according to the following Mr. Smith's itinerary? [20년 2회]

WEDNESDAY, MAY 6	
01:30 p.m.	Leave Chicago/O'Hare Field American Airlines Flight No. 836 Nonstop
05:10 p.m.	Arrive Boston/Logan Int. Hotel Transportation Provided Phone : 617-267-9314 Hotel : Revere Square Hotel, 9135 Revere Square Dates : May 6 and 7 Confirmation No. 156J92CD (by Joan) Guaranteed Arrival Note. Upon arrival, contact TomKennedy regarding conference presentation.
THURSDAY, MAY 7	
10:00 a.m.	Presentation to National Pharmaceutical Sales Conference, Decker Hall, Revere Square Hotel
11:45 a.m.	Luncheon w/ John Blake, new accountant, Pullman Room, Revere Square Hotel
04:00 p.m.	Meeting w/ all regional sales managers, Hall B, Revere Square Hotel
07:30 p.m.	Conference Banquet, Diamond Hall, Revere Square Hotel
FRIDAY, MAY 8	
10:00 a.m.	Leave Boston/Logan Int. American Airlines Flight No. 462 Nonstop

① 스미스 씨는 2박 일정으로 Revere Square 호텔을 예약하였다.
② 호텔 예약과 관련하여 문제가 발생했을 경우는 Joan과 연락하면 된다.
③ 연회는 저녁 7시 30분에 Pullman Room에서 개최될 예정이다.
④ 스미스 씨는 수요일 오후 1시 30분 시카고 O'Hare 공항을 떠나는 일정이다.

해설

③ 연회는 저녁 7시 30분에 Diamond Hall에서 개최될 예정이다.

정답 59 ③

60 What are the BEST expressions for the blank ⓐ and ⓑ? [19년 제2회]

Waiting areas for visitors ⓐ 다릅니다 different companies. Usually visitors wait near the receptionist, but sometimes they may be shown directly to the meeting room and wait there. Coffee or tea is not always served. If you are served coffee, it may be in a cup, a mug or even a ⓑ 일회용 컵. You may also be asked to help yourself to coffee or a soft drink.

① ⓐ differ on ⓑ recycled cup
② ⓐ varies on ⓑ tumbler
③ ⓐ vary in ⓑ disposable cup
④ ⓐ have various ⓑ paper cup

해설

'다양하다' 혹은 '여러 가지다'의 의미를 표현할 때는 'vary in'을 사용하며, 일회용 컵의 바른 영어 표현은 'disposable cup'이므로 정답은 ③이다.

방문자 대기실은 회사마다 다르다. 보통 방문객들은 안내원 옆에서 기다리지만 때로는 곧바로 회의실로 안내되어 거기서 기다린다. 커피나 차가 반드시 제공되는 것은 아니다. 커피를 제공받는다면, 컵이나 머그잔, 어떨 때는 일회용 컵으로 제공받을지도 모른다. 또한 커피나 청량음료를 마음껏 드시라는 안내를 받을 수도 있다.

제4과목 | 사무정보관리

61 다음 중 문서의 종류에 대한 설명이 가장 적절하지 못한 것은? [20년 2회]

① 공문서 중 비치문서는 민원인이 행정기관에 허가, 인가, 그 밖의 처분 등 특정한 행위를 요구하는 문서와 그에 대한 처리문서를 뜻한다.
② 비서실에서는 거래문서보다 초대장, 행사안내문, 인사장, 축하장, 감사장 등과 같은 문서의 비중이 높은 편이다.
③ 전자문서 시스템, 사무용 소프트웨어뿐 아니라 홈페이지 게시 등과 같이 작성되는 문서도 전자문서에 속한다.
④ 문서 작성 소프트웨어에 의해 작성되었다고 하더라도 인쇄되어 종이의 형태로 유통된다면 종이문서라고 할 수 있다.

해설

① '비치문서'는 비치대장 · 비치카드 등 소속기관이 일정한 사항을 기록하여 소속기관 내부에 비치하면서 업무에 활용하는 문서이다. 민원인이 행정기관에 허가, 인가, 그 밖의 처분 등 특정한 행위를 요구하는 문서와 그에 대한 처리문서는 민원문서이다.

60 ③ 61 ① **정답**

62 (주)한국기업에서 아래와 같이 결재가 처리되었다. 다음 중 아래의 결재 처리에 대한 설명이 가장 적절한 것은? [19년 1회]

대 리	부 장	전 무	부사장	사 장
김철수	임승석(11/10)	대 결	전 결	박주민(11/12)

① 이 문서의 기안자는 임승석 부장이다.
② 이 문서는 박주민 사장이 결재한 문서이다.
③ 이 문서는 대리-부장-전무 순서로 결재된 문서이다.
④ 이 문서는 부사장이 사장 대신에 결재한 문서이다.

해설

③ 전결은 기관의 장으로부터 사무의 내용에 따라 결재권을 위임받은 자가 행하는 결재이고, 대결은 결재권자가 휴가, 출장, 기타의 사유로 상당기간 부재중이거나 긴급한 문서의 경우 결재권자의 사정에 의하여 결재를 받을 수 없는 때에 그 직무를 대리하는 자가 행하는 결재를 말한다.

63 다음 중 밑줄 친 부분의 한글 맞춤법이 잘못 표기된 것을 고르시오. [17년 1회]

① 왠지 가슴이 두근거린다.
② 착한 사람이 돼라.
③ 비서로서 나의 위치
④ 출석율을 살펴보면

해설

④ 출석율 → 출석률 : '율/률(率)'은 '비율'의 뜻을 더하는 접미사로, 앞말에 받침이 없는 경우와 앞말이 'ㄴ' 받침으로 끝날 때는 '율'로 쓰며, 앞말의 받침이 'ㄴ'을 제외한 자음으로 끝나면 '률'을 쓴다.

64 한국상공(주)의 대표이사 비서인 이나영 씨는 거래처 대표이사가 새로 취임하여 축하장 초안을 작성하고 있다. 다음 축하장에서 밑줄 친 부분의 맞춤법이 바르지 않은 것끼리 묶인 것은? [18년 1회]

> 귀사의 무궁한 번영과 발전을 기원합니다.
> 이번에 대표이사로 새로 취임하심을 진심으로 기쁘게 생각하며 ⓐ 축하드립니다. 이는 탁월한 식견과 그동안의 부단한 노력에 따른 결과라 생각합니다. 앞으로도 저희 한국상공(주)와 ⓑ 원할한 협력 관계를 ⓒ 공고이 해 나가게 되기를 기대하며, 우선 서면으로 축하인사를 대신합니다.
> ⓓ 아무쪼록 건강하시기 바랍니다.

① ⓐ, ⓑ
② ⓑ, ⓒ
③ ⓑ, ⓓ
④ ⓒ, ⓓ

해설

ⓑ 원할한 → 원활한
ⓒ 공고이 → 공고히

정답 62 ③ 63 ④ 64 ②

65 비서들이 업무상 문서를 작성하고 있다. 문서의 성격에 맞추어 가장 적절하게 작성하는 경우는? [17년 2회]

① 이나영 비서는 특정인을 대상으로 무료로 행사에 초대하기 위해서 안내장을 작성하였다.

② 안수아 비서는 안내장을 작성할 때에 초청장을 작성할 때보다 예의와 격식을 갖추었다.

③ 정소연 비서는 격식과 기밀을 요하는 문서가 신속하게 전달되어야 하는 경우에 이메일로 발송하였다.

④ 권진서 비서는 상사의 취임안내에 대한 인사장을 보내면서 품격 있는 문장을 사용하지만 어려운 한자어 중심의 표현을 자제하였다.

해설

① 특정인을 대상으로 행사에 초대하기 위해서는 초청장을 작성하여야 한다.

② 초청장은 안내장보다 예의와 격식이 더 필요하다.

③ 기밀문서, 친전문서 등 개봉하기에 부적당하다고 인정되는 문서는 봉투에 문서 처리인을 날인하여 해당자에게 송부한다.

66 다음 중 감사장을 적절하게 작성하지 않은 비서를 고르시오. [18년 1회]

가. 강 비서는 상사가 출장 후 도움을 준 거래처 대표를 위한 감사장을 작성하면서 도움을 준 내용과 금액 등을 상세하게 언급하면서 감사장을 작성하였다.

나. 나 비서는 창립기념행사에 참석해서 강연해준 박 교수에게 감사편지를 작성하면서 회의주제를 구체적으로 언급하면서 감사의 내용을 기재하였다.

다. 배 비서는 상사 대표이사 취임축하에 대한 감사장을 작성하면서 감사인사와 함께 앞으로 포부와 결의도 작성하였다.

라. 성 비서는 상사의 빙모상의 문상에 대한 답례장을 작성하면서 메일머지를 이용하여 부의금액을 정확하게 기재하면서 감사의 내용을 기재하였다.

마. 양 비서는 문상 답례장을 작성하면서 계절인사와 미사여구는 생략하고 담백하게 문상에 대한 감사의 내용을 기재하였다.

① 나 비서, 성 비서
② 배 비서, 양 비서
③ 강 비서, 나 비서
④ 강 비서, 성 비서

해설

가. 감사장에는 도움받은 금액을 언급하지 않는다.

라. 문상에 대한 답례장에는 부의금액을 기재하지 않는다.

65 ④ 66 ④ **정답**

67 **상공건설에 근무하는 김 비서가 아래와 같이 문서 수발신 업무를 처리하고 있다. 다음 중 바람직하지 않은 것끼리 묶인 것은?** [19년 2회]

> 가) 내일까지 상대편에서 받아야 하는 문서여서 익일특급으로 발송하고 등기번호를 기록해두었다.
> 나) 다른 부서에 전달할 기밀문서는 봉투에 넣어서 봉한 후 직접 전달하였다.
> 다) 직인을 찍어 시행문 발송 후 보관용으로 최종 수정한 워드 파일을 보관해두었다.
> 라) 기밀문서를 발송할 경우에도 문서 발송 대장에 기입해 두었다.
> 마) 문서접수 부서에서 전달받은 문서 중 상품안내와 광고문은 즉시 폐기 처리하였다.

① 가, 라
② 나, 다
③ 다, 마
④ 라, 마

해설

다. 발신 문서는 전자 파일로 보관하되, 필요시 복사본을 만들어 보관하는 것이 원칙이다.
마. 상품안내와 광고문 등은 자료가 되는지 확인하고 자료가 되지 않는 것은 폐기 처리해야 한다.

68 **황 비서는 상사가 미국 출장에서 가져온 명함을 정리하고 있다. 파일링 규칙에 따라서 올바른 순서대로 나열한 것은?** [17년 2회]

> 가. Ellen Taylor
> 나. Mrs. Ann Marie Taylor
> 다. Mr. Edward A. Trump, Jr.
> 라. Edward A. Trump
> 마. Alice Trump
> 바. Dr. Ann-Marie Taylor

① 마 – 나 – 바 – 다 – 라 – 가
② 마 – 바 – 라 – 가 – 다 – 나
③ 나 – 바 – 가 – 마 – 다 – 라
④ 나 – 바 – 가 – 마 – 라 – 다

해설

영문명의 명함정리는 먼저 '성'을 기준으로 알파벳순으로 정리한다. '성'이 동일할 경우 이름을 기준으로 알파벳순으로 정리한다.

정답 67 ③ 68 ④

69 **상사는 우 비서에게 주주총회 개최통지서를 주주들에게 발송하라고 지시하였다. 우편물 발송을 위해 레이블을 작성할 시 수신인 부분에 들어갈 말로 가장 적절한 것끼리 짝지어진 것은?** [17년 1회]

> 주주 (㉠)
> 상공상사 김철수 부장 (㉡)
> NCA국제연구회 (㉢)

① ㉠ 각위 ㉡ 귀하 ㉢ 좌하
② ㉠ 제위 ㉡ 귀하 ㉢ 귀중
③ ㉠ 귀중 ㉡ 님 ㉢ 귀하
④ ㉠ 님 ㉡ 각위 ㉢ 귀하

해설

- 제위 : '여러분'을 문어적으로 이르는 말로 수신자가 여러 사람일 경우에 사용
- 귀하 : 사람을 수신인으로 하는 경우에 사용
- 귀중 : 단체나 기관을 수신인으로 하는 경우에 사용

70 **문서 정리의 절차를 올바르게 연결한 것을 고르시오.** [17년 1회]

> 가. 문서의 처리가 끝나 정리를 해도 되는지 확인한다.
> 나. 문서의 제목으로 정한 주제에 붉은색 밑줄을 긋는다.
> 다. 문서 내용을 읽은 후 문서의 주제를 결정한다.
> 라. 문서를 분류하여 문서 분류법에 따라 정리한다.
> 마. 문서에 문서 정리인을 날인하고 담당 취급자의 날인과 처리날짜를 기입한다.

① 가 – 나 – 다 – 라 – 마
② 가 – 다 – 라 – 나 – 마
③ 가 – 마 – 다 – 나 – 라
④ 가 – 다 – 나 – 마 – 라

해설

문서 정리의 일반적 순서

문서 처리가 마무리되어 파일 상태 여부를 검사 → 문서에 문서 정리인을 날인하고 담당 취급자의 날인과 처리 연월일을 기입 → 문서 내용을 읽은 후 주제 결정(주제 결정이 어려운 경우 담당자에게 질의) → 문서의 제목으로 정한 주제에 붉은색 밑줄 긋기 → 문서를 분류하여 문서 분류법에 따라 정리

69 ② 70 ③ **정답**

71 일정관리파일을 이용해 온라인으로 일정을 관리하는 방법이 가장 잘못된 비서는? [18년 1회]

① 고 비서는 작성된 부서일정을 인트라넷을 통해 공유했다.
② 김 비서는 지속적으로 일정관리파일을 업데이트했다.
③ 최 비서는 한글프로그램으로 만든 일정파일의 파일명을 구체적인 일정과 날짜를 기입하여 관리한다.
④ 이 비서는 일정관리파일을 기간별로 정리하여 파일링하고 일>주간>월>연간 단위순서로 하위폴더를 생성한다.

해설

④ 일정관리파일은 한눈에 보기 편하게 정리하는 것이 좋다.

72 다음 중 전자문서 시스템에 대한 설명으로 가장 옳지 않은 것은? [17년 1회]

① 전자문서 시스템과 전사적 콘텐츠 관리(ECM)는 최근 들어 더욱 분리되어 인식되고 있다.
② 전자결재는 미리 설정된 결재라인에 따라 자동으로 결재파일을 다음 결재선으로 넘겨준다.
③ 저장된 결재문서를 불러내 재가공하여 사용할 수 있다.
④ 전자결재를 할 때는 전자문자 서명이나 전자이미지 서명을 한다.

해설

전사적 콘텐츠 관리(ECM ; Enterprise Content Management)
기업 · 기관 내에서 생성되는 다양한 종류의 콘텐츠를 하나의 통합 플랫폼을 통해 관리하는 것으로 기록문서의 보관이나 감사, 지식 공유, 콘텐츠의 개인으로의 이용이나 표준화 등의 업무과정을 총괄하는 개념이다. ECM은 이처럼 콘텐츠 관리를 지원하는 CMS와 문서관리를 위주로 하는 EDMS의 사상을 결합한 것이라 할 수 있다.

73 다음 중 전자문서에 관한 내용으로 가장 적절하지 않은 것은? [17년 2회]

① 우리나라의 전자문서 국가표준과 전자문서 장기보존 국제표준은 동일하다.
② 전자문서는 전자문서 정보처리시스템에 의해서 전자적 형태로 작성, 송신, 수신 또는 저장된 정보로 생성된 문서를 의미한다.
③ JPG, GIF, MP3 등과 같은 디지털 콘텐츠도 전자문서의 범주에 속한다.
④ 종이문서를 일반 스캐너로 이미지화한 문서는 전자문서로서의 법적 효력을 보장받을 수 없다.

해설

① 우리나라의 전자문서 국가표준은 PDF이고, 전자문서 장기보존 국제표준은 PDF/A-1(보관용 PDF)이다.

정답 71 ④ 72 ① 73 ①

74 **다음 달 싱가폴에서 열리는 ICTLT 국제회의에 참가하는 상사인 송 전무는 윤나영 비서에게 전년도 ICTLT 자료가 필요하다고 하였다. 다음 중 윤나영 비서의 자료수집방법으로 가장 적절한 것은?** [15년 1회]

① ICTLT 국제회의 주최 조직에 연락하여 자료를 요청한다.
② 유사한 국제회의에 대해 조사하여 자료를 수집한다.
③ 전년도 유사회의에 참석했던 사람들에게 자료를 요청한다.
④ 전년도 ICTLT 회의의 개최장소 관계자에게 자료를 요청한다.

해설

① 사용자로 하여금 필요한 시기, 장소, 형태, 정확한 내용이어야 그 효과가 높으므로 주최 조직에 직접 연락하여 자료를 요청하도록 한다.

75 **홍보회사에서 근무하는 윤슬아 비서의 SNS 활용 및 관리에 대한 설명 중 가장 적절하지 않은 것은?** [15년 2회]

① 비서는 항상 다양한 소셜 미디어에 관심을 가지고 상사 및 회사와 관련된 내용을 주기적으로 모니터링해야 한다.
② 우리 회사와 팔로워를 맺은 인원, SNS상에서 다루어지고 있는 주요 내용, 소비자의 관심 분야도 파악하고 있어야 한다.
③ 경쟁사의 SNS는 관심을 갖지 않아야 우리 회사의 SNS 운영을 효율적으로 할 수 있다.
④ 사내 직원들이 회사 SNS를 활용하고 홍보할 수 있도록 적극 권장한다.

해설

③ 경쟁사의 SNS 홍보활동에도 관심을 가져야 우리 회사의 SNS 운영을 효율적으로 할 수 있다.

74 ① 75 ③ 정답

76 **다음은 2017년 8월 신문에 기재된 기사에 포함된 경상수지 추이 그래프이다. 이 그래프를 통해 유추할 수 있는 기사내용으로 가장 적절한 것은?** [19년 1회]

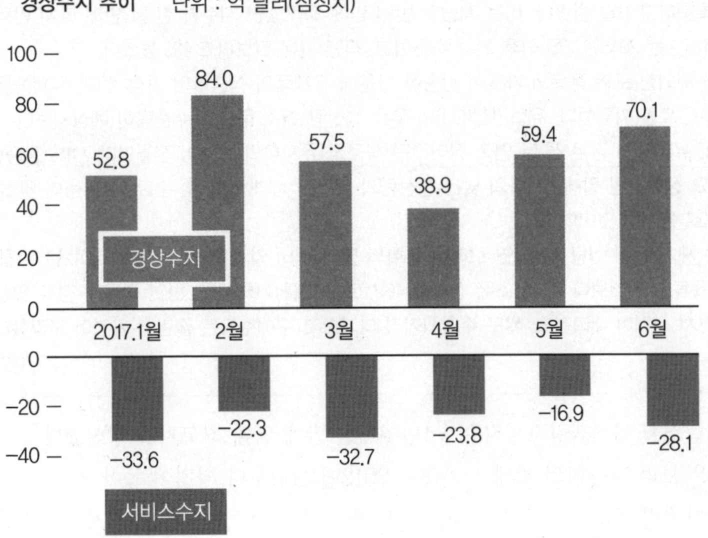

① 2017년 1월 서비스수지 적자 폭은 전년 동월 대비 증가하였다.
② 2017년 상반기 중 전년 동월 대비 감소율이 가장 낮은 달은 5월이다.
③ 2017년 상반기 경상수지가 흑자이기 때문에 서비스수지가 적자를 면치 못하였다.
④ 2017년 상반기의 서비스수지의 적자로 인해서 경상수지 흑자 폭이 축소되었다.

해설

①·②·③ 제시된 데이터만으로는 알 수 없는 내용이다.

정답 76 ④

77 다음 기사를 읽고 유추하기에 가장 부적절한 것은? [18년 1회]

> 농림축산식품부는 유엔식량농업기구(FAO)가 발표한 8월 세계식량가격지수가 전월보다 1.9% 상승한 165.6포인트를 기록했다고 11일 밝혔다. 이는 지난달 반년 만에 하락했던 지수가 한 달 만에 다시 반등한 것이다. 특히 8월 식량가격지수는 2015년 5월 이후 최고 수준이고, 작년 같은 달보다도 7% 높았다.
> 곡물을 제외한 모든 품목의 가격이 상승한 가운데 유제품의 상승폭이 가장 컸다. 유제품은 전월보다 8.6% 상승한 154.6포인트를 기록했다. 유럽연합(EU)의 우유 생산량 감소 등으로 수출량이 예상치보다 적을 것으로 전망됐기 때문이다. 유지류의 경우 석 달 연속 떨어졌던 식물성 유지류의 가격이 전월보다 7.4% 상승한 169.1포인트를 기록했다. 주요 생산국인 말레이시아의 낮은 생산량과 부족한 세계 재고량, 수요 증대 등이 맞물리며 가격이 석 달 만에 상승세로 돌아선 것이다.
> 설탕은 세계 최대 설탕생산국인 브라질 통화의 달러 대비 강세로 가격지수가 2012년 10월 이후 최고 수준을 기록했고, 육류도 전월보다 0.3% 소폭 상승해 162.2포인트를 기록했다. 반면 곡물의 경우 밀이 수확시기를 맞아 공급이 늘면서 가격이 내려갔고, 쌀도 수확시기가 다가오고 구매수요는 줄면서 가격이 하락했다.
> (연합뉴스, 2016. 9. 11일자)

① 2016년 8월 세계식량가격지수가 1년 3개월 만에 역대 최고치를 갱신했다.
② 설탕은 브라질 통화의 강세로 인해서 2012년 11월보다 가격이 높아졌다.
③ 2016년 8월 기준으로 곡물 가격은 하락하였으나, 오히려 식량가격지수는 상승한 셈이다.
④ 유럽연합의 우유 수출량 감소 전망으로 인해 유제품 가격상승폭이 커졌다.

해설

① 8월 세계식량가격지수는 2015년 5월 이후 최고 수준이지만 역대 최고치를 갱신한 것인지는 알 수 없다.

78 **벤처회사에 다니는 나 비서는 상사를 위하여 프레젠테이션 자료를 준비하고 있다. 상사는 문장보다는 도해화한 프레젠테이션 자료를 선호하시는 편이라서 스마트 아트를 활용하였다. 아래의 스마트 아트를 사용하는 상황에 관한 설명이 가장 적절하게 이루어진 것은?** [17년 1회]

①

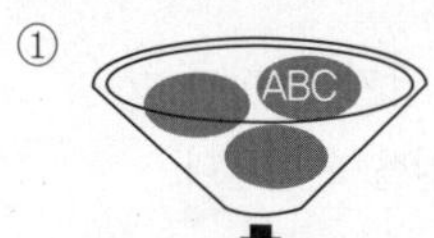

: 상호 인접한 사항에 대한 연관성을 살펴볼 때 사용

②

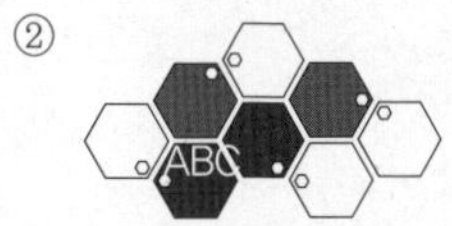

: 중앙의 내용에 대한 관계를 표시할 때 사용

③

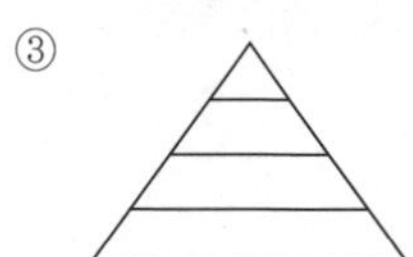

: 비례관계 및 상호 연결 관계, 계층 관계를 표시할 때 사용

④

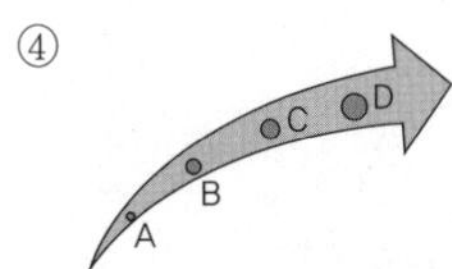

: 계획 또는 결과를 필터링하는 관계를 표시할 때 사용

해설

③ 피라미드형 : 가장 큰 구성 요소가 아래쪽에 있고 위로 좁아지는 방식으로 비례 관계, 상호 연결 관계 또는 계층 관계를 표시

① 깔때기형 : 정보의 필터링 또는 부분이 전체로 병합되는 방법 표시. 최종 결과를 강조

② 육각형 클러스터형 : 그림을 연관된 설명 텍스트와 함께 표시. 텍스트양이 적은 경우 적합

④ 오름차순 프로세스형 : 일련의 이벤트를 오름차순으로 표시. 첫 번째 수준 텍스트는 화살표 아래쪽에 표시하고 마지막 수준 텍스트는 화살표 위쪽에 표시

정답 78 ③

79 **이은정 비서는 한글 프로그램을 이용하여 데이터 파일을 만들고 내용문 파일과 병합하여 데이터가 서로 다른 문서를 한꺼번에 작성하려고 한다. 다음 중 가장 관계가 없는 것은?** [15년 1회]

① 데이터 파일 첫 줄에 필드의 개수를 쓰고, 둘째 줄부터 한 줄에 한 필드씩 입력한다.
② 데이터 파일은 '데이터.pdf'로 저장한다.
③ 내용문 파일을 작성하면서 데이터 필드를 삽입할 곳에 [메일 머지 표시 달기]를 한다.
④ 내용문 파일에 커서를 놓고 [메일 머지 만들기]를 실행하고, 데이터 파일을 선택한다.

해설
② 데이터 파일의 확장자는 .dbf(Database File)이다.

80 **건설회사에 근무하는 고 비서는 정보보안에 신경 쓰라는 상사의 지시에 따라 대외비 전자문서에 보안을 설정하고 있다. 다음 중 전자문서에 보안 및 암호설정에 관한 내용이 가장 적절하지 않은 것은?** [18년 2회]

① 한글 2010 파일은 [보안]탭에서 [암호설정]을 선택 후 설정한다.
② PDF 파일은 Acrobat Pro 소프트웨어를 이용해서 암호를 설정한다.
③ 엑셀 2010 파일은 암호를 1자 이상으로 설정 가능하다.
④ 한글 2010 파일은 인쇄를 제한하는 배포용 문서로 저장하는 것은 불가능하다.

해설
④ 한글 2010 파일은 인쇄를 제한하는 배포용 문서로 저장하는 것이 가능하다.

79 ② 80 ④ **정답**

제2회 기출유형 모의고사

제1과목 | 비서실무

01 아래는 전문 분야에서 일하고 있는 비서들의 경력개발 사례이다. 가장 적절한 것은? [20년 2회]

① A : A씨는 국제기구의 사무총장 비서이다. 다음 달에 상사가 국제회의에 참석하셔야 하므로 이에 대비해 해당 국가에 가서 연수를 받고자 급하게 한 달간의 단기연수 교육신청을 하였다.

② B : B씨는 종합병원 원장비서이다. 병원 조직의 효율적인 관리와 의사결정을 위해 의료서비스 관련 법과 행정매뉴얼을 숙지하려고 노력하고 있다.

③ C : C씨는 대형로펌의 법률비서이다. 법률상담 업무를 능숙하게 하기 위해 법률관련 문서와 판례를 평소에 꾸준하게 읽고 있다.

④ D : D씨는 벤처기업 사장비서이다. 상사의 투자자를 찾아내고 섭외하는 업무를 보좌하기 위해 투자 관련 용어를 학습하고 있다.

해설

④ 비서는 상사가 업무에 전념할 수 있도록 보좌하는 역할을 하는 사람이다.

①·②·③ 상사가 해야 할 업무에 대해 비서가 과도하게 학습하는 상황이다.

02 다음 중 비서의 업무에 대한 설명으로 적절하지 않은 것은? [18년 1회]

① 비서는 상사의 다양한 경영적 잡무를 덜어주며, 사무실의 절차와 업무의 흐름이 능률적이 되도록 조정하고 유지하는 업무를 수행한다.

② 비서의 업무는 조직에서의 상사의 역할과 위치, 상사의 업무수행방식, 비서에게 업무를 위임하는 정도, 조직의 특성 등에 따라 차이가 있다.

③ 상사의 지시를 받아서 주어진 시간 내에 수행해야 하는 비서업무로는 우편물 처리, 전화 및 내방객 응대, 사무기기 및 환경관리 업무 등이 있다.

④ 비서는 문서서식 개발, 정보검색 및 자료준비, 업무수행방법 및 절차개선과 같은 창의적 업무를 수행할 수 있다.

정답 01 ④ 02 ③

해설

③ 우편물 처리, 전화 및 내방객 응대, 사무기기 및 환경관리 업무는 매일같이 반복해서 수행하는 일상적인 성격의 업무로 지시를 받아서 주어진 시간 내에 수행해야 하는 업무라고 볼 수 없다.

03 **박 비서는 상사가 개최하는 행사를 보좌하는 업무를 수행하게 되었다. 다음 중 박 비서의 업무태도로 가장 옳지 않은 것은?** [20년 1회]

> 동아은행 김영수 행장 비서로 근무하는 박 비서는 서울에 있는 25개 외국계 금융기관의 지점장과 본행임원 및 영업담당 실무자 15명이 참여하는 회의개최 준비를 지시받았다. 회의의 명칭은 '사업추진 전략회의'이며, 의제는 '현장지원 중심의 마케팅활동 강화', 회의 일정은 2020년 6월 26일 오전 9시~오후 6시이다. 오전에는 마케팅 현장 전문가 강연, 오후에는 우수은행 A와 B의 마케팅 사례발표가 있다. 회의장소는 웨스틴호텔 2층 다이너스티 룸이며, 회의 이후 Black–tie Dinner가 예정되어 있다.

① 박 비서는 회의 이후 예정된 만찬의 좌석배치에 관해 상사에게 보고하였다.

② 박 비서는 육하원칙에 따라 Who(김영수 행장), When(2020년 6월 26일), Where(웨스틴호텔 2층 다이너스티 룸), Why(현장지원 중심의 마케팅활동 강화), What(사업추진 전략 수립), How(전문가 강연, 사례발표)로 회의 내용을 정리하였다.

③ 참석자들에게는 행사 후 일주일 이내에 감사장을 보내되, 내용은 우선 감사의 말을 쓰고, 당일행사 중에 혹 실례를 범했다거나 불편을 준 것은 없었는지 염려하는 마음을 담아 보냈다.

④ 저녁 만찬은 참석자의 서열에 따라 원형 테이블로 배치하고 드레스코드는 격식을 갖춘 연미복 차림이므로 사전에 참석자와 행장님에게 알려 드렸다.

해설

④ 연미복(White–tie, Tail Coat)은 야간 공식연회 행사나 무도회, 야간 결혼식, 겨울철 만찬 등에서 주로 입는 의복이다. Black–tie Dinner의 경우 남자는 턱시도(Tuxedo) 복장이 일반적이다.

03 ④ **정답**

04 다음의 전화 대화 중 적절하지 않은 항목으로 묶인 것은? [18년 2회]

비서 : ⓐ 안녕하십니까? 가나전자 사장실입니다.
고객 : 네, 삼신물산 김동훈 부장인데 사장님 통화 가능한가요?
비서 : ⓑ 죄송합니다만 사장님은 지금 통화 중이십니다. 잠시 기다려주십시오.
고객 : 예.
비서 : 예, 부장님. 그럼, 통화 끝나시는 대로 연결해 드리겠습니다.
ⓒ (비서는 통화 버튼을 눌러놓는다.)
(통화가 길어진다.)
비서 : 부장님, 죄송합니다만 사장님께서 통화가 좀 길어지시는 것 같습니다. 계속 기다리시겠습니까? 아니면 통화 끝나는 대로 연결해 드릴까요?
고객 : 그럼, 사장님 통화 끝나시는 대로 전화 부탁해요.
비서 : 네, 알겠습니다. ⓓ 김 부장님, 제가 전화번호를 확인할 수 있을까요?
고객 : 515-7745입니다.
비서 : 네, 515-7745번이요. 사장님께서 통화 끝나시는 대로 연락드리겠습니다. 안녕히 계십시오.

① ⓐ, ⓑ
② ⓐ, ⓒ
③ ⓑ, ⓒ
④ ⓒ, ⓓ

해설

오래 기다리게 할 때(ⓑ)

- 상사가 금방 전화를 받지 못할 경우에는 상대방에게 상황을 알리고 계속 기다릴지 혹은 메시지를 남긴 후 다시 통화 연결을 원하는지를 물어본다.
- 계속 기다린다고 하더라도 상사의 다른 전화통화가 금방 끝나지 않을 것으로 예상되거나, 상대방의 직위가 상사보다 높거나 고객인 경우 통화가 끝나는 대로 비서가 연결할 것을 제의한다.

전화를 연결할 때(ⓒ)

- 다른 사람에게 전화를 연결할 때에는 보류 버튼을 누르거나 송화구를 손으로 막고, 상대방의 성명과 용건을 간단히 전하고 연결한다.
- 다른 부서로 연결할 때에는 끊어질 경우를 대비하여 내선번호나 전화번호를 안내해주고 연결한다.
- 즉시 바꿔주지 못하고 지연될 때에는 수시로 중간상황을 알린다.

정답 04 ③

05 비서의 방문객 응대 태도로 가장 적절한 것은? [20년 1회]

① 비서 홍여진 씨는 사장님을 만나고 싶다는 손님이 안내데스크에서 기다린다는 연락을 받았다. 현재 사장님은 부재중이고 선약이 된 손님은 없는 시간이었으므로 사장님이 안 계신다고 손님에게 전해 달라고 안내데스크에 이야기하였다.

② 비서 박희진 씨는 약속한 손님이 정시에 도착하였으나 상사가 면담 중이라 양해를 구하고 접견실로 안내하였다. 그리고 면담 중인 상사에게 손님이 기다린다는 메모를 전달하였다.

③ 비서 김영희 씨는 평소처럼 손님에게 차 종류를 여쭈어보았더니 시원한 물로 달라고 했으나 손님에게 물을 대접하는 것은 예의가 아닌 듯하여 시원한 주스를 드렸다.

④ 비서 채미영 씨는 2시에 예약된 A 손님이 기다리고 있는 시간에 상사와 개인적으로 약속을 한 B 손님과 겹치게 되어 당황했으나 A 손님에게 양해를 구하고 B 손님을 먼저 안내하였다.

해설

① 손님에게 상사의 부재를 알린 뒤, 방문하신 손님의 소속과 성함, 용건 등을 간략히 물어본 후 메모를 남겨 상사에게 전달한다.

③ 손님이 건강상 등의 이유로 마시지 못하는 음료가 존재할 수 있으니, 손님의 기호에 맞춘 음료를 제공하는 것이 바람직하다.

④ 비서가 독자적으로 판단하기보다는 상사에게 상황보고 후 지시에 따라야 한다.

06 다음은 비서의 전화응대 사례이다. 다음의 사례 중 비서의 응대로 가장 적절한 것은? [19년 2회]

① 사장비서인 엄 비서는 상사가 자녀의 졸업식에 참석 후 출근하는 상황에서 가나유통 한 전무가 전화하여 상사를 찾자 "사장님은 오늘 외부일정으로 오후 1시쯤 사무실에 도착하실 예정입니다."라고 하였다.

② 사장비서인 박 비서는 회장이 전화하여 상사와 통화를 원하자 통화연결 전 "회장님, 어떤 용건으로 전화하셨다고 전해드릴까요?"라고 공손하게 여쭈어보았다.

③ 사장비서인 고 비서는 전화를 받고 자신이 잘 모르는 이름이었지만 상대방이 상사와 친한 사이라고 이야기하자 미처 몰랐다고 사죄드린 후 바로 상사에게 연결해 드렸다.

④ 사장비서인 최 비서는 총무팀으로 연결될 전화가 비서실로 잘못 연결되자 "연결에 착오가 있었나 봅니다. 제가 연결해 드리겠습니다."라고 한 후 전화를 연결했다.

해설

② 상급자가 하급자를 찾는 전화에 용건을 물어보는 태도는 바람직하지 않다. 또한 상사보다 직급이 높은 경우에는 용건을 묻지 않아도 무방하며 가능하면 곧바로 연결한다.

③ 처음 전화를 건 사람이 자신의 신분을 밝히지 않으면서 상사를 연결해달라고 하는 경우에는 즉시 연결하지 말고, 메모를 받아 두어야 한다.

④ 전화를 다른 부서로 연결할 때는 끊어질 경우를 대비하여 내선 번호나 전화번호를 안내해주고 연결한다.

05 ② 06 ① **정답**

07 비서가 업무를 수행하면서 이루어지는 상사, 동료, 고객과의 인간관계에 대한 설명으로 가장 적절하지 않은 것은? [17년 1회]

① 상사와 회사의 이익을 증진시킴으로써 자신의 이익을 도모할 수 있다는 믿음을 갖는다.
② 내게 부과된 책임이나 활동에 대해서 책임을 지고 수행한다. 특히, 자신의 책임사항에 관한 한 상사의 직접적인 감독 없이도 이행한다.
③ 동료 비서들이 나를 신뢰할 수 있도록 모든 약속을 충실히 이행하며, 임원 관련 업무 내용을 공유하여 협동 관계를 유지한다.
④ 방문객을 맞을 때나 전화응대를 할 때 회사의 이미지를 높이도록 노력한다.

해설

③ 비서에게는 기밀성이 강조된다. 비서는 기밀이 누설되지 않도록 하여야 하므로 업무 내용을 공유하는 것은 안 된다. 특히, 상사나 상사의 부하 직원에 대한 개인신원자료, 공식적인 서류, 비공식적인 서류, 상사 개인의 상황이나 사생활 관련 내용은 보안 유지가 필요하다.

08 다음 중 비서의 상사 해외 출장관리 업무로 가장 적절한 것은? [19년 2회]

① 휴가철이라 인천공항이 붐비는 관계로 상사 자택과 가까운 도심공항터미널에서 탑승수속을 먼저하고 수하물은 인천공항에서 바로 부칠 수 있게 했다.
② 3주 후 상사의 유럽출장이 계획되어 있어 비서는 전임비서가 추천한 기업요금(Commercial Rate)이 적용되는 호텔을 예약하였다.
③ 상사가 출장지에서 업무지시를 원활하게 할 수 있도록 스마트 기기에 애플리케이션을 설치해드렸다.
④ 6개월 전 미국 출장을 다녀온 상사가 다시 미국으로 출장을 가게 되어 사전입국 승인을 위해 ESTA 작성을 했다.

해설

① 도심공항터미널은 공항이 아닌 시내에서 짐 부치기를 포함한 모든 탑승수속을 할 수 있는 곳이므로 수하물을 따로 인천공항에서 부칠 필요 없이 모든 수속을 마치고 공항으로 가면 된다. 국제공항은 탑승수속을 하려는 사람들로 항상 붐비기 때문에 이곳을 이용하면 편리하다. 서울에는 삼성동과 서울역에, 지방대도시에는 대부분 도심공항 터미널이 있지만 이용 가능 여부는 항공사에 따라 다르기 때문에 이용할 항공사의 카운터가 있는지 확인해야 한다.
② 전임비서가 추천한 호텔을 예약하기보다 출장지의 위치와 업무장소, 상사의 취향, 호텔등급, 숙소 내부시설, 서비스 등을 참고하여 정한다.
④ 여권에 미국비자가 있으면 ESTA(전자여행허가제)의 유효기간(2년) 안에는 ESTA를 다시 작성할 필요가 없다.

정답 07 ③ 08 ③

09 예약업무를 수행하는 비서의 자세로 적절하지 않은 것은? [19년 1회]

① 모임의 성격에 맞는 장소를 추천할 수 있도록 다양한 장소에 대해 정보를 수집한다.
② 좋은 음식점을 많이 알아두는 것이 비서업무에 도움이 되므로 음식점 블로그 등에 나와 있는 음식점들의 특징이나 장단점을 정리해 둔다.
③ 골프모임이 잦은 상사를 위해 골프장 예약담당자들에게 연말에 회사홍보용 선물을 보낸다.
④ 예약을 변경하거나 취소할 경우 위약금이나 벌점 등 불이익이 있는지 미리 확인한다.

해설

③ 평소에 예약담당자의 이름을 기억하고, 친절하게 인사를 건네며 사소한 도움에도 감사를 전하는 등 담당자와 좋은 관계를 유지하는 것이 중요하다.

10 다음 중 비서의 일정관리 업무수행방식으로 가장 적절하지 않은 것은? [18년 2회]

① 상사가 참석하는 행사에서 상사의 역할을 확인한 후 관련 자료를 준비하는 등의 보좌업무를 수행한다.
② 상사의 사정으로 일정을 변경해야 하는 경우 신속히 관련자에게 연락을 하여 새로운 일정을 수립한다. 새 일정 수립 시 상대방의 일정을 우선 고려한다.
③ 회의나 면담 직전에 자주 일정을 변경하는 상사의 스타일을 고려해 일정변경이나 취소 시 즉각적으로 연락을 취할 수 있는 방안을 마련해 상사의 대내외 신뢰도를 유지할 수 있도록 한다.
④ 상사의 일정은 상사를 비롯하여 관련 부서나 담당자들, 수행비서나 운전기사에게 전달하여 공유해야 하는데, 일정을 공유할 때 최대한 구체적 내용을 공유해 상사의 일정이 원활하게 진행되도록 한다.

해설

④ 일정표의 내용이 상사의 직무에 관련하여 기밀사항이 되어 있는 경우에는 특히 보안 유지에 주의해야 한다.

11 의전 원칙 5R을 설명한 것으로 적절한 것을 모두 고른 것은? [18년 1회]

a. 의전은 상대에 대한 배려(Respect)이다.
b. 의전은 문화의 반영(Reflecting Culture)이다.
c. 의전은 합리성(Rationality)이 원칙이다.
d. 의전에서 원칙적으로 상석은 오른쪽(Right)이다.

① a, b, c, d
② a, b, d
③ b, c, d
④ a, b, c

09 ③ 10 ④ 11 ② **정답**

해설

의전의 5R 원칙

- 존중(Respect)
- 상호주의(Reciprocity)
- 문화의 반영(Reflecting Culture)
- 서열(Rank)
- 오른쪽(Right)

12 조이름 비서는 상사를 찾아온 손님과 다음과 같은 대화를 나누었다. 비서가 올바르게 내방객을 응대한 부분을 고르시오. [17년 2회]

비서 : 안녕하십니까? 어느 분을 찾아오셨습니까?
상대방 : 오 전무님 좀 뵈려고요.
비서 : 실례지만, 어느 분이시라 말씀드릴까요?
상대방 : 저는 무영물산의 김무열 대표이사입니다.
비서 : (가) 죄송합니다만, 전무님께서는 STFT-CM 중이라 만나 뵙기 어려울 것 같습니다.
상대방 : 그냥 저번부터 한번 들르라고 해서, 안부차 들렀으니 괜찮습니다.
비서 : (나) 혹시, 내일은 시간이 없으십니까? (다) 전무님께서 내일 일정이 여유 있으실 것 같으신데, 대표님도 가능하시면 일정을 잡아 드리겠습니다.
상대방 : 아닙니다. 다음에 전화드리고 방문하죠.
비서 : (라) 여기까지 오셨는데, 못 뵙고 가시게 되어 죄송합니다. 다음번에 미리 연락 주시면 전무님이 가능한 시간으로 약속을 잡아 드리겠습니다. 안녕히 가십시오.

① (가), (라)
② (나), (다)
③ (다), (라)
④ 없 음

해설

(가) 상사의 업무를 상세히 밝혀서는 안 된다.
(나) 상사의 면회약속 승낙 후 면회약속을 잡아야 한다. 또 약속 일정을 정할 때 상대방에게 막연히 어느 때가 좋은지를 묻지 말고, 이쪽에서 가능한 시간을 2~3개 제시하여 상대방이 선택하도록 한다.
(다) 자신만의 판단으로 상사의 일정을 확정지어서는 안 된다.
(라) 면회약속 결정은 항상 상사의 승낙을 받아야 하며 먼저 상사의 일정을 고려해야 한다.

정답 12 ④

13 아래 전화메모를 보고 송선미 비서가 후배 황하나에게 업무내용을 확인, 질문한 표현으로 가장 적절한 것을 고르시오. [17년 2회]

> 김일구 사장 비서 송선미는 본인이 회의에 참석하는 동안 전화응대를 후배비서 황하나에게 부탁하였다. 회의종료 후 황하나로부터 다음과 같은 전화메모를 받았다.
>
> 자리를 비우신 동안에 사장님께 런던에 계시는 박영구 님으로부터 전화가 왔었습니다.
> 2017년 9월 30일 오후
> 발신자 : 박영구
> ● 전화 요망(TEL : 44 7751 653992)
> ○ 다시 거시겠다고
> ○ 그냥 전화했다고만
> ○ 급한 용무시라고
> ○ 기 타

① "황하나, 박영구 씨 소속회사가 어디에요?"
② "하나야, 박영구 님이 추가적으로 남긴 말은 없니?"
③ "황하나 씨, 박영구 님의 소속을 함께 표기하면 좋을 것 같아요."
④ "하나 씨, 박영구 님이 추가적으로 남기신 말씀도 기재해 주시면 고맙겠습니다."

해설

③ 친밀한 사이일지라도 회사에서는 경어를 쓰는 것이 좋고, 발신자가 전화 회신을 원하므로 발신인의 소속을 표기해야 해당 회사와 부서로 연락할 수 있다.

14 다음 중 한자어가 잘못 기입된 것은? [20년 2회]

① 단자(單子) : 부조나 선물 따위의 내용을 적은 종이
② 장지(葬地) : 장사하여 시신을 묻는 장소
③ 빈소(殯所) : 상여가 나갈 때까지 관을 놓아두는 방
④ 발인(發人) : 상여가 떠나는 절차

해설

④ 발인의 한자어는 '發靷'이다.

13 ③ 14 ④ **정답**

15 **상사는 우리 회사 주요 거래처의 이민영 대표이사를 김영숙 비서에게 1층 로비로 내려가서 접견실까지 모시고 오라고 지시하셨다. 우리 회사는 대형빌딩의 32층에 위치하고 있다. 다음 중 김 비서의 내방객 응대 자세로 적절하지 않은 것은?** [17년 1회]

① 김 비서는 32층에서 내리는 사람이 너무 많아 손님보다 먼저 엘리베이터에서 내려서 다음 길을 안내하였다.

② 접견실 문은 왼편으로 미는 문이라 왼손을 이용하여 문을 열고 손님보다 먼저 들어갔다.

③ 상사가 통화 중이라 손님을 접견실로 안내한 후 상사가 통화가 끝날 때까지 기다렸다.

④ 복도에서는 손님의 대각선 방향으로 비켜선 자세로 2~3걸음 앞서가며 안내하였다.

해설

③ 상사가 통화 중일 때 상사가 통화 중임을 알리고 접견실로 안내해 신문을 권한다든지 차를 대접한다든지 하여 지루하지 않도록 배려하는 태도가 있어야 하고, 상사에게도 고객이 도착했음을 메모로 남겨 알리도록 한다.

16 **한영희 비서는 작성한 회의록을 정리하여 상사에게 승인을 받고자 한다. 다음의 회의록 내용 중 회의용어 내용이 올바르게 표현되지 않은 것은?** [16년 2회]

① 定足數가 출석인원 과반수 이상이 되어 成員이 되었음을 알리다.

② 김영희 재무팀장이 1안에 대해 動議하고 재청하여 1안이 採決되다.

③ 손지영 부장이 議案에 대한 表決방식을 거수로 하자고 제안하다.

④ 動議된 議案에 대해 김영희 팀장이 改議하다.

해설

② 김영희 재무팀장이 1안에 대해 同意하고 재청하여 1안이 採決(채결)되다.

- 動議(동의) : 회의 중에 토의할 안건을 제기함
- 同意(동의) : 의사나 의견을 같이함

① 정족수가 출석인원 과반수 이상이 되어 성원이 되었음을 알리다.

③ 손지영 부장이 의안에 대한 표결방식을 거수로 하자고 제안하다.

④ 동의된 의안에 대해 김영희 팀장이 개의하다.

정답 15 ③ 16 ②

17 **강 비서는 상사가 골프를 취미와 업무상으로 빈번하게 치시기 때문에 골프예약 업무를 자주하게 된다. 다음 중 골프예약 시 필요 정보와 예약 시 고려사항에 대한 설명으로 옳지 않은 것은?** [16년 2회]

① 골프장은 시간단위로 티오프(Tee-off) 시각을 정하는 경우가 많으니 예약 시 시각을 혼동하는 일이 없도록 한다.

② 그린피와 캐디피 · 카트피로 나누어지며, 캐디피와 카트피는 법인카드 사용이 안 되는 곳이 대부분이므로 현금을 준비하도록 해야 하고, 회원 그리고 주말이나 주중에 따라서 가격이 달라지므로 해당 골프장 홈페이지를 참조해서 가격 정보를 확인한다.

③ 회원권 소지자만 예약이 가능한 회원제 골프장과 일반인도 예약 가능한 퍼블릭 골프장이 있으며, 골프예약은 주로 회사나 상사 개인이 회원권을 소유한 골프장을 이용하는 경우가 대부분이나 예약 대행사들을 통해서 예약을 진행하기도 한다.

④ 골프장마다 자체적으로 정한 위약 규정이 홈페이지에 안내되어 있고, 규정을 어기면 벌점을 받게 되는데 일정점수 이상이 되면 골프예약이 불가하므로 규정을 잘 준수해야 한다.

해설

① 골프장의 티오프 시각은 시간 단위가 아니라 일반적으로 6~8분 간격으로 정한다. 이렇게 티오프 간격이 짧으므로 골프 약속을 할 때는 시간을 정확하게 확인하는 것이 좋다.

18 **다음 중 아래의 상황에서 비서가 업무를 처리한 내용으로 가장 적절하지 못한 것은?** [16년 1회]

> 결혼 후 대전으로 이사하여 새 직장에 취업한 최 비서는 상사가 해외출장 중에 아래와 같은 전화를 받았다. "안녕하십니까. 한밭신문 박홍만 기자입니다. 이번에 귀사에 대한 홍보 기사를 싣게 되었는데, 사장님의 성함과 출신학교 등 몇 가지 사항을 확인하고자 전화드렸습니다."

① 회사의 홍보에 도움이 되는 내용인지를 판단해서 가능한 범위 내에서 알려준다.

② 회사홍보 관련 업무를 맡고 있는 홍보실 담당자에게 전화를 연결해준다.

③ 지금 사장님이 출장 중이라고 하고 연락처를 받아 놓는다.

④ 인터넷으로 한밭신문을 검색하여 어떤 성격의 매체인지 확인해 보았다.

해설

① 상사와 연락이 되지 않은 경우는 상사의 대리자와 상의하여 정보제공 범위를 결정하여 그 범위 내에서 제공한다.

17 ① 18 ① **정답**

19 다음 중 보행 시 표기가 바르게 된 것을 고르시오. [15년 2회]

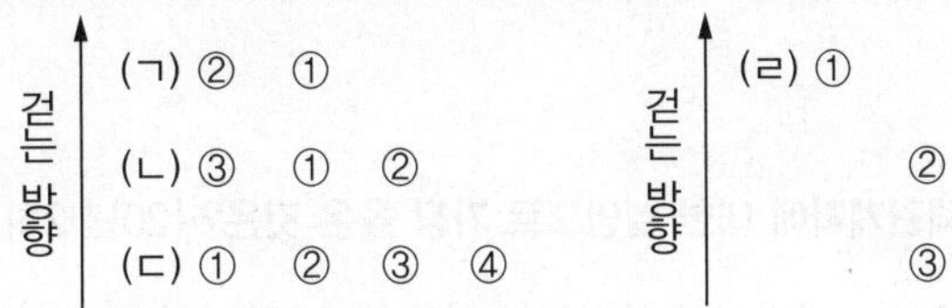

원번호는 서열순위를 나타냄

① (ㄱ), (ㄴ)
② (ㄷ), (ㄹ)
③ (ㄴ), (ㄹ)
④ (ㄱ), (ㄹ)

해설

① 2명이 걸을 때 오른쪽, 3명이 걸을 때 가운데가 상석이다.

20 김영희 비서는 한일법률사무소에서 법률비서 업무를 수행하고 있는 경력 3년차 비서로 총무업무와 변호사 비서업무를 같이 수행하고 있다. 다음 총무업무 처리방식에 관한 내용 중 가장 적절하지 않은 것은? [16년 1회]

① 상사의 소액 현금(Petty Cash) 관리는 금전출납부에 기입하고 영수증과 같은 증빙서류는 따로 보관해 두었다가 관련 부서에 제출한다.
② 회계부서가 따로 있는 사무소에서도 로펌비서는 재정에 관련된 기록들인 회계장부, 영수증, 전표 등을 관리하고 회계사의 업무를 보조하는 등의 재정 업무에 관여한다.
③ 법률 소송 업무와는 달리 자문 업무는 변호사들의 소요된 시간 및 실제 비용을 기준으로 비용이 산출되므로, 김 비서는 시간 기록 및 정리, 수임료 청구 및 회수의 업무를 처리하고 있다.
④ 상사가 사용한 카드의 매출전표는 카드명세서가 도착하면 내역을 확인한 후 폐기 후 카드명세서를 증빙으로 보관해 둔다.

해설

④ 카드를 사용한 후 받은 매출전표는 확실히 보관해두는 것이 좋다. 매출전표는 카드거래상의 사고를 예방하기 위해서 중요하다. 카드거래상의 사고를 예방하기 위해서는 매출전표의 금액과 날짜를 확인하고 서명함은 물론이고, 대금 명세표를 반드시 받아두되 최소한 3년은 보관해야 한다.

21 기업의 다양한 이해관계자에 대한 설명으로 가장 옳은 것은? [20년 2회]

① 지역사회 : 비즈니스 환경에서 동행하며 이들의 요구를 충족시키는 것은 기업 성공의 최고 핵심 조건이다.
② 파트너 : 기업과 파트너십을 맺고 있는 협력업체와의 신뢰 확보는 기업 경쟁력의 버팀목이다.
③ 고객 : 기업이 사업장을 마련하여 이해관계를 같이 하는 곳이다.
④ 투자자 : 기업을 믿고 지지한 주주로서 기업의 고객과 가장 가까운 곳에 위치한다.

해설

① 지역사회 : 일정한 지역, 주민, 공동체 의식을 그 구성요소로 고용 및 소득증대, 지역사회 개발 등을 목적으로 한다. 최근 공해 및 환경파괴 등으로 기업의 사회적 책임이 부각되면서 그 중요성이 더욱 증가하고 있다.
③ 고객 : 제품소비시장을 형성하면서 구매력과 구매의욕을 가지고 기업이 생산한 상품이나 서비스를 반복하여 구매하는 개인 또는 사회의 여러 기관과 같은 소비주체를 말한다.
④ 투자자 : 기업의 금융 또는 실물 자본 중 자기자본에 해당하는 부분을 제공하는 개인이나 투자집단 또는 투자기관을 말하는데, 투자자가 기업의 고객과 가장 가까운 곳에 위치하지는 않는다.

22 다음 중 특성산업 내의 경쟁 강도에 대한 설명으로 가장 적절하지 않은 것은? [19년 1회]

① 진입장벽이 낮은 산업일수록 경쟁이 치열하다.
② 산업성장률이 높은 경우는 성장률이 낮은 경우보다 경쟁이 치열하다.
③ 시장점유율이 비슷한 경우 경쟁이 치열하다.
④ 대체재의 수가 많은 경우 경쟁이 치열하다.

해설

② 특성산업의 성장세가 더딘 경우 상대기업이 점유한 시장을 빼앗아야 하므로 시장점유율 확보를 위해 경쟁이 치열해진다.

23 다음은 카르텔에 대한 설명이다. 옳지 않은 것은? [20년 1회]

① 카르텔은 동종 내지 유사산업에 속하는 기업이 연합하는 것이다.
② 독립적인 기업들이 연합하는 것으로 서로 기업활동을 제한하며 법률적, 경제적으로도 상호 의존한다.
③ 카르텔의 종류로 판매카르텔, 구매카르텔, 생산카르텔이 있다.
④ 일부 기업들의 가격담합 등의 폐해가 심각하여 국가에 의한 강제 카르텔 외에는 원칙적으로 금지 또는 규제하고 있다.

21 ② 22 ② 23 ② **정답**

해설

② 카르텔 참가기업들은 법률적으로나 경제적으로 독립성을 유지하면서 협약에 의거, 시장통제에 관한 일정 사항에 관해서 협정을 체결한다.

카르텔(Cartel)

- 독점을 목적으로 하는 기업 간의 협정 또는 협정에 의한 횡적결합으로 기업연합이라고도 한다. 같거나 유사한 기업 전부나 대부분이 경쟁의 배제로 시장을 통제하고 가격을 유지하기 위해 각자의 독립성을 유지한 채 협정에 가맹하는데, 그 내용에 따라 여러 가지 카르텔로 분류된다.
- 판매조건을 협정하는 조건카르텔, 판매가격의 최저한을 협정하는 가격카르텔, 생산량 또는 판매량의 최고한도를 협정하는 공급제한 카르텔, 판매 지역을 협정하는 지역카르텔 등이 있다.
- 우리나라에서는 독점규제 및 공정거래법에 의해 카르텔이 금지된다.

24 기업들은 글로벌시장에서 경쟁하기 위해 다양한 전략을 구사한다. 다음의 내용을 읽고 어떤 전략을 설명한 것인지 가장 가까운 것을 고르시오. [19년 1회]

> 외국의 기업이 생산한 개별제품에 자신의 브랜드와 상표를 부착하는 개념으로, 예를 들어 델은 대만의 노트북 제조회사인 퀀타 컴퓨터와 계약을 맺고 제조되는 노트북에 델의 브랜드를 부착하도록 하는 방법이다. 이러한 방법은 공장설립과 같은 과중한 진입비용에 따른 부담을 주지 않고 새로운 시장을 경험할 기회를 제공한다.

① 라이센싱(Licensing)
② 프랜차이징(Franchising)
③ 위탁제조(Contract Manufacturing)
④ 해외자회사(Foreign Subsidiaries)

해설

① 라이센싱(Licensing) : 라이센서(공여기업)와 라이센시(수혜기업) 간에 계약을 체결한 후, 이 계약하에 공여기업이 보유하고 있는 특허, 기업비결, 노하우, 등록상표, 지식, 기술공정 등 상업적 자산권을 사용할 수 있는 권리를 수혜기업에 제공하고 그 대가로 일정한 로열티, 수수료 등을 받는 계약협정
② 프랜차이징(Franchising) : 가맹주가 가맹점에 비즈니스노하우, 경영시스템, 브랜드, 마케팅지원 등을 제공하고 가맹점은 그 대가로 상표사용권에 대한 로열티, 초기자본, 교육 · 컨설팅비용 등을 부담하는 형태
④ 해외자회사(Foreign Subsidiaries) : 현지법률에 의하여 설립된 현지법인으로 본사와는 독립된 별개의 법인체. 본사와 상관없는 독자적인 경영조직을 가지고 업무를 수행하고 본사와는 별도의 회계예산을 수립 · 집행하며 현지법이 요구하는 바에 따라 외부 감사기관의 감사를 받음

25 다음은 대기업과 비교하여 중소기업의 필요성 및 특징을 설명한 것이다. 이 중에서 가장 거리가 먼 것은? [19년 2회]

① 시장의 수요변동이나 환경변화에 탄력적으로 대응하기 어렵지만 효율적인 경영이 가능하다.
② 기업의 신용도가 낮아 자본조달과 판매활동에 불리하여 대기업의 지배에 들어가기 쉽다.
③ 악기나 도자기, 보석 세공같이 소비자가 요구하는 업종으로 대량생산에 부적당한 업종도 있기 때문이다.
④ 가발제조업과 같이 대규모 시설투자는 필요하지 않고 독특한 기술이나 숙련된 수공을 요하는 업종이 존재하기 때문이다.

해설

① 중소기업은 시장의 수요변동이나 환경변화에 탄력적으로 대응하기 쉽다.

26 다음은 주식회사에 대한 설명이다. 이 중 가장 적절하지 않은 것은 무엇인가? [18년 1회]

① 현대사회에서 가장 대표적인 기업으로 모두 유한책임사원으로 구성되는 자본적 공동기업이다.
② 자본을 모두 증권화하고 있으며, 이러한 증권화제도를 의제자본이라고도 한다.
③ 주식회사는 소유와 경영이 분리될 수 있으며, 주주가 많아지고 주식분산이 고도화될수록 투자자들은 경영에 대한 관심보다 주로 자본이득에 관심을 갖게 된다.
④ 주식회사의 사원은 주로 출자자와 경영자로 분류되며, 자신의 투자액, 즉 주식매입가격 한도 내에서만 책임을 지는 엄격한 유한책임제도를 갖는다.

해설

④ 주식회사의 출자자인 주주는 모두 유한책임사원으로서 출자액을 한도로 회사의 적자, 채무, 자본 리스크에 대한 책임을 진다.

27 다음의 기업 사례들은 무엇으로부터 비롯된 것인지, 보기 중 가장 적합한 것은? [19년 2회]

> A기업 : 최고경영진 3명과 중간관리자들의 분식회계를 통한 이익 허위공시, 2001년도 파산
> B기업 : 분식회계를 통한 수익조작, 2002년도에 410억 달러의 부채와 함께 파산 신고

① 조직의 창업주 및 경영이념
② 조직 규범 및 문화
③ 경영자의 도덕적 해이
④ 조직의 사업 및 회계범위의 확장

25 ① 26 ④ 27 ③ **정답**

해설

③ 도덕적 해이는 본래 미국에서 보험가입자들의 비도덕적 행동을 가리키는 말로 사용한 것으로, 이해당사자들이 책임을 다하지 않고 상대방을 배려하지 않는 양상을 가리킨다. 경영에서는 주주가 경영을 맡긴 경영자가 내부자 거래로 주주에게 손해를 입히거나 법과 제도의 허점을 악용하여 책임을 등한시하는 등의 문제를 가리키며 그러한 일이 발생하는 이유를 보통 법과 제도의 허점, 정보 획득의 불균등, 혹은 개인의 책임의식 결여 등으로 본다.

28 아래 내용의 ⓐ, ⓑ에 해당되는 용어를 짝지어 놓은 것으로 가장 적절한 것은? [18년 2회]

- ⓐ는 동일지역 또는 인접지역에 있고 서로 관련성이 있는 여러 업종의 기업이 유기적으로 결합된 2개 이상의 기업결합체를 말한다.
- ⓑ는 몇 개의 기업이 법률적 독립성을 유지하면서 금융적, 자본적으로 결합된 기업결합 형태를 말한다.

① ⓐ 콤비나트(Kombinat) – ⓑ 콘체른(Concern)
② ⓐ 컨글로메리트(Congolmerate) – ⓑ 트러스트(Trust)
③ ⓐ 컨글로메리트(Congolmerate) – ⓑ 콘체른(Concern)
④ ⓐ 콤비나트(Kombinat) – ⓑ 트러스트(Trust)

해설

기업결합의 형태

- 카르텔(Cartel) : 독점을 목적으로 하는 기업 간의 협정 또는 협정에 의한 횡적 결합(연합)
- 트러스트(Trust) : 법률상 · 경영상으로 완전히 결합된 기업결합 형태
- 콘체른(Concern) : 출자 등 금융적 방법에 의해 형성되는 기업결합
- 콤비나트(Combinat) : 상호보완적인 여러 생산부문이 생산기술적인 관점에서 결합한 형태
- 컨글로메리트(Conglomerate) : 복합합병의 일종

29 다음의 괄호에 들어가는 말을 순서대로 열거한 것을 고르시오. [19년 1회]

- ( )은 특정제품에 관련되는 경영활동은 해당 사업부문의 책임자가 맡는다.
- ( )은 특정한 목표를 달성하기 위해 팀을 구성하며, 목표달성 후 해체되는 형태로서, 전체 조직의 구조와 업무에 영향을 미치지 않는다.
- ( )은 전통적인 기능부분조직과 프로젝트조직의 결합 형태로 구성원은 2중으로 소속되어 있다.

① 사업부제조직 – 프로젝트조직 – 매트릭스조직
② 사업부제조직 – 매트릭스조직 – 결합조직
③ 라인스탭조직 – 프로젝트조직 – 매트릭스조직
④ 라인스탭조직 – 매트릭스조직 – 결합조직

정답 28 ① 29 ①

해설

• 사업부제조직 : 분권조직의 대표적인 형태로서 독립적인 사업부로 부문화된 후 각 사업부 내부에 기능식 부문화가 이루어지는 형태의 조직
• 프로젝트조직 : 전통적인 라인 · 스탭조직과 사업부제조직의 보완조직으로서 특정한 목표 혹은 특정한 계획이나 과업을 달성하기 위해 일시적으로 조직 내의 인적 · 물적 자원을 결합시키는 조직
• 매트릭스조직 : 계층적인 기능식 구조에 수평적인 사업부제조직을 결합한 부문화의 형태로서 기능식 구조이면서 동시에 사업부제적인 구조를 가진 상호연관된 구조

30 다음 중 공식조직을 구조화할 때, 고려해야 할 사항에 대한 설명으로 옳지 않은 것은? [20년 1회]

① 그레이프바인 시스템 활성화
② 권한의 위양 정도
③ 조정 절차 매뉴얼
④ 구체적인 정책 수립

해설

① '그레이프바인'은 비공식적 의사소통이 포도넝쿨처럼 전달되기 때문에 부르는 명칭이며 비공식적 체계에 따라 전달되는 의사소통을 의미한다.

31 다음 중 동기부여이론에 대한 설명으로 가장 옳지 않은 것은? [19년 1회]

① 앨더퍼(Alderfer)의 ERG이론은 인간의 욕구를 존재욕구–관계욕구–성장욕구로 분류한다.
② 허즈버그(Herzberg)의 2요인이론(Two Factor Theory)에 의하면, 임금 인상이나 작업환경 개선으로는 종업원의 만족도를 높일 수 없다.
③ 아담스(Adams)의 공정성 이론(Equity Theory)은 욕구를 5단계로 분류하여 하위에서 상위 욕구까지를 설명한 과정이론이다.
④ 브룸(Vroom)의 기대이론은 직무수행을 위한 구성원의 노력에서 보상까지의 과정에 있어 동기 유발을 이해하기 위한 접근방법이다.

해설

③ 매슬로우(Maslow)의 욕구위계이론에 대한 내용이다.

30 ① 31 ③ **정답**

32 다음의 임금피크제에 대한 설명으로 가장 옳은 것은? [18년 2회]

① 근속연수에 따라 호봉과 임금이 한없이 증가하는 것이다.
② 고령의 사원을 낮은 임금에 고용보장을 해주기 위해 마련한 제도이다.
③ 임금하한제로서 기업의 임금부담을 줄일 수 있는 방안이다.
④ 저임금 노동자를 보호하기 위해 마련된 제도이다.

해설

② 임금피크제는 기본적으로는 정년보장 또는 정년연장과 임금삭감을 맞교환하는 제도라 할 수 있다.

33 아래의 사례를 설명하기에 가장 적합한 경제용어는? [19년 2회]

(사례1) 비서 C씨의 사무실 근처 거리에 같은 메뉴를 파는 두 음식점이 있다. A음식점은 줄을 서서 기다리는 반면 B음식점은 한두 테이블에만 사람이 앉아 있다. 비서 C씨는 '사람이 없는 곳은 다 이유가 있겠지'라는 생각에 A음식점을 선택한다.

(사례2) 비서 C씨는 유행에 따라 물건을 구입하는 경향이 있다.

① 백로효과
② 밴드왜건 효과
③ 베블런 효과
④ 분수효과

해설

② 밴드왜건 효과 : 유행에 따라 상품을 구입하는 소비현상을 뜻하는 경제용어이다.
① 백로효과 : 밴드왜건 효과와는 반대로, 우아한 백로처럼 타인과 다르게 보이려고 희소성이 떨어진 것이 아닌 다른 상품을 구매하는 경우를 말한다.
③ 베블런 효과 : 가격이 오르는데 수요가 줄지 않고 오히려 늘어나는 상류층 소비자들의 소비 행태로, 필요에 의한 것이 아닌 부를 과시하거나 허영심을 채우기 위해 구입하는 현상을 말한다.
④ 분수효과 : 낙수효과와는 반대로, 부유층의 세금을 늘리고 복지정책 등으로 저소득층의 소득을 증대시켜 경기를 활성화시키면 결국 고소득층의 소득도 올라가는 효과를 뜻한다.

정답 32 ② 33 ②

34 다음 (A)제약의 사례는 보기 중 어느 것에 해당되는 것인가? [20년 1회]

(A)제약은 일반 무좀약 시장으로부터 손발톱 무좀약 시장을 독립시켰다. 손발톱 무좀이라는 피부병이 따로 있다는 사실을 잘 모르고 있던 소비자들에게 이를 알리고 새로운 시장을 개척하였다.

① 제품차별화
② 시장세분화
③ 표적시장결정
④ 제품포지셔닝

해설

② 시장세분화 : 한 제품시장을 전체 소비자들의 니즈나 행동, 특성 면에서 유사한 하부집단으로 구분하는 것이다. 이것이 성공적으로 이루어지기 위해서는 측정가능성, 접근가능성, 경제적 시장규모, 안정성, 차별적 반응 등의 요건이 충족되어야 한다. 이때 사용될 수 있는 기준은 인구통계, 사회계층, 문화, 라이프스타일 등이 될 수 있다.
① 제품차별화 : 판매 전략의 하나로써 기업이 자사제품에 타사제품과는 다른 특징이나 특성을 부여하는 것을 의미한다.
③ 표적시장결정 : 상품을 표적으로 하는 시장을 결정하는 것을 의미한다.
④ 제품포지셔닝 : 기업이 자신들의 제품을 사람들에게 바람직한 위치에 인식시키기 위해 마케팅 전략상 이미지를 설정 · 구축하는 것을 의미한다.

35 BSC(Balanced Score Card) 인사평가에서 균형이란 성과평가에서 재무적 · 비재무적 성과를 모두 균형있게 고려한다는 것이다. 재무적 성과와 비재무적 성과를 고려하는 BSC 평가 관점이 아닌 것은? [20년 2회]

① 재무적 성과 : 고객 관점
② 재무적 성과 : 재무 관점
③ 비재무적 성과 : 외부 프로세스 관점
④ 비재무적 성과 : 학습과 성장 관점

해설

③ 비재무적 성과 : 내부 프로세스 관점

34 ② 35 ③ **정답**

36 다음 보기의 내용은 마케팅 전략 중 무엇을 설명하는 것인가? [19년 2회]

> • A커피회사는 미국 서부에는 진한 커피를, 동부에는 약한 커피를 공급한다.
> • B백화점은 각 층별로 영캐주얼층, 남성층, 여성층 등으로 나누어 전시한다.

① 포지셔닝(Positioning)
② 시장세분화(Segmenting)
③ 표적시장(Targeting)
④ 통합화(Integrating)

해설

② 시장세분화(Segmenting) : 하나의 제품시장을 전체 소비자들의 니즈나 행동, 특성 면에서 유사한 하부집단으로 구분하는 것이며, 이때 사용할 수 있는 기준은 인구통계, 사회계층, 문화, 라이프스타일 등이 될 수 있다.
① 포지셔닝(Positioning) : 소비자들의 마음속에 자사제품의 바람직한 위치를 형성하기 위하여 제품 효익을 개발하고 커뮤니케이션하는 활동을 말한다.
③ 표적시장(Targeting) : 세부시장 중에서 기업이 집중공략하는 시장을 말한다.
④ 통합화(Integrating) : 산업의 성장성이 높은 경우에 기존 유통경로의 일부를 통합함으로써 시장에서 경쟁적 우위를 확보하려는 성장 전략이다.

37 포괄손익계산서 보고서 양식은 다음과 같다. 각 과목에 대한 산정방식으로 옳지 않은 것은? [20년 2회]

보 기		과 목	계산방식
	(1)	순매출액	
	(2)	매출원가	
①	(3)	매출총이익	(1)−(2)
	(4)	영업비용(판매비와 일반관리비)	
	(5)	영업이익	
	(6)	영업외손익(금융손익 등)	
②	(7)	법인세비용 차감전 순이익	(5)−(6)
	(8)	법인세비용	
③	(9)	당기순이익	(7)−(8)
	(10)	기타포괄손익	
④	(11)	총포괄손익	(5)+(9)

① (3) 매출총이익＝(1)−(2)
② (7) 법인세비용 차감전 순이익＝(5)−(6)
③ (9) 당기순이익＝(7)−(8)
④ (11) 총포괄손익＝(5)+(9)

해설

④ 총포괄손익＝당기순이익(9)+기타포괄손익(10)

정답 36 ② 37 ④

38 아래의 보기에서 나타난 (A)에 해당하는 용어로 가장 적절하지 않은 것은? [18년 1회]

> 글로벌 디스플레이 시장에서 중국의 물량공세가 본격화되면서 LCD패널 시장에서 (A)이/가 나타날 전망이다. (A)에 따른 경쟁은 지속적으로 가격을 인하하고 과감히 설비투자를 집행하면서 손해를 감수하더라도 점유율을 늘리는 방식으로, 시장에서 상대방을 밀어내는 출혈경쟁을 하게 되는 것을 말한다. 결국 타업체들이 항복함에 따라 마지막까지 버틴 기업이 최후의 승자가 될 수 있다.

① 치킨 게임

② 죄수의 딜레마

③ 제로섬 게임

④ 세 명의 총잡이 게임

해설

① 치킨 게임은 '매와 비둘기 게임(Hawk-Dove Game)' 또는 '겁쟁이 게임(Coward Game)'이라고도 한다. 양쪽 참가자 모두 차를 타고 좁은 도로 양쪽 끝에서 서로를 향해 마주 달리는 것이 게임의 규칙이며, 자신을 향해 달려오는 차량에 겁을 먹고 먼저 운전대를 꺾는 사람이 겁쟁이로 취급된다.

39 〈 A 〉는 저소득층의 소득증가가 결과적으로 국가전체의 경기부양으로 이어진다는 경제용어이다. 이는 저소득층의 소득수준이 올라가면 총 소비가 늘어나고, 기업측면에서는 생산 투자할 여력이 많아지기 때문에 경기가 활성화돼 부유층의 소득도 높아진다는 것이다. 이는 부유층으로부터 세금을 더 걷어 저소득층의 복지정책을 늘리자는 정책과 상통한다. 여기서 〈 A 〉를 뜻하는 용어는 무엇인가? [19년 1회]

① 낙수효과

② 낙타효과

③ 분수효과

④ 풍선효과

해설

① 낙수효과 : 고소득층의 소득증대가 소비 및 투자 확대를 가져와서 결국 저소득층의 소득도 증가하게 되는 현상

④ 풍선효과 : 어떤 현상이나 문제를 해결하면 다른 현상이나 문제가 새로이 나타나는 현상

38 ① 39 ③ **정답**

40 아래의 내용은 무엇을 설명하는 것인지 가장 적합한 것은? [16년 2회]

> 이것은 한 제품시장을 전체 소비자들의 니즈나 행동, 특성 면에서 유사한 하부집단으로 구분하는 것이다. 이것이 성공적으로 이루어지기 위해서는 측정가능성, 접근가능성, 경제적 시장규모, 안정성, 차별적 반응 등의 요건이 충족되어야 한다. 이때 사용될 수 있는 기준은 인구통계, 사회계층, 문화, 라이프스타일 등이 될 수 있다.

① 마케팅 믹스
② 포지셔닝 구축
③ 시장세분화
④ 표적시장

해설

① 마케팅 믹스 : 마케팅 믹스는 외부 환경의 변화에 적응하면서 고객의 욕구와 필요를 충족시키기 위한 통제 가능한 요인으로, 제품, 가격, 유통, 촉진으로 구성된다.
② 포지셔닝 구축 : 기업이나 제품을 인식시키기 위해 마케팅 전략상 이미지를 설정 · 구축하는 것이다.
④ 표적시장 : 시장 혹은 상품을 표적으로 하는 시장으로 시장의 세분화와 관련 있다.

제3과목 | 사무영어

41 다음 밑줄 친 단어의 사용이 바르지 않은 것은? [20년 1회]

① The minutes of a meeting is the written records of the things that are discussed or decided at it.
② Exchange rate is the money that you need to spend in order to do something.
③ When someone gives you a quotation, he/she tells you how much he/she will charge to do a particular piece of work.
④ An agenda is a list of the items that have to be discussed at a meeting.

해설

② Exchange rate는 환율을 의미한다.
① 회의록은 회의에서 논의되거나 결정된 사항에 대한 서면 기록이다.
③ 누군가가 당신에게 견적을 준다는 것은, 그 혹은 그녀가 특정한 작품을 하기 위해 얼마를 청구할지를 알려주는 것이다.
④ 안건은 회의에서 논의해야 할 사항의 목록이다.

정답 40 ③ 41 ②

42 Choose one that does NOT match each other. [19년 1회]

① IOW : In other words
② ROI : Return on Interest
③ NRN : No reply necessary
④ YOLO : You only live once

해설

② ROI : Return on Investment(투자자본수익률)

43 What are the BEST expressions for the blank ⓐ and ⓑ? [19년 2회]

Most hotels have an alarm clock in each room; however, some hotels use ___ⓐ___. Check–out time is usually between 11:00 a.m. and 1:00 p.m. Most hotels have a ___ⓑ___, if you need to store your luggage after checking out.

① ⓐ get up calls ⓑ baggage claim area
② ⓐ morning calls ⓑ luggage allowance
③ ⓐ give up calls ⓑ laundry service
④ ⓐ wake up calls ⓑ luggage storage room

해설

④ 앞에 alarm clock(자명종)이 나와 있으므로 ⓐ에는 그에 대비되는 명사가 나와야 하므로 모닝콜을 의미하는 'wake up calls'가 들어가야 하고, 뒤에 store your luggage(짐을 보관하다)가 나와 있으므로 ⓑ에는 보관실을 의미하는 'luggage storage room'이 들어가는 것이 적절하다.

호텔은 대부분 객실마다 자명종이 있다. 하지만 일부 호텔은 ⓐ모닝콜을 사용한다. 퇴실 시간은 대개 오전 11시에서 오후 1시다. 퇴실 시간 후에 짐을 보관해야 한다면 대부분 호텔은 ⓑ보관실이 있다.

42 ② 43 ④ 정답

44 Which of the followings is the most appropriate for the blank boxes? [17년 1회]

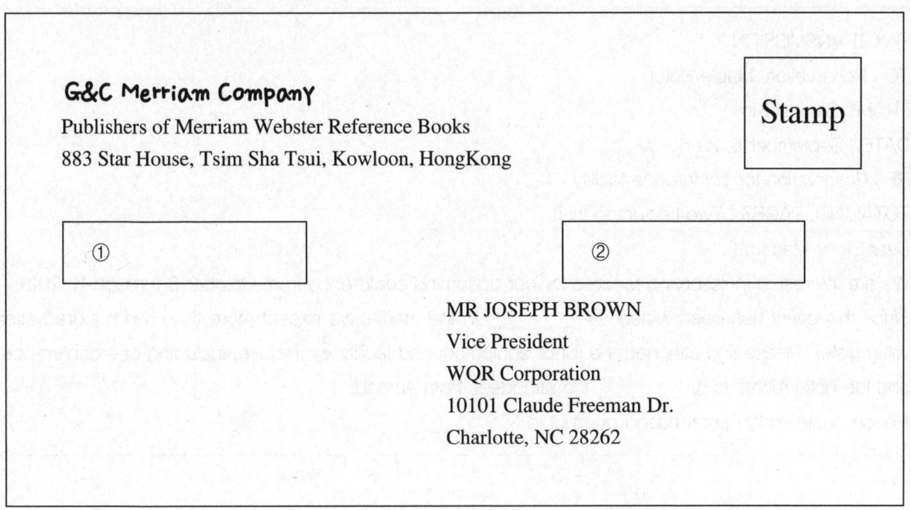
G&C Merriam Company
Publishers of Merriam Webster Reference Books
883 Star House, Tsim Sha Tsui, Kowloon, HongKong

Stamp

①　　②

MR JOSEPH BROWN
Vice President
WQR Corporation
10101 Claude Freeman Dr.
Charlotte, NC 28262

① ① HOLD FOR ARRIVAL　② VIA AIR MAIL
② ① CONFIDENTIAL　② PLEASE FORWARD
③ ① SPECIAL DELIVERY　② REGISTERED
④ ① CONFIDENTIAL　② PRIVATE

해설

①에는 (Front나 Housekeeping에 수신과 동시에 도착시간 스탬프를 찍어 보관 중인) Hold for arrival stamp, 즉 우편물 도착표시, ②에는 홍콩에서 노스캐롤라이나로 보내는 편지이므로 항공편 표시가 와야 한다.

① ① 우편물 도착표시　② 항공우편
② ① 친전(親展)　② 전송바람
③ ① 속달우편　② 등기우편
④ ① 친전(親展)　② 개인편지

정답 44 ①

45 Fill in the blanks ⓐ~ⓒ with appropriate words. [16년 1회]

FAX TRANSMISSION
TO : Reservation, Maple Hotel
FROM : Samuel Kim
DATE : September 5, 2016
RE : Reservation for conference facility
TOTAL NO. PAGES : Two (including this)
Dear Sir or Madam :
We are interested in reserving facilities for our upcoming conference from October 8 through 11, 2016. Since this event has been widely ⓐ _________ in the media, we expect more than two hundred attendees will register. Please find attached the list of equipment and facility we require, including one conference room and the hotel rooms to ⓑ ________ the attendees from abroad.
Please quote us the price based on double ⓒ ________.

	ⓐ	ⓑ	ⓒ
①	publicised	accommodate	occupation
②	publicized	accommodate	occupants
③	publicised	accommodate	occupancy
④	publicized	accommodate	occupancy

해설

- publicized : 알리다, 광고하다
- occupation : 직업
- occupant : 사용자, 입주자
- occupancy : (건물, 방, 토지의) 사용
- double occupancy : 2인실(트윈룸) 사용

2016년 10월 8일부터 11일까지 열릴 회의로 객실을 예약하고자 합니다.
이벤트가 미디어에 널리 홍보되었기 때문에 2백 명이 넘는 참가자가 등록할 것으로 예상됩니다. 회의실과 해외에서 오시는 참석자들이 머물기 위한 호텔 객실을 포함한 우리가 원하는 시설 목록을 첨부하였으니 확인하여 주십시오.
2인실 견적서를 보내주시기 바랍니다.

46 What is MOST proper as a closing of the letter? [19년 1회]

① I'm writing to apologize for the wrong order we sent.
② Thank you for your quick reply.
③ I'm looking forward to hearing from you soon.
④ I have received your letter of May 1st.

45 ④ 46 ③ **정답**

해설

③ 서한의 말미에 들어갈 말로 가장 적합한 것은 "귀하로부터 곧 소식을 들을 것을 고대하겠습니다(I'm looking forward to hearing from you soon)"이다.

47 According to the following, which is MOST proper? [18년 1회]

January 22 (Monday) (Mr. Yoon)	
10:30~11:30	Investor Relations Presentation, First Securities Corporation 25 Portman Square, London W1H7BH
12:00~14:00	Luncheon with Executives of the FSC Strand Restaurant, Sofitel St. James London
15:00~16:30	Final Discussion with the Investment Banking Team
17:00~18:30	Dinner on your own
19:00	Arrive at Eurostar London Waterloo Station
19:30	Eurostar to Paris
21:45	Arrive at Eurostar Paris Gare du Nord Station
22:30	Check in at Hotel Astra Opera 30, rue Caumartin, 75010 Paris

① This is the Europe sightseeing trip itinerary for Mr. Yoon.

② Mr. Yoon will sleep in London on January 22.

③ Dinner is important for Mr. Yoon to discuss the current issues with others.

④ Mr. Yoon has dinner in London.

해설

④ 런던에서 파리로 떠나기 전에 식사가 있었다.

1월 22일(월요일) (윤 선생님)	
10:30~11:30	London W1H7BH, 25 Portman Square에서 퍼스트 증권사 투자 설명회
12:00~14:00	Sofitel St. James London에서 FSC Strand 레스토랑의 임원들과 오찬
15:00~16:30	투자은행팀과 최종 논의
17:00~18:30	개별 저녁식사
19:00	유로스타 London Waterloo역 도착
19:30	유로스타 Paris행
21:45	유로스타 Paris Gare du Nord역에 도착
22:30	Paris 75010, rue Caumartin, Astra Opera 30 호텔 체크인

정답 47 ④

48 Which of the followings is not appropriate expression? [15년 2회]

S : Good afternoon. May I help you?
V : Hello, Mr. Park is in, ⓐ is he?
S : Just a moment, please. May I have your name?
V : Oh, I'm a good friend of Mr. Park. So I'll just go in.
S : I'm sorry, but I'll have to get your name and the nature of your business before I'm allowed to ⓑ let you in.
V : Oh, of course. Here's my business card.
S : Mr. Mike Hampton of AGI. And ⓒ What do you wish to see Mr. Park about?
V : Well, I'm ⓓ an old friend of his from college days, and I'd like to talk to him about our new life insurance.

① ⓐ is he
② ⓑ let you in
③ ⓒ What do you wish to see
④ ⓓ an old friend of his

해설

① ⓐ Hello, Mr. Park is in, isn't he?가 옳은 표현이다.

49 Followings are sets of Korean sentence translated into English. Which is the LEAST appropriate expression? [20년 1회]

① 그 마을에 있는 역사적인 건물들의 본래 외관은 보존될 것이다.
→ The original appearance of the town's historic buildings will be preserved.
② 다른 회사와 합병하는 것은 언제나 어렵고 민감한 문제이다.
→ Merging another company are always a difficult and sensible issue.
③ 숙련된 조립라인 작업자들이 좀 더 세심한 경향이 있다.
→ Experienced assembly-line workers tend to be more attentive.
④ Mr. Nick Jordan은 나의 직속 상사이다.
→ Mr. Nick Jordan is my immediate supervisor.

해설

② Merging another company는 동명사로 시작하는 주어이다. 동명사는 단수취급 하므로 복수동사 are이 아닌 단수동사 is가 들어가야 한다.

48 ① 49 ② **정답**

50 Which of the following is a LEAST appropriate expression when closing a meeting? [19년 2회]

① Thank you for coming and for your contributions.

② Let's call it a day.

③ Would you like to start with the first point?

④ I declare this meeting adjourned.

해설

③ 'Would you like to start with the first point(첫 번째 사항으로 시작해볼까요)?'라는 말은 회의를 시작할 때 사용하는 표현이다.

① 참석과 기여에 감사드립니다.

② 오늘은 여기까지 하겠습니다.

④ 이 회의의 휴정을 선언합니다.

51 What is MOST appropriate expression for the underlined part? [20년 2회]

Visitor	: I'd like to see Mr. Han for a few minutes.
Secretary	: 어떤 용무로 그를 만나시려는지 여쭤봐도 될까요?
Visitor	: I'd like to talk to him about our new sales strategies.

① May I ask why you wish to see him?

② May I ask why do you wish to see him?

③ May I ask the reason you wish to see him about?

④ May I ask the reason do you wish to see him?

해설

① 간접의문문의 형태는 의문사–주어–동사 순으로 적어야 한다. 따라서 why you wish to see him으로 적는다.

정답 50 ③ 51 ①

52 다음 편지의 구성요소 중 가장 바르게 표현된 것은 무엇인가? [20년 1회]

November 15, 2020

Ms. Catherine A. Cox
Manager
Worldwide Travel, Inc.
450 Canyon View Drive East
① Flagstaff. AZ 86001

Dear Ms. Cox :
Our company has decided to hold its regional sales meeting in Scottsdale, Arizona, during the second week of December. I need information on a suitable conference site. We will need a meeting room with 30 computer workstations, a LCD display, and a microphone and podium.
A final decision on the conference site must be made within the next two weeks. Please send me any information you have for a suitable location in Scottsdale immediately. Thank you for your help.

Sincerely yours,

② Mr. Bill McKay
③ Marketing Manager
④ Enclosing

/jse

① Flagstaff. AZ 86001
② Mr. Bill McKay
③ Marketing Manager
④ Enclosing

해설

① '.'이 아닌 ','를 사용해야 한다.
② 서명 혹은 이름이 들어가야 하는 곳이므로 Bill McKay만 써야 한다.
④ 첨가되는 자료가 있을 경우 Enclosure라고 써야 한다.

52 ③ **정답**

53 Read the four dialogues and choose one which does not match each other. [16년 1회]

① A : Do you have anything to declare?

B : No, I don't have anything except my personal belongings.

② A : I'd like to change some money. I have Korean Won. Do you have Hong Kong Dollars?

B : Sure, how much are you changing?

③ A : Your bag is overweight.

B : How do I lose my weight?

④ A : My suitcase hasn't arrived yet.

B : Please fill out this form and describe your bag.

해설

③ A는 가방에 대하여 언급한 것이다.

③ A : 가방의 용량이 초과되었습니다.
B : 제가 어떻게 감량을 해야 할까요?
① A : 신고할 것이 있나요?
B : 아뇨, 개인 짐 빼곤 없습니다.
② A : 환전을 하고 싶습니다. 저는 원화를 가지고 있는데요. 홍콩 달러가 있나요?
B : 네, 얼마나 바꾸시겠습니까?
④ A : 제 가방이 아직 도착하지 않았습니다.
B : 이 서류를 작성하시고 가방이 어떻게 생겼는지 설명해주세요.

54 Which is INCORRECT about the schedule? [18년 2회]

Mr. Chun : Tell me how you've planned my next trip to New York.

Secretary : You're leaving Seoul at 9:25 on Tuesday morning on KE840 and arriving in New York at 10 o'clock on the same day. Mr. John Smith will meet you at the John F. Kennedy airport and take you to the headquarters.

Mr. Chun : Good.

Secretary : You'll be staying at the New York Millennium Hilton.

Mr. Chun : And on the way back?

Secretary : The return flight leaves at 4 o'clock on Saturday afternoon and arrives in Seoul at 9:00 p.m. on Sunday. Mr. Kim will meet you at the baggage claim.

① At 6 p.m. on Saturday, Mr. Chun is in the plane coming to Seoul.

② Mr. Chun arrives in New York on Tuesday.

③ Mr. Chun will stay at Hilton for 5 nights.

④ The first schedule in New York starts in the headquarters.

해설

③ Mr. Chun will stay at Hilton for 4 nights.

정답 53 ③ 54 ③

55 Which of the following is the most appropriate expression for the blank ⓐ? [15년 1회]

Visitor : Good morning.
Secretary : Good morning. How may I help you?
Visitor : I'm Robert Bin from AAA Electronics. I'd like to see Mr. Kim.
Secretary : Do you have an appointment?
Visitor : No, I don't.
Secretary : I'm sorry ⓐ ________________. May I ask what your visit is in regard to?
Visitor : I have an important offer so that I would like to see him today or tomorrow. Shall I come back tomorrow, if he is busy today?
Secretary : If you leave your telephone number, I'll let you know this afternoon when he is available.
Visitor : Thank you. Here's my business card.

① He asked me to show you to the meeting room.

② Would you come this way, please?

③ His schedule is fully booked all day.

④ Mr. Kim will be available soon. Would you please wait for a minute?

해설

① 그가 회의실로 안내하라고 하셨습니다.
② 이쪽으로 오시겠습니까?
④ Mr. Kim은 곧 시간이 납니다. 잠시 기다리시겠습니까?

방문객 : 안녕하세요?
비서 : 안녕하세요? 무슨 일이시죠?
방문객 : 저는 AAA전자의 Robert Bin입니다. Mr. Kim을 뵙고 싶습니다.
비서 : 약속을 하셨습니까?
방문객 : 아니요.
비서 : 죄송합니다만, ⓐ 그의 하루일정이 모두 찼습니다. 방문하신 용건을 여쭈어도 될까요?
방문객 : 중요한 제안이 있어서 오늘이나 내일 뵈려고 합니다. 오늘 바쁘시면 내일 다시 방문해도 되겠습니까?
비서 : 전화번호를 남겨주시면 오늘 오후에 시간이 있을 때 연락드리도록 하겠습니다.
방문객 : 고맙습니다. 이건 제 명함입니다.

55 ③ **정답**

56 What kind of letter is this? [20년 2회]

Mr. Benjamin Button
HR Director
New Bridge Finance, Ltd.

Dear Mr. Button :

It is my great pleasure to write for Stacy Truman for the opening position in your company.
During the past three years that Ms. Truman was with us, I have come to know her as a hard-working, diligent and optimistic person with tremendous initiative. She began as a part-time secretary in Finance division but quickly demonstrated her potential and was promoted to executive secretary within a year's time.
Though I will be disappointed to see her go, I also know that Ms. Truman's ambition should not be held back. I'm sure she will make a valuable asset to any company.

Sincerely,
Richard Branson
Richard Branson,
Executive Vice President

① Condolence Letter
② Congratulatory Letter
③ Resignation Letter
④ Recommendation Letter

해설

④ 추천편지
① 문상편지
② 축하편지
③ 사직서

Stacy Truman이 귀사에서 직책을 맡게 되어 매우 기쁩니다.
Truman 씨가 우리와 함께 있었던 지난 3년 동안 나는 그녀가 엄청난 진취성을 가지고 열심히 일하고, 부지런하며, 낙천적인 사람이라는 것을 알게 되었습니다. 그녀는 재무부에서 시간제 비서로 일하기 시작했지만 그녀는 그녀의 잠재력을 빠르게 보여주었고, 1년 안에 경영 간부 비서로 승진했습니다.
비록 그녀가 가는 것을 보면 속상하겠지만, Truman 씨의 야망이 억제되어서는 안 된다는 것도 알고 있습니다. 나는 그녀가 어떤 회사에도 귀중한 자산이 될 것이라고 확신합니다.

정답 56 ④

57 Read the following conversation and choose the most appropriate expression for the blank. [16년 2회]

Secretary : Good morning, may I help you?
Visitor : Good morning. My name is Lucy Choi. I have an appointment with Mr. Jones at 11, but I'm a little early.
Secretary : Oh, Ms. Choi. Mr. Jones has been expecting you. Wait a moment, please.
(via interphone)
Secretary : Mr. Jones, Ms. Choi came here a few minutes early for her 11 o'clock meeting. Are you available now?
Boss : Not really. Just a second. I'm replying to an urgent email at the moment. ________________.
Secretary : Sure.
Secretary : Ms. Choi, Mr. Jones is not available at the moment. Would you please have a seat and wait for a moment?

① Please tell her to come another time.
② Would you ask her to wait for a few minutes?
③ Would you ask her to cancel an appointment?
④ Please give me her new contact number so I can call her now.

해설

② 방문객이 사장님과 만나기로 약속을 하였지만 사장님이 긴급한 이메일에 답하고 있으므로 잠시 기다려 달라고 요청한 지문으로, '잠시 기다려 달라고 해주시겠어요?'라고 표현하는 것이 가장 적합하다.
① 다른 시간에 와달라고 얘기해주세요.
③ 약속을 취소해 달라고 해주시겠어요?
④ 지금 제가 전화하도록 다른 연락번호를 주세요.

57 ② 정답

58 Which is the MOST appropriate expression for the blank below? [20년 1회]

A : Hello. This is Tim Starbuck from Starbucks Holdings. May I speak to Mr. Park?
B : I'm sorry, but Mr. Park is in a meeting and asked not to be disturbed.
A : I'm afraid to ask you, but ________________. I have an urgent matter to discuss with him.
B : Well, let me see, but I doubt whether I'll be able to put you through.
(To Mr. Park) Mr. Tim Starbuck of Starbucks Holdings is on the line. He said he had an urgent matter to discuss with you.
C : All right. Put him through.

① could you please interrupt him for me?
② please ask him to be on the line.
③ I can't wait until he is on the line.
④ please tell him that I'm on the line.

해설

① B가 A에게 Park 씨가 지금 회의 중에 있으며 그가 방해받지 않기를 요청했다고 말했으나, A가 그래도 Park 씨와 긴급한 문제로 논의할 것이 있다며 전화가 연결되기를 원하는 상황이다. could you please interrupt him for me는 위의 상황상 미팅 중인 Park 씨에게 자신을 위해서 전화를 받을 수 있도록 방해해줄 수 있는지 요청하는 표현으로 가장 적합하다.

59 What is the purpose of the following passage? [18년 2회]

As the project schedule is overdue, I need to stay more in Seoul.
My room at InterContinental is up to this coming Monday, 20th January. I tried to extend my booking but the hotel told me there is no available room.
Please select a hotel near the project place. I need a room to 2nd of February.

① to extend a hotel reservation
② to reserve a hotel room
③ to reschedule the project
④ to select a project room

해설

② 서울에서의 체류기간이 연장되었으나 현재 묵고 있는 호텔에서는 해당기간 빈방이 없어 다른 호텔에 예약을 의뢰하는 내용이다.

60 Choose one that is the most appropriate subject for the following letter. [17년 2회]

> After reviewing your resume, we are pleased to invite you for an interview for the position of a marketing manager. Your interview is scheduled for Monday, May 15th at 10:00 a.m. If that is not convenient, please contact me to reschedule.
> We look forward to meeting you.

① Applying for a job
② Cancelling an interview
③ Requesting an interview
④ Rejecting an applicant

해설

③ 인터뷰 요청
① 일자리 지원
② 인터뷰의 취소
④ 지원자 거절

이력서 검토 후 영업부장 직책의 인터뷰를 위해 귀하를 초대하고자 합니다. 귀하의 인터뷰는 5월 15일 월요일 오전 10시에 예정되어 있습니다. 시간이 안 되실 경우 저에게 연락하여 스케줄을 변경하여 주시기 바랍니다.
당신을 만나 뵙기를 고대합니다.

제4과목 | 사무정보관리

61 다음 보기 중에서 문서유형 구분이 동일한 것끼리 묶인 것은? [19년 2회]

① 사내문서, 사문서
② 접수문서, 배포문서
③ 대외문서, 폐기문서
④ 공람문서, 의례문서

해설

② 접수문서와 배포문서는 문서유형 중 처리단계에 따른 문서에 속한다.

60 ③ 61 ② 정답

62 다음은 공문서의 하단부이다. 이를 통해 알 수 있는 내용으로 가장 올바른 것은? [15년 1회]

> ㈜ 상공에너지 대표이사
>
> 직인생략
>
> 수신자 상공유화, 상공유지, 상공가스, 상공석유
>
> 담당 최수정　　기획팀장 황연석　　상무 안혜수　　부사장 전결 이금철
> 협조자
> 시행 기획2015-233(2015. 3. 25)　　접수 상공석유-1034(2015. 3. 27)
> 우)159-22X 서울시 중구 공원로 41X (상공빌딩) / http://www.sg.co.kr
> 전화 (02)2123-335X / 전송 (02)2123-334X / sjchoiX@sg.co.kr / 공개

① 상공석유에서 이 문서를 처리하고 시행하였다.
② 대표이사가 부재중이어서 날인을 받을 수 없어 직인을 생략하였다.
③ 대표이사가 부재중이어서 결재를 받을 수 없어 이금철 부사장이 전결하였다.
④ 상공에너지에서 보낸 것을 상공석유에서 받은 것이다.

해설

① 상공에너지에서 보낸 문서이다.
② 인허가 내용이 아닌 행정홍보 등 경미한 내용의 문서일 경우 직인을 생략할 수 있다.
③ 전결은 최고결정권자가 그보다 낮은 직급자에게 결정권을 위임해 대신 권한을 행사하는 것으로 그 규칙은 해당 기업의 전결규정에 따른다.

63 다음 중 밑줄 친 부분의 맞춤법 사용이 가장 올바른 것은? [16년 1회]

① 친구가 힘들게 해도 되갚는 것은 옳지 않다.
② 오랫만에 옛 동료를 만나서 반가웠다.
③ 비서로써 갖추어야 할 역량은 무엇인가?
④ 신제품이 날개 돋친 듯이 팔렸다.

해설

① 친구가 힘들게 해도 대갚음하는 것은 옳지 않다.
② 오랜만에 옛 동료를 만나서 반가웠다.
③ 비서로서 갖추어야 할 역량은 무엇인가?

64 비서가 업무상 문서를 작성할 때 유의할 사항으로 잘못 기술된 것은? [20년 1회]

① 주요 메시지를 문서 작성 시작부분에서 기술하며, 그 이후에는 이에 대한 세부 내용을 구체화하는 형식인 두괄식 구성이 사무 문서에서 대체로 선호된다.

② 간단명료한 문서 작성을 위해 가급적 단어를 적게 사용하면서도 메시지를 분명하게 전달한다.

③ 비서가 상사를 대신하여 작성하는 문서는 상사가 직접 문서를 작성할 수 없는 상황임을 상세하게 밝히고 비서의 이름으로 나가는 것이 원칙이다.

④ 문서가 제시간에 전달되지 못하면 작성된 목적을 달성할 수 없으므로 시간 내 전달되기 위한 방식에 맞추어서 문서를 작성하여야 한다.

해설

③ 상사를 대신하여 작성하는 문서라 하더라도 초안 작성 후 상사의 최종검토와 확인을 받아서 발송하여야 한다. 따라서 상사가 직접 문서를 작성할 수 없는 상황임을 상세하게 밝히고 비서의 이름으로 나가는 것은 원칙이 아니다.

65 다음 감사장의 빈칸에 들어갈 가장 알맞은 인사말을 고르시오. [17년 2회]

> 삼가 인사를 올립니다.
>
> ____________
>
> 이번에 저희 상공전자가 대한민국 소비자 만족 대상을 받게 된 것을 축하해 주셔서 감사합니다. 저희 상공전자가 상을 받을 수 있었던 것은 축하해주신 여러분 모두의 도움 때문이라 생각합니다. 더욱 열심히 노력하여 각계각층의 기대에 어긋나지 않은 상공전자가 되겠습니다. 앞으로도 따뜻한 격려 부탁드립니다.
>
> 2017년 5월 15일
> 상공전자(주)
> 대표이사 최진우

① 가만히 있어도 땀방울이 맺히는 폭염의 더위가 계속되는 나날입니다.

② 한 해의 결실을 맺는 시기에 귀사의 무궁한 발전을 기원합니다.

③ 신록의 푸름이 더해 가는 계절에 귀사의 무궁한 발전을 기원합니다.

④ 세상의 생명들이 결실을 맞이하는 계절에 귀사가 날로 번창하길 기원합니다.

해설

③ 날짜가 5월 15일로 되어있으므로 계절에 맞는 인사말이 필요하다.

① 여름, ② 가을, ④ 겨울에 적합한 인사말이다.

64 ③ 65 ③ 정답

66 **최근에는 문서가 이메일로 수신되는 경우가 빈번하여, 상사의 업무상 이메일을 비서가 열람하고 처리하는 경우가 있다. 이메일 접수에 관련한 비서의 업무가 바람직한 것으로 묶인 것은?** [16년 2회]

> 가. 정 비서는 상사의 업무 메일을 주기적으로 확인하여 업무처리가 늦어지지 않도록 주의하고 있다.
> 나. 조 비서는 상사가 직접 처리가 필요한 메일의 경우 이메일 내용을 인쇄하여 중요한 부분에 형광펜으로 표시하여 종이 문서의 형태로 상사에게 전달하였다.
> 다. 박 비서는 상사가 이메일 열람 권한을 주지 않아서, 상사가 전달해주는 이메일의 처리만을 하고 있다.
> 라. 강 비서는 상사의 이메일 중 다른 부서에서 처리해야 할 메일인 경우는 담당 부서담당자에게 포워드하였다.

① 가, 나
② 가, 나, 다
③ 가, 나, 라
④ 가, 나, 다, 라

해설

④ 가, 나, 다, 라의 내용은 모두 옳은 설명이다.

67 **사단법인의 팀비서로 일하고 있는 전 비서가 문서의 수발신업무를 아래와 같이 하고 있다. 다음 보기 중 올바르지 않은 것끼리 묶은 것을 고르시오.** [18년 1회]

> 가. 접수문서를 접수하여 문서등록대장에 기재한 후 담당자에게 전달하였다.
> 나. 기밀문서를 발송할 때는 기밀유지를 위해서 발신부 기록을 생략하였다.
> 다. 상품 안내서와 광고문의 경우는 즉시 폐기해서 유통량을 줄였다.
> 라. 여러 부서원이 보아야 할 문서는 원본으로 회람하였다.
> 마. 공문서 발송 직전 법인이사장 관인을 날인받아서 복사본을 보관해두었다.
> 바. 팀원에게 온 친전문서를 개봉하여 확인 후 전달하였다.
> 사. 팀장님의 지시로 경조금 10만 원을 통화등기로 결혼식장에 바로 발송하였다.

① 가, 나, 다, 사
② 나, 다, 라, 바
③ 나, 다, 마, 사
④ 나, 라, 마, 사

해설

나. 기밀문서는 발신부에 작성하고, 봉투를 봉하여 전달한다.
다. 상품안내서와 광고문이라 하더라도 업무와 관련 있는 내용은 보관한다.
라. 여러 부서원이 보아야 할 문서는 사본으로 회람한다.
바. 친전문서는 개봉하지 않고 전달한다.

정답 66 ④ 67 ②

68 다음 중 기업이 존재하는 한 영구보존해야 하는 종류의 문서가 아닌 것은? [18년 1회]

① 주주총회 회의록
② 정 관
③ 특허 관련 서류
④ 재무제표

해설

영구보존문서
• 복원 불가능
• 정관, 중요 계약관계 서류
• 등기, 특허관계 서류
• 품의서, 주주총회 관계 서류 등

69 다음과 같이 문서 및 우편물을 발송하는 업무를 진행하고 있다. 이때 가장 적절하지 않은 업무처리끼리 묶인 것은? [18년 2회]

> 가. 문서를 발송하기 전에 상사의 서명날인을 받은 후 스캔본을 보관해두었다.
> 나. 월임대료를 석 달째 미납하고 있는 임차업체에 최고장을 작성하여 내용증명으로 발송하였다.
> 다. 창립기념식 초청장 발송용 우편물 레이블을 파워포인트를 이용하여 메일머지해서 작성하였다.
> 라. 고객사은품으로 상품권을 현금등기로 발송하였다.
> 마. 주주총회 안내문을 우편으로 발송하면서 요금후납제도를 이용하였다.

① 가, 나, 다, 라, 마
② 나, 다, 라, 마
③ 다, 라, 마
④ 다, 라

해설

다. 수령인의 주소가 다양하기 때문에 메일머지 기능을 사용하는 것은 어려울 수 있다.
라. 소액 상품권이라고 해도 엄연히 유가증권이므로 등기우편으로 보낼 땐 유가증권등기로 발송하여야 한다.

68 ④ 69 ④ **정답**

70 다음 중 전자문서관리를 가장 부적절하고 비효율적으로 처리한 비서는? [19년 1회]

① 박 비서는 '마케팅촉진전략회의_발표자료_20180920'으로 저장한 전자문서 파일명을 '발표자료'로 변경했다.

② 김 비서는 전자문서를 분류해서 보관할 때 폴더 안에 하위 폴더를 생성해 구분을 명확히 해서 저장했다.

③ 최 비서는 업무가 진행 중인 전자문서의 경우 문서의 진행처리 단계에 따라서 문서의 파일명을 변경하거나 변경된 폴더로 이동시켜서 정리, 보관하였다.

④ 고 비서는 장기 보존할 전자문서를 PDF/A 형식으로 저장하였다.

해설

① 너무 포괄적인 파일명을 사용하면 문서를 열어봐야만 내용을 확인할 수 있다.

71 다음 중 PDF 파일에 대한 설명으로 가장 옳지 않은 것은? [16년 1회]

① 컴퓨터 기종에 관계없이 호환이 가능한 문서 형식이다.

② 소프트웨어 종류에 관계없이 호환이 가능한 문서 형식이다.

③ 암호화 및 압축 기술을 통해 내용의 변조가 어렵다.

④ 문서 형식이나 제작기술에 독점적인 기술이 사용된다.

해설

④ PDF 파일은 국제표준화기구(ISO)에서 지정한 전자문서 국제표준 포맷이다. 특히 PDF/A는 국제표준화기구(ISO)에서 지정한 전자문서 장기보관 및 보존을 위한 국제표준 포맷이다.

72 다음 중 전자문서 결재시스템의 올바르고 효율적인 활용으로 가장 적절하지 않은 경우는? [17년 1회]

① 장 비서는 사전에 전자문서 결재시스템에 탑재된 문서양식을 이용하여 문서기안을 함으로써 효율성을 높였다.

② 정 비서는 문서 유출에 대한 안전성을 확보하기 위하여 보안설정을 이중으로 관리한다.

③ 최 비서는 종이문서를 선호하는 상사를 위하여 전자결재가 완료된 문서를 종이로 보관하였다.

④ 오 비서는 결재선에 포함되지 않아서 상사가 결재하는 타부서의 서류에 대한 열람권한이 없었으나, 추가 열람권한을 할당받아서 내용을 파악하였다.

해설

③ 전자결재시스템은 문서작성 및 정보관리의 효율성을 증대하는 것이 목적이므로 전자결재가 완료된 문서를 종이로 다시 보관하는 것은 적절하지 않다.

정답 70 ① 71 ④ 72 ③

73 정보수집 및 문서에 자료인용 시 유의해야 할 내용으로 가장 적절하지 않은 것은? [19년 1회]

① 자료수집의 단계에서부터 인용을 대비해 서지사항을 정확히 기재한다.

② 인터넷 자료의 경우 웹 페이지의 주소(URL)만 정확히 기록해 두면 된다.

③ 인용을 할 때 각주를 활용하여 참고문헌에서 인용의 정도와 인용처리 방식을 분명히 해주는 것이 좋다.

④ 직접 인용할 만큼의 가치를 갖는 내용은 원문의 표현을 그대로 옮겨두고 쪽수까지 정확히 기록해 두는 습관이 필요하다.

해설

② 인터넷 자료라고 해도 인쇄물과 동일하게 취급하여 저작권 여부를 살피고, 필요한 경우 웹 글 기재자의 사용 허락을 받아야 한다.

74 다음 신문기사를 통해서 알 수 있는 내용으로 가장 적절하지 않은 것은? [19년 제2회]

올해 상반기 자유무역협정(FTA) 발효국과 교역액이 3천 605억 달러로 작년 동기 대비 5.3% 감소했다고 관세청이 30일 밝혔다. 수출은 1천 981억 달러로 작년보다 7.9% 감소했고 수입은 1천 624억 달러로 2.0% 줄었다. 상반기 우리나라의 전체 해외 교역액은 5천 235억 달러로 작년 대비 6.9% 감소한 가운데 FTA 비발효국의 교역액은 1천 630억 달러로 작년보다 10.3% 감소한 것으로 집계됐다.

FTA 비발효국과 무역수지는 166억 달러 적자인데 비해 발효국과 무역수지는 357억 달러 흑자를 달성했다. 그러나 흑자 규모는 작년 상반기 493억 달러에 비해선 27.5% 줄었다. 관세청은 "글로벌 경기침체에도 불구하고 FTA 교역이 무역수지에 긍정적인 영향을 줬다."고 평가했다.

미국과 교역량은 673억 달러로 작년 동기보다 6.1% 늘어났지만 유럽연합(EU)은 545억 달러로 10.5% 줄었고 중국은 1천 198억 달러로 8.6% 감소했다.

상반기 FTA 활용률은 수출 75.0%, 수입 73.5%로 작년 동기 대비 각각 0.9% 포인트, 1.1% 포인트 증가했다. 수출 활용률은 특혜대상품목 수출액 대비 수출신고서상 원산지증명서 발급 수출액의 백분율이며, 수입 활용률은 특혜대상품목 수입액 대비 실제 특혜관세가 적용된 수입액의 백분율이다.

FTA 협정별로 수출은 캐나다(96.0%), EU(86.7%), 미국(85.3%), EFTA(84.6%) 등의 활용률이 높게 나타났고 수입은 칠레(99.6%), 뉴질랜드(93.8%), 콜롬비아(85.7%), 호주(84.4%) 순으로 높게 나타났다. 산업별로는 자동차 등 기계류(85.5%), 비금속광물 · 광물성 연료 등 광산물(80.4%)은 수출에서 높은 활용률을 보였고 농 · 축 · 수산물 및 가공품(91.5%), 섬유류(85.3%) 등은 수입 활용률이 높았다.

지역별로 대기업이 밀집한 서울(85.3%), 울산(79.8%), 인천(78.5%), 전남(77.4%) 순으로 수출 활용률이 높았고 대구(85.9%), 경북(84.4%), 광주(84.3%), 대전(82.0%) 순으로 내륙지역에서 수입 활용률이 높게 나타났다.

(매경 2019. 7. 30)

① 우리나라의 상반기 해외 교역액이 작년 대비 감소했다.

② FTA 비발효국과는 수출액이 수입액보다 많다.

③ FTA 발효국과는 수출액이 수입액보다 많다.

④ 서울의 FTA 수출활용률이 다른 지역보다 높다.

해설

② 'FTA 비발효국과 무역수지는 166억 달러 적자'라고 했으므로, FTA 비발효국과는 수출액이 수입액보다 적다.

75 아래와 같은 형태의 그래프에 사용하기에 가장 적합한 차트제목은? [17년 2회]

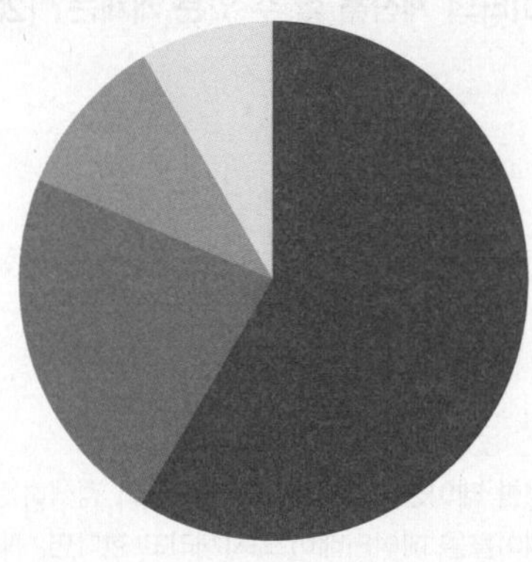

① 취업 아카데미 참석자 구성 비율
② 취업 아카데미 분기별 참석자 구성 비교
③ 취업 아카데미 연도별 만족도 비교
④ 취업 아카데미 참석자 수 비교와 주제별 비중 분석

해설

① 원그래프는 데이터 전체를 원의 면적 100%로 하여 그 구성항목을 비율에 의해 부채꼴 형태로 구분한 그래프이다. 따라서 비율을 나타내기에 적합한 그래프이다.

76 상사를 위해 프레젠테이션 자료를 준비 중에 있다. 일련의 단계를 통해 여러 개의 혼란스러운 내용이 통합된 목표 또는 내용으로 이어질 수 있는지를 보여주기에 가장 적절한 스마트 아트는? [19년 2회]

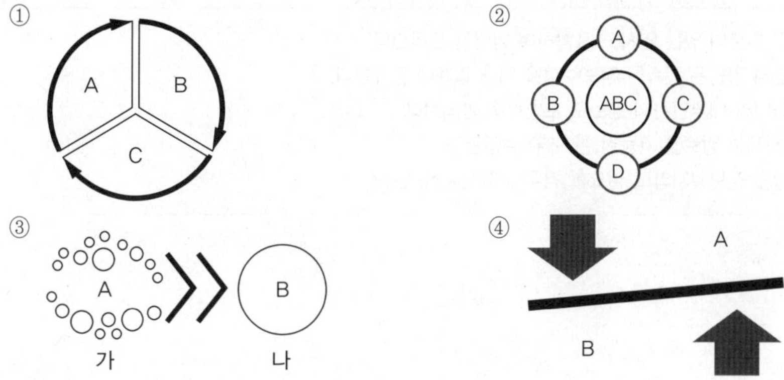

해설

① 작업, 단계, 일의 진행 방향이나 순서를 보여주기에 적합하다.
② 중심에 있는 아이디어와의 관계를 보여주기에 적합하다.
④ 반대되는 두 개의 개념 혹은 아이디어를 보여주기에 적합하다.

정답 75 ① 76 ③

77 MS-Access로 만들어진 방문객 관리 DB를 이용하여 업무처리를 하고 있다. 월별 방문객수 및 방문 목적별 방문객 수와 같이 데이터의 계산을 할 수 있는 개체는? [20년 1회]

① 테이블
② 페이지
③ 쿼 리
④ 매크로

해설

쿼리(Query)의 요약 기능
쿼리는 데이터베이스에서 특정한 테이블에 특정한 조건을 주어 검색하는 기능을 뜻하며 데이터베이스에서 기본적이면서도 매우 중요한 요소이다. 테이블을 데이터베이스 자체라고 한다면, 쿼리는 이 데이터베이스에서 필요한 것만을 뽑아내어 가공하는 형태라고 할 수 있다. 요약 기능은 하나 이상의 테이블에서 조건에 맞는 데이터를 검색하여 원하는 순서대로 데이터를 보여주는 기능이다. 또한 데이터를 그룹화하여 합계, 개수, 평균, 기타 요약 계산을 수행할 수 있다.

78 상사의 인적네트워크를 위한 정보관리에 관한 사항으로 적절하지 않은 것끼리 묶인 것은? [17년 1회]

가. 상사와 사적인 친분이 있는 인사도 포함하여 명단을 관리한다.
나. 상사의 인적관계 명단은 신속한 정보수정을 위해 업계에 공유한다.
다. 외부인사뿐 아니라 내부인사의 정보도 포함하여 관리한다.
라. 인물에 대한 자세한 정보를 가능한 한 모두 수집한다.
마. 출처가 불분명한 정보일지라도 필요할 경우 참고자료로 활용한다.

① 없다.
② 나
③ 나, 마
④ 나, 라, 마

해설

나. 상사의 인적네트워크는 비공개 정보이므로 외부에 유출되지 않도록 해야 한다.

77 ③ 78 ② **정답**

79 **다음은 네트워크와 관련 장비에 대한 설명이다. 가장 적절하지 않은 설명은?** [20년 1회]

① 랜카드(LAN Card) : LAN선을 연결하기 위한 장치로써 회선을 통해 사용자 간의 정보를 전송하거나 전송받을 수 있도록 변환하는 역할을 한다.

② 허브(Hub) : 여러 대의 컴퓨터를 LAN에 접속시키는 네트워크 장치이다.

③ 포트(Port) : 컴퓨터의 통신을 위해 사용해야 하는 컴퓨터의 연결부분으로 이 장치를 통하여 전용회선, 프린터, 모니터 등의 주변장치와 연결이 가능하고 주로 컴퓨터 뒷면에 부착되어 있다.

④ 엑스트라넷(Extranet) : 기존의 인터넷을 이용해 조직내부에서만 사용하는, 조직내부의 정보를 공유하며 업무를 통합하는 정보시스템이다.

해설

④ 엑스트라넷은 기업들이 외부보안을 유지한 채 협력업체들과 서로의 전산망을 이용하여 업무처리를 도울 수 있도록 협력업체들의 인트라넷을 인터넷으로 연결한 것을 의미한다.

80 **다음 중 컴퓨터 바이러스의 감염 경로와 예방법에 대한 설명으로 가장 적절하지 않은 것은?** [15년 1회]

① 인터넷을 통해 다운받은 파일이나 외부에서 복사해 온 파일은 반드시 바이러스 검사를 수행한 후 사용한다.

② 발신자가 불분명한 전자우편은 열어보지 않고 삭제한다.

③ 바이러스 예방 프로그램을 램(RAM)에 상주시켜 바이러스 감염을 예방한다.

④ 모든 폴더의 속성을 읽기전용으로 하여 바이러스 감염을 원천적으로 차단한다.

해설

④ 대부분의 바이러스는 파일의 읽기전용 속성을 해제한 후 감염시키기 때문에 파일이나 폴더를 읽기전용으로 하는 것은 바이러스 감염 예방법과는 관련이 없다.

정답 79 ④ 80 ④

제3회 기출유형 모의고사

제1과목 | 비서실무

01 다음 중 전문비서의 관리역할로서 잘못 설명된 것은? [16년 2회]

① 커뮤니케이션 관리자 – 메시지에 담겨 있는 의미를 파악하여 전하는 전략적 의사소통에 기여하는 자
② 재고관리자 – 단순한 물품주문만 하는 것이 아니라 재고수준 관리, 비용절감 효과를 측정함으로써 구매에 관한 의사 결정에 참여하는 자
③ 정책관리자 – 조직의 정책과 절차 등을 유지하고 갱신하고 보완하는 자. 편람을 정비하고 종업원들을 위해 정책이나 절차 등을 설명하기도 함
④ 위기관리자 – 상사가 부재중일 때 상사를 대신하여 긴급 사태를 지휘하는 자

해설

④ 위기관리자는 상사가 부재중일 때 상사를 대신하여 긴급사태를 지휘한다기보다 조직이 위기상황에 닥쳤을 때 이를 신속하게 대처하여 조직을 보호하고 피해를 최소화하는 자를 말한다.

02 IT 기업에 근무하는 박노을 비서는 어문학을 전공한 3년차 비서이다. 박 비서는 최근 구조조정으로 회사의 분위기가 예전 같지 않은 상황이라 이직을 고민하고 있다. 다음 중 박 비서의 경력개발계획으로 가장 적절한 것은? [18년 2회]

① 박 비서는 전문비서를 희망하므로 현재 재직 중인 회사에서 경력개발을 할 수 없다면 즉시 퇴사하고 구직활동을 다시 시작한다.
② 박 비서는 먼저 자신의 경력에 관한 장기적인 목표를 확실히 한 후, 이에 따라 현재 실천할 수 있는 단기적이고 구체적인 계획을 수립한다.
③ 박 비서는 IT회사에 재직한 경험을 바탕으로 유망한 4차 산업기술 관련 대학원에 진학한다.
④ 박 비서는 회사가 불안정한 상황이므로 이직 준비를 위해 회사근무시간 중에 여유시간을 이용하여 이력서와 자기소개서를 업데이트한다.

01 ④ 02 ② 정답

해설

효과적 목표설정

- 목표는 반드시 원대할 필요는 없으며, 현재의 능력, 환경 등을 고려하여 실현할 수 있는 합리적인 목표를 세운다.
- 실현 가능한 목표를 세우되 너무 쉽게 성취할 수 있는 목표보다는 도전할 만한 가치가 있는 목표를 세운다.
- 애매모호한 목표보다는 구체적인 목표를 설정한다.
- 단기목표와 장기목표가 서로 조화되도록 설정한다.
- 목표는 일정시간이 지난 후에 평가할 수 있도록 정한다.

03 다음 중 전화응대 대화 내용으로 가장 적절한 것은? [20년 2회]

① "안녕하세요, 이사님. 저는 상공물산 김영호 사장 비서 이인희입니다. 비 오는데 오늘 출근하시는데 어려움은 없으셨는지요? 다름이 아니고 사장님께서 이사님과 다음 주 약속을 위해 편하신 시간을 여쭈어보라고 하셔서 전화드렸습니다."

② "안녕하세요, 상무님. 다음 주 부사장님과 회의가 있는데요, 부사장님은 목요일 점심, 금요일 점심에 시간이 나십니다. 부사장님은 목요일에 관련 회의를 하고 나서 상무님을 뵙는 게 낫다고 금요일이 더 좋다고 하십니다. 언제가 편하신가요?"

③ "전무님, 그럼 회의시간이 금요일 12시로 확정되었다고 사장님께 말씀드리겠습니다. 장소도 확정되면 알려 주십시오."

④ "상무님, 사장님께서 급한 일정으로 회의를 취소하게 되었습니다. 제가 사장님을 대신해서 사과드립니다."

해설

① 전화를 하여 인사를 통해 자신을 밝힌 후에는 곧바로 통화 목적으로 들어가는 것이 좋다.

② 용건을 주고받을 때는 예의 바르고 조리 있게 자신의 용건을 이야기하고 상대방이 응답할 기회를 주어야 한다. 또한, 용건을 표현할 때는 전화를 건 목적, 이유, 설명의 순으로 이야기한다.

④ 비서가 사장님을 대신해서 사과드린다고 표현하지 않고, 사장님이 사과의 말씀을 전해달라 하셨다고 표현하는 것이 더 바람직하다.

04 다음 중 상사와 원만한 인간관계를 위하여 비서가 취할 가장 적절한 행동은? [20년 1회]

① 비서 A는 상사의 급한 성격 때문에 스트레스를 받아 사내 스트레스 관리 프로그램에 참여하여 매주 자신의 사례를 공유하며 조언을 받았다.

② 비서 B는 상사의 업무지시가 과다하다고 판단되어 상사에게 이메일로 자신의 상황을 전달하였다.

③ 비서 C는 본인 역량을 넘어선 높은 수준의 업무가 주어지자 상사에게 본인의 업무영역이 아니므로 적절한 사람을 추천하겠다는 의견을 제시하였다.

④ 비서 D는 상사의 지시를 받고 나와 보니 이전의 지시와 상반된 내용이 있어 업무를 시작하기 전에 상사에게 확인하였다.

정답 03 ③ 04 ④

해설

① 비서에게는 기밀성이 강조된다. 상사와 관련된 내용을 함부로 공유하여서는 안 된다.
② 비록 상사의 업무지시가 과다하다고 판단되더라도 상사에게 곧바로 이메일로 자신의 상황을 전달하기보다는 자신이 해결할 수 있는 한 능력을 발휘하여 업무를 수행하도록 해야 한다.
③ 비서는 직무수행에 있어 책임감이 높아야 한다. 다른 사람에게 위임하기보다는 어느 정도 도움을 받더라도 자신이 직접 수행하려는 자세가 필요하다.

05 예약매체에 따른 예약방법에 대한 설명으로 가장 적절하지 않은 것은? [20년 1회]

① 전화예약은 담당자와 직접 통화하여 실시간으로 정보 확인을 하여 구두로 예약이 가능하므로 추후 다시 확인을 하지 않아도 되는 방법이다.
② 전화예약 시에는 예약담당자와 예약정보를 기록해 두고 가능하면 확인서를 받아 두는 것이 좋다.
③ 인터넷사이트를 통한 예약은 시간제약 없이 실시간 정보를 확인하여 직접 예약을 할 수 있으나 인터넷오류로 인해 문제가 발생되는 경우가 있으므로 반드시 예약확인이 필요하다.
④ 팩스나 이메일을 통한 예약은 정보가 많거나 복잡하고 문서화가 필요한 경우 주로 사용하는 예약방법이며, 발신 후 반드시 수신 여부를 확인할 필요가 있다.

해설

① 구두로 예약이 진행되므로 예약이 정확하게 진행되었는지 재차 확인해야 한다. 예약담당자와 예약정보를 기록해두고 가능하면 확인서를 받아 두어야 한다.

06 정도건설 양영수 회장은 오늘 저녁 이수상사 김영한 사장과 우진면옥에서 만찬이 예정되어 있다. 그러나 양 회장 집에 급한 일이 생겨 만찬을 취소해야 하는 상황이다. 이 경우 양 회장 비서의 행동으로 가장 적절한 것은? [19년 2회]

① 김영한 사장 비서에게 전화를 걸어 상사의 정보이므로 이유는 말해줄 수 없지만 부득이하게 오늘 약속을 취소해야 한다고 전하였다.
② 김영한 사장 비서에게 전화를 걸어 김영한 사장의 가능한 대체 일정을 먼저 확인하였다.
③ 따로 예약금을 지불해 놓은 상황은 아니므로 우진면옥에 예약취소 전화를 하지는 않고 자동취소되기를 기다렸다.
④ 만찬 취소 완료 후 새로운 일정을 기입하고자 이전의 일정을 삭제하였다.

05 ① 06 ② 정답

해설

약속의 변경 및 취소 요령

약속의 변경 요령	약속의 취소 요령
• 일정이 변경되는 경우에는 잊지 말고 반드시 상사용 일정표와 비서용 일정표를 동시에 고쳐 기록한다. • 신속하게 관련 부서 및 담당자, 그리고 운전기사 등 관계자 전원에게 변동사항을 알린다. • 상대방이 이해할 수 있도록 공손하고 예의 바르게 설명한다. • 상대방의 일정에 차질이 없도록 상의하여 조정한다.	• 상대방의 일정에 차질이 없도록 신속하게 통보해야 한다. • 취소사유를 정확히 전해야 하며, 취소 이유를 정확히 전해주는 것을 피해야 하는 경우 너무 긴 변명을 늘어놓지 않도록 한다.

07 **다음 달에 미국 샌디에고에 위치한 다국적 기업인 ABC회사와 기술제휴 업무협약식을 가질 예정이다. 이를 위해 ABC회사의 대표이사, 국제교류 이사, 그리고 기술개발 연구팀장 3인이 방문할 예정이다. 우리 회사 측에서는 김영철 사장, 권혁수 상무, 김진표 해외영업 팀장, 이진수 기술개발 팀장 4인이 업무협약식에 참석할 예정이다. 김영철 사장 비서는 협약식장의 좌석을 아래 그림과 같이 배치하였다. 다음 내용 중 가장 잘못된 것은?** [19년 2회]

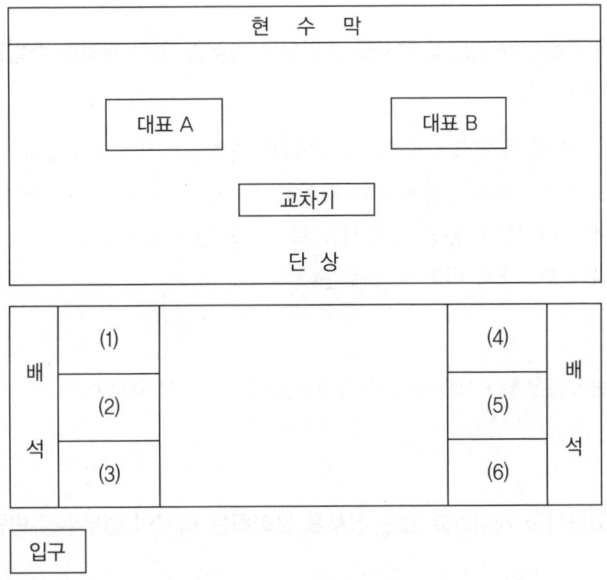

① 단상에 위치한 교차기는 앞에서 볼 때 왼쪽에 태극기가 오도록 한다.

② 단상의 대표 A자리에는 우리 회사의 대표인 김영철 사장이 앉는다.

③ 참석자의 기관명, 직함, 이름을 기재한 명패는 참석자 앞에 상대방에게 글자가 보이도록 놓는다.

④ 협약서는 참석자 수대로 준비하여 식순과 함께 참석자 앞에 준비해 둔다.

해설

④ 협약서를 참석자 수만큼 준비할 필요는 없다.

정답 07 ④

08 **비서를 통하지 않고 주요 인사가 직접 전화를 하여 상사와 통화를 원한다. 상사는 현재 통화 중이라고 말씀드리자 기다리겠다고 한다. 이때 비서의 업무수행으로 가장 적절한 것은?** [19년 1회]

① 주요 인사가 기다리는 것은 예의에 어긋나므로 상사가 통화를 마치는 대로 바로 전화를 드리겠다고 말씀드리고 전화번호를 받아 둔다.

② 상대방이 기다리는 동안 상대방과 관련된 최근 소식, 예를 들어 최근 신문 인터뷰기사 잘 보았다 등을 언급하며 상대방에 대한 관심을 표현해도 좋다.

③ 상사의 통화가 길어져서 상대방이 계속 기다려야 할 경우 전화를 건 상대방에게 상황을 말씀드리고 계속 대기할지 여부를 다시 확인한다.

④ 통화 중인 상사의 집무실로 즉시 들어가서 말씀드리고 통화하실 수 있도록 한다.

해설

상대를 오래 기다리게 할 때의 전화통화 예절

- 상사가 금방 전화를 받지 못할 경우에는 상대방에게 상황을 알리고 계속 기다릴지 혹은 메시지를 남긴 후 다시 통화 연결을 원하는지를 물어본다.
- 계속 기다린다고 하더라도 상사의 다른 통화가 금방 끝나지 않을 것으로 예상되거나, 상대방의 직위가 상사보다 높거나, 고객인 경우 통화가 끝나는 대로 비서가 연결할 것을 제의한다.

09 **회사 20주년을 축하하는 기념식 행사를 준비하는 비서가 의전 계획을 수립할 때 다음 중 가장 적절하지 않은 것은?** [19년 1회]

① 만찬 음식 선정 시 특정 음식을 꺼리는 손님에 대해서는 별도메뉴를 준비한다.

② 비서는 행사에서 상사의 역할을 미리 확인한 후 필요한 업무를 준비한다.

③ 행사 당일에는 내외빈의 동선 및 좌석을 확인하여 안내에 실수가 없도록 한다.

④ 주요 참석자의 프로필을 미리 작성해 둔다.

해설

③ 사전에 내외빈의 동선 및 좌석을 확인하여야 행사 당일 실수가 생기지 않는다.

10 **다음 달에 해외출장을 계획하고 있는 상사를 보좌하는 비서의 업무수행 방법으로 적절하지 않은 것은?** [18년 2회]

① 항공권 예약 시 경비절감을 위해 항공료가 저렴한 항공일정 변경이나 취소 시 위약금이 발생하는 항공권을 예약하였다.

② 항공권 예약 시 발권마감일 전에 결재할 수 있도록 발권마감일을 일정표에 기록해 두었다.

③ 항상 시간에 쫓기는 상사를 위해 공항에서 빠르게 수속을 마칠 수 있는 프리미엄 체크인 시스템을 확인해 두었다.

④ 출장지의 정치 · 경제적 상황에 관한 뉴스를 검색한 후 보고하였다.

08 ③ 09 ③ 10 ① **정답**

해설

① 항공료가 저렴한 항공일정 변경이나 취소 시 위약금이 발생하는 항공권을 예약하면 추후 일정변경이 있을 때 어려움을 겪을 수 있다.

11 **초청장에 명시된 복장 규정의 설명이 맞지 않는 것은?** [20년 2회]

① Business Suit : 남성정장으로 색, 무늬, 스타일 등의 제한을 받는다.
② Lounge Suit : 남성정장으로 조끼와 자켓을 갖추어 입는다.
③ Black Tie : 예복으로 남성의 경우 검은 나비타이를 착용한다.
④ Smart Casual : 티셔츠에 면바지가 허용되는 편안한 복장이다.

해설

④ 캐주얼이라는 단어가 들어갔다고 해서 티셔츠에 면바지가 허용되는 편안한 복장을 의미하는 것은 아니다. 라운지 수트(진한 회색이나 감색 정장 등)보다는 편안히 입되, 드레스 셔츠나 넥타이 블레이저 등을 갖춰 입어야 한다.

12 **G사의 한국 지사장을 보좌하는 오성숙 비서는 상사와 뉴욕 본사회장 그리고 런던 지사장과 3자 국제전화회의를 준비 중이다. 이를 위한 업무내용으로 가장 부적절한 것은?** [18년 1회]

① 회의참석자들에게 전화회의 개최시간을 알릴 때 한국기준 시간임을 알려야 한다.
② 전화회의에 필요한 전화번호, 패스코드(Pass Code)를 미리 확인해 둔다.
③ 상사의 편의를 위하여 회의시간을 우리 시간 오전 10시로 제안한다.
④ 회의에 필요한 자료가 있을 경우 사전에 회의 참석자들에게 메신저나 이메일 등을 이용하여 전달한다.

해설

③ 회의시간은 회의참석자들의 일정에 맞추도록 한다.

13 **비서의 경조사 업무처리방식 중 가장 적절하지 않은 것은?** [18년 1회]

① 매일 신문의 경조사란을 읽어보고 상사와 관련된 인사의 경조사가 있는지를 파악하여야 한다.
② 회사의 동아리 활동에 참여하여 얻게 되는 경조사 소식도 사실 확인 후 처리한다.
③ 경조사에 화환을 보낼 때도 원하는 품질로 배달되었는지 확인한다.
④ 정기적으로 상사의 지인들에게 문자나 전화를 통해 바쁜 상사를 대신하여 최근에 경조사가 있는지 확인한다.

해설

④ 상사의 지인들에게 직접 확인하기보다 신문, 사내공지사항, 단체메시지 등을 통하여 경조사를 확인한다.

정답 11 ④ 12 ③ 13 ④

14 상사 부재 시 전화응대에 대한 설명으로 적절하지 않은 것은? [17년 2회]

① 상사의 부재 이유를 부정적으로 응답하지 않도록 한다.

② 상사가 어디로 외출했는지 혹은 어디로 출장 갔는지 집요하게 묻는 경우에는 비서가 아는 한도에서 친절하게 설명해 드리는 것이 좋다.

③ 예의 바르게 응대하다 과잉친절이 되어 기밀정보를 알려주는 일이 없도록 주의한다. 예를 들면 어디에 계신지 자세히 말하는 것보다 "방금 자리를 비우셨습니다." 또는 "외출 중이십니다."라고 한다.

④ 상사 부재 시에는 상사의 책상에 전화응대 메모를 갖다놓는다. 그리고 상사가 들어오면 메모 내용을 간단하게 말씀드리고 메모를 보았는지 확인한다.

해설

② 상사의 외출에 대해서 행선지를 밝혀서는 안 된다. "○○시에 돌아오실 예정입니다. 연락이 되면 오셨다고 전해드리겠습니다."로 응답하는 것이 좋다.

15 테이블 매너에 대한 설명으로 적절하지 않은 것은? [17년 2회]

① 중앙의 접시를 중심으로 나이프와 포크는 각각 오른쪽과 왼쪽에 놓이게 된다. 따라서 나이프는 오른손으로, 포크는 왼손으로 잡으면 된다.

② 사용 중일 때는 포크와 나이프를 접시 오른쪽에 평행하게 나란히 두며, 식사가 끝났을 때는 포크와 나이프가 팔(八)자로 접시 위에서 서로 교차하도록 놓는다.

③ 식사 중에 대화를 나누다가 포크와 나이프를 상대방을 향해 바로 세워 든 채 팔꿈치를 식탁에 놓고 말을 하는 것은 대단한 실례이다.

④ 나이프는 사용 후 반드시 칼날이 접시 안쪽으로 향하도록 한 후 포크와 가지런히 놓는다.

해설

② 식사 중일 때는 포크와 나이프는 팔(八)자 모양으로 접시 위에 놓아두고, 식사를 마쳤을 때는 일(一)자 모양으로 놓아 둔다.

14 ② 15 ② **정답**

16 **상사는 우리 회사의 새로운 고객이 된 ITC사의 강무원 대표이사와 다음 주에 점심식사를 하시겠다며 좋은 장소로 예약을 하라고 하신다. ITC사는 우리 회사가 많은 공을 들여 얻게 된 주요 고객사이다. 비서의 업무자세로 가장 적절하지 않은 것은?** [17년 1회]

① 비서는 강무원 대표이사가 선호하는 음식점과 음식이 무엇인지 상대방의 비서에게 확인한 후 예약한다.
② 강무원 대표이사의 약력이나 ITC사와 관련된 최근소식 등을 검색한 후 정리하여 상사에게 보고한다.
③ 강무원 대표이사 비서와 좋은 인간관계를 형성하기 위해 필요한 정보를 서로 교환할 것을 제안한다.
④ 식당 이동경로와 이동 예상시간을 확인하여 운전기사에게 미리 알려준다.

해설

③ 비서는 의사전달의 통로이기 때문에 함부로 정보를 서로 교환하는 것은 바람직하지 않은 행동이다. 정보는 상사와 상의하여 정보제공 범위를 결정하여 그 범위 내에서 제공하여야 한다.

17 **로펌(Law Firm)에 근무하는 강 비서가 내방한 외국인으로부터 받은 명함이다. 강 비서가 위 손님을 응대하기 위한 요령으로 가장 바람직한 것은?** [17년 1회]

> Ellen & Ivery LLP Singapore
> www.ellenivery.com
> Michael Cheng Esq.
> Attorney–in–Law / NY Bar
>
> 70 Collyer Quay #08–01 OUE Bayfront
> Singapore 049321
> e–mail : mich_cheng@ellenivery.com
> T. +65 6671 6666 / F. +65 6671 7777

① Michael Cheng의 명함이름으로 보아 화교출신일 가능성이 높으므로 중국어로 반갑게 인사한다.
② Michael Cheng이 돌아가고 난 다음에 명함에 명함을 받은 날짜와 인적 특징을 기재하였다.
③ 홍차가 유명한 싱가포르 출신 Michael Cheng이 방문한 시간이 오전 11시이므로 차를 내올 때 High Tea를 준비하여 드린다.
④ 점심식사 장소를 Singapore 사람들이 선호하는 Sea Food 음식점으로 예약하였다.

해설

① 명함으로 고객의 신상을 추측하는 것은 옳은 방법이 아니다.
③ 차를 준비할 때에는 방문 고객에게 여쭈어보고 준비하는 것이 좋다.
④ 식사와 관련된 사항은 상사에게 여쭈어보고 결정한다.

정답 16 ③ 17 ②

18 **다음은 비서와 고객의 전화통화 내용이다. 전화응대의 내용을 읽고 가장 적절한 응대방법을 제시한 것은?** [16년 2회]

> 비서 : 안녕하십니까? 한국전자 손광민 전무실입니다.
> 고객 : 안녕하세요? 저는 에스물산 정진우 사장입니다. 손 전무님과 통화 가능한가요?
> 비서 : 정 사장님, 죄송하지만 저희 전무님은 기린전자 강 사장님과 점심약속이 있어서 외출하셨습니다. 메모 남겨드리겠습니다.
> 고객 : 급하게 중요한 일로 통화를 해야 하는데 손 전무님 휴대폰 전화번호를 알려주겠어요?
> 비서 : 급한 용건이시면 010-1357-5688번으로 전화하시면 됩니다. 감사합니다.

① 손 전무님이 외출했다고만 말하고, 누구와 점심 약속이 있는지 말할 필요가 없다.
② 상사의 휴대폰 번호는 어떠한 상황이라도 알려주지 말아야 한다.
③ 에스물산 정 사장님이 상사보다 높은 직위에 있는 분이므로 상사의 전화번호를 알려드린 것은 이 상황에서 적절하였다.
④ 정 사장님의 용건을 먼저 확인해서 판단한 후 손 전무님께 전달해 드린다고 해야 했다.

해설

① 상사 부재 시 상사를 찾는 전화의 경우 상대방에게 상사가 있는 곳과 연락처 또는 상사의 현재 활동상황에 대해 자세히 알려줘서는 안 된다.

[19~20] 다음의 지문을 읽고 물음에 답하시오.

> 신입비서인 한 비서는 근무한 지 어느덧 6개월이 되었다. 어느 정도 익숙해졌다고 생각했으나 다섯 분의 이사님을 모시는 것은 언제나 힘들었고 유난히 일정관리에 있어서 애를 먹고 있었다. 특별히 A 이사님과 B 이사님은 한 비서가 가장 업무에 애로를 겪고 있는 상사이다.
> A 이사님은 수요일부터 출장일정이 잡혀 있다는 말을 그 전날 듣거나 약속일정 변경 시 아무런 지시사항을 받지 못하기가 일쑤였다. 그래서 이사님의 책상에 일정표를 작성하여 올려놓고 이사님께서 약속시간이 변경되었거나 갑자기 출장일정이 잡힐 경우 수정할 수 있도록 조치를 취했다. 그러나 바쁜 일정으로 이사님이 일정표를 수정하기란 힘든 일이었다. 이러한 상황이 계속되면서 불만은 늘어만 갔다.
> B 이사님의 경우는 지시사항을 받을 때 발음이 부정확하셔서 알아듣기가 힘이 든다. 하루는 급한 목소리로 "이 이사 좀 불러 줘."라고 지시하셨다. 나는 급히 연락을 취했고 잠시 후에 이 이사님이 오셨다. 한참 뒤에 이 이사님이 나오시더니 나에게 한마디 하셨다. "이 기사를 부르셨는데 왜 날 불렀어요. 이 비서 때문에 시간만 낭비했잖아요." 하시면서 불쾌한 표정으로 나가셨다. 잠시 후에 이사님이 나오셔서 "내가 이 기사에게 연락했으니 연락할 필요 없다."는 말씀을 하시고 외출을 하셨다. B 이사님의 발음에 문제가 있는 것인지 아니면 나의 귀에 문제가 있는 것인지 많은 고민을 했다.

18 ① **정답**

19 **다음 중 한 비서가 자신의 업무 상황에 대한 문제해결을 위해 가장 적절한 태도는 무엇인가?** [16년 1회]

① 인사부에 자신의 애로사항을 얘기하고 부서 변경을 요청한다.

② 다섯 명의 상사일정관리가 가장 어려움이 많은 업무이므로, 각 이사들에게 수시로 발생하는 일정은 스마트폰 앱에 직접 입력을 부탁드린다.

③ A 이사의 일정을 각별히 신경 쓰고 자주 일정에 대해 묻고 확인한다.

④ B 이사의 기분이 좋을 때 발음을 정확히 해주시면 감사하겠다고 진솔하게 부탁드린다.

해설

③ A 이사는 일정에 대해 비서에게 잘 이야기하는 사람이 아니므로 A 이사의 일정을 각별히 신경 쓰고 자주 일정에 대해 묻고 확인하여야 한다.

① 자신의 일이 힘들고 버겁다고 부서 변경을 요청하는 것은 적절한 태도가 아니다.

② 상사일정관리가 어렵다고 상사에게 일정을 직접 알려달라고 부탁하기보다 상사가 선호하는 일정표 양식에 따라 일정표를 작성하여 관리하도록 한다.

④ 상사의 언어습관을 잘 관찰하여 이를 수용하고자 노력하여야 하며, 지시가 끝난 후라도 명확하지 않은 경우 다시 한 번 복창하여 커뮤니케이션의 오해를 없애도록 한다.

20 **다음 중 한 비서가 B 이사님과 이 이사님께 실수한 상황에 대한 대처방안으로 가장 적절한 것은 무엇인가?** [16년 1회]

① 외출하시는 B 이사님을 따라가서 죄송하다고 말씀드리고, 주의하겠다고 말씀드린다.

② 이 이사님께 사과를 못 드렸으므로 집무실에 찾아가 죄송하다고 말씀드린다.

③ 이 기사님께 연락드려 외출하신 B 이사님의 기분이 어떤지 알아보고 돌아오시는 대로 바로 집무실에 들어가서 부주의함을 죄송하다고 말씀드린다.

④ 선임비서나 다른 비서들에게 B 이사님의 발음을 잘 알아들을 수 있는지 물어보고 자신의 문제점을 파악하여 개선하려고 노력한다.

해설

③ 상사에게 실수한 상황에서는 상사의 기분이 어떤지 알아보고 죄송하다고 말씀드리는 것이 좋은 대처방안이다.

정답 19 ③ 20 ③

21 다음 중 기업의 사회적 책임 범위에 대한 설명으로 가장 적절하지 않은 것은? [19년 2회]

① 기업은 이해관계자 집단 간의 이해충돌로 발생하는 문제해결을 위한 이해조정의 책임이 있다.
② 정부에 대해 조세납부, 탈세 금지 등 기업의 영리활동에 따른 의무를 갖는다.
③ 기업은 자원보존의 문제나 공해문제에 대한 사회적 책임을 갖는다.
④ 기업은 이윤 창출을 통해 주주의 자산을 보호하고 증식시켜줄 의무는 갖지 않는다.

해설

④ 기업은 이윤 창출을 통해 주주의 자산을 보호하고 증식시켜줄 의무가 있다.

22 김○○ 비서는 입사 후 비서로서 경영현황 지식을 갖추기 위해 다음과 같은 활동을 하였다. 가장 거리가 먼 행동은? [19년 1회]

① 조직의 재무제표를 수집하여 분석하였다.
② 기업의 경영관련 모든 루머를 수집해서 바로 상사에게 보고하였다.
③ 기업에서 생산되는 제품과 서비스에 대한 정보를 수집하여 공부하였다.
④ 기업의 경영이념을 숙지하여 업무에 적용하였다.

해설

② 기업의 경영관련 모든 루머를 수집해서 바로 상사에게 보고하는 행위는 하여서는 안 된다.

23 이사회는 주식회사의 제도적 기관으로 필요상설기관이다. 다음 중 이사회의 결의만으로 효력을 가질 수 없는 내용으로, 이사회가 집행할 수 있는 업무 권한으로 보기에 가장 적절하지 않은 것은? [19년 2회]

① 대표이사의 선임
② 감사의 선임
③ 주주총회의 소집
④ 사채발행의 결정

해설

② 감사의 선임은 주주총회의 권한이다. 주주총회는 주식회사의 최고기관으로 전체 주주로 구성되고 이사나 감사의 선임 및 해임권이 있으며, 이사나 주주 등은 그 의결에 반드시 복종해야만 한다.

21 ④ 22 ② 23 ② 정답

24 다음 (㉠)은/는 무엇에 대해 기술한 것인지 보기 중 가장 가까운 답을 고르시오. [20년 1회]

> 기업은 하나의 개방시스템으로 자신을 둘러싼 (㉠)과/와 상호작용을 한다. (㉠)은/는 계속해서 변화하는 특징을 가지고 있으며, 경우에 따라서 기업의 활동에 의해 변화하기도 한다. 따라서 경영자는 (㉠)의 중요성을 충분히 인식하고 변화를 사전에 예측하여 이에 적극적으로 대처할 수 있는 통찰력과 판단력을 갖추어야 성공적인 기업경영을 이룰 수 있다.

① 경영통제
② 경영환경
③ 조직문화
④ 정부정책

해설

① 경영통제 : 기업에서 결정한 목표 달성을 위해 업무의 실행이 제대로 이루어지고 있는지를 확인하여 시정하도록 하는 것이다.
③ 조직문화 : 집단 안에서 개인과 집단이 협력하는 방식을 특징짓는 가치, 규범, 신념, 행동양식의 구성을 의미한다.
④ 정부정책 : 정부에 의해 결정된 행동방침을 의미한다.

25 다음 중 기업의 인수 · 합병(M&A)에 관한 설명으로 가장 적절하지 않은 것은? [19년 1회]

① 투자자본과 운전자본 소요액이 증가하여 기업의 재무구조가 악화될 우려가 있다.
② 원가가 절감되는 규모의 경제성을 기대할 수 있으며, 특히 수직적 M&A의 경우 영업효율성이 증대될 수 있다.
③ 상이한 성격의 기업끼리 M&A를 하면 분산투자에 의한 위험분산의 이점이 있다.
④ 수평적 M&A의 경우 시장점유율 확대로 지배적 위치를 확보할 수도 있다.

해설

인수 · 합병의 재무적 동기

- 위험분산효과 : 기업 인수 · 합병을 통한 사업의 다각화는 현금흐름의 안정, 수익구조의 다각화, 환경변화에 따른 경쟁력 제고 등을 실현하여 전체적인 경영위험 감소효과를 가져온다.
- 조세절감 : 이월결손금에 대한 조세혜택 및 자본소득세가 없거나 낮은 경우 대주주 입장에서 기업인수 · 합병을 통해 보유주식을 매각하여 상속세, 증여세의 절감효과를 가진다.

정답 24 ② 25 ①

26 **대기업과 비교할 때 중소기업의 특징에 대한 다음 설명 중 가장 옳지 않은 것은?** [20년 2회]

① 자금과 인력의 조달이 어렵다.
② 경영진의 영향력이 커서 실행이 보다 용이하다.
③ 규모가 작아 고용증대에 큰 기여를 하지 못한다.
④ 환경의 변화에 보다 신속하게 대응할 수 있다.

해설

③ 중소기업은 생산과 고용의 증대에 기여하며, 산업구조의 저변을 형성한다.

27 **다음은 기업집중에 대한 설명으로, 괄호에 적합한 용어를 순서대로 열거하면 무엇인가?** [17년 2회]

- ( )은/는 다수의 동종 또는 유사제품을 생산하는 기업들이 경쟁을 방지하고 이익을 확보하기 위해 시장의 독점적 지배를 목적으로 협정을 맺는 기업의 결합형태이다.
- ( )은/는 시장독점을 목적으로 둘 이상의 기업이 경제적으로 독립성을 완전히 상실하고 새로운 기업으로 합동하는 기업집중형태이다.

① 트러스트 – 카르텔
② 카르텔 – 트러스트
③ 콘체른 – 트러스트
④ 트러스트 – 콘체른

해설

- 카르텔(Cartel) : 독점을 목적으로 하는 기업 간의 협정 또는 협정에 의한 횡적 결합으로 기업연합이다.
- 트러스트(Trust) : 기업합동이라고도 하며 법률로써 그리고 경영상 내지 실질적으로도 완전히 결합된 기업결합 형태이다.

28 **다음 중 최고경영자 계층의 유형과 역할에 대한 설명으로 가장 거리가 먼 것은?** [19년 2회]

① 최고경영자 계층은 수탁관리층, 전반관리층, 부문관리층 등으로 나눌 수 있으며 이 중 부문관리층은 대개 이사로 선임되어있는 각 사업부문의 장을 의미한다.
② 최고경영자 계층은 조직 전체와 관련된 총괄적이고 종합적인 의사결정을 행한다.
③ 공장건설, 신제품개발, 기술도입, 기업의 인수와 같은 전략적인 의사결정 문제를 주로 한다.
④ 불확실하고 대개 반복적인 경영전략 수립 등 장래의 정형적인 업무의 의사결정을 주로 한다.

해설

④ 불확실하고 대개 반복적인 경영전략 수립 등 장래의 정형적인 업무의 의사결정을 주로 하는 계층은 중간관리층이다.

26 ③ 27 ② 28 ④ 정답

29 다음 중 조직문화의 기능에 대한 설명으로 가장 옳지 않은 것은? [18년 2회]

① 조직구성원 간의 정서적 유대감을 높여준다.

② 조직구성원 간의 커뮤니케이션 효율성을 높인다.

③ 강한 조직문화를 가진 기업의 경우, 전념도가 높아져 조직의 결속이 높아진다.

④ 조직문화는 항상 조직의 의사결정 효율성을 저해하는 요인으로 작용한다.

해설

④ 조직문화는 조직의 정체성과 일체감을 확립하여 외부상황이 급변할 때 조직구성원의 결속력을 강화시키고 일체화된 조직으로 뭉치게 하는 힘이 된다.

30 다음 중 민츠버그(Mintzberg)가 주장한 조직의 경영자에 대한 설명으로 가장 옳은 것은? [18년 2회]

① 경영자는 대인적, 정보적, 의사결정적 역할을 수행한다고 주장하였다.

② 종업원을 채용, 훈련, 동기유발 시키는 등의 리더로서의 역할은 경영자의 의사결정적 역할을 보여주는 것이다.

③ 기업 내외의 여러 이해집단과 접촉하는 것은 경영자의 정보적 역할을 보여주는 것이다.

④ 분쟁해결자, 협상가로서의 역할을 수행하는 것은 경영자의 대인적 역할을 보여주는 것이다.

해설

경영관리자의 역할(민츠버그의 경영자역할론)

- 대인관계적 역할 : 상징적 대표자, 지도자, 연락자
- 정보관리적 역할 : 청취자, 전파자, 대변자
- 의사결정적 역할 : 기업가, 분쟁조정자, 자원배분자, 협상자

31 다음의 조직문화에 대한 설명 중 가장 적절한 것은? [17년 2회]

① 조직문화란 조직의 구성원들의 행동을 만들고 인도하는 무정형의 개념이나, 기업의 성과달성에는 영향을 미치지 않는다.

② 조직문화는 조직구성원이 부딪히는 문제를 정의하고 분석함으로써 해결방법을 제시하지만, 조직을 결속하는 데는 오히려 어려움이 있다.

③ 사회화란 새로운 구성원이 조직의 가치, 규범, 문화를 배우며, 기존 구성원이 공유하는 행위와 태도를 배우는 과정이라고 할 수 있다.

④ 조직문화는 시간의 경과에 따라 형성되며, 한번 형성되면 고정적으로 바뀌지 않는다.

해설

① 조직문화는 구성원들의 조직몰입과 직무만족, 기업 성과에도 직접적인 영향을 준다.

② 조직문화는 조직구성원들의 공통된 경험을 바탕으로 하여 이루어진 것이므로 조직이라는 하나의 공동체를 결속시켜준다.

④ 조직의 목적과 일치시키기 위해 긍정적인 문화는 더 높이고 부정적인 문화는 개선하여 조직문화를 변화시키기도 한다.

정답 29 ④ 30 ① 31 ③

32 다음 중 리더십이론의 설명으로 가장 옳지 않은 것은? [19년 1회]

① 특성이론은 가장 오래된 이론으로 성공적인 리더들은 타인과 다른 개인적 특성을 가지고 있으며, 이는 선천적으로 태어난다는 이론이다.

② 행동이론은 리더의 행동양식에 초점을 맞춘 것으로 리더의 행동이 구성원에게 만족도와 생산성에 영향을 준다는 이론이다.

③ 상황이론은 상황에 따라 바람직한 유형의 리더가 달라진다는 이론이다.

④ 변혁적 리더십은 오직 상사의 막강한 권력만이 부하를 변혁시킨다는 이론이다.

해설

변혁적 리더십

- 리더는 바람직한 가치관, 존경심, 자신감들을 구성원들에게 심어줄 수 있어야 하고 비전을 제시할 수 있어야 한다.
- 리더는 구성원들이 개인적 성장을 이룩할 수 있도록 그들의 욕구를 파악하고 알맞은 임무를 부여해야 한다.
- 리더는 구성원들이 상황을 분석하는 데 있어 기존의 합리적 틀을 뛰어넘어 보다 창의적인 관점을 개발하도록 격려한다.
- 구성원의 노력에 대한 칭찬을 하고, 감정적으로 기운을 북돋아 준다거나 활기를 불어넣어 준다.

33 다음은 각 동기부여이론에서 주장하고 있는 특성을 설명한 것이다. 가장 옳지 않은 것은? [18년 2회]

① 욕구단계이론 : 하위계층의 욕구로부터 단계적으로 나타난다.

② ERG이론 : 사람은 존재, 관계, 성장에 관한 세 단계의 욕구를 갖는다.

③ 동기-위생이론 : 동기요인은 만족요인, 위생요인은 불만족요인으로 설명하고 있다.

④ 강화이론 : 사람은 행동과정에서 동기력 값이 가장 큰 대안을 선택하여 강화한다.

해설

동기부여의 과정이론 : 강화이론

행동작동과정에서 강화요인(Reinforcer)을 도구로 사용하며, 개인의 욕구동기를 자극시켜 개인의 습관적 행동을 유도하여 행동변화를 정착시킴

34 다음 중 기업의 복리후생제도에 대한 설명으로 가장 적합하지 않은 것은? [19년 2회]

① 법정복리후생은 법률에 의해 실시가 의무화되며 종류에 따라 기업이 전액을 부담하거나 기업과 종업원이 공동으로 부담하기도 한다.

② 법정복리후생에는 건강보험, 연금보험, 산업재해보상보험, 고용보험이 있다.

③ 법정외복리후생은 기업이 자율적으로 또는 노동조합과의 교섭에 의해 실행한다.

④ 복리후생은 기본급, 수당 등의 노동에 대한 금전적 보상뿐만 아니라 비금전적 보상도 포함한다.

해설

④ 기본급은 본봉 등 기본적인 급여를 말하는 것으로 복리후생이 아니다.

32 ④ 33 ④ 34 ④ **정답**

35 경영활동에 활용되는 정보기술의 보고기능에 대한 설명으로 가장 적합하지 않은 것은? [20년 1회]

① 데이터마트는 기업경영자료를 2차원 또는 3차원으로 나타내어 사용자가 시각적으로 쉽게 자료를 이해할 수 있도록 지원한다.

② 온라인분석처리(OLAP)는 사용자가 다차원 분석도구를 이용하여 의사결정에 활용하는 정보를 분석하는 과정을 말한다.

③ 데이터마이닝은 데이터 사이의 관련성을 규명하여 의사결정에 도움을 주는 고차원의 통계적 알고리즘을 사용한 기법을 의미한다.

④ 의사결정시스템은 경영자들에게 요약, 조직화된 데이터와 정보를 제공함으로써 의사결정을 지원하는 정보시스템을 말한다.

해설

① 데이터마트는 데이터의 한 부분으로서 특정 사용자가 관심을 갖는 데이터들을 담은 비교적 작은 규모의 데이터 웨어하우스를 의미한다. 일반적인 데이터베이스 형태로 갖고 있는 다양한 정보들을 사용자의 요구항목에 따라 체계적으로 분석하여 기업의 경영활동을 돕기 위한 시스템을 말한다.

36 기업의 신용등급 및 평가와 관련된 설명으로 옳지 않은 것은? [19년 1회]

① 신용평가는 기업의 사업전망, 재무분석 등을 실시하여 평가한다.

② 신용등급은 돈을 빌려 쓰고 약속한 대로 갚을 수 있는 능력을 평가하여 상환 능력의 정도를 기호로 표시한 것이다.

③ 기업이 금융기관에서 돈을 빌리고자 할 때 신용등급이 크게 영향을 주지는 않는다.

④ 신용도를 조사 · 분석하여 평가하는 것을 전문으로 하는 신용평가회사가 있다.

해설

③ 기업이 금융기관에서 돈을 빌리고자 할 때 신용등급이 매우 중요하게 고려된다.

37 단체교섭에 대한 설명으로 옳지 않은 것은? [19년 2회]

① 노동조합이 없는 회사에서는 노사교섭의 수단이 전혀 없다.

② 근로자 단체교섭권은 헌법에 명시된 노동3권 중 하나이다.

③ 근로자가 노동조합을 통하여 사용자와 교섭을 벌여야만 단체교섭이다.

④ 단체교섭에서 결정된 사항이 작성된 규정문서를 단체협약서라고 한다.

해설

① 노동조합이 없는 회사는 '노동자 대표'가 노사교섭에 참여하여 노동자의 권리를 대변할 수 있다. 근로기준법에 의하면 '근로자의 과반수를 대표하는 자'에 대한 제도가 있고, 근로자참여 및 협력증진에 관한 법률(근로자참여법)에 의하면 노사협의회 '근로자위원' 제도가 있다.

정답 35 ① 36 ③ 37 ①

38 다음 중 아래의 설명이 나타내는 용어로 가장 적합한 것은? [20년 2회]

> 고객 중에는 간혹 물건을 오랜 기간 사용하고 물건에 하자가 있다고 환불이나 교환을 요구하거나 멀쩡한 음식물에 고의적으로 이물질을 넣어 보상금을 챙기는 사람들이 있다. 이와 같이 악성민원을 고의적, 상습적으로 제기하는 소비자를 뜻하는 말이다.

① 블루슈머
② 레드슈머
③ 트윈슈머
④ 블랙컨슈머

해설

① 블루슈머 : 경쟁자가 없는 새로운 시장인 블루오션에 존재하는 소비자를 말한다.
③ 트윈슈머 : Twin(쌍둥이)과 Consumer(소비자)의 합성어로서 타인의 제품 사용 경험을 중요하게 여겨 사용 후기를 참고하여 물건을 구매하는 소비자를 말한다.

39 다음 중 대차대조표에 대한 설명으로 가장 적절하지 않은 것은? [16년 1회]

① 회사의 자산은 자기자본과 타인자본으로 이루어지며, 자산=자기자본+타인자본의 등식에 따라 이를 자세하게 명시해 주는 표가 대차대조표이다.
② 대차대조표의 오른쪽(대변)의 부채 및 자본란은 자금이 어떻게 조달되었는지 보여준다.
③ 대차대조표의 왼쪽(차변)의 자산란은 들어온 자금이 어디에 저장되어 있는지 보여준다.
④ 대차대조표는 일정기간의 영업실적을 올리고 그 이익을 내기 위해 어느 정도의 비용을 사용했으며 현재의 총이익은 얼마이며 세금을 낸 후의 순이익은 얼마인지를 정확히 밝히고 있다.

해설

④ 대차대조표(Balance Sheet)는 매년 일정시점에서 기업이 일정시점에 보유하고 있는 자산상태 및 내역을 일정한 순서에 의하여 나타내는 표이다. 기업의 유동성, 재무적 탄력성, 수익성과 위험 등을 평가하는 데 유용한 정보를 제공한다.

38 ④ 39 ④ **정답**

40 다음 중 기업의 자금조달 방식에 대한 설명으로 가장 적합하지 않은 것은? [19년 2회]

① 주식은 주식회사의 자본을 이루는 단위로 주주의 권리와 의무를 나타내는 증권이다.

② 회사채는 기업이 일정기간 후 정해진 액면금액과 일정한 이자를 지급할 것을 약속하는 증서를 말한다.

③ 직접금융은 기업의 장기설비 투자를 위한 자금조달에 용이하다.

④ 간접금융은 자금의 공급자와 수요자 사이에 정부가 신용을 보증하는 방식으로 주식, 채권 등을 통해 이루어진다.

해설

④ 간접금융은 자금의 공급자와 수요자 사이에 금융기관(은행)이 신용을 보증하는 방식이며 당좌차월, 어음할인, 외화차입 등이 있다. 이에 대응하는 개념인 직접금융은 기업이 금융기관(은행)을 통하지 않고 직접 주식 · 채권 등을 발행하여 자금을 조달하는 방식이며 기간이 길기 때문에 기업의 장기설비 투자를 위한 자금조달에 용이하다.

제3과목 | 사무영어

41 Choose one that does NOT match each other. [19년 2회]

① AKA : Also Known As

② ISP : Internet Service Product

③ ROI : Return On Investment

④ BOE : Board Of Executives

해설

② ISP(Internet Service Provider) : 인터넷 서비스 공급자

① AKA(Also Known As) : ~로도 알려진

③ ROI(Return On Investment) : 투자 수익률

④ BOE(Board Of Executives) : 중역회의

정답 40 ④ 41 ②

42 Who is Ms. Chillingworth MOST likely to be? [18년 1회]

Date : 14 February
From : Manager

Subject : Slembrouck BVBA
To : Ms. Chillingworth

I am very surprised that Slembrouck BVBA are not going to deliver the coffee and the rest of the tea until the end of the month. We have now found a new supplier, so please cancel our order with them.
You can also tell them that we are sorry, but we do not intend to do any more business with them.

① a purchasing & sales supervisor
② HR manager
③ a PR manager
④ a production manager

해설

날짜 : 2월 14일
발신인 : 매니저

주제 : Slembrouck사
수신인 : Chillingworth 씨

나는 Slembrouck사가 월말까지 커피와 나머지 차를 배송하지 않을 것이라는 사실에 매우 놀랐습니다. 이제 새로운 공급 업체를 찾았으므로 주문을 취소하고자 합니다.
또한, 미안하지만 우리는 더 이상 그들과 거래하지 않기로 했다고 그들에게 말해도 됩니다.

43 Which English sentence is LEAST proper for the given Korean meaning? [20년 2회]

① 이사회에 정성 어린 축하를 전해주시기 바랍니다.
→ Please pass on our kindest wishes to the board of directors.
② 귀사의 주요고객 중 한 분인 Mr. Anderson 씨에게 귀사에 대해 들었습니다.
→ I've heard about your company from Mr. Anderson, one of your major clients.
③ 용도에 맞게 쓰시라고 전자상품권을 발행해 드렸습니다.
→ An electronic voucher has issued for your use.
④ 귀하가 우리 대리점에서 겪으신 불편에 대해 알고 염려가 되었습니다.
→ We were concerned to learn that you have experienced an inconvenience in our agency.

해설

③ 용도에 맞게 쓰시라고 전자상품권을 발행해 드렸습니다.
→ An electronic voucher has been issued for your use.

44 Which of the following is the MOST appropriate expression for the blank? [19년 1회]

A : Let's look at the agenda for this meeting.
B : Yes. I'm hoping for a productive outcome in the end.
A : How long do you think our meeting will last?
B : This meeting will be two hours with a short break in the middle.
A : OK, I may need to step out early. I have to (   ) 3 o'clock.
B : No problem. I understand.

① leave a phone call by
② call an important phone of
③ take an important phone call on
④ make an important phone call at

해설

④ 지문의 내용에서 A가 회의가 어느 정도 걸릴지를 묻는 상황에서 B가 2시간 정도라고 말하자 A가 자기는 좀 일찍 나가봐야 한다는 내용이다. 그 이유에 대하여 설명하는 내용이므로 "3시에 중요한 전화를 하기로 했습니다(I have to make an important phone call at 3 o'clock)"의 내용이 적합하다.
① 내용상, ② · ③ 어법상 부정확하다.

45 Read the following letter and choose the one which is NOT true. [20년 1회]

Dear Ms. Kim :
In reply to your advertisement in Korea Times, I am applying for the position of a secretary. Words such as "responsible" and "administrative ability" in the description of the position immediately appealed to me.
I believe I have the necessary qualification; therefore, I would like to be considered for this position. An examination of my personal data sheet will show that I am well prepared by training and experience for secretarial work. In addition, my extracurricular activities, described in the enclosed personal data sheet, have prepared me work with other people.
I would very much like the opportunity to work in your company and convert my knowledge and well-prepared training to practical use. I should be grateful if you would grant me an interview.
I look forward to hearing from you soon.

① 이 편지는 지원자가 기관의 채용광고를 본 후 관심 있는 직종에 지원의사를 밝히기 위해 작성한 것이다.
② 지원자는 본 문서에 본인의 이력서를 첨부하였다.
③ 지원자는 비서경험이 없는 신입비서로서, 입사 후 비서직에서 훈련받기를 원한다는 내용이다.
④ 지원자는 다양한 과외활동을 통해 협업능력을 길렀다.

정답 44 ④ 45 ③

해설

③ 지원자는 비서업무를 위한 훈련과 경험이 있는 사람이다.

친애하는 Ms. Kim에게.
저는 코리아 타임즈에 실린 당신의 광고를 보고 비서직에 지원하게 됐습니다. 직책에 대한 설명인 "책임이 있는" 과 "행정 수행능력"이라는 단어들이 곧바로 저에게 다가왔습니다.
저는 제가 필요한 자격을 갖추고 있다고 생각합니다. 그러므로 이 직책에 있어 제가 고려되기를 원합니다. 제 개인 데이터시트를 검사해 보시면 비서업무를 위한 훈련과 경험으로 준비가 잘 되어있다는 것을 알 수 있을 것입니다. 또한, 동봉된 개인 데이터시트에 기술된 저의 특별교육 활동을 통해 저는 다른 사람들과 일할 수 있도록 준비되었음을 알 수 있습니다.
저는 당신의 회사에서 일하면서 저의 지식과 잘 준비된 훈련을 실전에서 사용할 수 있도록 바꿀 수 있는 기회를 정말 갖고 싶습니다. 당신이 저에게 인터뷰를 허락해 준다면 무척 감사할 것입니다.
저는 곧 당신으로부터 소식을 들을 수 있기를 고대하겠습니다.

46 Which is not cover material for a proposal? [15년 1회]

① title page

② author identification

③ table of contents

④ abstract

해설

② 제안서는 제안하고자 하는 바를 통해 얻을 수 있는 효과 및 해결책을 제시하여 고객의 채택을 얻고자 하는 도구라고 할 수 있다. 이러한 점에서 제안서의 표지는 고객의 욕구와 일치시키는 제시로서 그의 흥미를 이끌어내는 것이어야 하므로 작성 시에 매우 유의해야 하는 부분이다. 따라서 작성자의 신원(author identification)은 제안서의 표지부에 포함시킬 필요가 없다.

① 제목(Title) : 무엇을 어떻게 할 것인지 짧고 명료하게 나타내야 한다.

③ 목차(Table of Contents) : 현실과 목표 · 과제, 과제 해결을 위한 방법, 제안내용(제품, 서비스)의 순서로 정리한다.

④ 개요(Abstract) : 현실, 목표, 방법, 예상 비용 등을 200자 내외로 간추린다.

46 ② 정답

47 Choose the set which arranges the correct order in a business letter. [17년 1회]

Apple Business Software
554 Fourth Avenue, Suite 1619, New York, NY 10036
Tel. 212-877-1234 Fax. 212-877-5342

ⓐ Ms. Susan Jenkins
Marketing Manager
ABC Co., Ltd.
.
.
ⓑ With warm regards,
ⓒ October 17th, 2017
ⓓ Dear Ms. Jenkins :
ⓔ Robert Tan

① ⓐ → ⓒ → ⓓ → ⓔ → ⓑ
② ⓒ → ⓐ → ⓓ → ⓑ → ⓔ
③ ⓒ → ⓔ → ⓐ → ⓓ → ⓑ
④ ⓔ → ⓒ → ⓓ → ⓐ → ⓑ

해설

② 날짜 → 이름 및 직급, 회사이름 → 수신인 → 끝말인사 → 이름 또는 서명 순이다.

48 Read the following conversation and choose one which is not true. [18년 2회]

The Honorable Tony Knowles, Governor, the State of Alaska
& Mrs. Susan Knowles
request the pleasure of your company
at a reception
to honor the growing ties
between the Republic of Korea and State of Alaska
on Monday,
the 23rd day of September, 2018,
from 6 until 8 P.M.

R.S.V.P. 02)739-8058~9 (Ms. Susan Park)
The favor of a reply is requested by September 13.

The Grand Ballroom Shilla Hotel (Seoul)

① The governor of Alaska and his wife are the hosts of the upcoming party.
② Recipient has to contact Ms. Park after September 13.
③ Both sides agreed to cooperate with each other closely.
④ The reception will be held in Seoul.

정답 47 ② 48 ②

해설

② 초대장 수령인은 9월 13일 이후에 Ms. Park에게 회신을 주어야 한다. → 'The favor of ~ by September 13.'을 통해 초대장 수령인은 9월 13일까지 Ms. Park에게 회신을 주어야 함을 알 수 있다.
① Alaska의 장관과 그의 부인이 다가오는 행사의 주최자이다.
③ 양측은 서로에게 친밀히 협력하기로 동의하였다.
④ 행사는 서울에서 열릴 것이다.

49 **According to the followings, which is true?** [17년 2회]

> Hotel Information
>
> At check in, the front desk will verify your check–out date. Rates quoted are based on check–in date and length of stay. Should you choose to depart early, price is subject to change.
>
> Check–in : 3:00 pm
> Check–out : 12:00 pm
>
> Smoking : Non–Smoking
> (THIS HOTEL IS 100% NON SMOKING.)
>
> Parking :
> Self parking : $21.00 (Self parking only, 10% tax will be added.)
> Valet : Not Available
>
> Pets :
> Pets allowed : No

① If you check–out the hotel early in the morning, the room charge can be changed.
② Dogs & pets are allowed at the hotel.
③ Valet parking service is available for the hotel guests.
④ You can smoke at the hotel lobby.

해설

반려동물은 허용되지 않고 투숙객에게 발레파킹은 가능하지 않으며 호텔은 100% 금연지역이다. 따라서 정답은 ①이다.

49 ① **정답**

체크인 시 프론트데스크에서 체크아웃 날짜를 확인합니다. 제시된 요금은 체크인 날짜와 체류기간을 기준으로 합니다. 일찍 떠나시면 가격이 변경될 수 있습니다.

체크인 : 오후 3시
체크아웃 : 오후 12시

흡연 : 금연
(이 호텔은 100% 금연입니다.)

주차 :
셀프주차 : $ 21.00 (셀프주차만 가능. 10%의 세금이 추가됩니다.)
주차서비스 : 사용 불가

반려동물 :
반려동물 동행 : 불가

50 Which of the followings is MOST appropriate for the blank? [20년 2회]

S : Good afternoon. How may I help you?
V : Excuse me. Can I see Mr. Parker for a moment?
S : May I have your name, please?
V : I am Kelly Lee.
S : I'm sorry, but Mr. Parker is booked up all day today. But let me check if he is available to see you. ____________
V : Oh, I just want to say hello to him. I'm his old friend.
(비서가 상사에게 방문객에 대해 보고한다.)
S : Mr. Parker. Ms. Kelly Lee is here to see you. She said she just dropped by to say hello to you.
B : Oh, really? Please show her in. By the way, do I have any scheduled meeting now?
S : Not right now. But you have an appointment in 20 minutes.
B : OK. Please let her in.
(비서가 내방객에게)
S : Ms. Lee. Please go in.
V : Thank you.

① May I take your message?
② May I ask what the business is?
③ May I ask your name and the nature of your business?
④ May I have your contact number just in case?

정답 50 ②

해설

② 상사(Parker)의 오늘 예약은 다 차 있는 상태이고, 비서가 상사에게 Kelly Lee 씨가 방문해 상사를 만나고 싶어 한다는 사실을 알리고 있다. 빈칸에 들어갈 말에 대한 대답으로 Kelly Lee가 그의 오랜 친구로서 단지 그를 잠깐 보러 왔다고 대답하고 있다. 따라서 비서가 Kelly Lee 씨에게 어떠한 용건으로 상사를 만나고 싶어 하는지를 물어본 것이 가장 적절하다.

51 According to the following conversation, which one is not true? [18년 1회]

A : Ms. Lee, could you tell me my schedule for today?

B : Yes. Mr. Taylor, there'll be a meeting on TV advertising at 10:30. Mr. Y. G. Seo, Marketing Director would like you to join the meeting. At 12:00 you have a lunch appointment with Ms. Jill Sander at the cafeteria.

A : Cafeteria on the first floor?

B : Yes, it is. After lunch, at two o'clock Lawyer Kim will visit you to discuss the labor agreement.

A : All right. Tell me how you've planned my business trip to New York.

B : You're leaving Seoul at 9:30 on Tuesday morning on OZ780 and arriving at JFK Airport at 10 o'clock on the same day. Mr. John Park will meet you at the airport and take you to the headquarters.

A : Good.

B : You will be staying at the Royal Garden Hotel for 5 nights.

A : And on the way back?

B : The return flight will leave at 4 o'clock on Sunday afternoon and will arrive at the Incheon Airport at 9:00 p.m next Monday. Mr. Kim, the driver will meet you at the airport.

① Mr. Taylor is going to be on a business trip to New York.

② Mr. Taylor has a lunch appointment with Ms. Jill Sander at the cafeteria on the first floor today.

③ Mr. Taylor will fly to New York on OZ780 on Tuesday morning.

④ Mr. John Park will take you to the Royal Garden Hotel after you arrive at the JFK Airport.

51 ④ **정답**

해설

④ A가 JFK 공항에 도착한 후 Mr. John Park 씨가 Royal Garden Hotel에 데려다줄 것이다. → '~ arriving at JFK Airport ~ you to the headquarters.'라고 한 것을 통해 JFK 공항에 도착하여 호텔이 아닌 본사에 갈 예정임을 알 수 있다.

① Mr. Taylor는 뉴욕에 출장을 갈 것이다.

② Mr. Taylor는 오늘 1층에 있는 카페테리아에서 Ms. Jill Sander 씨와 점심 약속이 있다.

③ Mr. Taylor는 화요일 아침에 OZ780편으로 뉴욕에 갈 것이다.

A : 이 비서, 오늘 내 스케줄을 말해줄 수 있습니까?
B : 네. 10시 30분에 TV 광고 회의가 있습니다. 마케팅 디렉터 서 선생님께서 회의에 참석하길 원합니다. 12시에 Jill Sander 씨와 카페테리아에서 점심 약속이 있습니다.
A : 1층 카페테리아에서요?
B : 네. 점심 후 2시에 김 변호사가 노동협약에 대해 의논하기 위해 방문할 예정입니다.
A : 알겠습니다. 뉴욕출장을 어떻게 계획했는지 말해주세요.
B : 화요일 아침 9시 30분에 OZ780로 서울에서 출발하고 같은 날 10시에 JFK 공항에 도착합니다. John Park 선생님이 공항에서 본사로 데려다줄 것입니다.
A : 좋아요.
B : 로얄가든 호텔에서 5박 숙박하실 예정입니다.
A : 그리고 돌아갑니까?
B : 귀국 항공편은 일요일 오후 4시에 출발하며 다음 월요일 오후 9시에 인천공항에 도착합니다. 운전기사 김 선생님이 공항에 나올 겁니다.

52 Choose one pair of dialogue which does not match each other. [16년 2회]

① A : Can you show me the way to the meeting room 702?
B : Take the elevator on your right to the 7th floor. When you take off the elevator, you can see the room on your left side.

② A : Can I see Mr. Jung for a few minutes?
B : Let me see if he's available.

③ A : If there is anything you need, let me know.
B : Thanks a lot. It's very kind of you.

④ A : Would you mind making copies?
B : Yes, I can manage.

해설

④ A : 복사 좀 해도 될까요?
B : 네. 제가 할 수 있습니다.
① A : 702회의실로 가는 길을 알려주시겠어요?
B : 오른편 엘리베이터를 타시고 7층으로 가세요. 엘리베이터에서 내리시면 왼편에 회의실이 있을 겁니다.
② A : Mr. Jung을 잠시 뵐 수 있을까요?
B : 괜찮으신지 보고 오겠습니다.
③ A : 필요하신 게 있으면 알려주세요.
B : 감사합니다.

정답 52 ④

53 Read the dialogue below and choose one which is not appropriate to replace the underlined. [16년 2회]

Visitor	: Excuse me. My name is David Martin of IBM. I'd like to see Ms. Yoon, director of HR Department.
Secretary	: Have you made an appointment?
Visitor	: No, I didn't make it.
Secretary	: Well, ________________.
Visitor	: I'd like to discuss our new product.
Secretary	: I see. I'll see if she's available now. Would you please wait for a while?

① could you give me the nature of your business?

② could you tell me about your work experience?

③ could you tell me what you want to see her about?

④ could you tell me the business affairs?

해설

② '용건이 무엇인지 여쭤봐도 될까요?'에 대한 표현으로 적합하지 않은 것은 '당신의 경력에 대해 말씀해 주시겠습니까?(could you tell me about your work experience?)'이다.

54 Choose the most appropriate one for the blank. [15년 1회]

Choi	: Ah, hello Mr. Feldman. Sunny Choi from Hankuk Systems.
Feldman	: Good. I wanted to talk to you about this meeting. I'll be arriving at Incheon at 6:15 p.m. on the 27th.
Choi	: Fine.
Feldman	: I might be able to catch an earlier flight.
Choi	: There would be no problem if you could inform us of any changes in advance.
Feldman	: That's good. By the way, do I need to make a hotel reservation?
Choi	: No, I'll take care of all the arrangements.
Feldman	: Am I staying at the Imperial again?
Choi	: I can't see a problem there, Mr. Feldman.
Feldman	: And will I be met at the airport?
Choi	: Yes, our driver will meet you at the airport. Do you know the ________?
Feldman	: Yes, I have it here. It's a Aircom flight, Number AC 071.
Choi	: And that's on the 27th.
Feldman	: That's right.
Choi	: Well, that's all, Mr. Feldman. Thank you very much and see you soon.
Feleman	: Goodbye.

① air fare　　② air company

③ flight number　　④ flight attendant

53 ② 54 ③ **정답**

해설

- air fare : 항공운임
- air company : 항공사
- flight attendant : (여객기의) 승무원(= cabin crew)

Choi : Feldman 씨 안녕하세요? Hankuk Systems의 Sunny Choi입니다.
Feldman : 네. 이번에 있을 회의에 대해 이야기하고 싶은데요. 저는 27일 오후 6시 15분에 인천에 도착 예정입니다.
Choi : 알겠습니다.
Feldman : 좀 더 빠른 편을 탈 수도 있습니다.
Choi : 미리 알려만 주시면 그것은 문제가 없습니다.
Feldman : 좋습니다. 그런데 호텔 예약을 해야 할까요?
Choi : 아닙니다. 모든 준비는 제가 처리하겠습니다.
Feldman : 이번에도 Imperial에 묵을까요?
Choi : 그러셔도 됩니다. Feldman 씨.
Feldman : 공항에서 뵐까요?
Choi : 네. 저희 기사가 공항에 갈 겁니다. 편명(Flight Number)은 아십니까?
Feldman : 네. 여기 있습니다. Aircom 항공 AC 071편입니다.
Choi : 27일이고요?
Feldman : 네. 맞습니다.
Choi : 그럼 됐습니다. Feldman 씨. 감사드리고 곧 뵙겠습니다.
Feldman : 안녕히 계십시오.

55 **Choose one which is NOT true to the given text.** [19년 1회]

TELEPHONE MEMO
To Mr. S. Y. Kim of Min Company
Date 2019. 2. 2. Time 2:20 pm

WHILE YOU WERE OUT
Mr. Paul Robinson of International Home Appliances
phone 555-2485 Ext 144

■ Telephoned	□ Please Call
□ Returned Your Call	□ Will Call Again
□ Came to see You	□ Wants to see you

Message : Mr. Robinson'd like to cancel the meeting of February 5th, Monday at 2 o'clock. He has to leave for New York tonight and will be back on February 12th.

taken by Michelle Lee

① Mr. Robinson left this message to Ms. Michelle Lee.
② Mr. Robinson called Mr. Kim to cancel the meeting of February 5th.
③ Ms. Michelle Lee is working for International Home Appliances.
④ This message should be given to Mr. S. Y. Kim as soon as possible.

정답 55 ③

해설

③ Ms. Michelle Lee는 사내 메모를 남긴 사람으로 Min Company 소속일 확률이 높다.

56 Which of the followings is the most grammatically correct word? [16년 1회]

> Ms. Baker : ⓐ What's the market research project going, Ms. Kim?
> Ms. Kim : It's going very ⓑ smooth.
> Ms. Baker : Give me ⓒ a writing report of the project, please.
> Ms. Kim : When do you need the ⓓ report by?
> Ms. Baker : I need it first thing tomorrow morning.
> Ms. Kim : OK. I'll get on it right away.

① ⓐ What's

② ⓑ smooth

③ ⓒ a writing

④ ⓓ report by

해설

ⓐ 맥락상 '어떻게 되어 가는가?'의 질문으로, 'What'이 아니라 'How'가 되어야 한다.
ⓑ It's going very smoothly가 되어야 한다.
ⓒ written report로 쓰는 것이 옳다.

57 Which of the followings is the most appropriate expression for the blank? [17년 1회]

> A : Hello. This is Lesley Morris from Green Cross Holdings. May I speak to Mr. Parker?
> B : I'm sorry, but Mr. Parker is with a client and asked not to be disturbed.
> A : I hate to ask you, but ________________. I have an urgent matter to discuss with him.
> B : Well, let me check, but I doubt I'll be able to put you through.
> (To Mr. Parker) Ms. Lesley Morris is on the line. She said she had an urgent matter to discuss with you.
> C : All right. Put her through.

① Please stop him for me.

② Could you please interrupt him for me?

③ Please tell him I'll call again.

④ I will get back to him.

56 ④ 57 ② **정답**

해설

② 저를 위해 중간에 끼어들어 주시겠어요?
① 저를 위해 말려주세요.
③ 제가 다시 전화한다고 전해주세요
④ 제가 다시 전화하겠습니다.

58 Which is most INCORRECT about the schedule? [19년 1회]

Secretary : Mr. Smith, Mr. Kim would like to see you this week.
Mr. Smith : Let me see. Well, Tuesday's not possible. I'm at a seminar until Wednesday lunchtime.
Secretary : Are you coming back to the office Wednesday afternoon?
Mr. Smith : No, the seminar is in Busan and I'm driving back to our factory in Chongju.
Secretary : How about Thursday then?
Mr. Smith : Yes, that's fine but I prefer the morning.
Secretary : O.K. Would 10 o'clock be fine with you?
Mr. Smith : Actually it's a bit early. Can we adjust it?

① On Wednesday morning, Mr. Smith is in Busan.
② Mr. Smith visits Chongju in the afternoon of Wednesday.
③ Mr. Smith wants to have an appointment before 10 o'clock.
④ Mr. Smith and Mr. Kim will meet on Thursday.

해설

③ Mr. Smith는 10시가 조금 이른 시간이어서 시간을 조금 (이후로) 조정하기를 원하고 있다.

정답 58 ③

59 According to the followings, which one is not true? [18년 1회]

This is the overview of the Millennium Royal Hotel in New York City.

- 3 Diamond downtown hotel with indoor pool.
- The Millennium Royal 55 Church Street is a few minutes walking distance from One World Trade Center and Wall Street. Approximately a 15 minute walk to Battery Park and the Metro (Cortland) is located outside the front door of the hotel.
- We have Business Center, Fitness Center, Meeting Rooms, too.
- All guests get free standard Wi–Fi in–room and in the lobby.

① You can use Wi–Fi anywhere in the hotel free of charge.

② The hotel is located close to the Wall Street.

③ The hotel is located in the downtown of New York City.

④ There is a Metro station near the hotel.

해설

뉴욕의 밀레니엄로얄 호텔에 대한 개요입니다.

- 실내수영장이 딸린 3성 시내호텔
- 밀레니엄 로얄 55 교회거리는 One World 무역센터와 월스트리트에서 도보로 몇 분 거리에 있습니다. Battery 공원까지는 도보로 약 15분 정도 걸리며, 지하철(코트랜드)은 호텔정문 바깥에 있습니다.
- 비즈니스센터, 피트니스센터, 회의실도 있습니다.
- 모든 손님들은 객실 및 로비에서 표준 와이파이 인터넷을 무료로 이용할 수 있습니다.

60 Followings are the mailing information phrases of an envelope. Which is the MOST appropriate description? [20년 1회]

① Do not bend : It will break easily.

② Fragile : It should be sent as quickly as possible.

③ Urgent : Keep it flat.

④ Confidential : Only the addressee should read it.

해설

④ 기밀 우편 : 오로지 수신인만 읽을 수 있다.
① 구부리지 마십시오 : 이것은 쉽게 부서질 것이다.
② 깨지기 쉬운 : 이것은 가능한 한 빨리 전달되어야 한다.
③ 긴급한 : 평평하게 유지해야 한다.

59 ① 60 ④ **정답**

61 **다음 중 유통대상에 의해 분류한 경우 문서의 성격이 다른 하나는?** [19년 1회]

① 보고서
② 사내장표
③ 견적서
④ 회의록

해설

③ 보고서, 사내장표, 회의록은 유통되지 않는 내부결재문서이며, 견적서는 유통되는 대외문서에 해당한다.

62 **다음은 상공에너지의 직무전결표이다. 이에 의거한 문서의 결재처리가 가장 올바른 경우는?** [15년 2회]

부 서	업무내용	부서장	상 무	부사장	사 장
인 사	국내출장(이사 이상)				○
	국내출장(부장)			○	
	휴가(부장, 관리책임자급)			○	
	휴가(차장급 이상)		○		
총 무	사옥 임대차				○
	사옥 내 사무실 이전사항			○	

① 상공은행과 지점 임대차계약 체결을 위하여 사장님이 부재중이라 부사장님에게 후결을 받았다.
② 인사부를 6층으로 이전하기 위하여 부사장님이 부재중이라서 상무님에게 전결을 받았다.
③ 인사부장의 휴가원 처리를 위해서 부사장님에게 전결을 받았다.
④ 총괄 상무의 제주도 출장을 위해서 사장님에게 전결을 받았다.

해설

③ 위의 직무전결표에 의하면 인사 부서에서의 국내출장(부장)의 결재처리는 부사장님께 전결을 받는다.

정답 61 ③ 62 ③

63 다음은 문장부호의 사용법이다. 이 사용법에 맞는 문장은? [17년 2회]

- 겹낫표(『 』)와 겹화살괄호(≪ ≫)는 책의 제목이나 신문 이름 등을 나타낼 때 쓴다.
- 홑낫표(「 」)와 홑화살괄호(〈 〉)는 소제목, 그림이나 노래와 같은 예술 작품의 제목, 상호, 법률, 규정 등을 나타낼 때 쓴다.

① 사무실 밖에 『해와 달』이라고 쓴 간판을 달았다.
② 《한강》은 사진집 〈아름다운 땅〉에 실린 작품이다.
③ 이 곡은 베르디가 작곡한 「축배의 노래」이다.
④ 이 그림은 피카소의 《아비뇽의 아가씨들》이다.

해설

① 『해와 달』은 상호이므로 (「 」)나 (〈 〉)를 쓴다.
② 〈아름다운 땅〉은 책 제목이므로 (『 』)나 (≪ ≫)를 쓴다. 《한강》은 소제목이므로 (「 」)나 (〈 〉)를 쓴다.
④ 《아비뇽의 아가씨들》은 그림의 제목이므로 (「 」)나 (〈 〉)를 쓴다.

64 다음 중 감사장의 작성방법에 대한 설명으로 가장 옳지 않은 것은? [16년 1회]

① 취임축하장에 대한 감사장은 축하에 대해서 감사인사를 한 후 포부와 결의를 밝힌다.
② 창립기념 축하연 참석에 대한 감사장은 먼저 참석에 대한 감사의 말을 전하고 앞으로 협력을 부탁하는 내용을 기술한다.
③ 출장 중의 호의에 대한 감사장은 신세를 진 담당자와 그 상사에게 감사의 인사를 기술한다.
④ 문상답례장은 미사여구를 활용한 계절인사 후, 문상에 대한 감사의 글을 쓴다.

해설

④ 문상답례장은 감사의 뜻을 담아 간결하면서도 진정성을 넣어 글을 쓴다. 미사여구를 활용한 계절인사는 적절치 않다.

63 ③ 64 ④ **정답**

65 **다음은 김미소 비서가 상사의 지시로 마케팅 팀장들에게 보내는 이메일이다. 다음 중 수정이 가장 적절하지 않은 것은?** [19년 1회]

> TO : ㉠ pupu@abc.com
> 제목 : ㉡ 안녕하십니까? 비서실 김미소 대리입니다.
>
> [본 문]
> 마케팅 팀장님들께,
> ㉢ 안녕하십니까?
> — 중략 —
> 첨부된 회의자료를 미리 검토하여 주시기 바랍니다.
> 그러면 본사 마케팅 회의날 뵙겠습니다. 감사합니다.
>
> [결 문]
> ㉣ 비서실 김미소 대리 귀하
> 서울시 양천구 오목로 298
> 직통번호 : 02)123-1234
> 이메일주소 : aaa@abc.com

① ㉠ 박철수 팀장님<pupu@abc.com>
② ㉡ 마케팅 팀장 회의자료전달
③ ㉢ 이메일에는 인사말을 생략한다.
④ ㉣ 비서실 김미소 대리 배상

해설

③ 이메일에서도 인사말은 생략하지 않는다.

66 **다음 중 문서관리에 관한 설명으로 가장 적절하지 않은 것은?** [19년 1회]

① 분산식 보관방식을 채택하고 있어서 작년도 부서에서 작업했던 문서를 부서 내 보관소에 보관했다.
② 전자결재시스템을 이용하고 있어서 기안문을 따로 보관하지 않아도 서버에 보관되어 있다.
③ 보관문서철 명칭을 정할 때 ○○관계철과 같은 포괄적인 표현이 바람직하다.
④ 보관문서를 보존서고로 옮기는 절차 및 행위를 이관이라고 한다.

해설

③ 보관문서철 명칭을 정할 때는 한눈에 찾을 수 있는 세부적인 표현을 사용한다.

정답 65 ③ 66 ③

67 **상공물산 해외사업본부장 비서인 이소진 씨는 상사로부터 받은 명함을 나라별로 정리한 후에 회사명으로 정리하려고 한다. 다음 정리 순서가 바르게 된 것은?** [16년 2회]

구 분	나라명	회사명
가	United States	Albert & Tailor Company
나	United Kingdom	Ace–American Insurance Inc.
다	United Kingdom	Ace Investment Inc.
라	United Kingdom	Anglo–American company
마	United States	Anglo Africa Investors Union
바	United States	Ace Amenity Incorporation

① 바 – 나 – 다 – 가 – 마 – 라
② 나 – 다 – 라 – 바 – 가 – 마
③ 바 – 다 – 나 – 가 – 마 – 라
④ 다 – 나 – 라 – 바 – 가 – 마

해설

④ 명함에 적힌 나라명을 알파벳 순서대로 정리한 후, 회사명도 알파벳순으로 정리한다.

68 **다음 중 수신문서의 처리방법에 대한 설명으로 가장 적절한 것은?** [15년 2회]

① 팀 비서인 박 비서는 접수된 모든 우편물을 개봉하여 내용을 꼼꼼히 확인한 후 업무 담당자에게 전달한다.
② 팀 비서인 정 비서는 수신된 우편물의 봉투 여백에 접수일부인(Date Stamp)을 찍어 수신 날짜를 표기해 둔다.
③ 상사로부터 우편물 개봉을 허가받은 김 비서는 우편물을 개봉한 후 크기에 따라 보기 좋게 정리하여 상사에게 드린다.
④ 이 비서는 상사의 요청이 없어도 관련문서 사본을 첨부하여 상사에게 함께 드린다.

해설

④ 수신문서는 내용을 보아서 상사에게 보일 것, 다른 부서로 보낼 것, 대리로 처리할 것, 폐기할 것 등으로 나누어 처리한다.

67 ④ 68 ④ **정답**

69 **우편봉투 작성 시 사용한 경칭의 예시가 맞는 것을 모두 고르시오.** [20년 2회]

(가) 대한비서협회장 귀중
(나) 대표이사 김철수 님
(다) 이소민 귀하
(라) (주)정석컴퓨터 귀중
(마) 회원 제위

① (가), (나), (다), (라), (마)
② (나), (다), (라), (마)
③ (가), (라), (마)
④ (다), (마)

해설
(가)의 '귀중'은 편지나 물품을 받을 단체나 기관의 이름 아래에 쓰는 높임말이다.

70 **다음 중 문서 정리의 대상을 모두 포함한 것은?** [15년 1회]

(가) 업무관련 수신문서
(나) 업무관련 발신문서
(다) 비용관련 전표
(라) 자사제품 카탈로그
(마) 회사 정기간행물

① (가), (나), (다)
② (가), (다), (마)
③ (가), (나), (다), (라)
④ (가), (나), (다), (라), (마)

해설
문서 정리의 대상
- 일반문서 : 수신문서와 발신문서의 비본, 품의서, 보고서, 조사서, 의사록, 증서 등
- 장표 : 기재가 끝난 장부, 전표 등
- 도면 : 설계도면, 청사진 등
- 자료 : 정기간행물, 스크랩, 카탈로그, 팸플릿 등
- 도서 : 사전, 육법전서, 참고도서 등
- 기타 : 그 밖에 중요한 자료나 문서가 마이크로필름화되거나 광(光)디스크에 저장된 경우 등

정답 69 ② 70 ④

71 다음은 사무실에서 많이 사용되는 사무용지 사용에 관한 설명이다. 가장 잘못 설명된 것은? [15년 1회]

① A4 용지는 문서작성의 기본크기이며 가로 210mm, 세로 297mm이다.
② A3 용지 크기는 A4 용지 크기의 2배이다.
③ A4 용지의 크기는 B4 용지의 크기보다 크다.
④ B5 용지에 있는 내용을 A4 용지 크기에 맞게 확대 복사한다.

해설

③ A4 용지는 210mm×297mm이며, B4 용지는 257mm×364mm로 A4 용지보다 B4 용지가 더 크다.

72 다음 중 전자문서에 대한 설명으로 가장 적절하지 않은 것은? [17년 1회]

① 전자문서 국제표준은 doc이다.
② 전자문서시스템은 전자결재시스템과 전자문서관리시스템(EDMS)으로 크게 나눌 수 있다.
③ 전자결재는 기본적으로 EDI 시스템하에서 이루어지는 것이다.
④ 전자결재시스템은 피결재자와 결재권자가 동시에 동일 위치에 존재하지 않아도 문서의 결재가 가능하여 시간적, 공간적 제약을 극복할 수 있다.

해설

① 국제표준화기구(ISO)에서 지정한 전자문서 국제표준 포맷 PDF 파일이다. 특히 PDF/A는 국제표준화기구(ISO)에서 지정한 전자문서 장기보관 및 보존을 위한 국제표준 포맷이다.

73 다음에 설명된 개념을 의미하는 용어가 순서대로 연결된 것은? [17년 2회]

> ㉠ 다양한 형태의 문서와 자료를 그 작성부터 폐기에 이르기까지의 모든 과정을 일관성 있게 전자적으로 통합 관리하기 위한 시스템이다.
> ㉡ 기업과 직원 간의 전자상거래를 뜻한다.
> ㉢ 기업 내 생산, 물류, 재무, 회계, 영업과 구매, 재고 등 경영활동 프로세스들을 통합적으로 연계해 관리해 주며, 기업에서 발생하는 정보들을 서로 공유하고 새로운 정보의 생성과 빠른 의사결정을 도와주는 전사적 자원관리 시스템을 뜻한다.
> ㉣ 온라인 인맥 구축을 목적으로 개설된 커뮤니티형 웹사이트이다.

① ERP – C2B – EDI – INTRANET
② EDI – B2C – ERP – INTRANET
③ EDMS – B2C – EDI – SNS
④ EDMS – B2E – ERP – SNS

71 ③ 72 ① 73 ④ 정답

해설

㉠ EDMS(Electronic Document Management System) : 전자문서관리시스템으로, 문서파일의 작성부터 소멸될 때까지의 모든 과정을 관리하는 시스템이다
㉡ B2E(Business to Employee) : 기업과 직원 간의 전자상거래를 의미한다.
㉢ ERP(Enterprise Resource Planning) : 전사적 자원관리라고 하며, 기업 내 통합정보시스템을 구축하는 것을 말한다.
㉣ SNS(Social Network Services) : 온라인상의 인맥 관계망을 구축하게 해주는 서비스이다.

74 **다음 중 업무관련 정보수집을 위해 신문을 이용하는 비서의 행동에 대한 설명으로 가장 옳지 않은 것은?** [15년 2회]

① 장 비서는 인물동정란을 보고 상사 지인들의 승진, 영전, 부고를 찾아본다.
② 강 비서는 효과적인 정보수집을 위해 모든 기사를 빠짐없이 꼼꼼히 읽는다.
③ 남 비서는 주요기사를 놓치지 않기 위해 상사의 정보요구에 적합한 2, 3종의 신문을 선별하여 조사한다.
④ 최 비서는 큰 제목을 기준으로 훑어보아 중요기사를 파악한 후 필요한 기사를 찾아 읽는다.

해설

② 비서는 상사에게 필요한 정보 및 필요정보 원천 판단에 따른 정보선별 능력이 필요하다.

75 **다음 기사를 통해서 알 수 있는 내용 중 가장 올바른 것은?** [15년 1회]

〈전략〉
8일 한국보건사회연구원이 최근 발간한 '우리나라 가계 소득 및 자산 분포의 특징' 보고서를 보면 우리나라 가계 단위의 가처분소득 지니계수는 0.4259인데 반해 순자산 지니계수는 0.6014로 자산불평등이 소득불평등보다 수치가 높았다. 지니계수는 소득이 어느 정도 균등하게 분배되는가를 나타내는 지수로, 0에서 1까지의 수치로 나타내며 1에 가까울수록 불평등이 심하다는 것을 뜻한다.
보고서는 지난 2월 통계청이 발표한 '2014 가계금융 · 복지조사' 자료를 이용해 우리나라 가계의 소득과 자산 분포의 특징을 살폈다. 그 결과 가처분소득은 상위 10%가 전체 가처분소득의 29.1%를 보유하고 하위 40%가 13.4%를 갖고 있었던 것과 대조적으로 순자산은 상위 10%가 43.7%, 하위 40%가 5.9%를 보유하는 데 그쳤다.
아울러 해당 연령대가 전체 순자산불평등에 얼마나 기여하는지를 살펴본 결과 45~54세의 상대적 기여율이 23%로 가장 높고 55~64세가 19.5%로 그 뒤를 이었다.
〈후략〉

〈연합뉴스, 2015. 4. 8〉

① 우리나라 국민의 소득불평등이 자산불평등보다 더 심각하다.
② 연령대와 관계없이 소득불평등은 고르게 나타난다.
③ 가처분소득 상위 10%가 43.7%의 자산을 보유하고 있다.
④ 가처분소득 하위 40%가 전체 가처분소득의 13.4%를 가지고 있다.

정답 74 ② 75 ④

해설

① 자산불평등이 소득불평등보다 수치가 높다.
② 45~54세의 상대적 기여율이 23%, 55~64세가 19.5%로 차등된 분포를 나타냈다.
③ 가처분소득은 상위 10%가 전체 가처분소득의 29.1%를 보유하고 있다.

76 다음 그래프에 대한 설명이 가장 올바른 것은? [18년 1회]

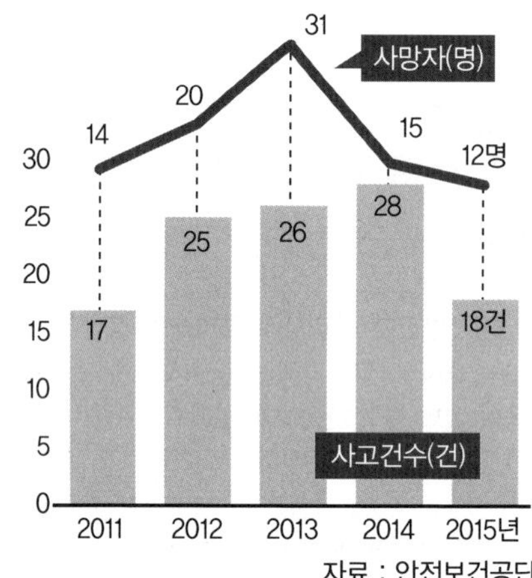

① 사고건수가 많으면 사망자 수도 비례해서 많아진다.
② 이 그래프는 혼합형 그래프로서 이중축 중 한 개 축이 보이지 않게 설정되었다.
③ 2014년에는 밀폐공간 질식사고가 나면 전원 사망하였다.
④ 2013년에는 전년 대비 사고건수는 감소했으나, 사망자 수가 늘어났다.

해설

① 사고건수와 사망자 수는 비례하지 않는다.
③ 전원 사망하였는지는 알 수 없다.
④ 2013년에는 전년 대비 사고건수, 사망자 수 모두 증가했다.

76 ② 정답

77 **다음은 K은행에서 고시한 오늘자 외환시세표이다. 이에 관한 사항 중에서 가장 적절하지 않은 내용은?** [18년 2회]

통화명	현 찰		송 금		매매 기준율	미화 환산율
	사실 때	파실 때	보내실 때	받으실 때		
미국USD	1,142.80	1,103.50	1,134.12	1,112.17	1,123.15	1.0000
일본JPY100	1,025.87	990.59	1,018.11	998.36	1,008.23	0.8977
유로EUR	1,322.84	1,271.22	1,310.00	1,284.06	1,297.03	1.1548
중국CNY	171.13	155.03	164.82	161.56	162.78	0.1455

① 일본 10,000엔을 현금으로 살 때 필요한 돈은 102,587원이다.
② 200유로를 팔아서 받은 현금으로 20,000엔을 살 수 있다.
③ 일본 엔화와 중국 위안화는 미화보다 가치가 높고, 유로화는 미화보다 가치가 낮다.
④ 4개국 통화 모두 동일금액의 외화를 현금으로 사는 것보다 송금을 보낼 때 돈이 덜 든다.

해설

③ 유로화는 미화보다 가치가 높고, 일본엔화와 중국위안화는 미화보다 가치가 낮다.

78 **프레젠테이션을 위한 올바른 슬라이드 작성 방법으로 가장 적절하지 않은 것은?** [20년 2회]

① 프레젠테이션 슬라이드는 기본적으로 시각자료이며 텍스트와 그림을 전달내용에 맞추어 적절하게 구성하는 활동이 중요하다.
② 프레젠테이션 슬라이드는 서론, 본론, 결론의 단계성보다는 도형과 그림 중심으로 시각화하는 것이 중요하다.
③ 시각자료의 양은 발표 분량이나 시간을 고려하여 결정되어야 하며 효과적으로 배치하여야 한다.
④ 프레젠테이션을 구성하는 주제, 내용, 시각자료 등은 논리적 연관관계가 치밀해야 한다.

해설

② 서론, 본론, 결론의 단계성을 기본으로 하여 도형과 그림 중심의 시각화 자료들을 효과적으로 이용하는 것이 좋다.

79 다음의 상황을 대비하기 위하여 김 비서가 이행할 수 있는 방법으로 가장 부적절한 것은? [19년 1회]

> 컨퍼런스에서 발표를 맡게 된 김 비서는 발표자료를 조금 수정도 할 겸 리허설 시간보다 일찍 행사장에 도착했다. 이 행사장은 발표자료를 발표자 포디엄에 직접 USB를 꽂아 연결할 수 있도록 되어있어 그 자리에서 수월하게 자료수정도 마칠 수 있었다. 무사히 발표를 마치고 사무실로 복귀한 김 비서는 업무용 노트북에 USB에 저장해온 발표자료 최종본을 옮겨 놓았다. 그런데 며칠 뒤 사내 보안팀에서 연락이 왔다. 김 비서의 컴퓨터를 통해 사내에 악성코드가 확산했다는 것이다.

① 외부 컴퓨터에서 사용했던 이동식 저장매체를 사무실에서 사용할 경우 바이러스검사를 실시한다.
② 이동식 저장매체의 자동실행 기능을 비활성화하여 자동으로 USB가 시스템에 연결되는 것을 예방한다.
③ 편리한 USB 사용을 위하여 USB 자동실행 기능을 평상시에 켜둔다.
④ 노트북의 USB 드라이브 자동검사 기능을 활성화해 둔다.

해설

③ 정보보안에 위배되는 행동이다.

80 김 비서는 신제품 런칭을 위한 상사의 프레젠테이션을 준비하고 있다. 다음 업무를 처리하기 위해 필요한 사무기기가 순서대로 나열된 것은? [18년 1회]

> (가) 프레젠테이션 발표용 시각자료 준비
> (나) 발표자료 제본
> (다) 프레젠테이션 보여주기 위한 준비
> (라) 신제품을 청중에게 선보이기

① (가) 파워포인트 – (나) 열제본기 – (다) OHP – (라) 팩시밀리
② (가) 키노트 – (나) 인쇄기 – (다) 실물환등기 – (라) 프로젝터
③ (가) 프레지(Prezi) – (나) 문서재단기 – (다) 빔프로젝터 – (라) 실물화상기
④ (가) 프레지(Prezi) – (나) 링제본기 – (다) LCD프로젝터 – (라) 실물화상기

해설

(가) 프레지(Prezi) : 클라우드 기반의 프레젠테이션 기기이다.
(나) 링제본기 : 제본 후 묶을 경우에 사용하는 기기이다.
(다) LCD프로젝터 : 비디오, 그림, 컴퓨터 데이터를 어느 화면 또는 평평한 화면 위에 표시하기 위한 기기이다.
(라) 실물화상기 : 각종 문서, 사진, 그림, 물건, 필름 등을 TV 또는 LCD프로젝터, 모니터 등 영상화면 확대장치와 연결하여 실물 그대로의 컬러영상을 볼 수 있게 하는 기기이다.

79 ③ 80 ④ **정답**

제4회 기출유형 모의고사

제1과목 | 비서실무

01 **한가을 비서는 원인터내셔널 비서실에서 부사장 비서로 일하고 있다. 원인터내셔널의 인사정책은 비서 입사 시 계약직으로 2년을 근무한 후에 평가를 받아 정규직으로 전환하고 있다. 그런데 한가을 비서는 연말 인사고과 후에 정규직으로 전환은 되었으나 마케팅 부서의 사무직으로 소속과 포지션이 전환되어 발령이 났다. 원인터내셔널은 근로조건이 매우 좋지만 비서를 위한 별도의 직급체계가 마련되어 있지 않아 2년 계약직으로만 비서를 고용하고 있다. 그래서 2년 계약기간이 끝난 한가을 비서는 정규직으로 전환되어 다른 부서로 발령이 난 것이다. 그러나 한가을 비서는 비서직으로 계속 근무하기를 희망하는 상황이다. 이때 한 비서가 자신의 경력관리를 위해 취할 수 있는 행동으로 가장 적절한 것은?** [17년 2회]

① 기회를 보아 상사에게 조심스럽게 비서직에 직급체계를 마련하여 운영하고 있는 다른 회사의 사례를 말씀드려 본다.

② 상사에게 자신의 인사고과가 좋을 뿐만 아니라 비서직무를 잘 수행하고 있음을 어필한 후 비서실에서 계속 근무할 수 있도록 회사 인사규정을 수정해줄 것을 요청한다.

③ 승진을 위해 기회가 있을 때마다 인사부장과 팀원들에게 비서실로 이동하고 싶다는 것을 이야기한다.

④ 한가을 씨는 전문비서를 희망하므로 원인터내셔널에서 경력개발을 할 수 없다면 퇴사하고 구직활동을 다시 시작한다.

해설

① 한 비서가 취할 수 있는 최선의 방법은 다른 사람들에게 말하지 않고 상사에게 직접 이야기를 하는 것이다. 이때 무리한 요청보다는 다른 회사의 사례를 말씀드려서 상사에게 현재 체계를 재고해 보도록 한다. 이를 통해 자연스럽게 자신이 계속 근무하기를 원한다는 것을 상사에게 알릴 수 있다.

정답 01 ①

02 다음 상황을 읽고 비서의 응대가 적절하지 않은 것을 모두 고르시오. [19년 2회]

(전화벨이 울림)
비서　: 안녕하십니까? 사장실입니다. (a)
상대방 : 사장님 계신가요?
비서　: 사장님은 지금 안 계십니다. 누구신가요? (b)
상대방 : 잘 아는 사람인데 언제 통화 가능할까요?
비서　: 지금 유럽 출장 중이셔서 다음주나 돼야 돌아오십니다. (c)
상대방 : 알겠습니다.
비서　: 그럼 다음주 전화해 주시면 사장님과 통화되실 겁니다. (d)
(전화통화를 마침)

① (a), (b)
② (b), (c)
③ (b), (c), (d)
④ (a), (b), (c), (d)

해설

올바른 전화 응대

전화 받는 순서	사 례
수화기는 왼손(오른손잡이의 경우)	적어도 벨이 세 번 울리기 전에 든다.
인사 후 소속과 이름	• "안녕하십니까?" • "○○ 부의 ○○○입니다."
상대방 확인 · 인사	• "실례지만, 어디십니까?" • "그동안 안녕하셨습니까?"
용건 청취 · 메모	• "전하실 말씀이 있으십니까?" • 메모를 할 때 적어야 할 것을 미리 살펴둔다.
통화 내용 요약 · 복창	"전하실 용건은 ~에 관한 것 맞습니까?"
끝맺음	• "감사합니다. 안녕히 계십시오." • 상대방이 끊고 난 후 조용히 수화기를 놓는다.

02 ④ **정답**

03 다음은 상사의 미국 출장일정이다. 비서의 업무수행 내용으로 가장 적절한 것은? [20년 1회]

No	편 명	출 발	도 착	기 종
1	KE085	Seoul (ICN) 4 Apr 11:00	New York (JFK) 4 Apr 10:25	Boeing747
2	KE086	New York (JFK) 9 Apr 21:50	Seoul (ICN) 06:45 (+1)	Boeing747

〈ICN : 인천공항, JFK : 존 F 케네디공항〉

① 비서는 상사의 출장기간을 고려하여 출장 후 국내협약식 참가일정을 4월 10일 오전 11시로 계획하였다.

② 출장 전에 참가하여야 할 전략기획 회의일정이 조정되지 않아 4월 4일 오전 7시 조찬으로 전략기획 회의일정을 변경하였다.

③ 비서는 예약된 호텔의 Check-in과 Check-out 시간을 확인하여 상사에게 보고하였다.

④ 상사는 4월 9일 새벽에 인천공항에 도착하므로 시간 맞춰 수행기사가 공항에 나가도록 조치하였다.

해설

① 출장에서 돌아온 다음 날은 출장과 관련하여 처리해야 할 업무들이 많으므로 일정 계획을 세우는 것을 가급적 피한다.
② 출장 전날에도 출장과 관련하여 준비하고 처리해야 할 업무들이 많으므로 가급적 피한다.
④ 소요시간 등을 확인하여 수행기사가 공항에 미리 도착할 수 있도록 조치해야 한다.

04 상사의 인간관계 관리자로서 비서의 역할에 대한 설명으로 가장 적절하지 않은 것은? [20년 1회]

① 상사가 조직 내외의 사람들과 유기적인 관계가 잘 유지될 수 있도록 상사의 인간관계에 항상 관심을 기울인다.

② 조직 내에 소외되는 사람들이 있을 경우 상사에게 보고하여 상사가 적절한 조치를 취할 수 있도록 한다.

③ 상사의 대내외 인사들과의 만남이 균형 있게 이루어지도록 관련 내용을 데이터베이스화 해둔다.

④ 상사가 지역 유관기관들과 지속적인 관계를 유지하도록 비서는 스스로 판단하여 필요한 정보를 유관기관들과 공유하도록 한다.

해설

④ 비서 스스로 판단하여서는 안 되며, 독자적인 판단 아래 정보를 유관기관들과 공유하는 것 또한 매우 위험한 행동이다.

정답 03 ③ 04 ④

05 회사 창립기념식 행사 시 최상위자인 회장과 회장 배우자가 참석한다. 이때 회장 배우자의 좌석 위치는? [18년 2회]

단상좌석	6	5	4	회 장	1	2	3

단하의 청중좌석

① 1
② 4
③ 3
④ 6

해설

① VIP 내외분 참석 시 단상 좌석배치도에 따라 회장(VIP)의 배우자는 문제의 그림에서 1의 위치에 착석하는 것이 좋다.

06 다음 중 전화부가서비스 이용에 대한 설명으로 적절하지 않은 것은? [18년 2회]

① 상사가 이번 포럼에 참가했던 100명이 넘는 참가자에게 동일 메시지를 보내야 해서 크로샷 서비스를 이용해서 문자메시지를 발송하였다.
② 해외출장 중인 상사 휴대폰 로밍 시에 무제한요금제는 비용이 많이 발생하므로, 이동 중에 공유해야 할 자료와 정보는 별도로 이메일로 전송하였다.
③ 해외지사와 연락을 할 때 시차로 업무시간 중 통화가 힘들어 전화사서함을 이용해서 메시지를 주고받았다.
④ 비서가 상사와 함께 외부에서 개최하는 회의에 종일 참석하게 되어 착신통화 전환을 해서 외부에서 사무실 전화처리를 할 수 있도록 하였다.

해설

② 무제한 데이터요금제 등에 가입하거나 로밍에그를 사용하면 요금폭탄을 피할 수 있으며, 이 밖에 요금이 지나치게 많이 나오지 않도록 데이터로밍요금 상한서비스를 신청하는 방법도 있다.

05 ① 06 ② **정답**

07 다음 행사 의전에 대한 설명 중 관례상 서열에 관한 설명으로 가장 적절하지 않은 것은? [19년 2회]

① 지위가 비슷한 경우 여자는 남자보다 상위에 위치한다.
② 지위가 비슷한 경우 내국인이 외국인보다 상위에 위치한다.
③ 기혼부인 간의 서열은 남편의 직위에 따른다.
④ 지위가 비슷한 경우 연장자가 연소자보다 상위에 위치한다.

해설

② 지위가 비슷한 경우 외국인이 내국인보다 상위에 위치한다.

08 다음 한자에 대한 설명이 잘못된 것은? [19년 1회]

① 決濟 : 일을 처리하여 끝냄
② 決裁 : 상사가 부하가 제출한 안건을 검토하여 허가하거나 승인함
③ 榮轉 : 좋은 장소로 이전함
④ 華婚 : 다른 사람의 혼인을 아름답게 부르는 말

해설

③ 영전(榮轉) : 이전보다 더 높거나 좋은 자리 혹은 직위로 옮김

09 다음 중 매너에 맞는 행동은? [18년 2회]

① 초청장에는 'Smart Casual'이라 되어있어서 최신유행에 맞게 캐쥬얼한 자유복장으로 청바지와 티셔츠로 갈아입고 참석하였다.
② 오늘 만찬 주최자인 ABC 회장이 연회장을 돌아다니면서 와인을 따라 주기에 잠시 자리를 비운 옆의 손님의 와인까지 회장에게 요청하여 받아두었다.
③ 식사 도중에 급한 전화가 걸려 와서 냅킨을 접어 테이블 위에 올려놓고 나가서 전화를 받았다.
④ 디저트 과일로 씨 없는 포도가 나와서 손으로 먹었다.

해설

식사예절 : 디저트

- 디저트는 프랑스어로 디즈빌(치우다)에서 유래한다.
- 디저트는 약간 달콤한 종류로 과일이나, 아이스크림, 케이크, 푸딩 등이 나온다.
- 디저트가 제공되기 전 건배가 제의되기도 한다.
- 프랑스에서는 디저트 전에 치즈를 먹기도 한다.
- 수분이 많은 과일은 스푼으로 먹는다.
- 포도의 씨와 껍질은 손바닥 안에 뱉어 살짝 접시에 놓는다.
- 핑거볼은 한 손씩 교대로 씻는다.

정답 07 ② 08 ③ 09 ④

10 **다음 중 회의용어를 올바르게 사용하지 못한 것은?** [20년 2회]

① "이번 회의는 정족수 부족으로 회의가 성원 되지 못했습니다."
② "김영희 부장이 동의(動議)를 해 주셔서 이번 발의를 채택하도록 하겠습니다."
③ "동의를 얻은 의안에 대해 개의해 주실 분 있으신가요?"
④ "이번 안건에 대해 표결(表決)을 어떤 식으로 할까요?"

해설

② 의사나 의견을 같이함을 나타내는 동의는 '同意'라고 써야 한다.

11 **현재 상사는 해외출장 중이다. 상사의 동창이라는 분이 방문하여 급한 일이므로 즉시 연락하고 싶다고 한다. 비서는 상사는 출장 중이므로 명함을 두고 가시라고 말씀드렸으나 모바일 메신저로라도 연락하고 싶다고 한다. 비서의 가장 적절한 응대 방법은?** [18년 1회]

① 핸드폰번호를 몰라도 아이디만 알아도 연락이 되는 모바일 메신저가 있으므로 아이디를 알려드리고 연락드려보라고 한다.
② 모바일 메신저로 연락할 때 시차를 고려하라고 조언 드린다.
③ 핸드폰번호는 규정상 알려드릴 수 없다고 말씀드리고 상사에게 방문객에 관해 보고하지 않아도 된다.
④ 상사는 출장 중이므로 용건과 명함을 두고 가시면 상사에게 가능한 한 빨리 연락드리겠다고 말씀드린다.

해설

④ 일단 상대방의 연락처를 받은 후 상사에게 연락을 드리고 지시에 따른다.

12 **Z company의 장 전무는 개인비서인 양 비서에게 경리팀장과 회계팀장과의 회의일정을 잡으라고 지시하였다. 양 비서가 상사의 일정을 관리하기 위해서 수행한 업무 일부를 아래에 나열하였다. 상사의 일정을 효율적으로 관리하기 위해 수행한 업무를 가장 합리적인 순서로 나열한 것은 어느 것인가?** [17년 1회]

(a) 경리팀장과 회계팀장에게서 두 사람이 가능한 날짜와 시간대를 받았다.
(b) 일정을 정리하여 상사에게 보고하고 확정하였다.
(c) Z company의 연간계획을 체크하여 일정표에 기록하였다.
(d) 경리팀장과 회계팀장에게 장 전무가 가능한 날짜와 시간대를 알려 주었다.
(e) 장 전무가 매월 정기적으로 참석하는 회의와 행사를 일정표에 기록하였다.
(f) 경리팀장과 회계팀장과의 회의일정을 장 전무의 일정표에 기록하였다.

① c – e – d – a – b – f
② a – d – b – f – e – c
③ c – e – a – d – b – f
④ c – e – f – d – a – b

10 ② 11 ④ 12 ① **정답**

해설

① 회의일정을 잡을 때에는 상사의 일정을 먼저 알아보고 다른 부서에 상사의 가능한 날짜와 시간대를 알려준다. 그다음 다른 부서에서 가능한 날짜와 시간대를 받아 상사에게 보고하고 확정한 후 상사의 일정표에 기록한다.
상사의 연간계획을 체크하여 일정표에 기록 → 상사의 월 계획을 체크하여 일정표에 기록 → 타 부서에 상사가 가능한 날짜 전달 → 타 부서와 일정을 조율하여 상사에게 보고 · 확정 → 회의일정을 상사의 일정표에 기록

13 **정기총회 도중에 늦게 도착한 주주가 총회장에 입장하기를 희망하고 있다. 이때 강 비서의 회의 중 업무에 대한 내용으로 가장 옳지 않은 것은?** [15년 1회]

① 강 비서는 회의장 안에서 상사와 연락이 쉽고 전체가 잘 보이는 입구 가까운 장소에서 대기하였다.

② 강 비서는 출입구에 '회의 중'이라는 표지판을 붙여 회의와 관련이 없는 사람들의 출입을 막았다.

③ 강 비서는 주주가 맞는지 먼저 주주명부를 확인하였다.

④ 강 비서는 늦게 도착한 주주에게 안건을 상정 처리하는 도중이라 참석이 어려움을 정중하게 말씀드리고 휴식시간에 들어가도록 안내하였다.

해설

④ 늦게 도착하는 주주를 조용히 장내로 안내해야 하며, 도중에 밖으로 나오는 사람을 안내하고 관계없는 사람이 장내로 들어가지 못하게 한다.

14 **사장님의 아버지인 회사설립주 김영철 명예회장의 호는 풍운이다. 다음 중 회사장으로 치러지는 김영철 명예회장의 장례절차를 준비하는 비서의 업무수행 중 적절하지 않은 것으로만 묶여진 것은?** [16년 2회]

ㄱ. "故풍운 김영철 명예회장 영결식"으로 외부 안내표시를 하였다.
ㄴ. "故명예회장 김영철 풍운 영결식"으로 외부 안내표시를 하였다.
ㄷ. 부고소식을 언론자료로 배포 시 고인의 약력과 업적, 가족관계 내용을 포함시켰다.
ㄹ. 부고소식을 언론자료로 배포 시 입관절차와 하관식 일정을 포함시켰다.
ㅁ. 부고소식을 언론자료로 배포 시 발인일시와 향년나이를 포함해 사망사실을 고지하였다.

① ㄱ, ㄷ

② ㄱ, ㄹ

③ ㄴ, ㄹ

④ ㄴ, ㅁ

해설

ㄴ. 일반적으로 '풍운'이라는 호는 이름 앞에 쓴다.
ㄹ. 입관절차와 하관식 등은 영결식에 해당하는데 이는 유족에 한정된 행사이므로 회사장의 부고소식 배포 시에 포함시키지 않는다.

정답 13 ④ 14 ③

15 외부강사를 초청하는 회의에서 비서가 준비해야 할 것으로 다음 중 가장 적절한 것은? [16년 2회]

① 강사에게 강의 요청서를 미리 보낸 후 확답을 받으면 일시, 장소, 목적 등 정보를 구두로 알려 준다.
② 회의에 참석할 대상자의 정보를 강사에게 미리 전달하고 강사에게 이력서나 약력을 보내 달라고 요청한다.
③ 강의요청서 공문을 보낼 때 참석 여부에 대한 항목을 넣어 회신하도록 한다.
④ 강사료는 현금과 계좌입금 중 강사가 원하는 것으로 준비해 둔다.

해설

① 강사에게 강의 확답을 받으면 장소, 시간, 목적 등의 정보를 반드시 서면으로 작성하여 보내도록 한다.
③ 강의요청서 공문을 보낼 때는 회사명, 강의일시, 강의시간, 대상인원, 대상자, 강의장소, 강사료, 강의내용, 준비물, 기타 요구사항, 담당자명, 연락처, 이메일 등을 적어 보낸다.
④ 강사료는 미리 저자와의 협의사항이나 대부분의 경우 회사의 내부 규정에 따른다.

16 상사는 Mr. Peter Jones의 10월 1~2일의 서울방문을 맞이하여 Mr. Jones와 함께 우리 회사의 주요거래처를 방문하고자 한다. 상사는 주요거래처 10곳의 명단을 주며 방문일정을 잡아보라고 지시하였다. 다음 중 비서가 고려해야 할 사항으로 바람직한 것으로만 묶은 것은? [16년 1회]

A. 지리적으로 가까운 거래처를 묶어 이동거리를 최소화한다.
B. 중요한 거래처부터 면담약속을 잡은 후 시간 여유가 되면 다른 거래처와의 약속을 잡는다.
C. 면담을 잡을 때 거래처 근처의 맛집이나 식당을 찾아본다.
D. 일정표 초안이 나오면 Mr. Jones에게 일정수정이 쉽지 않다는 코멘트와 함께 일정이 모두 확인되었음을 알린다.
E. 식당은 Mr. Jones와 상사의 선호도를 판단하여 결정한다.
F. 점심식사는 거래처와 함께 하도록 일정을 수립하고 거래처의 접대 예산으로 구분한다.
G. 되도록 마지막날은 Mr. Jones와 우리 회사 측 인사들과 방문을 정리하는 미팅을 가질 수 있는 시간을 마련한다.

① A, B, C, D, E, G
② A, B, C, E, G
③ A, B, C, E, F, G
④ A, B, C, D, E, F, G

해설

D. 일정은 상사의 의견을 들어 일정표를 작성한 다음 일정표를 Mr. Jones에게 보내고 수정사항을 알려달라고 한 후 수정사항이 있다면 상사와 상의 후에 수정하도록 한다.
F. 거래처와 함께 점심식사가 일정으로 있다면 진행하되 식사비용을 거래처의 접대 예산으로 하는 것은 적절치 않다.

15 ② 16 ② **정답**

17 **한결상사에 근무 중인 강 비서는 대표이사를 보좌하고 있다. 강 비서의 상사는 공식 행사 참석이 빈번하여 행사 드레스코드에 대해 잘 이해하고 있어야 한다. 다음 중 드레스코드에 대한 설명으로 옳지 않은 것은?** [16년 1회]

① 일반행사는 평상복이 원칙이다.

② 야회복(White Tie)은 상의의 옷자락이 제비꼬리 모양을 하고 있어 연미복(Tail Coat)이라고도 하는데 무도회나 정식만찬 또는 저녁파티 등에 사용된다.

③ 약식 야회복(Black Tie)은 턱시도(Tuxedo)라고도 하며, 정식만찬 이외의 모든 저녁파티에 입는 격식을 갖춘 정식 야회복이다.

④ 평상복(Informal)은 Lounge Suit, Business Suit라고도 한다. 평상복의 색깔은 진한 회색이나 감색이 적합하며, 재킷과 바지의 색깔이 다른 것을 입어서는 안 된다.

해설

③ 연미복의 진지함에서 조금 힘을 뺀 약식 야회복이 바로 디너재킷이고 다른 말로는 턱시도(Tuxedo)라고 한다. 즉, 턱시도는 미국 뉴욕의 턱시도 파크에 있는 컨트리클럽 사교계의 신사들이 1880년경 남자의 정식예장인 모닝코트 대신에 약식예장으로 고안하여 입었던 데서 비롯되었다.

18 **다음 중 보고업무를 수행하고 있는 비서의 자세로 가장 적절하지 않은 것은?** [20년 2회]

① 위기에 처했을 때 보고하는 것도 중요하지만 평소에 중간보고를 충실히 하여 예측되는 문제를 미연에 방지한다.

② 업무 진행상황을 자주 보고하여 상사가 일이 어느 정도 속도로, 또 어떤 분위기로 진행되고 있는지 알 수 있도록 한다.

③ 업무의 절차적 당위성을 확보하기 위해 조직 내 공식적인 채널을 통해서만 보고한다.

④ 업무 중간중간에 상사의 의견을 물어 잘못되었을 경우 수정할 수 있는 시간을 갖는다.

해설

③ 업무의 성격에 따라 공식적인 채널과 비공식적 채널을 적절하게 이용하여 보고하여야 한다.

정답 17 ③ 18 ③

19 전자세금계산서란 인터넷 등 전자적인 방법으로 세금계산서를 작성 및 발급하여 그 내역을 국세청에 전송하는 것을 말한다. 전자세금계산서에 대한 설명으로 가장 적절하지 않은 것은? [18년 1회]

① 전자세금계산서는 매출자, 매입자 모두 조회가 가능하다.

② 매출자가 ERP 시스템을 이용하여 세금계산서를 발급한 경우에 합계표 조회는 당일 바로 가능하다.

③ 전자세금계산서에 있는 공급자의 사업자등록번호가 정확한지 확인한다.

④ 전자세금계산서를 발급하면 세금계산서 합계표 명세 제출 및 세금계산서 보관의무가 면제되어 편리하다.

해설

② 합계표 금액은 당일 발급집계 금액이 다음 날 반영된다.

20 다음 중 비서실 비품을 점검하기 위한 순서가 바르게 나열된 것은? [17년 2회]

㉠ 비품 관리표를 바탕으로 필요한 비품을 구입한다. ㉡ 비품을 사무용품, 사무기기 등으로 구분하여 확인한다. ㉢ 비품의 종류, 잔여수량, 최근 구매일과 추가수량 등을 구분하여 정리한다. ㉣ 비품은 사용빈도에 따라서 소모되는 속도가 다르므로 주기적으로 비품관리표를 이용하여 비품의 상태와 수량을 확인한다.

① ㉠ - ㉡ - ㉢ - ㉣

② ㉠ - ㉢ - ㉡ - ㉣

③ ㉢ - ㉡ - ㉣ - ㉠

④ ㉡ - ㉢ - ㉣ - ㉠

해설

④ 비품을 종류별로 확인한 후 재고량과 구입여부를 체크하고 비품 관리표를 작성하여 필요한 비품을 구입한다.

19 ② 20 ④ **정답**

제2과목 | 경영일반

21 다음 중 기업의 공유가치창출(CSV) 활동의 사례로 보기에 가장 적절한 것은? [20년 2회]

① 종업원들에게 경영참가제도와 복지후생제도를 도입 활용한다.
② 제3세계 커피농가에 합리적 가격을 지불하고 사들인 공정무역커피를 판매한다.
③ 저소득층 가정의 학생들에게 아침밥을 제공한다.
④ 제3세계 농부들에게 코코아재배에 관한 교육을 제공하여 숙련도를 높이고 양질의 코코아를 제공받아 초콜릿을 생산한다.

해설

공유가치창출(CSV)은 기업의 경제적 가치와 공동체의 사회적 가치를 조화시키는 경영을 의미하며, 사회적 약자와 함께 경제적 이윤과 사회적 가치를 함께 만들고 공유하는 활동을 말한다. 따라서 기업의 사업기회와 지역사회의 필요가 만나 사업적 가치를 창출하는 ④이 정답이다.

22 기업의 입장에서 볼 때 그 대상을 파악할 수 있기 때문에 영향력 행사가 가능하며, 관리 가능한 환경은 다음 중 무엇인가? [18년 2회]

① 일반환경
② 문화환경
③ 과업환경
④ 경쟁환경

해설

과업환경

특정한 기업이 목표설정 및 목표를 달성하기 위한 의사결정을 내리는 데에 직접적으로 영향을 미치는 환경을 말한다. 기업의 행동에 직접적인 영향을 미치며, 그 범위가 일반환경에 비해서 작고, 기업이 어느 정도 통제할 수 있다는 점 등이 특징이다.

정답 21 ④ 22 ③

23 다음 중 정관에 특별한 계약이 없는 한 전원이 공동출자하여 무한책임을 지므로 신뢰관계가 두터운 가족이나 친지 간에 이용되는 기업형태는 무엇인가? [19년 1회]

① 합자회사
② 합명회사
③ 익명조합
④ 주식회사

해설

① 합자회사 : 무한책임사원과 유한책임사원으로 구성되어 있기 때문에 이원적 회사라고 불리며 폐쇄적인 성격이 강하다.
③ 익명조합 : 상법의 규정에 의거한 조합으로 출자를 함과 동시에 업무를 담당하는 조합원(영업자)과 단순히 출자만을 하는 조합원(익명조합원)으로 구성된다. 합자회사와 비슷하지만 법인은 아니며, 경제적으로 공동기업이지만 법률상 조합의 사업은 영업자 개인의 사업이며 재산은 영업자의 재산이다.
④ 주식회사 : 주식의 발행을 통해 자본을 조달하는 현대 기업의 대표적인 형태로, 주식회사의 출자자인 주주는 모두 유한책임사원으로서 출자액을 한도로 회사의 적자, 채무, 자본리스크에 대한 책임을 진다.

24 다음 중 기업의 경영환경에 대한 설명으로 가장 적절하지 않은 것은? [18년 2회]

① 거시환경과 미시환경은 기업에 대해 서로 상호연관된 형태로 영향을 미친다.
② 기업의 조직문화, 조직목표 등도 조직경영에 영향을 미칠 수 있으므로 기업 내부환경으로 본다.
③ 기업환경은 기업의 활동에 위협이 되기도 하므로 기업에게는 외부환경 변화에 대한 신축적 대응이 필요하다.
④ 오늘날 기업환경 변화의 특성은 오랫동안 계속되는 지속성을 가지고 있으므로 변화의 원인을 쉽게 예측할 수 있다.

해설

④ 기업환경은 수시로 변하며, 변화의 방향이 불확실하다.

25 다음 중 벤처캐피탈의 특징에 대한 설명으로 가장 적합하지 않은 것은? [20년 1회]

① 투자수익의 원천을 주식 매각으로부터 얻는 자본수익보다는 배당금을 목적으로 투자하는 자금이다.
② 벤처캐피탈은 위험이 크지만 고수익을 지향하는 투기성 자금이라고 할 수 있다.
③ 투자심사에 있어서 기업의 경영능력, 기술성, 성장성, 수익성 등을 중시한다.
④ 투자기업의 경영권 획득을 목적으로 하지 않고 사업에 참여방식으로 투자하는 형식을 취한다.

해설

① 벤처캐피탈은 투자기업을 성장시킨 후 보유주식을 매각하여 자본이익을 얻고자 투자한다.

23 ② 24 ④ 25 ① 정답

26 **다음 중 대기업의 특성에 대한 설명으로 가장 옳은 것은?** [19년 1회]

① 대기업은 수평적 조직으로 조직이동 등의 유연한 관리가 가능한 유기적 조직이다.
② 대기업은 경기침체기에 가장 먼저 위상이 흔들리고 경기성장기에 쉽게 살아난다.
③ 아웃소싱을 다양화함으로써 기업전체의 비용절감과 사업다각화가 가능하다.
④ 대기업은 수요량이 적은 틈새시장 공략에 유리하다.

해설

①·②·④ 중소기업에 대한 설명이다.

27 **경영조직화의 설명 중 가장 거리가 먼 것은?** [20년 2회]

① 조직화의 의미는 부서 수준에서 부장, 과장, 대리 등으로 직무를 설계하여 업무가 배분되고 조정되도록 하는 것을 의미한다.
② 조직화 과정에는 일반적으로 계획된 목표달성을 위해 필요한 구체적인 활동을 확정하는 단계가 있다.
③ 구체적인 활동이 확정되면 개개인이 수행할 수 있도록 일정한 패턴이나 구조로 집단화시키는 단계가 있다.
④ 조직화란 과업을 수행하기 위해 구성원과 필요한 자원을 어떻게 배열할 것인가를 구상하는 과정이다.

해설

① 경영조직화 활동은 기업의 목표달성을 최상의 방법으로 실현할 수 있도록 인적·물적 경영자원 등을 배분하고 조정하는 활동을 의미하며, 부서 수준이 아닌 조직 전체의 수준에서도 일어날 수 있는 일이다.

정답 26 ③ 27 ①

28 **다음은 경쟁가치모형에 따른 조직문화의 유형을 나타낸 그림이다. 다음 중 A~D의 조직문화를 가장 맞게 표현한 것으로 짝지어진 것은?** [18년 1회]

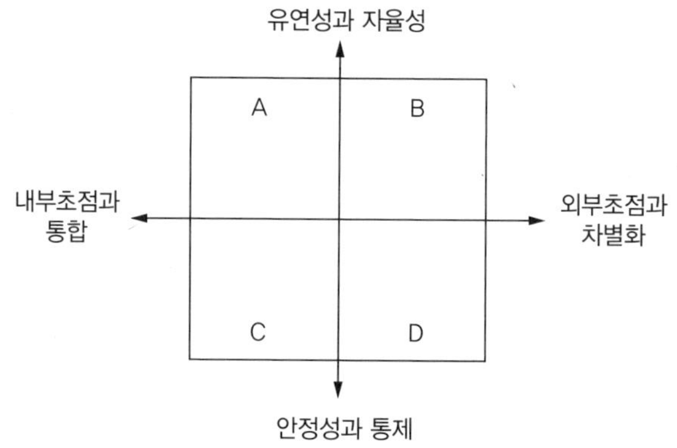

① 혁신문화(A) – 시장문화(B)
② 관계문화(A) – 혁신문화(B)
③ 시장문화(C) – 관계문화(D)
④ 위계문화(C) – 혁신문화(D)

해설

- A : 관계문화
- B : 혁신문화
- C : 위계문화
- D : 시장문화

29 **SWOT 분석은 기업의 전략적 계획수립에 빈번히 사용하는 기법이다. 다음 A반도체의 SWOT 분석 내용 중 O에 해당하지 않는 것은?** [19년 2회]

① 브랜드 신뢰도 확보 및 반도체 시장점유율 확대
② 미국과 중국의 반도체 수요 증가
③ 4차 산업혁명에 따른 메모리 반도체 수요 증가
④ 반도체 산업의 활황세

28 ② 29 ① **정답**

해설

① 브랜드 신뢰도 확보 및 반도체 시장점유율 확대는 S(Strength, 강점)에 해당한다.

SWOT 분석

구 분	의 미	비 고
강점(Strength)	시장에서 기업의 우위를 얻을 수 있는 경쟁적, 차별적 능력 또는 보유 자원	우리 기업 내부 분석
약점(Weakness)	기업의 효과적인 성과를 방해하는 요인으로, 극복해야 하는 자원이나 능력의 결핍	
기회(Opportunity)	기업활동에 유리하게 영향을 미치는 환경 요인	외부 환경 분석
위협(Threat)	현재 또는 미래의 기업활동에 불이익을 초래하는 환경 요인	

30 다음 경영의 기능 중에서 조직화(Organizing)와 관련된 내용으로 가장 적합한 것은? [18년 1회]

① 조직이 달성해야 할 목표를 설정한다.

② 조직구성원을 동기부여한다.

③ 성과를 측정하고 피드백을 제공한다.

④ 수행할 업무를 분할하고 필요한 자원을 배분한다.

해설

④ 조직화는 과업활동이 보다 원활히 이루어지도록 하기 위해 과업과 자원을 할당하는 것이다.

31 다음 중 리더십이론에 대한 설명으로 가장 적절하지 않은 것은? [18년 2회]

① 피들러(Fiedler)의 상황이론에 따르면, 집단상황이 리더에게 매우 호의적인 상황에서 관계지향적 리더가 가장 효과적인 것으로 나타났다.

② 허시(Hersey)와 블랜차드(Blanchard)의 상황이론에 의하면, 부하의 성숙도가 매우 높은 경우에는 위임형 리더십 스타일이 적합하다.

③ 블레이크(Blake)와 머튼(Mouton)의 관리격자모형은 생산에 대한 관심과 인간에 대한 관심으로 리더의 행동을 유형화하였다.

④ 하우스(House)의 경로-목표이론에 의하면, 리더는 개인이나 집단구성원이 추구하는 목표에 길잡이가 될 수 있을 때 효과적인 리더라고 할 수 있다.

해설

① 피들러의 상황이론에 따르면, 집단상황이 리더에게 매우 호의적이거나 호의성이 낮은 경우 과업중심 리더가, 집단상황에서 호의성이 중간수준인 경우 관계지향적 리더가 효과적이다.

정답 30 ④ 31 ①

32 다음 중 주식회사의 장점으로 가장 옳지 않은 것은? [15년 1회]

① 전문경영자 도입의 용이성
② 소유권 이전의 용이성
③ 자본조달의 확대가능성
④ 영업비밀 유지의 용이

해설

④ 주식회사는 업무활동에 있어 보안의 유지가 어려운 단점이 있다.

33 다음 중 가격관리에 대한 설명으로 가장 적절하지 않은 것은? [19년 1회]

① 초기 고가격전략은 신제품의 도입 초기에 높은 소득층의 구매력을 흡수하기 위해 높은 가격을 설정하는 전략을 말한다.
② 가격결정에서 제품의 원가는 가격결정의 하한선이 된다.
③ 수요중심 가격결정은 제품단위당 원가와 경쟁사의 제품가격을 기준으로 가격을 결정하는 방법이다.
④ 고객의 제품에 대한 가치지각은 가격결정의 상한선이 된다.

해설

수요중심 가격결정

- 가치지각 가격결정법 : 구매자의 제품에 대해 지각된 가치에 입각하여 결정
- 수요차 가격결정법 : 수요의 정도에 따른 가격 결정

34 기업회계 기준에 의한 손익계산서를 작성할 때 배열순서로 가장 올바른 것은? [19년 1회]

① 매출총수익 – 당기순손익 – 영업손익 – 특별손익
② 매출총수익 – 특별손익 – 당기순손익 – 법인세차감후순손익
③ 매출총수익 – 영업손익 – 법인세차감전순손익 – 당기순손익
④ 매출총수익 – 특별손익 – 영업손익 – 당기순손익

해설

③ 손익계산서는 일정 기간의 기업의 경영성과를 나타내는 동태적 보고서로서, 모든 수익과 비용을 대비시켜 당해 기간의 순이익을 계산하여 나타낸다.

32 ④ 33 ③ 34 ③ **정답**

35 다음의 제품수명주기(PLC)에 따른 특징과 마케팅 전략에 대한 설명으로 가장 옳지 않은 것은? [18년 2회]

① 도입기 : 제품홍보를 알리는 공격적 광고홍보전략
② 성장기 : 매출이 증가하는 단계로 기존고객유지전략
③ 성숙기 : 경쟁이 가속화되는 관계로 시장점유방어전략
④ 쇠퇴기 : 판매부진과 이익감소로 원가관리강화전략

해설

② 성장기에는 기존 고객을 유지하는 전략보다는 시장을 개척하고 새로운 고객을 유치 · 확보하는 전략이 필요하다.

36 다음 중 인사고과에서 발생할 수 있는 오류에 관한 설명으로 가장 적절하지 않은 것은? [20년 1회]

① 종업원을 실제보다 높거나 후하게 평가하는 관대화경향이 발생할 수 있다.
② 출신지역, 직무, 인종 등의 특징이나 고정관념으로 평가자의 편견에 비추어 종업원을 평가하는 상동적 태도가 나타날 수 있다.
③ 비교대상이 무엇인지에 따라 평가결과가 달라지는 대비오류가 나타날 수 있다.
④ 종업원의 한 면만을 기준으로 다른 것까지 평가해 버리는 중심화경향이 나타날 수 있다.

해설

④ 종업원의 한 면만을 기준으로 다른 것까지 평가해 버리는 것은 후광효과이다. 중심화경향이란 종업원에 대한 평가점수가 보통이나 척도상의 중심점에 집중하는 경향을 말한다.

37 다음 중 손익계산서에서 나타내는 산식으로 가장 옳은 것은? [18년 2회]

① 매출총이익 = 매출액 − 판매비
② 영업이익 = 매출총이익 − 판매비와 일반관리비
③ 법인세차감전 순이익 = 영업이익 + 영업외수익
④ 당기순이익 = 매출총이익 − 영업이익

해설

손익계산서의 구성(수익 − 비용 = 순이익 or 순손실)

- 수익 : 일정기간 동안 경영활동을 통해 벌어들인 자산 및 자본의 증가
  예 매출액, 영업외수익(이자수익, 임대료, 유가증권처분이익, 외환차익 등), 특별이익(보험차익 등)
- 비용 : 수익을 얻기 위해 일정기간 동안 소비한 자산 및 자본의 감소
  예 매출원가, 판매비와 관리비, 영업외비용(이자 비용, 유가증권처분손실, 평가손실 등), 특별손실(재해손실 등), 법인세비용
- 순이익 : 수익 > 비용 → 당기순이익, 수익 < 비용 → 당기순손실

정답 35 ② 36 ④ 37 ②

38 **설계 · 개발, 제조 및 유통 · 물류 등 생산과정에 디지털 자동화 솔루션이 결합된 정보통신기술(ICT)을 적용하여 생산성, 품질, 고객만족도를 향상시키는 지능형 생산공장을 일컫는 용어는 다음 중 무엇인가?** [18년 2회]

① 인더스트리 4.0
② 스마트공장
③ 사물인터넷
④ 공장자동화

해설
① 인더스트리 4.0 : 제조업의 경쟁력 강화를 위해 독일정부가 추진하고 있는 제조업 성장전략이다.
③ 사물인터넷 : 유 · 무형의 객체들이 다양한 방식으로 서로 연결되어 개별객체들이 제공하지 못했던 새로운 서비스를 제공한다.
④ 공장자동화 : 컴퓨터 및 각종 계측장비를 이용해서 공장의 생산공정을 자동화한 것이다.

39 **다음 중 아래와 같은 상황을 뜻하는 용어로 가장 적절한 것은?** [20년 2회]

> 어느 한 제품의 가격을 올리면 그 제품을 만드는 기업이 유리해진다. 그러나 모든 제품의 가격이 오르면 모든 기업이 이익을 얻으므로 아무도 유리해지지 않으며 오히려 물가만 올라가 나쁜 영향만 미치는 상황이 만들어진다.

① 구성의 오류
② 매몰비용의 오류
③ 인과의 오류
④ 도박사의 오류

해설
② 매몰비용의 오류 : 미래에 발생할 효용이 크지 않음에도 불구하고 과거에 투자한 비용이 아까워서 일을 중단하지 못하는 행동을 의미한다.
③ 인과의 오류 : 어떤 현상이 그 후에 발생한 현상보다 먼저 일어났다고 해서 앞서 일어났던 현상이 원인이라고 단정하는 오류를 말한다.
④ 도박사의 오류 : 도박에서 계속 잃기만 했던 사람이 이번에는 자신이 승리할 것이라고 생각하는 오류를 말한다.

38 ② 39 ① **정답**

40 **다음 중 전사적 자원관리(Enterprise Resource Planning, ERP)에 대한 설명으로 가장 적절하지 않은 것은?** [19년 1회]

① 기업의 경쟁력 강화를 위해 부서별로 분산되어 있고 유기적으로 연결되어 있지 못한 자원을 서로 연결하는 시스템이다.

② ERP의 목적은 기업의 모든 자원을 공유함으로써 자원의 효율화를 추구한다.

③ 최근 ERP솔루션은 클라우딩 컴퓨팅 기반으로 빠르게 전환하고 있는 추세이다.

④ ERP는 반드시 기업 스스로가 독자적으로 개발해야만 하기 때문에 비용과 기술로 인하여 대기업에서만 개발하여 사용할 수 있는 시스템이다.

해설

전사적 자원관리(ERP)

- 기업활동을 위해 사용되는 기업 내의 모든 인적 · 물적 자원을 효율적으로 관리하여 궁극적으로 기업의 경쟁력을 강화시켜주는 역할을 하는 통합정보시스템이다.
- 기업경영 활동의 수행을 위해 필요한 생산 · 판매 · 인사 · 회계 · 자금원가 · 고정자산 등의 운영시스템을 전 부문에 걸쳐 하나의 체계로 통합시스템을 재구축함으로써 생산성을 극대화하려는 기업 리엔지니어링 기법이다.
- 어느 한 부문에서 데이터를 입력하면 회사의 전 부문이 동시에 필요에 따라서 정보로 활용할 수 있게 하는 것이다.

제3과목 | 사무영어

41 **Choose one that does not match each other.** [17년 1회]

① DST : Daylight Saving Time

② ROI : Return on Investment

③ TBA : To Be Announced

④ GDP : Gross Domain Product

해설

④ GDP : Gross Domestic Product, 국내총생산
① DST : Daylight Saving Time, 일광절약시간제
② ROI : Return on Investment, 투자수익률
③ TBA : To Be Announced, 발표예정

정답 40 ④ 41 ④

42 Choose one which does not explain departments in company correctly. [16년 1회]

① The purchasing department compares prices and discounts from the supplies and buy materials.

② The sales department deals with all the invoices from purchases and others.

③ The personnel department is responsible for recruiting new staffs, keeping files on employees, and training them.

④ The research and development department improves, adapts and changes the products and plans for technical issues.

해설

② 모든 물품구입과 그 밖의 다른 인보이스를 처리하는 것은 판매부서가 아니라 구매부서이다.
① 구매부는 공급물품의 가격과 할인정도를 비교하여 재료를 구매한다.
③ 인사부는 신입 직원을 채용하고, 그들의 자료를 관리하며 훈련시킨다.
④ 연구개발부는 생산품을 향상, 적용, 변화시키고, 기술적 부분에 대한 계획을 수립한다.

43 Choose the sentence which does NOT have a grammatical error. [20년 2회]

① First, let me congratulate you the rapid growth of your operation.

② I'm pleased to learn of the succession you have been.

③ He will be scheduled an appointment with you within a few day.

④ I would like to arrange an appointment with you so that we can go over any questions you might have.

해설

① you the rapid growth → you to the rapid growth
② succession은 연속, 승계의 뜻이다. 문맥상 성공의 의미인 'success'를 사용해야 한다.
③ a few day → a few days

42 ② 43 ④ 정답

44 Belows are sets of English sentence translated into Korean. Choose one which does not match correctly each other. [18년 1회]

① You shouldn't hurry through a business report.
→ 사업 보고서를 대충대충 작성해서는 안 됩니다.

② We're about a month behind schedule.
→ 예정보다 한 달 정도 빨리 끝날 것 같습니다.

③ I think we need to wrap it up for today.
→ 오늘은 이만해야겠네요.

④ Refer to the quarterly report for the last year.
→ 작년 분기별 보고서를 참조하세요.

해설

② 우리는 일정보다 한 달 늦었습니다.

45 Read the following letter and choose one set which is arranged in correct order. [15년 1회]

Dear Mr. Hopkins:
a. We will send you the correct items free of delivery charge.
b. We are very sorry to hear that you received the wrong order.
c. Once again, please accept our apologies for the inconvenience, and we look forward to serving you again in the future.
d. Thank you for your letter dated October 23 concerning your recent order.
e. Apparently, this was caused by a processing error.

① c − e − a − d − b

② d − b − e − a − c

③ b − c − a − e − d

④ e − a − b − d − c

해설

a~e를 바른 순서로 재배열하면 다음과 같다.

d. 귀사의 최근 주문에 관한 10월 23일 서신 감사드립니다.
b. 잘못된 주문품을 받으셨다니 매우 유감입니다.
e. 처리상에 오류가 있었던 것으로 보입니다.
a. 제대로 된 상품을 무료 배송으로 보내드리겠습니다.
c. 불편을 끼쳐드려서 거듭 사죄드리며, 가까운 시일에 다시 거래할 수 있기를 바랍니다.

정답 44 ② 45 ②

46 According to the following text, which one is NOT true? [19년 2회]

To : "Jackie Yang"〈jyang@cellfirst.com〉
From : "Samuel Lewis"〈slewis@cellfirst.com〉
Date : Monday, October 1, 2019 13:25:30
Subject : Dinner

Dear Jackie,
This is to remind you of our dinner meeting next Thursday, October 14. Are you okay at 19:00 at the Plough on Harborne Road? I heard this new restaurant has a terrace and it's fabulous. My treat, of course.
Please confirm and I look forward to seeing you then.

Warm regards,
Sam

① Plough restaurant has a good condition for dinner.
② It was sent via e-mail.
③ Jackie will be serving meals to Samuel.
④ Dinner was promised in advance.

해설

③ Samuel이 'My treat(내가 낼게)'이라고 말했으므로 식사를 대접하는 사람은 Jackie가 아니라 Samuel이다.

Jackie에게,
10월 14일, 다음 주 목요일에 함께하기로 한 저녁 식사에 대해 다시 한번 알려주려고 해. Harborne Road에 있는 Plough에서 저녁 7시 괜찮니? 새로 생긴 식당인데 아주 훌륭하다고들 하더라고. 이 새로운 식당에 테라스가 있는데 아주 멋지대. 당연히 내가 낼 거야.
괜찮은지 알려주고 나는 그때 너와 만날 날을 고대해.

46 ③ **정답**

47 According to the following invitation, which is NOT true? [20년 1회]

> You are invited to attend Sales Managers Workshop of March 21, 2020.
>
> To Register
> - Click on the registration link for the session you wish to attend. Three sessions will be held.
> - On the resulting page, select the "Enrol" button located on the top-right side of the page.
> - You will receive an email confirmation and a calendar entry.
>
> Each session has a maximum capacity of 24 seats. Enrolment is on a 'first come first served' basis. If you register but are unable to attend, please send an email to Mirae Lee to cancel your registration.

① 영업관리자 워크숍에 참석 가능한 최대인원은 총 72명이다.
② 워크숍 참석신청은 컴퓨터를 이용해서 3개의 세션에 모두 신청등록을 해야 한다.
③ 'Enrol' 버튼은 결과 페이지의 상단 오른쪽에 위치한다.
④ 워크숍 참석신청을 위한 등록은 선착순이다.

해설

② 참석하고 싶은 세션에만 등록하면 된다.

48 What is INCORRECT about the following? [18년 2회]

> 1. From July 21, Monday, Accounting class will be held in the library. There will be two sessions : intermediate level(11 a.m.) and advanced level(2 p.m.). Please encourage your staff to attend one of the sessions.
> 2. Please send me the names of all interested staff by July 12. They will be given a test so that we can decide which of the classes is best for them.

① The type of this writing is Memorandum.
② There are two different levels in Accounting class.
③ The receiver of this is another company which has business with the company of the writer.
④ All the people who want to take the class should take a test.

해설

③ 사내에서 열리는 회계학 강좌에 대한 안내와 이에 대한 참석 여부를 전달하라는 내용이므로 사내에서 공유되는 내용으로 볼 수 있다.

49 Choose one that does not correctly explain each other. [17년 2회]

① Shredder – a machine that makes paper copies of pages

② Paper clip – an object that slides over papers to keep them together

③ Folder – an object to store and organize papers in

④ Scanner – a device that reads images and copies them into a computer

해설

① Shredder는 서류를 폐기처리 하는 파쇄기를 뜻한다.
② 클립(Paper clip) – 서류를 한데 모으기 위해 종이에 끼워 두는 기구
③ 폴더(Folder) – 안에 서류를 정리하고 모아두도록 하는 물건
④ 스캐너(Scanner) – 이미지를 읽고 컴퓨터에 복사하는 장치

50 Which of (a) ~ (d) has most AWKWARD part? [20년 1회]

A : (a) I'm finding for Ms. Johnson's office. I was told that it was on this floor.
B : I'm sorry, but (b) her office moved to the fifth floor. (c) Please take the elevator over there.
A : Thank you.
B : (d) You're welcome.

① (a)

② (b)

③ (c)

④ (d)

해설

① find for은 '~에게 유리한 판결을 내리다, ~를 위해 찾다'라는 의미로 쓰인다. look for를 사용하는 것이 적절하다.

A : 나는 Ms. Johnson의 사무실을 찾고 있습니다. 나는 이 층에 그녀의 사무실이 있다고 들었습니다.
B : 그녀의 사무실은 5층으로 이동했습니다. 저쪽에 있는 엘리베이터를 타세요.
A : 감사합니다.
B : 천만에요.

49 ① 50 ① **정답**

51 **Read the following schedule. What activity is not on the schedule?** [17년 1회]

TIME	EVENT	PLACE	PERSON
8:30 A.M.	Completion of employment forms	Lounge	S.J Ted
9 A.M.	Human Resources – Introduction – Explanation of personal leave policy	Room C	Anna Davis
11 A.M.	Immunization records check	Room A	Dr. Romero
12 P.M.	Lunch and Director's welcome : "History and Mission of the Eastern Medical Center"	Auditorium	Jim Jenson
1 P.M.	Proper documentation of medical procedures	Room C	Dr. Yang
2 P.M.	Equipment and Computer training information : "Back safety in the workplace"	Ward A	Alice Evan

① Safety training

② Record keeping

③ Checking immunizations

④ Getting parking permits

해설

④ 주차허가증 받기
① 안전교육
② 기록보관
③ 예방접종 확인

8:30 A.M.	직원서류 작성
9 A.M.	H/R – 소 개 – 개인 휴가정책 설명
11 A.M.	예방접종기록 확인
12 P.M.	점심 및 이사회 환영 : "동부 의료센터 역사와 사명"
1 P.M.	의료절차의 적절한 문서화
2 P.M.	장비 및 컴퓨터 교육 정보 : "직장 내 허리 안전"

정답 51 ④

52 Read the following conversation and Choose the one which is not true to the conversation. [15년 2회]

> Boss : How's everything going on with the conference next week?
> Secretary : Everything is fine, sir. Refreshments for each break session has been ordered as discussed this morning.
> Boss : Most of the attendees are visiting here for their first time. Please make sure they can find the venue easily.
> Secretary : Okay. I already placed a number of posters at every entrance of the building. It shows the key information and precise directions to the venue of the conference from the lobby.
> Boss : Please add some more staffs around the top floor where the opening ceremony will be held.
> Secretary : OK.

① The boss made an extra instruction to the secretary in this discussion.
② The place where the conference will start is on the top floor of the building.
③ The notice on the major gates of the building shows the way to the opening ceremony of the conference.
④ More people will be assigned in the lobby to facilitate the conference preparation.

해설

④ 많은 사람들이 회의 준비에 용이하도록 로비에 배정될 것이다.
① 상사는 비서에게 이 논의에서 추가로 지시를 내렸다.
② 회의가 시작될 장소는 건물의 맨 위층이다.
③ 건물입구의 안내사항은 회의의 개막식으로 가는 길을 알려 준다.

> 상사 : 다음주 회의 준비는 잘 되어가고 있어요?
> 비서 : 네, 모든 것이 좋습니다. 휴식시간을 위한 다과는 오늘 아침 거론된 곳에서 주문했습니다.
> 상사 : 참석자 대부분이 이곳을 처음으로 방문하고 있어요. 그들이 쉽게 장소를 찾을 수 있도록 하세요.
> 비서 : 네, 이미 그 건물의 모든 입구에 포스터를 붙여 놓았습니다. 그것은 현관 입구로부터 회의장으로 가는 주요 정보와 정확한 방향을 안내해 줍니다.
> 상사 : 개막식이 열리는 맨 위층 주위에 더 많은 직원들을 추가해 주세요.
> 비서 : 네.

52 ④ **정답**

53 Which of the following is the MOST appropriate expression for the blanks ⓐ, ⓑ and ⓒ? [20년 2회]

> Dear Dr. Grondahl,
>
> Charles Lewis has asked me to ⓐ ________ your luncheon meeting with him and a representative of Third Millennium at noon on Monday, June 3. The Moonsoon Restaurant, ⓑ ________ the Metropolis Hotel at 29 West 49th Street, is convenient to numerous midtown offices and the prime shopping and entertainment districts, and you should have no trouble finding it. You will be Mr. Lewis's guest for lunch.
> I am ⓒ ________ a map of the New York City area for your convenience.
>
> Sincerely,
> Jane Jones

① ⓐ cancel ⓑ placed in ⓒ sending
② ⓐ confirm ⓑ located in ⓒ enclosing
③ ⓐ remake ⓑ to be placed ⓒ attaching
④ ⓐ call off ⓑ located on ⓒ forwarding

해설

- cancel : 취소하다
- placed in, located in, located on : ~에 위치하다
- remake : 새로 만들다
- attach : 첨부하다
- call off : 취소하다
- forwarding : 추진, 발송

> Dr. Grondahl께
>
> Charles Lewis 씨가 6월 3일 월요일 정오에 있을 Third Millennium 대표와의 오찬 회동에 대한 확인을 부탁한다고 요청했습니다. West 49번가 29번지에 위치한 Metropolis Hotel에 있는 Moonsoon 레스토랑은 수많은 미드타운 사무실과 최고의 쇼핑 및 놀이시설을 편리하게 이용할 수 있으며, 당신은 이곳을 찾는 데 어려움이 없을 것입니다.
> 당신이 Mr. Lewis의 점심식사 손님이 될 것입니다.
> 제가 당신의 편의를 위하여 뉴욕지역의 지도를 첨부하였습니다.
>
> Jane Jones 올림.

54 Choose one that is the most appropriate for the following passage. [15년 1회]

This is a short official note that is sent by one person to another within the same company or organization. It can be sent by e-mail or distributed by hand or posted on a notice board. You do not need to write a salutation, but you should sign or initial on it by hand.

① purchase order
② inter-office memo
③ letter of credit
④ manuscript

해설

② 같은 회사, 같은 조직에 있는 사람끼리 주고받는 짧은 서신으로 이메일, 직접 전달, 게시판 공지 등으로 발송되며, 인사말을 쓸 필요는 없지만 직접 서명하거나 이니셜을 적어야 하는 것은 '사내연락문(Inter-office Memorandum)'이다.
① Purchase Order(PO) : 발주서
③ Letter of Credit(L/C) : 신용장
④ Manuscript(MS) : 사본

55 Read the following conversation and choose the most appropriate set for the blank ⓐ and ⓑ. [16년 2회]

A : AAA Company, Jena Park speaking.
B : This is James White from Intel Company. Can I speak to Mr. Sean Kim?
A : Mr. White, I'm afraid Mr. Kim is in a meeting at the moment. ⓐ ________________?
B : Yes, please tell him to call me back.
A : Certainly I will. Does he know your number?
B : Yes, he does.
A : May I have it, just in case?
B : It's 456-445-7870.
A : ⓑ ________________ 456-445-7870.
B : It's correct.
A : Thank you. I'll tell him to call you back as soon as he can.

① ⓐ Would you like to take a message?
ⓑ Let me read that back to you.
② ⓐ May I put you on hold?
ⓑ Let me repeat it.
③ ⓐ Would you like to leave a message?
ⓑ I'll read it again.
④ ⓐ Will you make sure Mr. Brown gets the message?
ⓑ Could you read that back to me?

54 ② 55 ③ 정답

해설

ⓐ Mr. Sean Kim이 회의 중이므로 메모를 남기시겠냐는 질문이 와야 한다.

ⓑ 상대방이 전화번호를 알려줬으므로 확인차 '제가 다시 읽어 보겠습니다'라는 표현이 와야 한다.

• take a message : 메모를 받아 적다
• put you on hold : 기다리다
• leave a message : 메모를 남기다

56 According to the following dialogue, which is not true? [18년 1회]

A : Good morning. May I help you?
B : Good morning. I'd like to see Mr. Taylor.
A : May I ask your name and the nature of your business?
B : I'm Mary Chung of P&G Consumer Products Company. I just want to talk to him about our new products.
A : I see. Let me see if Mr. Taylor is available. Could you please wait for a while.
B : Sure.
A : Thank you for waiting, Ms. Chung. I'm sorry but Mr. Taylor is going to attend a meeting soon. Could you please make an appointment before you visit him?
B : I will. Here is my business card. Please give it to him.

① Ms. Chung belongs to P&G Consumer Products Company.
② Mr. Taylor can't meet Ms. Chung because of his schedule.
③ Ms. Chung didn't want to introduce herself to Mr. Taylor.
④ Ms. Chung visited Mr. Taylor's office without appointment.

해설

③ Ms. Chung은 Mr. Taylor에게 자기소개하는 것을 원하지 않는다. → 'Here is my business card.'라고 한 것으로 보아 자기를 소개하는 명함을 전달한 것을 알 수 있다.
① Ms. Chung은 P&G 소비자 제품 회사의 소속이다.
② Mr. Taylor는 그의 일정 때문에 Ms. Chung을 만나지 못한다.
④ Ms. Chung은 약속 없이 Mr. Taylor의 사무실을 방문하였다.

A : 안녕하세요. 도와드릴까요?
B : 안녕하세요. Taylor 씨를 만나러 왔습니다.
A : 성함과 용건을 알 수 있을까요?
B : 저는 P&G 소비자 제품 회사의 정마리입니다. 우리의 신제품에 대해 이야기하고 싶습니다.
A : 알겠습니다. Taylor 씨가 시간이 있는지 알아보겠습니다. 잠시 기다려주십시오.
B : 네.
A : 기다려 주셔서 감사합니다. 죄송합니다만 Taylor 씨는 곧 회의에 참석하셔야 합니다. 방문하시기 전에 약속을 잡아주시겠습니까?
B : 알겠습니다. 제 명함입니다. 그분에게 전해주세요.

정답 56 ③

57 **Belows are sets of phone conversation. Choose one that does NOT match correctly each other.** [19년 2회]

① A : I'll be waiting, but be sure to call me, will you?
B : Sure thing. But it may take a while.

② A : We've been out of touch lately, so I thought I'd give you a call.
B : Thanks. Let's have a drink one of these days.

③ A : Can you tell me how to get there from the hotel?
B : If you have any question, feel free to call.

④ A : Can I pick you up in front of your house at 9 o'clock?
B : Thank you. Please do.

해설

A가 호텔에서 그곳에 가는 길을 물었으므로 B는 길을 가르쳐주거나 길을 모른다고 대답해야 하는데, '어떤 것이라도 질문이 있으면 언제든지 전화하세요.'라고 답했으므로 ③이 오답이다.

① A : 기다리기는 할 건데 꼭 전화해야 해. 알겠지?
B : 물론이지. 하지만 시간이 좀 걸릴 거야.
② A : 우리가 최근에 연락이 뜸해서 너에게 전화해야겠다고 생각했어.
B : 고마워. 조만간 한잔하자.
④ A : 9시에 너희 집 앞으로 데리러 갈까?
B : 고마워. 그렇게 해 줘.

57 ③ **정답**

58 According to the conversation, which of the followings is not true? [17년 1회]

A : Korea Airlines. May I help you?
B : I'd like to book a business-class seat for the August 23rd flight from Seoul to Hong Kong.
A : Two flights are available : one at 11:00 in the morning and the other at 1:30 in the afternoon.
B : I'll take the 11 o'clock flight. Can you tell me what time I arrive in Hong Kong?
A : You will arrive in Hong Kong at 3:00 p.m. Hong Kong time. Do you want to reserve a return flight?
B : Yes, I want an open-ended return ticket. Can I have an aisle seat?
A : Let me see…. Yes, A-32 aisle seat is booked for you. Can I have your name and phone number, please?
B : My name is Freddy Jones and my cell phone number is 000-0000-0000.
A : Thank you, Mr. Jones. Your reservation number is Ar224876z.
B : Could you tell me what the baggage allowance is?
A : You can check in one baggage up to 30kg at no cost. US$10 will be added by 1kg if you carry more than 30kgs.

① Mr. Jones will travel business class.
② Mr. Jones did not reserve a return flight.
③ Mr. Jones did not decide the return date from HongKong to Seoul.
④ Mr. Jones can check in one baggage up to 30kg free of charge.

해설

② Mr. Jones는 귀국 항공편을 예약하지 않았다. → 귀국편 예약을 원하느냐는 질문에 'Yes'라고 대답했으므로 예약을 한 것이 맞다. Open-ended return ticket은 귀국 날짜를 지정하지 않은 것이다.
① Mr. Jones는 비즈니스석으로 여행한다.
③ Mr. Jones는 홍콩에서 서울로 돌아오는 날짜를 결정하지 않았다.
④ Mr. Jones는 수하물을 최대 30kg까지 무료로 체크인할 수 있다.

A : 대한 항공입니다. 무엇을 도와드릴까요?
B : 8월 23일 서울발 홍콩행 비즈니스석으로 예약하고 싶습니다.
A : 두 항공편이 이용 가능하십니다. 하나는 오전 11시 그리고 다른 하나는 오후 1시 30분에 있습니다.
B : 11시 항공편으로 하겠습니다. 홍콩에 몇 시에 도착하는지 말씀해주실 수 있나요?
A : 홍콩 현지시각 오후 3시에 도착합니다. 귀국 편 예약을 원하시나요?
B : 네 원합니다. 돌아오는 항공권을 날짜 제약 없이 해주세요. 통로 쪽 좌석에 앉을 수 있을까요?
A : 확인해보겠습니다... 네 A-32 통로 좌석으로 해드렸습니다. 성함과 전화번호를 알려주시겠어요?
B : 제 이름은 Freddy Jones이고 연락처는 000-0000-0000입니다.
A : 감사합니다. Jones씨. 예약 번호는 Ar224876z입니다.
B : 수하물 허용 한도를 말씀해 주시겠어요?
A : 1팩 최대 30kg까지 수하물을 무료로 체크인할 수 있습니다. 30kg를 초과하는 경우 1kg당 US$10씩 부과됩니다.

정답 58 ②

59 This is Mr. M. Lee's itinerary. Which one is true? [17년 2회]

Monday, January 10 (Seoul to New York)	
9:00 a.m.	Leave Incheon Airport on OZ902 for JFK Airport.
9:25 a.m.	Arrive at JFK Airport.
1:00 p.m.	Meeting with Roger Harpers, President, ACF Corporation at Garden Grill.
7:00 p.m.	Dinner Meeting with Joyce Pitt, Consultant, American Business System at Stewart's Restaurant.
Tuesday, January 11 (New York)	
9:30 a.m.	Presentation "The Office Environment – Networking" at the National Office Systems Conference, City Conference Center
12:00 p.m.	Luncheon with Raym ond Bernard, Vice President, Wilson Automation, Inc., at the Oakdale City Club.

① Mr. M. Lee is going to fly to USA on OZ902.
② Mr. M. Lee will make a presentation at the City Conference Center after lunch.
③ Mr. M. Lee will have a luncheon meeting at Garden Grill on January 11th.
④ Mr. M. Lee will arrive at JFK airport at 9:25 a.m. on January 11th Seoul time.

해설

① Mr. M. Lee는 OZ902편으로 미국에 갈 예정이다.
② Mr. M. Lee는 점심식사 후 City Conference Center에서 프레젠테이션을 할 것이다.
③ Mr. M. Lee는 1월 11일 Garden Grill에서 오찬모임을 가질 것이다.
④ Mr. M. Lee는 서울시간으로 1월 11일 오전 9시 25분에 JFK 공항에 도착할 것이다.

1월 10일 월요일 (서울~뉴욕)	
오전 9:00	인천공항에서 JFK 공항으로 OZ902편으로 출발
오전 9:25	JFK 공항 도착
오후 1:00	Garden Grill에서 ACF Corporation의 회장인 Roger Harpers 씨와 미팅
오후 7:00	Stewart's 레스토랑에서 American Business System 컨설턴트 Joyce Pitt 씨와 저녁미팅
1월 11일 화요일 (뉴욕)	
오전 9:30	City Conference Center의 전국 사무소 시스템 컨퍼런스에서 "사무환경 – 네트워킹"에 관한 프레젠테이션
오후 12:00	Oakdale City Club에서 Wilson Automation, Inc. 부사장인 Raym ond Bernard 씨와 오찬

59 ① **정답**

60 Read the following conversation and choose one which is true. [16년 1회]

A : Good morning. I'm Mrs. Kim's secretary. She's not in the office at the present time. May I do anything for you?
B : My name is Jonathan Gray. I'm with the ABC Company. Here is my business card. I would like to see Mrs. Kim regarding our latest order.
A : Mrs. Kim is out today, but I can give you an appointment for tomorrow at 10 a.m. Will that be satisfactory?
B : Yes, thank you.

① The visitor handed a present to the secretary.
② The visitor dropped by Mrs. Kim's office to order some items.
③ Mrs. Kim was in a meeting at that moment.
④ The visitor will come to Mrs. Kim's office again.

해설

④ ABC회사의 Jonathan Gray라는 사람이 Mrs. Kim과 지난 주문에 관하여 만나 뵙고 싶다고 하면서 명함을 남겼고, 다음날 오전 10시에 만나기로 약속을 정하였다.

제4과목 | 사무정보관리

61 다음은 사내문서의 유형을 분류한 것이다. 유형과 종류가 잘못 연결된 것끼리 묶인 것은? [20년 1회]

유 형	종 류
연락문서	명령서, 통지서, 기획서 등
보고문서	업무 보고서, 출장 보고서, 조사 보고서, 영업 보고서 등
지시문서	안내문, 게시문, 업무 협조문, 조회문, 회람문, 통지서 등
기록문서	회의록, 인사카드, 장표 등
기타문서	상사의 연설문, 발표 문서 등

① 연락문서, 기타문서
② 보고문서, 지시문서
③ 기록문서, 기타문서
④ 연락문서, 지시문서

해설

- 연락문서 : 안내문, 게시문, 업무 협조문, 조회문, 회람문, 통지서 등
- 지시문서 : 명령서, 지시서, 통지서, 기획서 등

62 다음은 상공주식회사의 위임전결기준표의 일부이다. 이에 따른 문서 처리방법이 가장 올바른 것은? [16년 1회]

업무내용	전결권자				
	사 장	전 무	상 무	부 장	과 장
유무상증자 (확정 ◎, 준비 ○, 계획 △)	◎		△	○	

① 무상증자 계획에 관한 문서를 부장이 전결하였다.

② 유상증자 계획을 위하여 상무 부재중에 전무가 대결하였다.

③ 유상증자 확정을 위한 문서를 사장 출장 중에 상무가 대결하였다.

④ 무상증자 준비를 위한 문서를 부장이 전결하였다.

해설

① · ② 유무상증자 계획에 관한 문서를 상무가 전결하였다.

③ 유상증자 확정을 위한 문서를 사장이 전결하였다.

63 다음 중 외래어 표기법에 따라 올바르게 표기된 것으로 묶인 것은? [18년 2회]

① 팜플렛, 리더십, 까페

② 리더쉽, 악세서리, 타블렛

③ 악세사리, 리플렛, 팸플릿

④ 카페, 리더십, 리플릿

해설

④ 외래어 표기법에 따라 팸플릿, 리더십, 카페, 액세서리, 태블릿, 리플릿으로 표기한다.

64 상사의 업무를 효율적으로 지원하기 위해 문서작성 업무를 아래와 같이 수행하고 있다. 이 중 가장 적절하지 않은 경우는? [19년 2회]

① 정 비서는 상사를 대신하여 인사장을 작성하면서 상사가 평소 자주 사용하는 표현을 활용하여 작성하였다.

② 황 비서는 상사에게 제출할 업무보고서를 작성하면서 한 페이지에 내용이 모두 들어가도록 글자 크기를 작게 줄였다.

③ 최 비서는 문서를 전달해야 할 시기가 촉박하므로, 가장 적당한 전달방법을 고려하면서 작성하였다.

④ 윤 비서는 결론적인 메시지가 눈에 잘 띄도록 하였고, 전달할 메시지는 분명하고 간결하게 표현하였다.

62 ④ 63 ④ 64 ② **정답**

해설

② 업무보고서를 작성할 때 내용이 꼭 한 페이지에 모두 들어가게 할 필요는 없고 글자 크기가 너무 작으면 보기에 불편하므로 10~12포인트를 사용한다.

65 **아래와 같은 이메일 머리글의 일부분을 보고 알 수 있는 사항으로 가장 적절하지 않은 것은?** [18년 2회]

> From : Ashley Taylor 〈ashley@abc.com〉
> To : Yuna Lee 〈yuna2016@bcd.com〉
> CC : 〈tiffany@bcd.com〉; 〈irene@abc.com〉; 〈sjones@bcd.com〉
> Bcc : 〈secretaryjean@abc.com〉
> Date : Fri 10 Aug 2018 08:27:18 AM
> Subject : Monthly Report (July 2018)

① 이 이메일을 받아서 다른 사람에게 포워드 할 수 있는 사람은 모두 5명이다.
② Yuna Lee가 이메일을 받은 일시는 2018년 8월 10일 오전 8시 27분 18초이다.
③ secretaryjean@abc.com이 받은 메일에는 자신의 메일주소가 기재되어 있지 않다.
④ tiffany@bcd.com은 secretaryjean@abc.com이 해당 메일을 받았다는 사실을 모른다.

해설

② 2018년 8월 10일 오전 8시 27분 18초는 이메일을 보낸 시간으로 국가별, 인터넷 상태 등으로 시간차가 발생하기 때문에 받은 일시를 정확히 알기는 어렵다.

66 **아래 경우에서 설명하는 문서의 효력발생 시점에 해당하는 것은?** [17년 2회]

> 사원총회소집의 통지는 다수의 대상자에게 우편물을 발송하는 것으로 효력을 인정한다. 일부 우편물을 받지 못하여 총회소집에 대해 인지하지 못하는 경우에도 총회소집 통지는 유효한 것으로 본다. 다수인에게 동일한 통지를 하는 경우 상대방에게 발송하는 것으로 효력이 있다고 본다.

① 도달주의
② 발신주의
③ 표백주의
④ 요지주의

해설

② 발신주의는 의사표시가 상대방에게 발신된 때에 그 효력이 발생한다는 입법태도이다. 통지주의라고도 하며 도달주의와 반대되는 개념이다.

정답 65 ② 66 ②

67 무역회사에 다니는 정 비서는 영문명함을 정리하고 있다. 아래 명함을 알파벳순으로 정리하시오. [18년 2회]

가. Allyson Berberich
나. Eric Burgess, Jr.
다. Dr. Veronica Cochran
라. Kim, Creig
마. Burgess, Lynn
바. Amy–Lynn Gochnauer, CMP

① 가 – 바 – 다 – 나 – 라 – 마
② 가 – 나 – 다 – 라 – 바 – 마
③ 가 – 나 – 마 – 다 – 바 – 라
④ 가 – 나 – 마 – 다 – 라 – 바

해설

영문명의 명함정리는 먼저 '성'을 기준으로 알파벳순으로 정리한다. 만약 성이 동일하다면 이름을 기준으로 알파벳순으로 정리한다.

68 회사에서 문서를 수신할 경우 처리방법으로 바른 것끼리 묶인 것은? [16년 1회]

가. 당직근무자가 접수한 문서는 익일 관련부서에 전달한다.
나. 접수문서는 문서수신부서에서 접수하여 등록대장에 기재한다.
다. 접수문서는 접수인을 찍고 접수번호와 접수일시를 문서에 표시한다.
라. 친전문서인 경우 수신처가 불분명하니 개봉하여 확인하고 수신처에 전달한다.
마. 상품안내서나 광고문 같은 것은 즉시 폐기해서 유통량을 줄인다.
바. 여러 부서원들이 보아야 할 문서는 복사본으로 회람을 한다.

① 가, 나, 다, 마, 바
② 가, 나, 다, 라
③ 가, 나, 다, 마
④ 가, 나, 다, 바

해설

라. 기밀문서, 친전문서 등 개봉하기에 부적당하다고 인정되는 문서는 봉투에 문서 처리인을 날인하여 해당자에게 송부한다.
마. 상품안내서나 광고문은 즉시 폐기하는 것이 아니라 그 내용이 상사에게 필요하겠다고 생각되는 것에 한해서 적절한 때에 전달하도록 한다.

67 ③ 68 ④ **정답**

69 다음 중 우편제도를 가장 부적절하게 사용한 경우는? [19년 2회]

① 김 비서는 상사의 지시로 결혼식장으로 바로 경조금을 보내기 위해 통화등기를 이용하였다.
② 배 비서는 50만 원 상당의 백화점상품권을 전달하기 위해서 유가증권등기를 이용하였다.
③ 안 비서는 미납금변제 최고장 발송을 위해 내용증명을 이용하였다.
④ 신 비서는 인터넷으로 작성한 내용을 우편으로 발송하기 위해 e-그린우편을 이용하였다.

해설
① 통화등기(현금배달서비스)는 결혼식장, 장례식장, 사서함 등 일시적인 장소에는 배달되지 않는다.

70 다음 전자문서 정리절차의 각 단계에 관한 설명 중 가장 적절하지 않은 것은? [15년 2회]

① 등록이란 전자문서가 진본으로서 신뢰받을 수 있도록 변형이나 훼손으로부터 보호받으며 필요할 때, 이용 가능한 상태로 정보처리시스템에 저장되어 관리하는 과정이다.
② 생성이란 전자문서를 작성하여 보존하기로 결정하는 과정이다.
③ 추적이란 전자문서와 관련되어 발생하는 모든 행위에 대한 내역을 생성, 저장, 관리하는 과정이다.
④ 유통이란 조직 내 · 외부로 전자문서가 송신되는 것을 의미한다.

해설
① 전자문서가 진본으로서 신뢰받을 수 있도록 변형이나 훼손으로부터 보호받으며 필요할 때, 이용 가능한 상태로 정보처리 시스템에 저장되어 관리하는 과정은 '보관'이다.

71 다음 전자문서에 대한 설명으로 가장 올바르지 않은 것은? [20년 2회]

① 비서실에서 종이문서를 일반스캐너를 이용하여 이미지화한 문서는 종이문서와 동일하게 법적 효력을 인정받는다.
② 전자문서는 특별규정이 없는 한 전자적인 형태로 되어 있다는 이유로 문서로서의 효력이 부인되지 않는다.
③ 전자문서는 일반문서 작성용 소프트웨어를 사용하여 작성, 저장된 파일도 해당한다.
④ 전자적 이미지 및 영상 등 디지털콘텐츠도 전자문서에 해당한다.

해설
① 전자문서의 객관적 증거력(법적, 일반적)은 '추적' 행위와 관련이 있다. 추적은 전자문서가 폐기(삭제)되어 더 이상 관리되지 않은 시점까지 전자문서와 관련하여 발생되는 모든 행위에 대한 내역을 생성, 저장, 유지해야 하는 것을 의미하며 종이문서를 일반스캐너를 이용하여 이미지화한다고 해서 법적 효력을 인정받는 것은 아니다.

정답 69 ① 70 ① 71 ①

72 다음에서 열거된 전자문서에 관한 설명으로 가장 적절하지 않은 것은? [18년 2회]

① 전자문서는 특별히 규정되지 않는 한 종이문서와 동일하게 효력을 갖는다.

② 전자문서는 종이문서에 비해 작성, 유통, 보관, 검색이 용이하지만, 종이문서에 비해 유실과 같은 사고에는 취약하다.

③ 전자문서 사용은 문서보관에 필요한 공간이나 공간 유지비용을 절감시켜 준다.

④ 전자문서 작성자가 수신확인을 조건으로 전자문서를 송신한 경우 작성자가 수신확인통지를 받기 전까지는 그 전자문서는 송신되지 않은 것으로 간주된다.

해설

② 전자문서는 종이문서에 비해 유실 가능성이 적고 영구보관도 가능할 수 있다.

73 다음 중 전자결재시스템의 특징에 관한 설명으로 옳지 않은 것을 모두 고르시오. [19년 2회]

가. 문서 작성 양식이 적용되어 작성이 용이하다.
나. 문서 사무처리 절차가 복잡하다.
다. 문서 작성자의 익명성이 보장된다.
라. 문서 유통과정이 투명해진다.
마. 문서 보관 시 공간확보가 용이하다.

① 가, 나

② 나, 다

③ 나, 다, 라

④ 나, 다, 라, 마

해설

나. 결재문서의 작성부터 문서의 수신과 발신 및 배부가 온라인으로 처리되어 문서관리가 단순화된다.
다. 결재권자, 검토자, 문서의 최초 기안자가 자동으로 입력되므로 익명성이 보장된다고 보기는 어렵다.

72 ② 73 ② 정답

74 **우리나라의 국가 인터넷주소 관리기관인 한국인터넷진흥원이 제공하는 인터넷주소의 등록 및 할당 정보를 확인하는 서비스로서, IP주소로 도메인 네임이나 해당 주소 소유자를 확인하거나, 도메인 네임으로 해당 도메인 소유자를 찾을 수 있는 서비스는 무엇인가?** [19년 1회]

① DOMAIN FINDER
② IP TRACER
③ WHOIS
④ ADDRESS BOOK

해설
③ 인터넷 통신망 정보제공 서비스인 WHOIS에 대한 내용이다.

75 **대한기업 대표이사 비서는 회의자료 작성을 위해서 다음의 자료를 차트화하려고 한다. 각 자료에 가장 적합한 그래프의 유형으로 순서대로 표시된 것은?** [19년 2회]

(가) 대한기업의 지역별 1월~10월 영업실적 비교
(나) 대한기업의 주요 주주 구성 현황

① (가) 분산형 그래프 – (나) 선 그래프
② (가) 가로 막대그래프 – (나) 100% 누적 막대그래프
③ (가) 다중 선그래프 – (나) 도넛형 그래프
④ (가) 누적 막대그래프 – (나) 원그래프

해설
그래프 유형
- 분산형 그래프 : 두 개 이상의 보고서에 있는 데이터 모음과 요약을 활용하여 중요한 정보를 표시할 때 가장 적합하다.
- 선 그래프 : 시간별 추세를 표시할 때 가장 적합하다.
- 가로 막대그래프 : 거리 혹은 시간을 비교할 때 가장 적합하다.
- 100% 누적 막대그래프 : 여러 가지 집단이 있을 때 각 집단에 대한 값 사이의 비율이나 각 집단의 합계를 확인할 때 가장 적합하다.
- 누적 막대그래프 : 데이터를 구분 짓고 개개의 데이터를 비교하여 각 카테고리의 차이를 확인할 때 가장 적합하다.
- 원그래프 : 전체를 구성하는 개개의 요소 상태를 비율로 파악할 때 가장 적합하다.

정답 74 ③ 75 ③

76 다음 중 아래 신문기사에 대한 내용으로 가장 연관이 적은 것은? [19년 1회]

KISA(한국인터넷진흥원)가 보안 인프라가 부실한 지방에 '지역사이버안전망'을 구축한다. 이를 통해 보안 사각지대를 없애고 지역 정보보호산업 육성에 나선다는 방침이다.
KISA 지역정보보호총괄센터장은 지난달 31일 "사이버 침해 사고의 98%가 중소기업에서 일어나지만 직원수나 매출규모가 작은 중소기업들은 정보보호에 100만 원을 투자하는 것조차 어려워하는 게 현실"이라며 "지역사이버안전망을 구축해 국내기업들의 정보보안을 한 단계 끌어올릴 계획"이라고 말했다.
대부분의 정보보호기업들은 수도권에 집중돼 있다. 지방에 50여 개 정도의 기업이 존재하지만 장비판매나 유지보수의 기업이 대다수다. 정보보호 컨설팅을 받고 싶어도 받기 힘들다. 이처럼 열악한 보안인프라에 지역 기반 중소기업들은 보안에 취약할 수밖에 없다는 게 KISA의 판단이다.
지역사이버안전망은 지역의 정보보호 생태계 조성에도 긍정적 역할을 할 것이라고 KISA는 기대하고 있다. 지방대학을 통해 배출되는 정보보안 인재들이 갈 곳이 없어 서울로 올라오게 되는데 이 같은 인력을 지역사이버안전망이 흡수할 수 있을 것이란 설명이다.
KISA는 2014년부터 과학기술정보통신부의 지원을 받아 지역 정보보호지원센터를 운영해왔다. 현재 총 7곳이 운영중이며 올해는 울산 센터가 새롭게 운영을 시작했다. 이를 앞으로 확대, 수도권과 지역의 보안불균형을 맞춘다는 계획이다.
먼저 지역 정보보호지원센터를 내년 중 1개소를 늘리고 2020년까지 10개로 늘린다. 또 지역 정보보호 기업육성센터를 구축하고 지역거점 침해사고 대응체계 구축에도 나선다. 또 정보보호 바우처를 제공, 이를 활용해 정보보호 컨설팅 등을 받을 수 있도록 할 계획이다. 바우처는 1000만 원으로 컨설팅에 700만 원, 솔루션에 300만 원을 사용할 수 있다. 5월부터 바우처시스템을 도입, 현재 100군데가 바우처를 활용하고 있다.
KISA 센터장은 "영세 중소기업을 위한 SECaaS(Security as a Service)를 도입하는 등의 방안도 검토 중"이라며 "향후 예산이 더 확보된다면 영세기업들을 위한 정보보안프로그램을 확대할 계획"이라고 말했다.

① 지방 중소기업들은 금전적인 문제와 정보보호기업들의 수도권 집중화로 인해 보안 사각지대에 놓여 있다.
② 현재 지방에는 총 10개의 정보보호지원센터가 운영 중에 있다.
③ 영세 중소기업을 위한 '서비스로서의 보안' 도입방안을 계획 중에 있다.
④ 지방에 있는 중소기업 보안을 위해서는 보다 저렴하고 손쉽게 보안서비스를 이용할 수 있는 방안이 도입되어야 한다.

해설

② 현재 지방에는 최근 개설된 울산을 포함하여 총 8개의 정보보호지원센터가 운영 중에 있다.

76 ② **정답**

77 **다음에 설명된 파워포인트 기능에 대한 개념이 가장 적절하게 연결된 것은?** [17년 2회]

> ㉠ 파워포인트 슬라이드를 완성한 뒤 그 결과를 보여주는 것으로 필요한 슬라이드만 골라서 실행할 수도 있다.
> ㉡ 파워포인트 디자이너들이 미리 디자인한 색상표, 글꼴, 특수효과로 기본으로 제공된다.
> ㉢ 프레젠테이션 진행 중에 참고할 내용 등을 발표자가 입력할 수 있는 공간으로 실제 프레젠테이션을 진행하는 동안에는 표시되지 않는다.
> ㉣ 여러 슬라이드에 동일하게 삽입되는 슬라이드 배경, 제목, 텍스트, 본문텍스트 등의 슬라이드 구성요소들을 미리 설정해 놓은 서식 슬라이드를 의미한다.

① 디자인 테마 – 슬라이드 쇼 – 슬라이드 마스터 – 슬라이드 노트
② 슬라이드 쇼 – 슬라이드 노트 – 슬라이드 유인물 – 디자인 테마
③ 슬라이드 쇼 – 디자인 테마 – 슬라이드 유인물 – 슬라이드 마스터
④ 슬라이드 쇼 – 디자인 테마 – 슬라이드 노트 – 슬라이드 마스터

해설

- 슬라이드 쇼 : 파워포인트에서 모든 장면의 슬라이드를 완성한 뒤 그 결과를 보여주는 것으로 실제 발표할 때 사용하며, 모니터 전체화면으로 슬라이드를 보여준다.
- 디자인 테마 : 미리 디자인한 색상표, 글꼴, 특수효과로 테마를 이용하면 더욱 다양하고 세련된 서식으로 프레젠테이션을 디자인할 수 있다.
- 슬라이드 노트 : 발표자가 해당 슬라이드에서 발표할 내용을 구체적으로 입력할 수 있는 공간이다.
- 슬라이드 마스터 : 여러 슬라이드에 동일하게 삽입되는 슬라이드 배경, 제목, 텍스트, 본문 텍스트 등의 슬라이드 구성요소들을 미리 설정해 놓은 서식 슬라이드이다.

78 **데이터베이스를 사용할 때 데이터베이스에 접근하여 데이터의 속성을 정의하고 데이터를 검색, 삽입, 갱신, 삭제하는 데 사용되는 데이터베이스의 하부언어는?** [18년 2회]

① HTML
② VBA
③ SQL
④ C언어

해설

① HTML : 홈페이지 만들기에서 웹의 기본인 하이퍼텍스트를 만들기 위한 언어로 문서와 문서의 구조나 형식 그리고 다른 문서가 서로 연결되도록 하는 태그(Tag)들의 모임이다.
② VBA : 마이크로소프트사의 프로그램용 매크로 언어로, 매크로 언어를 범용화, 공통화한 것이다.
④ C언어 : 벨연구소의 리치(D. Ritchie)가 개발한 운영체제나 언어처리계 등의 시스템기술에 적합한 프로그래밍 언어이다.

정답 77 ④ 78 ③

79 **컴퓨터를 이용하여 정보관리를 하고 있다. 다음 중 가장 적절하지 않은 사항은?** [19년 2회]

① 김 비서는 사용이 익숙한 윈도우즈 XP가 설치된 컴퓨터를 사용한다.
② 정 비서는 사용 중인 PC의 IP주소를 확인하기 위해서 IPCONFIG 명령어를 사용하였다.
③ 박 비서는 컴퓨터보안을 위해서 CMOS에 비밀번호를 지정해 두었다.
④ 한 비서는 백신프로그램을 주기적으로 업데이트하고 실시간 감시를 켜두었다.

해설

① 윈도우즈 XP를 사용할 수는 있지만 2014년에 지원이 중단되어 보안과 바이러스에 취약하기 때문에 정보관리에 위험이 발생할 수 있다. 최신 버전의 윈도우즈를 사용하는 것이 좋다.

80 **다음은 사무정보기기의 구분에 따른 종류를 나열한 것이다. 구분에 부적합한 사무기기가 포함된 것은?** [19년 1회]

① 정보처리기기 : PC, 노트북, 스마트폰
② 정보전송기기 : 전화기, 스캐너, 팩스, 화상회의시스템
③ 정보저장기기 : 외장하드, USB, CD-ROM
④ 통신서비스 : LAN, VAN, 인터넷, 인트라넷

해설

② 정보전송기기에는 팩스, 전화기, 전자우편시스템, 화상회의시스템, 이동전화 등이 있으며, 스캐너는 정보처리기기에 해당한다.

79 ① 80 ② **정답**

제5회 기출유형 모의고사

제1과목 | 비서실무

01 **비서의 직업윤리와 그에 해당하는 상황 설명이 윤리에 적합한 것은?** [20년 2회]

	직업윤리	상 황
㉠	시간을 남용하거나 낭비하지 않아야 하므로 근무시간에 자신의 의무를 충실히 이행하여야 한다.	퇴근시간이 다가오면 퇴근 후의 일정을 계획하려고 장시간 메신저를 한다.
㉡	회사 비품이나 금전을 개인적인 용도로 쓰지 않아야 한다.	회사에서 직원들을 위해 비치한 생수나 커피 재고가 많이 남아 직원들과 나누어 가져갔다.
㉢	회사나 자신의 지위를 이용하여 개인적인 이득을 얻고자 하지 않는다.	고객이 감사하다며 비서에게 선물을 하여 거절하였다.
㉣	회사나 사업에 관련된 기밀이나 정보를 외부에 누출하지 않는다.	퇴근 후 친구와 SNS로 회사의 고충상황을 의논하였다.

① ㉠

② ㉡

③ ㉢

④ ㉣

해설

① 퇴근시간까지 맡은 바 업무를 수행해야 한다. 퇴근 후의 일정을 계획하거나 장시간 메신저를 하는 등의 행동을 해서는 안 된다.

② 회사비품을 가져가는 등의 행동은 하지 않아야 한다.

④ 비서에게는 무엇보다 기밀성이 강조된다. 많은 사람들에게 노출될 수 있는 SNS 등으로 회사의 고충상황을 의논하는 것은 옳지 않다.

정답 01 ③

02 **최근 강 비서는 처음 맞이하는 주주총회 준비로 업무가 많아졌다. 관련 업무내용도 생소하여 업무에 대한 자신감도 떨어지고 있다. 게다가 주주총회 과정에서 안건처리 문제로 주주들의 갈등과 상사인 대표이사가 난처한 상황을 겪는 것을 경험한 후 업무스트레스가 최고조에 이르렀다. 강 비서가 스트레스를 줄이기 위해 취할 수 있는 방법으로 가장 적절하지 않은 것은?** [15년 1회]

① 현재 자신의 능력이나 역량에 비하여 높은 수준의 업무를 맡게 될 경우, 회사의 지원에 의존하지만 말고 스스로 역량 개발에 투자한다.

② 일정기간 동안 많은 업무를 수행해야 한다면 우선순위에 따라 수행업무의 목록을 작성하여 체크하면서 체계적으로 업무에 임한다.

③ 업무에 대한 자신감을 키우기 위해서는 쉬운 일부터 먼저 처리하고, 어렵게 느껴지는 일은 더욱 효율적으로 처리할 수 있도록 주주총회가 가까워지면 한다.

④ 요즘처럼 일이 지나치게 많을 때는 업무 위임 여부를 상사와 의논해 본다.

해설

③ 비서는 업무를 우선순위에 따라 체계적으로 진행하도록 한다.

03 **다음은 정도물산 김정훈 사장의 비서인 이 비서의 내방객 응대 태도이다. 가장 적절하지 않은 것은?** [20년 1회]

① 김정훈 사장이 선호하는 내방객 응대방식을 파악해 두었다.

② 약속이 되어 있는 손님에게는 성함과 직책을 불러드리면서 예약사항을 비서가 알고 있음을 알려드렸다.

③ 비서가 관리하는 내방객카드에 회사방문객의 인상이나 특징을 적어두었다.

④ 내방객 중 상사와 각별하게 친분이 있는 경우, 선착순 응대에 예외를 둔다.

해설

④ 상사와 각별하게 친분이 있는 경우라도 선착순 응대에 예외를 두는 행동은 삼가야 한다.

02 ③ 03 ④ **정답**

04 다음 중 적절한 화법은? [20년 1회]

① "앞으로 나와 주시기를 바라겠습니다."

② "당사는 고객을 위해 고군분투하겠습니다."

③ "양해 말씀드립니다."

④ "사장님, 저희 나라는 최근 경기가 좋아지고 있습니다."

해설

① '바라다'는 그 자체가 추측의 의미를 가졌으므로 '겠'을 쓸 필요가 없다. 따라서 "앞으로 나와 주시기를 바랍니다."라고 해야 한다.

③ '양해'란 남의 사정을 잘 헤아려 너그러이 받아들이는 것을 의미한다. 따라서 "양해 말씀 드립니다."는 양해를 구해야 될 사람이 반대로 양해를 하겠다는 의미가 된다. "양해하십시오." 혹은 "사과 말씀 드립니다." 등이 적절하다.

④ '저희 나라'라는 표현은 틀린 것이다. '우리나라'라고 써야 한다.

05 비서 A는 회장 비서로 3년차이고 비서 B는 사장 비서로 6개월 전에 입사하였다. 둘은 같은 층에서 근무하고 있다. 다음 예시 중 원만한 인간관계를 위한 비서의 행동으로 가장 적절한 것은? [19년 2회]

① 비서 A는 비서 B에게 비서라는 직업은 상사와 회사에 관한 보안업무가 많으므로 직장 내 동호회에 가입하지 말라고 조언하였다.

② 비서 B는 A가 입사선배이고 상사직위도 높으므로 A의 지시를 따르기로 하였다.

③ 비서 업무평가표가 합리적이지 않다고 판단하여 A와 B는 의논하여 시정건의서를 작성하여 각자의 상사에게 제출하였다.

④ 비서 B는 사장을 보좌할 때 애로사항이 많아 입사선배인 A에게 상사보좌의 노하우를 물어보고 업무 시 적용해 보는 노력을 했다.

해설

① 원만한 인간관계를 위해 비서 동호회나 계열사 비서들 간의 모임 등 온라인, 오프라인을 통한 친목관계를 형성하는 것은 바람직하므로 비서 A의 조언은 적절하지 않다.

② 비서는 자신이 보좌하는 상사의 지시를 따라야 하며 입사선배 혹은 모시는 상사의 직위가 높다고 하여 그 지시를 따라서는 안 된다.

③ 자신이 상당한 책임을 지고 업무를 수행할 수 있게 되었을 때 개선을 시도하는 것이 좋다.

정답 04 ② 05 ④

06 다음 중 비서의 공식 만찬 행사 준비로 가장 올바른 것은? [19년 2회]

① 만찬의 드레스코드가 'Business suit w/ tie'라 비서는 상사에게 타이를 매지 않아도 된다고 말씀드렸다.

② 부부모임의 만찬이므로 사각 테이블의 왼쪽에는 남자가, 오른쪽에는 부인들이 앉도록 자리를 배치하였다.

③ 만찬오프닝에는 최근의 정치적 이슈와 관련된 내용이 논의될 수 있도록 간략하게 자료를 준비하였다.

④ 만찬초대장에는 식사 시작시간을 명시하였다.

해설

① 'Business suit w/ tie'에서 w/는 'with'를 뜻하므로 이 드레스코드는 '비지니스 정장에 타이 매기'이다. 따라서 비서는 상사에게 타이를 매라고 말씀드려야 한다(※ w/o=without).

② 사각테이블의 오른쪽에는 남자가, 왼쪽에는 부인들이 앉도록 자리를 배치하여야 한다.

③ 만찬오프닝은 보통 환영인사말을 하는 짧은 시간이다.

07 국제상사 영업부에 근무하는 나애리는 홍길동 전무의 비서이다. 아래의 상황을 읽고 비서의 업무처리로 가장 적절한 것은? [19년 1회]

> 12월 1일 홍 전무는 상공회의소에서 개최하는 세미나에 참석하고 있다. 오후 1시가 조금 지났을 때 상사의 대학동기라고 하면서 신라증권 이순신 본부장이라는 사람으로부터 전화가 걸려 왔다. 이순신 씨는 서울로 출장을 왔는데 휴대폰을 두고 와서 상사의 회사 이름을 어렵게 기억하여 전화를 했으며, 내일 아침 대구로 돌아가기 때문에 가능하다면 오랜만에 저녁식사나 함께 하고 싶다고 오후 6시경 콘래드호텔 2401호로 연락 달라고 부탁을 하였다.

① 상사는 12월 1일 하루 종일 세미나에 참석한 후 저녁식사까지 있어서 이순신 본부장을 만날 수 없다고 판단되어 이순신 본부장에게 저녁식사가 어려울 것 같다고 말한다.

② 이순신 본부장이 휴대폰이 없는 상황이므로 상사의 핸드폰 번호를 알려주고 세미나 끝나는 시간에 연락할 수 있도록 한다.

③ 세미나 중인 상사에게 문자 메시지를 보내어 이순신 본부장으로부터의 메시지와 호텔번호를 알려준다.

④ 상사가 세미나 중이므로 상공회의소 세미나 담당자에게 연락해둔다.

해설

① 자신만의 판단으로 상사의 일정을 확정지어서는 안 된다.

② 이순신 본부장이 연락받을 시간과 연락받을 곳을 남기기도 했으므로 상사의 연락처를 알려주는 것은 적절하지 않다.

④ 상공회의소 세미나 담당자가 아닌, 상사에게 직접 연락해둔다.

06 ④ 07 ③ **정답**

08 다음의 의전 설명 중 가장 바르게 제시된 것은? [16년 1회]

① 2개국 간 국제회의 시 좌석배치(높은 서열순 1 → 5, a → e)

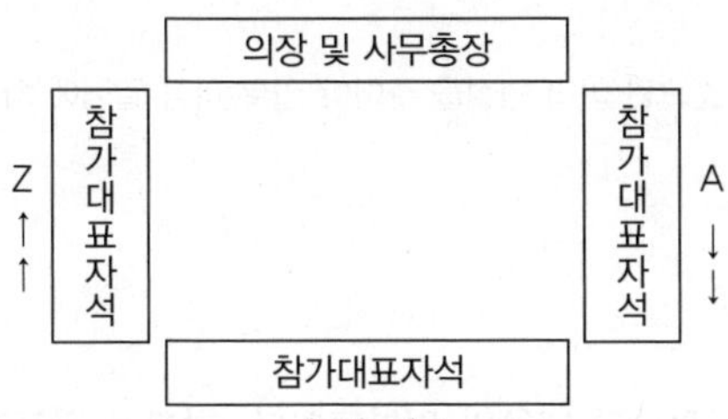

② 다수국 간 국제회의 시 좌석배치(높은 서열순 A → Z)

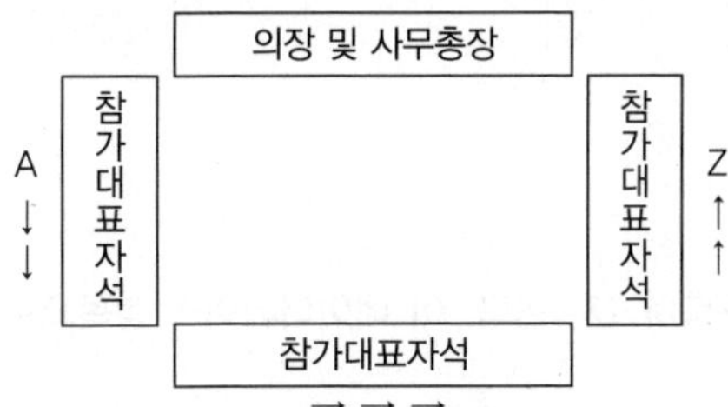

③ 비행기에서 상석은 비행기 종류에 따라 다르지만 최상석은 비행기 내부에서 보았을 때 앞쪽으로부터 왼쪽열 첫 번째 창가좌석으로 보는 경우가 많다.

④ 승강기에서 상석은 들어가서 오른쪽의 안쪽, 즉 내부에서 보면 왼쪽 안쪽이며, 상급자가 먼저 타고 먼저 내리는 것이 원칙이다.

해설

① 수석대표자를 가장 가운데 좌석으로 하고, 그를 중심으로 서열순으로 오른쪽에서 왼쪽으로, 가까운 자리에서 먼 자리로 배치한다.

② 다수국 간 국제회의 시 좌석배치는 다음과 같다.

	의장 및 사무총장		
A ↓ ↓	참가대표자석	참가대표자석	Z ↑ ↑
	참가대표자석 → → → 높은 서열에서 낮은 서열 순		

③ 비행기에 따라 차이는 있지만 보통의 경우 앞쪽으로부터 우측의 창가좌석을 상석으로 본다.

④ 승강기에서 상석은 조작버튼의 대각선 안쪽 자리가 상석이며 하급자가 먼저 타서 승강기를 조작하고 내릴 때에는 상급자가 먼저 내린다.

정답 08 ①

09 다음 중 비서의 자세로 가장 적절하지 않은 것은? [18년 2회]

① 비서는 상사의 인간관계 관리자로서 상사의 인간관계에 차질이 생기지 않도록 최근에 만남이 소원했던 사람들이 누구인지 말씀드린다.
② 마감일이 임박해서야 일을 서두르는 상사에게 미리미리 업무를 처리하는 것이 업무의 효율성을 높일 수 있음을 말씀드린다.
③ 비서는 상사의 장점은 대외적으로 높이고 약점은 비서가 보완할 수 있는 방안을 찾도록 노력한다.
④ 상사의 지시사항 수행 중 발생된 문제는 업무 중간에 보고하고 상사의 의견을 듣는다.

해설

② 마감일이 오기 전에 상사가 해야 할 일을 잊고 있는 것 같으면 미리 언질을 주어야 업무 마감 일정에 차질이 생기는 것을 방지할 수 있다.

10 다음은 상사의 친부상을 치르고 난 후 발송할 감사인사장 내용의 일부들이다. 한자가 바르지 않은 것은? [18년 2회]

① 보내주신 따뜻한 위로와 厚意에 감사드립니다.
② 후일 댁내에 愛敬史가 있을 때 언제든지 연락 주시기 바랍니다.
③ 일일이 찾아뵙지 못하고 인사 말씀 전하게 됨을 넓은 마음으로 惠諒하여 주십시오.
④ 김영철 拜上

해설

② 애경사 : 哀慶事
① 보내주신 따뜻한 위로와 후의에 감사드립니다.
③ 일일이 찾아뵙지 못하고 인사 말씀 전하게 됨을 넓은 마음으로 혜량하여 주십시오.
④ 김영철 배상

11 박해정 비서는 내방객 정보관리 데이터베이스를 구축하고자 한다. 이 데이터베이스 항목으로 중요도가 가장 낮은 것을 고르시오. [18년 1회]

① 내방객 최초 방문일자와 방문목적
② 상사와의 관계 및 동반방문자
③ 내방객기호 및 회사에서 드린 기념품
④ 내방객이 이용한 교통수단 및 내방객복장

해설

④ 내방객이 이용한 교통수단 및 내방객 복장은 다른 항목에 비해 바뀔 가능성이 높으므로 중요도가 낮다.

09 ② 10 ② 11 ④ **정답**

12 사원 김미란 비서는 예성희 과장으로부터 다음과 같은 업무지시를 받았다. 제시된 문장 중 대화의 마지막에 들어갈 표현으로 가장 부적절한 것은? [18년 1회]

> 예성희 : 미란 씨, 내가 파일을 하나 보낼 테니 도표 몇 개 작성해 줄래요?
> 김미란 : 예, 확인해 보겠습니다. (확인 후) 3년간 누적자료를 거래처별과 품목별로 정리하는 내용이네요.
> 예성희 : 맞아요. 혹시 누락된 내용이 있을지 모르니 월별 수치도 확인해 주세요.
> 김미란 : (   )

① 네, 알겠습니다. 언제까지 완료할까요?
② 네, 알겠습니다. 혹시 자료 보면서 궁금한 점 있으면 여쭤봐도 될까요?
③ 제가 지금 이성길 대리 업무를 지원하고 있는데 이 대리님 승인 없이는 수행할 수 없습니다.
④ 아마 전체내용 검토하고 도표 작성하는 데 2시간 정도 소요될 것 같습니다.

해설

③ 예성희 과장의 직위가 더 높으므로 이성길 대리의 승인은 필요 없다.

13 다음 중 김혜진 과장의 비서로서의 업무 특성을 가장 잘 설명한 것은? [17년 2회]

> 보람생명보험 회장실 비서 김혜진 과장은 삼십대 중반의 나이, 회장실 비서경력 12년차, 결혼 2년차, 식품영양학과 출신, 현 보람생명보험, 회장실 비서 김혜진 과장의 프로필이다.
> 누구보다도 아침을 일찍 시작하는 김혜진 과장. 7시 출근 4시 퇴근의 회사규정 때문이기도 하지만 아침을 여유롭게 시작해야 하루가 즐겁다고 말한다. 회장실 비서경력 12년차로 같은 분을 12년 보좌했지만 아직까지 어려운 부분이 있다. 물론 많은 부분에서 익숙하고 업무상으로도 잘 알고 있지만 스스로가 매너리즘에 빠지지 않으려고 매사에 노력한다고 한다. 주요업무로는 회장님의 전반적인 스케줄 관리, 대외자료 정보 보고, 문서관리, 문서 수신/발신 업무, 임원실 비서관리 등을 주업무로 하고 있다. 그리고 관계사 후배 비서들을 대상으로 일 년에 1~2번 정도 특강 형식의 교육훈련을 진행하게 되는 경우도 있다. 또한 그녀는 요즘 비서직으로 첫발을 내딛는 후배들의 경우에는 비서교육에서 배운 이론과 실제 현 업무의 차이점 때문에 괴리감 및 심한 스트레스를 받는 사람이 많다며 안타까운 마음을 나타냈다.

① 업무내용의 가변성
② 상사에의 예속성
③ 다양한 업무
④ 취업분야의 다양성

해설

③ 회장님의 전반적인 스케줄 관리, 대외자료 정보 보고, 문서관리, 문서 수신/발신 업무, 임원실 비서관리 등을 주요 업무로 하고 있고, 관계사 후배비서들을 대상으로 1년에 1~2번 정도 특강형식의 교육훈련을 진행한다고 하였으므로 업무의 특성 중 다양한 업무에 대해 설명하고 있다.

정답 12 ③ 13 ③

14 **회의를 개최하는 경우에 회의 시작 전과 회의 중, 회의 종료 후 할 수 있는 비서의 업무를 설명한 것으로 가장 적절하지 않은 것은 무엇인가?** [17년 2회]

① 회의 시작 전에 회의에 필요한 자료를 준비하는데, 과거 회의록이나 의제에 관련된 자료를 준비할 수 있다. 또한, 회의일정표나 좌석배치도 및 참석자프로필, 발표문과 연설문 등의 자료가 준비되어야 할 경우가 있다.

② 회의식음료는 회의 전에 계획되어, 필요에 따라 회의 중 공급될 수 있도록 준비한다. 일반적으로는 음료수와 다과가 준비될 수 있는데, 리셉션(Reception) 형태의 회의에서는 주류 혹은 핑거푸드(Finger Food)가 추가되기도 한다.

③ 회의시나리오는 시간단위로 회의가 어떻게 진행되는지를 작성한 것으로 필요에 따라서 회의 중에 작성되기도 한다.

④ 회의 중에 회의 참석자에게 긴급한 연락이 있을 때는 해당 메모를 작성하여 전달할 수 있도록 준비하고, 필요에 따라 전화를 연결해 줄 수 있어야 한다.

해설

③ 회의시나리오는 회의 전에 작성하여 가능한 한 시나리오대로 진행하는 것이 좋다. 회의를 진행하면서 처음에 수립했던 안건이 빠짐없이 논의되는지 중간중간 체크하고, 이를 토대로 회의가 끝나고 회의록을 작성하도록 한다.

15 **상사의 인적 네트워크를 관리하기 위해 비서가 할 수 있는 업무들에 대한 설명이다. 가장 적절하지 않은 것은?** [17년 1회]

① 효과적인 인적 네트워크 관리를 위해서 가장 먼저 상사의 인적관계를 파악해야 한다.

② 상사의 인적 네트워크 정보를 수집하였다면, 이를 비공개로 유지하면서 데이터베이스화한다.

③ 출처가 불분명한 정보일지라도 필요할 경우 참고자료로 활용한다.

④ 인적 네트워크 정보는 외부인사로 구성된 정보만을 그 내용으로 한다.

해설

④ 비서는 상사의 인적 네트워크를 관리하기 위해 외부인사로 구성된 정보만을 그 내용으로 하는 것이 아니라 상사가 공적 혹은 사적으로 관련된 인사에 대한 명단작성과 유료 인물정보사이트(명함, 동창주소록 등) 자료를 수집해 데이터베이스화하여 두어야 한다. 데이터베이스화할 때에는 상세히 작성하며, 부정확한 출처에서 나온 정보는 배제하고 정확하게 정리해 두어야 한다.

14 ③ 15 ④ **정답**

16 **다음 주에 개최되는 신제품 발표회를 준비하느라 박서연 비서는 매우 바쁜 상황이다. 4시에 약속된 현대 건설의 민태성 상무님이 약속시간보다 조금 일찍 방문하셨다. 상사가 지금 중요한 전화 통화 중이라고 말씀드리니 당신이 일찍 왔으니 기다리시겠다고 하셔서 접견실로 안내하고 자리로 돌아왔으나 상사는 진지한 표정으로 계속 통화 중이었다. 박 비서는 신제품 발표회 초청장 마무리 작업에 다시 몰두하였다. 그러다 시계를 보니 4시 10분이 지났고 상사도 전화를 끊고 업무 중이셨다. 이 경우 박 비서의 업무 자세로 가장 바람직한 것은?** [17년 1회]

① 상사에게 본인의 잘못을 말씀드리고 얼른 접견실로 상사를 안내한다.

② 접견실로 얼른 가서 오랫동안 기다리게 해서 죄송하다고 말씀드리고 상사 통화가 끝났으므로 곧 오신다고 말씀드린다.

③ 손님에게 자신의 실수로 오랫동안 기다리게 된 상황을 설명 드리면서 전적으로 자신의 잘못임을 밝힌다.

④ 손님에게 자신의 잘못을 사과하고 상사에게도 자신의 실수를 알려 상사 또한 손님에게 사과할 수 있도록 한다.

해설

④ 약속한 시간이 지나도록 상사가 계속 통화 중일 때 메모 등을 이용하여 손님이 도착하였다고 상사에게 알렸어야 하지만 비서는 업무에 몰두하다 손님을 오래 기다리게 하였다. 이때 비서는 손님에게 자신의 잘못을 사과하고 상사에게도 자신의 실수를 알려 상사 또한 손님에게 사과할 수 있도록 조치를 취하여야 한다.

[17~18] 다음의 글을 읽고 물음에 답하시오.

다국적 기업 FG Motors 한국지사에 근무하는 최미경 비서는 서울에서 개최되는 FG Motors 마케팅 로드쇼 행사를 담당하고 있다. 이번 행사에는 15개국의 지사장들이 참석할 예정이며, 국내외 관계자 500명을 대상으로 개최될 예정이다.

17 **위의 행사를 위한 최 비서의 준비업무로 가장 적절한 것은?** [16년 2회]

① 호텔은 각 지사장들의 기호를 고려하여 선호하는 호텔로 각각 예약하였다.

② 공항에서 호텔까지의 교통편을 제공하기 위해 45인승 버스를 준비하였다.

③ 회의내용의 통역을 위해 외국어 통역요원을 배치하였다.

④ 행사가 진행되는 호텔은 최근 새로 오픈한 유명한 호텔로 예약하였다.

해설

① 동일한 행사에 참여하는 손님들은 같은 호텔에 예약하여야 공통된 정보전달 시 한꺼번에 고지함으로써 착오나 번거로움을 줄일 수 있다.

② 행사에 참여하는 지사장들의 대우에 맞게 각각의 교통편을 따로 마련하는 것이 좋다.

④ 새로 오픈한 호텔은 장소에 대한 사전 지식이 없어 돌발상황에 대처하기 적절치 않으므로 큰 행사를 진행하기에 적당하지 않다.

정답 16 ④ 17 ③

18 **최 비서는 행사 기간이 끝난 후 각 지사장들의 1일 관광일정을 계획하고 있다. 최 비서가 유의해야 할 점으로 가장 거리가 먼 것은?** [16년 2회]

① 관광 일정은 호텔 또는 관광회사와 협의하여 마련하도록 한다.
② 일정 중 식사 메뉴는 지사장들의 기호를 미리 파악하여 세심하게 준비하도록 한다.
③ 기념품 및 선물 등을 구입할 수 있도록 단체 일정에 쇼핑 일정도 포함시킨다.
④ 한국의 문화유산을 알릴 수 있는 유적지와 유명 관광지를 방문한다.

해설

③ 하루뿐인 단체관광 일정에 쇼핑 일정을 포함시키기보다는 개인적으로 의사를 확인하여 일정을 진행하도록 한다.

19 **오피스 매니저 이선영은 사내 전직원의 해외워크샵을 준비 중이며, 다음은 행사의 간단한 개요이다. 행사경비의 효율적 관리를 위하여 오피스매니저가 취한 행동으로 가장 바람직한 것은?** [16년 1회]

- 워크샵 목적 : 사내소속 임직원 및 가족 포함 90명의 리더십 훈련
- 워크샵 장소 : 아시아 지역 내 휴양지 리조트
- 워크샵 시기 : 12월 둘째 주 3박 4일
- 워크샵 프로그램 : 한 해 비즈니스 리뷰 및 임직원 단결을 위한 단체 스포츠 경기

① 사내직원의 지인이 운영하는 여행사를 섭외하여 경비절감을 요청한다.
② 해외워크샵 여행의 시기에 따른 경비 차이가 커서 워크샵의 시기를 비수기 시즌으로 조정할 수 있는지의 여부를 상사에게 타진해 본다.
③ 인터넷 검색을 통하여 저렴한 단체여행 상품을 선택하여 가능하면 워크샵 일정을 그 상품 프로그램에 맞추도록 조정한다.
④ 임원의 다른 출장일정과 연계하여 여행 경비를 출장비에 포함시킬 수 있도록 유도한다.

해설

② 워크샵의 장소를 해외로 잡을 경우, 시기에 따른 경비 차이가 커서 워크샵의 시기를 비수기 시즌으로 조정하는 여부를 상사에게 타진해 보는 것은 비서가 바람직하게 취한 행동이다.

18 ③ 19 ② **정답**

20 **의사소통자로서 비서의 자기개발로 가장 적절하지 않은 것은?** [19년 1회]

① 상사의 관심분야에 대한 정보를 가능한 한 많이 수집한다.
② 상사에게 전달되는 정보의 정확성을 분석한다.
③ 상사에게 직접 보고하는 회사 임원진들과 원활한 의사소통을 할 수 있도록 임원진의 소속 부서의 상황을 면밀히 파악하려고 노력한다.
④ IT나 Mobile 기기를 능숙하게 사용할 수 있는 능력을 함양한다.

해설

자기개발이란 스스로의 역량을 높이기 위해 끊임없이 배우고 노력함으로써 자신과 조직뿐 아니라 자신이 속한 분야의 전문성을 높이는 데 기여하는 것을 의미한다. ③은 자기개발로 보기 어렵다.

제2과목 | 경영일반

21 **다음은 기업의 윤리적 기준을 기술하는 윤리적 행동에 대한 여러 가지 접근법에 대한 설명이다. 다음 중 가장 옳지 않은 것은?** [18년 2회]

① 이기주의 접근법은 이윤극대화, 능률성, 경쟁 등 조직이익 우선의 개념을 정당화한다.
② 공리주의 접근법은 비용-효익분석이라고도 하며 행위의 동기가 아닌 객관적 결과에 의해 판단하려는 것이다.
③ 도덕적 권리 접근법의 일환으로 나온 법안으로 공정거래법, 공해방지법 등이 있다.
④ 사회적 정의접근법에서는 정당성, 공정성, 공평성을 중시한다.

해설

① 이기주의 접근법에서 이기주의는 윤리적 이기주의를 말하며 이타주의, 부분적으로는 공리주의와 대립된다. 개인의 선(善=이익)이라는 목적을 행동의 의무, 올바름의 유일한 기준으로 삼는 점에서 실제로는 목적론적 윤리관의 한 형태를 취한다.

정답 20 ③ 21 ①

22 다음 중 경영환경에 관한 설명으로 가장 옳지 않은 것은? [17년 2회]

① 과업환경은 고객, 공급자, 경쟁자, 노동조합 등을 말한다.
② 자연적 환경은 출생률, 사망률, 고령의 증가, 교통의 변화 등을 말한다.
③ 경제적 환경은 국제수지, 경제성장률, 1인당 GDP, 소비구조의 변화 등을 말한다.
④ 기술적 환경은 제조공정, 원재료, 제품, 정보기술 등을 말한다.

해설

② 자원환경은 인적자원(노동자원, 대학, 직업훈련원 등), 재무자원(주식시장, 금융기관), 물적자원(부동산, 원자재, 부자재, 기계 등) 등 다양한 형태로 나눌 수 있다.

23 다음은 경영환경요인에 대한 설명이다. 이 중 가장 적절하지 않은 설명은? [18년 1회]

① 기업에 직접적인 영향을 미치느냐의 여부에 따라 직접환경요인과 간접환경요인으로 분류할 수 있다.
② 내부환경요인은 주주, 종업원, 경영자, 경쟁자 등이 포함된다.
③ 소비자, 금융기관, 정부 등의 요인은 외부환경요인 중 직접환경에 포함된다.
④ 기술, 정치, 법률, 사회문화요인은 외부환경요인이다.

해설

② 내부환경은 기업의 내부에 존재하는 요소와 상황을 의미하며 여기에는 조직목표, 기업문화, 최고경영자의 관리스타일, 회사방침 및 종업원, 노조 등이 있다.

24 다음은 대기업과 비교하여 상대적인 중소기업의 유리한 점에 대해 기술한 것이다. 보기 중 가장 거리가 먼 것은? [18년 2회]

① 대기업에 비해 신제품 출시와 개발속도가 빠르고 자금과 인력이 적게 든다.
② 개인별 맞춤서비스를 원하는 특수분야 시장에는 중소기업이 유리하다.
③ 소수의 몇 사람이 출자하여 직접 경영에 참여하며 기업의 생명이 소유주 개인에 달려있다.
④ 대기업이 쉽게 진출하지 않는 수요량이 적은 틈새시장 공략에 유리하다.

해설

중소기업의 특징

- 새로운 개념도입과 신제품 출시의 혁신적 경영
- 틈새시장 확보에 유리
- 지역경제 발전에 기여
- 개인의 경제적 욕구 및 아이디어 실현
- 경영 의사결정 신속
- 기업환경의 변화에 빠르게 대응
- 강하고 인간적인 유대관계

22 ② 23 ② 24 ③ **정답**

25 다음에서 설명하는 회사의 형태로 가장 적절한 것은? [15년 2회]

> • 직접 생산은 하지 않고 다른 회사 주식을 갖고, 그 회사경영에 참여하는 회사
> • 재화와 용역을 생산하는 것보다는 다른 회사에 대한 경영과 투자가 주된 목적임
> • 지분소유를 주로 하는 회사와 자체 사업도 함께 하는 회사가 있음

① 합자회사 ② 투자회사
③ 지주회사 ④ 주식회사

해설

① 합자회사 : 무한책임사원과 유한책임사원으로 구성된 복합적 조직의 회사
② 투자회사 : 투자자들의 자금을 모아서 투자활동을 하는 회사
④ 주식회사 : 주식의 인수가액을 한도로 하는 유한의 간접책임을 부담하는 사원(=주주)만으로 성립된 회사

26 다음은 인수합병의 장점과 단점을 요약한 것이다. 이 중 가장 거리가 먼 것은? [20년 1회]

① 시장에의 조기진입 가능
② 취득자산 가치 저하 우려
③ 투자비용의 절약
④ 자금유출로 인한 재무 강화

해설

④ 기업들이 인수합병 전략을 선택하는 동기에는 자금유출이 아닌 규모의 경제확보, 조세절감, 자금조달 능력의 확대 등으로 인한 재무 강화에 있다.

27 다음은 주식회사에 대한 설명이다. 옳지 않은 것은? [19년 1회]

① 주식회사는 투자자와 별개의 법적 지위를 갖는 법인이다.
② 주식회사의 투자자는 회사가 파산하거나 손해를 보아도 자신이 출자한 지분에 대해서만 책임을 진다.
③ 주식회사의 설립과 청산은 상대적으로 복잡하나 법적규제는 약한 편이다.
④ 주식회사는 많은 사람들로부터 출자를 유도할 수 있어 거대 자본으로 회사운영이 가능하다.

해설

③ 주식회사는 주식의 발행을 통해 자본을 조달하는 현대 기업의 대표적인 형태로, 주식회사의 출자자인 주주는 모두 유한책임사원으로서 출자액을 한도로 회사의 적자, 채무, 자본 리스크에 대한 책임을 진다. 대중으로부터 대규모의 자본조달이 가능하며, 주주의 개인재산과 주식회사의 재산은 뚜렷이 구별된다.

정답 25 ③ 26 ④ 27 ③

28 다음 중 조직구조의 유형에 관한 설명으로 가장 적합하지 않은 것은? [20년 2회]

① 유기적 조직은 환경이 급변하고 복잡한 경우 기계적 조직보다 적합하다 할 수 있다.
② 기계적 조직은 유기적 조직에 비해 집단화 정도와 공식화 정도가 높다.
③ 유기적 조직은 직무내용이 유사하고 관련성이 높은 업무를 우선적으로 결합하여 업무의 전문성을 우선시하는 조직이라 할 수 있다.
④ 라인(Line)구조는 조직의 목표 달성에 직접적인 책임을 지고 있는 기능을 가지고 있다.

해설

③ 직무내용이 유사하고 관련성이 높은 업무를 우선적으로 결합하여 업무의 전문성을 우선시하는 조직구조는 기계적 조직이다.

29 다음의 대리인 문제에 대한 설명 중 가장 거리가 먼 것은? [18년 1회]

① 대리인 문제는 주체와 대리인의 이해관계가 일치하지 않아 생기는 문제를 의미한다.
② 주주는 대리인이 주주들을 위해 일하고 있는지 감시해야 하는데 이때 소요되는 비용을 확증비용(Bonding Cost)이라고 한다.
③ 전문경영자가 기업을 위한 최적의 의사결정을 하지 않음으로써 발생하는 기업가치손실비용을 잔여손실(Residual Loss)이라고 한다.
④ 전문경영자는 주주의 이익보다 개인의 이익을 우선할 때 도덕적 해이(Moral Hazard)가 생길 수 있다.

해설

② 확증비용은 대리인이 주체에게 해가 되는 행위를 하지 않고 있음을 확증하기 위해 대리인이 부담하는 비용이다.

30 다음 중 조직문화의 구성요소인 7S에 대한 설명으로 가장 적절한 것은? [19년 2회]

① 기업의 구조(Structure)는 기업의 컴퓨터 및 기계장치 등 물리적 하드웨어를 의미한다.
② 공유가치(Shared Value)는 구성원을 이끌어 가는 전반적인 조직관리 형태로 경영관리제도와 절차를 포함한다.
③ 구성원(Staff)은 기업의 인력구성, 능력, 전문성, 구성원의 행동패턴 등을 포함한다.
④ 전략(Strategy)은 기업의 단기적 방향에 따라 실행하는 비공식적인 방법이나 절차를 의미다.

해설

① 기업의 구조는 조직체의 전략수행을 위한 기본 틀로 권한 관계와 방침, 조직구조와 직무설계 등 구성원의 역할과 그들의 상호관계를 지배하는 공식요소를 말한다.
② 공유가치는 조직구성원이 함께 가지는 신념이나 믿음을 말한다.
④ 전략은 조직목표의 달성을 위해 추구하는 방향성을 말하며 조직의 장기적인 방향과 기본 성격을 결정할 수 있다.

28 ③ 29 ② 30 ③ **정답**

31 아래 도표와 같이 부하직원을 내집단과 외집단을 구분하여 설명하고 있는 리더십 이론은 무엇인가? [20년 1회]

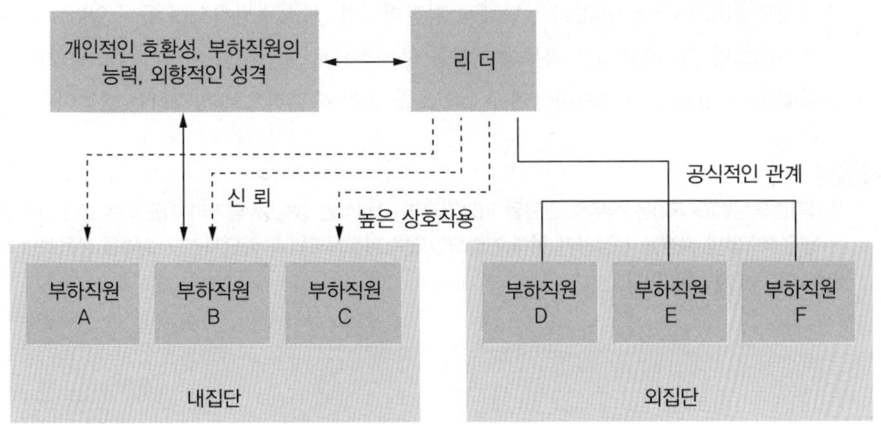

① 리더참여이론
② 상황적합이론
③ 경로–목표이론
④ 리더–부하 교환이론

해설

① 리더참여이론 : 부하들이 구조화되지 않은 과업 수행 시 필요한 리더십 유형으로, 리더가 부하에게 의사결정 등에 참여하게 함으로써 과업과 역할기대를 학습하도록 한다.

② 상황적합이론 : 리더의 효과성은 상황에 의해 결정된다고 보고 리더의 스타일을 과업지향적 리더, 인간관계 지향적 리더로 분류하는 이론이다. 상황이 유리하거나 불리할 때는 과업지향형이, 중간정도의 상황에서는 인간관계 지향형이 적합하다고 결론 내린다.

③ 경로–목표이론 : 하우스와 에반스의 경로–목표이론은 부하의 특성과 근무환경의 특성에 따라 리더십의 유형을 지시적, 지지적, 참여적, 성취지향적으로 나눈 것을 말한다.

32 마케팅에서 시장세분화 전략을 성공적으로 수행하기 위한 요건에 대한 설명으로 다음 중 가장 적절하지 않은 것은? [17년 1회]

① 세분시장별로 세분시장의 규모와 구매력이 측정 가능해야 한다.
② 세분시장 간에는 동질적인 소비자 욕구를 가져야 하고 세분시장 내에서는 이질성을 극대화할 수 있어야 한다.
③ 기업의 마케팅 활동이 해당 시장에 소속된 고객들에게 접근 가능해야 한다.
④ 경제성이 보장될 수 있는 충분한 시장규모를 가져야 한다.

해설

② 기업이 서로 다른 욕구를 가진 다양한 소비자들의 집합인 하나의 시장을, 특정 제품군에 대한 태도, 의견, 구매행동 등에서 비슷한 성향을 가진 소비자들을 하나의 작은 집단으로 묶는 과정을 의미한다. 따라서 시장세분화의 결과는 세분시장 상호 간의 이질성을 극대화하고 세분시장 내에서의 동질성이 극대화되도록 해야 한다.

정답 31 ④ 32 ②

33 다음 중 인사고과의 방법에 관한 설명으로 가장 적절하지 않은 것은? [17년 2회]

① 행위기준평정법(BARS)은 피평가자 간의 상대적 서열로 평가하는 방법이다.
② 평정척도법(Ranking Scales)은 단계식 평정척도법, 도식평정척도법 등이 있다.
③ 대조리스트법(Checklist)은 직무상 행동을 구체적으로 표현하여 피평가자를 평가하는 방법이다.
④ 순위법(Ranking)은 피평가자에게 순위번호를 붙여 주관적으로 평가하는 방법이다.

해설

① 행위기준평정법(BARS)은 직무와 관련된 피평가자의 구체적인 행동을 평가의 기준으로 삼는 고과방법이다. 이 기법은 평정척도법의 결점을 시정하기 위해 개발되었으며 평정척도법과 중요사건 서술법을 혼용하여 보다 정교하게 계량적으로 수정한 기법이다.

34 다음 중 경영정보시스템(MIS)에 대한 설명으로 가장 옳지 않은 것은? [18년 2회]

① 경영정보시스템은 인사관리, 판매관리, 재고관리, 회계관리 등의 분야에 걸쳐 다양하게 적용된다.
② 기업의 외부자원과 내부자원을 통합하여 고객의 요구에 맞게 서비스함으로써 업무생산성을 향상시키고, 고객 외부사업 파트너, 내부 종업원을 통일된 인터페이스를 통해 하나로 묶을 수 있는 e-Business를 의미한다.
③ 경영정보시스템의 역할은 운영적 역할, 관리적 역할뿐 아니라 기업 전체의 전략적 우위확보를 지원하는 전략적 역할을 포함하고 있다.
④ 경영정보시스템의 기능구조로는 거래처리시스템, 정보처리시스템, 프로그램화 의사결정시스템, 의사결정지원시스템, 의사소통시스템 등이 있다.

해설

경영정보시스템(Management Information System, MIS)
관리자들에게 정보를 제공하며, 조직 내의 운용과 경영 및 관리자의 의사결정 기능을 지원하는 종합적인 사용자-기계 시스템(Man-Machine System)으로 정의된다. 기업의 목적달성을 위해 업무관리, 전략적 의사결정을 합리적으로 수행할 수 있도록 기업내외의 정보를 제공하는 조직체로 컴퓨터의 하드웨어, 소프트웨어, 수작업절차, 분석 및 계획모형, 통제와 의사결정 및 데이터베이스, 모델, 정보통신 등을 활용함으로써 그 기능을 수행한다. 서브시스템으로 경영정보시스템이 사용할 자료를 처리하는 자료처리시스템(DPS)이 있다.

33 ① 34 ② **정답**

35 다음의 직무관리내용에 대한 설명 중 가장 거리가 먼 것은? [18년 1회]

① 직무분석은 직무를 수행함에 있어 요구되는 지식, 숙련도, 능력 및 책임과 같은 직무상 여러 요건을 결정하는 과정이다.

② 직무분석을 실시하는 데는 직무분석의 방법, 직무분석의 담당자, 직무에 대한 사실 등의 연구가 필요하다.

③ 직무분석에 대한 결과는 직무기술서와 직무명세서에 서술된다.

④ 직무기술서는 직무분석결과에 따라 직무에 요구되는 개인적 요건에 중점을 두고 정리한 문서이다.

해설

④ 직무기술서는 직무 자체의 내용, 요건, 특성을 기술한 문서이고, 직무명세서는 직무에 따라 요구되는 개인적 요건에 중점을 두고 정리한 문서이다.

36 다음은 경영분석에서 사용되는 주요 분석방법들 중 하나를 설명한 내용이다. 아래의 분석기법은 무엇을 설명한 것인가? [18년 2회]

- 기준연도의 재무제표 각 항목수치를 100%로 하고 비교연도의 각 항목수치를 이에 대한 백분율로 표시한다.
- 매출액 증가율, 순이익 증가율 등 성장성을 파악하는 데 활용한다.

① 구성비율분석

② 관계비율분석

③ 추세비율분석

④ 유동비율분석

해설

③ 추세비율분석은 시간의 경과에 따라 재무제표 각 항목의 변화를 분석하는 기법으로, 기준연도의 수치를 100%로 정한 다음 비교연도의 항목을 표시하여 백분율로 대비하여 관찰한다.

정답 35 ④ 36 ③

37 다음의 내용을 가장 잘 보여주는 재무정보는 무엇인가? [17년 2회]

> 영업 : 사업을 운영하는 것과 관련된 현금거래들
> 투자 : 기업의 투자활동을 통해 사용되거나 유입되는 현금
> 재무 : 새로운 채권이나 주식을 발행하여 유입된 현금, 운영비용, 배당지급에 사용된 현금

① 손익계산서
② 대차대조표
③ 현금흐름표
④ 결산대조표

해설

③ 현금흐름표란 기업회계에 대하여 보고할 때 사용하는 것으로 일정기간 동안의 기업의 현금흐름을 나타내는 표이다. 수입과 지출을 크게 영업활동, 재무활동, 투자활동으로 구분한다.

38 아래 〈보기〉 내용을 나타내는 용어로 가장 적절한 것은? [16년 2회]

> 공정거래위원회는 증거확보가 어려운 기업 간 담합조사의 효율성을 높이기 위해 불공정한 담합행위를 자진 신고한 기업들에게 과징금 면제 또는 감면을 제시하고 있다. 죄수의 딜레마 이론을 활용한 이 제도의 도입 이후, 담합 자진신고가 크게 늘어나고 있다.

① 타임오프제도
② 리니언시제도
③ 백기사
④ 연대보증제도

해설

① 타임오프제도 : 근로자가 근무시간 중에 노조법에서 인정하고 있는 소정의 활동을 하는 경우 일정한도 내에서 유급처리할 수 있도록 하는 제도
③ 백기사 : 어떤 기업이 적대적 인수합병의 위기에 처했을 때 그 기업의 경영권 방어에 적극적으로 나서 주는 우호적인 제3의 기업 혹은 개인
④ 연대보증제도 : 보증인이 주 채무자와 연대하여 채무를 부담하는 제도

37 ③ 38 ② 정답

39 ( )에 들어갈 수 있는 가장 적절한 용어는 무엇인가? [17년 1회]

> 최근 중국 증시 급락세와 중국 경기 둔화는 글로벌 금융시장에서 ( )(으)로 부상하고 있다. ( )은(는) 발생확률이 매우 낮지만 발생하면 시장에 큰 충격을 주는 현상을 말한다.

① 블랙스완

② 블랙먼데이

③ 블랙마켓

④ 블랙프라이데이

해설

① 블랙스완 : 발생할 가능성이 거의 없어 보이지만 일단 발생하면 엄청난 충격을 가져다 주는 현상을 말한다.

② 블랙먼데이 : 미국 뉴욕에서 주가 충격적인 대폭락을 기록했던 1987년 10월 19일을 가리키는 용어로, 월요일 증시가 대폭락을 맞이할 경우를 말한다.

③ 블랙마켓 : 불법적인 거래가 이루어지는 시장, 즉 정상가격보다 상품이 싸거나 비싼 가격으로 거래되는 음성적인 시장을 가리키며 일명 '암시장'이라고 한다.

④ 블랙프라이데이 : 11월 마지막 목요일인 추수감사절 다음날로, 미국에서 최대규모의 쇼핑이 이뤄지는 날을 말한다.

40 은행이 고객으로부터 받은 예금 중에서 중앙은행에 의무적으로 적립해야 하는 비율을 일컫는 용어는? [20년 2회]

① 현금통화비율

② 현금비율

③ 지급준비율

④ 본원통화

해설

① 현금통화비율 : 민간보유현금(현금통화)을 통화총량으로 나눈 것으로 민간의 현금보유 성향을 일컫는다.

② 현금비율 : 유동자산 중 특히 현금예금과 유동부채와의 관계를 표시해 주는 비율을 말하는데, 유동부채 100에 대해 현금이 몇 %나 되는가를 나타내는 비율이다.

④ 본원통화 : 중앙은행인 한국은행이 지폐 및 동전 등 화폐발행의 독점적 권한을 통하여 공급한 통화를 말한다.

정답 39 ① 40 ③

41 According to the following Mr. Lee's schedule, which one is NOT true? [20년 1회]

Day & Date	Time	Schedules	Location
Monday 06/22/2020	10:20 am	Appointment with Mr. James Brook of KBC Bank	Office
	11:00 am	Division Meeting with Managers	Meeting Room 304
	6:00 pm	SME Association Monthly Meeting	ABC Hotel, 3rd Floor, Emerald Hall
Tuesday 06/23/2020	9:30 am	Meeting with Branch Managers	Meeting Room 711
	12:00 pm	Lunch with Ms. David Smith of Madison Company	Olive Garden
	4:00 pm	Keynote Speech at the 5th Annual Conference for Administrative Specialists	City Conference Center, 2nd Floor

① Mr. Lee는 월요일 오후 6시에 SME 협회 월간 회의에 참석할 예정이다.
② Mr. Lee는 화요일 오전 9시 30분에 지점 관리자들과 회의실에서 회의가 있다.
③ Mr. Lee는 화요일 오후 4시에 씨티 컨퍼런스 센터에서 폐회사를 한다.
④ Mr. Lee는 월요일 오전 10시 20분에 사무실에서 Mr. James Brook과 만날 예정이다.

해설

③ Mr. Lee는 화요일 오후 4시에 City Conference Center에서 기조연설을 한다.

42 According to the followings, which one is NOT true? [19년 1회]

> This is the overview of the Millennium Royal Hotel in New York City.
>
> 3 Diamond downtown hotel with indoor pool.
> The Millennium Royal 55 Church Street is a few minutes walking distance from One World Trade Center and Wall Street. Approximately a 15 minute walk to Battery Park and the Metro (Cortland) is located outside the front door of the hotel.
> We have Business Center, Fitness Center, Meeting Rooms, too.
> All guests get free standard Wi-Fi in-room and in the lobby.
> Free cancellation is available up to 5 days before arrival.

① You can cancel your reservation up to 5 days before your arrival without charge.
② The hotel is located close to the Wall Street.
③ The hotel is located in the downtown of New York City.
④ There is not a Metro station near the hotel.

41 ③ 42 ④ 정답

해설

④ 호텔의 정문 바깥으로 약 15분 정도 떨어진 거리에 공원과 전철역이 있다.

43 Which of the followings is true to the conversation below? [15년 2회]

Visitor : Good afternoon. I'm here for an interview with the director.
Secretary : Mr. Harris?
Visitor : Yes, but I came too early for the appointment. The traffic wasn't as bad as I anticipated.
Secretary : Your appointment is at 2:30, isn't it?
Visitor : Yes, right. Could I wait for about 40 minutes around here?
Secretary : There is a lounge on this floor where you can sit and wait. It's at the end of the hallway to the right. You can help yourself with drinks there.
Visitor : Thanks a lot.

① Mr. Harris arrived at about ten minutes to 2:00 for an interview.
② The secretary will serve coffee to Mr. Harris.
③ Mr. Harris arrived late for his appointment due to heavy traffic on the way.
④ The director has a plan to hire Mr. Harris for a new project.

해설

① 해리스 씨는 인터뷰를 위해 1시 50분 정도에 도착했다.
② 비서는 해리스 씨에게 커피를 대접할 것이다.
③ 해리스 씨는 가는 길에 교통체증이 있어 약속시간에 늦게 도착했다.
④ 감독은 새로운 프로젝트를 위해 해리스 씨를 고용할 계획을 가지고 있다.

방문자 : 안녕하세요. 저는 감독님과 인터뷰를 하려고 왔습니다.
비서 : 해리스 씨인가요?
방문자 : 네, 그런데 제가 약속시간에 너무 일찍 왔군요. 교통이 제가 예상했던 것보다 나쁘지 않았네요.
비서 : 당신과 약속한 시간이 2시 30분 아닙니까?
방문자 : 네, 맞아요. 40분 정도 인근에서 기다릴 수 있을까요?
비서 : 당신이 앉아서 기다릴 수 있는 라운지는 이 층에 있습니다. 오른쪽 복도 끝에 있어요. 음료를 마음껏 드셔도 됩니다.
방문자 : 감사해요.

정답 43 ①

44 Which of the followings is the most appropriate expression for blanks ⓐ to ⓓ? [16년 1회]

A : Good morning, Daehan Trading. Ms. Lee speaking.
B : May I speak to Mr. Park of Personnel Department, please?
A : I'm sorry, he's not in. May I ask who's calling, please?
B : This is Pauline Wong.
A : I'm sorry. How do you ⓐ _______ your ⓑ _______?
B : Wong. W–O–N–G.
A : M ⓒ _______ Mexico?
B : No. N ⓒ _______ Nancy. N–G.
A : W–O–N–G? Is that right?
B : Right.
A : Would you like to ⓓ _______ a message?
B : Yes, please tell him that I'll leave Busan this afternoon and that I'll call him when I get to New York.
A : I'm sure he gets your message. Ms. Wong. Good bye.

① ⓐ spell ⓑ surname ⓒ as in ⓓ leave
② ⓐ pronounce ⓑ given name ⓒ as of ⓓ leave
③ ⓐ address ⓑ family name ⓒ for ⓓ take
④ ⓐ write ⓑ first name ⓒ as for ⓓ receive

해설

① 전화를 건 사람의 이름이 Pauline Wong이므로 Pauline은 first name이고 Wong은 last name이 된다.

- as in : ~인 경우와 같이
- leave a message : 메시지를 남기다
- surname, given name, family name : 성(姓)
- first name : 이름

44 ① **정답**

45 According to the following phone messages, which one is not true? [17년 2회]

This is Juliet Kim. I'm sorry I'm not able to answer the phone at the moment as I'm on a business trip until next Tuesday. If you like to leave a message, please do after the beep. In ask of any urgency, please contact Mrs. J. S. Lee, extension 242. Thank you.

Hi, Juliet, this is James Park of City Corp. It's 10:50 a.m. Thursday, November 2nd. I was calling to let you know that we don't need your project report until next Friday. You don't need to return my call. Bye.

① Juliet Kim is not able to answer the phone until next Tuesday.

② James Park of City Corp. left the message on Juliet's answering machine.

③ James Park left a message on Juliet's answering machine to ask for a call to him.

④ Juliet asked Mrs. J. S. Lee to handle any urgency in her absence.

해설

회신이 필요 없다고 했으므로 정답은 ③이 와야 한다.

① Juliet Kim은 다음 화요일까지 전화를 받을 수 없다.

② City Corp.의 James Park이 줄리엣의 자동응답기에 메시지를 남겼다.

④ Juliet은 J. S. Lee에게 그녀의 부재로 인해 긴급사항을 처리해줄 것을 요청했다.

Juliet Kim입니다. 다음 화요일까지 출장 중이므로 전화를 받을 수 없습니다. 신호음이 울린 후 메시지를 남겨주십시오. 긴급한 사안이 있으시면 내선 242번으로 Mrs. J. Lee에게 연락하십시오. 고맙습니다.

Juliet, 여기는 City Corp.의 James Park입니다. 11월 2일 목요일 오전 10시 50분입니다. 다음주 금요일까지 당신의 프로젝트 보고서가 필요 없게 되어 알려드리려고 전화 드렸습니다. 회신은 안 하셔도 됩니다. 안녕히 계세요.

정답 45 ③

46 What is MOST proper in the blank? [19년 2회]

Dear Mr. Lawler,
We received your Purchase Order 456–99.
Unfortunately, the item below is ________:
Item No. 45–BC Black Chair

We will back order this item and ship it by February 15.
The rest of your order is being processed and will be shipped by January 20.
We appreciate your business and look forward to serving you in the future.

① in stock
② ready
③ not in stock
④ packed

해설

③ 문장 앞에 'Unfortunately(유감스럽게도)'라는 표현이 있으므로 밑줄에 들어갈 알맞은 말은 'not in stock(재고가 없음)'이다.

Mr. Lawler,
귀하께서 보내신 주문서 456–99를 받았습니다.
유감스럽게도 아래 물품은 재고가 없습니다.
물품 번호 45–BC 검은색 의자

저희는 이 물품을 다시 주문했고 2월 15일까지 구입할 예정입니다.
귀하께서 주문하신 나머지 물품은 처리 중이고 1월 20일까지 도착할 것입니다.
거래해 주셔서 감사드리며 다음에도 주문해 주시기를 바랍니다.

46 ③ **정답**

47 Ms. Kim, a secretary, should prepare a workshop based on the letter. Which is INCORRECT about the letter? [18년 2회]

> Thank you for your kind invitation to be the guest speaker at your organization's May meeting. I am happy to do so.
> Per your request, I will give a lecture and slide show in the morning and present a workshop in the afternoon. The workshop is limited to twenty participants. We'll need long table(6ft×2ft) for the workshop, one per participant plus two additional ones for my use. I am enclosing a contract for your convenience. Please note that 25% of the lecture and workshop fees are payable upon signing. The remainder, including transportation costs, can be paid at the conclusion of the workshop. As soon as the contract is returned, I will have my travel agent book the trip to take advantage of the lowest possible airfare.

① This is the reply to the invitation as a guest speaker.
② At the conclusion of the workshop, the writer can get 75% of the whole fees.
③ The writer asks the receiver of the letter to reserve the trip ticket.
④ The writer wants to use two long tables for the workshop for himself.

해설

계약이 체결되면 자신의 여행사가 가장 저렴한 비용으로 항공권을 구매할 것이라는 내용이므로 ③은 맞지 않는다.

48 Look at the following sales table and choose one which is not explained correctly. [17년 2회]

> Year–End Sales Figures
> Sales performance for each quarter last year is broken down by product category. Earnings for the previous year far exceeded projected sales.

	Q1	Q2	Q3	Q4
Cosmetics	3,427	37,560	32,990	32,423
Costumes	14,500	7,300	16,950	17,600
Jewelry	2,550	3,150	3,100	3,210
Accessories	4,225	4,560	4,750	4,840

① The sales of cosmetics have reached the peak in the second quarter.
② The item whose sales picked up substantially in the third quarter compared to second one is Jewelry.
③ There was no observable change in the sales of Accessories throughout the year.
④ The sales figure of cosmetics has decreased slightly from the third quarter to the fourth quarter.

해설

② 2분기에 비해 3분기에 매출이 크게 증가한 품목은 옷이다.
① 2분기 화장품 판매가 정점에 도달했다.
③ 1년 내내 액세서리 판매에서 눈에 띄는 변화는 없다.
④ 화장품 매출액은 3분기부터 4분기로 소폭 감소했다.

49 Choose one that does not correctly explain each other. [18년 1회]

① Voice mail : a system where people leave recorded telephone messages
② Staple : a metal object pressed through papers to hold them together
③ Tape : a sticky material that keeps objects together
④ Atlas : a room or building where books are kept

해설

④ 지도책 : 책을 보관하는 방 또는 건물

50 Fill in the blanks with the BEST ones. [20년 2회]

A : Intercontinental Hotel. How may I direct your call?
B : Reservations, please.
A : Just a moment, please.
C : Reservations. How may I help you?
B : I'd like to make a reservation. Do you have a double room available from the 15th of March through the 17th?
C : Yes, we have. Your room ___________ from March 15th to 17th. May I have your credit card number ________ your reservation?

① is booked – to guarantee
② booked – to confirm
③ is booked – for reconfirming
④ booked – for making

49 ④ 50 ① 정답

해설

① 방의 예약이 '되다'는 의미의 수동태를 사용해야 하므로 'is booked'라고 써야 하며 예약을 보증하기 위한 신용카드 번호가 필요하므로 'guarantee'를 사용해야 한다.

A : Intercontinental Hotel입니다. 어디로 연결해드릴까요?
B : 예약부서로 연결해 주세요.
A : 잠시만 기다려 주세요.
C : 예약부서입니다. 무엇을 도와드릴까요?
B : 예약을 하고 싶습니다. 3월 15일부터 17일까지 더블룸 예약이 가능한가요?
C : 네. 방이 있습니다. 3월 15일부터 17일까지의 방 예약이 완료되었습니다. 당신의 예약을 보증하기 위한 신용카드 번호를 알려주시겠습니까?

51 **Choose one which is not true to the given conversation.** [15년 2회]

Ms. Clinton : Hello, Sandra Clinton speaking.
Mr. Clark : Hello, Ms. Clinton. This is James Clark from TBN Company. I'm calling in regard to your message about a meeting.
Ms. Clinton : Thank you for returning my call. I was calling to see if we could meet tomorrow to discuss our investment policy.
Mr. Clark : Sure, what time is fine with you?
Ms. Clinton : How about tomorrow afternoon at 2 o'clock at my office?
Mr. Clark : That sounds good.
Ms. Clinton : Then, see you tomorrow at 2 in the afternoon. And please check the details of investment policy before coming.
Mr. Clark : Okay. See you.

① Mr. Clark is returning Ms. Clinton's call.
② Ms. Clinton and Mr. Clark will have a meeting at Ms. Clinton's office.
③ The person who suggested a meeting first is Mr. Clark.
④ Mr. Clark should check the investment policy before the meeting tomorrow.

정답 51 ③

해설

③ 첫 번째로 회의를 제시한 사람은 Mr. Clark가 아니라 Ms. Clinton이다.

Ms. Clinton : 안녕하세요. 샌드라 클린턴입니다.
Mr. Clark : 안녕하세요. 클린턴 씨. TBN 회사의 제임스 클라크입니다. 저는 회의에 대한 당신의 메시지에 관련해서 전화 드렸습니다.
Ms. Clinton : 다시 전화 주셔서 감사합니다. 우리가 투자정책을 논의하기 위해 내일 만날 수 있는지를 알기 위해 전화 드렸습니다.
Mr. Clark : 물론입니다. 몇 시가 좋으십니까?
Ms. Clinton : 내일 오후 2시에 제 사무실에서 어떻습니까?
Mr. Clark : 좋습니다.
Ms. Clinton : 그러면 내일 오후 2시에 뵙겠습니다. 그리고 투자정책의 세부사항은 오시기 전에 체크 부탁드리겠습니다.
Mr. Clark : 네, 내일 뵙겠습니다.

52 Choose one to fill in the blank below with the MOST appropriate vocabulary term. [20년 1회]

________ immediately, the marketing services division has been reorganized as follows. There will be four separate departments; Customer Services, Market Research, Advertising, and Field Sales.

① Efficient
② Efficiently
③ Effective
④ Effection

해설

③ Effective immediately는 '지금부터, 즉시, 곧바로'라는 뜻으로 관용구로 쓰이는 말이다.

곧바로 마케팅 서비스 부서는 다음과 같이 재편성되었다. 4개의 별도의 부서가 있을 것이다; 고객서비스, 시장 조사, 광고, 그리고 현장판매.

53 Which English translation is grammatically INCORRECT? [18년 1회]

① 참고가 되는 통계를 첨부합니다.
Statistics are attached for reference.

② 이 공장기계는 한국제입니다.
This machine tool was made in Korea.

③ 저희 최신공장은 공업단지에 있습니다.
Our most new plant is located on the industrious zone.

④ 재고는 계절에 따라 오락가락합니다.
The inventory fluctuates up and down depending on the season.

해설

③ most new → newest

54 Read the following sets of Q&A conversation and choose one that does not match each other. [17년 1회]

① A : Why don't you go to a Korean tourist attraction near here?
B : Great. Do you know anywhere you'd like to recommend?

② A : We had a three-hour layover in JFK airport.
B : I'm glad to hear that. I've heard a lot about you from Ms. Jones.

③ A : Would you like to join us for dinner if you are not busy?
B : Thank you. I'd like that very much.

④ A : Let me take one of your bags.
B : That's very thoughtful of you.

해설

② A : 우리는 JFK 공항에서 3시간 레이오버(중간 기착지에서 24시간 미만 체류) 했어요.
B : 그 말을 들으니 기쁩니다. Ms. Jones에게서 당신에 대해 얘기 많이 들었어요.
① A : 여기 근처 한국의 관광 명소에 가보지 않겠어요?
B : 좋아요. 추천하고 싶은 곳을 아시나요?
③ A : 바쁘지 않다면 우리와 저녁식사 함께 하실래요?
B : 고마워요. 정말 좋은데요.
④ A : 가방 하나 들어 드릴게요.
B : 정말 고마워요.

정답 53 ③ 54 ②

55 **Belows are sets of Korean sentences translated into English. Choose one which is not correctly translated.** [16년 2회]

① In the past quarter our domestic sales have increased by 50% while our overseas sales by 19%.
지난 분기 우리의 국내판매는 50% 증가하였고 반면 해외판매는 19% 감소하였습니다.

② I am wondering if I am able to postpone the meeting scheduled this Friday to next Friday.
제가 이번 금요일로 예정된 회의를 다음 주 금요일로 미루는 것이 가능할까요?

③ If you have any further queries, please do not hesitate to contact me on my direct line.
질문이 더 있으시면 주저하지 마시고 제 직통전화로 연락하십시오.

④ Manual and service industry workers are often organized in labor unions.
육체노동자들과 서비스산업 종사자들은 종종 노동조합에 가입되어 있다.

해설

① by 앞에 increased가 생략된 것으로 봐야 한다.
In the past quarter our domestic sales have increased by 50% while our overseas sales by 19%.
지난 분기 해외판매는 19% 증가한 반면 우리의 국내 판매는 50% 증가하였습니다.

56 **Choose the word which is the best for the underlined blanks in common.** [15년 1회]

> ________ beverage will be available during the conference.
> ________ copy of the magazine should be ready for every participant.

① Congratulatory
② Complimentary
③ Executive
④ Extraordinary

해설

② 회의 참석자들에게 제공되는 음료 및 자료는 무료이므로, 밑줄 친 공란에 들어갈 어휘는 complimentary이다. 같은 의미의 단어에는 free도 있으나 이것은 그야말로 '공짜'라는 의미이며, 호텔이나 레스토랑 등 '접대', '서비스'의 장소에서 무료로 비치되었다는 의미로서 complimentary를 쓰면 보다 격식에 맞다.
① Congratulatory : 축하의
③ Executive : 고급의, 중요인물을 위한
④ Extraordinary : 눈에 띄는, 비범한

55 ① 56 ② 정답

57 What is the following passage referring to? [17년 1회]

> This is a speech that reveals the main theme of the event as a whole in public speaking. At political or industrial conventions and conferences and at academic conferences, this is delivered to set the underlying tone and summarize the core message or most important theme of the event. It even establishes the framework for the following events or agenda.

① Congratulatory remarks
② Keynote address
③ Closing remarks
④ Welcoming speech

해설

② Keynote address : 기조연설
① Congratulatory remarks : 축사
③ Closing remarks : 마무리 발안
④ Welcoming speech : 환영사

> 이것은 공개연설에서 전체적으로 행사의 주요주제를 드러내는 연설이다. 정치적이거나 산업적 컨벤션과 컨퍼런스 그리고 학술대회에서 이것은 기본 분위기를 설정하고 이벤트의 핵심메시지 또는 가장 중요한 주제를 요약하기 위해 전달된다. 이것은 뒤이어 나올 행사들이나 의제를 위한 틀을 정립하기도 한다.

58 Read the following conversation and choose one which is not true? [18년 2회]

> Mr. Louis : I'm here for the convention, as a visitor.
> Ms. Jenkins : Okay. Can I have your ID, please? Every visitor has to be registered.
> Mr. Louis : Certainly. Here you are.
> Ms. Jenkins : Okay….
> Here's your ID back. We have our welcoming pack in this bag. In the welcoming pack, there should be a map of the hall so you can find your way. There is also a list of the participanting companies and information about them.
> Mr. Louis : Thank you. Would it be possible to get some extra brochures? I want to share them with my colleagues.
> Ms. Jenkins : Sure, here you are, sir. If you need any help, please let me know.

① All visitors have to present their identification.
② Mr. Louis wants to give brochures to his colleagues.
③ Ms. Jenkins didn't prepare anything for the participants.
④ Mr. Louis can get information about participating companies.

해설

③ Ms. Jenkins는 홀 지도와 함께 참가자의 명단과 정보가 들어 있는 Welcoming Pack을 준비하였다.

정답 57 ② 58 ③

59 Which is a LEAST proper English expression? [19년 2회]

① 주문하신 제품을 배송하였음을 알려드립니다.
This is to let you know that we've shipped your order.

② 저는 품질보증부의 Jack Owen입니다.
My name is Jack Owen in the Warranty Department.

③ 저희 로스엔젤레스 지사의 부장, Michael Hong께서 귀하의 존함을 알려주셨습니다.
I was given by your name of the Director Michael Hong for our Los Angeles office.

④ 제가 도와드릴 수 있는 일이 또 있으면 연락 주십시오.
If there's anything else I can help you, please let me know.

해설

③ 주어진 문장은 "The Director Michael Hong for our Los Angeles office gave me your name."이라는 4형식 능동태 형식을 간접목적어(me)를 주어로 하여 수동태 형식으로 바꾼 것이다. 이 경우 어순은 '간접목적어(I)+be p.p+직접목적어+by 행위자'이므로 "I was given your name by the Director Michael Hong for our Los Angeles office."가 옳은 표현이다.

60 Choose the statement that is not true according to the following flight schedule. [15년 1회]

Flight No.	Departure : Taipei	Arrival : Bangkok
AP 318	8:20 a.m.	11:40 p.m.
AP 307	5:20 p.m.	8:50 p.m.
Flight No.	**Departure : Tokyo**	**Arrival : Seoul**
AP 304	10:30 a.m.	12:50 p.m.
AP 309	7:05 p.m.	9:25 p.m

① The arrival time of AP 318 at Bangkok is 11:40 p.m.

② AP 307 leaves Taipei at 5:20 p.m.

③ AP 304 gets to Seoul at 12:50 p.m.

④ AP 309 leaves for Seoul at 9:25 p.m.

해설

표에 나타난 AP 309편의 오후 9시 25분은 서울에 도착하는 시간이다. ④는 서울을 향해 떠나는 시간이므로 도쿄를 출발하는 오후 7시 5분이 되어야 맞다.

59 ③ 60 ④ **정답**

61 **다음은 공문서 작성 시 항목(1., 2., 3., 4., …)을 구분하여 작성하는 방법이다. 항목 작성 시 표시위치와 띄어쓰기에 관한 설명이 가장 적절하지 않은 것은?** [20년 2회]

① 첫째 항목기호는 왼쪽 처음부터 띄어쓰기 없이 왼쪽 기본선에서 시작한다.
② 하위항목부터는 상위항목 위치에서 오른쪽으로 2타씩 옮겨 시작한다.
③ 항목이 한 줄 이상인 경우에는 항목 기호(1., 2., 3., 4., …)위치에 맞추어 정렬한다.
④ 항목이 하나만 있는 경우 항목기호를 부여하지 아니한다.

해설
③ 항목이 한 줄 이상인 경우에는 항목 내용의 첫 글자에 맞추어 정렬한다.

62 **상공에너지의 위임전결 규정의 일부가 아래 표와 같다. 아래 표에 의거하여 문서의 결재가 이루어졌다. A문서와 B문서의 안건이 알맞게 짝지어진 것은?** [16년 2회]

〈위임전결표〉

업 무	팀 장	부사장	대표이사
조직개편 사항			○
경영위원회 안건 제출		○	
예산 배정 요청	○		
경영분석 자료 제출	○		
인사규정의 개정			○
인사규정의 개정 요청		○	

〈문서의 결재상황〉

A 문서	대리 진서우	팀장 신준영	부사장 대결 박서현
B 문서	과장 한수진	팀장 대결 신준영	부사장 전결

① A : 조직개편 사항　　B : 경영위원회 안건 제출
② A : 경영위원회 안건 제출　　B : 인사규정의 개정 요청
③ A : 인사규정의 개정 요청　　B : 경영분석 자료 제출
④ A : 인사규정의 개정　　B : 예산 배정 요청

해설
• 대표이사 : 조직개편 사항, 인사규정의 개정
• 부사장 : 경영위원회 안건 제출, 인사규정의 개정 요청
• 팀장 : 예산 배정 요청, 경영분석 자료 제출

정답 61 ③ 62 ①

63 **다음 중 문장부호 사용법이 잘못된 것은?** [19년 2회]

① "어디 나하고 한번…."하고 민수가 나섰다.
② 광역시 : 광주, 대구, 대전, …
③ 날짜 : 2019. 10. 9.
④ 상사는 "지금 바로 출발하자."라고 말하며 서둘러 나갔다.

해설

② 열거할 어구들을 생략할 때 사용하는 줄임표 앞에는 쉼표를 쓰지 않으므로, '광역시 : 광주, 대구, 대전…'이라고 쓰는 것이 바르다.

64 **아래 감사장 내용과 작성에 관련한 설명이 가장 적절하지 않은 것은?** [19년 2회]

> 감사의 글
> 신록의 계절을 맞이하여 귀하의 건강과 발전을 기원합니다. 이번 본인의 대표이사 취임을 축하해주신 문철수 사장님의 많은 관심과 배려에 감사드립니다. 미약한 능력이나마 제게 맡겨진 역할과 임무에 최선을 다해 노력하겠습니다. 아무쪼록 지금과 같이 아낌없는 관심과 지원 부탁드립니다. 시간을 내어 축하해주신 모든 분을 찾아뵈어야 하는데 서면으로 인사를 드리게 되어 송구스럽습니다.
>
> 주식회사 상공상사
> 대표이사 최진우

① 대표이사 취임을 축하해준 문철수 사장에 대한 감사인사를 하기 위해 작성한 것이다.
② 많은 사람에게 동일한 내용을 발송하는 경우 수신자의 이름과 직책은 메일머지를 사용하면 편리하다.
③ 축하해주신 분을 직접 찾아뵙고 감사인사를 드릴 예정임을 미리 알리는 서신이다.
④ 취임에 대한 축하를 받은 후에 일주일 이내에 작성해서 발송하는 것이 좋다.

해설

③ 감사장은 축하나 위문 등을 받았을 때 또는 업무상 협조나 편의를 제공받았을 때 상대방의 호의와 도움에 감사하는 마음을 전하기 위해 작성하는 문서이다.

63 ② 64 ③ **정답**

65 **다음 중 김채영 비서의 이메일 사용방법에 대한 설명 중 가장 적절하지 않은 것은?** [15년 2회]

① 동시에 여러 사람에게 동일한 전자우편을 보낼 수 있는 동보기능을 사용하였다.
② 첨부파일을 포함하여 받은 전자우편을 다른 수신자에게 보내기 위해 BCC를 사용하였다.
③ 수취일시를 저장해 그 일시에 수취인에게 송신되도록 예약하였다.
④ 본래의 수신인 이외에 다른 수신인을 지정하여 발신하기 위해 CC를 사용하였다.

해설
② 첨부파일을 포함해 받은 전자우편을 다른 수신자에게 보내는 것은 전달(Forward)을 사용한다.

66 **다음은 상사가 해외출장 후 박 비서에게 전달한 명함이다. 정리순서대로 올바르게 나열한 것을 고르시오.** [20년 2회]

(가) Stephen Lee
(나) Dr. Stephanie Leigh
(다) Kimberley, Charles
(라) Mr. Charlie Kimberly, CAP
(마) Eugene Maslow, Jr.
(바) Eric–Charles Maslow, ph.D

① (나)–(바)–(마)–(다)–(라)–(가)
② (다)–(라)–(가)–(나)–(바)–(마)
③ (라)–(바)–(마)–(다)–(나)–(가)
④ (다)–(라)–(나)–(가)–(마)–(바)

해설
영문명의 명함정리는 먼저 '성'을 기준으로 알파벳순으로 정리한다. '성'이 동일할 경우 이름을 기준으로 알파벳순으로 정리한다.

정답 65 ② 66 ②

67 다음 각 비서들의 명함관리 방법에 해당하는 사례에 대한 정리방법이 순서대로 기입된 것은? [16년 1회]

> 가. 최 비서는 받은 순서대로 일련번호를 명함에 기재하고, 명함에 관련된 정보를 입력하고 일련번호 순으로 정리한다.
> 나. 고 비서는 명함정보를 입력하고 회사명의 가나다순으로 정리하였다.
> 다. 박 비서는 명함정보를 입력하고 이름명의 가나다순으로 정리하였다.

① 주제별 – 주제별 – 명칭별
② 번호식 – 명칭별 – 명칭별
③ 번호식 – 주제별 – 명칭별
④ 주제별 – 명칭별 – 명칭별

해설

가. 일련번호를 사용하였으므로 번호식 정리방법을 사용하였다.
나 · 다. 가나다순으로 정리하였으므로 명칭별 분류방법을 사용하였다.

68 문서의 회람에 대한 적절한 설명끼리 묶인 것은? [17년 2회]

> 가. 여러 사람이 읽어야 할 문서는 여러 장 복사해서 회람한다.
> 나. 최대 10명으로 제한하여 신속하게 완료될 수 있도록 한다.
> 다. 다수의 사람이 모여 의견을 교환하는 활동을 정리할 때 활용한다.
> 라. 한 장소에 모여 의견을 나누고 그 실시사항을 결정하는 경우에 활용한다.

① 없다.
② 가
③ 가, 나
④ 가, 다

해설

② 회람은 전달해야 하는 내용을 개별적으로 발송하기 어려운 경우 한 문서로 여러 직원들에게 전달하고자 할 때 편리한 문서라고 볼 수 있다. 단기간 내에 여러 사람에게 읽혀야 할 것은 여러 장 복사해서 필요한 사람들에게 배포하기도 한다. 이때 원본에는 배포한 장소를 기입해야 한다.

67 ② 68 ② 정답

69 **다음 우편서비스 중에서 기본적으로 등기 취급되는 것에 해당하지 않은 것은?** [19년 1회]

① 국내특급우편
② 민원우편
③ e-그린우편
④ 배달증명

해설

③ e-그린우편은 편지 내용문과 주소록을 우체국이나 인터넷 우체국에 접수하면 내용문 출력부터 봉투에 넣어 배달해 주는 전 과정을 대신해주는 서비스이다.

70 **아래 그림에서 사용한 문서 분류방법의 특징으로 가장 적절한 것은?** [16년 2회]

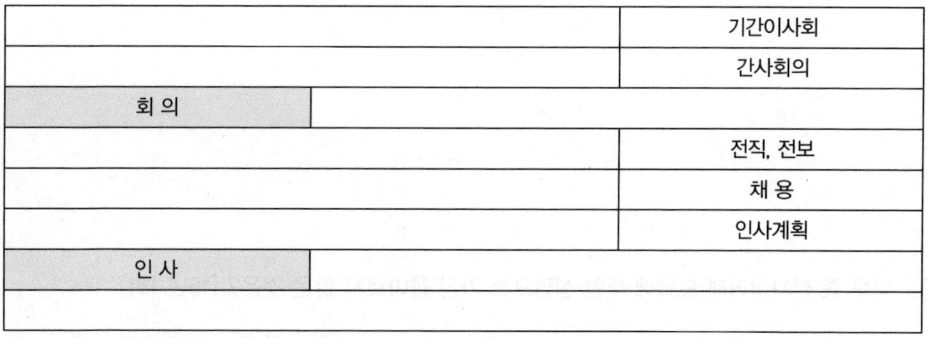

	기간이사회
	간사회의
회 의	
	전직, 전보
	채 용
	인사계획
인 사	

① 간접적인 정리방법으로 비용이 많이 든다.
② 문서내용을 언급할 필요가 없어 문서보안에 용이하다.
③ 거래상대방이 있는 자료의 분류에 주로 사용되는 방법이다.
④ 같은 주제나 활동에 관련된 문서를 한곳에 모을 수 있다.

해설

④ 회의, 인사는 대분류 문서 분류방법이고, 기간 이사회, 간사회의, 전직 · 전보, 채용, 인사계획 등은 소분류한 것으로 같은 주제나 활동별로 문서를 정리한 것이다.

정답 69 ③ 70 ④

71 **공공기관의 전자문서에 대한 설명이 가장 적절하지 않은 것은?** [20년 2회]

① 전자이미지서명이란 기안자 · 검토자 · 협조자 · 결재권자 또는 발신명의인이 전자문서상에 전자적인 이미지 형태로 된 자기의 성명을 표시하는 것을 말한다.

② 전자문자서명이란 기안자 · 검토자 · 협조자 · 결재권자 또는 발신명의인이 전자문서상에 자동 생성된 자기의 성명을 전자적인 문자 형태로 표시하는 것을 말한다.

③ 전자문서는 업무관리시스템 또는 전자문서시스템에서 전자문자서명을 하면 시행문이 된다.

④ 전자문서의 경우에는 수신자가 관리하거나 지정한 전자적 시스템에 입력됨으로써 그 효력을 발생하는 도달주의를 원칙으로 한다.

해설

③ 전자문서를 전자문자서명을 한다고 해서 곧바로 시행문이 되는 것은 아니고, 발신 처리의 과정이 필요하다.

72 **다음 중 전자상거래 모델에 대한 설명으로 가장 올바르지 않은 것은?** [15년 1회]

① G2B는 정부와 기업 간의 거래에 해당하는 것으로서 대표적인 것이 나라장터이다.

② B2B는 기업과 기업 사이의 거래를 기반으로 한 전자상거래 비즈니스 모델이다.

③ B2C는 기업이 소비자를 상대로 상품을 판매하는 형태를 의미한다.

④ C2B는 소비자가 주체가 되어 기업과 상거래를 하는 것으로 공동구매를 의미한다.

해설

④ C2B(Customer to Business)는 고객(소비자)과 기업 간 전자상거래(인터넷 비즈니스)를 소비자가 개인 또는 단체를 구성하여 상품의 공급자나 상품의 생산자에게 가격이나 수량 또는 서비스 등에 관한 조건을 제시하고 구매하는 것을 말한다.

71 ③ 72 ④ 정답

73 다음은 여러 가지 문서 작성을 위한 자료 수집 방법이다. 가장 적절하지 않은 것은? [20년 1회]

① 초대장을 작성하는 경우 해당 장소로의 접근 방법(이동 경로, 교통편, 주차장 이용 등)에 대한 자료 수집이 필요하다.

② 감사장을 작성할 경우 감사장을 받을 상대가 어떤 호의를 왜 베풀었는지에 관한 내용을 수집하는 것이 가장 중요하다.

③ 상사를 대신하여 일처리를 하기 위해 위임장을 작성하는 경우 위임할 사람의 정보, 위임받을 사람의 정보 등이 필요하다.

④ 이메일로 문서를 작성할 경우 전달방법이 전자적인 형태일 뿐, 문서의 내용상 수집할 사항은 종이 문서와 비교하여 특별히 달라지는 것은 아니다.

해설

② 감사장은 상대방의 호의와 도움에 감사하는 마음을 전하기 위하여 작성하는 문서이다. 따라서 '언제 · 어디서 호의를 받았는지', '어떤 일로 호의를 받았는지' 등을 구체적으로 기술하여야 하지만 공손하고 진심 어린 마음이 담겨 있어야 하며 감사의 기분을 강조하여 작성하는 것이 중요하다. 또한, 겸손하고 정중하면서도 서식에 맞추어서 작성해야 한다.

74 인터넷을 통해서 정보를 찾고 있다. 다음 중 가장 적절하지 않은 방법은? [19년 2회]

① 잘 모르는 시사경제용어가 있어서 네이버 지식백과사전을 활용하여 내용을 확인했다.

② 한국공항공사 홈페이지에서 항공기 이착륙 정보를 확인하였다.

③ 경쟁회사의 소액주주명단 확인을 위해서 전자공시시스템에서 검색하였다.

④ 국가직무능력표준에 입각한 채용을 위하여 NCS홈페이지에서 직무정보를 확인하였다.

해설

③ 전자공시시스템은 회사개황, 순이익, 매출액 등 기업의 '신체검사'가 잘 나타나 있는 기업공시시스템으로, 소액주주 명단은 이 시스템에 나타나지 않는다.

정답 73 ② 74 ③

75 다음 중 아래 신문기사에 대한 내용으로 가장 연관이 적은 것은? [20년 1회]

5G 서비스 만족도 30%대 불과…커버리지 불만多

5G 이동통신 서비스 가입자가 400만 명을 넘어섰으나, 소비자 만족도는 30%대에 그치는 것으로 조사됐다. 특히, 커버리지에 대한 불만이 가장 많은 것으로 나타났다.
이동통신 전문 리서치기관 컨슈머인사이트는 5G 스마트폰 이용자 33,295명을 대상으로 조사한 결과, 이같이 집계됐다고 14일 밝혔다.
구체적으로 데이터 속도에서는 ○○텔레콤 34%, ㅁㅁ텔레콤 36%, ☆☆텔레콤 37%의 만족률을 보였다. 5G 커버리지(전국망) 만족률은 ○○텔레콤 28%, ㅁㅁ텔레콤 30%, ☆☆텔레콤 29%다.
5G 데이터 품질(안정성, 끊김 없음)은 ○○텔레콤 32%, ㅁㅁ텔레콤 32%, ☆☆텔레콤 34%, 5G 데이터 전반적 만족도는 ○○텔레콤 31%, ㅁㅁ텔레콤 32%, ☆☆텔레콤 33%에 그쳤다.
컨슈머인사이트는 "통신 3사 간 5G 만족도에 큰 차이가 없었으며, 전반적인 만족수준이 낮다는 점이 특징"이라며 "특히 커버리지 만족률은 3사 모두 30% 이하로 낮은 평가의 원인이 됐다."고 지적했다.
이 같은 5G 만족률은 LTE에 크게 못 미치는 수준이다. 컨슈머인사이트의 올해 상반기 조사에 따르면, 전반적인 LTE 데이터 만족도는 53%였다. 당시 LTE 데이터 만족률은 ○○텔레콤 59%, ㅁㅁ텔레콤 49%, ☆☆텔레콤 47% 순이었다.
컨슈머인사이트는 또, 5G 가입자의 빠른 증가원인으로 예상보다 높지 않은 단말기 가격을 꼽았다. 5G 단말기의 실구입가(프로모션, 보조금 등 제외 시)는 71만 5,000원으로 조사됐다. 이는 지난해 같은 기간조사 때 LTE 스마트폰의 실구입가 65만 1,000원과 5만 4,000원밖에 차이나지 않았다.
컨슈머인사이트는 "통신사들이 5G 가입자 유치를 위한 프로모션을 펼치면서 실질적인 단말 가격 상승은 크지 않았음을 알 수 있다."고 분석했다.
한국통신사업자연합회(KTOA)에 따르면, 지난달 말 기준 5G 가입자는 433만 명을 넘어선 상태다. 이는 전체 휴대전화 이용자의 6%에 달한다.
소비자들은 5G 서비스에서 고화질, 고용량 콘텐츠에 대한 기대(32%)가 가장 컸다. 그러나 '특별히 기대한 것 없음(저렴해서 구입 등)'이라는 응답이 두 번째로 많아(27%) 5G 특유의 장점을 모르거나 중요하지 않다고 느끼며 구입한 경우도 상당했다.

① 가격에 의한 요인으로 5G 가입자는 빠른 속도로 증가하고 있다.
② 5G에 대한 소비자의 만족도는 특히 5G 커버리지(전국망) 만족률에서 낮게 나타났다.
③ 5G 만족도는 통신 3사 모두 낮으며 데이터 속도와 커버리지 만족도는 ○○텔레콤이 가장 높다.
④ 지난달 말 기준 5G 가입자는 전체 휴대전화 이용자의 1/10이 되지 않았다.

해설

③ 데이터 속도에서는 ☆☆텔레콤이 37%로 가장 만족도가 높으며 커버리지 만족도는 ㅁㅁ텔레콤이 30%로 가장 높다.
① 예상보다 높지 않은 단말기 가격이 5G 가입자를 빠른 속도로 증가시키고 있다.
② 커버리지 만족률은 3사 모두 30% 이하로 만족도 조사에서 가장 낮게 나타났다.
④ 5G 가입자는 전체 휴대전화 이용자의 6%에 달한다.

75 ③ 정답

76 **최 비서는 다음 신문기사를 분석해 보고서를 작성하려고 한다. ㉠ 부분의 자치구별 사망사고 수와 ㉡ 부분의 연령별 교통사고 사망자 비율을 표현하는 데 가장 적합한 그래프 형태를 바르게 연결한 것은?** [16년 2회]

> 2016년 상반기 서울시 교통사고 사망자는 171명으로, 교통사고 통계를 낸 이래 가장 적은 수치를 기록했다. 서울시 자료에 따르면 2015년 서울시 교통사고 사망자 수는 총 372명, 10만 명당 교통사고 사망자 수로 환산하면 3.81명이다.
> ㉠ 서울지방경찰청의 2016년 상반기 교통 사망사고 분석결과에 따르면 25개 자치구에서 사망사고가 가장 많은 구는 동작구(12명)고, 가장 적은 구는 종로구와 중랑구(2명)다. 6배나 차이가 나는 셈이다.
> 10만 명당 교통사고 사망자 수로 환산하면 성동구가 3.28명으로 가장 많고 가장 적은 지역은 중랑구(0.48명)로 조사됐다.
> 무단횡단 사망자를 연령대별로 살펴보면 60대 이상 노인층이 73명으로 60%를 차지한다. 서울시는 노인층의 교통사고를 줄이기 위해 2014년 6월 폐지수집 노인 6,354명에게 안전 조끼와 손수레 안전표시를 지급했다. 어르신 우대용 교통카드 발급 시 교통안전 의무교육도 하고, 노인보호구역도 해마다 20곳을 새로 지정해 늘려가고 있지만, ㉡ 교통사고 사망자 중 60대 이상이 차지하는 비율은 2010년 29.1%에서 2015년 37.4%로 꾸준히 늘고 있다. 노령인구 증가가 원인이기도 하지만, 노인들의 사회활동이 늘고 있는 데서도 원인을 찾을 수 있다.
>
> [서울&] 2016년 8월 25일 기사 발췌

① 꺾은선그래프 – 막대그래프
② 혼합그래프 – 꺾은선그래프
③ 막대그래프 – 원그래프
④ 분산그래프 – 꺾은선그래프

해설

㉠ 25개 자치구의 교통 사망사고의 분석결과를 막대그래프로 나타내어 각 자치구별로 비교 · 분석하기 좋게 시계열로 나타내는 것이 좋다.
㉡ 전체 교통사고 사망자 중 노령인구의 사망자 비율을 백분율로 나타내어 하나의 원의 내부에 부채꼴로 구분한 원그래프 형식으로 나타내는 것이 좋다.

정답 76 ③

77 다음 그래프에 관한 설명 중 가장 적절하지 않은 것은? [18년 2회]

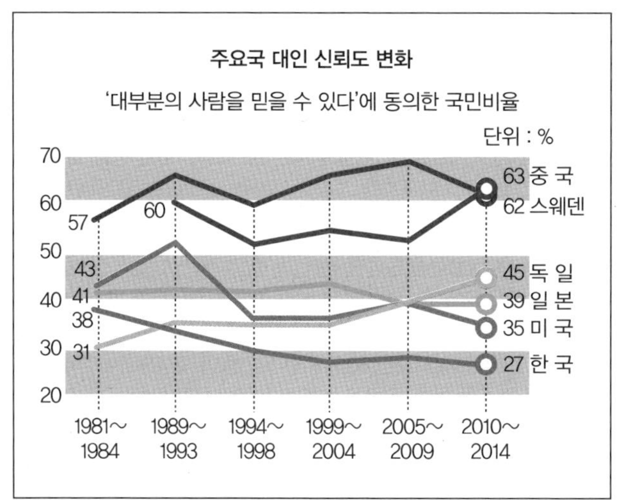

① 1990년 이후 우리나라 국민은 위 5개국 국민들보다 다른 사람을 못 믿는 편이다.

② 2005~2009년의 대인신뢰도는 독일, 일본, 미국이 거의 비슷하다.

③ 중국은 1981~1984년의 대인신뢰도 조사결과 자료가 없다.

④ 이 그래프는 누적꺾은선 그래프로서 시간흐름에 따른 변화를 보기에 편하다.

해설

④ 위 그래프는 꺾은선 그래프이다.

78 상사로부터 프레젠테이션 자료제작을 부탁받은 비서들이 사용하는 방법으로 가장 적절하지 않은 것은? [16년 1회]

① 박 비서는 문장보다 키워드로 구성된 도해, 그림, 사진으로 이미지화하였다.

② 황 비서는 모든 콘텐츠에 효과를 주어서 화려하게 작성했다.

③ 정 비서는 중요부분은 하이라이트 컬러를 사용해 강조했다.

④ 윤 비서는 템플릿을 이용하여 폰트, 색감, 레이아웃에 통일성을 주었다.

해설

② 중요한 것은 내용이므로 소리, 동영상, 애니메이션, 각종 그림 등은 내용을 파악하는 데 도움이 될 정도로만 삽입하고, 시선을 분산시켜서 집중도를 떨어뜨릴 정도의 화려함이나 애니메이션, 화면 전환 등은 피해야 한다.

77 ④ 78 ② **정답**

79 **다음 중 데이터베이스관리시스템(DBMS)에 대한 설명으로 가장 옳지 않은 것은?** [15년 1회]

① 데이터의 논리적 · 물리적 독립성이 보장된다.
② 여러 곳에서 자료입력이 가능하므로 데이터가 중복된다.
③ 데이터의 실시간 처리로 최신데이터 유지가 가능하다.
④ 저장된 데이터를 공동으로 이용할 수 있다.

해설

② DBMS은 데이터 중복을 최소화할 수 있다. 하나의 데이터베이스에 여러 응용 프로그램의 접근이 가능하기 때문에 경제성, 조작성 등의 장점이 있다.

80 **경기전자 모바일사업본부장 비서로 일하고 있는 장채은 비서는 제품발표회 준비를 앞두고 회의장에서 다양한 종류의 휴대폰모형을 직접 보여주면서 프레젠테이션을 진행할 때 사용할 기자재를 선정하고 있다. 다음 중 가장 적합한 기자재는 무엇인가?** [15년 2회]

① 빔프로젝터
② OHP
③ 실물화상기
④ 3D 프린터

해설

③ 물건의 실제형태를 화상기에 비추는 기계로 여러사람에게 보여줄 때 주로 사용된다.

정답 79 ② 80 ③

제6회 기출유형 모의고사

제1과목 | 비서실무

01 최근 벤처회사 대표비서로 이직한 A비서는 급증한 업무량으로 매일 야근을 하면서 스트레스를 받고 있다. 다음 중 A비서의 업무 문제해결방법으로 가장 적절한 것은? [18년 2회]

① 상사에게 솔직하게 어려움을 이야기한 후 비서 업무분장을 조정해 줄 것을 상사에게 요청한다.
② 상사에게 업무의 우선순위를 검토해 줄 것을 요청한 후 우선순위가 높은 비서업무에만 집중하는 것이 업무의 효율성을 높이는 데 도움이 됨을 상사에게 말씀드린다.
③ 가급적이면 쉬운 일을 먼저 끝내 어려운 업무를 할 수 있는 시간을 확보한다.
④ A비서의 업무 중 사무관리시스템으로 처리가 가능한 업무를 선별하여 사무관리시스템으로 처리될 수 있는 방안을 담당부서와 논의해 본다.

해설

③은 단기적으로만 효과가 있을 방법이다. 무리하게 일이 많은 경우 어떤 부분이 비효율적인지를 스스로 파악하고 검토하여 처리시스템을 변경할 것을 협의하는 ④의 해결책이 바람직하다.

01 ④ **정답**

02 다음은 비서의 내방객 응대에 관한 대화이다. 가장 부적절한 것은? [20년 2회]

(약속된 내방객이 들어선다.)
비서 : 안녕하세요. 10시에 약속하신 통일위원회 김영호 위원장님이시죠?……㉠
김 위원장 : 네, 그렇습니다.
비서 : 원장님께서 기다리고 계십니다. 이쪽에 앉아 잠시만 기다려 주십시오……㉡
김 위원장 : 네.
비서 : 위원장님, 원장님께 어떠한 용건이라고 말씀드릴까요?……㉢
김 위원장 : 직접 뵙고 말씀드릴 겁니다.
(원장님께 김 위원장님이 도착하셨음을 알린다.)
비서 : 위원장님, 기다려 주셔서 감사합니다. 이쪽으로 모시겠습니다……㉣
(좌석을 안내한다.)
비서 : 차는 녹차와 커피가 있습니다. 어느 것으로 올릴까요?

① ㉠ ② ㉡ ③ ㉢ ④ ㉣

해설
③ 선약되어 있는 내방객에게는 용건을 따로 묻지 않아도 무방하다.

03 사장은 김 비서에게 다음과 같이 지시를 내렸다. 이때 비서의 지시 받는 모습 중 가장 올바른 대처는? [20년 1회]

"김 비서! 요즘 '직장 내 괴롭힘 금지법'이 큰 이슈라 우리 회사도 이에 대한 매뉴얼을 얼른 만들어야 할 것 같아요. 인사팀장에게 지금 연락해서 위원 구성과 앞으로 어떻게 대책을 마련할 것인지에 대해 구상해서 내게 보고 좀 하라고 해주세요."

① "네 알겠습니다."라고 대답을 한 뒤 바로 인사팀장에게 전화를 걸어 "팀장님, 사장님께서 '직장 내 괴롭힘 금지법'에 관한 매뉴얼을 만들어서 보고하라고 하십니다. 언제까지라는 말씀은 없으셨습니다."라고 말씀드린다.
② 지시를 받은 후 "사장님, 그럼 팀장님께는 '직장 내 괴롭힘 금지법' 매뉴얼을 언제까지 만들어서 보고하라고 전달할까요?"라고 질문을 하였다.
③ "네. 알겠습니다."라고 대답을 한 뒤 바로 인사팀장에게 전화를 걸어 "팀장님, 사장님께서 '직장 내 괴롭힘 금지법' 관련 위원회를 구성해 매뉴얼 구상을 보고하라고 하십니다. 언제까지라는 말씀은 안 하셨습니다."라고 말씀드린다.
④ 지시를 받은 후 "사장님! '직장 내 괴롭힘 금지법'과 관련해서 우리 회사의 대책 방안에 관한 보고는 언제까지 올리라고 전달할까요?"라고 질문을 하였다.

해설
④ 상사가 '직장 내 괴롭힘 금지법'에 대한 매뉴얼을 인사팀장으로부터 받기를 원하고 있다. 비서는 지시를 수행하기 전에 상사에게 구체적인 기한을 물어본 다음 인사팀장에게 내용을 전달하는 것이 좋다.

정답 02 ③ 03 ④

04 상사의 해외출장 보좌업무를 수행하는 비서의 업무수행 방법으로 적절하지 않은 것은? [20년 1회]

① 해외 출장 중 호텔이나 교통편, 식당 이용 시 현금으로 팁을 제공하는 경우가 많으므로 이를 대비하여 소액권을 준비했다.

② 미국은 전자여행허가제(ESTA)를 통해 허가를 받으면 90일 동안 무비자로 체류가 가능하므로, 이를 신청하기 위해 전자 여권을 준비했다.

③ 상사가 외국인이기 때문에 여권 관련 업무를 위해 비서가 대신 한국대사관에 방문해서 업무를 처리했다.

④ 상사가 해외 현지상황을 대비해 출장 준비할 수 있도록 현지정보를 미리 수집하고 정리하여 상사에게 보고했다.

해설

③ 여권 관련 업무는 대리인이 처리할 수 없는 업무도 존재한다. 또한 상사가 속한 국적의 대사관에 방문해야 한다. 예를 들어 상사가 미국인일 경우 주한미국대사관에 방문해서 업무를 처리해야 한다.

05 손 비서는 오늘 오전 10시에 업무체결 가능성을 타진하기 위해 회사를 방문할 호주의 ABC Corp.의 Mr. Richard Miller 본부장을 맞이할 준비를 하고 있다. 상사로부터 중요한 방문객이므로 준비를 철저히 하라는 지시를 받은 손 비서의 응대준비로 가장 적절한 것은? [19년 2회]

① 경비실과 안내실에 미리 전화하여 방문객의 정보를 알려주고 도착 즉시 연락을 부탁하였다.

② 상사와 처음 만나는 분이므로 방문객에 대해 사전정보를 얻고자 궁금한 점을 정리하여 일주일에 여유를 두고 호주 본부장 비서에게 이메일을 보냈다.

③ 상사와 함께 회의에 참석할 사내 임원진들에게 10시까지 회의실에 모이도록 사전에 연락해두었다.

④ 회사소개 및 협력방안 프레젠테이션 자료를 사전에 ABC 회사에 보내 주어 검토를 부탁하였다.

해설

②·③·④ 손님 응대 전 준비사항이다.

04 ③ 05 ① **정답**

06 나이가 어느 정도 드신 손님이 찾아와 상사가 지금 있는지를 비서에게 물어봐서 부재중이라고 했더니 그냥 가려고 하였다. 비서가 이름과 용건을 남겨달라고 했더니, 괜찮다고 다음에 다시 오겠다고 하였다. 이 경우 가장 적절한 응대법은? [19년 1회]

① 다음에 오실 때는 사전예약을 하고 오시라고 말씀드리고 친절하게 배웅을 했다.
② 메모지와 봉투를 손님에게 주면서 이 안에 성함이라도 적어 봉투에 넣어 밀봉해 주시면 전달해 드리겠다고 하였다.
③ 손님이 굳이 알리고 싶어 하지 않으므로 그냥 가시게 하였다.
④ 상사에게 지금 전화연결을 해 드린다고 적극적인 자세를 취하였다.

해설

내방객의 성함조차 모르고 돌려보내는 것은 예의가 아니고 상사에게 보고 드리는 것에도 문제가 생길 수 있으므로 ②처럼 제안한다.

07 다음은 공식행사에 참석하는 상사를 보좌하는 비서의 업무내용이다. 가장 적절하지 못한 것은? [19년 1회]

① 공식행사에 초대받은 상사를 위해 드레스코드(Dress Code)에 맞는 의상이 무엇인지 인터넷으로 검색한 사진을 인쇄해 드렸다.
② 공식만찬에 초대받은 상사를 위해 주최 측에 연락하여 상사의 좌석이 어디인지 확인한 후 보고한다.
③ 신원확인 후 출입이 가능하다고 연락을 받은 경우, 늦어도 공식행사 시작시간 1시간 전에는 도착하도록 일정을 잡는다.
④ 식사 중간에 이동이 가능하지 않으므로 만찬종료 이전에 다른 일정은 잡지 않았다.

해설

③ 신원이 확인되고 출입이 가능하다고 연락을 받았으면 1시간 전에 도착할 필요는 없다.

08 전화응대 업무에 대한 설명으로 가장 적절하지 않은 것은? [18년 1회]

① 부재중 전화 메모에는 걸려 온 시각을 반드시 기록한다.
② 상사 휴대폰번호를 요청하는 상대방에게는 일단 상대방의 연락처를 받은 후 상사에게 연락을 드려 상사 전화번호를 알려줘도 되는지를 확인한다.
③ 상대방이 급한 용무로 외출 중인 상사와의 통화를 원할 경우는 상사의 휴대폰번호를 알려주고 직접 연락하실 수 있도록 조치한다.
④ 급한 용무로 회의 중인 상사와 통화를 원할 경우 상대방의 소속과 이름, 용건을 메모하여 회의 중인 상사에게 전달한다.

해설

③ 상사의 개인정보는 함부로 발설하지 않는다.

정답 06 ② 07 ③ 08 ③

09 다음 중 외부인 출입 관리에 대한 비서의 태도로 가장 적절하지 않은 것은? [18년 1회]

① 내방객은 허가된 지역에 한하여 출입하고 필요하다면 방문증을 대여, 패용할 수 있도록 안내한다.
② 방문객이 시설의 견학을 요청하여 상사의 동의하에 허용하였다.
③ 건물 입장 시 신체 및 휴대품의 보안검사가 있음을 상대방에게 미리 알린다.
④ 주요 인사가 우리 회사를 방문할 경우 주차관리실에 차량번호를 등록해둔다.

해설

② 외부인 출입 관리는 회사의 규정대로 실시한다.

10 다음 초청장의 내용과 일치하지 않는 것은? [17년 2회]

In Celebration of the
238th Anniversary of the Independence of
The United States of America
The Ambassador of the United States of America
Christopher D. Johnson
requests the pleasure of your company
at a Reception
on Thursday, July 3, 2017
from 6:30 p.m. to 8:30 p.m.

Civilian : Business Suit
Military : Dress Blue of Equivalent

Grand Ballroom, Grand Hotel
RSVP from Enclosed

Please present the invitation card upon entry

① 행사 후 만찬이 준비되며 상사의 좌석이 지정되어 있다.
② 입장할 때 반드시 초청장을 보여주어야 하므로 상사가 초청장을 소지하고 참석하도록 보좌한다.
③ 군인은 제복을 입으면 된다.
④ 참석 여부는 동봉된 참석 회신카드에 작성해서 보내야 한다.

해설

① 위 초청장은 미국 독립 238주년 기념 축하행사에 미국대사인 Christopher D. Johnson 씨가 리셉션에 초대한다는 내용으로 동봉된 카드에 회신부탁(R.S.V.P ; 참석 여부에 대해 회신 바란다는 의미의 약어), 민간인(Civilian)과 군인(Military)의 복장규정, 참석일자와 시간, 장소 등이 나타나 있다.

09 ② 10 ① **정답**

11 **다음의 내방객 응대업무에 대한 비서의 업무수행 방식에서 적절하지 않은 것은?** [17년 2회]

① 면담이 예정된 시간보다 길어지거나 다음 일정이 잡혀 있는 경우에는 상사가 적절한 시간에 면담을 마칠 수 있도록 다음 일정을 상사에게 메모로 전해준다.

② 여러 사람이 회의를 하고 있는데 그중 한 사람에게 급한 전화가 온 경우에는 회의 중이므로 통화가 불가능하다고 하고 회의가 끝난 후 내용을 전달한다.

③ 내방객이 운전기사가 있는 승용차로 온 경우 주차장에 연락하여 내방객의 승용차를 정문 입구에 대기시키도록 한다. 승용차 번호, 운전자 이름 등을 내방객의 비서에게 미리 확인하여 내방객 기록카드에 적어 놓도록 한다.

④ 내방객카드에는 인적사항뿐 아니라 내방객의 인상착의나 특징, 기호 등을 적어 두는데, 내방객카드가 없는 경우에는 명함 뒷면에 필요한 내용을 간단히 적어 내방객카드 대용으로 사용할 수도 있다.

해설

② 급한 전화가 온 경우 메모지에 적어 회의실로 들어가 당사자에게 전달하고 지시대로 따른다.

12 **비서가 상사의 친지나 친구, 자사나 거래처 사람, 그리고 기타 관계자의 사망 소식을 들으면 할 수 있는 업무와 조문 예절에 대한 내용으로 옳지 않은 것은 어느 것인가?** [17년 1회]

① 사망 소식을 들으면, 즉시 사망일시, 조문장소, 발인시각과 장지, 장례형식, 상주성명, 주소, 전화번호 등을 확인하여 상사에게 보고한다.

② 부의(賻儀), 근조(謹弔), 위령(慰靈), 하의(賀儀) 등의 문구가 쓰여진 겉봉투를 준비한다.

③ 조문을 위해 빈소에 도착하면 조객록에 서명을 한 다음 분향 또는 헌화한다.

④ 조문하는 중에, 영정을 향해서 두 번 절을 한 후 반절을 하는데, 이때 남성은 오른손이 위로 가도록 하고, 여성은 왼손이 위로 가게 한다.

해설

② 하의(賀儀)는 결혼식(結婚式)에 쓰는 용어이며 상가(喪家)에 쓰는 용어는 부의(賻儀), 근조(謹弔), 위령(慰靈), 추모(追慕), 조의(弔意) 등이 있다.

13 그림은 예약 업무의 순서도이다. (가)에 들어갈 업무 수행 방식에 대한 설명으로 가장 옳은 것은? [17년 1회]

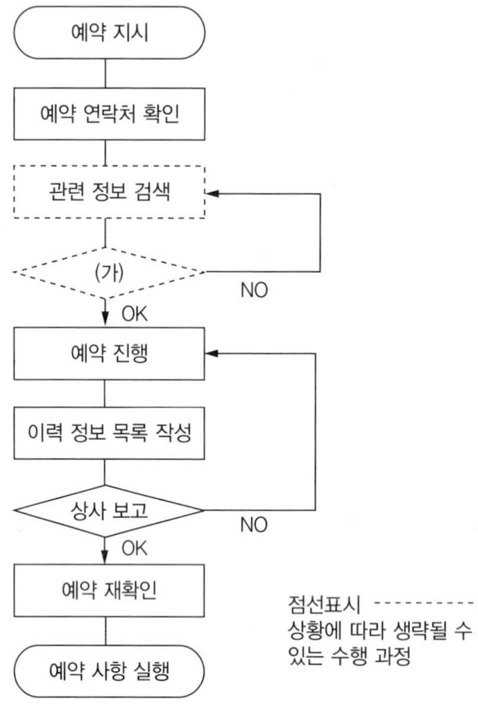

① 예약을 진행하면서 예약이력 정보목록을 수시로 업데이트한다.

② 예약 정리목록을 근거로 구체적이고 상세하게 하여 문서로 보고한다.

③ 예약과 관련된 주요 내용을 간단명료하게 상사에게 보고한 후 상사의 승인을 받는다.

④ 구두로 보고할 때는 원칙에 근거하지 않고 예약 종류별로 필요한 핵심 내용을 간단명료하게 보고한다.

해설

③ 상사에게 예약 지시를 받으면 예약연락처를 확인하고 관련정보를 검색하여 간단하게 상사에게 보고한 후 상사의 승인을 받고 예약을 진행한다. 이 과정은 예약업무 순서도에서 생략 가능한 수행과정이다.

13 ③ **정답**

14 미국지사의 팀장인 Greg Crawford는 한국에 업무상 10월 30일 입국 예정이며 상사는 그즈음에 출장으로 부재중이어서 김 비서에게 대리 접견을 요청하였다. Greg 씨를 맞이하는 비서의 태도로 부적절한 것을 고른 것은? [16년 2회]

> ㉠ 한국의 고유한 기념품을 준비하여 방문 시 전달하도록 한다.
> ㉡ 사내 게시판을 통해 미국지사 팀장의 방문을 직원들에게 미리 공지한다.
> ㉢ 회사를 방문한 Greg에게 회사를 안내하며 각 부서의 업무를 상세히 안내한다.
> ㉣ 상사를 대신하여 직원회의를 소집하고 직원들과 서로 인사를 나눌 수 있도록 계획한다.

① ㉠, ㉡
② ㉡, ㉢
③ ㉢, ㉣
④ ㉠, ㉣

해설

③ 상사는 김 비서에게 대리접견만을 요청하였으므로 비서는 상사 부재 시 대리자로서 내방객을 안내하는 역할만 수행한다. 즉, 회사나 부서 업무의 상세한 설명이나 직원회의를 소집하는 행위는 적절하지 않다.

15 다음 중 비서의 보고자세로 가장 적절한 것은? [18년 2회]

① 상사의 집무실에 들어가 보고할 때 비서의 보고위치는 상사의 앞이다.
② 대면보고 시에는 결론부터 논리적으로 구두로 설명하는 것이 바람직하므로 문서 보고까지 병행하여 상사의 시간을 빼앗아서는 안 된다.
③ 보고 전에 상사가 가장 관심 있는 내용을 확인한 후 육하원칙을 기본으로 결론부터 보고한다.
④ 보고는 상사가 물어보기 전에 하고 보고할 때는 비서의 의견을 먼저 말씀드려 상사가 바른 의사결정을 할 수 있도록 해야 한다.

해설

보고 시 유의해야 할 점

- 명령 · 지시받은 일을 끝내면 즉시 보고한다.
- 보고는 결론을 먼저 말하고 필요가 있다면 이유, 경과 등의 순으로 한다.
- 미리 보고할 내용을 정리하여 육하원칙에 따라 요점을 순서 있게 메모해 둔다.
- 보고는 적당히 끊어서 요점을 강조하되 추측이나 억측은 피하고 사실을 분명하게 설명한다.
- 시일이 걸리는 일은 중간보고를 통하여 경과, 상황 등을 빠짐없이 보고한다.
- 보고는 지시한 사람에게 한다. 그러나 지시한 사람이 직속 상사가 아닌 경우에는 상사에게도 보고한다.
- 상사에게 보고할 때에는 상사의 정면을 피해서 약간 측면으로 적정 거리에서 보고한다.

정답 14 ③ 15 ③

16 다음의 보고서 내용 중 ㉠~㉣의 한자 연결이 올바른 것은? [19년 2회]

> 1. 4사분기 경영(㉠) 실적 회의의 주요 정책(㉡) 사항
> 2. 아시아 법인(㉢) 실적 개선을 위한 분석(㉣) 내용

① ㉠ 經營 – ㉡ 政策 – ㉢ 法人 – ㉣ 分析
② ㉠ 經營 – ㉡ 定策 – ㉢ 法人 – ㉣ 分石
③ ㉠ 京營 – ㉡ 定策 – ㉢ 法印 – ㉣ 分石
④ ㉠ 京營 – ㉡ 政策 – ㉢ 法印 – ㉣ 分析

해설

㉠ 經(날 경) 營(경영할 영)
㉡ 政(정사 정) 策(채찍 책)
㉢ 法(법 법) 人(사람 인)
㉣ 分(나눌 분) 析(가를 석)

17 최고경영자의 이미지 제고와 홍보 관리자로서의 비서의 업무수행 내용으로 가장 적절하지 않은 것은? [16년 2회]

① 최고경영자의 대외 스피치 자료와 기고문 등을 저장, 관리하여 사내외 온라인 게시판에 업로드한다.
② 최고경영자의 사회 참여활동과 봉사활동 등을 보좌하고 관련정보를 수집하여, 사내 홍보담당자와 공유한다.
③ 최고경영자와 관련된 보도 자료에 세심한 관리뿐 아니라, 업무상 관련 기자들의 정보를 리스트업하고 수시로 업데이트 한다.
④ 최고경영자의 이미지가 중요하므로 회사를 홍보하는 팸플릿 등은 접견실에 두지 않고 상사 관련 보도 자료를 비치하여 손님 응대에 활용한다.

해설

④ 최고경영자와 회사의 이미지는 직결되므로 홍보 팸플릿을 접견실에 비치하여 내방객들이 언제든지 볼 수 있도록 준비한다.

16 ① 17 ④ **정답**

18 **상사는 다음 달에 국제금융시장의 변화와 관련하여 국제금융 전문가를 모시고 외부회의를 개최하고자 한다. 초청인원은 약 50명 정도이고 사내에서는 10여 명 정도가 참여한다. 회의시간은 오전 9시부터 오후 5시까지이다. 회의 준비와 관련하여 김 비서의 업무처리로 가장 적절하지 않은 것은?** [16년 1회]

① 김 비서는 일시, 장소, 프로그램, 예산, 참석자명단 등이 포함된 회의기획안을 작성하여 상사의 승인을 받는다.
② 회의초대장은 회의일보다 최소 15일 전에 초청자들이 받을 수 있도록 한다.
③ 불참의사를 밝힌 주요 인사의 경우 다시 연락하여 참석을 부탁한다.
④ 외국인 참석자들을 위해 통역 수신기를 참석자의 수보다 조금 더 준비한다.

해설

③ 불참의사를 밝힌 인사에게 다시 연락하여 참석을 부탁하는 것은 실례이므로 회의 불참자에게는 회의 종료 후 의사록이나 당일 배부된 자료 등을 보낸다.

19 **상사의 해외출장 시 수명(受命)과 보고에 대한 비서의 자발적인 행동으로 가장 바람직하지 않은 것은?** [16년 1회]

① 상사 출장지인 해외에서도 전자결재가 가능하므로, 업무 지연을 막기 위해 평상시와 같이 상사의 결재를 받도록 관련 부서에 전달하였다.
② 상사 출장 시 상사 업무대행자에게 사안을 보고하여 상사의 부재를 최소화하였다.
③ 상사 출장 중에 상사의 회신을 요하는 통신문이나 우편물은 우선순위를 정하여 상사에게 알려 회신이 늦어지지 않도록 하였다.
④ 매일 회사의 주요사안 및 중요인물의 전화, 방문 등을 브리핑하는 이메일을 보내고 보충설명이 필요한 경우 상사와 통화하였다.

해설

① 상사가 출장 중일 때에는 모든 일정은 출장 후로 조정하되, 중요한 안건은 직접 상사에게 연락을 하거나 대리인과 상의하여 처리하도록 해야 한다.

정답 18 ③ 19 ①

20 **마케팅부 이미영 비서는 '기업의 SNS 마케팅' 특강을 준비하였다. 특강비용처리와 관련하여 가장 적절하지 않은 것은?** [20년 2회]

마케팅부 이미영 비서는 마케팅부서 직원 50명을 대상으로 '기업의 SNS 마케팅' 특강을 준비하고 있다.

① 특강에 필요한 물품을 먼저 구입 후 12만 원 비용처리를 위해 경리부에 간이영수증을 전달하였다.
② 특강료를 지급하기 위해 외부강사의 주민등록증과 은행계좌를 받아 원천징수한 금액을 외부강사의 통장으로 입금하였다.
③ 특강강사에게 3만 원 이하로 선물을 준비하라는 사장님의 지시를 받고, 선물구입 후 간이영수증을 제출하였다.
④ 특강 후 상사와 강사, 그리고 특강 수강자들과의 저녁식사가 있어 법인카드를 사용하였다.

해설

① 3만 원이 초과하는 경우에는 간이영수증 지출 증빙 처리가 불가능하다.

제2과목 | 경영일반

21 **최근 기업윤리가 경쟁력의 원천으로 떠오르면서 윤리경영을 실천하는 기업이 증가하고 있다. 다음 중 기업이 지켜야 할 주요 윤리원칙에 대한 설명으로 가장 바람직하지 않은 것은?** [18년 1회]

① 가격결정, 허가, 판매권 등 모든 활동에 대해 협력업체와 정보를 공유하고 계약에 따라 적시에 대금을 지급한다.
② 주주 투자가의 요구, 제언, 공식적인 결정을 존중한다.
③ 지역문화의 보존을 존중하고 교육, 문화에 자선을 기부한다.
④ 종업원 삶의 환경 개선을 위해 최소한 종업원의 생계비를 감당할 수 있는 수준에서 평균임금 수준을 결정한다.

해설

④ 최소한 종업원의 생계비를 감당할 수 있는 수준에서 평균임금 수준을 결정하는 것은 바람직하지 않다.

20 ① 21 ④ **정답**

22 다음 중 협동조합에 관한 설명으로 가장 적절한 것은? [20년 2회]

① 협동조합은 출자액의 규모와 관계없이 1인 1표의 원칙을 갖고 있다.
② 협동조합은 영리를 목적으로 설립한 공동기업의 형태이며 조합원들에게 주식을 배당한다.
③ 소비자협동조합은 비영리 조합원 소유의 금융협동체로서 조합원들에게 대출서비스를 주요 사업으로 한다.
④ 협동조합은 소수 공동기업으로 운영되며 이익이나 손실에 대해 조합장이 유한책임을 진다.

해설

① 협동조합은 출자액의 규모와 관계없이 1인 1표의 원칙을 갖고 있으며 이는 모든 조합원이 동등한 권리를 가지고 조합의 의사결정에 참여할 수 있다는 것을 의미한다.
② 협동조합은 이윤을 배제하고 공동사업을 영위하는 것으로 영리목적의 일반기업과는 다르다.
③ 소비자협동조합은 소비자들에게 불필요한 유통경로 등의 불편을 제거하기 위해 각자 연합해 조합을 조직하고 물품을 생산자로부터 직접 대량으로 구입해 소비자에게 직접 분배하려는 조합이다.
④ 협동조합은 소비자, 소규모 생산자 등과 같은 경제적 약자들이 협동하는 조합이며 조합원은 유한책임을 진다.

23 다음의 경영환경에 관한 설명을 읽고, 괄호에 들어갈 내용이 올바르게 연결된 것은 무엇인가? [17년 2회]

> ( )은/는 동일하거나 유사한 제품 또는 서비스를 ( )에게 제공하는 중요한 기업의 경영환경요인이다. 기업 조직은 ( )로서, 외부로부터 인적자원, 물적자원 등 여러 자원들을 ( )로부터 받는다. 최근 각광받고 있는 ( )는 ( )가 ( )를 선정하여 지속적으로 기술 지원하면서 우수한 재료나 부품을 공급받는 Win-win 전략의 하나이다.

① 기업, 소비자, 서비스체제, 공급자, 공급사슬관리, 공급자, 소비자
② 기업, 소비자, 서비스체제, 공급자, 공급사슬관리, 수요자, 공급자
③ 경쟁자, 소비자, 개방체제, 공급자, 공급사슬관리, 공급자, 소비자
④ 경쟁자, 소비자, 개방체제, 공급자, 공급사슬관리, 수요자, 공급자

해설

④ 경쟁자는 동일하거나 유사한 제품 또는 서비스를 소비자에게 제공하는 중요한 기업의 경영환경요인이다. 기업 조직은 개방체제로서, 외부로부터 인적자원, 물적자원 등 여러 자원들을 공급자로부터 받는다. 최근 각광받고 있는 공급사슬관리는 수요자가 공급자를 선정하여 지속적으로 기술 지원하면서 우수한 재료나 부품을 공급받는 Win-win 전략의 하나이다.

정답 22 ① 23 ④

24 다음은 어떤 기업형태를 설명한 것인지 가장 가까운 보기를 고르시오. [18년 1회]

> 두 사람 이상의 당사자가 조합계약을 체결하고 각각 출자하여 공동으로 사업을 경영하며 그 손익을 분배하는 조직체를 말한다. 두 사람 이상이 경영주체가 되는 공동기업일지라도 외부에 대해 활동할 때는 단일의 회사나 조합으로서 행동하는 것이 아니고 별개의 조합원으로서 행동한다.

① 합명회사
② 합자회사
③ 유한회사
④ 조합기업

해설

① 합명회사 : 2인 이상이 공동으로 출자하고 회사의 채무에 대해서 유한책임을 지면서 직접 회사경영에 참여한다.
② 합자회사 : 무한책임을 지는 출자자와 유한책임을 지는 출자자로 구성되는 기업형태이다.
③ 유한회사 : 2인 이상 50인 이하의 유한책임사원으로 구성되며, 주식회사보다 설립절차가 간편하여 중소기업에 적합한 기업형태이다.

25 다음 중 공기업의 특징에 대한 설명으로 가장 적절하지 않은 것은? [18년 2회]

① 국가예산의 범위에 한정된 자금으로 운영되므로 자본조달의 어려움이 따르는 경우가 많다.
② 법령이나 예산에 구속되어 경영상의 자유재량이 결여되기 쉽다.
③ 조세감면의 특혜를 받아 세금이나 공과금이 면제되거나 낮은 경우가 많다.
④ 공기업은 이익추구와 함께 공익추구도 함께 고려하여야 하며, 투자의사결정은 공기업의 공공성을 달성할 수 있도록 수행되는 경우가 많다.

해설

① 공기업의 예산은 매년 국회의 의결을 얻어 확정되므로 자본조달의 어려움은 없다.

24 ④ 25 ① **정답**

26 다음을 읽고 철수 – 민아 – 영미는 각각 무엇을 말하고 있는 것인지, 가장 적합하게 연결된 것은 무엇인가? [16년 2회]

> 철수 : 이번에 A탄산음료 회사가 B생수제조 회사를 매수했다며?
> 민아 : 그래? 작년에는 A탄산음료 회사가 C인공감미료제조 회사를 매수했었잖아?
> 영미 : 그렇구나. 지난달에는 D탄산음료 회사가 E스낵제조 회사를 매수했었는데.

철수 민아 영미

① 수직적 합병 – 수평적 합병 – 혼합 합병
② 수직적 합병 – 수평적 합병 – 매 각
③ 수평적 합병 – 수직적 합병 – 혼합 합병
④ 수평적 합병 – 수직적 합병 – 매 각

해설

합 병

- 수평적 합병 : 동종제품 또는 인접제품을 생산하는 기업 간의 합병(음료라는 동일한 생산단계에 있는 업종 간의 합병)을 뜻한다.
- 수직적 합병 : 생산 및 유통 과정의 수직적 흐름에 있어서 인접하는 단계에 있는 기업 간, 즉 공급자와 수요자 간의 합병(원료공급, 가공 등의 같은 생산단계 업종 간의 합병)을 뜻한다.
- 혼합 합병 : 수평적이나 수직적 관계에 있지 않은 이종시장에 있는 기업 간의 합병(다른 업종 간의 합병)을 뜻한다.

27 다음 중 주식회사의 특징으로 가장 거리가 먼 것은? [20년 1회]

① 자본의 증권화, 즉 출자 단위를 균일한 주식으로 세분하여 출자를 용이하게 하고, 이를 증권시장에서 매매가 가능하도록 한다.
② 주식회사가 다액의 자본을 조달하기 쉬운 이유는 출자자의 유한책임제도를 이용하기 때문이다.
③ 주주는 자신의 이익을 위하여 활동하고, 주주들의 부의 극대화가 저해될 때 대리인 문제가 발생할 수 있다.
④ 출자와 경영의 분리제도로 주주는 출자를 하여 자본위험을 부담하고, 중역은 경영의 직능을 담당하게 한다.

해설

③ 주식회사의 경우 주주가 직접 일을 할 수 없어 대리인인 전문경영자에게 경영활동을 위임한다. 대리인 문제란 대리인이 자신의 이익을 위하여 활동할 때 발생된다.

정답 26 ③ 27 ③

28 다음의 설명 중 지식경영과 가장 거리가 먼 내용은 무엇인가? [17년 2회]

① 현대사회는 지식 및 정보가 경영의 핵심자원이기에 지식의 활용이 기업생존 여부에 큰 영향을 미친다.
② 기업환경의 변화속도가 빨라짐에 따라 새로운 지식을 생산하고 그것을 활용/공유하는 것이 중요한 요소가 된다.
③ 기업에서는 개인 및 조직이 지닌 지적자산을 체계적으로 발굴하여 조직의 공통지식을 공유해야 한다.
④ 조직 내의 지식이 더 잘 공유될 수 있도록 조직구조를 집권화해야 한다.

해설

④ 상부관리자에서 하부관리자로의 위임 정도가 높은 경우를 분권화라 하고, 위임의 정도가 낮은 경우를 집권화되어 있는 조직이라고 말한다.

29 다음 보기 중 적대적 M&A의 공격기법을 묶은 것으로 가장 옳은 것은? [16년 2회]

㉠ 공개매수
㉡ 그린메일
㉢ 포이즌필
㉣ 황금낙하산
㉤ 백기사
㉥ 위임장대결

① ㉢, ㉣, ㉤
② ㉢, ㉤, ㉥
③ ㉠, ㉢, ㉣
④ ㉠, ㉡, ㉥

해설

적대적 M&A

- 공개매수 : 특정기업의 인수를 희망하는 자가 그 대상기업의 그 대상기업의 기발행주식의 획득을 결정하고 대상기업의 불특정 다수의 주주들로부터 증권시장 밖에서 공개적으로 매수할 것을 제안하는 것이다.
- 그린메일 : 장내에서 특정기업의 일정지분의 주식을 산 후 경영권 위협으로 대주주를 압박하거나 장외에서 비싸게 되파는 수법으로 주식의 판매차익을 챙기기 위한 적대적 M&A의 한 수법이다.
- 위임장대결 : 매수하는 기업의 주주들을 설득해 의결권을 위임(Proxy)받고 기존 경영자와 의결권 대결을 통해 인수하는 공격 전략이다.

28 ④ 29 ④ 정답

30 다음 중 경영의사결정에 대한 설명으로 가장 적절하지 않은 것은? [17년 2회]

① 현실적으로 대부분의 기업에서는 집단에 의한 의사결정보다 개인에 의한 의사결정방법을 더 많이 사용하지만, 집단의사결정은 시간이 절약된다는 장점이 있다.

② 경영자는 조직 내에서 의사결정을 수행하는 역할을 하고 있다.

③ 의사결정의 중요도와 내용을 대상으로 하여 전략적 의사결정, 관리적 의사결정, 일상적 의사결정으로 나눌 수 있다.

④ 의사결정이란 기업의 경영활동에서 나타나는 문제를 발견, 인식, 해결하는 일련의 과정을 말한다.

해설

① 법인의 경우 중요한 의사결정을 할 때는 상법이나 주주총회 또는 이사회에서 위임된 권한의 범위 내에서 이루어지므로 시간이 많이 소요되고 신속한 의사결정이 어렵다.

31 다음 중 리더가 갖는 권력에 대한 설명으로 옳은 것은? [19년 2회]

① 준거적 권력과 강제적 권력은 공식적 권력의 예이다.

② 합법적 권력은 부하직원들의 봉급인상, 보너스, 승진 등에 영향력을 미치는 리더의 권력이다.

③ 전문가 권력은 부하직원의 상사에 대한 만족도에 긍정적 영향을 미친다.

④ 보상적 권력은 부하직원의 직무수행에 부정적 영향을 미친다.

해설

① 강제적 권력은 리더의 강압적 권한에 의해 발생하고 준거적 권력은 리더가 조직에 우호적이고 매력적인 카리스마를 가짐으로써 조직원들에게 믿음을 주며 생기는 영향력이다.

② 합법적 권력은 리더의 공식적인 권위와 개인적인 능력에 의하여 발휘되는 영향력이다.

④ 보상적 권력은 리더가 조직원에게 원하는 보상을 줄 수 있을 때 발생하는 능력이다

32 다음은 매슬로우의 욕구이론과 앨더퍼의 ERG이론을 비교 설명한 것이다. 가장 거리가 먼 내용은 무엇인가? [20년 1회]

① 매슬로우의 생리적 욕구와 앨더퍼의 존재욕구는 기본적으로 의식주에 대한 욕구로 조직에서의 기본임금이나 작업환경이 해당된다.

② 앨더퍼의 관계욕구는 매슬로우의 안전의 욕구 및 사회적 욕구, 존경의 욕구 각각의 일부가 이에 해당된다.

③ 앨더퍼의 성장욕구는 매슬로우의 자아실현욕구에 해당하는 것으로 조직 내에서의 능력개발이라기보다는 개인이 일생을 통한 자기능력 극대화와 새로운 능력개발을 말한다.

④ 매슬로우 이론과는 달리 앨더퍼는 욕구가 좌절되면 다시 퇴행할 수 있고, 동시에 여러 욕구가 존재할 수 있다고 주장한다.

정답 30 ① 31 ③ 32 ③

해설

③ 앨더퍼의 성장욕구는 개인과 직무에 대한 계속적인 성장과 발전에 대한 욕망에 해당하는 욕구로 매슬로우 이론의 존중욕구 및 자아실현 욕구에 해당한다.

33 기업의 경영관리활동 중 계획화 과정에서 다양한 경영전략을 적용한다. 경영전략기업에 대한 다음의 설명 중 가장 적절한 것은? [15년 2회]

① SWOT 분석은 기업의 외부환경요인과 내부요인에 대한 분석을 기초로 기업의 핵심역량을 파악하는 것이다.

② SWOT 분석에서 S(Situation)는 경쟁력 유지에 활용할 기업 상황을 의미한다.

③ BCG 매트릭스는 제품성장률과 기업외적요인인 자금점유율을 기준으로 사업포트폴리오를 평가하는 기법이다.

④ BCG 매트릭스에서 이상적 기업전략은 '별'에서 발생한 초과 자금을 '현금젖소'에 지원하여 안정적 사업단위를 구축하는 것이다.

해설

② SWOT 분석에서 S(Strength)는 내부기업이 가진 장점을 의미한다.

③ BCG 매트릭스는 기업의 경영전략 수립에 있어 시장점유율(Market Share)과 사업의 성장률(Growth)을 기준으로 사업포트폴리오를 평가하는 기법이다.

④ 기업의 가장 이상적인 기업전략은 현금젖소(Cash Cow)의 자금을 별(Star)과 문제아(Question Mark)에 투자하는 것이다.

34 다음의 사례에서 제품의 수명주기(Product Life Cycle) 중 (A)는 어떤 시기에 해당되는 것인지 보기에서 고르시오. [18년 1회]

> 인스턴트 커피가 도입되었을 때 사람들은 레귤러 커피만큼 좋아하지 않았으나, 어느 정도 시간이 흐르고 어떤 시점 이후에서는 인스턴트 커피가 빠르게 대중화되었고, 많은 브랜드들이 출시되었다(A). 그 이후 점차 시간이 지나면서 사람들은 한 브랜드를 선호하게 되고 매출은 안정상태가 되었다.

① 성숙기 ② 성장기

③ 도입기 ④ 쇠퇴기

해설

② 제품의 성장기에는 소비자들이 제품에 대해서 이미 어느 정도 알게 되었고, 그 제품을 취급하는 점포도 늘었기 때문에 판매가 급속히 증가한다.

33 ① 34 ② **정답**

35 IT 기술과 자동화시스템이 기업 전반에 영향을 미치면서 과거에는 없었던 컴퓨터 및 정보 관련 문제가 대두되었다. 이에 기업은 전산침해나 정보유출로부터 안전을 유지하기 위한 다양한 대책을 마련하고 있는데, 이 중 적절한 대책으로 가장 거리가 먼 것은? [19년 2회]

① 방화벽 설치
② 인증시스템 도입
③ 개인 USB 사용 금지
④ 패스워드 격년별 정기교체

해설

④ 기업에서 패스워드 교체는 보통 90일마다 요구한다.

36 다음 중 전자상거래에 대한 설명으로 가장 적절하지 않은 것은? [18년 1회]

① 전자상거래는 기업, 정부기관과 같은 독립된 조직 간 또는 개인 간에 다양한 전자적 매체를 이용하여 상품이나 용역을 교환하는 것이다.
② 전자상거래는 인터넷의 등장과 함께 발전하고 있는데, 그 이유 중 하나는 인터넷 전자상거래가 기존의 상거래에 비해 비교적 많은 마케팅 이익 및 판매 이익을 주고 있기 때문이다.
③ 전자상거래는 도매상과 소매상을 거치지 않고 인터넷 등을 통해 직접 소비자에게 전달되기 때문에 물류비의 절감을 통해 경쟁력을 높일 수 있다.
④ 전자상거래는 소비자의 의사와는 상관없이 기업의 일방적인 마케팅 활동을 통해 이루어진다.

해설

④ 전자상거래는 다품종 소량생산으로 소비자의 다양한 기호에 부응하는 개별적 맞춤형 상품과 서비스를 제공한다.

37 다음 중 경영자의 유형에 대한 설명으로 가장 적절하지 않은 것은? [15년 2회]

① 중간경영자는 조직 각 부분에 대한 관리책임을 맡는 경영자군으로 부장, 과장 등이 이에 속한다.
② 소유경영자는 기업의 출자자임과 동시에 경영자인 사람을 말한다.
③ 전문경영자는 주주의 이윤을 극대화하기 위해 장기적 기업이익 및 성과에 치중한다.
④ 일선(하부)경영자는 일선감독자로서 기술적 능력을 갖추고 사원들의 행위에 대한 관리 책임을 진다.

해설

③ 소유경영자에 대한 설명에 해당한다. 전문경영자는 독립적으로 경영발전을 계획하고 주주를 포함한 이해자 집단 간의 이해관계를 조정하는 일을 수행한다.

정답 35 ④ 36 ④ 37 ③

38 빅데이터 분석에 대한 설명으로 가장 적절치 않은 것은? [20년 1회]

① 스마트폰 및 소셜미디어 등장으로 생산, 유통, 저장되는 정보량이 기하급수적으로 늘면서 대규모의 디지털 데이터에서 일정한 패턴을 읽고 해석하는 것이다.

② 일반 데이터와의 차이를 3V로 설명할 수 있는데, 용량(Volume), 유효성(Validity), 다양성(Variety)이 있는 자료를 말한다.

③ 빅데이터 분석은 정보량이 방대해 지금까지 분석하기 어렵거나 이해할 수 없던 데이터를 분석하는 기술을 의미한다.

④ 소셜미디어 서비스에서 유통되는 내용을 통해 대중의 심리변화와 소비자의 요구사항도 파악할 수 있어 마케팅 전략에도 이용이 가능하다.

해설

② 빅데이터의 3V는 크기(Volume), 속도(Velocity), 다양성(Variety)을 의미한다.

39 다음의 물가지수(Price Index)에 대한 설명으로 가장 옳지 않은 것은? [18년 2회]

① 종합적인 물가수준을 일정한 기준에 따라 지수로 나타낸 것이다.

② 어느 해의 물가지수가 105라면 기준연도에 비해 평균 물가수준이 5% 감소하였다는 것을 나타낸다.

③ 물가지수는 상품별로 중요한 정도에 따라 가중치를 다르게 적용한다.

④ 물가지수라 하면 보통 생산자물가지수와 소비자물가지수를 말한다.

해설

② 어느 해의 물가지수가 105라면 기준연도에 비해 평균 물가수준이 5% 증가하였다는 것을 나타낸다.

40 다음 중 기업의 복리후생에 대한 설명으로 가장 적절하지 않은 것은? [15년 2회]

① 복리후생의 4대보험 중 의료보험과 산업재해보험은 회사가 전액 부담하여 근로자 부담은 없다.

② 기업에서 시행하는 일부 복리후생제도는 국가의 입법에 의해 제도화되어 강제적으로 운영되고 있다.

③ 복리후생은 기본적으로 조직 구성원 전체 또는 집단에게 지급되는 집단적 보상의 성격을 지니며 다양한 형태로 제공할 수 있다.

④ 복리후생은 종업원 생활의 안정과 질의 향상을 위해 직접적 보상인 임금 외에 부가적으로 지급된다.

해설

① 산업재해보험의 보험료는 원칙적으로 사업주가 전액 부담하며 의료보험은 피보험자와 피보험자를 사용하는 사용자가 각각 보험료액의 100분의 50을 부담한다.

38 ② 39 ② 40 ① **정답**

41 What is the MOST proper expression for the blank? [20년 1회]

> If a business is "open 24/7", it ________________.

① is open for 24 days and closed for seven days every month
② opens at 7:00 in the morning
③ never closes
④ is open for seven hours each day

해설

open 24/7은 하루 24시간 1주 7일 동안을 의미한다. 따라서 '문을 닫지 않는다.'라는 의미의 ③이 적절하다.
① 24일 동안 문을 열고 매달 7일간은 문을 닫는다.
② 아침 7시에 문을 연다.
④ 매일 7시간 동안 문을 연다.

42 Choose the one which does not correctly explain the abbreviations. [16년 2회]

① CFO : Chief Financial Organization
② DST : Daylight Saving Time
③ GNP : Gross National Product
④ MOU : Memorandum of Understanding

해설

① CFO : 'Chief Financial Officer'의 약자로 재무담당 임원이다.
② DST : 일광절약시간제
③ GNP : 국민총생산
④ MOU : 양해각서

정답 41 ③ 42 ①

43 Which English sentence is grammatically LEAST correct? [19년 2회]

① 경제 성장률이 현재 4%에 머무르고 있다.
→ Economic growth now stands at 4 percent.

② 우리는 3년간 흑자입니다.
→ We have been in the red for three years.

③ 올해 순이익은 3천 4백만 달러에 달했다.
→ Net income of this year was $34 million.

④ 파업으로 우리의 매출이 급감했다.
→ Our profits fell sharply because of strikes.

해설

② 'be in the red'는 적자라는 의미다. 흑자를 표현할 때는 'be in the black'이라고 한다.

44 What is INCORRECT about the following envelope? [20년 2회]

XYZ CORPORATION 12 Broadway Tulsa, OK 74102	stamp SPECIAL DELIVERY
CONFIDENTIAL	Mr. Charles Lockwood Marketing Director Sharpie Electronics Company 1255 Portland Place Boulder, CO 80302

① 수신인은 마케팅 이사인 Charles Lockwood이다.
② 이 서신은 빠른우편으로 배송되었다.
③ 이 서신의 내용은 인비이므로 Lockwood가 직접 개봉해야 한다.
④ 이 서신의 발송지는 미국 Oregon주이다.

해설

④ 이 서신의 발송지는 미국 오클라호마주(Oklahoma, 약자 : OK)이다.

43 ② 44 ④ **정답**

45 Read the following message and choose one which is the most appropriate. [16년 2회]

FAX Message

Pelican Paper Ltd. College Court, College Road, London N21 3LL,
Tel : 0870-7675982
Fax : 0870-7675983

Ms. Paula Robinson
Northern Paperworks
Fax 01524-767542

Date: November 17, 2016
No. of pages to follow : 0

Dear Ms. Robinson :

Thank you for your email of November 15, inquiring about Wainman Ltd.
We have been dealing with the company for over six years. During this time, they have always settled their accounts with us promptly, and we have never had any reason for complaint.

I hope that this information is of use to you.

Yours sincerely,

① This message is supposed to be sent by e-mail.
② If there is a problem of transmission, Ms. Robinson may call Pelican Paper Ltd. with the number 0870-7675983.
③ The total page of the fax is one.
④ The sender works for Northern Paperworks.

해설

③ 'No. of pages to follow : 0'으로 되어 있으므로 다음 장은 없고 총 1장이다.
① 이메일이 아니라 Pelican Paper Ltd.에서 Ms. Paula Robinson에게 보내는 팩스이다.
② 만약 전송에 문제가 생겼다면 전화번호 0870-7675982로 전화해야 한다.
④ Northern Paperworks은 수신자 Ms. Paula Robinson의 회사이고 발신자의 회사는 Pelican Paper Ltd.이다.

Wainman 회사에 대하여 문의하신 11월 15일자 이메일을 잘 받았습니다.
우리는 6년 넘게 그 회사와 거래하였습니다. 그동안 그분들이 저희에게 신속하게 결제해 주었고 어떤 불편사항도 겪지 않았습니다.
이 정보가 귀사에 도움이 되기를 바랍니다.

정답 45 ③

46 Please put the sentences in order. [18년 1회]

(a) Even though I appreciate your invitation and would very much like to attend the Seminar, I will be out of town during the said period.
(b) I have just received your kind invitation to the 11th Computer Graphics Seminar during April 16~18, 2018 this morning.
(c) With your permission, I am planning to have one of our senior staff members attend the Seminar on my behalf.
(d) Meanwhile, if there is anything our company can do for you in organizing the Seminar, please let me know.

① (b) – (a) – (c) – (d)
② (c) – (a) – (b) – (d)
③ (c) – (b) – (a) – (d)
④ (a) – (c) – (b) – (d)

해설

(b) 오늘 아침 2018년 4월 16~18일에 열리는 제11회 컴퓨터 그래픽 세미나에 대한 친절한 초대장을 받았습니다.
(a) 귀하의 초청에 감사드리며 세미나에 참석하고 싶습니다만 그 기간 동안 저는 시내에 없습니다.
(c) 귀하의 허락하에 간부 중 한 명을 저를 대신하여 세미나에 참석시키고자 합니다.
(d) 그리고 세미나를 구성할 때 당사가 할 수 있는 것이 있다면 알려주십시오.

46 ① 정답

47 Look at the airline e-ticket and choose one which is not informed? [16년 1회]

CATHAY Pacific Airways		
e-Ticket Itinerary / Receipt		
Passenger name		KIM/SUNGSOOMR
e-Ticket number		16048376
Itinerary		Booking Reference 6417485
CX 411	Operated by CATHAY Pacific Airways	Via : -
Departure	서울(ICN)	06MAY07
	16:25 Local Time	Termianl NO. : -
Arrival	홍콩(HKG)	06MAY07
	19:30 Local Time	Terminal NO. : 3
Class B	Status OK	Fare Basis SYIA17
Free Baggage Allowance 20KG Not Valid Before - After 14 APR07		
CX 412	Operated by CATHAY Pacific Airways	Via : -
Departure	홍콩(HKG)	11MAY07
	08:20 Local Time	Termianl NO. : -
Arrival	서울(ICN)	11MAY07
	11:30 Local Time	Terminal NO. : 3
Class B	Status OK	Fare Basis SYIA17
Free Baggage Allowance 20KG		
Not Valid Before	Not Valid Before 06MAY07	After 13 MAY07

① Whether this is a round-trip or one way ticket.

② What airline the passenger is using.

③ When the passenger arrives to Seoul.

④ What gate the flight leaves from.

해설

④ 비행기가 출발하는 게이트는 나와 있지 않다.
① 서울과 홍콩을 왕복하는 티켓이다.
② 항공사명은 CATHAY Pacific Airways라고 적혀 있다.
③ 서울 도착시간은 11시 30분이다.

정답 47 ④

48 Which of the following is the most appropriate expression for the blank? [17년 2회]

A : Hello? May I speak to Mr. Thomas? This is Jane from the ABC Corporation.
B : Jane, hi. How are you doing?
A : Not bad, Mr. Thomas. ________________.
B : How about Wednesday at around 2 p.m.?
A : Let me check my schedule first before we can make any sort of arrangement.
B : Okay, I will hold.
A : I'm sorry, but I can't make it that day. How about Friday instead?
B : Sure. That would be fine with me. Then I'll see you on Friday.

① I would like to set a date for our next meeting.

② I'm going to cancel our appointment.

③ I will check my schedule again.

④ What's up?

해설

아래 문장에 날짜를 제안하고 있으므로 약속을 정하는 말이 나오는 것이 자연스럽다. 따라서 정답은 ①이다.
① 다음 회의 날짜를 정하고 싶습니다.
② 우리의 약속을 취소하겠습니다.
③ 제 일정을 다시 점검하겠습니다.
④ 무슨 일이세요?

A : 여보세요? ABC 회사의 Jane인데 Thomas 씨와 통화할 수 있을까요?
B : 안녕하세요, Jane. 어떻게 지내세요?
A : 그런대로요. Thomas 씨. 다음 회의 날짜를 정하고 싶습니다.
B : 수요일 오후 2시경 어때요?
A : 일정을 잡기 전에 제 일정을 먼저 확인해 보겠습니다.
B : 알겠어요. 보류해둘게요.
A : 죄송하지만, 그날은 안 되겠네요. 대신 금요일은 어떠세요?
B : 좋습니다. 그럼 금요일에 뵐게요.

49 **Belows are sets of English sentence translated into Korean. Choose one which does NOT match correctly.** [19년 1회]

① We've run into some problems with the project.
→ 프로젝트가 몇 가지 문제에 봉착했습니다.

② I think you're asking a little too much.
→ 좀 무리한 주문이라는 생각이 듭니다.

③ I'm afraid that I might get laid off.
→ 이 물건들을 처분해야 할 것 같아요.

④ We'll ship the overdue goods immediately.
→ 선적이 지연된 물품들을 조속히 발송할 예정입니다.

해설

③ 내가 해고될까 봐 두렵습니다.
• lay off : (정리) 해고하다

50 **Choose the incorrect replacement of the underlined word(s).** [15년 2회]

> Recruitment refers to the overall process of finding and ⓐ hiring the ⓑ best-qualified candidate for a ⓒ job opening, in a timely and cost effective manner. The process includes analyzing the requirements of a job, attracting candidates to that job, ⓓ screening applicants, hiring, and integrating the new employee to the organization.

① ⓐ hiring → employing

② ⓑ best-qualified → most suitable

③ ⓒ job opening → vacant position

④ ⓓ screening applicants → making videos of applicants

해설

④ '지원자의 비디오 제작하기'는 '지원자 선별하기'의 대체어로 맞지 않다.
• screen : 확인하다[거르다], 가려내다

정답 49 ③ 50 ④

51 Choose the most appropriate phrase in the following dialogue. [15년 1회]

A : Hi. How can I help you?
B : Yes. Could I see Mr. Strong?
A : Do you have an appointment?
B : No, I didn't make an appointment.
A : May I have your name, please?
B : My name is Linda Priest from SI Corporation.
A : Please be seated. ________________.

① He's not at his desk at the moment
② Let me see if Mr. Strong is available at the moment
③ Let me put you through to Mr. Strong
④ I'll make sure Mr. Strong receives your message

해설
약속 여부를 물었을 때 약속하지 않은 내방객의 경우, 먼저 착석을 권한 후 면회를 희망하는 사람의 형편을 확인한 후 안내하는 것이 기본이다. 이러한 대응 흐름에 맞는 답은 ②이다.
① 부재 사실을 알리는 것만으로는 내방객 대응에 적절하지 않다.
③ 약속하지 않은 내방객을 바로 안내하는 것은 적절하지 않다.
④ 전언을 부탁받았을 때 할 수 있는 표현이다.

52 According to the following conversation, which one is true? [17년 2회]

A : Good morning. May I help you?
B : Yes, please. I'm looking for the Sales Department. I was told that it's on this floor.
A : I'm sorry, but the Sales Department has moved to the 21st floor.
B : I see. Is there any stairs nearby?
A : Yes, just around the corner, sir. But you had better take the elevator on your left. You are on the fifth floor.
B : You're right. Thank you.
A : Sales Department is on the right side of the elevator.

① Take the elevator to go to the Sales Department.
② Go straight down the hall and turn left.
③ Sales Department is by the stairs.
④ The stairs are down the end of the hall.

51 ② 52 ① **정답**

해설

① 엘리베이터를 타고 영업부로 가십시오.
② 복도를 따라 쭉 내려가서 왼쪽으로 돌아가십시오.
③ 영업부는 계단 옆에 있습니다.
④ 계단은 복도 끝에 있습니다.

53 Among the phone conversations, which is LEAST proper? [20년 2회]

① A : Is this Bill speaking?
B : No, it isn't. He is not in right now.
② A : I'm sorry, may I ask who's calling, please?
B : I'm afraid Jaeho Kim doesn't work here.
③ A : Hello, is this Sinae Travel Service?
B : I'm sorry. You have the wrong number.
④ A : May I take a message for him?
B : No, thanks. I will call later.

해설

② A : 실례하지만, 혹시 지금 전화 받고 있는 분은 누구신가요?
B : 죄송하지만 김재호 씨는 이곳에서 일하지 않습니다.
① A : 전화받고 있는 분이 Bill 씨 인가요?
B : 아뇨 아닙니다. 그는 지금 이곳에 없습니다.
③ A : 안녕하세요. Sinae 여행 서비스가 맞습니까?
B : 죄송합니다만 전화 잘못 거셨습니다.
④ A : 그에게 메시지를 남겨드릴까요?
B : 아뇨 괜찮습니다. 제가 나중에 다시 전화하겠습니다.

정답 53 ②

54 Read the following conversation and choose one which is not true. [16년 2회]

Official	: Good morning, sir. Can you tell me your name please?
Delegate	: I'm Jim Anderson from ABC Company.
Official	: Ah yes, here's your nametag. Can you sign in please?
Delegate	: Of course. What time does everything start?
Official	: Mr. Daniel's giving a welcoming address at ten o'clock in the auditorium. After that there's a lecture. Here's a program of events for you.
Delegate	: Thanks.
Official	: You'll also need to sign up for the sessions.
Delegate	: Sessions?
Official	: Yes. The morning workshops are assigned already, but there's a choice of seminars in the afternoon. The lists are over there.
Delegate	: Oh, I didn't realize. I'll sign up now.
Official	: And there are refreshments available in the lobby.
Delegate	: Thanks for your help.

① Mr. Jim Anderson has already preregistered for the event.

② The event will start at 10:00 am.

③ Mr. Jim Anderson can choose all seminars regardless of the time.

④ Drinks will be served in the lobby.

해설

③ 오전 워크샵은 이미 배정되었고 오후 세미나만 선택할 수 있다.
① 이름표가 준비되어 있는 것으로 봐서 Mr. Jim Anderson이 미리 등록을 한 것을 알 수 있다.
② Mr. Daniel이 10시에 환영사를 하기로 되어 있다.
④ 로비에 다과가 준비되어 있다고 하였다.

54 ③ 정답

55 **Fill in the blanks of the phone call discourse with the best word(s).** [18년 1회]

Kelly : Kelly Clarkson speaking.
Yoonho : Hi Kelly, this is Yoonho Lee of Zenux. You must have come back from your business trip. How was it?
Kelly : It was all right.
Yoonho : Aren't you suffering from ( )?
Kelly : Slightly, but I'm all right.
Yoonho : I'm calling to remind you ( ) on September 20th.
Kelly : Yes, of course I remember.

① phone calls – to our meeting
② the trip – by our meeting
③ jetlag – of our meeting
④ jet plane – for our meeting

해설

Kelly : Kelly Clarkson입니다.
윤호 : 안녕하세요? Kelly. 저는 Zenux의 이윤호입니다. 출장에서 돌아오셨지요. 어떠셨나요?
Kelly : 괜찮았어요.
윤호 : 시차 때문에 힘들진 않으셨나요?
Kelly : 약간은요. 하지만 괜찮아요.
윤호 : 9월 20일 회의를 상기시켜드리려고 전화했습니다.
Kelly : 네, 물론 기억하고 있습니다.

정답 55 ③

56 Which is INCORRECT about the letter? [19년 1회]

Dear Mr. Trump,

In Ms. Silverman's absence, I am answering your request for information about our Model XX3 Laser printer. I enclose a brochure describing its many new features.

I hope this information will be of some help to you until Ms. Silverman returns to the office early next week. She will be in touch with you then to answer any further questions you may have about this new model which we have in stock.

Sincerely yours,
Kate Brown

① Mr. Trump asked for the information about Model XX3 Laser printer before.
② Next week, Ms. Silverman will answer to Mr. Trump directly.
③ Kate Brown is a buyer of the Laser printer.
④ This is a reply to the inquiry.

해설

③ 레이저프린터를 구매하려고 하는 쪽은 Mr. Trump 측이다.

57 Which of the following correction is NOT appropriate? [15년 1회]

Secretary : Good morning, sir. May I help you?
Visitor : Good morning. I'm Jack Smith from Daehan Trading in Atlanta. ① I'm writing Mr. Lee on my visit in Seoul. I wonder if he can spare ② several minute for me now.
Secretary : Oh, yes, Mr. Smith. I remember that ③ corespondance. I'm sorry, but Mr. Lee is in a meeting right now and won't be back in the office until noon. ④ How much will you stay in Seoul?
Visitor : I'm leaving tomorrow evening.

① I'm writing → I've written
② several minute → several minutes
③ corespondance → correspondance
④ How much → How long

56 ③ 57 ③ 정답

해설

대화 속의 ①~④를 잘못 고친 것을 찾는 문제이다. 서신을 의미하는 ③의 철자를 다시 고치면 correspondence가 된다.

① 'I'm writing ~', 'This is to ~'는 서신의 초두에서 용건을 밝힐 때 쓰는 표현이다. 대화 속에서는 비서의 상사인 Mr. Lee에게 앞서 서신을 작성한 사실을 알리고 있으므로 과거로부터 현재까지 있었던 일을 나타내는 현재완료를 쓴다.

② 수 일치에 관여하는 형용사 several 뒤에는 복수명사를 쓴다.

④ how much는 금액이나 양을 나타낼 때 쓴다.

58 According to the conversation, when is Ms. Smith going to check out the hotel? [16년 1회]

Hotel Clark	: Hello, Flamingo Hotel. How may I help you?
Secretary	: I'd like to reserve a suite room. The guest name is Clara Smith.
Hotel Clark	: Okay, when do you need a room?
Secretary	: Ms. Smith will be arriving next Tuesday and staying four nights.
Hotel Clark	: Let me check. Next Tuesday is May the 11th. Okay, a suite room is reserved under the name of Clara Smith.

① Tuesday, 11th

② Thursday, 13th

③ Friday, 14th

④ Saturday, 15th

해설

④ Clara Smith 씨가 다음 주 화요일(5월 11일)에 도착해서 4일 밤을 묵을 것이라고 하였으므로 체크아웃 날짜는 15일, 토요일이다.

정답 58 ④

59 According to the followings, which one is NOT true? [19년 1회]

Visitor	Food Restriction	Coffee/Tea	Drinks	Meal Preference	Dessert
Dan Ammann	None	Black Coffee	Sparkling Water	Steak	Chocolate
Chuck Stevens	No Tomato	Hot Americano	Diet Pepsi	Salmon	Chocolate Cookies
Jim DuLuca	No Peanuts	Black Coffee with Milk	Sparkling Water		Candy
Stefan Jacobi	None	Milk Tea			
Gerard Connell	No Pork				Ice Cream

① Dan Ammann has no food restriction.

② Chuck Stevens doesn't want to have meal with tomato.

③ Jim DuLuca may have peanut allergy.

④ You can buy Gerard Connell pork steak.

해설

④ Gerard Connell은 돼지고기를 먹지 못한다.

60 According to the conversation, what is the secretary going to do right after this conversation? [15년 2회]

> Boss : Tom, is everything ready for the annual meeting of sales managers?
> Secretary : Yes, I think so. I sent checking e-mails to all the sales managers and arranged the conference room 201.
> Boss : Did you prepare refreshments for a break time?
> Secretary : Sorry, I forgot. I will do it right away.
> Boss : How about other equipments that I asked?
> Secretary : I arranged an audio, speakers and computer projection system.
> Boss : Good.

① Secretary will send e-mails to confirm the numbers of participants.

② Secretary will prepare drinks and some snacks for the meeting.

③ Secretary will arrange audio-visual equipments.

④ Secretary will have a break time for the next meeting.

59 ④ 60 ② 정답

해설

② 비서는 미팅을 위해서 음료와 간식을 준비할 것이다.
① 비서는 참가자의 수를 확인하기 위해 이메일을 보낼 것이다.
③ 비서는 시청각 기기를 정비할 것이다.
④ 비서는 다음 회의를 위해 휴식을 가질 것이다.

보스 : Tom, 영업 간부들의 연례 회의가 모두 준비됐나요?
비서 : 네, 그런 것 같습니다. 저는 모든 판매 관리자들에게 확인 메일을 보냈고, 201호 회의실을 마련했습니다.
보스 : 쉬는 시간을 위한 다과는 준비하셨나요?
비서 : 죄송합니다. 잊어버렸습니다. 당장 준비하겠습니다.
보스 : 제가 요청했던 다른 기기는 어떻게 되었나요?
비서 : 오디오, 스피커 그리고 컴퓨터 프로젝션 시스템을 정비해 놓았습니다.
보스 : 좋네요.

제4과목 | 사무정보관리

61 **정부투자기업에서 근무하고 있는 문애라 비서가 공문서를 작성하고 있다. 다음 중 공문서 작성 시 기안문의 "끝" 표시가 가장 적절하지 않은 경우는?** [15년 2회]

① 문서의 본문 내용의 마지막 글자에서 한 글자 띄우고 "끝" 표시를 한다.
② 첨부물이 있을 때에는 첨부의 표시 끝에 1자 띄우고 "끝"을 표시한다.
③ 본문의 내용이 표 형식으로 끝나는 경우 표의 중간까지만 작성한 경우에는 "끝" 표시를 하지 않고 마지막으로 작성된 칸의 다음 칸에 "이하 빈칸"으로 표시한다.
④ 본문의 내용이 표 형식으로 끝나는 경우 표의 마지막 칸까지 작성한 경우 표 아래 오른쪽 끝에 "끝" 표시를 한다.

해설

④ 본문의 내용이 표 형식으로 끝나는 경우에는 표의 마지막 칸까지 작성되면 표 아래 왼쪽 한계선에서 한 글자를 띄운 후 "끝" 표시를 한다.

62 다음과 같이 결재된 문서에 대한 설명으로 가장 적절한 것은? [17년 1회]

	대한상공협회장	
대리 최우진	부장 대결 김철수 9/20	상무이사 전결

① 문서 담당자는 부장 김철수이며 상공협회장이 정규 결재하였다.
② 문서 담당자는 대리 최우진이며 부장 김철수가 전결하였다.
③ 문서 담당자는 대리 최우진이며 상무이사가 부장 김철수 대신에 대결하였다.
④ 상무이사가 전결하여야 하는 문서이나 부재로 부장 김철수가 대결하였다.

해설

④ 문서 담당자는 대리 최우진이며, 상무이사가 전결하여야 하는 문서이나 부장 김철수가 대결하였다. 전결은 행정기관의 장으로부터 사무의 내용에 따라 결재권을 위임받은 자가 행하는 결재이고, 대결은 결재권자가 휴가, 출장, 기타의 사유로 상당기간 부재중이거나 긴급한 문서의 경우 결재권자의 사정에 의하여 결재를 받을 수 없는 때에 그 직무를 대리하는 자가 행하는 결재를 말한다.

63 다음 중 문장부호의 사용이 가장 올바르지 않은 것은? [20년 2회]

① ≪영산강≫은 사진집 〈아름다운 우리나라〉에 실린 작품이다.
② 이번 회의에는 두 명[이혜정(실장), 박철용(과장)]만 빼고 모두 참석했습니다.
③ 내일 오전까지 보고서를 제출할 것.
④ "설마 네가 그럴 줄은…."라고 경수가 탄식했다.

해설

① 책 제목에는 겹화살괄호를 사용해야 하고 작품의 제목에는 홑화살괄호를 사용한다. 따라서 '〈영산강〉은 사진집 《아름다운 우리나라》에 실린 작품이다.'라고 표기하는 것이 맞다.

64 전자우편에 관한 항목으로 나머지 것과 성격이 다른 하나는? [15년 1회]

① POP3
② BCC
③ MIME
④ IMAP

해설

POP3, MIME, IMAP는 전자우편에 쓰이는 프로토콜이며, BCC는 본래의 수신인 이외에 다른 수신인을 지정하여 발신하는 것이나, 이 메일의 수신인은 이를 확인할 수 없는 것을 말한다.

62 ④ 63 ① 64 ② 정답

65 **다음과 같이 감사장을 작성하고 있다. 아래에서 메일머지의 데이터를 이용해서 작성하는 것이 더 효율적인 것이 모두 포함된 것은?** [20년 2회]

(가) 상공에너지 (나) 대표이사 (다) 김채용 귀하
안녕하십니까?
지난 (라) 9월 10일 개최된 (마) 4차산업도래로 인한 사회 변혁포럼에 참석해 주셔서 진심으로 감사의 말씀 드립니다. 이번 포럼에서 강연해 주신 (바) "빅데이터의 기업활용 성공 사례" 덕분에 포럼이 더욱 성황리에 마무리되었습니다. 회의 중에 불편한 점이 있으셨다면 양해해 주시기 바랍니다. 일일이 찾아 뵙고 인사드리는 것이 도리이오나 서면으로 대신함을 양해해 주시기 바랍니다. 앞으로도 더 좋은 자리에서 다시 뵙게 되기를 바라며, 항상 건강과 행운이 함께 하시길 바랍니다.

(사) 2020. 9. 15.

(아) 한국상공포럼 대표 (자) 김준하

① (나), (다), (바), (사)　　② (라), (마), (아), (자)
③ (가), (나), (다), (바)　　④ (가), (나), (다), (마)

해설

메일머지

여러 사람의 성명, 직책, 부서 등이 들어있는 데이터파일과 본문의 내용은 같고 성명, 직책, 부서 등의 개인별 인적사항이 다른 '초대장', '안내장', '시행문' 발송 등의 본문 파일을 병합하여 서로 다른 문서를 한꺼번에 작성하는 기능이다. 동일한 내용의 편지를 받는 사람의 정보만 달리하여 여러 명에게 보낼 때 사용한다.

66 **다음 외국인의 명함을 알파벳순으로 정렬하려고 한다. 순서가 맞는 것은?** [19년 2회]

(가) Dr. Anne Arthur
(나) Mr. Andrew Arthur, Jr.
(다) Andrew Kim
(라) Ms. April Clinton
(마) Catherine Clinton, ph.D.
(바) Clinton, Alice, CPA

① (나) - (다) - (가) - (라) - (마) - (바)
② (나) - (가) - (바) - (라) - (마) - (다)
③ (다) - (마) - (바) - (가) - (나) - (라)
④ (바) - (나) - (가) - (라) - (마) - (다)

해설

영문명의 명함정리는 먼저 '성'을 기준으로 알파벳순으로 정리한다. '성'이 동일할 경우 이름을 기준으로 알파벳순으로 정리한다.

정답 65 ③ 66 ②

67 중소기업에서 근무하고 있는 진 비서는 회사 전체의 문서 접수 업무를 담당하고 있다. 진 비서의 문서 처리 방법 중 가장 바람직하지 않은 것은? [15년 1회]

① 접수된 문서를 내용에 따라 관계 부서에 배부하였다.
② 접수된 우편물을 개봉하지 않고 직접 수신처 앞으로 배부하였다.
③ 접수된 문서는 접수일부인을 찍어서 접수한 일시가 분명하도록 처리했다.
④ 수신된 우편물은 문서접수대장에 기재하지 않고 바로 해당 부서로 보내어 부서별 접수대장에 기재하게 하였다.

해설

④ 공문 수신 시에는 공문접수대장, 그 외 수신된 우편물은 문서접수대장으로 관리하여 기록으로 남겨야 한다.

68 신입으로 들어온 김 비서의 문서 발신 업무 처리에 대한 내용 중 바람직하지 않은 것끼리 묶인 것은? [16년 1회]

가. 상사를 대신하여 작성한 기밀문서이므로 문서 발신부 기록을 생략하였다.
나. 문서를 발송하기 전 상사 확인 후 서명을 받아서 발송하였다.
다. 익일특급으로 발송하였으므로 등기번호를 잘 기록해두었다.
라. 발송문서의 사본보관용으로 최종 수정한 워드파일을 보관해 두었다.
마. 사내로 전달하는 기밀문서인 경우 봉투에 봉한 후 직접 전달하였다.

① 가, 라
② 가, 마
③ 다, 라
④ 다, 마

해설

가. 중요한 문서의 발신은 비서가 따로 발신부를 만들어서 기록해 두는 것이 후일 참고를 위해 바람직하다.
라. 문서를 발송했다면 보관용으로 출력하여 발송문서철에 1부를 보관하고, 문서를 수신했을 때는 원본은 수신문서철에 보관하고, 복사본으로 일을 진행한다.

67 ④ 68 ① **정답**

69 **우리기업은 최근 건물주와 임차료 분쟁 중에 있다. 이와 관련하여 우리기업은 건물주에게 우편물을 보내기로 하고 임차료와 관련하여 우리기업이 건물주에게 특정 내용으로 문서를 발송하였다는 사실을 확인받고 싶어 한다. 이 경우 사용하기 가장 적합한 우편제도는 무엇인가?** [15년 1회]

① 배달증명 ② 내용증명
③ 특급우편 ④ 민원우편

해설

내용증명우편

발송인이 수취인에게 어떤 내용의 문서를 언제 발송하였다는 사실을 우편관서가 증명하여 주는 증명취급제도이다. 배달증명은 우편배달을 틀림없이 하였다는 증명으로 받은 사람의 사인을 받아서 엽서로 받은 사람을 알리는 답변을 하므로 상대방이 받았다는 것을 입증해줄 수는 있으나 내용물에 대한 증명은 하지 못한다.

70 **교회비서로 근무하는 김 비서는 교회에서 생산, 거래되는 문서를 파일링하기 위해 다음과 같은 방법을 사용하였다. 먼저 문서는 1차로 '예배, 법적 재산, 교구재정, 인사기록, 각종서신, 목회자료, 출판물'로 분류한다. 김 비서가 사용한 1차 문서분류 방법은 무엇인가?** [18년 1회]

① 주제별 파일링(Subject Filing)
② 번호순 파일링(Numeric Filing)
③ 수문자 파일링(Alphanumeric Filing)
④ 알파벳순 파일링(Alphabetic Filing)

해설

① 문서의 내용으로부터 주제를 결정하고 이 주제를 토대로 문서를 분류 · 정리하는 주제별 파일링 방법이다.

71 **다음 중 전자문서에 대한 설명이 적절하지 못한 것을 모두 고르시오.** [19년 1회]

가. 전자문서의 보존기한은 종이문서의 보존기한과 동일하게 적용한다.
나. 컴퓨터 파일상의 전자문서를 출력하거나 복사할 경우라도 전자문서 출력대장 또는 복사대장에 기록을 남긴다.
다. 전자문서의 보존기간이 10년 이상의 장기보존일 경우 스캔하여 이미지 파일로 변환하여 보존한다.
라. 전자문서의 폐기는 재포맷하거나 덮어쓰기를 통해 파괴한다.

① 가, 라
② 나, 다, 라
③ 다
④ 가, 나, 다, 라

정답 69 ② 70 ① 71 ③

해설

전자문서
- 보존기간이 준영구 이상인 전자문서는 장기보존 가능한 용지에 출력하여 종이문서와 같은 방식으로 편철 · 정리하여야 한다.
- 보존기간이 20년 이하인 전자문서는 서버에 보관 관리하는 것이 원칙이며, 종이문서로 출력하여 업무상 활용하더라도 반드시 전자문서 원본을 보관해야 한다.

72 다음에 설명된 개념이 올바르게 짝지어지지 않은 것은? [15년 2회]

가. 전자상거래 중에서 기업 간의 거래를 의미
나. 전자상거래 중에서 회사와 정부의 거래를 의미
다. 전자상거래 중에서 정부 간의 거래를 의미
라. 전자상거래 중에서 소비자와 소비자 간의 거래를 의미

① 가 – B2B
② 나 – B2E
③ 다 – G2G
④ 라 – C2C

해설

② B2E(Business to Employee)는 기업과 직원 사이의 전자상거래를 의미한다.

73 최근 정보검색과 관련된 추세로서 가장 적절하지 않은 것은? [19년 2회]

① 검색 플랫폼의 축소로 동영상 검색의 신뢰도 저하
② 모바일 중심 이용자 맥락을 반영한 검색 방식 및 편의성 개선
③ 인공지능 및 딥러닝 등 다양한 기술과의 접목
④ 검색 디바이스의 확장으로 인공지능 스피커를 활용한 검색

해설

① 검색 플랫폼의 확대로 동영상 검색의 신뢰도는 상승하고 있다.

72 ② 73 ① 정답

74 윈도우 운영체제를 사용하는 내 컴퓨터의 IP주소를 찾기 위해서, cmd를 실행하여 명령 프롬프트를 연 후 사용할 수 있는 명령어는? [20년 1회]

① IPCONFIG
② CONFIGIP
③ IPFINDER
④ MSCONFIG

해설
① cmd는 command(명령어)의 약자이며, IP주소를 확인할 때는 IPCONFIG를 사용한다.

75 다음 그래프를 통해서 알 수 있는 내용으로 가장 적절하지 않은 것은? [20년 1회]

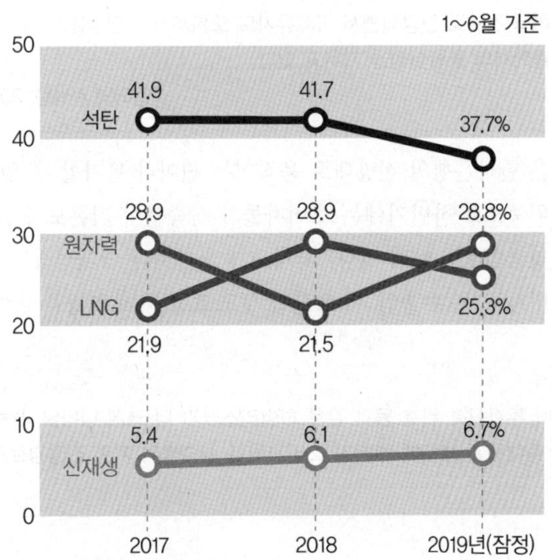

① 신재생 에너지의 비중이 매년 조금씩 증가하고 있는 추세이다.
② 석탄의 비중은 2019년은 2018년에 비해서 4% 감소했다.
③ 원자력은 2018년에는 감소했으나, 2019년에는 2017년 수준으로 거의 회복했다.
④ 2018년에는 석탄 > LNG > 원자력 > 신재생 순으로 비중이 높았다.

해설
② 위의 그래프는 1~6월 기준이라고 표기되어 있으며 2019년도는 '잠정'이라고 나와 있다. 따라서 상반기 기준으로 2019년이 2018년도에 비해서 4% 감소했다고 단정 지을 수는 없다.

76 다음의 신문기사의 분석내용으로 가장 적절하지 않은 것은? [17년 1회]

한국은행 금융통화위원들이 올 하반기 우리 경제의 하방리스크가 커졌다며 우려감을 드러냈다. 한은이 전망한 올해 성장률 2.7%를 또 다시 수정할지 주목된다.

한은이 29일 오후 공개한 8월 금통위 의사록에 따르면 A금통위원은 "하반기에는 소비나 투자심리 위축 등과 같은 하방리스크가 더 크게 나타날 가능성이 있다."는 의견을 냈다. 이 위원은 "하반기 달러화 강세 가능성 등이 국제유가 하방압력으로 작용할 수 있고 OPEC의 감산논의에 대해 회의적으로 보는 시각이 많다."며 "국제유가가 소비자물가, 수출입, 주요산업 구조조정 등에 미칠 영향을 감안해 국제유가의 향방을 면밀하게 살펴볼 필요가 있다."고 당부했다. B금통위원은 "국제유가 등 공급측면에서 하방리스크가 증대됐기 때문에 하반기 소비자물가 상승률이 기존 전망경로를 하회할 가능성이 있다."며 "각종 근원물가지표 등에 근거할 때 수요측면에서도 물가상승압력이 둔화되고 있는 것으로 보인다."고 판단했다.

일부 위원은 경제성장 흐름이 아직까지 한은의 전망대로 움직이고 있다고 평가했다. C위원은 "소비자물가는 예상경로에서 크게 벗어나지 않았고 유가는 재차 하락할 경우 물가목표 수준에 도달하는 데 시간이 걸릴 것으로 예상된다."며 "경제성장은 기존 전망경로에 부합된 것으로 보이나 불확실성이 여전히 상존한다."고 밝혔다.

앞서 한은은 지난 7월 올해 경제성장률 전망치를 2.8%에서 2.7%로 0.1% 포인트 낮췄으며 오는 10월 한 차례 더 수정 전망을 발표할 예정이다. 당시 한은은 경제성장률을 낮추면서 대내적으로는 정부의 추가경정예산(추경), '김영란법' 시행, 대외적으로는 영국의 유럽연합(EU) 탈퇴 영향, 국제유가 오름세 등을 반영했다고 밝혔다. 하지만 예상치 못한 변수가 잇따라 발생하면서 성장률 전망치 변동 가능성도 제기되고 있다.

정부가 7~9월 전기요금에 대해 누진제를 한시적으로 완화하기로 결정하면서 공공요금 물가변화가 불가피한 데다 석유 생산량이 늘어날 것으로 전망되면서 국제유가도 오름세가 더딘 상황이다. 환율도 대외적인 변수에 따라 급등락을 거듭하며 수출에서의 불확실성을 키우고 있다.

〈인터넷 A신문, 2016년 8월 30일 기사 중에서 발췌〉

① 경제성장 흐름은 한국은행의 전망대로 움직이는 편이라 평가할 수 있다.
② 소비투자심리 위축으로 하반기에는 소비자물가 상승률이 기존보다 올라갈 가능성이 있다.
③ 김영란법이나 영국의 EU 탈퇴 영향, 국제유가 오름세는 경제성장률을 낮출 가능성이 있다.
④ 국제유가는 소비자물가, 수출입, 주요산업 구조조정 등에 영향을 미치는 요소이다.

해설

② 하반기에는 소비나 투자심리 위축 등과 같은 하방리스크가 더 크게 나타날 가능성이 있고, 국제유가 등 공급측면에서 하방리스크가 증대됐기 때문에 하반기 소비자물가 상승률이 기존 전망경로를 하회할 가능성이 있다고 분석하고 있다.

76 ② 정답

77 다음은 데이터베이스 관련 용어이다. 용어에 대한 설명이 가장 적절하지 못한 것은? [20년 2회]

① Big Data : 데이터의 생성 양, 주기, 형식 등이 기존 데이터에 비해 너무 크기 때문에, 어려운 대량의 정형 또는 비정형데이터로 이로부터 경제적 가치를 추출 및 분석할 수 있는 기술이다.

② DQM : 데이터베이스의 최신성, 정확성, 상호연계성을 확보하여 사용자에게 유용한 가치를 줄 수 있는 수준의 품질을 확보하기 위한 일련의 활동이다.

③ Null : 데이터베이스를 사용할 때, 데이터베이스에 접근할 수 있는 데이터베이스 하부 언어를 뜻하며 구조화 질의어라고도 한다.

④ DBMS : 데이터베이스를 구축하는 틀을 제공하고, 효율적으로 데이터를 검색하고 저장하는 기능, 응용 프로그램들이 데이터베이스에 접근할 수 있는 인터페이스 제공, 장애에 대한 복구, 보안 유지 기능 등을 제공하는 시스템이다.

해설

③ 'Null'은 아무 것도 없다는 의미로, 컴퓨터 프로그래밍 언어에 있어서는 아무런 값도 갖고 있지 않은 경우를 의미한다.

78 엑세스를 활용한 명함 데이터베이스 관리의 특징으로 가장 잘못된 것은? [18년 1회]

① 엑셀보다 다양한 데이터형식인 OLE개체, 일련번호, 첨부파일 등을 지원한다.

② 엑셀에서 입력한 데이터파일을 엑세스로 불러와서 활용할 수 있다.

③ 엑셀로 데이터를 내보내서 안내장, 편지라벨작업 등을 할 수 있다.

④ 엑세스에서는 편지병합기능을 이용한 편지작성, 라벨작업 등을 사용할 수 없다.

해설

④ 엑세스에서도 편지병합기능을 이용한 편지작성, 라벨작업 등을 사용할 수 있다.

정답 77 ③ 78 ④

79 **비서가 상사의 개인정보 및 인맥관리를 위한 주소록 관리를 담당하고 있다. 다음 중 개인정보처리와 관련한 업무처리가 가장 올바른 것은?** [18년 2회]

① 상사의 주민등록번호 및 각종 아이디 및 패스워드가 기재된 개인정보 파일은 매우 빈번하게 사용하므로, 업무 중에는 암호화를 풀고, 퇴근 시에 암호를 걸어 보관하였다.
② 상사의 여권번호를 포함한 개인정보파일 및 외부인 연락처 파일이 저장된 컴퓨터 전체를 비밀번호로 로그인하도록 암호화하였으므로 개별파일은 암호화하지 않았다.
③ 상사에게 비서가 개인정보를 제공하고 활용하는 데 동의한다고 하는 개인정보제공 및 활용 동의서를 미리 받아두었다.
④ 상사의 개인정보 신상카드에 비어 있는 난이 있는 경우, 상사에게 여쭈어서 모든 난을 채워놓는다.

해설

③ 개인정보제공 및 활용 동의서를 미리 받아 두고 상사 부재 시 융통성 있게 활용하는 것이 좋다.

80 **다음 중 사이버 보안위협 내용으로 옳은 것을 모두 고르시오.** [20년 2회]

(가) 지능형 공격과 결합한 랜섬웨어 공격의 증가 (나) 가상화폐 관련 서비스와 금전이익을 노리는 공격 증가 (다) 보안에 취약한 IoT 기기를 악용한 범죄 (라) 사회적 이슈 관련 대규모 사이버공격 위협 (마) 불특정 다수를 대상으로 한 스피어피싱의 증가

① (가)-(나)-(마)
② (가)-(나)-(다)-(마)
③ (가)-(나)-(다)-(라)
④ (나)-(다)-(라)

해설

(마) 스피어피싱이란 특정한 개인들이나 회사를 대상으로 한 피싱공격을 말하며, 공격자가 사전에 공격 성공률을 높이기 위해 공격대상에 대한 정보를 수집하고 이를 분석하여 피싱 공격을 수행하는 형태를 말한다.

79 ③ 80 ③ **정답**

제7회 기출유형 모의고사

제1과목 | 비서실무

01 다음 중 신입비서의 행동으로 가장 적절하지 않은 것은? [19년 2회]

① 비서실뿐 아니라 일반부서의 직원들과도 좋은 인간관계를 형성하기 위해 노력하였다.
② 상사 두 분이 동시에 업무를 지시할 때는 직급이 높은 상사의 일을 항상 먼저 처리하였다.
③ 예약하지 않은 방문객이 회사에 찾아와도 하던 일을 멈추고 친절하게 인사하였다.
④ 선배비서가 알려준 업무처리 방식이 학교에서 배운 것과 조금 달랐지만 아직은 회사의 처리방법과 규정을 모르므로 우선은 선배가 알려주는 방법에 따라 일을 처리하였다.

해설

② 두 명 이상의 상사를 위해 공동으로 업무를 수행하는 비서의 경우, 직위가 높은 상사의 업무를 우선으로 처리하되, 될 수 있으면 업무의 중요성이나 소요시간을 생각하여 우선 순위를 정하고 업무를 처리할 수 있도록 미리 계획을 세운다.

02 김 비서는 아침 8시에 출근해 오늘 해야 할 일의 목록을 적었다. 업무의 우선순위를 순서대로 나열한 것 중 가장 옳은 것은? [16년 2회]

(가) 오전 9시에 있을 사내 김 부장과의 면담 약속을 내일로 변경하는 전화를 한다.
(나) 오후 2시로 예정되어 있는 ○○상사와의 약속을 확인한다.
(다) 오전 11시까지 결재받아야 할 보고서에 들어갈 수치를 판매부에 전화해 확인한다.
(라) 상사로부터 다음 달에 열릴 이사회 회의 일정의 초안을 받아 입출력한다.

① (가) – (나) – (다) – (라)
② (가) – (다) – (나) – (라)
③ (나) – (다) – (라) – (가)
④ (다) – (가) – (라) – (나)

정답 01 ② 02 ②

해설

(가) 오전 9시 면담약속 조정 – (다) 오전 11시 결재보고서 수치확인 – (나) 오후 2시 약속의 확인 – (라) 다음 달 이사회 회의 초안 입출력 순으로 처리한다.

비서의 업무 우선순위 결정 시 고려할 사항

• 즉시 처리할 일, 오늘 중으로 해야 할 일, 시간 나는 대로 해야 할 일로 구분하여 수행한다.
• 상사의 가치관과 업무 스타일을 고려하여 비서 업무의 우선순위를 정한다.
• 업무의 긴급성과 중요성을 고려하여 긴급한 동시에 중요한 일을 가장 먼저 수행한다.

03 **상공기획(주) 이영준 대표이사는 중요한 업무 파트너인 서준희 회장님과 중식당에서 오찬을 마친 후 회사 회의실에서 1시간 정도 실무진 임원과 함께 미팅 예정이다. 김미소 비서가 내방객을 맞이하기 위한 준비업무로 가장 적절치 않은 것은?** [20년 2회]

① 김 비서는 상사의 회사 도착시각을 예측하기 위해 기사에게 사전에 오찬장소에서 출발할 때 연락을 하도록 부탁한다.
② 김 비서는 서준희 회장의 내방객 카드를 찾아 평소 즐기는 차의 종류를 미리 확인하여 준비한다.
③ 김 비서는 상사와 서준희 회장이 회의실에 도착하기 전에 회의에 동석하기로 되어 있는 홍보 담당 전무에게 연락하여 회의실에 미리 와 있도록 한다.
④ 회의자료는 회의 참석자에게 며칠 전에 이메일로 전송하였으므로 참석자에게 상사와 서준희 회장이 회의실에 도착하기 직전에 자료확인 문자를 넣도록 한다.

해설

④ 회의자료 확인에 대한 것은 미리 문자를 넣어야 하고, 회의자료는 회의 시작 전 출력하여 준비해 놓아야 한다.

03 ④ **정답**

04 **다음은 상사의 해외 출장 일정이다. 상사의 일정을 관리하는 방법으로 가장 옳지 않은 것은?** [20년 2회]

Itinerary			
편명/좌석번호	EK323 / 14A	클래스	Business
출 발	ICN 08 Aug 23:55	도 착	DXB 09 Aug 04:25
비행시간	09H 30M	마일리지	4189
편명/좌석번호	EK 237 / 9A	클래스	Business
출 발	DXB 11 Aug 08:40	도 착	BOS 11 Aug 14:15
비행시간	13H 35M	마일리지	6662
편명/좌석번호	EK 201 Operatedby KE086 / 17H	클래스	Business
출 발	JFK 15 Aug 00:50	도 착	ICN 16 Aug 04:10
비행시간	14H 20M	마일리지	6906

* Business Class Service : Chauffeur–drive Services, Business Class Lounge

① 상사의 전체 출장일정은 ICN–DXB–BOS–JFK–ICN 일정으로 8박 9일이다.

② 상사의 DXB 체류 기간은 2박 3일로 여유가 있으므로 도착 당일인 8월 9일 이른 오전 시간부터 업무일정을 수립하지 않는 것이 바람직하다.

③ 상사가 8월 11일 BOS 시내에서 오후 4시에 개최되는 행사의 Keynote Speech를 할 수 있도록 준비하였다.

④ 상사가 8월 16일 새벽에 도착하므로 주요 일정을 오전에 수립하지 않았다.

해설

③ 상사는 13시간 35분 동안 비행을 하고 BOS에 오후 2시 15분에 도착한다. 따라서 제대로 휴식을 취할 시간도 없이 오후 4시에 시작하는 행사의 기조연설을 할 수 있도록 준비하는 것은 바람직하지 않다.

05 **비서가 상사의 대외 활동을 위해 지원하는 업무로 가장 적절한 것은?** [20년 1회]

① A 비서는 상사의 소셜미디어를 관리하는 차원에서 올라오는 질문이나 댓글에 답변을 달고 주제별로 답변을 분류하여 매주 보고드리고 있다.

② SNS를 통하여 기업 내 · 외와 소통을 하는 상사를 위해 B 비서는 자신의 개인 소셜미디어를 활용해 회사와 상사에 관한 글들을 자주 올리고 있다.

③ C 비서는 자신의 개인 소셜미디어에 본인의 소속과 이름, 직책을 명확하게 밝힌 상태에서 회사 제품을 홍보하고 있다.

④ D 비서는 상사의 SNS에 팔로워로 동참하면서 불만사항으로 올라온 글들을 이슈별로 정리하여 상사에게 보고하고 소통할 수 있는 방안을 제시해 드리고 있다.

정답 04 ③ 05 ④

해설

① 상사의 소셜미디어에 올라오는 질문이나 댓글에 대해 비서가 임의로 답변을 달아서는 안 된다.
② 비서 개인의 소셜미디어에 회사와 상사에 관한 글들을 올리는 것은 기밀성을 위반하는 행위가 될 수 있다.
③ 비서 자신의 개인 소셜미디어라 할지라도 본인의 소속과 이름 직책을 명확하게 밝히면 회사에 관한 정보나 상사에 관한 정보가 유출될 수 있으므로 조심해야 한다.

06 **상사와 개인적으로 약속을 한 내방객이 방문을 하였다. 같은 시간 선약이 되어 있는 내방객이 있는 경우 비서의 응대 자세로 가장 적절하지 않은 것은?** [20년 1회]

① 일정표에 기록되어 있지 않아 예상하지 못한 내방객이기는 하나 난처한 표정을 짓지 않고, 평소와 다름없이 맞이한다.
② 내방객 응대 원칙에 따라 방문객의 소속, 성명, 방문 목적, 선약 유무 등을 확인한다.
③ 상사가 개인적으로 약속하였다는 것을 알게 되었으므로 상사에게 보고 후 지시에 따른다.
④ 개인적 약속을 한 손님에게 양해를 구한 후 예약순서 원칙에 따라 선약된 손님부터 응대한다.

해설

④ 상사에게 상황을 보고한 후 상사의 지시에 따른다.

07 **다음 중 경조사 업무를 처리하는 비서의 태도로 가장 바람직하지 않은 것은?** [19년 2회]

① 경조사가 발생하면 화환이나 부조금을 준비하는 데 회사의 경조 규정을 참고한다.
② 신문의 인물 동정 관련 기사를 매일 빠짐없이 확인하고, 사내 게시판 등에 올라오는 경조사도 확인한다.
③ 경조사가 발생했을 경우에는 시기가 중요하므로 비서가 먼저 처리한 후 추후 상사에게 보고한다.
④ 평소 화원이나 꽃집을 한두 곳 선정해두고 경조사 발생 시 전화나 인터넷을 통하여 주문한다.

해설

③ 경조사가 발생했을 경우에는 상사와 상의하여 경조사에 대한 전화 혹은 문자메시지와 화환 등을 보내고, 상사가 직접 참석해야 하는 경조사는 위치 · 시각 등을 정확히 확인한다.

06 ④ 07 ③ 정답

08 상사는 다음 주에 주요인사들이 참석하는 저녁식사에 초대를 받았다. 이 모임을 준비하는 비서의 자세로 가장 적절하지 않은 것은? [19년 1회]

① 모임의 성격, 참석자들의 특성 등을 확인하여 상사에게 사전에 보고한다.
② 모임 주최자에게 우리 회사 및 상사와 관련된 최근 인터뷰 기사를 보내 상사가 모임에서 빛날 수 있도록 한다.
③ 모임에서 내 상사의 역할이 무엇인지 확인한 후 필요한 자료 등을 준비한다.
④ 상사와 같은 테이블에 앉는 사람들이 누구인지 사전에 확인한다.

해설
② 주최자에 대한 결례로 볼 수 있다.

09 항공 예약 시 알아야 할 항공 용어에 대한 설명으로 바르지 않은 것은? [17년 2회]

① 오픈티켓(Open Ticket) : 일정이 확정되지 않아 돌아오는 날짜를 정확히 지정하기 어려운 경우, 돌아오는 날짜를 임의로 정하여 예약하고, 항공권의 유효 기간 내에서 일정변경이 가능한 항공권
② 초과 예약(Overbooking) : 항공편은 판매하지 못한 좌석에 대해 재판매가 불가능하므로 예약이 취소되는 경우와 예약 손님이 공항에 나타나지 않는 경우에 대비하여 실제 판매 가능 좌석수보다 예약을 초과해서 접수하는 것
③ 경유(Transit) : 비행기가 출발지에서 출발 후 목적지가 아닌 중간 기착지에 내려서 기내식 준비, 청소, 연료 보급, 승객 추가탑승 등의 이유로 1~2시간 정도 대기 후 동일한 비행기에 다시 탑승하는 것
④ 환승(Transfer) : 여정상 두 지점 사이에 잠시 체류하는 것으로 24시간 이상 체류 시에는 해당 국가 입국심사를 마치고 위탁 수하물을 수령하여 세관검사까지 마쳐야 하는 것

해설
④ 환승은 경유와 비슷하나 비행기가 중간 기착지에 도착하면 다른 비행기로 갈아타고 목적지에 도착하는 것을 말한다.

10 신문기사 작성법으로 적절하지 않은 것은? [19년 1회]

① 두괄식 또는 역피라미드 방식으로 중요한 것부터 차례로 작성한다.
② 주제목은 핵심내용으로, 부제목에는 사람들의 관심을 끌 수 있는 제목을 뽑아야 한다.
③ 표, 그래프, 사진 등 필요한 자료를 준비한다.
④ 기사 끝에는 반드시 자료작성자나 문의처를 적는다.

정답 08 ② 09 ④ 10 ②

해설

보도자료를 잘 쓰는 요령

- 본문은 역피라미드 형식(가장 중요한 정보를 앞부분에 쓰고 뒤로 갈수록 덜 중요한 내용을 나열하는 방식)으로 작성해야 한다.
- 육하원칙에 따라 핵심내용을 요약해서 쓴다.
- 핵심이 분명하고 일관성이 있어야 한다.
- 문장은 짧고 명료하게 써야 하는데, 신문기사의 경우 한 문장의 평균 글자 수가 60자 정도이다.
- 긴 보도자료는 본문과 해설로 분리하고, A4용지 2페이지를 넘기지 않는 것이 좋다.
- 사진과 동영상을 삽입하면 뉴스의 주목도가 크게 높아진다.
- 문의처, 회사소개, 웹주소를 기재한다.
- 대중이 잘 사용하는 적절한 키워드를 넣어서 작성하는 것이 좋다.

11 **김 비서가 근무하는 상공물산 사옥 준공식에 산업통상자원부 차관이 참석하게 되었다. 김 비서의 업무처리 중 가장 적절한 것은?** [18년 2회]

① 차관의 일정은 기밀이므로 차관이 몇 시에 행사에 도착하는지 몇 시에 행사장을 떠나야 하는지 등에 대해서는 그 누구에게도 확인해서는 안 되고 차관실에 전적으로 맡겨야 한다.

② 상공물산 주차관리실에 연락하여 차관의 차량번호를 등록해 놓는다.

③ 의전원칙에 따라 준공식이 시작한 후 차관이 도착하도록 일정을 수립한다.

④ 바쁜 차관의 일정을 고려하여 일정 중간에 자리를 비울 수 있도록 차관의 자리는 출입문 옆쪽으로 정한다.

해설

① 차관이 행사장에 도착하는 시간 및 떠나는 시간 등은 미리 알아두어야 결례를 범하지 않을 수 있다.

③ 준공식을 시작하기 전 차관이 도착하도록 일정을 수립하여야 차관을 맞이하고 자리를 안내하는 데 차질이 생기지 않는다.

④ 좌석의 배치는 사내 의전 규정을 따르며 일반적으로 의장의 좌석은 의사진행을 하기 좋은 중앙에 배치한다. 내빈과 상사는 될 수 있는 대로 상석에 배치하며 주최 측 중 회의운영 관련자는 입구 가까운 곳에 배치한다.

11 ② **정답**

12 상사를 보좌하는 비서의 업무처리 방식에 대한 설명으로 가장 적절하지 않은 것은? [18년 2회]

① 비서는 업무를 하는 동안 상사에 관한 다양한 정보를 취득하게 되는데 취득된 정보는 잘 기록해 필요시 업무에 활용한다.
② 상사의 이력을 대내 · 외적인 필요에 의해 공개하거나 제출해야 할 경우 비서는 상사의 이력서 내용 전문을 제공하도록 한다.
③ 인물 데이터베이스를 제공하는 포털사이트나 언론사 사이트에서 상사의 경력사항이 잘못되거나 누락되었을 경우 정보수정을 요청한다.
④ 상사 개인신상에 관한 정보는 예전기록이나 관련서류 등을 통해 파악할 수 있다.

해설

② 상사의 이력을 대내 · 외적인 필요에 의해 공개하거나 제출해야 할 경우 비서는 상사의 이력서 내용 전문보다는 요구되는 부분 위주로 제공한다.

13 김 비서는 신입비서가 작성한 보고서에서 오류를 발견하였다. 김 비서의 대응 자세로 가장 적절한 것은? [18년 1회]

① 김 비서가 수정하여 제출 후 추후 신입비서의 오류내용을 정리하여 신입비서 교육에 활용할 계획이다.
② 신입비서를 질책하며 보고서의 문제점을 하나하나 언급한다.
③ 신입비서에게 오류를 알려주고 수정하도록 지시한다.
④ 사소한 오류인 경우는 굳이 알리지 않고 김 비서가 직접 수정하여 전송한다.

해설

③ 오류를 알려주고 수정하도록 지시하면 추후에 실수를 줄일 수 있다.

14 다음 중 표기가 잘못된 것을 고르시오. [18년 1회]

① 수의계약(隨意契約) : 경쟁이나 입찰에 의하지 않고 상대편을 임의로 선택하여 체결하는 계약
② 갹출(醵出) : 같은 목적을 위하여 여러 사람이 돈을 나누어 냄
③ 계인(契印) : 두 장의 문서에 걸쳐서 찍어 서로 관련되어 있음을 증명하는 도장
④ 결제(決裁) : 결정할 권한이 있는 상관이 부하가 제출한 안건을 검토하여 허가하거나 승인함

해설

④ 決裁 : 결재

정답 12 ② 13 ③ 14 ④

15 비서의 보고업무 자세로 적절하지 않은 것은? [17년 2회]

① 상사가 지시한 내용을 이행하는 중에 상황이 변경되었을 때, 처리 기간이 오래 소요될 때, 실수를 범했을 때, 상사가 지시한 범위를 벗어날 때, 상사가 지시한 방침이나 방법으로는 원활한 수행이 불가능할 때는 미루지 말고 즉시 중간보고를 해야 한다.

② 비서가 2인 이상의 상사를 모시는 경우 비서는 긴급도와 중요도에 따라서 우선순위를 정하여 지시 내용을 이행하며, 직속 상사 이외의 내 · 외부 고객으로부터 지시를 받은 경우 반드시 직속 상사에게 보고해야 한다.

③ 상사가 궁금해하는 것을 먼저 보고해야 하는데, 이는 상사 입장에서 나에게 질문을 해 봄으로써 파악이 가능하다.

④ 보고할 때는 서론, 본론, 결론의 순서대로 체계적이고 논리적으로 말한다.

해설

④ 보고할 때는 결론을 먼저 말하고 필요가 있다면 이유, 경과 등의 순으로 보고한다.

16 다음과 같은 상황에 적합한 회의장 좌석 배치 형태는 무엇인가? [17년 1회]

김 비서 이번 주주총회에 참석하는 주주들의 명단을 내일까지 보고해 주세요.

① 네모형 ② 원탁형

③ V자형 ④ 교실형

해설

④ 교실형은 진행자를 향하여 책상과 의자를 일렬로 놓는 형태로 주로 정보전달, 주주총회, 설명회 등이 목적일 때 사용한다. 네모형이나 원탁형은 회의 참석자 수가 많은 경우, 자유로운 토론을 원하는 경우에 적당하며, 사회자는 진행이 편리한 곳에 위치한다. 반면, ㄷ자형, V자형, U자형의 좌석배치 형태는 소집단 회의 참석자들이 서로 마주 보고 앉아서 회의하기 좋은 형태로 상호 의사소통과 협력이 잘되고 강연 집중도도 높다.

17 다음 중 국제매너에 있어서 기본적인 관례상의 서열 기준에 대한 설명으로 가장 적절하지 않은 것은? [17년 1회]

① 부부 동반의 경우 부인의 서열은 남편과 동급이다.

② 여성 간 서열은 기혼, 미망인, 이혼, 미혼 순이다.

③ 내국인과 외국인이 있을 때는 내국인을 관례상 상위로 간주한다.

④ 높은 직위 쪽의 서열이 상위이다.

15 ④ 16 ④ 17 ③ 정답

해설

관례상 기본적인 서열 기준

- 부부 동반의 경우 부인의 서열은 남편과 동급이다.
- 여성 간 서열은 기혼, 미망인, 이혼, 미혼 순으로 서열이 정해진다.
- 내국인과 외국인이 있을 경우에는 외국인을 상위로 한다.
- 높은 직위 쪽의 서열을 따른다.
- 남성보다 여성을 우대한다. 단, 남성이 한 나라의 대표 자격으로 참석한 경우 제외한다.

18 **아래는 Mr. R. Greg 회장의 방한 일정표이다. 한국 방문이 처음인 본사 회장 Mr. R. Greg의 방문 일정이 원활히 진행되기 위한 김 비서의 업무수행 중 가장 옳은 것끼리 짝지은 것은?** [16년 2회]

Itinerary for Mr. R. Greg, Chairman
(June 7~11, 2016)

Monday, June 7	
18:30	Arrive at Incheon via AP 881(Pick up by SH Kim, VP)
20:00	Check-in Ritz Carton Hotel
Tuesday, June 8	
11:00~15:00	Meeting with Gil Hong(Conference Room, 7th, F3)
15:00~17:00	Management Meeting(Conference Room, 7th, F3)
Friday, June 11	
7:00~	Breakfast with Ronald James(Singgrira Grill)

㉠ Mr. Greg가 한국에 도착한 후 호텔 예약을 Confirm했다.
㉡ 6월 8일 저녁예약은 하지 않았다.
㉢ 담당직원에게 Mr. Greg의 이름이 적힌 피켓을 준비하게 하여 영접하도록 했다.
㉣ 6월 7일 도착 후 교통상황 등을 고려하여 Ritz Carton Hotel에 'Late arrival notice'를 해두었다.

① ㉠, ㉡
② ㉡, ㉢
③ ㉢, ㉣
④ ㉠, ㉣

해설

㉢ Mr. Greg가 한국에 처음 방문하므로 마중 나온 담당 직원을 쉽게 찾게 하기 위해 피켓을 준비하는 것이 좋다.
㉣ 비행기 도착시간이 저녁 러시아워와 맞물리므로 호텔 측에 늦게 도착할 수 있음을 알리는 것이 좋다.
㉠ Mr. Greg가 한국에 도착하기 전에 호텔 예약을 Confirm해야 한다.
㉡ 6월 8일 오후 5시에 관리자 회의가 끝나므로 저녁 식사를 예약하는 것이 좋다.

정답 18 ③

19 **윤 비서의 상사는 추석이나 설날과 같은 명절에는 중요한 거래관계에 있는 고객이나 친분이 있는 지인들에게 선물을 보내는 것을 중요한 관례로 여기신다. 따라서 윤 비서는 매 명절마다 신경써서 처리하는 업무 중 하나이다. 윤 비서가 명절선물 발송과 관련한 업무를 처리하는 순서를 가장 효율적이고 올바른 순서로 배열하시오.** [15년 2회]

(가) 선물을 보낼 명단 초안을 작성한다.
(나) 명단이 취합되면 상사로부터 발송 여부를 결재받는다.
(다) 발송 명단이 결정되면 주소와 연락처를 다시 한번 확인하여 최종 명단을 작성한다.
(라) 선물의 품목을 선정한다.
(마) 구매품의서를 올려 결재를 받는다.
(바) 상품을 주문하고 구매한다.
(사) 선물과 같이 동봉해서 보낼 명함이나 인사 카드를 준비한다.
(아) 선물을 발송한다.

① (가) – (나) – (다) – (라) – (마) – (바) – (사) – (아)
② (가) – (나) – (다) – (마) – (라) – (사) – (바) – (아)
③ (마) – (라) – (가) – (나) – (다) – (바) – (사) – (아)
④ (마) – (라) – (가) – (나) – (다) – (사) – (바) – (아)

해설

① 명절선물 발송과 관련한 업무는 보기와 같은 순서대로 처리한다.

20 **아래 내용의 상사의 지시를 받을 때 비서의 태도로서 가장 적절한 것으로만 묶인 것은?** [15년 2회]

상사는 주요 거래처인 한승기업 박진우 사장 집안의 結婚式請牒狀을 주면서 祝儀金과 單子와 花環을 준비하라고 지시를 하였다. 비서는 祝儀金에 필요한 現金을 준비하기 위해 稟議書를 작성하고 상사의 決裁를 얻어 經理部에 제출하였다.

가. 지시를 받으면서 한승기업 박진우 사장에게 보낼 돈과 조화를 준비할 것을 메모장에 기록한다.
나. 지시를 받은 후 자리로 돌아와 경조사 관련 회사 규정을 참고하여 기안을 작성한다.
다. 일정을 보니 같은 날 다른 거래처 경조사와 겹치게 되어 경조전보 활용을 지시 중에 말씀드려 결정하시게 한다.
라. 지시를 받은 후 한승기업 박진우 사장에게 보낼 우편 송금환을 준비해서 부조 문구를 작성한다.
마. 비서가 가지고 있는 현금으로 우선 전달한 후 나중에 경리과에 경비처리를 하도록 한다.

① 가, 나
② 가, 다
③ 가, 라
④ 가, 마

19 ① 20 ① **정답**

해설

① 상사는 주요 거래처인 한승기업 박진우 사장 집안의 결혼식 청첩장을 주면서 축의금과 단자와 화환을 준비하라고 지시를 하였다. 비서는 축의금에 필요한 현금을 준비하기 위해 품의서를 작성하고 상사의 결재를 얻어 경리부에 제출하였다.

제2과목 | 경영일반

21 다음은 기업윤리에 대한 설명이다. 이 중 가장 거리가 먼 것은 무엇인가? [17년 2회]

① 기업윤리의 초점은 기업의 운영환경 내에서 발생하는 올바르거나 잘못된 행동과 관련된다.

② 기업의 윤리적인 의사결정을 위해 가장 우선적으로 고려해야 하는 부분은 주주의 최대수익이다.

③ 기업의 의사결정이 미치는 영향은 간혹 소비자의 이상적인 생각과 마찰을 일으킬 수 있기에 의사결정에 신중을 기할 필요가 있다.

④ 미국의 존슨 앤 존슨사의 경영윤리에 대한 신조(Creed)는 기업을 경영하는 데 있어 시사하는 바가 크다.

해설

② 기업의 윤리적인 의사결정을 위해서는 고객 → 직원 → 지역사회 → 수익성 → 주주 순으로 고려되어야 한다.

22 다음 중 국제 라이센싱(Licensing)에 대한 설명으로 가장 옳지 않은 것은? [16년 2회]

① 현지국의 무역장벽이 높을 경우, 라이센싱이 수출보다 진입 위험이 낮으므로 진입전략으로 라이센싱이 유리하다.

② 해외진출 제품이 서비스인 경우 수출이 어렵고 이전비용이 많이 소요되므로 라이센싱보다 직접투자를 선호하게 된다.

③ 라이센싱에 따른 수익이 해외투자에 따른 수익보다 낮지만 정치적으로 불안정한 시장에서 기업의 위험부담이 적다는 장점이 있다.

④ 라이센서(공여기업)가 라이센시(수혜기업)의 마케팅 전략이나 생산 공정을 통제하기가 쉽지는 않다.

해설

② 해외에 진출하는 제품이 서비스인 경우 수출과 이전비용이 적게 소요되므로 직접투자보다는 라이센싱을 선호한다.

정답 21 ② 22 ②

23 **출자와 경영의 특징에 따라 기업형태를 구분할 때 이를 설명한 내용으로 다음 중 가장 적절한 것은?** [17년 1회]

① 합자회사는 2인 이상의 출자자가 회사의 채무에 연대무한책임을 지는 기업형태이다.
② 주식회사의 최고의사결정기관은 이사회이다.
③ 협동조합은 '영리주의'가 아닌 '이용주의' 원칙에 따른다.
④ 유한회사는 유한책임사원만으로 구성되므로 투명성 확보를 위한 재무제표에 대한 결산공고 등의 기업공개의무가 있다.

해설

① 합자회사는 무한책임사원과 유한책임사원으로 구성되어 있기 때문에 이원적 회사라고 불리며 폐쇄적인 성격이 강하다.
② 주식회사의 최고의사결정기관은 주주총회이다.
④ 유한회사는 소수의 유한책임사원으로 구성되는 회사로 보유지분의 양도가 제한되어 기업의 폐쇄성이 강하다.

24 **협상을 통해 두 기업이 하나로 합치는 인수합병(M&A)은 '실사–협상–계약–합병 후 통합' 과정을 거치는데, 각 단계에 대한 설명으로 가장 옳은 것은?** [20년 2회]

① 실사 : 기업의 인수합병계약 전 대상기업의 재무, 영업, 법적 현황 등을 파악하는 절차
② 협상 : M&A 과정 중 가장 중요한 단계로 계약서를 작성하는 단계
③ 계약 : 계약 체결을 위해 대상기업과의 교섭 단계
④ 합병 후 통합 : 대상기업과의 인수가격, 인수형태 등 법적 절차를 협상하는 단계

해설

② 계약서를 작성하는 단계는 '계약'이다.
③ · ④ '협상' 단계이다.

25 **다음 중 기업의 다각화에 대한 설명으로 가장 적절하지 않은 것은?** [17년 1회]

① 다각화를 위한 방법으로 기업의 내부적 창업, 합작투자, 인수합병 등이 있다.
② 다각화된 기업은 내부의 자본력과 노동력을 적극적으로 활용할 수 있는 이점이 있다.
③ 다각화를 통해 경영 위험을 분산하고 기업경영의 안정성을 도모할 수 있다.
④ 자동차 제조회사가 타이어 제조업체를 인수하는 것을 다각화라고 할 수 있다.

해설

④ 기업의 다각화란 기업이 새로운 업종에 진출하여 기존 업종과 병행하여 경영활동의 범위를 확대하는 것이다. 특히, 기업이 다각화를 시도할 때에는 기존 사업 분야와 어우러져 시너지 효과를 만들어낼 만한 사업 분야에 뛰어드는 것이 좋다.

23 ③ 24 ① 25 ④ **정답**

26 다음 중 벤처캐피털의 특징에 대한 설명으로 가장 옳지 않은 것은? [18년 2회]

① 벤처캐피털은 위험은 크지만 고수익을 지향하는 모험자금이다.
② 벤처캐피털은 투자기업을 성장시킨 후 보유주식을 매각하여 자본이익을 얻고자 투자한다.
③ 벤처캐피털은 투자기업의 경영권 획득이 목적이 아니라 사업에 참여방식으로 투자하는 형식을 취한다.
④ 벤처캐피털은 투자심사에 있어서 기업의 안정성, 재무상태, 담보능력을 가장 중요시한다.

해설

벤처캐피털의 특징

- 투자방식 : 자본참여(주식에 대한 투자형식)
- 자금원천 : 고수익, 고위험 지향의 투기성 자금
- 투자관심사 : 기업의 경영능력, 기술성, 성장성, 수익성 중시
- 연대의식 : 투자기업의 성장이 수익과 직결되어 연대의식이 강함
- 회수방법 : 소유주식의 매각, 배당
- 투자기간 : 비교적 장기투자
- 담보유무 : 무담보, 무보증 투자가 주류

27 다음 중 중소기업과 대기업의 비교에 대한 설명으로 가장 적절하지 않은 것은? [18년 1회]

① 대기업은 경기변동에 있어서 중소기업보다 상대적으로 탄력적이고 신축적이다.
② 대기업은 소품종 대량생산에 의하여 시장수요에 대응하고 중소기업은 주문에 의한 다품종 소량생산에 의존하는 경향이 있다.
③ 대기업과 비교해서 중소기업은 저생산성과 저자본비율이라는 특성을 가지고 있다.
④ 중소기업의 지역사회관계는 일반적으로 대기업보다 밀접하며 지역문화 형성에 큰 역할을 담당한다.

해설

① 중소기업은 경기변동에 있어서 대기업보다 상대적으로 탄력적이고 신축적이다

28 기업조직의 통제기능의 필요성을 설명한 내용으로 가장 거리가 먼 것은? [20년 1회]

① 끊임없이 변화하는 경영환경으로 이미 수립된 계획의 타당성 확인을 위해
② 조직의 규모와 활동이 복잡하고 다양화됨에 따라 조직 내에서 발생하는 다양한 활동의 조정 및 통합을 위해
③ 경영자의 의사결정의 오판이나 예측오류의 발생을 예방하고 정정하기 위해
④ 경영자가 조직의 중앙집권화를 위해 권한위임을 최소화하고 부하 구성원 활동에 대한 감독을 강화하기 위해

정답 26 ④ 27 ① 28 ④

해설

④ 기업조직의 통제기능은 실제의 경영활동이 계획된 대로 진행될 수 있도록 감시하고, 그 계획으로부터 벗어나는 것을 예방하고 수정하는 행동으로, 이것이 경영자가 조직의 중앙집권화를 위해 권한위임을 최소화하고 부하 구성원 활동에 대한 감독을 강화하기 위해 필요한 것이라고는 보기는 어렵다.

29 다음 중 기업가정신(Entrepreneurship)의 핵심요소로서 가장 적절하지 않은 것은? [17년 2회]

① 창의성과 혁신
② 안전성과 보수주의
③ 도전정신과 가치창출
④ 창업자적 전문경영자 정신

해설

② 기업가정신이란 혁신이나 창의성과 함께 위험을 무릅쓰는 모험정신으로 표현할 수 있다. 안전성과 보수주의는 이와 상반되는 개념이다.

30 다음 중 경영관리의 포괄적 의미에 대한 설명으로 가장 적절한 것은? [17년 1회]

① 경영관리란 조직목표를 설정하고 이를 달성하기 위한 절차와 방법을 찾는 것을 의미한다.
② 경영관리란 기업목표 및 경영목표를 보다 효과적으로 달성하기 위해 계획, 조직화, 지휘, 통제 등의 활동을 통해 기업의 제반자원을 배분, 조정, 통합하는 과정이다.
③ 경영관리란 수립된 계획을 수행할 수 있도록 인적자원과 물적자원을 배분하여 최적 결과가 도출될 수 있도록 하는 것이다.
④ 조직의 세부활동이 목적에 부합될 수 있도록 관리하고 통일되고 일관된 활동이 되도록 하는 것이다.

해설

② 경영관리란 기업이 경영활동 및 경영목표를 능률적으로 수행하도록 하기 위해 경영목적과 정책을 설정하고, 이를 달성하기 위해 인적 · 물적 · 재무적 · 기술적 요소를 계획 · 조직 · 지휘 · 조정 · 통제하는 모든 활동을 말한다.

29 ② 30 ② 정답

31 다음에서 설명하는 용어로 가장 적절한 것은? [15년 1회]

• 기업이 영업 활동을 통해 창출한 순가치의 증가분이다. • 영업이익에서 법인세와 자본비용을 차감한 이익을 말한다.

① EVA(경제적부가가치)
② ROE(자기자본이익률)
③ ROA(자산수익률)
④ ROI(투자자본수익률)

해설

② ROE(자기자본이익률) : 기업의 부채를 제외한 자본에서 어느 정도의 이익을 창출하는가를 나타내는 값
③ ROA(자산수익률) : 기업 총자산(자본+부채)에서 어느 정도의 이익을 창출하는가를 나타내는 값
④ ROI(투자자본수익률) : 기업의 순이익을 투자액으로 나눈 값

32 다음 중 변혁적 리더십에 관한 설명으로 가장 적절하지 않은 것은? [18년 1회]

① 변혁적 리더는 부하 개개인의 감정과 관심, 그리고 욕구를 존중함으로써 동기 유발시킨다.
② 변혁적 리더는 부하들에게 비전을 제시하고 비전달성을 위해 함께 협력할 것을 호소한다.
③ 변혁적 리더십의 구성 요인은 조건적 보상과 예외에 의한 관리이다.
④ 변혁적 리더는 부하들에게 자신의 이익을 초월하여 조직의 이익을 위해 관심을 가지고 공헌하도록 고무시킨다.

해설

③ 변혁적 리더십의 구성 요인은 구성원들의 관심과 욕구를 존중하고 동기를 유발하는 것, 비전을 제시하고 협력을 호소하는 것, 자신의 이익을 초월하여 조직의 이익을 위해 부하들이 공헌하도록 고무시키는 것이다.

33 다음은 4P 마케팅 믹스의 구체적 내용이다. 옳지 않은 것은? [20년 1회]

① Place : 재고, 서비스, 품질보증
② Price : 할인, 보조금, 지불기간
③ Promotion : 광고, 인적판매, 판매촉진
④ Product : 품질, 디자인, 브랜드명

해설

① Place는 유통에 해당되며, 배송, 재고, 물류, 매장 등을 말한다.

정답 31 ① 32 ③ 33 ①

34 다음의 빅데이터(Big Data)에 의한 가치 창출이 가능한 분야에 대한 설명 중 가장 거리가 먼 것은? [17년 2회]

① 고객의 패턴을 추출해서 실시간 예측 및 미래 예측이 가능하다.
② 고객의 일상 데이터로부터 새로운 패턴을 발견하여 숨은 니즈 발견이 가능하다.
③ 고객 개인별로 차별화해서 유용한 정보를 제공하여 맞춤형 서비스가 가능하다.
④ 고객의 니즈가 빠르게 변하기 때문에 실시간 대응이 어렵다.

해설

④ 고객 거래 데이터를 분석하고, 파악된 고객 니즈를 즉시 행동에 옮길 수 있는 실시간 정보처리가 가능하다.

35 다음 중 내부모집을 통한 인재채용의 장점으로 가장 적절하지 않은 것은? [16년 2회]

① 조직분위기를 쇄신하고 구성원들의 경영의식을 고취할 수 있다.
② 모집에 소요되는 비용이 저렴하고 채용 후 교육훈련 비용을 절감할 수 있다.
③ 지원자에 대한 평가의 정확성을 확보할 수 있다.
④ 종업원에게 승진기회를 제공하고 사기진작을 하여 낮은 이직률을 가져올 수 있다.

해설

외부/내부모집을 통한 인재채용의 장점

외부모집	내부모집
• 조직 내의 신선한 분위기 쇄신 • 특수한 인재의 채용 • 교육훈련비의 절감	• 종업원의 사기충전 • 모집비용의 절감 • 인사고과를 토대로 한 정확한 평가

36 종업원이 직무에 관한 지식과 기술을 현직에 종사하면서 감독자의 지시하에 훈련받는 현장실무중심의 현직훈련을 의미하는 직무현장훈련(OJT)에 해당하는 교육훈련방법은? [17년 1회]

① 역할연기
② 도제식 훈련
③ e-러닝
④ 세미나

해설

현장직무훈련(OJT ; On-the-Job Training)
업무시간 중에 실제 업무를 수행하면서 동시에 실시하는 교육으로서 상급자가 하급자에 대해 실시하는 방법을 말한다. 도제식 훈련, 직무 오리엔테이션, 인턴십, 멘토링 등이 있다.

34 ④ 35 ① 36 ② **정답**

37 최근 여러 대기업이 지배구조 개선을 위한 방법으로 지주회사 체제로 전환하고 있다. 다음 중 지주회사에 대한 설명으로 가장 옳지 않은 것은? [15년 1회]

① 지주회사가 소액자본으로 다수 기업을 지배하고 기업 집단을 형성함으로써 경제력 집중의 문제가 발생할 수 있다.
② 지주회사는 주식을 소유함으로써 다른 회사의 사업활동을 지배 또는 관리하는 회사를 말한다.
③ 혼합지주회사는 다른 회사를 지배하면서 스스로 사업에 참여하는 지주회사를 말한다.
④ 지주회사는 순환출자구조를 통해 기업지배구조의 투명성을 확보할 수 있다.

해설

④ 지주회사는 순환출자구조를 제한함으로써 투명성을 확보할 수 있다.

38 다음 중 인적자원관리 기능프로세스 중 가장 거리가 먼 것은? [19년 1회]

① 확보관리 ② 스카웃관리
③ 평가관리 ④ 개발관리

해설

② 인적자원관리의 핵심 활동에는 개발관리, 보상관리, 평가관리, 확보관리가 있으며, 확보관리는 조직의 목표달성에 적절한 인력의 수와 질을 획득하는 활동으로, 직무분석을 통한 인력계획, 채용관리 활동을 포함한다.

39 다음 중 실업에 대한 설명으로 가장 적절한 것은? [17년 2회]

① 마찰적 실업은 근로여건에 대한 불만족으로 직장을 그만두고 새로운 직업을 찾는 경우에 발생한다.
② 계절적 실업은 경기가 나빠지거나 침체기에 빠질 때 발생하는 실업이다.
③ 경기적 실업은 노동의 질적인 차이 등으로 발생하는 실업이다.
④ 구조적 실업은 농작물 재배와 같이 매년 노동의 수요가 변화하는 경우에 발생한다.

해설

② 계절적 실업은 계절 변동 때문에 생기는 단기적 실업으로, 자연적 · 계절적 요인에 따라 해마다 순차적, 규칙적으로 발생한다.
③ 경기적 실업은 경기변동 과정에서 생기는 실업형태로 장기적이며 이로 인한 사회문제가 크다.
④ 구조적 실업은 경제성장, 산업구조 발전 등으로 기존 설비나 기술이 낡은 것이 되면서 발생한다.

정답 37 ④ 38 ② 39 ①

40 다음 중 아래의 내용과 관련된 용어로 가장 적절한 것은? [18년 2회]

> 투자자들 사이에 어떤 회사의 주식가치, 더 나아가 전체 주식시장의 가치가 고평가되었는지 가늠할 수 있는 잣대로서 현재시장에서 매매되는 특정 회사의 주식가격을 주당순이익으로 나눈 값을 말한다. 이것이 낮은 주식은 앞으로 주식가격이 상승할 가능성이 크다.

① ROI
② PER
③ KPI
④ CVR

해설

① ROI(투자자본수익률) : 기업의 순이익을 투자액으로 나눈 값
③ KPI(핵심성과지표) : 목표를 성공적으로 달성하기 위하여 핵심적으로 관리하여야 하는 요소들에 대한 성과지표
④ CVR(전환율) : 웹사이트 방문자가 구매, 회원가입, 소프트웨어 다운 등 사이트가 의도하는 행동을 취하는 비율

제3과목 | 사무영어

41 Choose the one which does NOT correctly explain the abbreviations. [20년 2회]

① MOU : Merging of United
② IT : Information Technology
③ CV : Curriculum Vitae
④ M&A : Merger and Acquisition

해설

① MOU : Memorandum Of Understanding 양해각서

40 ② 41 ① **정답**

42 Choose one that does NOT match each other. [19년 2회]

① Branch is one of the offices, shops, or groups which are located in different places.

② Personnel department is responsible for hiring employees and interviewing with candidates.

③ Marketing department talks to clients and persuades them to buy products.

④ Accounting department organizes financial aspects of business.

해설

③ 고객이 제품을 구매할 수 있게끔 이야기하거나 설득하는 것은 마케팅부(Marketing Department)가 아니라 영업부(Sales Department)의 일이다.

① 지점은 회사, 매장 혹은 그룹의 하나로 다른 곳에 있는 것을 말한다.

② 인사과는 인력 고용과 지원자 면접을 책임진다.

④ 경리과는 기업의 재정 측면을 편성한다.

43 Which English sentence is grammatically LEAST correct? [18년 2회]

① 10년 내에, 저는 이 회사 최고의 비서가 되고 싶어요.
Within 10 years, I would like to become the very best secretary in this company.

② 문서를 팩스로 보내 주실 수 있나요?
Could you fax the document to us, please?

③ 요청하신 자료입니다.
This is the information you requested.

④ 첨부 파일을 보세요.
Please look for the attaching file.

해설

④ look for는 '찾다, 바라다'라는 의미이다.

44 What is the MOST appropriate answer in the conversation? [19년 2회]

A : Miss Lee, when is the board meeting?
B : ______________________________.

① It's scheduled of the 9th, Friday within 1:00 p.m.
② It's scheduling in Friday the 9th, in 1:00 p.m.
③ It's scheduling on 1:00 p.m. Friday the 9th.
④ It's scheduled on the 9th, Friday at 1:00 p.m.

해설

④ 때를 표현할 경우에는 '날짜(the 9th)+요일(Friday)+시간(1:00 p.m.)' 순으로 쓰고, 특정한 날 앞에는 전치사 'on'과 정관사 'the'를 사용(on the 9th)한다.

A : Miss Lee, 이사회는 언제죠?
B : 9일, 금요일 오후 1시로 잡혀 있습니다.

45 Choose the correct inside address in a business letter. [15년 1회]

① Ms. Christina Anderson
Swany Hotel
Managing Director.
9 Hill Street
Albany, NY 20221

② Ms. Christina Anderson/Managing Director.
Swany Hotel
9 Hill Street
Albany, NY 20221

③ Dear Ms. Christina Anderson
9 Hill Street
Albany, NY 20221
Swany Hotel
Managing Director

④ Ms. Christina Anderson
Managing Director.
Swany Hotel
9 Hill Street
Albany, NY 20221

44 ④ 45 ② 정답

해설

Inside address란 봉투 안의 서신에 재차 표기하는 수신인의 주소를 가리킨다.
개인에게 보내는 서신을 그의 회사에 보내는 경우, 주소의 영문표기는 다음의 순서를 따른다.

- 개인의 성명(직책)
- 회사명
- 번지, 도로명
- 구(區) · 시(市) · 주(州) · 우편번호 등
- 국가명

46 **Choose one which has the least appropriate definition for the underlined words.** [17년 1회]

① A detour is a special route for traffic to follow when the normal route is blocked.

② The venue for an event or activity is the place where it will happen.

③ Your autograph is your name, written in your own characteristic way, often at the end of a document to indicate that you wrote the document or that you agree with what it says.

④ The cabinet is a group of the most senior ministers in a government, who meet regularly to discuss policies.

해설

서류, 계약서 등에 서명하는 것은 Signature, 유명인사가 자신의 저서나 사진 등에 기념으로 하는 것이 Autograph이다. 따라서 유명인사도 서류, 계약서 등에 서명하는 것은 Signature로 쓴다. 보통은 통틀어서 '사인'이라고 말하고 있으나 착각하지 않도록 주의해야 한다.

③ 사인은 당신이 문서를 작성했거나 문서의 내용에 동의한다는 것을 나타내기 위해 종종 문서의 마지막 부분에 자기만의 독특한 방법으로 자신의 이름을 적는 것이다.

① 우회로는 정상 경로가 차단되었을 때 차량이 뒤따르게 하는 특별한 노선이다.

② 어떤 행사나 활동을 하기 위한 장소는 그 행사나 활동이 일어날 곳이다.

④ 내각은 정책을 논의하기 위해 정기적으로 모이는 정부 내 고위각료들의 그룹이다.

47 **Which of the following set is the most appropriate for the blank ⓐ and ⓑ?** [16년 2회]

> A ⓐ ________ is a message sent from one person to another in the same firm; it is a/an ⓑ ________ letter that does not go to someone outside the firm. Its purpose is to give or to ask for information, just as in a business letter. Because the memos stay within the firm, they are typed on plain paper, on letterhead stationery or on special forms which are set up so that the typist will just zoom along while typing this.

① ⓐ memo – ⓑ internal

② ⓐ manual – ⓑ instructional

③ ⓐ business letter – ⓑ outgoing

④ ⓐ fax – ⓑ transmitted

정답 46 ③ 47 ①

해설

- internal : 내부의
- instructional : 교육용의
- outgoing : (데이터 통신) 발신, 외향적인
- transmitted : 전송된

메모는 같은 회사 내에서 서로에게 보내는 메시지이다. 이것은 회사 밖의 사람에게 보내지 않는 사내레터로 목적은 비즈니스 서신처럼 정보를 묻거나 주는 데 있다. 회사 내에서만 통용되기 때문에 빈 종이나 레터헤드지, 또는 타이피스트가 빠르게 작성할 수 있도록 제공된 특별한 서식에 작성된다.

※ **Read the following message and answer the questions (48~49).** [18년 1회]

Dear Ms. Shin,
I am grateful for your very kind ⓐ ________ while I stayed in Seoul. I thoroughly enjoyed my tour of the city and the wonderful meals that you ⓑ ________ for me. I ⓒ ________ you a lot. I'd like to return your kindness. Please visit Tokyo in the near future. Thanks again.
Kind regards,
Danaka Takuya

48 **What kind of letter is this?**

① Invitation Letter
② Announcement Letter
③ Thank you Letter
④ Inquiry Letter

해설

③ 서두에 나온 'I am grateful for ~(~해 주셔서 감사드립니다)'와 끝에 나온 'Thanks again(다시 한번 감사드립니다).'을 통해 이 편지가 감사편지임을 알 수 있다.

48 ③ 정답

49 Which of the following is the most appropriate expression for the blanks ⓐ, ⓑ, and ⓒ.

① ⓐ welcome ⓑ prepared ⓒ obtain
② ⓐ hospitality ⓑ arranged ⓒ owe
③ ⓐ entertain ⓑ booked ⓒ deserve
④ ⓐ reception ⓑ provided ⓒ receive

해설

ⓐ hospitality : 환대, 후대
ⓑ arranged : 마련하다, (일을) 처리하다
ⓒ owe : (돈을) 빚지고 있다, 신세를 지고 있다

> 신 선생님께
> 서울에 머무르는 동안 친절하게 대접해 주셔서 감사드립니다. 저는 저의 도시 여행과 당신이 저를 위해 준비한 식사를 대단히 즐겼습니다. 신세 많이 졌습니다. 당신의 친절에 보답하고 싶습니다. 가까운 시일 내에 도쿄에 방문해 주세요. 다시 한번 감사드립니다.
> 안부를 전하며,
> 다나카 타쿠야

50 Which is true according to the following conversation? [20년 1회]

Mr. Smith : Good morning, Miss Kim.
Secretary : Good morning, Mr. Smith. What can I do for you?
Mr. Smith : Can I see Mr. Wilson if he is free?
Secretary : Mr. Wilson is quite busy now. But let me check with him. Mr. Wilson, Mr. Smith wants to see you now.
Mr. Wilson : Well, I don't want to be interrupted now. I have to finish this report on which I am working. Could you ask Mr. Smith whether it is an urgent matter?
Secretary : Certainly. Mr. Smith, Mr. Wilson is working on important report and he wants to know if you want to talk about something urgent.
Mr. Smith : I have a VIP Resort Club brochure with me and I want to explain it to Mr. Smith. It's not that urgent and I can come back tomorrow.
Secretary : Then, let me check his schedule. How about tomorrow afternoon, 3 o'clock?
Mr. Smith : That will be fine. Thank you, Miss Kim.

① Mr. Smith는 Mr. Wilson과 선약이 되어 있었다.
② Mr. Smith는 급한 업무로 Mr. Wilson을 만나기를 원했다.
③ Mr. Smith는 VIP Resort Club 브로슈어를 Mr. Wilson에게 설명하고자 하였다.
④ Mr. Wilson은 자신의 일을 미루고 Mr. Smith를 바로 만나기로 하였다.

정답 49 ② 50 ③

해설

① Mr. Smith는 Mr. Wilson과 선약이 되지 않은 상태이다.
② Mr. Smith는 급한 업무가 아니고 내일 다시 올 수도 있다고 비서에게 얘기하고 있다.
④ Mr. Wilson은 자신의 업무가 급하니 비서에게 Mr. Smith의 용건이 급한 일인지 물어볼 것을 요청하고 있다.

51 What should secretary do first, after the conversation with her boss? [17년 1회]

Boss : Could you arrange for a leadership training program for the employees?
Secretary : How many people will be there? When and how long would it be?
Boss : There will be 17 trainees. The program is for 2 weeks starting from September 7. I want the KTB's facility to be its venue.
Secretary : Are you supposed to give lectures for the program?
Boss : I'll give the first lecture for the first session as an opening. I'll leave the rest of the program to Jacob.
Secretary : It's only a couple of weeks away. I need to expedite the process as quickly as I can.
Boss : By the way, can I postpone the committee meeting up to tomorrow, say at 5:00? I have to finish my report and I'm behind my schedule.
Secretary : I'll contact the members and delay the meeting.

① To call the committee members and reschedule the meeting
② To contact the lecturers for the training sessions
③ To contact KTB for the availability of the training facility
④ To make a checklist of equipment necessary for lectures

해설

상사가 회의스케줄을 다음날로 미루기를 원하므로 위원들에게 전화해서 회의일정을 조정하는 것이 급선무이다.
① 위원회 위원들에게 전화를 하고 회의일정을 다시 잡는다.
② 교육 프로그램 강사와 연락한다.
③ 교육 시설 이용 여부에 대해 KTB와 연락한다.
④ 강의에 필요한 장비 점검표를 작성한다.

Boss : 직원을 위한 리더십 교육 프로그램을 준비해 주겠나요?
Secretary : 몇 명이 참가하나요? 언제 얼마나 오래 하실 건가요?
Boss : 17명의 연수생이 있을 거예요. 이 프로그램은 9월 7일부터 2주간 진행될 겁니다. KTB시설을 그 장소로 만들려고 해요
Secretary : 그 프로그램에 강의를 하기로 하셨나요?
Boss : 오프닝으로 첫 번째 세션의 첫 강의를 할 겁니다. 나머지 프로그램은 Jacob에게 맡길 거예요.
Secretary : 몇 주밖에 남지 않았네요. 일을 최대한 빨리 처리해야겠어요.
Boss : 그런데, 내일로 위원회 회의를 연기할 수 있나요, 5시로? 보고서를 끝내야 하고 일이 밀려 있어요.
Secretary : 제가 위원들에게 연락하고 회의를 연기하도록 하겠습니다.

51 ① **정답**

52 Belows are sets of phone conversation. Choose one that does not match correctly each other. [18년 2회]

① A : Isn't that Seattle then?
B : No, you must have the wrong area code.
② A : Ms. Pearce asked me to call this morning.
B : May I speak to Ms. Pearce?
③ A : We can let you know what sizes are available.
B : Thanks. I can order what we need then.
④ A : When can I reach you?
B : I'll be in all evening.

해설

② A : Ms. Pearce가 저에게 오늘 오전에 전화할 것을 요청하였습니다.
B : Ms. Pearce와 통화할 수 있을까요?

53 Read the reservation form and choose one which is not true to it. [15년 2회]

Golden Gate Bridge Hotel
Guest Reservation Form

Name : Jones, Patricia
Address : 420 West Bay street, San Diego, CA 90210
Telephone : 510-555-3271
Citizenship : Canadian
Arrive : August 15th, 2013
Depart : the next day
Room type : Double

① The guest lives in the States.
② Ms. Jones' nationality is Canadian.
③ The guest is staying one night.
④ The reserved room has two single beds.

해설

④ 예약된 객실은 Double Bed가 있다. 두 개의 싱글베드가 있는 객실은 Twin Room이다.

정답 52 ② 53 ④

54 Choose the most appropriate pair of words for the blank ⓐ and ⓑ. [16년 2회]

Boss : Please check the itinerary for the Hong Kong visit next week.
Secretary : Yes.
Boss : Also arrange a ⓐ ________ for me at the airport to the hotel.
Secretary : Hong Kong management team will handle every detail there.
Boss : OK. How about the ⓑ ________ there?
Secretary : They made a reservation at the Plaza Hotel near the main office.

① ⓐ accommodation ⓑ hotel
② ⓐ ride service ⓑ entertainment
③ ⓐ pick-up service ⓑ accommodation
④ ⓐ airport limousine ⓑ catering service

해설

ⓐ는 공항에서 호텔까지가 뒤에 나와 있으므로 교통편인 pick-up service가 적합하고, ⓑ는 다음 줄에 본사 근처 Plaza Hotel의 예약을 하였다고 하였으므로 숙박을 의미하는 accommodation이 와야 한다.

55 Choose the inappropriate etiquette when receiving a phone call. [15년 1회]

① Promptness of answering the phone.
② Actively listen for the needs of the caller.
③ Sounding professional and courteous.
④ Forward the call without any explanation.

해설

비즈니스 장면에서 전화를 받을 때 적절하지 않은 에티켓을 고르는 문제이다. ④의 '설명하지 않고 전화를 돌려주기'는 올바른 전화 예절이라 볼 수 없다.

- promptness : 신속성
- answer the phone : 전화를 받다
- listen for : ~에 귀 기울이다
- sound professional : 프로(전문가)처럼 들리다
- courteous : 예의 바른

54 ③ 55 ④ **정답**

56 Which is LEAST correctly inferred about the schedule? [19년 2회]

Boss : What is today's afternoon schedule?
S : At 3, Mr. Robert White of AIO Insurance Co. will be here to introduce the new chairman. At 4 o'clock, Mrs. Brown wants to see you about purchasing our new products. At 5 o'clock, Mr. Thomas Lee of China Trading Co. would like to see you about your business trip to Taiwan next month. At 6 o'clock, there is a formal sitdown dinner party at the Imperial Hotel to commemorate our 25th anniversary in our business.
Boss : Please call my wife and remind her about the party tonight.
S : Yes, Mr. Kim.

① The schedule of Mr. Kim is occupied this afternoon.
② Mr. Kim is supposed to be introduced a new chairman at 3 p.m.
③ Mr. Kim's wife is supposed to attend the dinner party.
④ Casual clothes are appropriate for dinner party.

해설

④ 평상복은 디너파티에 적합하다. → formal sitdown dinner party(공식 싯다운 디너파티)라고 했으므로 평상복이 아닌 예복이 적합하다.
① Mr. Kim의 일정은 오늘 오후에 꽉 차있다.
② Mr. Kim은 오후 3시에 신임 회장에게 소개될 예정이다.
③ Mr. Kim의 부인은 디너파티에 참석하기로 되어 있다.

사장 : 오늘 오후 일정은 어떻게 되나요?
S : 3시에 AIO Insurance Co.의 Mr. Robert White가 신임 회장을 소개하기 위하여 이곳으로 올 것입니다. 4시에는 Mrs. Brown이 우리 회사의 신제품 구매와 관련하여 사장님을 만나고 싶어 합니다. 5시에는 China Trading Co.의 Mr. Thomas Lee가 다음 달 있을 사장님의 대만 출장과 관련하여 사장님을 만나고 싶어 합니다. 6시에는 임페리얼 호텔에서 우리 회사의 창립 25주년을 기념하는 공식 싯다운 디너파티(앉아서 음식을 제공받는 파티)가 열립니다.
사장 : 내 아내에게 전화해서 오늘 밤 파티를 다시 한번 알려주세요.
S : 알겠습니다.

정답 56 ④

57 Read the following conversation and choose one which is not true. [17년 2회]

A : Good morning, sir. Could you tell me your name, please?
B : I'm Paul Evans. I'm from Handbridge and Son.
A : Ah yes, here's your nametag. Could you sign in, please?
B : Of course. There you are. What time does everything start?
A : Mr. Daniel's giving a welcoming address at ten o'clock in the auditorium. After that, there's a lecture. Here's a program of events for you.
B : Thanks.
A : You'll also need to sign up for the sessions.
B : Sessions?
A : Yes. The morning workshops are assigned already, but there's a choice of seminars in the afternoon. The lists are over there.
B : Oh, I didn't realize. I'll sign up now.
A : And there are refreshments available in the lobby.
B : Thanks for your help.

① Lobby allows attendees to have a break between events.
② The lecture will take place in the auditorium.
③ Attendees will need to register one of the seminars in the afternoon.
④ There is no official event in the morning.

해설

아침 워크숍은 이미 배정되었다고 했으므로 '아침에는 공식 행사가 없다'고 한 ④가 틀린 답이다.
① 이벤트 사이에 로비에서 참석자들에게 휴식을 제공한다.
② 강의는 강당에서 열린다.
③ 참석자는 오후 세미나 중 하나를 등록해야 한다.

A : 안녕하세요. 성함이 어떻게 되세요?
B : 전 Paul Evans예요. 저는 Handbridge와 Son에서 왔습니다.
A : 이름표가 여기 있네요. 서명하고 들어가 주시겠어요?
B : 물론이죠. 여기 있습니다. 모든 게 몇 시에 시작하죠?
A : Daniel 씨가 강당에서 10시에 환영사를 하실 겁니다. 그 후에 강연이 있습니다. 여기 이벤트 프로그램이 있습니다.
B : 감사합니다.
A : 그리고 세션을 위해 등록하셔야 합니다.
B : 세션이요?
A : 네. 아침 워크숍은 이미 배정되어 있지만, 오후에는 세미나를 선택할 수 있습니다. 저쪽에 목록이 있습니다.
B : 오, 몰랐네요. 지금 등록할게요.
A : 로비에는 다과가 준비되어 있습니다.
B : 도와주셔서 감사합니다.

57 ④ **정답**

58 Read the following conversation and choose one which is NOT true. [20년 1회]

Mr. Park : Ms. Kim. Do I have an appointment this morning?
Ms. Kim : Yes. Mr. Hong of Taomi will be here at 11:00.
Mr. Park : Ok. After that?
Ms. Kim : You have a luncheon meeting with the board of directors at the Grace Hotel at noon.
Mr. Park : I'm in busy schedule this morning.
Ms. Kim : Yes. To be on time for the luncheon meeting, you should leave here at 11:30 a.m. But there is no appointment after lunch.
Mr. Park : Hum... If possible, can I meet Mr. Hong 30 minutes earlier?
Ms. Kim : I'll contact him now to see if he can change the schedule.
Mr. Park : Thank you.

① Mr. Park has a full schedule in the afternoon.
② Mr. Park wants to meet Mr. Hong at 10:30.
③ Ms. Kim will call Mr. Hong immediately after talking to her boss.
④ Grace Hotel is located about 30 minutes away from Mr. Park's company.

해설

① Mr. Park은 점심 이후의 일정이 없다.

Mr. Park : Ms. Kim 오늘 아침에 약속이 있나요?
Ms. Kim : 네. Taomi의 Mr. Hong과 이곳에서 11시에 약속이 있습니다.
Mr. Park : 알겠습니다. 그다음에는요?
Ms. Kim : 정오에 Grace Hotel에서 이사회와 오찬 회동이 있습니다.
Mr. Park : 오늘 아침은 바쁘군요.
Ms. Kim : 네. 오찬 회동에 제시간에 도착하기 위해 이곳에서 오전 11시 30분에 출발하셔야 합니다. 그러나 점심 식사 이후에는 약속이 없으십니다.
Mr. Park : 음... 만약 가능하다면 Mr. Hong을 30분 일찍 만날 수 있습니까?
Ms. Kim : 약속시간을 바꿀 수 있는지 그에게 지금 연락해서 알아보겠습니다.
Mr. Park : 감사합니다.

정답 58 ①

59 According to the below, which of the followings is not true? [18년 2회]

> Secretary Wanted
>
> Royal Insurance has an opening for a motivated, independent, self-starter. Must be a team player with good organizational and communication skills. Knowledge of Word Perfect 9.0 for Windows, Excel, Powerpoint experience required. Responsible for clerical duties including expense reports and schedules. A minimum of 60 wpm typing. We offer an excellent benefits package.
>
> For immediate consideration, mail/fax resume to :
> Human Resource Manager, Royal Insurance, 2 Jericho Plaza, Jericho, NY 11733, Fax#516-937.
>
> – Royal Insurance

① Royal Insurance는 조직력과 의사소통기술을 갖춘 비서를 채용하고자 한다.
② Royal Insurance 비서직에 관심이 있는 사람은 이력서를 인사부장에게 우편이나 팩스를 통해 보내기 바란다.
③ 컴퓨터 활용능력뿐 아니라 비서경력을 갖춘 사람이어야 한다.
④ 최소 1분에 60단어 이상의 타이핑능력을 갖추어야 한다.

해설
③ 필수적으로 요구되는 것은 조직력과 뛰어난 의사소통기술, 컴퓨터활용능력이며 비서경력에 대한 언급은 따로 없다.

60 What is LEAST proper as a phrase for ending the conference? [20년 2회]

① Can we have a quick show of hands?
② Let's try to keep each item to 15 minutes.
③ Thank you for coming and for your contributions.
④ I think we've covered everything on the agenda.

해설
② 각각의 아이템을 15분 동안 유지하도록 하자는 의미로 회의를 종료하는 데 쓰이는 어구로는 적절하지 않다.

59 ③ 60 ② 정답

61 **다음 공문서 작성 방법이 올바르게 연결된 것을 모두 고른 것은?** [17년 2회]

㉠ 서기 2017. 8. 10.	㉡ 2017. 8. 10.
㉢ 오후 5:30	㉣ 17:30
㉤ 금123,450원(금일십이만삼천사백오십원)	

① ㉠, ㉣, ㉤ ② ㉡, ㉢, ㉤
③ ㉠, ㉢, ㉤ ④ ㉡, ㉣, ㉤

해설
㉠ 서기 2017. 8. 10. → 2017. 8. 10.로 표기한다.
㉢ 오후 5:30 → 17:30로 표기한다.

62 **다음은 상공주식회사의 비용부문에 관한 위임전결규정의 일부 표이다. 이 규정에 맞게 가장 효율적이고 적절하게 문서결재가 처리된 것을 고르시오.** [18년 1회]

구 분	내 용	금액기준	결재서류	전결/결재권자		
				팀 장	본부장	대표이사
접대비	거래처 식 · 주대, 조의금, 축의금 등	20만 원 이하	1. 접대비지출품의서(건별) 2. 지출결의서(월간)	●■		
		30만 원 이하			●■	
		30만 원 초과				●■
여비 교통비	국내출장비	30만 원 이하	1. 출장계획서 2. 출장비신청서	●■		
		50만 원 이하		●	■	
		50만 원 초과		●		■
	해외출장비		1. 출장계획서 2. 출장비신청서	●		■

※ 전결 구분
● : 지출결의서, 세금계산서, 발행요청서, 각종 신청서
■ : 기안서, 출장계획서, 접대비지출품의서

① 20만 원의 국내출장비가 필요한 출장계획서를 팀장이 부재중이어서 본부장이 대결하였다.
② 대표이사 비서실에서는 산학협력기관의 한국대 김명수 교수의 아들 결혼식 축의금 10만 원 처리를 위하여 대표이사에게 접대비 지출품의서를 결재 받았다.
③ 본부장의 해외출장 계획서를 결재권자가 해외출장중이어서 팀장이 대결하였다.
④ 본부장의 제주포럼 참가 출장비 100만 원 처리를 위한 출장비신청서를 팀장이 전결하였다.

해설

①·③ 대결은 회사나 기관의 의사를 결정할 권한이 있는 결재권자의 부재 시에 직무 대행자가 행하는 결재이다.
② 20만 원 이하의 접대비는 팀장에게 결재받는다.

63 다음 중 밑줄 친 한글맞춤법이 잘못된 것은? [20년 1회]

① 신용카드 결제일이 매월 25일이다.
② 난 겨울이 되면 으레 감기가 걸린다.
③ 상무님이 이따가 처리할 테니 두고 가라고 하신다.
④ 도대체 어따 대고 삿대질이야?

해설

④ 어따 대고 → 얻다 대고

64 다음은 각종 인사장 및 감사장에 대한 설명이다. 내용이 잘못 기술된 것은? [19년 1회]

① 협조에 대한 감사장 작성 시에는 앞으로 성원을 부탁하는 내용과 함께 상대의 발전을 기원하며 축원하는 내용을 덧붙여 기재하는 것이 좋다.
② 신년 인사장은 작성 목적에 따라 자유롭게 내용을 구성할 수 있으며, 새해를 상징하는 이미지 등을 삽입하여 개성 있게 작성할 수 있다.
③ 취임 인사장은 새로운 취임자가 취임에 대한 감사의 인사와 포부를 전하기 위한 것으로 전임 직무자들이 이룩한 성과에 대한 언급과 함께 앞으로의 포부와 계획 등을 밝힌다.
④ 축하에 대한 감사장 작성 시에는 내용을 일반화하고 정형화하여 감사를 표하고자 하는 사람의 상황과 성격, 감정 등과 무관하게 격식을 차려 정중하게 작성하여야 한다.

해설

④ 감사장은 대부분 기업에 보내는 것이 아니라 개인에게 직접 감사를 표시하기 때문에 너무 형식에 치우치지 않고, 읽은 사람이 정성과 믿음을 느낄 수 있도록 작성하는 것이 좋다.

63 ④ 64 ④ 정답

65 다음 이메일의 머리글(Header)을 보고 이와 관련된 설명이 가장 적절하지 않은 것은? [17년 1회]

From	Rodney Kim 〈bapo2001@uahoo.com〉
To	Guna Goh 〈guna0405@ddm.com〉
CC	yeaa@ddm.com
	hert@ddm.com
Bcc	rems@gsa.or.kr
Date	2017년 4월 18일 화요일, 04시 42분 31초
Subject	A business trip

① 이메일을 보낸 사람은 Rodney Kim이며 출장과 관련된 내용으로 구성되어 있다.
② 이메일은 총 4명의 사람에게 발송되지만 Guna Goh는 자기에게만 이메일이 발송되었는지 알고 있다.
③ yeaa@ddm.com은 hert@ddm.com이 이메일을 받은 걸 알고 있다.
④ hert@ddm.com은 rems@gsa.or.kr이 이메일을 받은 걸 모르고 있다.

해설

② Guna Goh은 '참조자(CC)'도 같은 내용의 이메일을 받았다는 것을 알 수 있다.

66 조 비서는 해외 출장에서 돌아온 상사로부터 아래 사람들의 명함을 받아 순서대로 정리하려고 한다. 파일링 규칙에 따라 올바른 순서대로 나열한 것은? [15년 1회]

(가) Mr. Edward Arthur
(나) Mrs. Edward Arthur
(다) Andrew Kim
(라) Ms. April Clinton
(마) Catherin Clinton

① (다) – (마) – (가) – (나) – (라)
② (다) – (라) – (마) – (가) – (나)
③ (가) – (나) – (라) – (마) – (다)
④ (나) – (가) – (라) – (마) – (다)

해설

영문명의 명함정리는 먼저 '성'을 기준으로 알파벳순으로 정리한다. '성'이 동일할 경우 이름을 기준으로 알파벳순으로 정리한다.

정답 65 ② 66 ③

67 다음은 처리 단계에 의한 문서 분류에 대한 설명이다. 이 중 가장 올바르지 않은 것은? [15년 1회]

① 공람문서는 관련자들에게 그 내용을 알리기 위해 회람시키는 문서를 말한다.
② 이첩문서는 수신된 문서의 내용이 다른 부서 소관인 경우 해당 부서로 보내는 문서를 말한다.
③ 보존문서는 일처리가 끝난 완결문서로서 처리과에서 보관되어야 하는 문서를 말한다.
④ 기안문서는 결재권자의 결재를 얻기 위해서 기안 서식에 따라 사무처리 초안을 기재한 문서이다.

해설

③ 업무상 필요한 기간 동안 해당 부서에서 보관하고 있는 문서를 '보관문서'라 하고, 보관기간이 만료되어 이를 다시 일정한 곳에 기간에 따라 보존하는 문서를 '보존문서'라고 한다.

68 상사의 서류 및 우편물 개봉, 상사의 일정, 개인정보, 회사의 기밀내용 등과 관련된 업무처리 시 기본원칙으로 가장 잘못된 것은? [17년 1회]

① 컴퓨터에 있는 정보는 수시로 백업해두고 암호를 설정한다.
② 정보의 접근권한과 범위에 대해 사내규정을 숙지한다.
③ 정보에 대한 외부요청이 있을 경우 상사가 선호하는 방식으로 처리한다.
④ 상사와 합의하여 비서의 정보접근권한과 범위를 정한다.

해설

③ 정보에 대한 외부요청이 있을 경우 상사가 선호하는 방식이 아니라 회사 내부정보관리 규정에 따라 처리해야 한다.

69 다음 우편서비스 중 통화등기(현금배달서비스)에 대한 설명으로 옳은 것으로만 구성된 것은? [16년 1회]

가. 통화등기는 우편으로 현금을 직접 수취인에게 배달하는 서비스이다.
나. 통화등기의 금액 제한은 없다.
다. 배달 중 분실 시 전액이 변상된다.
라. 결혼식장 혹은 장례식장 등으로 경조금을 보낼 때 유용하다.

① 가, 다
② 가, 나
③ 가, 나, 다
④ 가, 다, 라

해설

나. 통화등기란 현금을 발송할 때 이를 넣은 봉투에 그 금액을 표기한 우편물로 100만 원 이내의 금액을 발송할 수 있다.
라. 결혼식장, 장례식장, 사서함 등 일시적인 장소에는 배달되지 않는다.

67 ③ 68 ③ 69 ① 정답

70 다음 보기를 읽고 최문영 비서가 문서를 효율적으로 관리하기 위해 1차적으로 어떤 문서 정리방법을 이용하는 것이 가장 적절한지 고르시오. [20년 2회]

> 최문영 비서가 입사한 회사는 축산 가공식품 회사이다. 전국에 걸쳐 지역별로 이백여 개의 공급처에서 소와 돼지의 고기를 납품받아 햄이나 소시지 등의 제품으로 가공하고 있다. 전국의 납품업체에서는 하루에도 수십 건씩 관련 문서가 팩스로 수발신되고 있다.

① 거래 회사명으로 명칭별 분류법

② 거래 회사 전화번호로 번호식 문서 정리방법

③ 부서별로 주제별 문서 정리방법

④ 거래 회사 지역별로 명칭별 분류법

해설

④ 전국에 걸쳐 지역별로 이백여 개의 납품업체에서 문서를 받고 있으므로 1차적으로는 거래 회사 지역별 명칭 분류법을 사용하는 것이 가장 적절하다.

71 다음 중 전자결재 및 전자문서에 관한 설명으로 가장 적절하지 않은 것은? [19년 2회]

① 전자결재를 할 때에는 전자문서 서명이나 전자이미지 서명 등을 할 수 있다.

② 전자문서 장기 보관 관리를 위한 국제 표준 포맷은 EPUB이다.

③ 전자결재는 미리 설정된 결재라인에 따라 자동으로 결재 파일을 다음 결재자에 넘겨준다.

④ 전자결재는 기본적으로 EDI 시스템하에서 이루어지는 것이다.

해설

② 전자문서 장기 보관 관리를 위한 국제 표준 포맷은 PDF/A이다.

72 다음 중 전자결재시스템에서 가능한 기능을 모두 고른 것은? [16년 1회]

> 가. 결재경로 지정 및 수정 기능
> 나. 결재진행 중 결재경로의 변경 및 수정 기능
> 다. 의견첨부 기능
> 라. 결재상황 조회 기능

① 가, 나, 다 ② 가, 다, 라

③ 가, 라 ④ 가, 나, 다, 라

해설

④ 모두 전자결재시스템에서 가능한 기능이다.

정답 70 ④ 71 ② 72 ④

73 다음 비서의 정보 수집 방법이 가장 적절하지 않은 것은? [20년 2회]

① 강 비서는 상사의 지인에 관련한 부음을 신문에서 보고 해당 인물의 비서실에 전화를 걸어서 확인하였다.
② 민 비서는 보고서 작성을 위해 사내 인트라넷을 이용하여 1차 관련 자료를 수집한 후 외부 자원을 위해서 추가 자료를 수집하였다.
③ 정 비서는 웹자료를 검색할 때에 정보의 질이 우수하여, 출처가 불분명한 글을 인용하였다.
④ 박 비서는 인터넷 검색이 불가능한 오래된 귀중본 열람을 위해서 소장 여부 및 열람 가능 여부 확인 후 도서관에 직접 방문하였다.

해설

③ 웹자료를 검색할 때 가장 주의해야 하는 것이 자료의 출처이다. 정보의 질이 우수하다고 하더라도 출처가 불분명한 글을 인용하여서는 안 되며, 자료를 인용하였을 경우 반드시 출처를 남겨야 한다.

74 다음 중 컴퓨터나 원거리 통신 장비 사이에서 메시지를 주고받는 양식과 규칙의 체계에 해당하지 않는 것은? [20년 1회]

① HTTP
② TELNET
③ POP3
④ RFID

해설

④ RFID는 무선 주파수를 이용하여 물건이나 사람 등과 같은 대상을 식별할 수 있도록 해주는 기술을 의미한다.
① HTTP는 인터넷상에서 정보를 주고받기 위한 프로토콜로 주로 HTML 문서를 주고 받는 데 쓰인다.
② TELNET은 원격지 컴퓨터에 접속해서 자신의 컴퓨터처럼 사용할 수 있는 것을 말한다.
③ POP3는 메일 서버에 도착한 메일을 클라이언트 사용자가 전송받을 때 이용하는 프로토콜이다.

73 ③ 74 ④ **정답**

75 **복지 정책 관련 보고서를 작성하고 있는 김 비서는 복지 관련 민원접수에 대한 다음 표를 작성했다. 아래 표를 읽고 유추할 수 있는 사실과 거리가 가장 먼 것은?** [20년 2회]

급 수 \ 민원구분	민원접수			민원처리완료	
	건 수	2018 이관	이관 신규	건 수	백분율
1급	350	174	176	202	58%
2급	206	68	138	109	53%
3급	152	46	106	101	66%
4급	520	212	308	386	74%
합 계	1,228	500	728	798	65%

① 위 데이터를 이용해 민원접수건수 전체 중 각 급수의 비중을 나타내는 차트로 가장 적절한 차트는 세로 막대형 차트이다.

② 3급 민원접수건 중 2018년도에서 이월된 비율은 약 30% 정도이다.

③ 민원처리완료 비율이 가장 높은 순서는 4급-3급-1급-2급 순이다.

④ 평균 민원 처리율은 65%이다.

해설

① 전체에 대한 각각의 비중이 한눈에 알아보기 쉬워 위의 표에 적절한 그래프는 원그래프이다. 원그래프는 데이터 전체를 원의 면적 100%로 하여 그 구성항목을 비율에 의해 부채꼴 형태로 구분한 그래프이다.

정답 75 ①

76 **아래 그림은 리우올림픽 메달 성적에 관한 것이다. 이에 대한 설명으로 가장 올바른 것은?** [17년 1회]

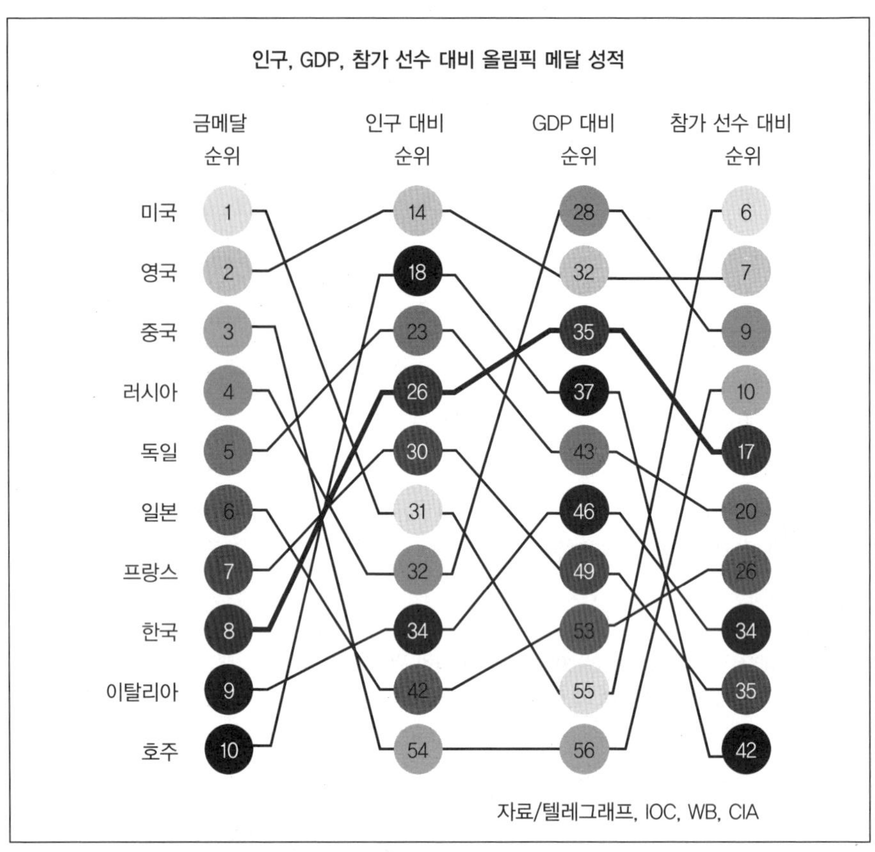

① 우리나라는 참가국 중에서 인구 대비 순위로는 4등이다.

② 미국은 GDP 대비 순위가 호주보다 높다.

③ 참가국 중에서 참가선수 대비 순위가 가장 낮은 나라는 호주이다.

④ 일본은 우리나라보다 금메달 수는 많지만, 다른 순위는 모두 낮다.

해설

① 우리나라는 참가국 중에서 인구대비 순위로는 26위이다.

② GDP 대비 순위가 미국은 55위, 호주는 37위이므로 미국이 호주보다 낮다.

③ 이 표로는 호주가 참가국 중에서 참가 선수 대비 순위가 가장 낮은지는 알 수 없다.

76 ④ **정답**

77 아래의 기사를 통해서 알 수 있는 내용으로 가장 거리가 먼 것은? [17년 2회]

> 월스트리트저널(WSJ)은 경제협력개발기구(OECD) 자료를 인용해 주요 45개국의 경제가 올해 성장의 궤도에 올랐다고 보도했다. 이들 중 33개국은 지난해부터 성장세에 가속이 붙고 있다고 덧붙였다. 가장 눈에 띄는 곳은 유로존이다. 유로존 19개국의 성장률은 올 1분기 미국을 앞질렀다. 실업률도 8년 만에 가장 낮은 수준인 9.1%로 떨어졌다. 더욱 긍정적인 것은 성장세가 유로존 전역으로 고르게 퍼지는 것이다. 아랫목이었던 독일과 네덜란드뿐만 아니라 스페인과 포르투갈 등 그동안 냉골이었던 윗목까지 온기가 옮겨가는 모습이다. 심지어 유로존의 골칫거리였던 그리스도 회복의 신호를 보내고 있다. OECD는 올해 그리스의 경제성장률을 1.08%로 전망했다. 미미해 보이는 수치지만 10년 만의 최고치다. 지난달에는 2014년 이후 3년 만에 처음으로 국채 발행에 성공해 글로벌 채권시장에 성공적으로 복귀했다. 유로존의 약한 고리였던 국가들이 체력을 회복하는 것과 함께 유가 하락 등 원자재 가격 약세에 흔들렸던 브라질과 러시아 등도 기력을 찾아가고 있다. 유가 급락으로 최악의 침체를 겪었던 브라질은 올해 0.3% 성장할 것으로 예상된다. 원자재 가격이 회복된 데 따른 것이다. 국제통화기금(IMF)에 따르면 원자재 가격지수는 지난해 초 이후 27% 상승했다. 브라질의 주요 수출품인 철광석은 최근 저점보다 27%나 올랐다. 〈중략〉
> 세계 경제가 동반 성장이라는 단계에 이른 데는 세계금융위기 이후 각국 중앙은행과 정부가 통화 완화 정책과 각종 부양책을 통해 돈줄을 푼 덕분이다. 문제는 사상 유례없는 저금리가 이어지며 주식과 부동산 시장이 과열 양상을 보이는 것이다. 블룸버그에 따르면 올 들어 24일까지 아르헨티나(27.08%)와 홍콩(24.2%), 한국(25.6%) 등의 주식 시장은 20% 넘게 상승했다. 거품의 신호가 나타나기 시작한 것이다. WSJ은 "급등한 주식과 부동산 가격이 어느 순간 갑자기 경기하락을 야기하는 위험 요인으로 돌변할 수 있다."라고 지적했다.
>
> 〈중앙일보 2017. 8. 24일자 발췌〉

① OECD 45개 회원국의 경제가 올해 성장 궤도에 올랐다.
② 그리스는 경제가 회복되면서 국채발행에도 성공하였다.
③ 브라질이 원자재 가격 상승 덕분에 경제 성장될 것으로 예상되고 있다.
④ 우리나라 증시는 20% 넘는 상승으로 거품의 신호가 나타나고 있다.

해설

① 경제협력개발기구(OECD) 자료를 인용해서 언급한 것이지 OECD 45개 회원국에 대해 언급한 것이 아니다.

78 광고대행사인 상공기획에 근무하는 정은숙 비서는 상사의 광고수주를 위한 프레젠테이션 자료를 작성하고 있다. 이 중 가장 바람직하지 못한 것은? [18년 1회]

① 우리회사의 광고대행 연간실적 추이를 보여주기 위하여 꺾은선 그래프를 이용한 차트를 포함하였다.
② 우리회사에서 전에 제작한 광고 중 관련된 분야의 히트친 광고 동영상을 서두에 보여주면서 시선을 끌었다.
③ 시선을 지속적으로 끌기 위해서 매 슬라이드마다 화려한 화면전환효과와 현란한 애니메이션기능을 활용하였다.
④ 광고주가 요청한 사항을 어떻게 처리할 것인지를 명쾌하게 전달할 수 있도록 도식화하였다.

해설

③ 시선을 분산시켜서 집중도를 떨어뜨릴 정도의 화려한 애니메이션, 화면전환 효과 등은 피해야 한다.

정답 77 ① 78 ③

79 다음에서 설명하는 데이터 모델에 해당하는 것은? [17년 2회]

> 현재 가장 안정적이고 효율적인 데이터베이스로 알려져 있으며, MS-Access 외 여러 상용 DBMS의 기반이 되고 있다. 개체를 테이블로 사용하고 개체들 간의 공통속성을 이용해 서로 연결하는 독립된 형태의 데이터 모델이다.

① 하나의 조직이 여러 구성원으로 이루어지는 형태의 계층형 데이터베이스
② 도로망이나 통신망 같은 네트워크형 데이터베이스
③ 은행의 입출금처럼 데이터양이 많지만 구조가 간단한 업무에 적합한 관계형 데이터베이스
④ 데이터와 프로그램을 독립적인 객체의 형태로 구성한 객체지향형 데이터베이스

해설

③ 관계형 데이터베이스는 데이터를 계층 구조가 아닌 단순한 표(관계)로 표현하는 형식의 데이터베이스를 말한다. 종래 CODASYL형의 데이터베이스의 경우, 데이터끼리를 관계지은 포인터 등을 더듬어 찾지만, 관계형 데이터베이스에서는 그럴 필요가 없고, 표로 자유롭게 가로세로의 항목을 액세스할 수 있도록 되어 있다.

80 다음 중 랜섬웨어 감염을 예방하기 위한 행동이 나열되어 있다. 이 중 적절하지 않은 것은? [20년 1회]

> 가. SNS에 올라온 사진 다운로드 시 주의가 필요하다.
> 나. 신뢰할 수 없는 사이트의 경우 가급적 방문하지 않는다.
> 다. P2P사이트에서 파일을 다운로드받지 않는다.
> 라. 출처가 분명한 이메일이라도 첨부파일 실행은 주의한다.
> 마. 중요한 자료는 자주 백업해둔다.
> 바. PC운영체제 및 소프트웨어를 최신 버전으로 유지한다.
> 사. 백신을 반드시 설치하고 주기적으로 업데이트 및 점검한다.

① 없다.
② 가
③ 다
④ 라

해설

랜섬웨어(Ransomware)
사용자 컴퓨터 시스템에 침투하여 시스템에 대한 접근을 제한하고 금품을 요구하는 악성 프로그램으로, 보기의 모든 문항이 랜섬웨어 감염을 예방하기 위한 행동에 해당한다.

79 ③ 80 ① 정답

제8회 기출유형 모의고사

제1과목 | 비서실무

01 다음은 보람생명보험 회장실 비서 김혜진 과장에 대한 설명이다. 위의 내용으로 보아 김혜진 과장이 자신의 경력 개발을 위해 확대해 나갈 수 있는 업무분야로 가장 적절하지 않은 것은? [16년 1회]

> 보람생명보험 회장실 비서 김혜진 과장의 프로필은 다음과 같다.
> 삼십대 중반의 나이, 회장실 비서경력 12년차, 결혼 2년차, 그리고 식품영양학과 출신이다. 누구보다도 아침을 일찍 시작하는 김혜진 과장. 7시 출근 4시 퇴근의 회사규정 때문이기도 하지만 아침을 여유롭게 시작해야 하루가 즐겁다고 말한다. 회장실 비서경력 12년차로 같은 분을 12년 보좌했지만 아직까지 어려운 부분이 있다. 물론 많은 부분에서 익숙하고 업무상으로도 잘 알고 있지만 스스로가 매너리즘에 빠지지 않으려고 매사에 노력한다고 한다.
> 주요 업무로는 회장님의 전반적인 스케줄 관리, 대외자료 정보보고, 문서관리, 수신/발신 업무, 사장실 비서관리 등을 주업무로 하고 있다. 그리고 관계사 후배비서들을 대상으로 1년에 1~2번 정도 특강 형식의 교육을 진행하게 되는 경우도 있다. 또한, 그녀는 요즘 비서직으로 첫발을 내딛는 후배들의 경우에는 비서교육에서 배운 이론과 실제, 현 업무의 차이점 때문에 괴리감 및 심한 스트레스를 받는 사람이 많다며 안타까운 마음을 나타냈다.

① 신입사원 교육훈련
② 사내 정책수립
③ 비서 인사관리
④ 비서 전문가 대외활동

해설
지문에서 김혜진 과장의 업무는 회장님의 전반적인 스케줄 관리, 대외자료 정보보고, 문서관리, 수신/발신 업무, 사장실 비서관리, 비서 교육 진행, 신입사원 교육훈련 등의 분야로 업무를 확대하고 있다. 그러나 '사내 정책수립'은 비서의 주요 업무라고 할 수 없다.

정답 01 ②

02 **사무실에 자주 내방하시던 상사의 오랜 지인이 어느 날 강 비서에게 늘 도와줘서 감사하다며 함께 점심 식사를 하자고 하신다. 이에 대처하는 강 비서의 태도로 가장 바람직한 것을 고르시오.** [20년 2회]

① 감사하지만 다른 일정으로 참석이 어려움을 밝힌다. 이후 상사에게는 관련 사실을 보고한다.
② 상사 지인에게 단호하게 거절하며 불쾌함을 분명히 표현한다.
③ 사내 여사원 온라인 게시판에 익명으로 관련 내용을 문의한다.
④ 평소에 잘 알고 지내온 터라 편한 마음으로 식사를 함께 하며 상사에게는 특별히 언급하지 않는다.

해설

① 상사를 배제한 채 상사의 지인과 사적인 만남을 갖는 것은 바람직하지 못하다. 다른 일정이 있어 참석이 어렵다고 말씀드린 뒤 상사에게 이러한 일이 있었다는 사실을 보고하여야 한다.

03 **국회의원 비서로 일하고 있는 비서 A씨는 상사 의정활동 홍보업무를 하고 있다. 다음 중 가장 적절한 것은?** [20년 2회]

① 보좌하고 있는 의원의 활동을 보도하기 위해 배포할 내용을 언론사의 배포 부서별로 선정을 해두었다.
② 작성된 보도 자료는 보안을 위해 언론사에 직접 방문하여 제출하였다.
③ 보도하고자 하는 내용은 최대한 상세하게 육하원칙에 의해 작성한다.
④ 연설문, 기고문, 축사는 홍보의 내용이 아니므로 전문가의 의견까지 받을 필요가 없다.

해설

② 수많은 언론사들이 존재하므로 그러한 언론사마다 직접 방문하여 보도자료를 제출하는 것은 효율성이 떨어진다.
③ 육하원칙에 따라 핵심내용을 요약해서 쓴다.
④ 전문가와 상의하여 작성하는 것이 좋다.

04 **다산제강 대표이사의 비서인 이빛나가 회사에 방문한 손님을 응대하는 태도로 가장 적절한 것은?** [19년 2회]

① 상사와 선약되지 않은 손님이 방문 시 "잠시 자리에 앉아 계시면 사장님께 안내해 드리겠습니다."라고 말하며 손님이 상사를 만날 수 있도록 친절히 도왔다.
② 상사와 개인적으로 약속한 손님이 방문한 경우 이를 사전에 알지 못했을 때 손님에게 "죄송합니다. 사장님께서 제게 알려주지 않으셔서 오늘 방문하시는 것을 미처 몰랐습니다."라고 솔직히 말한다.
③ 상사의 대리로 내방객을 응대할 때 상사로부터 지시받지 못한 부분에 대해 질문을 받자 자신이 알고 있는 모든 지식과 추측을 더하여 손님의 질문에 답하였다.
④ 선약된 손님이 방문하였을 때 상사가 먼저 방문한 손님과 면담이 길어지자 약속이 지연될까 염려되어 손님이 기다리고 있다는 내용을 상사에게 메모로 전달하였다.

02 ① 03 ① 04 ④ **정답**

해설

① 선약하지 않은 손님인 경우 상사가 반가워하지 않거나 만나고 싶지 않은 손님일 수 있으므로 손님 앞에서 바로 상사에게 연락하기보다는, 별도의 방에서 연락하여 지시를 받도록 한다.

② 상사와 개인적으로 약속한 손님이 방문한 경우 이를 사전에 알지 못했을 때는 손님에게 상사와의 선약을 확인하지 못한 점을 사과한다. 상사가 알려주지 않아서 몰랐다는 사실을 내방객에게 알려서는 안 된다.

③ 비서는 스스로 판단해서 기밀이 누설되지 않도록 최선을 다해야 하며 이를 위해 '필요 없는 말은 화제로 삼지 않는다'는 마음가짐을 가지고 행동하여야 한다.

05 다음 중 경조사 종류에 해당하는 한자어가 잘못 연결된 것은? [20년 1회]

① 결혼 : 祝結婚, 祝華婚, 祝聖婚

② 문병 : 賻儀, 謹弔, 弔意

③ 축하 : 祝就任, 祝昇進, 祝榮轉

④ 개업, 창업 : 祝開業, 祝開館, 祝創立

해설

② 賻儀(부의), 謹弔(근조), 弔意(조의)는 사람의 죽음과 관련된 단어이다.

① 祝結婚(축결혼), 祝華婚(축화혼), 祝聖婚(축성혼)

③ 祝就任(축취임), 祝昇進(축승진), 祝榮轉(축영전)

④ 祝開業(축개업), 祝開館(축개관), 祝創立(축창립)

06 국제회의를 준비하며 국기를 게양할 때 가장 적절한 것은? [20년 1회]

① 한국, 브라질, 칠레 3개 국가의 국기를 게양 시, 한국국기를 단상을 바라보았을 때 맨 왼쪽에 게양하고, 브라질과 칠레의 국기는 알파벳순으로 그 오른쪽에 차례대로 게양하였다.

② 한국과 외국 3개 국가의 국기를 게양 시 우리 국기를 단상을 바라보았을 때 오른쪽에 게양하고 외국 국기를 알파벳순으로 그 왼쪽에 게양하였다.

③ 한국과 중국의 국기를 교차게양하는 경우, 왼쪽에 태극기가 오도록 하고 그 깃대는 중국국기의 깃대 앞쪽에 위치하게 하였다.

④ 여러 나라 국기를 한꺼번에 게양할 때는 우리나라의 국기의 크기를 가장 크게 게양하였다.

해설

① 한국 국기를 중앙으로 하고 브라질국기를 왼편에, 칠레국기를 오른편에 게양해야 한다.

② 국기가 짝수일 경우, 단상을 바라보았을 때 태극기를 맨 왼쪽에 게양하고, 국명의 알파벳 순서로 왼쪽부터 차례로 게양한다.

④ 여러 나라 국기를 한꺼번에 게양할 때는 국기의 크기나 깃대의 높이를 똑같이 해야 한다.

정답 05 ② 06 ③

07 상사가 오전 11시에 비서를 호출하여 갑자기 오늘 제주에 급히 내려갈 일이 생겼으니 항공권을 바로 예매하라는 지시를 하였다. 가능하면 KAL로 예약을 하라고 하였다. 이 지시에 대한 비서의 가장 바람직한 보고는? [19년 2회]

① "사장님, 보고드리기 죄송합니다만 요즘이 휴가철이라 대한항공의 당일 예매권은 없습니다. 어떻게 할까요?"

② "사장님, 보고드립니다. KAL은 당일표가 없어서 가장 빨리 갈 수 있는 제주항공편 14시로 일단 예약을 했고, 대한항공편으로 12시 30분 출발하는 비행기가 있어서 대기자 명단에는 올려두었습니다."

③ "사장님, 송구합니다. 오늘 대한항공 발권은 불가능한데, 죄송합니다만 내일로 일정을 미루실 수는 없으신가요?"

④ "사장님, 바로 알아본 결과 원하시는 대한항공편은 오늘 예약이 안 되는데 다른 항공사 티켓이 있는지 알아볼까요?"

해설

② 비서는 상사로부터의 지시를 바르게 이해하여 충실히 이행해야 하고 그러기 위해서는 지시에 대한 목적, 내용, 방법, 순서 등을 정확히 알고 있어야 한다. 결과보고를 할 때는 결론 먼저 간단명료하게 보고한 후에 구체적으로 설명을 첨가해야 한다.

08 상사의 출장 후 업무처리에 관한 내용이다. 가장 부적절한 것은? [19년 1회]

① 출장보고서 제출마감일과 보고대상을 확인한다.

② 출장보고서에는 출장기간, 출장지역, 출장목적, 출장업무내용 등을 포함시킨다.

③ 출장경비정산서를 기한 내에 관련부서에 제출한다.

④ 출장보고서를 업무 관련자들에게 참고용으로 배포한다.

해설

④ 기밀사항이 있을 수 있기 때문에 보고대상자 이외의 관련자에게 배포해서는 안 된다.

07 ② 08 ④ 정답

09 상사 외부행사 참석 시 비서의 의전업무 순서로 가장 알맞은 것은? [18년 2회]

> ① 상사의 좌석배치를 확인한다.
> ② 상사의 동선을 파악한다.
> ③ 행사에서 상사의 역할을 확인한다.
> ④ 행사장 배치도를 확인한다.
> ⑤ 운전기사와 행사정보를 공유한다.

① ① – ② – ③ – ④ – ⑤
② ③ – ④ – ① – ② – ⑤
③ ③ – ④ – ② – ① – ⑤
④ ④ – ③ – ② – ① – ⑤

해설

행사에서 상사의 역할을 확인한다. → 행사장 배치도를 확인한다. → 상사의 동선을 파악한다. → 상사의 좌석배치를 확인한다. → 운전기사와 행사정보를 공유한다.

10 다음 중 업무처리가 가장 적절하지 않은 것은? [18년 2회]

① A비서는 상사 주재 컨퍼런스에서 외부강연 특강료가 통장에 늦지 않게 입금되도록 강연자에게 주민등록증과 통장사본을 미리 제출해 달라고 부탁하였다.
② 비서실 예산계획서는 경비항목별로 예산액과 전년도 예산액을 비교하여 전년도 대비 증감액을 표시하였다. 경우에 따라서 증감액 상세 이유와 내역을 주석으로 작성하였다.
③ C비서는 회의 저녁식대로 일인당 50,000원짜리 정식을 명수만큼 예약한 후, 법인카드로 지출 후 세부내역이 나온 간이영수증을 첨부하였다.
④ D비서는 비서실에서 사용하는 소액현금(Petty Cash)을 필요시 사용하고, 소액현금보고서는 매달 영수증을 첨부하여 경리과에 제출하였다.

해설

③ 접대비는 신용카드, 직불카드, 세금계산서, 계산서, 기명식 선불카드, 현금영수증 등으로 지출 증빙이 가능하지만 3만 원이 초과하는 간이영수증의 경우는 지출증빙 처리가 불가능하다.

정답 09 ③ 10 ③

11 회사를 사직할 때의 자세로 가장 적절한 것은? [18년 1회]

① 충분한 인수인계 기간을 갖기 위하여 최소 한 달의 여유를 두고 사직서를 제출한다.
② 문서정리는 내가 일하기 좋았던 방식으로 정리하고 나만의 업무노하우를 전수한다.
③ 그동안 작성해둔 거래처 전화번호나 상사 신상명세서 등은 파기하여 보안에 신경 쓴다.
④ 사직 후에도 회사에 자주 방문하여 후임의 업무수행방식의 잘못된 점을 지적해준다.

해설

② 문서는 회사의 규정대로 정리한다.
③ 거래처 전화번호나 상사 신상명세서 등은 정리하여 후임에게 인수인계한다.
④ 사직 후에 후임의 요청이 없다면 회사에 자주 방문하는 것은 예의가 아니다.

12 다음의 비서가 예약업무를 처리하는 방법에 대한 설명으로 가장 적절하지 않은 것은? [17년 2회]

① 인터넷 사이트를 통해 예약 시에는 인터넷 오류로 인해 예약이 진행되었다가 취소되는 경우가 있으므로 반드시 예약성공 여부를 재확인하고 있다.
② 인터넷 사이트를 통해 예약 시에는 예약진행과 동시에 결제가 진행되는 경우가 대부분이므로 결제정보를 미리 준비하고, 티켓이나 예약확인서를 프린터로 바로 출력하여 상사에게 보고하고 있다.
③ 정보가 많거나 복잡한 경우에는 전화를 이용해서 구두로 예약을 하고 있다. 예약내용을 구두로 확인하므로 정확성을 기할 수 있다.
④ 담당자와 직접 전화통화하여 예약을 하면 실시간으로 정보확인이 가능하지만 예약이 정확하게 진행되었는지 확인하기 위해 예약확인서를 받아 두고 있다.

해설

③ 정보가 많거나 복잡한 경우에는 정확성을 기하기 위해서 문자로 해두는 것이 좋다. 구두로 예약하면 정보를 잊어 버리거나 빠뜨릴 수 있기 때문이다.

11 ① 12 ③ 정답

13 **미래연구소의 강철수 소장은 '2017 제1차 연구윤리 포럼'에 기조강연을 요청받았다. 비서인 김 비서는 초청장을 이메일로 받고 일정표를 다시 확인하는 과정에서 포럼 측과 협의했던 날짜와 포럼초청장의 개최일시가 다르다는 사실을 뒤늦게 알게 되었다. 포럼일자가 일주일밖에 남지 않았는데, 상사 기조강연 시간에 중요한 임원회의 일정이 수립되어 있다. 이때 김 비서가 일정을 보고하고 조율하는 방법으로 가장 바람직한 것은?** [17년 2회]

2017 제1차 연구윤리 포럼

Research Ethics : Practical issues and policies

일시 2017년 11월 17일 (화) 10:00~17:00
장소 대한상공회의소 (서울 중구 세종대로 39)

프로그램		
전체사회 : 강준성 한국대학교 교수		
개회식 & 기조강연		
10:00~10:10	개회식	개회사 : 이순신 – 학술단체총연합회장 축사 : 강감찬 – 연구재단 학술진흥본부장
10:10~11:00	기조강연	Recent Advances in Research Integrity 강철수 미래연구소장
11:10~12:20	발표 1	예술 연구윤리와 교육현장의 과제 김지운 민국대학교 교수 ▣ 토론 한정주(영재대)
12:20~13:30	중 식	
연구윤리		
13:30~14:40	발표 2	연구윤리 확보를 위한 가이드라인 방향과 논점 홍길동–나라대학교 교수 ▣ 토론 한석봉(창의대)
14:40~15:00	휴 식	
15:00~17:00	발표 3	인간대상연구와 대학 IRB의 필요성과 과제 이율곡–대한연구소 소장 ▣ 토론 성삼문(융합대)

① 11월 17일 오전에 일정이 중복되었음을 보고하고 두 일정 모두 중요한 일정이므로 상사의 선택에 따른다.

② 기조강연과 임원회의 중 우선순위가 어떤 것인지 비서가 먼저 판단한 후 상사에게 선약되어 있는 임원회의에 참석하실 것을 권유한다.

③ 포럼 측에서 알려준 날짜는 11월 16일이었다는 것을 증명할 수 있는 이메일을 찾아 포럼 측에 알려주고 일정상 상사가 참여할 수 없음을 알린다.

④ 임원회의는 사내회의이므로 조정이 가능하므로 임원회의 일자를 미루고 대외활동인 포럼에 참석하여 기조강연을 하는 것이 우선순위에 적합하다는 의견을 상사에게 말씀드린다.

해설

① 불가피하게 일정이 겹칠 경우 우선순위는 상사가 정하도록 신속하게 보고를 해야 하며, 비서는 상사의 직접적인 지시나 예정된 요청 없이 독단적으로 결정이나 행동을 해서는 안 된다.

정답 13 ①

14 **다음은 비서가 상사의 해외출장을 준비할 때 해야 할 업무들을 나열한 것이다. 다음 4가지 업무 중에서 세 번째에 할 업무는 어느 것인가?** [17년 1회]

① 호텔 예약 시 선결제를 요구하여 비서가 미리 결제한다.
② 출장계획을 수립하여 상사의 결재를 받는다.
③ 출장경비 규정을 확인한다.
④ 출장신청서를 작성해 회사의 승인을 얻는다.

해설

출장경비 규정 확인 → 출장계획을 수립한 후 상사 결재 → 출장신청서를 작성하여 회사승인 진행 → 교통, 숙소 항공예약 등의 업무수행 → 결과보고 → 비용정산

15 **의전행사 준비를 위해 알아야 할 드레스 코드(Dress Code)에 대한 설명으로 가장 적절하지 않은 것은?** [17년 1회]

① 초청장에 드레스코드가 명시된 경우 참석자는 드레스코드에 맞는 복장을 착용한다.
② 야회복(White Tie)은 상의의 옷자락이 제비꼬리 모양을 하고 있어 연미복(Tailcoat)이라고도 하는데 무도회나 정식만찬 또는 저녁파티 등에 사용된다.
③ 초청장에 Dress Blue or Equivalent라고 명시된 경우 군인의 경우 제복을 착용하면 된다.
④ 평상복(Informal)은 Lounge Suit, Business Suit라고도 하는데, 색깔은 제한이 없으며 재킷과 바지의 색깔이 다른 것을 입어도 된다.

해설

④ 평상복(Informal)은 Lounge Suit, Business Suit라고도 한다. 평상복의 색깔은 진한 회색이나 감색이 적합하며, 재킷과 바지의 색깔이 다른 것을 입어서는 안 된다.

16 **출장 관련 항공 예약 시 알고 있어야 할 항공 용어 설명으로 옳지 않은 것은?** [16년 2회]

① Stopover : 여정상 두 지점 사이에 잠시 체류하는 것으로 24시간 이상 체류 시에는 해당 국가 입국심사를 마치고 위탁 수하물을 수령하여 세관검사까지 마쳐야 한다.
② Transit : 비행기가 출발지에서 출발 후 목적지가 아닌 중간기착지에 내려서 기내식준비, 청소, 연료보급, 승객 추가탑승 등의 이유로 1~2시간 정도 대기 후 다른 비행기에 다시 탑승하는 경우이다.
③ Open Ticket : 일정이 확정되지 않아 돌아오는 날짜를 정확히 지정하기 어려운 경우 돌아오는 날짜를 임의로 정하여 예약하고 항공권의 유효기간 내에서 일정변경이 가능한 항공권이다.
④ Overbooking : 판매하지 못한 항공권은 시간적으로 재판매가 불가능하므로 예약이 취소되는 경우와 예약손님이 공항에 나타나지 않는 경우를 대비하여 실제 판매가능 좌석 수보다 예약을 초과해서 접수하는 것을 말한다.

14 ④ 15 ④ 16 ② **정답**

해설

② Transit은 여객 또는 화물이 중간 기착지에 잠시 쉬었다가 '같은' 항공편으로 다음 도착지로 출발하는 경우, 즉 경유를 말한다.

17 **김영숙 비서는 영업 상무와 마케팅 부사장을 함께 모시고 있다. 또한, 영업부서와 마케팅부서의 부서장들과도 긴밀하게 업무 협조를 하고 있다. 그러다 보니 두 명의 상사로부터 동시에 업무 지시를 받는 경우도 있고 가끔은 상사와 부서장들이 서로 어긋나는 지시를 하는 경우도 있다. 이런 상황에서 김 비서의 업무 보고 시 가장 적절한 것은?** [16년 2회]

① 두 명의 상사로부터 동시에 지시를 받을 때는 업무의 긴급도와 중요도에 따라 업무의 우선순위를 정해야 하므로 각각의 상사에게 업무의 경중을 확인한 후 수행한다.
② 부서장들로부터 지시를 받아 업무를 수행해야 하는 경우 직속상사에게 보고를 한다.
③ 비서는 상사의 지시 내용을 100% 완수해야 하므로 예외적인 상황을 가능한 한 배제하도록 한다.
④ 상사의 지시가 서로 어긋날 경우 우선순위 업무를 판단하여 선(先) 수행한 후 보고한다.

해설

② 두 명 이상의 상사를 위해 공동으로 업무를 수행하는 비서의 경우, 직위가 높은 상사의 업무를 우선으로 처리하되, 될 수 있으면 업무의 중요성이나 소요 시간을 생각하여 우선순위를 정하고 업무를 처리할 수 있도록 계획을 미리 세운다. 만일 어느 한 상사를 위해 더 많은 시간을 할애해야 할 때, 또는 현재 하고 있는 업무가 중단되어야 할 때에는 반드시 다른 상사에게 사전에 양해를 구하여 허락을 받거나 두 상사가 상호 우선순위를 조정할 수 있도록 조심스럽게 요청해야 한다.

18 **비서의 사무실 환경관리에 관한 내용이다. 가장 적절하지 않은 것은?** [18년 1회]

① 상사 접견실에 있는 난초화분은 매일 아침 물을 준다.
② 탕비실에 구비된 다양한 차의 유통기한을 눈에 띄게 상자에 적어놓았다.
③ 상사 책상 위의 필기구는 확인하여 잘 나오지 않으면 바로 교체한다.
④ 기밀문서 작업이 많은 비서의 컴퓨터 모니터는 화면보호기가 자주 작동하도록 설정해 둔다.

해설

① 난초는 각각의 특성에 맞게 관리한다.

정답 17 ② 18 ①

19 **업무추진비 등 비서실의 예산관리 업무수행 방법으로 적절하지 않은 것은?** [19년 1회]

① 상사의 업무추진비 정산 시 비서는 업무추진 결과도 보고해야 한다.
② 업무추진비는 집행목적, 일시, 장소, 집행대상 등을 증빙서류에 기재해야 한다.
③ 비서실에서 사용되는 경비 등 예산지출에 대해서는 사소한 것이라도 예산수립 목적에 맞게 사용될 수 있도록 꼼꼼히 관리해야 한다.
④ 업무추진비는 기관의 장 등이 기관을 운영하고 정책을 추진하는 등 업무를 처리하는 데 사용되어야 한다.

해설
① 비용정산과 관련된 업무만 수행하면 된다.

20 **창업주이던 상사 부친의 장례를 회사장으로 치르기로 결정하였다. 비서 A양이 언론자료를 작성하여 신문사에 보낼 때 반드시 들어가야 할 내용이 아닌 것은?** [16년 1회]

① 고인의 가족관계
② 고인의 약력과 업적
③ 장례위원장의 직함과 이름
④ 빈소, 발인, 장지 정보

해설
부고소식을 언론자료로 배포 시 고인의 약력과 업적, 빈소 · 발인 · 장지 정보, 향년 나이, 가족관계 내용을 포함시킨다.

19 ① 20 ③ 정답

21 다음 중 기업의 사회적 책임에 대한 설명으로 가장 옳지 않은 것은? [17년 1회]

① 기업의 사회적 책임은 청렴, 공정, 존중 등의 기본원칙을 충실히 이행하려는 책임감에서 비롯된다.
② 기업의 사회적 책임은 기업의 소유주뿐만 아니라 기업의 모든 이해관계 당사자들의 복리와 행복에 대한 기업의 관심과 배려에 바탕을 두고 있다.
③ 기업은 내부거래자로 알려진 투자자들에게 기업의 비공개 내부정보를 제공할 사회적 책임이 있다.
④ 기업은 종업원의 급여, 승진, 인사평가 등을 공정하게 할 사회적 책임이 있다.

해설

③ 내부정보는 일반인 또는 투자자에게 제공되지 않는 정보이다. 내부정보를 바탕으로 주식 또는 기타 증권을 거래하거나 타인이 거래할 수 있도록 정보를 제공하는 행위는 회사 방침에 반하며 기업의 윤리적 · 법적 책임을 위반하는 것이다.

22 다음은 마케팅 관리에 대한 설명이다. 가장 옳지 않은 것은? [15년 1회]

① 마케팅 관리의 4P는 제품(Product), 가격(Price), 판매촉진(Promotion), 장소(Place)이다.
② 마케팅 믹스란 선정된 목표시장에서 가장 효과적으로 도달할 수 있도록 각 마케팅 요소를 최적으로 배합하는 것이다.
③ 제품, 촉진, 가격, 산업구조는 마케팅 요소로 마케팅 관리자가 통제하는 요소들이다.
④ 마케팅 전략에 있어 광고 및 판매촉진에 의해 소비자를 제품에 유인하는 것을 풀 전략이라고 한다.

해설

③ 마케팅 계획을 수립할 때 마케팅 관리자가 통제할 수 있는 변수를 마케팅 믹스(Marketing Mix)라고 한다. 필립 코틀러가 제시한 전통적인 마케팅 믹스에는 제품, 가격, 촉진, 유통의 4가지가 있다.

23 다음 중 기업 활동에 직접적으로 영향을 미치는 환경요인에 대한 설명으로 가장 적절한 것은? [16년 2회]

① 산업의 경쟁구조를 이해하기 위해 동종산업 내 산업경쟁자뿐만 아니라 예상진입자나 대체 산업자와의 경쟁관계도 파악해야 한다.
② 정부는 기업활동에 대한 규제기관이 아니라 지원기관으로서 기업활동의 보호, 육성, 연구지원 등을 통해 기업을 돕는다.
③ 기업은 공급자의 경쟁력을 낮추기 위한 노력으로 공급사슬관리(SCM)를 활용하지만 이를 통해 안정적 공급처를 확보하기에는 어려움이 있다.
④ 시장구조가 구매자시장에서 판매자시장으로 변함에 따라 거래조건이 판매자 중심이 되고 있다.

정답 21 ③ 22 ③ 23 ①

해설

② 정부는 기업에 대한 일반 시민의 사회적 기대를 수렴하여 기업활동을 규제하거나 기업이 나아갈 방향을 제시하는 환경요인으로도 기능하므로 기업의 입장에서 볼 때 정부는 일반환경을 포괄하는 영향력을 행사한다.

③ SCM(Supply Chain Management)은 기업에서 생산 · 유통 등 모든 공급망 단계를 최적화해 수요자가 원하는 제품을 원하는 시간과 장소에 제공하는 '공급망 관리'를 뜻한다. 기업은 SCM을 이용해 시장이나 수요자들의 요구에 기민하게 대응토록 지원하는 것이다.

④ 기업의 경영환경이 판매자시장(Seller's Market)에서 구매자시장(Buyer's Market)으로 전환됨에 따라 이에 대한 관리적 마케팅이 요구되고 있다.

24 다음의 괄호에 들어갈 가장 적당한 용어로 구성된 것은 무엇인가? [17년 2회]

> 50인 이하의 유한책임사원으로 구성된 ( ) 사원은 의결권 등에서는 주식회사와 유사하지만, 사원수의 제약으로 주식회사보다 자본규모가 작고 출자 지분의 양도도 ( )의 승인을 받는 등 제약을 받는다. 소수의 사원과 소액의 자본으로 운영되는 ( )에 적당한 기업형태이다.

① 합자회사 – 사원총회 – 중소기업

② 합자회사 – 이사회 – 중소기업

③ 유한회사 – 사원총회 – 중소기업

④ 유한회사 – 이사회 – 중소기업

해설

③ 유한회사는 소수의 유한책임사원으로 구성되는 회사로 보유지분의 양도가 제한되어 기업의 폐쇄성이 강한 면이 있으나 중소기업에 적합한 회사형태이다. 주식회사와 같이 출자자 전원이 유한책임을 지고 그 범위도 극히 한정되어 있으며 출자자의 수도 50인 이하로 하고 있다.

25 다음은 기업의 인수합병을 설명한 것이다. 이 중 거리가 가장 먼 것은 무엇인가? [18년 1회]

① 흡수합병이란 한 기업이 다른 기업을 완전히 흡수하는 것을 의미한다.

② 신설합병은 통합된 두 기업이 완전히 소멸되어 제3의 기업이 탄생하는 것이다.

③ 합병은 피인수기업을 그대로 존속시키면서 경영권을 행사하는 방법을 의미한다.

④ 두 회사를 통합하여 하나의 회사로 변신하는 것을 합병이라고 한다.

해설

③ 합병은 두 개 이상의 기업들이 법률적 · 사실적으로 하나의 기업으로 합쳐지는 것을 의미한다.

24 ③ 25 ③ **정답**

26 다음 중 주식회사에 대한 설명으로 가장 적절하지 않은 것은? [17년 2회]

① 주식의 증권화제도를 택하고 있다.
② 주식회사는 어디까지나 회사의 일종이기 때문에 사단법인이며 영리를 목적으로 한다.
③ 이사회는 회사의 업무집행에 대해 주주가 의사표시를 하는 최고의사결정기관이다.
④ 주주는 회사의 자본위험에 대한 유한책임을 진다.

해설

③ 이사회는 이사들로 구성되는 주식회사의 필요상설기관으로 회사의 업무집행에 관한 모든 의사결정을 할 권한이 있을 뿐 업무집행권, 회사대표권은 가지지 않는다.

27 다음 중 기업집중 형태에 대한 설명으로 가장 적절하지 않은 것은? [17년 1회]

① 시장독점을 위하여 기업의 독립성을 상실하고 하나의 기업체로 합동하는 것을 트러스트라고 한다.
② 신제품이나 신기술 등 아이디어의 개발과 발명을 하는 모험적인 중소기업을 벤처기업이라고 한다.
③ 카르텔은 금융적 방법에 의한 기업집중의 형태이며 독점의 최고형태이다.
④ 콘체른은 법률적으로는 독립적인 기업들이 자본적 결합관계를 통해 결합하는 형태이다.

해설

③ 카르텔은 주로 동종산업에 속하는 독립기업들 간의 수평적 결합을 의미하며 같은 종류의 상품을 생산하는 기업이 서로 가격이나 생산량, 출하량 등을 협정해서 경쟁을 피하고 이윤을 확보하려는 행위이다. 금융적 방법에 의한 기업집중의 형태이며 독점의 최고형태는 콘체른에 대한 설명이다.

28 다음 중 인적자원관리의 핵심 활동에 대한 설명으로 가장 옳지 않은 것은? [15년 1회]

① 개발관리는 인적자원의 잠재능력을 개발하도록 지원하며 이는 종업원에 대한 교육훈련, 승진 관리, 직무순환을 포함한다.
② 보상관리는 인적자원의 조직공헌에 따라 금전적, 비금전적 대가를 제공하는 활동으로, 기본급 임금체계, 수당 및 퇴직금 지급 등을 포함한다.
③ 평가관리는 직무의 절대적 가치를 체계화하는 직무평가이다.
④ 확보관리는 조직의 목표달성에 적절한 인력의 수와 질을 획득하는 활동으로 직무분석을 통한 인력계획, 채용관리 활동을 포함한다.

해설

③ 평가관리란 평가의 여러 가지 구성요소를 효율적으로 다루는 일련의 질적 통제 절차이다. 따라서 직무의 절대적 가치를 체계화하는 과정이 아닌, 평가목표, 평가주체, 평가대상, 평가기준, 평가방법 등과 같은 다양한 구성요소를 효율적으로 관리하는 체제가 필요하다.

정답 26 ③ 27 ③ 28 ③

29 다음은 경영자의 의사결정 역할에 대한 설명이다. 경영자의 의사결정 역할에 대한 설명으로 거리가 먼 것은? [20년 1회]

① 경영자는 새로운 아이디어를 내고 자원활용과 기술개발에 대한 결정을 한다.
② 경영자는 기업 외부로부터 투자를 유치하고 기업홍보와 대변인의 역할을 수행한다.
③ 경영자는 주어진 자원의 효율적 활용을 위해 기업 각 기능의 역할 및 자원배분에 신중을 기한다.
④ 경영자는 협상에서 많은 시간과 노력을 들여 유리한 결과를 이끌어내도록 최선을 다한다.

해설

② 경영자의 정보적 역할 중 대변인의 역할에 해당한다.

30 다음 중 리더십이론에 대한 설명으로 가장 적절하지 않은 것은? [20년 2회]

① 블레이크와 모튼의 관리격자이론에서 (1.9)형은 과업형 리더유형이다.
② 피들러는 리더십의 결정요인이 리더가 처해있는 조직 상황에 있다고 주장한다.
③ 허쉬와 블랜차드는 부하의 성숙도가 가장 높을 때는 지시형 리더보다는 위임형 리더가 더 효과적이라고 제안한다.
④ 번즈의 변혁적 리더십은 카리스마, 지적자극, 개별적 배려로 구성되어 있다.

해설

① 블레이크와 모튼(머튼)의 관리격자이론에서 (1.9)형은 친목형 리더유형이다. 과업형은 (9.1)형이다.

31 다음 사례에 대한 해석으로 가장 적절하지 않은 것은? [15년 2회]

> 세계적인 자동차 회사인 ○○○○의 배출가스 저감장치 조작 후폭풍이 거세다. 미국 환경청이 리콜 명령을 내렸고, 소비자들은 집단 소송에 들어갔다. 유럽연합 차원의 조사와 수사가 진행될 예정이다. 주가는 이틀 만에 35% 이상 폭락했다.
> 이번 사태는 초인류회사가 고의로 소비자를 속였다는 점에서 충격이 크다. 배출가스 저감장치를 자동차 승인검사 때만 작동하고 실제 주행 시에는 꺼지도록 조작 · 은폐한 것은 전 지구촌을 상대로 벌인 사기극이나 마찬가지이다.

① 초일류기업은 기술력과 함께 도덕성이 생명이다.
② 품질이 아무리 뛰어나도 정직하지 않은 기업은 순식간에 무너질 수 있다.
③ 고객의 신뢰를 잃으면 기업 경영에 많은 타격이 생긴다.
④ 법적인 문제는 없으나 기업 윤리 측면에서 문제가 된다.

해설

④ 법적 제한을 훨씬 넘는 유해 물질을 내뿜었기 때문에 법적인 문제에서 또한 문제가 된다.

29 ② 30 ① 31 ④ **정답**

32 다음의 리더십의 원천인 권력(Power)과 관련된 설명 중에서 가장 적절하지 않은 것은? [16년 2회]

① 준거적 리더십은 리더가 조직으로부터 합법적으로 부여받은 권한에 의해 발생한다.
② 전문적 리더십은 리더가 가지고 있는 전문적 지식이나 능력에 의해 발생한다.
③ 보상적 리더십은 리더가 조직원에게 원하는 보상을 줄 수 있을 때 발생한다.
④ 강압적 리더십은 리더가 가지고 있는 강압적 권한에 의해 발생한다.

해설

① 준거적 리더십은 지위에 합법적으로 부여된 권한이 아니라 리더가 조직에 우호적이고 매력적인 카리스마를 가짐으로써 조직원들에게 믿음을 주어 영향력을 행사하는 능력이다.

33 시장 환경의 변화에 대응하기 위해 기업이 사내벤처를 지원하는 경우가 있는데, 다음 중 사내벤처에 대한 설명으로 가장 옳은 것은? [15년 1회]

① 사내벤처는 내부자원을 활용하는 방법으로 관리가 용이하지만 내부 의사결정의 제약성 때문에 본업과 연관된 유사제품 개발에 제한될 수 있다.
② 기업이 다각적인 확대전략을 위해 사업내용을 재구축하는 과정으로 사내벤처를 도입할 수 있다.
③ 사내벤처는 스핀오프를 통해 독립된 기업으로 운영되지만 기존조직과의 상호적합성을 유지해야 한다.
④ 사내벤처는 모기업과의 계약을 통해 가맹점 형태로 운영함으로써 모기업의 기존제품이나 서비스와 관련된다.

해설

② 사내벤처는 대기업이 회사내부에 모험 자본을 마련해 놓고 기업내부의 구성원들에게 사업아이디어를 제안해 벤처비지니스를 설립하게 하는 방식이다. 기존 우수인력의 지속적 활용과 이탈 방지, 다양한 사업기회 포착 등을 목적으로 한다. 기업은 사내벤처가 별도 법인으로 독립하기 전까지 일정기간 지원하고 아이템을 사업화하며, 자생력을 가질 때까지 자금, 마케팅, 경영자문으로 경쟁력을 갖출 수 있도록 지원한다.

34 미국의 금리인상에 대한 신문기사를 읽은 사람들의 일반적인 생각 중 가장 적절하지 않은 것은? [15년 2회]

① "이자율이 오르니까 시중에 유통되는 자금이 줄어들겠네."
② "전세계의 자금 중 상당 부분이 미국으로 흘러 들어가겠군."
③ "미국이 금리를 올리면 우리는 금리를 내려야 하겠네."
④ "빚을 지고 집을 산 사람들이 고통이 더 심해지겠네."

해설

③ 우리는 미국보다 높은 금리로 인상을 하여야 달러 유출을 막을 수 있다.

정답 32 ① 33 ② 34 ③

35 다음 중 매트릭스 조직에서 특정 프로젝트를 작업하기 위해 결합시킨 조직 부문화의 유형으로 가장 올바르게 짝지어진 것은? [15년 1회]

① 직능별 부문화, 기능별 부문화
② 과제별 부문화, 직능별 부문화
③ 제품별 부문화, 기능별 부문화
④ 지역별 부문화, 과제별 부문화

해설

조직 부문화의 유형

부문화는 조직목표달성에 필요한 업무를 분류 · 통합하여 각 부문관리자들에게 활당하는 과정이다.

- 기능별 부문화 : 조직 내의 주요 기능에 따른 부문화(생산, 마케팅, 재무, 회계 등)로써 업무의 효율성을 증대시키고 기능적 전문화가 가능하며 자원 낭비를 절약할 수 있다.
- 지역별 부문화 : 지역을 중심으로 부문화(미주, 아시아, 유럽, 아프리카 등)하는 것으로써 지역특성에 맞는 문제해결 능력을 증대시키고 지역 내의 조정이 개선되나 자원의 낭비가 크고 이중적 노력이 소요된다.
- 제품별 부문화 : 제품의 종류에 따라 부문화하는 것으로, 경쟁유발로 사업의 단위별 성과 노력에 증대할 수 있고 특화에 의한 집중관리가 가능하다.
- 매트릭스별 부문화 : 제품별 부문화와 기능별 부문화가 결합된 형태로써 조직의 유연성 증대, 구성원에게 몰입과 도전의식 부여, 종업원의 잠재능력을 개발하나 명확한 지휘통제가 어렵고, 권력투쟁을 유발할 가능성이 있다.

36 다음 중 기업의 경제적 환경에 대한 설명으로 가장 옳지 않은 것은? [15년 1회]

① 지속적으로 국제수지 흑자를 나타낸다면 국내통화량이 증가하여 물가가 상승하는 부작용이 나타날 수 있다.
② 환율의 상승으로 화폐의 대외가치가 하락하지만 수출 시장에서 기업의 경쟁력은 높아지게 된다.
③ 인플레이션은 기업의 제품가격의 합리적 책정을 어렵게 하지만 기업의 수출경쟁력을 높일 수 있다는 장점이 있다.
④ 정부의 재정금융정책의 일환으로 경기가 과열되면 과세 표준을 상향조정하고 은행여신규모를 축소한다.

해설

③ 인플레이션 현상으로 물가가 상승하면 실질환율이 하락하여 순수출이 감소하므로 수출경쟁력이 낮아진다.

35 ③ 36 ③ 점답

37 **다음의 재무상태표(Statement of Financial Position)의 설명 중에서 가장 적절하지 않은 것은?** [17년 1회]

① 자산은 유동자산과 비유동자산으로 구분되는데, 유동자산은 투자자산, 유형자산, 무형자산으로 구분하고, 비유동자산은 당좌자산과 재고자산으로 구분한다.

② 부채는 유동부채와 비유동부채로 구분한다.

③ 자산과 부채는 유동성이 큰 항목부터 배열하는 것을 원칙으로 한다.

④ 자본은 자본금, 자본잉여금, 자본조정, 기타포괄 손익누계액 및 이익잉여금으로 구분한다.

해설

① 유동자산은 당좌자산과 재고자산으로 구분하고, 비유동자산은 투자자산, 유형자산, 무형자산, 기타비유동자산으로 구분한다.

38 **세계 경제가 글로벌화 시대를 맞이하면서 글로벌 경영에 대한 관심이 커지고 있다. 다음 중 기업의 해외 진출방식에 관한 설명으로 가장 옳지 않은 것은?** [15년 1회]

① 해외 직접투자는 해외관세 및 비관세 장벽의 문제를 극복하기 위해 현지화 수준을 높이는 방법이다.

② 프랜차이징은 라이센싱과 달리 소유권이 독립되어 있어서 가맹사 운영에 통제를 적게 받는다.

③ 직접수출방식은 간접수출방식에 비해 시장개입의 범위를 확대할 수 있는 이점이 있다.

④ 턴키프로젝트는 생산설비, 기술자, 노하우 등을 복합적으로 이전하는 수출형태로 현지정부의 규제로 직접투자가 어려운 국가에 유용한 진입방식이다.

해설

② 프랜차이징 가맹사들은 본부의 정책과 운영절차에 따라 보다 더 강한 통제를 받게 된다.

39 **다음 중 사업부제 조직에 대한 설명으로 가장 적절하지 않은 것은?** [16년 2회]

① 사업부제 구조는 구별된 사업영역에서 각각이 책임을 지고 있는 상이한 사업부들로 회사가 분화된 구조이다.

② 사업부는 이익 및 책임중심점이 되어 경영성과가 향상된다.

③ 사업부 간 연구개발, 회계, 판매, 구매 등의 활동이 조정되어 관리비가 줄어든다.

④ 사업부제 조직구조는 제품의 제조와 판매에 대한 전문화와 분업을 촉진한다.

해설

'사업부제'는 생산, 판매, 기술개발, 관리 등에 관한 최고경영층의 의사결정 권한을 단위 부서장에게 대폭 위양하는 동시에 각 부서가 마치 하나의 독립회사처럼 자주적이고 독립채산적인 경영을 하는 시스템이다. 사업부제는 고객의 시장욕구에 대한 관심 제고, 사업부 간 경쟁에 따른 단기적 성과제고 및 목표달성에 초점을 둔 책임경영체제를 실현할 수 있는 장점이 있는 반면에 사업부 간 자원의 중복에 따른 능률저하, 사업부 간 과당경쟁으로 조직 전체의 목표달성 저해와 관리비 증가를 가져올 수 있다는 단점을 가진다.

정답 37 ① 38 ② 39 ③

40 다음 중 기업이 사회적 책임을 다하는 것으로 보기에 가장 적절하지 않은 것은? [15년 1회]

① 하청업체의 원재료나 부품에 대해 적정한 대가를 지급하여 중소기업도 함께 성장할 수 있도록 한다.
② 지역 발전과 환경 보호에 기업이 앞장선다.
③ 소비자에게 낮은 가격의 상품을 공급하기 위해 인원을 감축하고 급여를 삭감한다.
④ 기업활동의 일환으로 지역주민이나 환경에 피해를 주었다면 이를 보상하고 해결하기 위해 적극적으로 노력한다.

해설

③ 낮은 가격으로 상품을 공급하기 위해 기업 내부의 인원을 감축하고 급여를 삭감하는 것은 기업 내부 직원에 대한 비윤리적인 행동이다.

제3과목 | 사무영어

41 Choose the one which does not correctly explain the abbreviations. [15년 1회]

① RSVP : Don't reply
② F.O.C : Free of charge
③ C.O.D : Cash on delivery
④ e.g. : For example

해설

① RSVP는 repondez s'il vous plait이라는 프랑스어의 약어로, '답장 바랍니다'의 의미이다.
② 무료로
③ 대금상환인도
④ 예를 들어

42 Ms. Han's company needs to import some fibers from a foreign company. After examining the advertisements in the magazine, Ms. Han wants to get more information. Whom does she have to contact? [19년 1회]

① Credit Manager
② Sales Manager
③ HR Manager
④ Public Relations Manager

40 ③ 41 ① 42 ② **정답**

해설

② 지문의 상황은 Ms. Han의 회사가 해외기업에서 섬유를 수입해야 하는데, Ms. Han이 잡지광고를 검토하여 추가정보를 얻어야 한다는 결론이 나왔을 때 누구와 연락해야 하는지와 관련된다. 이 경우 판매부의 사람에게 연락하는 것이 일반적이다.

43 Which English sentence is grammatically LEAST correct? [20년 1회]

① May I ask what your visit is in regard to?

② I'd like to schedule a meeting for discuss with the project.

③ I think we need at least two hours to plan for that project.

④ You may be asked to help yourself to a soft drink.

해설

② discuss는 타동사이므로 뒤에 전치사 with가 나와서는 안 된다.

44 Belows are sets of English sentence translated into Korean. Choose one which does not match correctly each other. [17년 1회]

① My boss used to think he was superior to others.
→ 우리 사장님은 그가 다른 사람들보다 우월하다고 생각하곤 했었다.

② I am thinking about singing up for an online business class.
→ 나는 온라인 비즈니스 수업을 등록할까 생각 중이다.

③ He stayed up all night preparing for his presentation.
→ 그는 프레젠테이션을 준비하느라 밤을 샜다.

④ The secretary stopped to take minutes.
→ 비서는 회의록 작성하는 것을 멈추었다.

해설

④ stop+ing : ~하는 것을 멈추다, stop+to : ~하기 위해 멈추다
① superior to : ~보다 우월하다
② sign up for : 등록하다
③ stay up : 밤새우다

정답 43 ② 44 ④

45 Refer to the following envelope and choose one which is not true. [18년 2회]

<table>
<tr><td>Asia Technology Co., Ltd.
43, Sambong-ro, Jongno-gu
Seoul, Korea 11042</td><td>STAMP

VIA AIRMAIL</td></tr>
<tr><td>PERSONAL</td><td>Mr. John M. Baker
12/Floor, St. John's Building
33 Garden Road
Central, Hong Kong</td></tr>
</table>

① Sender works in Asia Technology Company in Seoul.

② The lower right hand side deals with the recipient's information.

③ This letter will be sent by airplane.

④ Mr. Baker's executive assistant can open the letter without permission.

해설

④ PERSONAL은 본인에게 전하라는 친전의 의미이므로 개인비서가 허락 없이 편지를 개봉할 수 없다.

45 ④ **정답**

46 According to the below mail, which of the following is true? [17년 2회]

As we are in the final week before our meeting at Alps Resort in Pyeongchang, please find below additional details for your information. All attendees will need to download and show an admission letter to gain access to Pyeongchang Resort. In-house guests can also use their hotel confirmation letters.

Please download the applicable letter for the dates you require.
- 7 – 10 July
- 8 – 10 July

If you are extending to attend additional Marketing meeting, please contact your respective meeting organiser for extension letters.
Please contact me via email or mobile if you have any questions or require further information.
Thanks and see you in Pyeongchang!

C. J. Park
Director, Executive Events

① The meeting venue is in Pyeongchang.
② All meeting attendees will receive their admission letters via express mail.
③ Meeting attendees can't choose their stay according to their schedule.
④ The meeting attendees who want to attend additional Marketing meeting can ask C. J. Park for their extension letters.

해설

① 회의장소는 평창이다.
② 모든 회의 참석자는 속달 우편으로 입장허가서를 받게 된다.
③ 회의 참석자는 일정에 따라서 머무를 것을 선택할 수 없다.
④ 추가 마케팅 회의에 참석하고자 하는 회의 참석자는 C. J. Park에게 연장서를 요청할 수 있다.

평창 알프스 리조트 미팅 전 마지막 주입니다. 아래에 귀하의 정보에 대한 자세한 부가사항이 기재되어 있습니다. 평창 리조트에 입장하려면 모든 참가자가 입장허가서를 다운로드받아 제시해야 합니다. 호텔 투숙객은 호텔의 확인서를 사용할 수 있습니다.
원하시는 날짜에 해당하는 신청서를 다운로드하십시오.
- 7월 7일–10일
- 7월 8일–10일
추가 마케팅 회의에 참석하기 위해 연장하는 경우, 각 회의 주최자에게 연장서를 문의하십시오.
궁금한 점이 있거나 추가정보가 필요하면 전자 메일이나 모바일을 통해 저에게 연락하십시오.
감사합니다. 평창에서 만나요!

정답 46 ①

47 Which of the followings is correct in order? [17년 1회]

> ① The meeting with you and your staffs was a great opportunity to share long term partnership between two companies and also to figure out how to collaborate effectively together.
> ② I sincerely thank you for sharing your time and hospitality when I visited your office.
> ③ In closing, I thank you once again for your sincere hospitality and look forward to seeing you soon.
> ④ I truly hope that this first meeting could be a good starting for our success in global Cosmetics market.

① ② – ① – ③ – ④
② ② – ① – ④ – ③
③ ① – ② – ④ – ③
④ ④ – ① – ② – ③

해설

② 제가 귀하의 사무실을 방문했을 때 시간을 내주시고 환대해 주셔서 진심으로 감사를 드립니다.
① 귀하와 귀하의 직원들과의 만남은 두 회사 간의 장기적인 파트너십을 공유하고 함께 효과적으로 협업하는 방법을 파악할 좋은 기회였습니다.
④ 이 첫 회의가 글로벌 화장품 시장에서 우리의 성공을 위한 좋은 출발이 될 수 있기를 진심으로 바랍니다.
③ 마지막으로, 진심 어린 환대에 다시 한번 감사드리며 조만간 다시 만나기를 고대합니다.

48 Which is LEAST correct about Mr. Kim's itinerary? [19년 2회]

Itinerary for Mr. Kim
April 3(Monday)
Note : All times are local times.

16:00	Check in at Incheon Airport, Korea Airlinescounter.
18:00	KAL724 to San Francisco
10:45 a.m.	Arrive at San Francisco International Airport
12:00	Check in at St. Francisco Hotel 100 Post Street San Francisco, CA94110
13:00	Lunch with Mr. Jones at Grotto · 9 Restaurant at Fishermen's Wharf
15:00~17:00	Staff Meeting at San Francisco Downtown Branch office

① Mr. Kim will have lunch with Mr. Jones in USA.
② The destination of Mr. Kim's flight is San Francisco.
③ Mr. Kim will attend staff meeting in the afternoon at San Francisco.
④ At 14:00 of local time in San Francisco, he is in flight.

해설

13:00부터 15:00까지 Mr. Jones와 점심을 먹는 것으로 되어있으므로 Mr. Kim은 샌프란시스코 현지시각으로 14:00에는 비행기를 타고 있는 것이 아니라 점심을 먹을 것이다. 그러므로 ④가 오답이다.
① Mr. Kim은 Mr. Jones와 미국에서 점심을 먹을 것이다.
② Mr. Kim의 비행 목적지는 샌프란시스코다.
③ Mr. Kim은 샌프란시스코에서 오후에 직원회의에 참석할 것이다.

47 ② 48 ④ **정답**

49 Which pair is NOT proper? [20년 2회]

① 도착 서류함 : In-tray

② 연필깎이 : Sharpener

③ 소화기 : Fire End

④ (회사명이 들어있는) 편지지 : Letterhead Paper

해설

③ 소화기 – Fire Extinguisher

50 According to the following conversation, why did Mr. Anderson make a call to Ms. Hong? [15년 2회]

Ms. Hong	: Good morning, Mr. Stewart's office. What can I do for you?
Mr. Anderson	: This is Peter Anderson of ABC Technology. I'm afraid I need to change my Friday meeting with Mr. Stewart. Something has come up, and I won't be able to make it. Can we change it to next week?
Ms. Hong	: All right. Mr. Stewart is available on Tuesday at 10 o'clock or at 4 o'clock.
Mr. Anderson	: O.K., shall we say Tuesday at 4 o'clock?
Ms. Hong	: That's fine, Mr. Anderson.
Ms. Anderson	: Thank you.

① to reschedule an appointment to next week

② to confirm an appointment

③ to set up an appointment with Ms. Hong

④ to check his appointment

해설

① 다음 주의 약속시간을 재조정하기 위해

② 약속을 확인하기 위해

③ Ms. Hong과 약속을 정하기 위해

④ 그의 약속을 확인하기 위해

Ms. Hong	: 안녕하세요. Mr. Stewart 사무실입니다. 무엇을 도와드릴까요?
Mr. Anderson	: ABC기술의 피터 앤더슨입니다. 유감이지만 스튜어트 씨와의 금요일 회의를 바꾸어야 할 듯합니다. 일이 생겨서 제가 해낼 수 없을 것 같네요. 다음 주로 바꿀 수 있을까요?
Ms. Hong	: 알겠습니다. 스튜어트 씨는 화요일 10시나 4시에 시간이 가능합니다.
Mr. Anderson	: 네, 화요일 4시가 어떨까요?
Ms. Hong	: 좋습니다. 앤더슨 씨.
Mr. Anderson	: 감사합니다.

정답 49 ③ 50 ①

51 Which of the following is the most appropriate expression for the blank? [16년 2회]

A : How far along are you with the report?
B : I'd say I'm about 70% done.
A : Can you finish it by tomorrow?
B : ________________. I'll need at least two more days.
A : It has to be done before Friday's meeting.
B : OK. I'll make every effort to get it done at least by Thursday afternoon.

① I don't think so.
② I disagree with what you say.
③ I will do that.
④ I feel the same way.

해설

③ · ④ A의 의견에 동의하고, ② 어떤 의견에 강하게 반대하므로, '나는 ~라고 생각하지 않는다'라는 ①이 정답이다.

A : 보고서가 얼마나 됐나요?
B : 약 70프로 정도입니다.
A : 내일까지 끝낼 수 있나요?
B : 아뇨. 적어도 이틀은 더 필요할 것 같아요
A : 금요일 회의 전까지는 끝내야 할 텐데요.
B : 알겠습니다. 적어도 목요일 오후까지는 끝내도록 최선을 다해보겠습니다.

52 According to the following conversation, which one is true? [18년 2회]

A : Good morning. May I help you?
B : Yes, please. I'm looking for the Marketing Department. I was told that it's on this floor.
A : I'm sorry, but the Marketing Department has moved to the 21st floor.
B : I see. Is there any stairs nearby?
A : Yes, just around the corner, sir. But you had better take the elevator on your left. You are on the fifth floor.
B : You're right. Thank you.
A : Marketing Department is on the right side of the elevator.

① Take the elevator to go to the Marketing Department.
② Marketing Department is on the fifth floor.
③ Marketing Department is by the stairs.
④ The stairs are down the end of the hall.

51 ① 52 ① **정답**

해설

② Marketing Department is on the 21st floor.
③ Marketing Department is on the right side of the elevator.
④ 위의 대화에서 언급하지 않은 내용이다.

53 Choose the most appropriate word for the blank. [15년 1회]

We are going to have a training sessions for our sales representatives at the end of March and are looking for a hotel which could provide 5 small rooms that can ________ more than 10 people.

① hold ② set
③ occupy ④ provide

해설

① 3월 말에 영업사원들을 위한 연수를 하려고 하며, 10명 이상 수용할 수 있는 작은 방을 5개 제공해 주는 호텔을 찾고 있다.

- training session : 연수회, 강습회
- sales representative : 판매원, 영업 담당자, 외판원
- hold ~ people : ~명을 수용할 수 있다

54 Which is INCORRECT about the following letter? [19년 1회]

Dear Mr. Smith,

Within the next four months, I will be moving to Chicago where I would like the opportunity to put my ten years of accounting experience to work for your company. I am currently working as a financial controller for the Morano Supermarket Group in Seattle.

I am responsible for the group's financial direction and control. I have not yet informed my employer of my intention to leave the company. Therefore, I would appreciate your confidentiality in this regard.

Sincerely,
Mary Tailor

① Mary wants to move into another company.
② Mr. Smith is a HR manager.
③ Mary wants to move to Chicago.
④ Mary quit her job temporarily to apply for another company.

정답 53 ① 54 ④

해설

④는 Mary가 다른 회사에 지원하기 위해 그녀의 직장을 일시적으로 그만둔다는 뜻의 문장이다. 본문에서는 4개월 이내에 그녀가 Chicago로 이사 갈 것이며 Mr. Smith의 회사에서 일하기를 원한다는 내용이 나와 있다. 하지만 그녀가 직장을 일시적으로 그만둔다는 표현은 나와 있지 않으므로 ④이 편지의 내용과 적합하지 않은 내용이다.

55 Which of the following is the MOST appropriate expression for the blank? [20년 2회]

A : Hello. This is Paul Morris from Shilla Holdings. May I speak to Mr. Park?
B : I'm sorry, but Mr. Park is in a meeting and asked not to be disturbed.
A : I feel sorry to ask you, but ________________. I have an urgent matter to discuss with him.
B : Well, let me check, but I doubt I'll be able to put you through.
(To Mr. Park) Mr. Paul Morris from Shilla Holdings is on the line. He said he had an urgent matter to discuss with you.
C : All right. Put him through.

① please ask him to be on the line now.
② could you please interrupt him for me?
③ please tell him Mr. Morris on the line.
④ I will wait for a while.

해설

Mr. Park이 B에게 회의 중에 있으니 회의를 방해받지 않기를 원한다고 말했으나 Paul Morris는 급한 문제로 Mr. Park과 연결되기를 원하는 상황이다. 따라서 자신을 위해서 그를 방해해 줄 수 있냐고 물어보는 ②이 정답이다.

A : 안녕하세요. Shilla Holdings의 Paul Morris입니다. Mr. Park과 전화 연결이 가능합니까?
B : 죄송하지만 Mr. Park은 지금 회의 중입니다. 그리고 그는 회의를 방해받지 않기를 원한다고 했습니다.
A : 이렇게 요청해서 죄송하지만, 저를 위해서 그를 방해해 주실 수 있겠습니까? 급한 문제로 그와 의논할 것이 있습니다.
B : 음, 한번 확인해 볼게요. 그러나 연결이 될지는 장담하지 못합니다.
(Mr. Park에게) Shilla Holdings의 Paul Morris 씨와 전화 연결이 되어있습니다. 그가 급한 문제로 당신과 의논할 것이 있다고 합니다.
C : 알겠습니다. 연결해주세요.

55 ② 정답

56 Read the following conversation and choose one which is true. [16년 1회]

A : Good morning. May I help you?
B : I am Peter Evans of Boston Insurance. I'd like to see Mr. Kwon.
A : Do you have an appointment with him?
B : I'm afraid not.
A : Actually he is having a meeting with someone at the moment. But I'll see if he is available.
B : Thank you.
A : (To Mr. Kwon) Mr. Peter Evans of Boston Insurance is here to see you.
C : I'm sorry, but I have to attend the board meeting right now. Would you have him call me anytime after three o'clock this afternoon?
A : I certainly will. (To Ms. Evans) I'm sorry, but he is scheduled to attend the board meeting. Please call him after 3 o'clock.
B : Thank you.
A : You're welcome.

① Mr. Evans and Mr. Kwon have an appointment each other to meet in Mr. Kwon's office.
② The secretary will have Mr. Kwon call Mr. Evans after 3 o'clock.
③ Mr. Evans will call Mr. Kwon in the afternoon.
④ Mr. Kwon is planning to attend a meeting at 3 p.m.

해설

③ Boston 보험회사의 Mr. Evans가 Mr. Kwon을 만나고자 선약 없이 방문하였고 Mr. Kwon은 이사회의 중이라 오늘 오후 3시 이후 아무 때나 전화해 줄 것을 요청하고 있다.

57 Choose one pair of dialogue which does NOT match each other. [20년 2회]

① A : It's a little bit early for dinner but would you like to have something?
B : Why don't we have a sandwich?
② A : Do I have any meetings tomorrow?
B : I'll let you know the schedule for tomorrow.
③ A : Do you have any particular brand of car in mind?
B : No, but I'm looking for a compact car.
④ A : Is there some sort of a landmark you can tell me about?
B : You can take a taxi, but it's within walking distance.

정답 56 ③ 57 ④

해설

④ A : 나에게 말해줄 랜드마크 같은 것이 있습니까?
B : 당신은 택시를 탈 수 있지만, 걸어서 갈 수 있는 거리입니다.
① A : 저녁을 먹기에는 조금 이른 시간이지만, 무언가를 좀 드시겠습니까?
B : 샌드위치를 먹는 게 어떻습니까?
② A : 내일 회의가 잡힌 것이 있습니까?
B : 내일 일정을 알려드리겠습니다.
③ A : 마음에 두고 있는 특정한 브랜드의 차가 있습니까?
B : 아니오. 그러나 나는 소형차를 찾고 있습니다.

58 According to the given passage, which of the followings is true? [17년 1회]

A : Hello, Hilton Hotel Reservation Desk. Kang speaking. How may I help you?
B : Hello. I'd like to book a room on October 13.
A : How long will you be staying, sir?
B : I'd like to stay for three nights.
A : What type of room would you like, sir?
B : A double room with a bath, please.
A : We have double rooms available on the 11th floor.
B : What's the room rate for that period?
A : It's $175 per night.
B : That's fine. I'll take it.

① The room rate is $175 for three nights.
② He is going to stay for three nights and four days.
③ The room where he will be stay is on the 13th floor.
④ He made a reservation a double room without a bath.

해설

① 3박에 $175이다.
③ 머무를 방은 13층이다.
④ 욕조가 없는 더블룸을 예약했다.

A : 안녕하세요. 힐튼호텔 예약 데스크 강입니다. 무엇을 도와드릴까요?
B : 여보세요. 10월 13일에 방을 예약하고 싶습니다.
A : 얼마 동안 계실 건가요?
B : 3일 밤 동안 묵고 싶습니다.
A : 어떤 유형의 방을 원하십니까?
B : 욕조가 딸린 더블룸으로 해주세요.
A : 저희 11층의 더블룸을 이용하실 수 있습니다.
B : 사용기간 동안 객실료는 얼마인가요?
A : 1박당 $175입니다.
B : 좋습니다. 그걸로 할게요.

58 ② 정답

59 This is Mr. M. Lee's itinerary. Which one is true? [18년 1회]

Monday, January 10 (Seoul to New York)	
9:00 a.m	Leave Incheon Airport on OZ902 for JFK Airport.
9:25 a.m	Arrive at JFK Airport.
1:00 p.m	Meeting with Roger Harpers, President, ACF Corporation at Garden Grill.
7:00 p.m	Dinner Meeting with Joyce Pitt, Consultant, American Business System at Stewart's Restaurant.
Tuesday, January 11 (New York)	
9:30 a.m	Presentation "The Office Environment – Networking" at the National Office Systems Conference, City Conference Center
12:00 p.m	Luncheon with Raymond Bernard, Vice President, Wilson Automation, Inc., at the Oakdale City Club.

① Mr. M. Lee is going to fly to USA on OZ902.
② Mr. M. Lee will make a presentation at the City Conference Center after lunch.
③ Mr. M. Lee will have a luncheon meeting at Garden Grill on January 11th.
④ Mr. M. Lee will arrive at JFK airport at 9:25 a.m. on January 11th Seoul time.

해설

① Mr. M. Lee는 USA로 OZ902편을 타고 갈 것이다.
② Mr. M. Lee는 점심식사 후 City Conference Center에서 프레젠테이션을 할 것이다.
③ Mr. M. Lee는 1월 11일에 Garden Grill에서 오찬 회의를 가질 것이다.
④ Mr. M. Lee는 서울 시간으로 1월 11일 오전 9시 25분에 JFK 공항에 도착할 것이다.

1월 10일 월요일 (서울~뉴욕)	
오전 9:00	인천공항에서 JFK 공항으로 OZ902편으로 출발
오전 9:25	JFK 공항 도착
오후 1:00	Garden Grill에서 ACF Corporation의 회장인 Roger Harpers 씨와 미팅
오후 7:00	Stewart's 레스토랑에서 American Business System 컨설턴트 Joyce Pitt 씨와 저녁 미팅
1월 11일 화요일 (뉴욕)	
오전 9:30	City Conference Center의 전국 오피스 시스템 컨퍼런스에서 "Office Environment – Networking"에 관한 프레젠테이션
오후 12:00	Oakdale City Club에서 Wilson Automation, Inc. 부사장인 Raymond Bernard 씨와 오찬

정답 59 ①

60 Which of the following is CORRECT? [19년 2회]

Boss : Miss Lee, please come in.
Secretary : Yes, Mr. Kim.
Boss : I want you to deliver this copy to Mr. Park, Mr. Kang, and Mr. Cho.
Secretary : Yes, I will, right away.
(After 20 minutes)
Secretary : Mr. Kim, Mr. Park said to please go ahead with it. Mr. Kang said he has some questions, so he would like to have 15 minutes of your time after lunch. Mr. Cho was out, so I gave it to his secretary, Miss Han and asked her to have him contact you upon his return.
Boss : Thank you.

① Mr. Park rejected the suggestions of Mr. Kim.
② Mr. Kang wants to meet Mr. Kim in the morning.
③ Miss Han is going to contact Mr. Kim.
④ Mr. Cho will get in touch with Mr. Kim when he gets in.

해설

Mr. Park은 그렇게 추진해달라(to please go ahead with it)고 했으며, Mr. Kang은 사장님께 점심 후에 시간을 내달라(to have 15 minutes of your time after lunch)고 했고, Miss Han은 Mr. Cho의 비서로 그에게 사장님과 연락하라고 전달할 사람이므로 ①·②·③은 오답이다.
① Mr. Park은 Mr. Kim의 제안을 거절했다.
② Mr. Kang은 아침에 Mr. Kim을 만나고 싶어 한다.
③ Miss Han은 Mr. Kim에게 연락할 예정이다.

사장 : Miss Lee, 들어오세요.
비서 : 예, 사장님.
사장 : 이 사본을 Mr. Park, Mr. Kang, Mr. Cho에게 전달해주세요.
비서 : 예, 지금 바로 전달하겠습니다.
(20분 후에)
비서 : 사장님, Mr. Kim, Mr. Park은 그렇게 추진해달라고 말했습니다. Mr. Kang은 질문이 있다고 점심식사 후에 15분간 시간을 내주셨으면 한다고 했습니다. Mr. Cho는 자리에 없어서 Han 비서에게 사본을 전달하고 그가 돌아오면 사장님과 연락하게 해달라고 했습니다.
사장 : 고마워요.

60 ④ **정답**

61 **행정기관에서 일하고 있는 김 비서는 2017년 11월 1일자로 변경된 공문서 작성방법에 따라서 기안문을 작성하고 있다. 다음 중 가장 적절하지 않은 것은?** [18년 2회]

① 공문서를 작성할 때 숫자를 아라비아 숫자로 표기하였다.
② 음성정보나 영상정보와 연계된 바코드를 표기하였다.
③ 상위 항목부터 하위 항목은 1., 가., 1), 가), (1), (가) 순으로 하였다.
④ 본문의 첫째 항목(1., 2., 3.)은 왼쪽에서 6타를 띄어서 제목 밑에서 시작하도록 하였다.

해설

표시위치 및 띄우기

- 첫째 항목기호는 왼쪽 처음부터 띄어쓰기 없이 바로 시작한다.
- 둘째 항목부터는 상위 항목 위치에서 오른쪽으로 2타씩 옮겨 시작한다.
- 항목이 한 줄 이상인 경우에는 항목 내용의 첫 글자에 맞추어 정렬한다.
- 항목기호와 그 항목의 내용 사이에는 1타를 띄운다.
- 하나의 항목만 있는 경우에는 항목기호를 부여하지 아니한다.

62 **공기업 홍보팀에서 팀비서를 하고 있는 홍지영 비서가 다음과 같은 직무위임표에 의거해서 결재관련 업무를 진행한 것 중에서 가장 올바르지 않게 진행된 것은?** [18년 2회]

업무내용	사 장	전결권자		
		부사장	본부장	팀 장
홍보기본 계획 수립	○			
홍보성 행사 주관			○	
공고 및 홍보물 제작				○
광고비 결재(3억 원 이상)		○		
광고비 결재(3억 원 미만)			○	
공보업무-보도자료 관리 등				○

① 홍보팀장 책임하에 작성한 2019년도 홍보기본 계획을 본부장, 부사장 검토를 거쳐서 사장님에게 최종결재를 받았다.
② 홍보팀원으로서 홍보행사 기획안을 작성하여 본부장에게 결재를 받으려 했으나 휴가 중이어서 부사장에게 대결을 받았다.
③ 3억 원의 광고비 결재를 위해서 부사장의 전결을 받았다.
④ 신제품 출시에 관한 보도자료를 작성하여 홍보팀장의 전결을 받아서 언론기관에 배부하였다.

해설

② 제시된 자료만으로 대결권자를 알 수 없다.

정답 61 ④ 62 ②

63 다음 중 띄어쓰기가 잘못된 것을 모두 고르시오. [19년 1회]

상사 : ㉠ 김철수 이사는 ㉡ 대한 고등학교를 나왔나?
비서 : 아닙니다. ㉢ 서울 대학교 사범 대학 부속 고등학교를 나오셨습니다. 부장님, 이번에 ㉣ 얼마 짜리로 이사님 감사패를 제작할까요?
상사 : 저번 달에 제작한 ㉤ 감사패 만큼 예산을 책정 해보지.

① ㉡, ㉢
② ㉢, ㉣, ㉤
③ ㉣, ㉤
④ ㉠, ㉢, ㉣

해설

㉣ 얼마 짜리 → 얼마짜리, ㉤ 감사패 만큼 → 감사패만큼

64 감사장의 작성방법으로 가장 적절하지 않은 것은? [16년 2회]

① 출장 중 상대방의 호의에 대한 감사장은 출장지에서 돌아온 후에 즉시 작성한다.
② 행사 참석에 대한 감사장에 행사 중 미진함으로 인해 불편을 준 것에 대해 사과의 말도 함께 적는다.
③ 출장 후 감사장은 출장지에서 신세를 많이 진 담당자에게뿐만 아니라 그 상사에게도 보낸다.
④ 감사장 내용을 적을 때는 항목을 분류하여 요점만 간단히 기재하여 한눈에 이해하기 쉽도록 작성한다.

해설

④ 감사장을 적을 때는 출장 등에서 돌아오는 즉시 모임의 성격과 주최자의 이름, 주소 등을 상사로부터 받아 비서가 간단한 내용을 카드나 편지에 적어 상사의 서명을 받아 보내도록 한다.

63 ③ 64 ④ 정답

65 외국계 기업의 김민서 비서는 고객의 명함을 정리하고 있다. 다음 중 순서가 가장 적절한 것은? [15년 2회]

(가) J. H. Andrew
(나) James M. Andrew
(다) A. G. Chris
(라) Anne G. Chris

① (나) – (가) – (라) – (다)
② (가) – (나) – (다) – (라)
③ (다) – (라) – (가) – (나)
④ (라) – (다) – (나) – (가)

해설

영문명의 명함정리는 먼저 '성'을 기준으로 알파벳순으로 정리한다. '성'이 동일할 경우 이름을 기준으로 알파벳순으로 정리한다.

66 다음의 발신문서 처리 방법 중 가장 적절하지 않은 것은? [15년 2회]

① 모든 문서는 전자파일로 저장하고 복사본도 반드시 보관한다.
② 비밀을 요하는 문서는 봉투에 넣어서 직접 전달한다.
③ 중요 우편물의 발신부를 만들어 기록해 둔다.
④ 특별 우편물에는 친전이라고 쓰고 반드시 봉한다.

해설

① 모든 문서는 전자파일로 보관하되, 필요시에는 복사본을 만들어 보관한다.

정답 65 ② 66 ①

67 다음 중 문서의 보존기간과 문서의 종류가 잘못 짝지어진 것은? [20년 1회]

연 번	문서 보존기간	문서의 종류
ㄱ	영구보존	정관, 중요 계약서류, 등기 · 특허 서류, 품의서, 주주총회 관련서류 등
ㄴ	10년 보존	세무 관련서류, 월차결산서 · 상업장부, 주주명의부 등
ㄷ	3~5년 보존	왕복문서, 통지서류, 일보 · 월보, 조사서, 참고서 등
ㄹ	6개월~1년 보존	주요전표, 거래 관련서류, 문서의 수발신기록, 사원이동, 급료 당 관련서류 등

① ㄱ, ㄴ
② ㄴ, ㄷ
③ ㄷ, ㄹ
④ ㄹ, ㄱ

해설

문서 보존기간에 따른 분류

영구보존	정관, 중요계약 관계서류, 등기, 특허관계, 품의서, 주주총회 관계 등
10년 보존	세무관계, 월차결산서, 상업장부 관계, 주주명부 관계 등
3~5년 보존	주요전표, 거래관계, 문서의 수 · 발신 기록, 사원이동, 급료수당 관계 등
6개월~1년 보존	왕복문서, 통지서류 관계, 일보 · 월보 관계, 내용의 통 · 폐합

68 다음 중 상사에게 온 우편물에 대한 처리방법으로 적절하게 처리한 것끼리 묶인 것은? [16년 2회]

가. 내용증명으로 발송하기 위해서 원본 1부와 등본 2부를 준비한다.
나. 접수일부인을 서류의 아래쪽에 찍어 우편물의 발송날짜를 기입한다.
다. 상사가 100통이 넘는 우편물을 한꺼번에 발송하라고 지시해 요금별납으로 우표 대신 스탬프를 찍어서 발송한다.
라. 우편물을 정기간행물 등 크기가 큰 우편물을 위에 놓고 긴급서신, 중요서신, 개봉하지 않은 서신은 밑에 놓는다.

① 가, 나, 다, 라
② 가, 나, 다
③ 가, 다, 라
④ 가, 다

해설

나. 수신문서는 받은 날짜가 중요하므로 문서는 개봉하여 서류의 여백에 접수 일부인을 찍는다.
라. 긴급서신, 중요서신, 개봉하지 않은 서신은 위에 올려놓고 선전문서, 광고 등은 자료가 되는 것 이외에는 버린다. 또한, 상사에게 우편물을 전달할 때는 작은 동봉물을 문서의 앞쪽에, 큰 동봉물은 뒤쪽에 배치하여야 한다.

67 ③ 68 ④ 정답

69 다음 중 문서정리의 기본원칙으로 볼 수 없는 것은? [19년 1회]

① 문서정리 방법에 대한 회사 내부의 규정을 제정하여 표준화한다.
② 시간이 지나서 쓸모없게 된 문서는 정해진 규칙에 의하여 폐기하는 것을 제도화한다.
③ 자료는 필요한 사람에게만 배포하고 원본이 명확하게 정리되어 있다면 불필요한 복사본은 가지고 있지 않도록 한다.
④ 문서보관 서류함이나 서랍의 위치는 보안을 위하여 소재를 명시하지 않도록 한다.

해설

④ 문서를 정리할 때에는 필요한 문서를 쉽게, 그리고 신속하게 찾아낼 수 있도록 문서가 보관된 서류함이나 서랍의 위치를 누구나 쉽게 알 수 있도록 소재를 명시해 둔다.

70 다음 중 국제표준화기구(ISO)에서 지정한 전자문서 장기 보관 및 보존을 위한 국제표준 포맷은? [15년 1회]

① PDF/A
② PDF/D
③ PDF/S
④ PDF/X

해설

① PDF/A는 한국 국가기록원에서도 문서 보존포맷으로 확정된 포맷으로 국제표준화기구(ISO)에서도 인정한 것이다.

71 전자상거래 결제 시 신용카드를 대체하는 전자화폐가 등장하고 있다. 전자화폐의 특징으로 가장 적절하지 않은 것은? [16년 1회]

① 누가 어떤 상점에서 무엇을 샀는지를 제3자가 알 수 없어야 한다.
② 다른 사람에게 이전이 가능해야 한다.
③ 불법변조 및 위조가 안 되어야 한다.
④ 한국은행에서 발행하며 현금처럼 사용할 수 있어야 한다.

해설

④ 전자화폐란 범용성 선불카드로서 전자적인 매체(컴퓨터, IC카드, Network 등)에 화폐적 가치를 저장하였다가 물품 및 서비스 구매 시 활용하는 결제수단이다.

정답 69 ④ 70 ① 71 ④

72 다음 중 금융감독원의 전자공시시스템에서 얻을 수 있는 기업 정보가 아닌 것은? [16년 2회]

① 회사 재무상태
② 사업자 등록번호
③ 사업보고서
④ 소액주주명단

해설

④ 금융감독원의 전자공시시스템은 상장법인 등이 공시서류를 인터넷으로 제출하고, 이용자는 제출 즉시 인터넷을 통해 공시서류를 조회할 수 있도록 하는 기업공시시스템이다. 이 시스템에는 회사개황은 물론 얼마나 순이익을 내고 있는지, 매출액은 얼마인지 등이 잘 나타나 있다. 소액주주명단은 이 시스템에 나타나지 않는다.

73 다음 IP주소가 올바르지 않은 것은? [17년 1회]

① 192.245.0.253
② 192.245.0.254
③ 192.245.1.255
④ 192.245.1.256

해설

④ IP주소의 범위는 32비트로 보통 0~255 사이의 십진수 넷을 쓰고 '.'으로 구분하여 나타낸다. 따라서 0.0.0.0부터 255.255.255.255까지가 된다.

72 ④ 73 ④ 정답

74 **다음 그래프는 한중 교역량 추이와 중국 입국자 및 한국 관광수지 변화를 보여주는 그래프이다. 이 그래프를 통하여 알 수 있는 내용 중 가장 올바른 정보는?** [20년 2회]

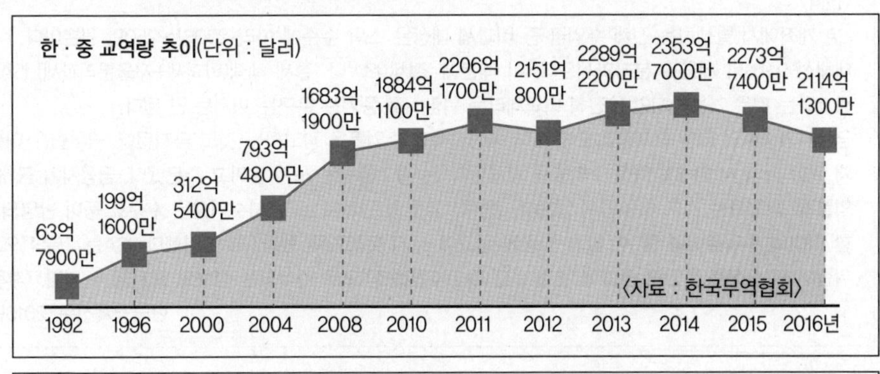

① 한 · 중 교역규모는 2016년 2,114억 1,300만 달러로 1992년 교역규모 대비 33배 축소되었다.
② 관광지식정보시스템 자료에 따르면 한 · 중 교역규모가 가장 컸던 때는 2014년이었다.
③ 2017년 상반기 방한 중국인은 225만 2,915명으로 전년 동기대비 증가했다.
④ 관광수지 적자폭도 2017년 상반기에 전년 동기 16억 8,030만 달러에서 62억 3,500만 달러로 커졌다.

해설

① 한 · 중 교역규모는 1992년 대비 2016년에 33배 늘어났다.
② 위의 자료에서는 한국무역협회에 따르면 한 · 중 교역규모가 가장 컸던 때가 2014년이었다.
③ 2017년 상반기 방한 중국인은 전년 동기대비 감소했다.

정답 74 ④

75 다음 기사 내용을 통해서 알 수 있는 내용과 가장 거리가 먼 것은? [16년 1회]

> 〈전략〉
> ISA 계좌에서 발생하는 전체 수익금 중 비과세 대상은 소득 수준에 따라 200만~250만 원뿐이다. 나머지 수익에 대해선 9.9%의 세율로 분리과세된다. 이 때문에 '절세 ISA'나 '절세 혜택(비과세+저율분리과세) ISA'라는 문구로 광고하는 것은 가능하지만 온전히 비과세라는 뉘앙스를 풍기는 문구는 써서는 안 된다.
> 금융사가 ISA의 모델 포트폴리오에 대해 예상 · 목표 수익률을 광고하는 것도 금지된다. 금투협은 이를 근거로 '초저 위험 가입 시 연 3% 약정 수익률을 지급한다.'는 광고문구는 쓰지 말라고 주문했다. 금융사가 공개하는 '공시수익률'을 광고하는 것도 허용되지 않는다. 〈중략〉 금투협 관계자는 "공시수익률은 수수료 등이 반영되지 않아 엄밀한 의미의 수익률이라 할 수 없기 때문에 광고에 쓰지 못하도록 했다."고 설명했다. ISA는 기본적으로 원금 손실 위험이 있는 상품인 만큼 광고에 '손실보전'이나 '이익보장'으로 인식되는 정보도 표시할 수 없다. 〈후략〉
>
> 한국경제신문, 2016년 3월 11일자

① ISA는 수익금 일부에 대해서만 비과세가 가능하다.
② 금융사가 ISA 수익률을 공시하는 것은 가능하다.
③ ISA 계좌 수익금 중 비과세 외 수익은 종합과세 되지 않는다.
④ ISA는 원금이 손실될 수도 있으므로 이익보장이라고 표시할 수 없다.

해설

① ISA 계좌에서 발생하는 전체 수익금 중 비과세 대상은 소득 수준에 따라 200만~250만 원뿐이고, 나머지 수익에 대해선 9.9%의 세율로 분리과세된다. 이 때문에 '절세 ISA'나 '절세 혜택(비과세+저율분리과세) ISA'라는 문구로 광고하는 것은 가능하지만 온전히 비과세라는 뉘앙스의 문구를 써서는 안 된다.

76 한국전자는 IPO를 앞두고 대표이사인 상사가 IR 프레젠테이션을 할 예정이어서 상사를 위해 비서가 시각 자료를 작성 중이다. 이 중 가장 적절하지 않은 것은? [15년 2회]

① 정확한 수치 제공보다는 청중의 감성에 호소할 수 있는 이미지 광고 느낌으로 제작하였다.
② 슬라이드의 마스터 배경을 회사의 로고와 CI를 활용하여 만들었다.
③ 지루함을 피하고 흥미를 유발하기 위하여 화면전환 효과를 적절하게 사용하였다.
④ 회사의 주요 서비스와 제품에 관해 설명하기 위한 Flash 파일을 만들어서 삽입하였다.

해설

① IR은 기업이 자본시장에서 정당한 평가를 얻기 위한 주식 및 사채투자자들을 대상으로 실시하는 홍보활동이므로 정확한 수치의 제공이 중요하다.

75 ① 76 ① **정답**

77 **아래 그림은 MS-Access로 작성한 내방객 데이터베이스 테이블의 디자인의 일부이다. 이 중 '○' 안에 열쇠 표시된 필드의 특징이 아닌 것은?** [16년 2회]

	필드 이름	데이터 형식
🔑▸	방문번호	일련 번호
	명함번호	숫자
	방문일자	날짜/시간
	방문목적	짧은 텍스트
	동반자이름	짧은 텍스트

① 유일한 값이어야 한다.
② Null 값이어서는 안 된다.
③ 입력된 값을 변경할 수 있다.
④ 입력을 생략할 수 없다.

해설

③ MS-Access의 '기본키'로 적합한 필드에는 각 행을 고유하게 식별하고, 필드는 비어 있거나 Null이 아니며 항상 값을 포함한다. 또한 이 값은 거의 변경되지 않으며 전혀 변경되지 않는 것이 가장 좋다.

78 **사물인터넷에 대한 설명으로 잘못된 것은?** [20년 2회]

① 사물인터넷(Internet of Things, IoT)은 사물 등에 센서를 달아 실시간으로 데이터를 수집하고 주고받는 기술이다.
② IoT라는 용어는 1999년에 케빈 애쉬튼이 처음 사용하기 시작했다.
③ 보안 취약성, 개인정보 유출 등에 관한 우려가 존재하여 이에 대한 대응이 요구된다.
④ IoT에 관련한 국제표준이 부재하여 시장전망에 비해 시장확대 속도가 느린 편이다.

해설

④ IoT에 관련한 국제표준은 존재한다.

정답 77 ③ 78 ④

79 **다음은 기업에서 발생한 컴퓨터범죄의 예이다. 이 사례에 해당하는 컴퓨터범죄는 무엇인가?** [18년 1회]

> 특정 기업의 기밀정보를 탈취할 목적으로 공격자는 목표가 되는 기업임원에게 제품문의를 가장한 악성메일을 발송하였다. 공격자는 메일 발신자를 협력업체직원의 메일주소로 위장하여 기업의 임원이 의심 없이 첨부된 악성코드를 실행하도록 유도하였다. 메일에 첨부된 문서파일 실행 시 취약점에 의해 내부에 저장된 악성코드파일이 자동생성 및 실행되며, 위장용으로 문서파일을 보여주었으나 빈 문서였다. 악성코드는 자동적으로 실행되어 임원컴퓨터에 있는 기업의 기밀정보를 유출하게 되었다.

① 스파이웨어
② 하이재킹
③ 스피어피싱
④ 디도스공격

해설
③ 스피어피싱은 특정한 개인들이나 회사를 대상으로 한 피싱공격으로, 공격자가 목표에 대한 정보를 수집 · 분석하여 피싱공격을 한다.

80 **아래 보기에 스마트폰 애플리케이션이 2개씩 짝지어져 있다. 2개의 사용목적이 서로 다른 것끼리 짝지어진 것은?** [18년 1회]

> ㉠ 월드카드모바일(WorldCard Mobile)
> ㉡ 캠카드(CamCard)
> ㉢ 이지플래너
> ㉣ 조르테(Jorte)
> ㉤ 리멤버

① ㉠, ㉡
② ㉠, ㉣
③ ㉡, ㉤
④ ㉢, ㉣

해설
• 일정 · 시간관리 : ㉢ 이지플래너, ㉣ 조르테
• 명함관리 : ㉠ 월드카드모바일, ㉡ 캠카드, ㉤ 리멤버

79 ③ 80 ② 정답

제9회 기출유형 모의고사

제1과목 | 비서실무

01 **다음은 비서들의 자기개발 사례이다. 다음의 사례 중 비서의 자기개발 태도로 가장 적절하지 않은 것은?** [19년 2회]

① 강진물산의 허 비서는 요즘 SNS 영상 업로드에 관심이 많아 퇴근 후 영상편집을 배우러 다니고 있다.
② 한국유통의 이 비서는 평생교육원에서 야간에 개설하는 경제수업을 수강하고 있다.
③ 두리제과의 금 비서는 대학시절 인연으로 멘토가 된 A기업 부장에게 상사에 대한 고민도 얘기하고 상사가 지시한 업무관련 조언도 구한다.
④ 제이상사의 오 비서는 상사가 진행하고 있는 업무의 파악을 위해 상사에게 보고되는 문서들의 내용을 살펴본다.

해설
③ 업무와 관련된 기밀을 지키는 것은 일반사원에게도 요구되는 직업윤리지만, 특히 비서는 기밀사항을 다루는 경우가 많으므로 주의해야 한다. 따라서 고의는 물론 실수로 비밀사항을 엿듣거나 누설하는 일이 없도록 해야 한다.

02 **김영숙 비서는 갑작스러운 사고로 1주일간 출근하지 못했다. 김 비서의 일을 도와주는 다른 직원도 없는 상황이어서 1주일 만에 사무실에 출근해 보니 밀린 일들이 산더미처럼 쌓여 있었다. '갑작스러운 사고나 질병 및 퇴사 등의 이유로 자리를 비우게 되는 경우에 대비해서 조직 구성원은 자신의 업무매뉴얼을 작성해 두어야 한다.'라는 것이 생각이 났다. 김 비서는 자신의 업무매뉴얼을 지금 당장 만들기로 결심했다. 김 비서가 업무매뉴얼을 만드는 방식으로 적절하지 않은 것은?** [17년 2회]

① 김 비서가 수행하는 업무의 종류를 구분하여 목차와 세부 사항을 먼저 작성하였다.
② 김 비서가 수행하는 업무를 종류별로 구분한 후 업무수행순서를 도해화하여 정리하였다.
③ 업무수행과 관련하여 필요한 주관적인 의견도 함께 명시하였다.
④ 업무내용은 가능한 한 간단하게 정리함으로써 다른 비서들이 김 비서의 업무를 대행할 때 도움이 되도록 하였다.

정답 01 ③ 02 ④

해설

④ 김 비서의 업무가 다른 비서들에게는 생소할 수 있으므로 업무 내용은 가능한 한 자세히 작성해야 다른 비서들이 김 비서의 업무를 대행할 때 도움이 될 수 있다.

03 다음 중 비서의 내방객 응대 방식으로 가장 적절한 것은? [18년 2회]

① 삼호물산 김희영 본부장이 처음 우리 회사를 방문하였다. 비서가 "사장님! 삼호물산 김희영 본부장님이십니다. 그리고 이분은 저희 회사 김영철 사장님이십니다."라고 소개를 한 후 자리로 안내하였다.

② 상사가 급하게 외출하게 되어 선약된 손님과 약속을 못 지키게 되었다. 상사로부터 아무 지시도 못 받은 비서는 할 수 없이 관련 업무담당자를 섭외하여 방문한 손님과 만나도록 주선하였다.

③ 상사로부터 지시받지 못한 부분에 대해 내방객이 질문을 하여 비서는 추후 확인한 후 말씀드리겠다고 하였다.

④ 대기실에서 여러 명의 내방객이 기다리게 되어 비서는 내방객들을 서로 소개시킨 후 차를 대접하였다.

해설

내방객 응대

- 사내와 사외 사람인 경우에는 설령 사외의 사람이 나이가 적을지라도 사내의 사람부터 소개한다. 사내의 직급이 높은 사람부터 낮은 사람 순으로 소개한 후, 사외 사람을 소개한다. 사내 사람에게 사외의 중요한 고객을 먼저 소개하지 않도록 유의한다.
- 대기실에 여러 내방객이 동석하고 있게 될 경우 서로 소개해도 좋은 내방객들인지 상면하지 않는 것이 좋은 내방객들도 있는지 신경을 쓰도록 한다. 서로 알아도 될 경우에는 소개하도록 하고 서로 상면하지 않는 것이 좋은 경우는 다른 장소에서 기다리도록 안내한다.

03 ③ 정답

04 **인공지능 관련 기술이 급속히 발달하고 있는 시대의 흐름에 발맞추어 "미래 비서 직무를 위한 포럼"이 개최되었다. A 회사의 비서들도 포럼에 참가하였고 참가 후 사내 세미나를 열었다. 아래는 포럼에 참가한 비서들의 대화인데 이 중 가장 부적절한 것은?** [20년 1회]

① "비서의 직무 수행 시 기밀보장, 책임감, 정직, 자기개발, 충성심 등 직업윤리는 앞으로도 중요한 비서의 자질이다."

② "인공지능 기술의 발달로 인해 비서의 직무 중 상사의 경영 활동 보좌는 줄어들고 상사의 행정업무 보좌에 집중하게 될 것이다."

③ "비서의 직무는 다른 사무직과 비교하여 상대적으로 정형적이지 않고 동시 다발적으로 다양한 업무를 수행하므로, 자동화로 대체할 수 없는 부분에서 역량을 향상시키려는 노력이 요구될 것이다."

④ "4차 산업혁명 시대에는 인공지능 기술의 도움을 받을 것이므로 단순사무 지원업무보다는 산업에 대한 이해와 업무 관련 IT 기술을 갖춘 실무역량이 요구될 것이다."

해설

② 인공지능 기술의 발달로 일상적인 업무와 반복적인 업무는 대체될 수 있겠지만, 경영 활동과 행정업무를 막론하고 비서의 창의력이 필요한 업무나 대인관계 업무 혹은 비상사태 등이 발생했을 경우 같이 대체될 수 없는 활동의 보좌에 집중하게 될 것이다.

05 **다음 중 상사의 교통편을 예약할 시, 가장 적절한 업무 태도는?** [20년 2회]

① 해외 항공권 예약 시에는 e-티켓으로 예약 확인하고 한 번 더 예약확인서를 문자로 요청하였다.

② 성수기로 항공권 예약이 어려울 것을 예측하여 우선 비서의 이름과 여권번호로 항공권 예약을 해서 좌석을 확보해 둔다.

③ 상사가 선호하는 항공편의 좌석이 없을 때는 일단 다른 비행기를 예약하고, 상사가 원하는 항공편의 좌석이 나왔는지 수시로 확인한다.

④ 상사가 동행인이나 관계자가 있는 경우, 상대방의 형편도 고려하여 출발시간을 잡아 예약한다.

해설

① 예약확인서는 보통 이메일로 발급한다. 또한, 간단한 예약 정보 확인을 예약확인서로 하며, 실질적으로는 e-티켓이 더 중요하다.

② 상사와 의논하여 상사의 여권번호를 미리 알아 상사의 이름과 여권번호로 항공권 예약을 해 좌석을 확보해 둔다.

③ 상사가 선호하는 항공편의 좌석이 없을 경우 상사에게 상황을 말씀드려 상사의 지시를 따른다.

정답 04 ② 05 ④

[6~7] 다음 상황을 읽고 해당 질문에 답하시오.

김일구 사장 비서 송선미는 본인이 회의에 참석하는 동안 걸려올 전화응대를 후배비서 황하나에게 부탁하였다. 회의 종료 후 황하나로부터 다음과 같은 전화메모를 받았다.

> 자리를 비우신 동안에 사장님께 런던에 계시는 박영구님으로부터 전화가 왔었습니다.
> 2016년 3월 31일 오후
> 발신자 : 박영구
> ● 전화 요망 (TEL : 44 7751 653992)
> ○ 다시 거시겠다고
> ○ 그냥 전화했다고만
> ○ 급한 용무시라고
> ○ 기 타

06 황하나가 작성한 위 전화메모의 보완 요소로 다음 중 그 우선순위가 가장 낮은 것은? [16년 1회]

① 전화 수신 시각
② 발신자 소속기관과 메시지
③ 발신자가 통화가능한 시간대
④ 수신자명과 국가통화번호

해설
④ 수신자명은 이미 사장님이라고 명시하고 있으므로 보완할 필요가 없으며, 국가통화번호도 이미 44로 기재되어 있어 보완할 필요가 없다.
①·②·③ 영국 런던에서 걸려온 전화이므로 전화를 받은 수신 시각과 시차를 고려한 통화가능한 시간대, 박영구님이 속해 있는 소속기관과 추가 메시지 등을 보완해 놓아야 한다.

07 다음 중 김일구 사장과 박영구의 전화 연결을 하기 전 송선미가 점검해야 할 내용으로 연관성이 가장 낮은 것은? [16년 1회]

① 영국의 국제전화 국가번호 재확인
② 국제전화 제3자 요금 부담 서비스
③ 회사에서 계약 체결된 국제전화 할인 서비스 제공 통신 사업자 제공번호
④ 런던의 지역번호 재확인

해설
영국 런던으로 전화연결을 해야 하기 때문에 국가번호 재확인, 회사에서 계약 체결된 국제전화 할인 서비스 제공 통신 사업자 제공번호, 런던의 지역번호 등을 다시 점검하여 김일구 사장이 전화하는 데 불편이 없도록 해야 한다.

06 ④ 07 ② 정답

08 **송파구청장 비서 A양은 서울시 주최, 송파구청 주관으로 한성 백제박물관 개관식 행사를 준비하고 있다. 행사개요는 아래와 같다. 주요 인사들이 많이 초청된 행사라, 자리배치 등 의전에 각별히 신경을 써서 준비하라는 구청장의 특별 지시가 있었다. 테이프 커팅식 때 일반적으로 주요 인사들의 서 있는 위치가 정면에서 보았을 때 올바르게 배치된 것은?** [20년 1회]

행사개요
일시 : 20XX. 4. 30(월) 09:00~11:05 장소 : 한성백제박물관(송파구 방이동 올림픽공원) 참석 : 500여명 주요참석인사 : 서울시장, 송파구청장, 국회의원, 시의회의장, 문체부차관

※ ① : 서울시장, ② : 문체부차관, ③ : 시의회의장, ④ : 국회의원, ⑤ : 송파구청장

① ④ ② ① ③ ⑤

② ⑤ ③ ① ② ④

③ ① ② ③ ④ ⑤

④ ⑤ ④ ③ ② ①

해설

① 행사장의 귀빈들을 배치하는 경우에는 행사에 참석한 최상위자를 가운데로 하고, 최상위자의 우측에 차상위자, 좌측에 그 다음 인사를 배치한다. 즉, 최상위자 자리를 중심으로 우–좌 순으로 교차 배치해야 한다.

09 **다음 중 상사를 보좌하기 위한 비서의 행동으로 가장 적절하지 않은 것은?** [19년 2회]

① 상사에게 온 우편물을 중요도와 긴급도에 따라 분류하여 올려드렸다.

② 상사의 일정은 매일 아침 출근하여 그날의 일일 일정표를 작성하였다.

③ 상사의 개인 파일에 상사의 사번, 주민등록번호, 운전면허증, 신용카드번호와 각각의 만기일 등을 기록하고 암호화하였다.

④ 상사가 참여하고 있는 각 모임의 이름과 구성원들의 이름, 소속, 연락처, 기념일 등을 정리해두었다.

해설

상사의 일정은 연간일정표, 월간일정표, 주간일정표, 일일일정표로 작성해 정리해야 한다. 일일일정표에는 약속시간, 약속장소, 이동시간, 연락처, 만나게 될 사람, 주제, 준비자료 등을 자세히 기록하는데, 이렇게 작성한 일일일정표를 전날 상사가 퇴근하기 전까지 작성하여 상사에게 설명하거나 지시를 받아야 한다.

정답 08 ① 09 ②

10 다음의 회의용어에 대한 설명 중 바르지 않은 것은? [19년 1회]

① 동의 : 의결을 얻기 위해 의견을 내는 일, 또는 예정된 안건 이외의 내용을 전체 회의에서 심의하도록 안을 내는 것
② 의안 : 회의에서 심의하기 위해 제출되는 안건
③ 정족수 : 회의를 개최하는 데 필요한 최소한의 출석 인원수
④ 의결 : 몇 개의 제안 가운데서 합의로 뽑는 것

해설

④ 의결 : 의논하여 결정하는 것

11 다음은 경조사와 관련하여 비서가 알아야 할 용어들이다. 용어에 대한 설명이 바르지 않은 것은? [19년 1회]

① 발인(發靷) : 장례에서 사자가 빈소를 떠나 묘지로 향하는 절차
② 단자(單子) : 부조나 선물 등의 내용을 적은 종이. 돈의 액수나 선물의 품목, 수량, 보내는 사람의 이름 등을 써서 물건과 함께 보낸다.
③ 부의(賻儀) : 부조금봉투, 선물포장지나 리본, 축전 등에 기록하는 문구
④ 호상(護喪) : 상례를 거행할 때 처음부터 끝까지 모든 절차를 제대로 갖추어 잘 치를 수 있도록 상가 안팎의 일을 지휘하고 관장하는 책임을 맡은 사람

해설

③ 부의(賻儀) : 상가집에 부조로 보내는 돈이나 물건 혹은 그러한 행위 자체

12 상사가 처음 만나는 중요한 손님과 오찬 일정이 잡혔다. 이 경우 비서의 업무 자세로 가장 적절하지 않은 것은? [18년 2회]

① 손님의 약력과 소속회사와 관련된 뉴스 등을 검색하여 정리한 후 상사에게 보고한다.
② 식사장소까지 이동하는 데 걸리는 시간을 Door to Door 시간으로 예측하여 일정을 수립하였다.
③ 처음 만나는 손님과 편안한 대화를 시작할 수 있도록 상대방의 주요관심사가 무엇인지 알아본 후 상사에게 보고한다.
④ 항상 최근의 트렌드를 중요시하는 상사의 취향을 고려하여 최근 방송에 나온 인기 있는 음식점을 식사 장소로 예약했다.

해설

④ 상사의 취향보다는 손님의 취향을 고려하여 식사 장소를 정하는 것이 좋다.

10 ④ 11 ③ 12 ④ **정답**

13 골프장 예약 시 가장 적절하지 않은 것은? [18년 1회]

① 예약 전에 동반자 수를 확인한다.
② 티오프 타임(Tee-off Time)이 06:38 a.m.이어서 06:30 a.m.의 오타인 것으로 보여 상사에게 06:30 a.m.이라고 보고한다.
③ 상사가 처음 가는 골프장이라 가는 길을 검색하여 알려드린다.
④ 골프장 예약 취소 규정을 확인한다.

해설

② 분 단위로 티오프 시각을 정하는 경우가 많으므로 예약 시 시각을 혼동하는 일이 없도록 한다.

14 만찬 행사 시 의전 원칙으로 가장 적절하지 않은 것은? [18년 1회]

① 만찬초청장은 행사 2~3주 전에 발송하는 것이 바람직하다.
② 전화로 참석여부를 물어보고 참석하겠다고 답변한 경우는 일의 효율성을 위하여 굳이 정식 초청장을 보낼 필요는 없다.
③ 만찬행사 시 플레이스카드(Place Card)는 참석자가 착석하면 치운다.
④ 복장은 'Business Casual'이어서 넥타이를 착용하지 않는다.

해설

② 전화로 참석 여부를 확인하였어도 정식 초청장을 보내는 것이 좋다.

15 다음 중 직장 내 대인관계에 대한 설명으로 가장 적절한 것으로만 짝지어진 내용을 고르시오. [17년 2회]

(ㄱ) 결혼을 하게 되는 동료에게 진심으로 행복을 빌어주며 결혼생활에 대한 충고도 함께 해 준다.
(ㄴ) 구조조정의 대상이 된 동료에게 그 구조조정의 배경에 대하여 탐색하여 알려준다.
(ㄷ) 업무 중일 때 동료가 와서 가벼운 대화를 시도한다면 다른 때에 이야기를 나누자고 제안을 해보도록 한다.
(ㄹ) 임신을 한 동료의 소식에 함께 기뻐해 주되 너무 꼬치꼬치 캐묻지 않는다.

① (ㄱ), (ㄴ)
② (ㄴ), (ㄷ)
③ (ㄷ), (ㄹ)
④ (ㄹ), (ㄱ)

해설

(ㄱ) 동료에게 축하를 해주되, 자신의 잣대로 섣부른 조언이나 충고를 하는 것은 금물이다.
(ㄴ) 상심한 동료에게 필요한 것은 따뜻한 위로나 이해이다. 문제의 배경에 대하여 얘기하는 것은 일이 잘 안 되어 곤란한 사람에게 더 나쁜 방해를 놓는 결과를 낳을 수 있다.

정답 13 ② 14 ② 15 ③

16 다음은 비서들이 상사가 지시한 업무를 수행하거나 업무상 보고를 하면서 취한 행동을 설명한 것이다. 각 비서들이 취한 행동 중 효율적인 보고를 위해 가장 바람직한 예시는 어느 것인가? [17년 1회]

① 고 비서의 상사는 어제 미국으로 출장을 가셨다. 상사가 출국하시기 전에 시간을 가지고 천천히 생각해 보라고 주신 업무를 빠르게 해결한 고 비서는 기쁜 마음에 시차를 체크하고는 바로 상사에게 전화로 보고드렸다.

② 이 비서는 상사가 급한 성격인 것을 잘 알고 있으므로, 구두보고를 드릴 때는 결론부터 먼저 말하고 난 후에 관련된 경과나 이유, 소견 등을 말하려고 노력해 왔다.

③ 장 비서에게 모레까지 상사에게 보고해야 할 내용이 생겼다. 이를 잊지 않기 위해서, 장 비서는 상사가 오찬을 마치고 들어 오시자마자 신속히 보고드렸다.

④ 안 비서는 보고용으로 기안한 문서가 한 장이면 상사에게 드릴 문서 한 장만을 들고 상사의 집무실로 가서 보고드렸다. 혹시라도 관련 참고자료들이나 보고문서 여러 장을 함께 들고 갔다가, 정리가 안 되어 보이거나 잘못된 문서를 드리는 실수를 미연에 방지하고자 하였다.

해설

② 상사에게 보고할 때에는 결론부터 설명하고, 그다음 자세한 상황과 이유 등을 설명하여 상사의 이해를 돕는다. 보고가 끝나면 그 보고에 대한 상사의 의견이나 지시를 메모해서 필요에 따라 파일해 둔다.

17 사장 비서직을 담당하고 있는 이가현은 언론사에 노출되는 자사 관련 자료수집 및 관리를 담당하고 있다. 자사 관련 기사를 점검할 때 비서로서 갖추어야 할 태도 중 가장 부적절한 것을 고르시오. [17년 1회]

① 회사관련 기사를 읽을 때 자사관련 상품 이름 또는 그 가격이 정확한지 확인한다.

② 우리 회사와 관련하여 기사화된 내용을 신속히 검색하여 관련부서에 보고한다.

③ 언론에서 사용된 대표자의 사진이 잘 나왔는지 확인한다.

④ 언론에서 보도된 기사의 전체 흐름이 자사의 이미지에 잘 어울리지 않을 경우 즉시 정정 보도를 요청한다.

해설

④ 언론에서 보도된 기사의 전체 흐름이 자사의 이미지에 잘 어울리지 않을 경우 즉시 정정 보도를 요청할 것이 아니라 기사화된 내용을 신속히 검색하여 관련부서에 보고한다.

16 ② 17 ④ **정답**

18 다음에 제시한 사례에서 김 비서가 저지른 실수가 아닌 것은? [16년 2회]

> 인도인 James 씨와 중국인 려호 씨, 그리고 사장님을 모신 가운데 식사와 함께 가벼운 미팅을 진행 중이다. 김 비서는 힌두교 신자인 James 씨에게는 소고기 커리를 식사메뉴로 준비하였고, 식사 후에는 James 씨와 려호 씨를 위해 우리나라에서 가장 잘 나간다는 ○○기업의 시계를 선물로 준비하였다.

① James를 위한 식사메뉴

② James를 위해 준비한 시계선물

③ 려호 씨를 위해 준비한 시계선물

④ James와 려호 씨를 위한 식사메뉴

해설

② 중국인에게 종이 달린 시계는 종결이나 죽음을 의미하므로 선물하지 않는 것이 좋다. 또한, 인도인 James 씨는 힌두교 신자이므로 식사 시 소고기를 금기시한다.

19 다음 중 비서가 경비 처리하는 방법에 대한 설명으로 가장 적절하지 않은 것은? [16년 2회]

① 영수증은 거래의 유효성을 뒷받침하는 증거 서류이므로 훼손되거나 분실하지 않도록 주의한다.

② 회사 내 ERP 회계정보시스템을 이용해서 회계처리를 할 때 비서실과 상사의 거래 자료를 입력하면 자산, 부채, 자본, 수익, 비용의 증감을 가져오게 되므로 거래 자료의 특성에 따라 과목을 설정하여 해당 계정에 입력한다.

③ 전산회계 프로그램에는 일반적으로 기업에서 사용하는 공통된 계정 과목이 입력되어 있으므로, 전표입력 시 계정과목을 새로 등록하거나 수정하여 선택하는 것은 불가능하다.

④ 비서실 출장비를 정산할 때 지출내역 중 숙박비, 식비, 교통비는 여비교통비로 처리하고, 거래처의 선물비는 접대비로 처리한다.

해설

③ 전산회계 프로그램에는 일반적으로 기업에서 사용하는 공통된 계정 과목이 입력되어 있지만 계정의 추가등록이나 수정도 가능하므로 전표입력 시 계정과목을 새로 등록하거나 수정하여 선택할 수 있다.

정답 18 ② 19 ③

20 김 비서의 업무용 프린터가 갑자기 고장 났다. 업무지연을 방지하기 위하여 서둘러 구매하려고 한다. 다음 중 바르지 않은 것은? [20년 2회]

① 지출 결의서를 작성하여야 하는데, 지출결의서란 올바른 회계처리를 하기 위한 기초자료임과 동시에 대표자나 경영진이 올바른 자금 집행을 하기 위한 중요한 서식이다.

② 업무용 프린터 구입이므로 일반경비 지출결의서에 작성한다.

③ 매년 정기적으로 구매하는 프린터 용지, 프린터 토너 등의 구입 시에도 지출 요청일 최소 5일 이전에 결재받아야 한다.

④ 예산 한도 내에서 결제할 때는 결재받을 필요가 없다.

해설

④ 예산 한도 내일지라도 결재를 받아야 한다.

제2과목 | 경영일반

21 글로벌 경영과 관련된 다음 설명 중 가장 적절하지 않은 것은? [16년 1회]

① 1947년, 23개국의 지도자들은 관세장벽과 수출입 제한을 제거하고 국제무역과 물자교류를 증진시키기 위해 국제적 포럼인 관세무역일반협정(GATT)을 출범시켰다.

② 세계무역기구(WTO)는 회원국들 간의 무역 관계를 정의하는 많은 수의 협정을 관리감독하기 위한 기구로서 국가 간의 무역을 보다 자유롭게 보장해 준다.

③ 세계무역기구(WTO)는 1947년 시작된 관세 및 무역에 관한 일반협정(GATT) 체제를 대체하기 위해 등장했으며, 세계 무역 장벽과 보호무역을 통해 국가경쟁력을 높이기 위한 목적을 가지고 있다.

④ 북미자유무역협정(NAFTA)은 미국, 캐나다, 멕시코 사이에 자유무역 지대를 형성하는 것을 목적으로 한다.

해설

③ 세계무역기구(WTO)는 1947년 시작된 관세 및 무역에 관한 일반협정(GATT ; General Agreement on Tariffs and Trade) 체제를 대체하기 위해 등장했으며, 세계 무역 장벽을 감소시키거나 없애기 위한 목적을 가지고 있다.

20 ④ 21 ③ **정답**

22 다음 중 경영환경 변화의 성격에 대한 설명으로 가장 적절하지 않은 것은? [17년 1회]

① 기업의 경제적 환경뿐만 아니라 사회적, 정치적 환경의 중요성이 부각되면서 경영환경의 범위가 확장되고 있다.

② 경영환경의 변화속도가 더욱 빨라지면서 기업의 신속한 대응과 변화를 예측하는 활동이 요구되고 있다.

③ 기업활동이 성공하려면 기업은 외부환경과 양립할 수 있는 기업 내부환경을 만들어야 한다.

④ 글로벌화로 인해 국제표준이 강조되면서 경영환경의 복잡성은 줄어들고 불확실성이 낮아지고 있다.

해설

④ 표준 및 국제표준화의 중요성이 강조되고 있는 이유는 경제적으로 국내제품의 국제시장 선점효과를 달성할 수 있고, 기술적으로는 국내 기술수준 향상 및 제품의 경쟁력 강화를 유도할 수 있으며, 사회적으로는 국가브랜드 이미지를 제고할 수 있기 때문이다. 그러나 국제 표준이 강조되면서 경영환경은 더 복잡해지고 있다.

23 다음 중 기업윤리에 대한 설명으로 가장 적절하지 않은 것은? [16년 1회]

① 기업윤리는 사회적 윤리에 관계되는 일반의 인식과 제도 및 입법의 기본취지를 바탕으로 한다.

② 영리조직으로서 기업조직이 윤리경영을 실천하는 데는 단기적으로나 장기적으로 비용이 증가하고 효율성이 약화되는 측면이 존재한다.

③ 현대사회에서 기업윤리가 중요하게 대두되는 이유는 경영 활동의 윤리성이 기업의 내부적 이해관계자뿐만 아니라 외부적 이해관계자에게 미치는 영향이 크기 때문이다.

④ 세계적으로 비윤리적 기업활동이 미치는 부정적 효과가 부각됨에 따라 주요 국가에서는 각국의 상황에 적합한 기업 윤리강령이나 헌장을 채택하고 준수하도록 권장하고 있다.

해설

② 윤리경영이란 잘못된 관행이나 비용구조를 윤리적인 기준에 적합하게 조절함으로써 기업의 경쟁력을 향상시키고, 경제적 부가가치를 극대화하자는 것이다. 즉, 윤리경영은 업무 효율성과 경쟁력 제고에 기여한다.

24 다음 중 경영환경에 대한 설명으로 가장 적절하지 않은 것은? [16년 2회]

① 기업을 둘러싼 외부환경이 보다 복잡해지고 점점 동태적으로 변해가고 있다.

② 기업의 경영환경은 기업이나 기업의 활동에 영향을 주는 모든 요인을 의미한다.

③ 기업 경영활동에 영향을 주는 거시환경에는 국제환경, 경제 환경, 사회 문화 환경, 정치 법률적 환경, 기술 환경 등이 있다.

④ 기업 경영활동에 영향을 주는 미시환경에는 고객, 경쟁업체, 공급업자, 판매업자, 주주, 정부기관, 노동조합, 인구특성 요인 등이 있다.

정답 22 ④ 23 ② 24 ④

해설

④ 고객, 경쟁업체, 공급업자, 판매업자, 주주, 정부기관, 노동조합, 인구특성 요인 등은 기업의 경영환경 중 거시환경에 해당한다. 거시환경은 기업 외부환경을 말하는데 경제환경, 사회환경, 기술환경 등 그 변화의 양상을 정확하게 예측 · 통제할 수 없는 환경으로 기업은 그 변화에 신속하게 대응하는 기업전략이 필요하다.

25 다음의 괄호는 무엇을 설명하고 있는지 가장 적합한 것은 무엇인가? [17년 2회]

( )은 기업의 외적성장을 위한 발전전략이므로, 특정 기업이 다른 기업의 경영권을 인수할 목적으로 소유지분을 확보하는 제반과정이라 할 수 있다. 이러한 ( )의 발전배경은 기존 기업의 내적 성장한계를 극복하고 신규사업 참여에 소요되는 기간과 투자비용의 절감, 경영상의 노하우나 숙련된 전문인력 및 기업의 대외적 신용확보 등 경영전략적 측면에서 찾을 수 있다.

① 인수합병
② 집중매입
③ 자회사전략
④ 다국적기업

해설

① 기업의 '인수'란 한 기업이 다른 기업의 주식이나 자산을 취득하면서 경영권을 획득하는 것이며, '합병'이란 두 개 이상의 기업들이 법률적으로나 사실적으로 하나의 기업으로 합쳐지는 것을 말한다. 이러한 M&A의 목적은 기존 기업의 내적 성장한계를 극복하고 보기와 같은 경영 전략적 측면을 추구하기 위해서이다.

26 다음 중 주식회사에 대한 설명으로 가장 적절한 설명은 무엇인가? [16년 2회]

① 주식회사는 여러 투자자들로부터 자본을 모으는 데 가장 편리한 기업형태로 자산과 부채가 소유주들로부터 분리된 법인체(Legal Entity)이다.
② 경영자는 주식의 인수가액을 한도로 출자의무를 부담할 뿐, 회사의 채무에 대해서는 책임을 지지 않는다.
③ 주식회사는 민법에 따라 당국의 승인에 의해서만 설립될 수 있다.
④ 주식회사의 이익금은 개인소득세로 과세되며, 주주의 배당금에 대해서도 법인세를 내야 한다.

해설

① 주식회사는 대규모의 자금조달에 가장 편리한 기업형태이다. 주식회사는 자본금을 균등한 주식으로 분할하여 출자자, 즉 주주는 주식의 인수가액을 한도로 출자의무를 부담할 뿐, 회사의 채무에 대하여 아무런 책임을 지지 않고 회사재산만이 책임을 지는 회사를 말한다.

25 ① 26 ① 정답

27 다음 중 경영통제에 관한 설명으로 가장 적절하지 않은 것은? [17년 1회]

① 경영통제는 경영순환과정의 마지막 단계로써 다음의 계획수립 단계에 피드백하는 활동이다.

② 권한위임이 활발한 조직에서 결과에 대한 책임을 확실히 하는 메커니즘으로 경영통제가 필요하다.

③ 네트워크 정보망에 따라 경영통제의 범위가 넓어지고 속도가 빨라지고 있으며 이에 따라 중간 경영층의 역할과 입지가 축소되는 경향이 있다.

④ 경영통제는 성과표준에 근거한 경영계획을 평가하는 활동으로 관리자는 이 과정에서 환경변화에 대한 조직적 대응이 어렵다.

해설

경영통제

- 의의 : 경영관리 활동의 성과를 측정하고 계획과 비교하여 피드백하는 과정으로 경영순환과정의 마지막 단계이다.
- 특 징
  - 좋은 품질을 창출하는 역할을 한다.
  - 기업환경 변화에 대응하는 역할을 한다.
  - 제품이나 서비스의 순환주기를 빠르게 하는 역할을 한다.
  - 제품과 서비스의 가치를 증가시키는 역할을 한다.
  - 팀워크를 증진시키는 역할을 한다.
  - 조직활동의 모든 부문을 통제하는 데 비용이 너무 많이 든다.
  - 중간경영층의 역할과 입지가 축소되는 경향이 있다.

28 다음 중 기업형태에 대한 설명으로 가장 적절하지 않은 것은? [16년 2회]

① 합명회사는 출자도 경영도 2인 이상이 공동으로 하고 회사 부채에 대해 끝까지 무한책임을 지는 형태이다.

② 합자회사는 유한책임자와 무한책임자가 공동 설립한 회사이며, 무한책임자가 경영을 맡는다.

③ 유한회사란 모두가 유한책임사원으로 출자만 하고 경영은 제3자가 하되, 지분의 증권화 및 타인에의 양도가 주식회사보다 자유롭다.

④ 주식회사는 전문경영자의 도입이 가능하며, 주식의 소유자는 자신이 출자한 지분에 대해서 유한책임을 진다.

해설

③ 유한회사는 소수의 유한책임사원으로 구성되는 회사로 보유지분의 양도가 제한되어 기업의 폐쇄성이 강한 면이 있으나 중소기업에 적합한 회사 형태이다. 주식회사와 같이 출자자 전원이 유한책임을 지고 그 범위도 극히 한정되어 있다.

정답 27 ④ 28 ③

29 소자본창업에 대한 관심이 높아지면서 정부에서도 다양한 지원을 하고 있다. 다음 중 소자본 창업에 대한 설명으로 가장 적절하지 않은 것은? [15년 2회]

① 소자본창업의 업종을 선정할 때 우선적으로 창업자의 적성과 능력에 맞는 업종을 선택해야 한다.
② 소자본창업은 적은 자본으로 기존의 사업성이 분석된 수익성이 보장된 사업을 설립한다.
③ 소자본창업은 주로 첨단기술이 필요한 사업으로 위험이 높은 반면 높은 이익을 갖게 된다.
④ 소자본창업은 입지선정이 중요하다.

해설

③ 소자본창업은 상대적으로 창업비용이 저렴하여 경제적 타격이 그리 크지 않은 반면 기대 매출이 낮은 편이다.

30 다음 중 지식경영에 대한 설명으로 가장 적절하지 않은 것은? [16년 2회]

① 지식경영은 미국을 중심으로 문제 해결 대안으로 등장하였다.
② 지식은 형식지와 암묵지로 구분된다.
③ 형식지는 학습과 체험을 통해 습득되지만 드러나지 않는 지식이다.
④ 지식경영은 시스템적 관점에서 지식을 축적하고 활용하는 과정이다.

해설

③ 지식경영은 크게 암묵지와 형식지로 구분되는데 암묵지는 그 내용이 언어나 부호로 표현하기 곤란하고 구성원의 행동과 머릿속에 체화되어 있는 지식을 의미하는 한편 형식지는 그 내용을 언어나 부호로 표현할 수 있는 유형화된 지식으로 규정집, 매뉴얼, 데이터베이스, 보고서, 파일 등의 형태로 기술된다.

31 다음은 동기부여이론의 설명이다. 이 중 가장 적절하지 않은 설명은 무엇인가? [17년 1회]

① 매슬로우의 욕구단계이론은 생리적 욕구, 안전욕구, 사회적 욕구, 존경욕구, 자아실현의 욕구로 구성되어 있다.
② 허즈버그의 2요인이론은 동기위생이론으로 위생요인은 직무불만족요인으로 성취감, 인정, 책임감, 직무 자체 등이 있다.
③ 맥클랜드의 성취동기이론은 성취욕구, 친교욕구, 권력욕구를 인간의 행위를 동기화시키는 주요요인으로 설명하고 있다.
④ 브룸의 기대이론은 조직원들은 성과달성을 위한 노력을 하기 전에 기대감, 수단성, 보상가치를 고려한다.

해설

② 허즈버그의 2요인이론은 동기위생이론으로 위생요인에는 감독, 근무조건, 상호인간관계, 임금 및 안정적 고용, 회사 정책과 경영방식 등이 있고, 동기요인에는 성취감, 인정, 책임감, 직무 자체, 승진 및 성장 등이 있다.

29 ③ 30 ③ 31 ② 정답

32 경영의사결정이 어려운 이유를 설명한 것 중 가장 거리가 먼 것은? [20년 2회]

① 의사결정과 관련된 문제의 복잡성, 모호성, 가변성 등으로 문제를 정확하게 파악하기 어렵다.
② 의사결정과 관련된 기초자료의 불확실성, 주변환경과의 불확실성, 의사결정 후의 불확실성 등으로 의사결정이 어렵다.
③ 의사결정과정은 문제인식, 결정기준의 명시, 대안 도출, 대안평가, 대안 선정의 과정을 포함한다.
④ 다양한 선택기준으로 대안을 비교할 때 하나의 기준이 아닌, 기업의 이익, 비용, 규모, 이미지 등 여러 요소를 고려해야 하기에 의사결정이 어렵다.

해설

③ 경영의사결정이 어려운 이유가 아니라 의사결정을 수행하기 위해 취하는 단계를 설명한 것이다.

33 다음의 설명 중 괄호에 들어갈 적합한 용어를 순서대로 고른다면 무엇인가? [16년 2회]

( )이란 시장전체를 하나의 표적시장으로 삼고 동일한 마케팅 전략을 수립하여 구사하는 것을 의미한다. ( )이란 두 개 이상의 세분시장을 표적시장으로 선정하여 각각에 대하여 서로 다른 마케팅 믹스를 제공함으로써 각 세분시장에서 최대의 성과를 실현하는 것을 의미한다. ( )이란 하나 또는 제한된 수의 세분시장만을 표적시장으로 선정하여 마케팅 노력을 몰두하는 것이다.

① 비차별적 마케팅 전략 – 차별적 마케팅 전략 – 집중적 마케팅 전략
② 비차별적 마케팅 전략 – 차별적 마케팅 전략 – 선택적 마케팅 전략
③ 차별적 마케팅 전략 – 비차별적 마케팅 전략 – 집중적 마케팅 전략
④ 차별적 마케팅 전략 – 비차별적 마케팅 전략 – 선택적 마케팅 전략

해설

마케팅

- 비차별적 마케팅 : 기업이 한 가지 제품이나 서비스 및 마케팅 믹스로서 전시장을 목표로 마케팅 활동을 하는 것을 말하며, 대량 마케팅이라고도 한다.
- 차별적 마케팅 : 여러 세분화 시장을 대상으로 각각의 세분화 시장에 적합한 제품이나 서비스 및 마케팅 믹스를 개발하는 것이다.
- 집중적 마케팅 : 하나의 세분 시장을 대상으로 이상적인 제품이나 서비스 및 마케팅 믹스에 의하여 마케팅 활동을 하는 것이다.

정답 32 ③ 33 ①

34 다음은 어떠한 직무평가방법을 서술한 내용인지 가장 적절한 것은? [17년 1회]

평가하려는 직무를 사전에 규정된 등급 혹은 부류에 배정하여 직무를 평가하는 방법

① 서열법(Rank Method)
② 직무분류법(Job Classification Method)
③ 요소비교법(Fact Comparison Method)
④ 점수법(Point Rating Method)

해설

① 직무의 상대적 가치에 기초를 두고, 각 직무의 중요도와 장점에 따라 순위를 결정하는 방법이다.
③ 가장 중심이 되는 몇 개의 기준직무를 선정하고, 직무의 평가요소를 기준직무의 평가요소와 결부시켜 비교함으로써 직무의 가치를 결정하는 방법이다.
④ 직무와 관련된 각 요소들을 구성요소로 구분하고 그 중요도에 따라 숫자를 이용하여 점수를 준 후 그 합계에 따라 평가하는 방법이다.

35 다음의 기사를 읽고, 가장 적합한 내용의 보기를 고른다면 무엇인가? [17년 2회]

A사는 에어컨을 생산하는 중견기업으로 다른 대기업에 비해 인지도 측면에서 상대적인 열세에 있었다. 그러나 축적된 기술력과 시장에서의 특화를 통해 김치냉장고를 개발 및 공략하여 중소기업이라는 약점에도 불구하고 김치냉장고 시장에서 가장 선호되는 경쟁력을 유지하고 있다.

① 브랜드관리
② 데이터베이스마케팅
③ 시장세분화
④ 가격경쟁

해설

③ 수요층별로 시장을 분할화 또는 단편화하여 각 층에 대해 집중적으로 마케팅 전략을 펴는 것이다.
시장세분화의 목적
• 시장기회 탐색
• 소비자의 욕구 충족
• 변화하는 시장수요에 능동적 대처
• 자사와 경쟁사의 약점과 강점을 효과적으로 평가

34 ② 35 ③ **정답**

36 다음의 리더십 이론에 대한 설명으로 가장 적절하지 않은 것은? [15년 2회]

① 허쉬와 블랜차드의 상황이론에서 부하의 성숙도가 매우 높은 경우에는 위임형 리더십 스타일이 적합하다.
② 블레이크와 머튼의 관리격자이론은 리더와 부하의 상황에 따라 리더십을 9개의 유형으로 구분하였다.
③ 피들러의 상황이론에서 상황의 통제가능성이 아주 높거나 낮은 극단적인 경우에는 과업중심형 리더가 적합하다.
④ 리더십 특성이론은 리더의 신체적 특성, 성격, 능력 등과 같은 개인적 특성에 초점을 두고 있다.

해설

② 블레이크와 머튼의 관리격자이론은 리더의 생산(= 과업)에 대한 관심과 인간(= 관계)에 대한 관심의 두 차원을 기준으로 리더의 행동유형을 5가지로 분류하였다.

37 다음 중 파생금융상품에 대한 설명으로 가장 적절하지 않은 것은? [16년 2회]

① 옵션(Option)은 장래 특정일 또는 일정기간 내에 미리 정해진 가격으로 상품이나 유가증권 등의 특정자산을 사거나 팔 수 있는 권리를 현재시점에서 매매하는 거래이다.
② 선물(Futures)은 거래소에서 거래되는 장내거래상품으로 표준화된 계약조건으로 매매계약 체결 후, 일정기간이 경과한 뒤에 미리 결정된 가격에 의하여 그 상품의 인도와 결제가 이루어지는 거래를 말한다.
③ 스왑은 주택을 담보로 금융기관에서 일정액을 매월 연금으로 받는 상품을 말한다.
④ 파생금융상품 종류는 선물, 선도, 옵션, 스왑으로 거래형태에 따라 분류된다.

해설

③ 주택모기지론에 대한 설명이다.
• 스왑 : 일정기간 동안에 당사자끼리 일정한 현금흐름을 교환하기로 약정하는 계약(예 금리스왑, 이자스왑)

38 다음 중 통화정책에 대한 설명으로 가장 옳은 것은? [17년 1회]

① 경기가 활황기인 경우 이자율을 높여서 돈을 빌리는 비용을 증가시킨다.
② 통화량을 감소시키면 기업은 더 많은 돈의 사용이 가능해지고 경제는 더 빨리 성장한다.
③ 경기가 불황기인 경우 이자율을 높여서 돈을 빌리는 비용을 증가시킨다.
④ 경제성장을 늦추고 인플레이션을 막기 위해 통화량을 증가시킨다.

해설

② 통화량을 증가시키면 기업은 더 많은 돈의 사용이 가능해지고 경제는 더 빨리 성장한다.
③ 경기가 활황기인 경우 이자율을 높여서 돈을 빌리는 비용을 증가시킨다.
④ 경제성장을 늦추고 인플레이션을 막기 위해 통화량을 감소시킨다.

정답 36 ② 37 ③ 38 ①

39 제조 설비를 가지지 않은 유통 전문업체가 개발한 상표로, 유통전문업체가 스스로 독자적인 상품을 기획한 후, 생산만 제조업체에게 의뢰하여 제조된 제품을 무엇이라 하는가? [19년 2회]

① NB 제품(National Brand)
② PB 제품(Private Brand)
③ OB 제품(Objective Brand)
④ IB 제품(International Brand)

해설

② PB 제품(Private Brand)은 '개별상표' 상품으로 유통업체가 자체개발한 상품(Store Brand 상품)을 가리키고 NB 제품(National Brand)은 '전국상표' 상품으로 제조업체에 의해 개발 · 생산 · 프로모션 등에 관한 활동이 이루어지고 여러 유통업체에 의해 판매되는 상품을 가리킨다.

40 다음은 무엇을 설명하는 용어인지, 가장 가까운 보기를 고르시오. [18년 1회]

( )은/는 제품과 서비스의 수입을 제한하는 정부의 규제로, 이를 지지하는 사람들은 자국 생산자들의 성장에 기여하고 더 많은 일자리를 만들 것이라 주장한다. 주요방법으로는 관세, 수입쿼터, 금수조치가 있다.

① 자국우선주의
② 역외아웃소싱
③ 보호무역주의
④ 경제성장주의

해설

③ 보호무역주의는 자국산업이 국제경쟁력을 갖출 때까지 국가가 국내산업을 보호 · 육성하면서 무역에 대한 통제를 가하는 정책이다.

39 ② 40 ③ **정답**

제3과목 | 사무영어

41 **According to the following schedule, which one is not true?** [15년 1회]

Albert Denton : Tuesday, September 24

8:30 a.m.	Meeting with S.S. Kim in Metropolitan Hotel lobby Taxi to Extec Factory
9:30–11:30 a.m.	Factory Tour
12:00–12:45 p.m.	Lunch in factory cafeteria with quality control supervisors
1:00–2:00 p.m.	Meeting with factory manager
2:00 p.m.	Car to warehouse
2:30–4:00 p.m.	Warehouse tour
4:00 p.m.	Refreshments
5:00 p.m.	Taxi to hotel (approx. 45 min)
7:30 p.m.	Meeting with C.W. Park in lobby
8:00 p.m.	Dinner with senior managers

① They are having lunch at the factory.
② The warehouse tour takes 90 minutes.
③ The factory tour is in the afternoon.
④ Mr. Denton has some spare time before in the afternoon

해설

③ 일정 중 두 번째인 공장 견학은 오전 9:30~11:30에 예정되어 있으므로 in the morning이 맞다.

정답 41 ③

42 According to the followings, which is NOT true? [19년 1회]

Hotel Information

At check in, the front desk will verify your check–out date. Rates quoted are based on check–in date and length of stay. Should you choose to depart early, price is subject to change.

Check–in : 3:00 pm
Check–out : 12:00 pm

Smoking : Non–Smoking (THIS HOTEL IS 100% NON–SMOKING)

Parking : Self parking : $21.00 ($21.00 plus tax)
Valet : $55.00, +$10.00 SUV

Pets : Pets not allowed

Wi–Fi : In–Room and Lobby Wi–Fi : Free for Hilton Honors members who book direct; $14.95 for all other guests.

① If you check–out the hotel early in the morning, the room rate can be changed.
② Dogs & pets are not allowed at the hotel.
③ Self parking charge is cheaper than Valet parking charge.
④ Every hotel guest can use free Wi–Fi at the lobby.

해설

④ 와이파이는 직접 예약한 힐튼 멤버십 회원은 무료이고 다른 손님들은 $14.95를 내야 한다.

42 ④ 정답

43 Read the dialogue below and choose one which is not appropriate to replace the underlined. [16년 2회]

Visitor	: Excuse me. My name is David Martin of IBM. I'd like to see Ms. Yoon, director of HR Department.
Secretary	: Have you made an appointment?
Visitor	: No, I didn't make it.
Secretary	: Well, ______________
Visitor	: I'd like to discuss our new product.
Secretary	: I see. I'll see if she's available now. Would you please wait for a while?

① could you give me the nature of your business?

② could you tell me about your work experience?

③ could you tell me what you want to see her about?

④ could you tell me the business affairs?

해설

'용건이 무엇인지 여쭤봐도 될까요?'에 대한 표현으로 적합하지 않은 것은 '② 당신의 경력에 대해 말씀해 주시겠습니까?'이다.

44 According to the conversation below, which is not true? [16년 1회]

Mr. Parker	: This is Alan Parker from BioTech. I'd like to see Mr. Smith.
Secretary	: Do you have an appointment with him?
Mr. Parker	: No, I don't. I believe I spoke with you last week and left a message for Mr. Smith.
Secretary	: I contacted Mr. Smith and delivered your message. Is there anything that I can do further for you?
Mr. Parker	: Yes, indeed. I haven't heard from him and haven't received any proposal for the new project yet. Can I speak with him? It's urgent.
Secretary	: Actually, he's tied up at the moment. But I'll see what I can do.

① The secretary failed to deliver the message.

② Mr. Smith didn't call Mr. Parker back.

③ Mr. Parker failed to contact Mr. Smith.

④ A proposal from Mr. Smith for the new project hasn't been submitted.

정답 43 ② 44 ①

해설

① 'I contacted Mr. Smith and delivered your message.'라고 한 것을 보아 비서는 메시지를 전달하였음을 알 수 있다.

② Mr. Smith는 Mr. Parker에게 회신 전화를 하지 않았다.

③ Mr. Parker는 Mr. Smith와 만나지 못했다.

④ 새 제품에 대한 Mr. Smith의 제안은 허가되지 않았다.

Mr. Parker : 저는 BioTech의 Alan Parker입니다. Smith 씨를 뵙고 싶습니다.
Secretary : 약속을 하셨나요?
Mr. Parker : 아니요, 지난주에 제가 말씀드렸고 Smith 씨에게 메시지를 남겼어요.
Secretary : 제가 사장님께 연락드렸고 메시지를 전달해드렸습니다. 무엇을 더 도와드릴까요?
Mr. Parker : 네. 제가 그분께 아무런 연락도 받지 못했고 새 프로젝트에 대한 아무 제안서도 받지 못했습니다. 그와 통화할 수 있을까요? 급한 일이거든요.
Secretary : 사실 지금 좀 바쁘시지만 제가 알아보고 오겠습니다.

45 Choose one which is not true to the given text. [15년 1회]

To :	Mr. Jason Cooper
From :	Ms. Olivia Easton
of :	B&B Holdings, Ltd.
Contact No.	675) 467–9865
Message :	(∨) URGENT!
	just called
	(∨) please call back
	will call later
	other

must talk to you before noon today

Message Taken by : Michelle Lee

Time & Date : 10:40 a.m., June 7, 2011

① Ms. Easton left this message.

② Mr. Cooper should call Ms. Easton as soon as he see this message.

③ Michelle is working for B&B holdings

④ This message should be given to Mr. Cooper before 12 o'clock.

45 ③ 정답

해설

③ B&B Holdings에서 근무하는 사람은 전화를 건 Ms. Easton이다. Michelle은 부재중인 Mr. Cooper를 대신하여 전화를 받은 사람이다.

① Ms. Easton는 메시지의 발신인이다.

② 'Message'란을 통해 Mr. Cooper가 긴급히 전화를 걸어야 함을 알 수 있다.

④ 'must talk to you before noon today'를 통해 오전 중에 Mr. Cooper에게 메시지가 전달되어야 함을 알 수 있다.

46 Which is NOT correct about this? [19년 2회]

> The Honorable Tony Knowles, Governor, the State of Alaska
> &
> Mrs. Susan Knowles
> request the pleasure of your company
> at a reception
> to honor the growing ties
> between the Republic of Korea and State of Alaska
> on Monday,
> the 23rd day of September, 2019,
> from 6 until 8 p.m.
>
> R.S.V.P. 739-8058/9 (Ms. Susan Kim)
> The favor of a reply is requested by September 13.
>
> The Grand Ballroom
> Westin Chosun Hotel

① This is the invitation letter to a reception.

② The letter specifies the time, date and venue to invite.

③ The receiver of this letter should notify of the attendance.

④ Tony Knowles and Mrs. Susan Knowles are the receivers of the letter.

해설

④ 'request the pleasure of your company(참석해 주시기를 바랍니다)'라는 표현으로 보아 Knowles 부부(Tony Knowles와 Mrs. Susan Knowles)가 초대장의 수신자(Receiver)가 아니라 발신자(Sender)임을 알 수 있다.

47 Choose one that is the most appropriate subject for the blank. [18년 2회]

> Subject : ______________
> From : kje@han.com
> To : stevep@free.com
>
> Dear Mr. Park,
>
> We were given your name by Shcmidt Ltd. in Germany. My name is Jeongeun Kim, and I am in charge of my company's PR Department. I'm emailing you regarding a future relationship between my company and yours. We wish to provide you with some information on our latest equipment. Should you wish to receive further information regarding this matter, please do not hesitate to contact me at the e-mail address.
>
> I look forward to hearing from you.
>
> Sincerely yours,
>
> Jeongeun Kim
> PR Manager

① New Terms and Conditions
② Asking for Additional Information
③ A Future Relationship
④ Introducing a New Employer

해설

③ Shcmidt Ltd.로부터 Mr. Park을 소개받은 한 회사의 PR Manager인 Jeongeun Kim이 앞으로의 거래를 위해 Mr. Park에게 보내는 편지의 내용이다.

48 Choose one statement which is not true about 'Memo'. [16년 1회]

① 'Memo' is a short expression for 'memorandum'.
② It is one of the business correspondences.
③ It is generally to communicate with people out of the company.
④ The subject line is sometimes abbreviated as "SUB.".

해설

메모는 일반적으로 사내에서 의사소통하기 위해 사용된다.
③ 일반적으로 회사 외부의 사람들과 의사소통하기 위한 것이다.
① 'Memo'는 'memorandum'의 줄임말이다.
② 비즈니스 서신 중의 하나이다.
④ subject line은 가끔 "SUB."라고 축약시켜 표현한다.

47 ③ 48 ③ 정답

49 Which is the MOST appropriate expression for the underlined Korean sentence? [20년 1회]

> I will be on a business trip to London for two weeks. I'm going to meet sales managers and marketing managers in UTS company. I will also attend two conferences and an exhibition. 미스 리가 2주 동안 제 업무를 대신할 것입니다.

① I will substitute Miss Lee for two weeks.

② Miss Lee will get me to replace her work for two weeks.

③ Miss Lee will cover for me for two weeks.

④ I will work instead of Miss Lee for the next two weeks.

해설

③ cover for은 '~을 대신하다'라는 의미로 쓰인다.

①·②·④ '내가 2주 동안 미스 리의 업무를 대신할 것이다'는 의미를 내포하고 있다.

> 나는 런던으로 2주 동안 출장을 갈 것입니다. 나는 UTS 회사의 판매 매니저와 마케팅 매니저를 만날 것입니다. 나는 또한 두 번의 회의에 참석하고 전시회를 한 번 방문할 예정입니다.

50 다음은 회의에서 사용되는 용어들이다. 용어에 대한 설명이 바르지 않은 것은? [17년 2회]

① Minutes : an official record of the proceedings of a meeting, conference, convention, etc.

② Agenda : one of the items to be considered in a meeting.

③ Quorum : the maximum number of people that a committee needs in order to carry out its business officially.

④ Vote : a choice made by a particular person or group in a meeting or an election.

해설

③ 정족수(Quorum)란 공식적으로 사업을 수행하기 위해 위원회가 필요로 하는 최소한도(Minimum)의 인원수로, 공식적으로 사업을 수행하기 위해 위원회가 필요로 하는 최대한도(Maximum)의 인원수라고 하였으므로 옳지 않다.

① 회의록(Minutes) : 회의, 컨퍼런스, 컨벤션 등의 절차에 관한 공식 기록

② 의제(Agenda) : 회의에서 고려해야 할 항목 중 하나

④ 투표(Vote) : 회의나 선거에서 특정 개인이나 집단에 의해 행해진 선택

정답 49 ③ 50 ③

51 Choose the MOST appropriate expression. [20년 2회]

A : Miss Jung, (a) 이사회가 몇 시로 예정되어 있죠?
B : (b) 9일, 금요일 오후 1시입니다.

① (a) when is the board meeting scheduled?
(b) On the 9th, Friday at 1:00 p.m.

② (a) when is the board meeting scheduling?
(b) On Friday, the 9th at 1:00 p.m.

③ (a) when does the board meeting scheduling?
(b) In the 9th, Friday at 1:00 p.m.

④ (a) when has the board meeting been scheduled?
(b) By Friday, the 9th at 1:00 p.m.

해설

① (a) 이사회가 '예정되다'의 의미이므로 수동태를 사용해야 한다. 따라서 is(be) scheduled를 사용해야 하며, (b) 날짜 앞에는 전치사 'on'을 사용한다.

52 Choose the appropriate order of sentence(s) to make a letter. [15년 2회]

ⓐ Should you require any information, please do not hesitate to contact me by email or phone. I look forward to meeting you.
ⓑ I am writing to apply for the secretary's position that you recently advertised on a web site.
ⓒ I worked for ChemTech Engineering for last two years as an executive assistant. You will see from my resume the extent of my work that I performed on the job.
ⓓ Dear Sir or Madam :
ⓔ August 25, 2015

① ⓔ-ⓓ-ⓐ-ⓒ-ⓑ ② ⓓ-ⓐ-ⓒ-ⓑ-ⓔ
③ ⓔ-ⓓ-ⓑ-ⓒ-ⓐ ④ ⓓ-ⓑ-ⓐ-ⓒ-ⓔ

해설

ⓔ 2015년 8월 25일
ⓓ 관계되시는 분께
ⓑ 저는 당신이 최근에 웹 사이트에 광고한 비서의 자리에 지원합니다.
ⓒ 저는 ChemTech 엔지니어링에서 지난 2년 동안 간부 보조로서 일했습니다. 당신은 저의 이력서에서 제가 근무 중에 수행했던 경력들을 볼 수 있을 것입니다.
ⓐ 다른 어떤 정보가 필요하다면, 저에게 전화나 이메일로 연락 주는 것을 주저하지 마십시오. 당신과 만날 날을 고대하고 있겠습니다.

51 ① 52 ③ **정답**

53 **Choose the sentence which does not have a grammatical error. [18년 1회]**

① I will be out of town on a business trip July 5 through 12.

② This is to conform that Ms. Dalton's hotel booking has cancelled.

③ FYI, I have been forwarded the below email and attached.

④ If you'll have any queries regarding this new health benefit program, please call me at Ext. 1004.

해설

② 호텔예약(Hotel Booking)이 취소하는 것이 아닌 '취소되는 것'이어야 맞다. 따라서 수동태인 has been cancelled가 와야 한다.

③ been forwarded(be pp)라는 수동태를 사용하는 것이 아니라, 내가 이메일을 보냈다는 능동태를 사용해야 한다.

④ 시간조건의 부사절에서는 will을 쓰지 않는다. If you'll이 아닌 If you라고 써야 한다.

54 **Choose one that does not correctly explain each other. [18년 2회]**

① Folder : a thin, flat folded piece of paper

② Coat rack : a piece of furniture where you can hang your coat, hat, etc.

③ Encyclopedia : a book of facts about many different subjects

④ Shredder : a machine that you are able to buy things like candy, soda etc.

해설

④ Shredder는 파쇄기를 의미하나 설명은 캔디, 소다 등의 물건을 살 수 있는 기계로 자판기(Vending Machine)에 대한 설명이다.

55 **Belows are sets of English sentence translated into Korean. Choose one which does NOT match correctly. [19년 1회]**

① Thank you for your hard work.
→ 당신의 노고에 감사드립니다.

② On behalf of my boss, I am here to sign the contract.
→ 사장님을 대신해서 제가 계약서 사인을 하러 왔습니다.

③ I forgot to attach the file in my email.
→ 제 이메일에 파일을 첨부했던 것을 깜박했습니다.

④ We are running out of time.
→ 우리는 시간이 얼마 없습니다.

해설

③ I forgot to attach the file in my email.
→ 제 이메일에 파일을 첨부하는 것을 깜박했습니다.

정답 53 ① 54 ④ 55 ③

56 What is the main purpose of the following contents? [20년 2회]

Travellers can reduce the effects of jet lag by changing their eating and drinking patterns. If you want to sleep on a plane, you should eat foods such as bread, pasta or cakes. Avoid eating high protein foods such as meat, eggs or cheese. Don't drink tea or coffee for two days before flying. Remember that you don't have to eat and drink everything that they offer you on a plane. You should avoid alcohol and drink at least two liters of water on a six-hour flight. Exercise also helps. You can do simple exercises in your seat, or walk around the plane.

① Rule of conduct on a plane

② Effective Diet Method

③ How to avoid jet lag

④ How to keep your health

해설

③ 시차로 인한 피로감을 줄이는 방법

① 비행기에서의 행동 규칙

② 효과적인 다이어트 방법

④ 건강을 지키는 방법

여행자들은 그들의 식사와 음주 패턴을 변화시킴으로써 시차 적응의 영향을 줄일 수 있습니다. 비행기에서 자고 싶다면 빵이나 파스타, 케이크 같은 음식을 먹어야 합니다. 고기, 계란 또는 치즈와 같은 고단백 음식을 먹는 것을 피해야 합니다. 비행기 타기 이틀 전에는 차나 커피를 마시는 것을 피해야 합니다. 그들이 제공하는 모든 것을 비행기에서 먹고 마실 필요는 없다는 것을 기억하십시오. 당신은 술을 피하고 6시간 비행 시 적어도 2리터의 물을 마셔야 합니다. 운동도 도움이 됩니다. 좌석에서 간단한 운동을 하거나 비행기 주변을 걸을 수 있습니다.

56 ③ 정답

57 Which of the following alternatives is not included in the suggestions? [16년 1회]

> Secretary :
> Hello, Ms. Jones. This is Yuna Lee, Mr. Smith's secretary. I'm calling about the important meeting during his business trip. Actually he is supposed to go on the business trip, but I just found out that his flight is delayed. So I have thought of some options to solve this problem. One option is to postpone the meeting until tomorrow. I'm sure that he can get there by then.
> Another option is to arrange a video conference if the clients agree to do it. Or how about letting Mr. Koo do instead of him. He worked with Mr. Smith on the project, so he knows all about it. What do you think about my suggestions?

① to delay the meeting until tomorrow

② to arrange a video conference

③ to let Mr. Koo do instead of Mr. Smith

④ to reschedule the meeting within a week

해설

상사가 출장 중 비행기가 연착되어 회의를 할 수 없으므로 몇 가지 대안을 제시하고 있다. 즉, 회의를 내일로 미룰 것인지 아니면 고객들의 동의하에 화상 회의를 할 것인지, 그 사장님과 함께 일해서 그 프로젝트에 대해 잘 알고 있는 Mr. Koo가 대신하도록 할 것인지 묻는 내용이다.

58 According to the following dialogue, which one is NOT true? [19년 2회]

> Ms. Park : Good morning. May I help you?
> Mr. Lee : Good morning. My name is John Lee of ABC Company. I have an appointment with Mr. Howard at 10 o'clock.
> Ms. Park : Yes, Mr. Lee. I'll call Mr. Howard's office. One moment, please.
> (Mr. Howard의 비서에게 Mr. Lee의 방문을 알려줌)
> Ms. Shin : Oh, yes. Please send him up.
> Ms. Park : Yes, thank you. Thank you for waiting, Mr. Lee. Mr. Howard is expecting you. Please take the elevator on your right to the 7th floor. Mr. Howard's office is on the left side.
> Mr. Lee : Thank you.

① Ms. Shin is a secretary of Mr. Howard.

② Ms. Park's occupation is receptionist.

③ Mr. Lee made an appointment in advance and visited Mr. Howard.

④ Ms. Park and Ms. Shin are on the same floor.

정답 57 ④ 58 ④

해설

④ Ms. Shin이 Ms. Park에게 '그(John Lee)를 올려보내 달라(send him up)'고 했고 Ms. Park이 그(John Lee)에게 '오른쪽에 있는 엘리베이터를 타고 7층으로 올라가라(Please take the elevator on your right to the 7th floor)'고 했으므로 Ms. Shin은 7층에 있고 Ms. Park은 7층에 있지 않다는 것을 알 수 있다. 그러므로 Ms. Park과 Ms. Shin이 같은 층에 있다고 한 ④는 옳지 않다.

① Ms. Shin은 Mr. Howard의 비서다.

② Ms. Park의 직업은 안내데스크원이다.

③ Mr. Lee는 미리 Mr. Howard와 만날 약속을 했다.

Ms. Park : 안녕하세요? 무엇을 도와드릴까요?
Mr. Lee : 안녕하세요. 저는 ABC 회사의 John Lee입니다. 10시에 Mr. Howard와 만날 약속이 있습니다.
Ms. Park : 예, Mr. Howard의 사무실로 전화하겠습니다. 잠시만 기다려주세요.
(Mr. Howard의 비서에게 Mr. Lee의 방문을 알려줌)
Ms. Shin : 아, 예, 올라오게 해주세요.
Ms. Park : 예, 고맙습니다. 기다려주셔서 감사합니다. Mr. Howard가 기다리고 계십니다. 오른쪽 엘리베이터를 타고 7층으로 올라가십시오. Mr. Howard의 사무실은 왼쪽에 있습니다.
Mr. Lee : 감사합니다.

59 **What is the MOST proper expression for the underlined part?** [19년 1회]

A : Can I speak to Mr. Chung?
Secretary : He is not in the office at the moment.
A : Oh really? Then, 미스터 정 씨가 돌아오는 즉시 저에게 전화해 주도록 해 주시겠습니까?

① Could you let him to call me back as soon as he gets in?

② Could you have him call me back as soon as he will get in?

③ Could you have him call me back as soon as he gets in?

④ Could you let him calling me back as soon as he will get in?

해설

③ as soon as 등 시간의 부사절을 이끄는 접속사는 현재시제로 미래 시점을 나타낸다.

• let＋목적어＋원형부정사 : 목적어가 ~하게 하다

• as soon as : ~하자마자

59 ③ **정답**

60 **Which of the followings is true to the itinerary prepared by a secretary for her boss as given below?** [17년 1회]

Trip Itinerary : September 6~8, 2015

Sun., Sept. 6	9:30 a.m.	Depart from Incheon
	5:40 p.m.	Airport pick-up and transfer to Four Star Hotel, Kuala Lumpur, Malaysia
Mon., Sept. 7	9:00 a.m.	Convention at Four Star Hotel
	12:00 p.m.	Lunch meeting with Plant Managers
	3:00 p.m.	Visit to the Ministry of Commerce
Tues., Sept. 8	10:00 a.m.	Visit to Exxor Manufacturing Company
	12:00 a.m.	Luncheon with executives of Exxor
	3:00 p.m.	Depart from Kuala Lumpur
	10:20 p.m.	Arrive in Incheon

① The boss will go on a business trip for three business days.

② He will transfer to hotel by airport limousine.

③ The main purpose of this trip is to visit the Ministry of Commerce.

④ The place for lunch with Exxor members is not specified in the itinerary.

해설

'엑서(Exxor) 회원과의 점심 식사 장소는 여정에 명시되어 있지 않다'고 한 ④가 옳다.
① business day(영업일)는 주말과 공휴일을 제외한 주중의 날짜를 가리키므로 평일은 2일이다.
②·③ 공항픽업 차량과 여행 목적은 나와 있지 않다.

여행 일정 : 2015년 9월 6일~8일

일, 9월 6일	9:30 a.m.	인천 출발
	5:40 p.m.	5시 40분 공항픽업 및 4성급 호텔, 말레이시아 쿠알라 룸푸르로 이동
월, 9월 7일	9:00 a.m.	4성급 호텔 컨벤션
	12:00 p.m.	공장 관리자와의 오찬회의
	3:00 p.m.	상무부 방문
화, 9월 8일	10:00 a.m.	Exxor 제조 회사 방문
	12:00 a.m.	Exxor 중역들과 점심 식사
	3:00 p.m.	쿠알라 룸푸르 출발
	10:20 p.m.	인천 도착

정답 60 ④

61 **공문서를 올바르게 작성하기 위해서는 올바른 문장부호 및 띄어쓰기, 순화어 등을 사용하여야 한다. 이 원칙에 따라 공문서에 작성된 사항 중 올바른 것을 모두 고르시오.** [18년 2회]

가. 2018. 9. 18(화)
나. 원장 : 김진수
다. 4. 23.~5. 23.
라. 296억 달러
마. 총 300여 명의

① 모두
② 없음
③ 가, 다, 라, 마
④ 다, 라, 마

해설
가. 2018. 9. 18(화) → 2018. 9. 18.(화)로 표기한다.
나. 쌍점(:)은 시간이나 점수를 표시할 때 외에는 앞말과 붙여 쓰고 뒷말과 띄어 쓴다.

62 **다음 중 결재받은 공문서의 내용을 일부 삭제 또는 수정할 때의 처리 중 가장 부적절한 내용은?** [19년 2회]

① 문서의 일부분을 삭제 또는 수정하는 경우, 수정하는 글자의 중앙에 가로로 두 선을 그어 삭제 또는 수정한 후 삭제 또는 수정한 자가 그곳에 서명 또는 날인한다.
② 원칙은 결재받은 문서의 일부분을 삭제하거나 수정할 때에는 수정한 내용대로 재작성하여 결재를 받아 시행하여야 한다.
③ 시행문 내용을 삭제하는 경우 삭제하는 글자의 중앙에 가로로 두 선을 그어 삭제한 후 그 줄의 오른쪽 여백에 삭제한 글자 수를 표시하고 관인으로 날인한다.
④ 문서의 중요한 내용을 삭제 또는 수정한 때에는 문서의 왼쪽 여백에 수정한 글자 수를 표시하고 서명 또는 날인한다.

해설
④ 문서의 중요한 내용을 삭제 또는 수정한 때에는 문서의 여백에 삭제 또는 수정한 글자 수를 표시하고 서명 또는 날인한다.

61 ④ 62 ④ 정답

63 다음 중 소통성을 높이고 정확한 표현 사용을 위한 공공언어 바로 쓰기에 맞춰 올바르게 수정되어 변경된 것은? [20년 2회]

항 목	수정 전	수정 후
가	MOU	업무협정
나	적극적으로 뒷받침하기 위해	적극 뒷받침하기 위해
다	최선을 다할	만전을 기해 나갈
라	지자체	지방자치단체(이하 지자체)
마	제고하기	높이기

① 가, 나, 다, 라, 마
② 가, 다, 라, 마
③ 가, 나, 다, 마
④ 가, 라, 마

해설

나. 공공언어 바로 쓰기에서는 조사, 어미, -하다 등을 과도하게 생략하지 않아야 한다고 나와 있다. 따라서 항목 '나'의 변경사항은 올바르지 않다.

다. 수정 후 사항 같은 어렵고 상투적인 한자 표현을 피하고, 쉬운 표현을 쓰도록 나와 있다.

64 다음 중 감사장을 적절하게 작성하지 않은 비서를 묶은 것은? [18년 2회]

가. 김 비서는 상사가 출장 후 도움을 준 거래처 대표를 위한 감사장을 작성하면서 도움을 준 내용을 상세하게 언급하면서 감사장을 작성하였다.

나. 이 비서는 창립기념행사에 참석해서 강연해준 박 교수에게 감사편지를 작성하면서 강연주제를 구체적으로 언급하면서 감사의 내용을 기재하였다.

다. 최 비서는 상사 대표이사 취임축하에 대한 감사장을 작성하면서 포부와 결의를 언급하면서 보내준 선물품목을 상세히 언급하면서 감사의 글을 작성하였다.

라. 나 비서는 상사의 부친상의 문상에 대한 답례장을 작성하면서 메일머지를 이용하여 부의금액을 정확하게 기재하면서 감사의 내용을 기재하였다.

마. 서 비서는 문상 답례장을 작성하면서 계절인사를 간략하게 언급하고 담백하게 문상에 대한 감사의 내용을 기재하였다.

① 김 비서, 이 비서
② 김 비서, 서 비서
③ 최 비서, 이 비서
④ 최 비서, 나 비서

해설

다. 감사장에는 받은 선물품목을 상세히 언급하지 않는다.

라. 문상에 대한 답례장에는 부의금액을 기재하지 않는다.

정답 63 ④ 64 ④

65 다음 중 문서관리의 원칙과 설명이 적절하게 연결되지 않은 것은? [20년 1회]

① 표준화 : 누가, 언제 처리하더라도 같은 방법이 적용될 수 있도록 문서 관리 시스템을 표준화시킴으로써 원하는 문서를 신속하게 처리할 수 있다.

② 간소화 : 중복되는 것이나 불필요한 것을 없애고 원본이 명확하게 정리되어 있는데도 불필요한 복사본을 가지고 있지 않도록 한다.

③ 전문화 : 문서 사무의 숙련도를 높이고 문서 사무의 능률을 증대시킬 수 있다.

④ 자동화 : 필요한 문서를 신속하게 찾을 수 있다. 문서가 보관된 서류함이나 서랍의 위치를 누구나 쉽게 알 수 있도록 소재를 명시해 둔다.

해설

④ 필요한 문서를 신속하게 찾을 수 있고 문서가 보관된 서류함이나 서랍의 위치를 누구나 쉽게 알 수 있도록 소재를 명시해 두는 것은 '신속화'이다. '자동화'는 문서관리를 자동화함으로써 신속하고 편리하게 관리할 수 있는 것을 의미한다.

66 다음 중 문서의 발신기관과 관련된 내용이 가장 잘못된 것은? [18년 1회]

① 대외문서의 경우 기획부에서 작성한 문서라 할지라도 행정기관 또는 행정기관의 장의 명의로 발송한다.

② 발신기관 정보는 문서의 내용에 관하여 의문사항이 있을 때 질의하거나 당해 업무에 관하여 협의할 때 용이하게 활용할 수 있는 중요한 정보이므로 반드시 기록한다.

③ 발신기관 주소는 층수와 호수까지 기재한다.

④ 전자우편주소는 최종결재권자의 행정기관 공식 전자우편주소를 기재한다.

해설

④ 실무자의 전자우편주소를 기재한다.

67 공공기관의 김인경 비서는 문서의 보관 및 폐기 업무를 처리하고 있다. 다음 설명 중 가장 적절하지 않은 것은? [15년 2회]

① 보존기간이 지난 문서는 보존여부를 다시 한번 검토하여야 한다.

② 원본이 있는 문서의 사본은 처리 종결 후 수시 폐기한다.

③ 문서의 보존기간에 따라 문서전담 부서에서 폐기할 때까지 문서보존함이나 보존장소에 유지 · 관리한다.

④ 이용가치가 낮아진 문서를 문서보존창고로 옮기는 것을 '보존'이라고 한다.

해설

④ 이용가치가 낮아진 문서를 문서보존창고로 옮기는 것을 '이관'이라고 한다.

65 ④ 66 ④ 67 ④ **정답**

68 **다음은 상공자동차의 문서관리규정 중 문서보존기간에 관한 사항이다. 아래 규정에 의거하여 2016년 2월에 폐기 여부를 검토할 수 없는 문서는?** [17년 1회]

10년 보존	• 주주명의 변경서 • 상업 장부 • 영업에 관한 서류(재무상태표)
5년 보존	• 세금 납부 관련 서류 • 수출입 관련 서류
3년 보존	• 임금대장 • 시장조사 및 홍보관련 일반서류
처리종결 후 수시처리	• 참고용 보고서 • 원본이 있는 문서의 사본 • 수정본 발행으로 보존 가치가 없는 자료

① 2010년의 세금 납부 관련 서류

② 2016년 1월에 작성한 보고서의 사본

③ 2006년 연차 회계 보고서

④ 2012년 2사분기 시장조사 보고서 원본

해설

③ 연차 회계 보고서는 문서관리규정에 언급되어 있지 않아 폐기 여부를 검토할 수 없다.

69 **다음 보기 중 비서가 우편제도를 제대로 활용하지 못한 경우를 모두 고르시오.** [17년 1회]

> 가. 황 비서는 외국에 샘플을 발송하기 위하여 EMS를 이용하였다.
> 나. 박 비서는 내일까지 부산에 도착해야 하는 계약서를 발송하기 위하여 익일특급을 이용하였다.
> 다. 이 비서는 인터넷에서 직접 작성한 문서를 우편물로 제작하여 배달해주는 에코우편 서비스를 이용하였다.
> 라. 김 비서는 내용증명으로 독촉장을 발송하기 위해서 같은 내용을 2통 작성하였다.

① 다

② 라

③ 다, 라

④ 가, 다

해설

다. 인터넷에서 고객이 작성한 문서를 우편물로 제작하여 받는 분에게 배달해주는 서비스는 e-그린우편이다.

라. 내용증명은 우체국에서 공적으로 증명하는 등기 취급 우편제도이다. 내용증명 작성 방법은 내용증명 우편물 3통을 작성해서 원본 1통은 수취인에게, 1통은 우체국이 보관하고 1통은 발송인이 보관한다. 내용증명서 상단 또는 하단에 보내는 사람과 받는 사람의 주소와 성명을 쓰고 내용증명서 봉투에도 똑같이 발송인과 수취인 정보를 기입하면 된다.

정답 68 ③ 69 ③

70 **IT 관련 회사에 다니고 있는 황 비서는 아래의 해외 거래처와 주고받은 문서 정리를 위하여 알파벳순으로 파일링을 하고 있다. 이때 각 폴더의 순서가 가장 올바른 것은?** [18년 1회]

> 가. Hewlett-Packard
> 나. HP Supplies, Inc.
> 다. Microsoft Japan
> 라. Micro-soft Singapore
> 마. Hewlett Johnson Enterprise

① 마 – 가 – 나 – 라 – 다
② 나 – 마 – 가 – 라 – 다
③ 마 – 가 – 나 – 다 – 라
④ 가 – 나 – 마 – 다 – 라

해설

거래자나 거래 회사명에 따라 이름의 첫머리 글자를 기준으로 해서 알파벳순으로 분류한다.

71 **민 비서는 보기와 같이 전자문서시스템을 이용해서 기안문을 작성하고 있다. 이 중 가장 바람직하지 못한 작성 방법에 해당하는 것은?** [15년 1회]

① 문서 작성 부서를 선택하고 문서번호를 입력한다.
② 시행일자는 전자달력으로 연월일을 지정한다.
③ 공개, 비공개, 부분공개 등 공개구분과 등급을 선택한다.
④ 한 명 혹은 여러 명의 수신자를 지정한다.

해설

① 문서번호를 먼저 입력하고 항목(부서)의 명칭에 따라 한글순 혹은 알파벳순으로 배열한다.

72 **최진혜 비서의 회사에서는 전자결재시스템을 도입하였다. 종이로 결재하던 이전방식과 전자결재시스템을 비교한 설명으로 가장 적절하지 않은 것은?** [16년 2회]

① 전자결재시스템은 결재 상황 조회가 가능해 이전 방식에 비해 신속한 결재가 가능하다.
② 전자결재시스템을 사용한 후 결재라인에 따라 결재파일이 자동으로 넘어가 이전에 비해 결재과정의 시간낭비를 줄일 수 있다.
③ 결재문서의 작성부터 문서의 수신과 발신 및 배부가 온라인으로 처리되어 문서관리가 단순화되었다.
④ 문서를 보관할 대용량 데이터베이스 설치공간이 필요해 사무공간이 좁아지는 단점이 존재한다.

해설

④ 종이결재 방식은 수정 시 결재문서를 재작성하는 번거로움과 문서의 양이 많아진다는 단점이 있지만, 전자결재는 그럴 필요 없이 회선을 통하여 결재시스템에 로그인 후 해당 결재란에 작성한 문서를 업로드만 하면 된다.

70 ④ 71 ① 72 ④ **정답**

73 **투자회사에 근무하는 이 비서는 상사인 김 부사장으로부터 몇몇 상장기업에 관해 아래 표와 같은 정보를 정리해 보고하라는 지시를 받았다. 이 경우 가장 최신의 공신력 있는 정보를 일괄적으로 수집할 수 있는 곳은?** [19년 1회]

구 분	영문회사명	대표자명	법인 구분	법인등록번호	사업자등록번호	최근 공시정보
A회사						
B회사						
…						

① 각 회사의 홈페이지
② 국가통계포털 KOSIS
③ 연합뉴스 기업 정보
④ 금융감독원 DART

해설

전자공시시스템(DART ; Data Analysis, Retrieval and Transfer System)
기업이 공시서류를 인터넷으로 제출하면 제출 즉시 이용자가 인터넷을 통해 조회할 수 있도록 하는 종합적 기업공시 시스템이다.

74 **인터넷 및 정보관리와 관련된 다음의 용어 중 설명이 잘못된 것은?** [19년 1회]

① 사이버불링(Cyber Bullying) : 이메일, 휴대전화, SNS 등 디지털 서비스를 활용하여 악성댓글이나 굴욕스러운 사진을 올림으로써 이루어지는 개인에 대한 괴롭힘 현상
② 빅데이터(Big Data) : 기존 데이터보다 너무 방대하여 기존의 방법으로 도구나 수집/저장/분석이 어려운 정형 및 비정형 데이터
③ 큐레이션 서비스(Curation Service) : 정보과잉시대에 의미 있는 정보를 찾아내 더욱 가치 있게 제시해 주는 것으로서 개인의 취향에 맞는 정보를 취합하고, 선별하여 콘텐츠를 제공해주는 서비스
④ 핑크메일(Pink Mail) : 사내 활성화된 온라인 의사소통을 통하여 동료들에게 동기부여를 고취하는 일련의 메시지

해설

④ 핑크메일(Pink Mail)은 직원을 해고하거나 거래처와 거래를 끊을 때 보내는 메일이다.

정답 73 ④ 74 ④

75 다음은 외국환율고시표이다. 표를 보고 가장 적절하지 못한 분석은? [20년 2회]

외국환율고시표 〈12월 13일〉

(자료 = KEB하나은행)

국가명	통 화	전신환		현 금		매매 기준율	대미 환산율	달러당 환산율
		송금 할 때	송금 받을 때	현금 살 때	현금 팔 때			
미 국	달 러	1,183.10	1,160.30	1,192.20	1,151.20	1,171.70	1.0000	1.0000
일 본	엔	1,079.69	1,058.75	1,087.93	1,050.51	1,069.22	0.9125	1.0959
유로통화	유 로	1,321.52	1,295.36	1,334.47	1,282.41	1,308.44	1.1167	0.8955
중 국	위 안	169.72	166.36	176.44	159.64	168.04	0.1434	6.9727

※ 일본 JPY는 100단위로 고시됩니다.

① 전신환으로 송금하는 경우 현금으로 살 때보다 돈이 덜 든다.
② 미화 100달러를 현금으로 팔아서 받은 돈으로 엔화 10,000엔을 송금하면 돈이 남는다.
③ 10,000위안을 송금받은 돈으로 2,000달러를 현금으로 사는 경우에 돈이 부족하다.
④ 대미환산율을 기준으로 볼 때 1.1167유로가 1달러에 해당한다.

해설

④ 대미환산율을 기준으로 볼 때 1.1167달러가 1유로에 해당한다.

76 다음 그래프를 통해서 알 수 있는 내용으로 가장 올바른 것은? [16년 1회]

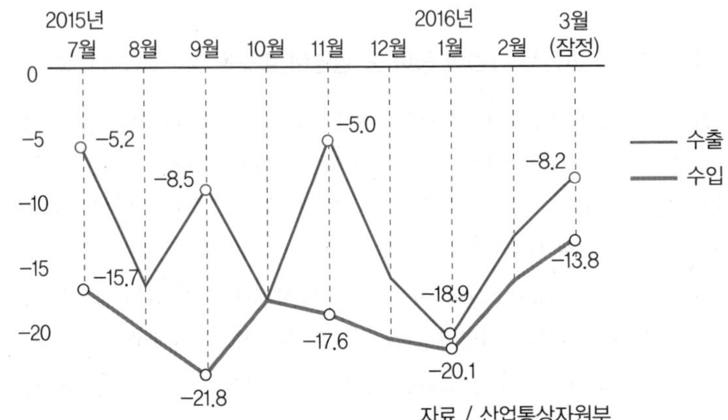

① 2016년 2월에는 2015년 2월에 비해서 수출보다 수입 감소율이 더 높다.
② 2016년 2월보다 2016년 3월 수출입량이 증가한 것으로 잠재 조사되었다.
③ 2015년 9월에는 전월에 비해서 수입량은 감소했으나, 수출량은 증가하였다.
④ 2015년 11월에는 2014년 11월에 비해서 수출이 증가하였다.

75 ④ 76 ① 정답

해설

① 그래프에 따르면 2016년 2월 수출 증가율은 −13% 정도의 위치에 있고, 수입 증가율은 −15% 정도의 위치에 있으므로 수입감소율이 더 높다.

②·③ 전년 동월 대비 증감율로는 전년 동월과 비교했을 때 수출입량의 증감만을 알 수 있을 뿐 전월이나 전년의 다른 월과의 수출입량의 증감은 알 수 없다.

④ 2015년 11월의 전년 동월 대비 수출 증가율이 −5%이므로 수출은 감소한 것이다.

77 **다음 기사에 대한 설명 중 가장 올바르지 않은 것은?** [15년 2회]

〈전략〉
AB자동차는 최근 급격한 원화가치 상승에 따른 외환 동향을 24시간 실시간으로 점검하면서 수익성 악화 가능성을 염두에 두고 대책 마련에 나서고 있다. 〈중략〉
국내공장 생산분 중 70% 가까이 수출하는 AB자동차의 경우 환율이 하락할수록 수익성이 낮아지는 구조다. 〈중략〉
전기·전자업체도 환율 하락의 장기화 가능성에 대비해 상황을 주시하고 있다. 전자업계 관계자는 "통화 결제를 다양화했기 때문에 특정 환율의 움직임이 사업에 큰 영향을 주지는 않는다."며 "단기적인 변화보다는 장기적인 환율 흐름을 주시하고 있다."고 말했다. 〈중략〉 CD전자 실적 개선의 일등 공신인 반도체와 디스플레이 등 부품 부문은 결제가 달러화로 이뤄진다. 이에 따라 원·달러 환율이 더 떨어지면 매출에도 영향을 미칠 것으로 예상된다. CD전자가 3분기 시장 기대치를 훌쩍 뛰어넘는 영업이익을 올렸던 것도 환율 효과에 기인한 측면이 강하다.
정유업계는 환율 하락에 따른 영향이 복합적인 만큼 환헤지 및 시장 모니터링 강화 등을 통해 영향을 최소화하는 데 골몰하고 있다. 국내 정유사들은 원유를 전량 수입하는 만큼 환율이 하락하면 그만큼 같은 양의 원유를 더 적은 돈을 주고 구입할 수 있어 유리하다.
반면 정유사들이 원유를 들여와 정제한 뒤 상당 부분을 수출하는 수출 중심형 사업구조를 가진 만큼 환율 하락에 따른 이익은 상당 부분 상쇄된다. 국내 1위 업체인 EF계열은 수출 비중이 무려 75%에 달한다. 원유 매입 당시보다 석유제품을 만든 뒤 내다 팔 때 환율이 낮으면 시차 효과로 인한 환차손 발생도 우려된다. 〈중략〉
무역업계는 단기적으로는 환율 변동의 영향이 크지 않을 것이라는 전망이 다소 우세해 보인다. 수출입 업무나 3국간 거래 등을 할 때 이미 대부분 환헤지를 해 놓기 때문이다. 한 무역업체 관계자는 "다만 원화 환율 강세가 중장기적으로 지속된다면 수출 경쟁력에 차질이 생길 수도 있다."고 설명했다.
조선업계 환율 변동에 큰 영향을 받지 않는다. 조선업계 관계자는 "조선은 전체 매출에서 수출이 차지하는 비중이 90%가 넘어 안정적 경영활동을 위해 환헤징을 하기 때문에 환율 변동의 영향이 제한적"이라면서 "대금이 들어오는 시점의 환율을 고정해 놓는다."고 설명했다.

〈일간 NTN 2015. 10. 16일자〉

① 정유업계는 원유 매입 당시보다 수출할 때 환율이 낮으면 환차손 발생이 우려된다.
② 무역업계나 조선업계처럼 환헤지를 해 놓으면 환율 변동에 크게 영향을 받지 않는다.
③ AB자동차는 달러 가치가 올라감에 따라서 수익성이 낮아지는 구조이다.
④ CD전자가 3분기 어닝 서프라이즈를 기록한 것은 원·달러 환율이 높았기 때문이기도 하다.

해설

③ AB자동차의 경우 달러 가치가 하락함에 따라서 수익성이 낮아지는 구조이다.

78 **프레젠테이션 과정은 발표 내용결정, 자료작성, 발표준비, 프레젠테이션 단계의 4단계로 구분할 수 있다. 보기 중 나머지와 단계가 다른 하나를 고르시오.** [20년 1회]

① 프레젠테이션의 목적 및 전략 설정 과정
② 프레젠테이션 스토리 설정 과정
③ 수신인에 대한 정보 수집 및 분석 과정
④ 청중이 이해하기 쉽게 일상적인 것과 비교할 수 있는 수치 제시 과정

해설

④ 청중이 이해하기 쉽게 일상적인 것과 비교할 수 있는 수치를 제시하는 과정은 프레젠테이션 단계에 해당한다.
①·②·③ 프레젠테이션의 목적 및 전략 설정, 스토리 설정, 수신인에 대한 정보 수집 및 분석 과정은 발표 내용결정 단계에 해당한다.

79 **김 비서는 상사의 인맥관리를 위해 MS-Access 프로그램을 이용해 명함정리와 내방객 관리를 하고 있다. 다음 중 김 비서의 프로그램 사용법이 가장 적절하지 않은 것은?** [17년 1회]

① 테이블에 명함의 인적사항과 방문용건을 입력한다.
② 쿼리의 요약기능을 이용해 내방객의 연도별 평균 방문 횟수를 알 수 있다.
③ 입력한 명함을 내방객별로 보고 싶으면 폼 개체를 이용한다.
④ 매크로 기능을 이용해 연말 우편물의 레이블을 출력한다.

해설

④ 매크로는 엑셀의 주요 기능 중 하나로 반복적으로 사용하는 여러 개의 명령어를 묶어서 하나의 키 입력 동작으로 만들어 한 번의 클릭으로 작동할 수 있는 기능을 말한다.

80 **사무정보기기 및 사무용 SW를 다음과 같이 사용하고 있다. 이 중 가장 적절하게 활용을 하고 있는 비서는?** [19년 1회]

① 김 비서는 상사가 180도 펼쳐지는 상태의 제본을 선호하기 때문에 열제본기를 주로 사용한다.
② 백 비서는 상사의 컬러로 된 PPT 자료가 잘 구현되도록 실물화상기를 세팅했다.
③ 황 비서는 각종 자료를 한곳에서 정리하고 관리하며, 공유도 하기 위해서 에버노트 앱을 이용하였다.
④ 윤 비서는 상사의 업무 일정 관리를 원활하게 하기 위해서 리멤버 앱을 사용하였다.

해설

에버노트(Evernote)
- 메모용 스마트폰 애플리케이션
- 크롬, 파이어폭스, 아이폰, 안드로이드, 윈도우 등 다양한 플랫폼에서 실행
- 한 기기에서 메모를 작성할 경우 다른 플랫폼끼리 메모의 동기화 가능
- 녹음, 파일첨부, 사진저장, 저장한 메모에 대한 위치 정보추가, 태그에 따른 메모분류, 키워드에 따른 메모검색, 텍스트, 이미지 및 링크를 포함하여 웹 페이지의 일부 또는 전체를 스크랩하는 클리핑 기능 제공

78 ④ 79 ④ 80 ③ **정답**

제10회 기출유형 모의고사

제1과목 | 비서실무

01 **다음 중 비서직에 대한 설명으로 가장 올바른 것은?** [19년 2회]

① 비서 업무의 범위는 상사의 지위와 업무 위임 정도에 따라 달라진다.
② 모든 조직은 표준화된 비서직무기술서(Job Description)에 따라 비서의 자격, 업무, 권한 등이 명시되어 있다.
③ 비서는 경력과 상사의 신임도에 따라 상사의 위임 없이도 업무 의사결정을 할 수 있다.
④ 비서는 조직의 업무절차 및 문서서식 등을 상사에 맞추어 개선 및 개발하는 등의 창의적 업무수행이 가능하다.

해설

② 비서의 자격, 업무, 권한 등을 명시한 표준화된 직무기술서(Job Description)는 거의 없다.
③ 비서는 경력과 상사의 신임도에 따라 상사의 위임을 받아서 업무 의사결정을 할 수 있다. 참고로 미국의 전문비서협회(IAAP)는 "비서는 사무기술에 숙달되어 있고 책임 맡은 일에 능력을 보이며 판단력과 창의력을 갖추고 있어 주어진 권한 안에서 의사결정을 할 수 있다"라고 정의하였다.
④ 조직에서 사용하는 서식을 개발하는 것이 비서의 창의적 업무에 포함되기는 하지만, 그것을 상사에 맞출 필요는 없다. 창의적 업무에는 이 밖에도 상사가 보고서를 작성할 때 이에 필요한 서류를 상사의 요구 없이 미리 준비해두거나 신문 · 전문서적 · 논문 등에서 주요 기사를 발췌하여 상사의 능률을 높이기 위한 참고자료로 준비하는 일 등이 있다.

02 **다음 중 전문비서 윤리강령의 내용과 가장 부합하는 비서의 태도는?** [16년 1회]

① 퇴근 후 비서모임 세미나에서 회사 고객사의 신사업내용을 주제로 기획 아이디어 토론을 한다.
② 임원 비서로서 모든 업무는 동료들과의 팀워크보다 임원의 업무만족도 증진을 우선으로 한다.
③ 자원 및 환경보존이라는 직무윤리를 이행하고자 종이컵 사용절제를 실천하여 경험을 공유해본다.
④ 비서직무수행효과 제고를 위해 상사에 대한 충성심은 조직순응보다 우선시된다.

정답 01 ① 02 ③

해설

③ 전문비서 윤리강령 중 직무에 관한 윤리에서 '자원 및 환경보존'에 해당한다. 비서는 업무수행 시 경비 절감과 자원 절약, 환경 보존을 위해 노력한다.

① 비서의 직무나 윤리강령에 해당되지 않는다.

② 비서는 존중과 신뢰를 바탕으로 임원의 업무 만족도 증진을 중요시 여겨야 하지만 동료와의 관계 및 팀워크도 중요시해야 한다.

④ 비서는 전문적인 지식과 사무 능력을 보유하고, 업무를 효율적으로 수행함으로써 상사와 조직의 이익을 증진시켜 회사 전체의 이익을 우선시해야 한다.

03 비서직무를 통한 자기개발에 대한 설명으로 적절하지 않은 것은? [18년 1회]

① 직무경험을 통한 학습은 자기개발에 매우 효과적이다.

② 직무를 통한 학습은 현재의 직무수행능력을 향상시킬 수 있을 뿐 아니라 미래에 더 많은 책임을 맡을 수 있는 능력을 개발하는 것을 의미한다.

③ 비서는 상사의 의사결정방법과 업무처리방법을 보면서, 자신이라면 어떻게 처리할 것인가 또 그 결과는 어떻게 달라질 것인가에 대해 여러 각도로 분석하는 능력을 개발할 필요가 있다.

④ 비서는 상사에게 배달되는 우편물을 개봉하고, 개인적인 편지나 인사(人事)에 대한 기밀사항을 파악함으로써 업무에 대한 이해를 높이면서 자기개발도 가능하다.

해설

④ 상사 앞으로 배달되는 개인적인 편지나 인사(人事)에 대한 기밀사항은 개봉하지 않도록 하며, 실수로 보게 되었으면 외부에 누설하지 않도록 주의한다.

04 김 비서의 회사는 현재 비전 컨설팅에 조직개발에 관해 컨설팅 의뢰를 해 둔 상태이다. 다음 대화 중 사장 비서인 김 비서(A)의 전화응대 태도로 가장 적절한 것은? [20년 2회]

① A : 안녕하십니까? 상공물산 대표실입니다.
B : 비전 컨설팅 김태호 대표입니다. 사장님 자리에 계십니까?
A : 무슨 용건이신지요?

② A : 안녕하십니까? 상공물산 대표실입니다.
B : 비전 컨설팅입니다. 김태호 대표님께서 사장님과 통화를 원하시는데 사장님 계십니까?
A : 제가 먼저 연결하겠습니다.

③ A : 안녕하십니까? 상공물산 대표실입니다.
B : 비전 컨설팅 김태호 대표입니다. 사장님 계십니까?
A : 지금 외출 중이십니다. 사장님 돌아오시면 연락드리겠습니다.

④ A : 안녕하십니까? 상공물산입니다.
B : 비전 컨설팅 김태호 대표입니다. 사장님 계신가요?
A : 사장님은 통화 중이십니다. 잠시만 기다리시겠습니까? 아니면 사장님 통화 마치시면 저희가 전화 드릴까요?
B : 기다리겠습니다.

03 ④ 04 ④ **정답**

해설

④ 상사에게 연결해야 하는데 상사가 곧바로 전화를 받지 못하는 경우(부재중, 통화 중 등)에는 그러한 이유를 알리고 계속 기다릴지, 아니면 전화를 이쪽에서 다시 걸지의 여부를 물어보아야 한다.

05 **영은수 씨는 가나상사에 대표이사 비서로 입사한 신입사원이다. 다음의 상황에서 영은수 비서가 취할 수 있는 행동으로 가장 적절한 것은?** [17년 2회]

> 어느 날 영은수 비서가 상사가 지시한 업무를 처리하고 있는데 인사부 부장님이 오셔서 영 비서에게 커피를 달라고 한다. 영 비서는 처음에는 기분 좋게 커피를 타 드렸다. 그런데 그 후부터 다른 부서의 부서장들도 영 비서에게 커피뿐 아니라 자신의 부서의 일도 영 비서에게 처리하라고 지시하기도 한다. 게다가 영 비서가 일을 제대로 처리하지 못했다고 꾸중을 하기도 한다. 영 비서는 자신의 상사가 지시한 업무만으로도 벅차고 할 일이 많았는데 다른 부서의 부서장들이 시킨 일까지 해야 하니 너무 힘이 든다.

① 상사에게 자신의 상황을 말씀드리고 자신의 애로사항에 대해 상사의 의견을 구한다.
② 부서장들에게 대표이사 보좌에 집중해야 하므로 비서업무 외 업무와 커피요청은 해드릴 수 없다고 분명하고 솔직하게 말한다.
③ 상급자인 부서장들의 요청에 마지못해 커피를 타 드리지만, 다시 요청하지 않도록 커피를 아주 맛없게 타서 드린다.
④ 타부서 부서장들이 대표이사를 만나러 올 때가 되면 잠시 자리를 비우는 등 가능한 한 마주치지 않도록 한다.

해설

② 비서의 일차적 임무는 자신의 직속상사의 보좌에 있으므로 타부서의 부서장들을 보좌하는 데는 한계가 있다. 따라서 자신의 임무에 대해 정확히 전달하는 것이 좋다.

06 **상사가 출장 출발 전에 비서가 확인해야 할 사항으로 가장 적절하지 않은 것은?** [20년 2회]

① 출장 중 상사 업무 대행자가 처리할 업무와 출장지의 상사에게 연락해야 할 업무 등을 구분하여 상사로부터 미리 지시를 받는다.
② 상사와 일정한 시간을 정해 놓고 전화통화를 하거나 e-mail, SNS 등을 이용하면 편리하게 업무보고와 지시를 받을 수 있다.
③ 비서는 상사 출장 중에 그동안 밀렸던 업무를 처리한다.
④ 상사업무 대행자 지정은 상사가 출발한 후 조직의 규정에 따라 지정하면 된다.

해설

④ 상사업무 대행자 지정은 출장 전 미리 상사와 상의하여 지정한다.

정답 05 ② 06 ④

07 **외국에서 중요한 손님이 우리 회사를 방문할 때 비서의 의전 관련 업무수행 시 적절하지 않은 것은?** [20년 2회]

① 외국 손님의 인적사항은 공식 프로필에서 확인하는 것이 원칙이다.
② 국가에 따라 문화가 다르므로 상호주의 원칙을 따른다.
③ 의전 시 서열기준은 직위이나 행사 관련성에 따라 서열기준이 바뀔 수 있다.
④ 손님의 선호하는 음식이나 금기음식을 사전에 확인하여 식당예약을 한다.

해설

① 공식 프로필을 확인하되, 비공식적으로 손님에 대한 정보가 있으면 그러한 것들을 모두 고려하여 손님을 맞이하는 것이 좋다.

08 **김 비서는 태평양지역 본부장의 비서로 근무하고 있다. 매월 말에 각 지역 본부장의 월별 일정을 본사에 보고해야 하므로 일정관리 소프트웨어인 아웃룩(Outlook)을 이용하려고 한다. 다음 중 비서의 행동으로 가장 부적절한 것은?** [20년 1회]

① 상사가 아웃룩에 익숙하지 않다면 비서가 작성한 아웃룩 상의 일정을 상사가 원하는 때에 살펴볼 수 있도록 '캘린더 공유하기(Share Calendar)' 기능부터 설명해 드린다.
② '캘린더 공유하기' 기능에서 비서가 상사의 일정을 볼 수 있도록 설정하면 편리하다.
③ 상사가 '캘린더 공유하기'를 승낙하면 관련된 사람들과도 공유하여 상사의 일정을 열람, 수정 가능하도록 설정한다.
④ 아웃룩으로 일정을 작성해서 비서의 업무용 핸드폰과도 연결하여 수시확인이 되도록 한다.

해설

③ 상사가 '캘린더 공유하기'를 승낙한다 할지라도 관련된 사람들과 함부로 상사의 일정을 공유하거나 특히 상사의 일정을 수정 가능하도록 설정해서는 안 된다.

09 **다음 예약업무 중 가장 올바르게 처리한 것은?** [20년 1회]

① 출장지 숙박업소에 대한 정보는 출장지 관계자에게 문의하면 그곳의 사정을 잘 알고 있기 때문에 도움을 받을 수 있다.
② 항공편 예약 시 상사가 선호하는 항공사와 좌석 선호도를 우선으로 예약하되 항공 기종은 신경 쓰지 않았다.
③ 도착지에 공항이 여러 개가 있는 경우, 가능하면 시설이 편리한 큰 공항으로 도착하는 비행기편으로 예약하였다.
④ 해외에서 사용할 렌터카의 예약 시 여권이 운전면허증을 대신하므로 여권 앞장을 복사해서 보내고, 만약에 대비해 여권 앞장을 상사 스마트폰에 저장하였다.

07 ① 08 ③ 09 ① **정답**

해설

② 항공 기종에 따라 좌석등급이나 좌석 위치에 차이가 있을 수 있으므로 항공 기종도 신경 써야 한다.
③ 시설이 편리한 큰 공항보다는 공항의 위치가 출장지와 얼마나 떨어져 있는지를 고려하는 것이 좋다.
④ 해외에서 렌터카를 사용하려면 국제면허증이 필요하다.

10 **다음은 사내 이메일로 구성원들에게 전송할 상사 모친상의 조문 답례글을 비서가 작성한 것이다. 잘못된 한자어로만 묶인 것은?** [19년 2회]

> 삼가 감사의 (ㄱ)人事를 드립니다.
>
> 이번 저희 어머니 (故○○○) (ㄴ)葬禮에 (ㄷ)弔義와 (ㄹ)厚意를 베풀어주신 데 대하여 감사드립니다. 직접 찾아뵙고 人事드리는 것이 당연한 도리이오나 아직 경황이 없어 이렇게 서면으로 대신함을 너그럽게 (ㅁ)惠亮해 주시기 바랍니다.
>
> 귀하의 (ㅂ)哀事에 꼭 은혜를 갚도록 하겠습니다.
> 항상 건강하시고 댁내 平安하시기를 기원합니다.
>
> ○○○ (ㅅ)拜相

① ㄱ, ㄴ, ㄷ
② ㄴ, ㄷ, ㄹ
③ ㄷ, ㄹ, ㅁ
④ ㅁ, ㅂ, ㅅ

해설

ㅁ. 理解(다스릴 이, 풀 해), ㅂ. 哀思(슬플 애, 생각할 사), ㅅ. 拜上(절 배, 위 상)

11 **상사가 출장 중일 때 주요한 거래처의 결혼식이 있다. 이때 비서의 가장 올바른 업무처리는?** [19년 1회]

① 출장 후 상사가 직접 연락하도록 결혼식 알림 내용을 보관해 둔다.
② 결혼식 일자가 상사 출장 일정과 겹친 경우이므로 그냥 지나가도 무방하다.
③ 대리 참석할 사람을 미리 알아보아 상사에게 보고한다.
④ 상사에게 축의금, 화환 등을 보낼지, 대리인을 보낼지 등을 문의한 후 처리한다.

해설

④ 상사 부재중에 진행되는 일정이므로 그냥 지나치지 말고 상사에게 어떻게 할지 물어보고 방침을 결정해야 한다.

정답 10 ④ 11 ④

12 회의 진행 시 새로운 안건을 위한 의사 진행순서로 바르게 나열된 것을 고르시오. [19년 1회]

ㄱ. 동의 채택을 선언한다.
ㄴ. 발언권을 얻는다.
ㄷ. 동의를 지지한다.
ㄹ. 동의를 제안한다.
ㅁ. 제안 이유를 설명한다.

① ㄴ－ㅁ－ㄷ－ㄹ－ㄱ
② ㅁ－ㄹ－ㄴ－ㄷ－ㄱ
③ ㄴ－ㄹ－ㄷ－ㄱ－ㅁ
④ ㄱ－ㄴ－ㅁ－ㄷ－ㄹ

해설

의사 진행순서
발언권을 얻는다. → 동의를 제안한다. → 동의를 지지한다. → 동의 채택을 선언한다. → 제안 이유를 설명한다.

13 다음 중 항공권에 표기된 제한사항에 대한 설명으로 잘못된 것은? [18년 2회]

① NON-REF : 환불 불가
② NO MILE UPGRADE : 마일리지 없이 업그레이드 가능
③ NON-ENDS : 다른 항공사로 티켓 변경 불가
④ NON-RER : 다른 여정으로 변경 불가

해설

② NO MILE UPGRADE : 마일리지 좌석 업그레이드 사용 불가

14 상사는 저녁 8시로 식당예약을 지시하면서 와인을 가져갈 예정이라고 하였다. 관련 예약업무 후 비서가 상사에게 보고해야 할 필수사항으로 짝지어진 것을 고르시오. [18년 1회]

① Last Order 시간과 식당에서 제공하는 '오늘의 메뉴'
② Corkage 가능 여부 및 Last Order 시간
③ 테이블 개수와 Corkage 비용
④ 식당에서 제공하는 '오늘의 메뉴'와 개인이 지참할 수 있는 와인 수

해설

② 따로 가져온 와인을 마실 때 술잔을 제공해 주는지, 마지막으로 주문할 수 있는 시간이 언제인지 확인 후 상사에게 보고한다.

12 ③ 13 ② 14 ② **정답**

15 다음 중 공식적으로 유로화가 통용되지 않는 나라는? [18년 1회]

① 프랑스
② 독 일
③ 영 국
④ 벨기에

해설

③ 영국은 브렉시트 찬반 국민투표의 결과로 유럽연합을 탈퇴하여 공식적으로 유로화가 통용되지 않는다.

16 다음 중 비서의 상사 신상정보 관리업무 수행자세로 적절하지 않은 것은? [17년 2회]

① 상사에 관한 신상정보는 예전 기록이나 예약 관련 서류 등을 통해 파악할 수 있는데, 출장관련 서류를 통해 여권정보, 비자 및 항공사 마일리지 정보 등을 알 수 있다.
② 상사의 신상카드를 작성할 때 상사의 건강과 관련된 정보를 수집하여 정리하고, 식사예약이나 간식 준비 시 참고한다.
③ 상사의 이력사항은 업무에 참고할 뿐만 아니라 대내·외적인 필요에 의해 공개하거나 제출할 경우가 있는데, 이런 경우 비서는 상사의 이력서 내용을 외부에 공개하고 추후 상사에게 보고해야 한다.
④ 상사 신상카드에는 상사의 사번, 주민등록번호, 운전면허증, 신용카드번호와 각각의 만기일, 여권번호, 비자 만기일, 가족사항, 은행 계좌번호 같은 내용을 정리하며 기밀유지를 위해 암호화하여 보관한다.

해설

③ 비서는 상사의 신상카드를 작성하는 등의 과정을 통해 상사에 대한 이해가 이루어지면 여러 상황의 업무처리에 많은 도움이 된다. 이력서 내용을 대내·외적인 필요에 의해 공개하거나 제출할 경우 반드시 상사의 허락을 얻어야 한다.

17 다음은 다양한 보고 형태에 대한 설명이다. 가장 바르게 설명된 것을 고르시오. [17년 1회]

① 지금은 오후 2시, 30분 뒤에 시작될 회의의 변경소식을 들었다. 평소 상사는 문서보고를 선호하셔서 집무실에 계시는 상사에게 이메일로 회의시간 변경을 보고 드린다.
② 상사가 성격이 급하신 편이라 보고서를 작성하며 문장을 개조식으로 간략하게 작성하려 노력 중이다.
③ 우연히 상사의 좌천에 대한 소식을 듣게 되었다. 아직 인사발표 전이나 이 사실을 직접 뵙고 전달하기가 부담스러워 상사에게 이메일로 알려 드렸다.
④ 보고서 내용에 충실하기 위하여 그림이나 도표 삽입보다는 텍스트 위주로 성실히 작성하였다.

정답 15 ③ 16 ③ 17 ②

해설

② 개조식 보고서는 빠른 이해와 충분한 파악이 되도록 하는 것이 목적이므로 성격이 급한 상사에게 알맞은 보고서이다.
① 집무실에 계시는 상사에게는 이메일보다 직접 구두나 메모로 회의시간 변경을 보고 드린다.
③ 상사의 좌천소식을 알고 있더라도 인사발표 때까지 기다린다.
④ 텍스트 위주의 보고서보다 도표, 사진, 삽화 등 다양한 참고자료를 첨부하면 보고서 내용이 더 충실해진다.

18 **김영숙 비서는 상사의 정보관리자로서 상사에게 필요한 정보를 확인하여 보고하고 있다. 다음 중 정보관리자로서 비서의 업무로 보기 어려운 것은 무엇인가?** [17년 1회]

① 언론사 중 공신력 있는 사이트를 선정하여 인사, 부음, 동정 및 인물정보를 검색할 수 있는 사이트를 확인한 후 즐겨찾기에 등록하고 매일 확인한다.
② 매일 아침 상사와 관련된 신문기사를 검색하여 관련기사를 상사에게 보고한다.
③ 인터넷 사이트에 올라와 있는 상사의 인물정보 및 프로필 등에 잘못된 부분이나 수정할 부분이 있을 경우 상사에게 보고하고 해당 사이트에 요청한다.
④ 상사의 개인적인 대외활동 내용이나 사진 등을 회사 블로그에 탑재함으로써 상사의 대외활동을 홍보한다.

해설

④ 개인활동을 회사 블로그에 탑재하는 것은 옳지 않다. 회사 블로그에는 회사와 관련된 내용을 올려야 한다.

19 **아래의 상황을 읽고 상사의 지시에 대응하는 비서의 업무처리 내용 중 우선순위가 가장 낮은 것은?** [16년 2회]

> 상사는 2주 후 싱가폴 지사에서 방문할 Ms. Jones의 서울 방문에 맞춰 우리 회사의 주요 거래처와 회의 일정을 확정하고자 한다. 이틀간 서울에 머물 Ms. Jones와 함께 방문할 거래처 목록 10곳의 명단을 상사가 언급하였다.

① 10곳 대상기업 중 우선순위 기업이 있는지를 상사에게 질문한다.
② 언제까지 일정을 확인하여 보고해야 하는지를 확인한다.
③ 현재 Ms. Jones의 방문일정 관리로 바쁜 상황이므로 동료 비서에게 도움을 청해도 될지를 상사에게 질의해 본다.
④ 거래처 방문 시 준비해야 할 자료 및 사항을 바로 확인한다.

해설

④ 거래처 방문 시 준비해야 할 자료 및 사항은 방문 전에 확인하면 된다.

18 ④ 19 ④ **정답**

20 **다음의 내용 중 비서의 경력개발을 위한 자세로 가장 부적절한 것은?** [16년 1회]

① 외국계 회사의 비서직 업무수행을 해외 MBA 취득의 수단으로 활용한다.
② 본인이 속한 조직의 업종에 관련한 공부를 지속적으로 하여 향후 동종업계 이직 기회 발생 시 경력 요소로 활용한다.
③ 사내 프로젝트 및 기획에 대한 업무 참여를 통하여 기획에 대한 내용을 익히려고 노력한다.
④ 우편물, 문서, 업무일지 등을 통한 직무분석을 통해서도 개인역량을 증진시킬 수 있음을 이해한다.

해설

① 외국계 회사의 비서직 업무수행을 해외 MBA 취득의 수단으로 활용하는 것은 옳지 않다. 비서는 비서 고유의 업무 위주로 자기개발 및 경력계획을 하도록 한다.

제2과목 | 경영일반

21 **다른 사람과 비교하여 내가 받는 보상이 노력에 비해 적다고 생각하면 불만이 생기고, 노력을 줄이게 된다는 동기부여 이론은 다음 중 무엇인가?** [16년 2회]

① XY이론
② ERG이론
③ 공정성이론
④ 기대이론

해설

아담스(Adams)의 공정성이론
조직 내 개인이 자신의 업무에서 투입한 것과 산출된 것을 다른 사람(준거인)과 비교하여 차이가 있음을 인지하면 그 차이를 줄이기 위하여 동기부여 된다는 이론이다. 즉, 자기와 비슷한 위치에 있는 사람과 비교하여 자신의 노력 결과와 결과로 얻은 보상이 차이가 있다면, 그 불공정한 차이를 줄이기 위해 동기가 유발된다고 한다.

22 다음 중 일본 정부의 양적완화정책에 따른 엔화의 약세가 한국(국내) 관련 업종에 미치는 영향으로 가장 적절하지 않은 것은? [16년 1회]

① 엔화 대출기업의 이자 부담이 늘어난다.
② 글로벌 시장에서 일본기업 대비 수출가격 경쟁력이 떨어진다.
③ 일본시장으로 제품 수출이 감소되고 성장이 위축된다.
④ 일본인 관광객 감소로 여행이나 관광업계의 매출이 감소한다.

해설

① 엔화가 약세가 되면 엔화대출을 받은 국내기업의 원화 이자 부담은 줄어든다.

23 다음 중 기업집중의 형태에 대한 설명으로 가장 적절하지 않은 것은? [16년 1회]

① 기업연합 형태인 카르텔(Cartel)은 주로 시장통제를 목적으로 동종 또는 유사 업종 간의 신사협정을 통한 기업집중의 형태이다.
② 카르텔(Cartel) 참가기업들은 법률적으로나 경제적으로 독립성을 유지하면서 협약에 의거, 시장통제에 관한 일정사항에 관해서 협정을 체결한다.
③ 시장지배를 목적으로 동종 또는 동일한 생산단계의 기업들이 하나의 자본에 결합되는 강력한 결합 형태는 트러스트(Trust)이다.
④ 기업집중으로 시장이 몇 개의 기업에 의해 관리되어 소비자와 다른 중소기업에도 이익을 가져다 준다.

해설

④ 기업집중(Business Concentration)이란 기업 상호 간의 협정에 의해 과당경쟁의 폐해를 없애거나, 혹은 각 기업들이 자본적으로 결합함으로써 기업의 안정과 시장지배를 꾀하게 되는 일련의 현상을 의미한다. 그러나 기업집중은 기업의 독점화를 가져와 중소기업의 몰락을 가져오고, 상품 가격을 오르게 하여 소비자에게 큰 피해를 준다.

24 다음 중 기업의 인수 및 합병(M&A)에 대한 설명으로 가장 적절하지 않은 것은? [17년 1회]

① 기업의 M&A는 자산가치가 높은 기업을 인수한 후 매각을 통한 차익획득을 위한 목적으로 진행되기도 한다.
② M&A 시장의 활성화를 통해 전문경영인의 대리인 문제를 완화시키는 역할을 할 수 있다.
③ M&A를 통해 전략적으로 중요하지 않은 사업부문을 처분하여 내적 건실화 전략을 추구할 수 있다.
④ 우호적 M&A에서는 피매수 대상기업의 의사와 관계없이 인수합병이 진행될 때 매수기업의 저항이 나타난다.

해설

④ M&A는 피인수 대상기업의 의사에 따라 우호적 M&A와 적대적 M&A로 구분되는데 우호적 M&A는 기존 대주주와 협상을 통해 지분을 넘겨받아 기업경영권을 인수하는 것이고, 적대적 M&A는 상대기업의 동의 없이 강행된다.

22 ① 23 ④ 24 ④ **정답**

25 **다음 중 주식회사의 특징에 대한 설명으로 가장 적절하지 않은 것은?** [16년 1회]

① 주식회사의 출자자인 주주는 모두 유한책임사원으로서 출자액을 한도로 회사의 적자, 채무, 자본 리스크에 대한 책임을 진다.

② 주식회사는 대중으로부터 대규모의 자본조달이 가능하며, 주주의 개인재산과 주식회사의 재산은 뚜렷이 구별된다.

③ 주식회사는 자본과 경영의 분리가 이루어지지 않은 기업의 형태이며, 출자자와 경영자가 공동으로 기업을 지배하게 된다.

④ 주식회사의 기관에는 주주총회, 이사회, 감사 등이 있다.

해설

③ 주식회사는 자본과 경영의 분리를 통하여 일반 투자자로부터 거액의 자본을 조달하고 전문경영자가 경영하는 자본주의 경제체제에서 가장 대표적인 기업형태이다.

26 **다음에서 설명하는 '이것'에 해당하는 주식회사의 기관으로 가장 적절한 것은?** [17년 1회]

- 이사나 감사를 선임하거나 타 회사와의 합병, 정관의 개정을 위해서는 반드시 '이것'의 승인을 얻어야 한다.
- 3% 이상의 지분을 가진 주주는 '이것'의 소집을 청구할 수 있다.
- 정관의 변경은 '이것'의 결의에 의해야 한다.

① 이사회
② 주주총회
③ 감사위원회
④ 사외이사

해설

② 주주총회는 주식회사의 최고기관으로 전체 주주로 구성되고 이사나 감사의 선임권 및 해임권이 있으며, 이사나 주주 등은 그 의결에 반드시 복종해야 한다. 또, 3% 이상의 지분을 가진 주주는 주주총회의 소집을 청구할 수 있고, 정관의 변경 또한 주주총회의 결의에 의해야 한다.

정답 25 ③ 26 ②

27 다음 중 브룸(Victor H. Vroom)의 기대이론에 대한 설명으로 가장 옳은 것은? [15년 1회]

① 브룸의 기대이론은 동기를 부여시키는 인간의 욕구를 분석함으로써 동기부여의 내용을 상세히 설명하였다.

② 성과에 영향을 미치는 동기부여의 과정을 4단계로 설명한다.

③ 동기부여의 1단계에서 성과는 개인의 능력과 이를 수행하고자 하는 힘의 곱(성과=능력×힘)에 의해 나타난다.

④ 동기부여의 2단계에서 성과에 대한 가치는 성과가 가져다주리라고 기대되는 보상과 성과가 보상을 가져다주리라고 믿는 기대의 곱(가치=보상×보상에 대한 기대)에 의해 결정된다.

해설

④ 유의성은 특정 보상에 대해 갖는 선호의 강도이며 수단은 성과달성에 따라 주어지리라고 믿는 보상의 정도이다. 기대는 어떤 활동이 특정 결과를 가져오리라고 믿는 가능성으로, '동기부여의 강도=유의성×기대'로 나타낼 수 있다.

28 다음 중 기업결합 형태에 관련된 설명으로 가장 옳지 않은 것은? [16년 2회]

① 트러스트는 기업합병이라고도 하며 둘 이상의 기업이 경제적으로 독립성을 상실하고 새로운 기업으로 통합하는 결합형태를 말한다.

② 조인트벤처는 둘 이상의 사업자가 공동출자하고 출자액에 비례하는 손익을 분담하는 결합형태를 말한다.

③ 카르텔은 시장통제 및 기업안정을 목적으로 상호 관련성이 없는 이종기업 간에 수직적 협정을 맺는 결합형태를 말한다.

④ 콘체른의 결합형태에서는 지배되는 기업이 법률적으로 독립성은 유지되지만 경제적 독립성은 상실하게 된다.

해설

③ 카르텔은 기업 간의 경쟁의 제한이나 완화를 목적으로 동종기업이나 유사한 산업 분야를 가진 기업의 결합형태를 말한다.

27 ④ 28 ③ **정답**

29 **현대사회에서 기업경영의 문제가 복잡해지고 자본이 분산됨에 따라 전문경영자가 출현하게 되었다. 다음 중 전문경영자에 대한 설명으로 가장 적절한 것은?** [17년 1회]

① 전문경영자는 단기적인 성과보다는 주주 이익의 극대화를 위해 장기적인 안목의 과감한 투자를 선호한다.

② 전문경영자는 소유경영자가 고용한 경영자로서 일부 경영활동을 위양 받아 이 부분에 대해서만 책임을 진다.

③ 전문경영자는 경영합리화를 위해 종업원에게 권한을 위양하며 이를 통제하는 과정에서 대리인 비용을 발생시킨다.

④ 전문경영자는 출자기능은 없고 경영기능만 담당한다.

해설

④ 전문적 지식과 능력을 갖추고 출자 여부와 관계없이 독립적으로 기업을 경영하는 사람이므로 출자기능은 없고 오직 경영기능만 행한다.

① 전문경영자는 임기가 제한되어 있어 자신의 임기 내에 가시적인 효과를 보여주고자 미시적인 성과를 노리는 경우가 많다.

② 전문경영자는 전문적인 경영지식과 능력을 가진 경영자로 기업의 소유권으로부터 독립해 기업에 대한 경영권을 확보하고 기업경영에서 유일한 의사결정 주체로서의 역할을 하는 자를 가리킨다.

③ 대리인 비용이란 일반주주와 경영자 사이에 상호 안심시키기 위해 사용하는 비용을 말한다. 즉, 주주와 경영인 사이의 '이해상충'과 '정확한 정보의 부족성'(정보의 비대칭성)이라는 두 가지 큰 전제하에 발생한다.

30 **지식을 암묵지(Tacit Knowledge)와 형식지(Explicit Knowledge)로 구분할 때 다음 설명 중 가장 적절하지 않은 것은?** [15년 2회]

① 암묵지는 명확하게 보이지는 않지만 경험을 통해 오랫동안 축적된 지식이다.

② 암묵지는 언어로 표현하거나 정리하기가 쉽지 않다.

③ 형식지는 보통 언어나 문자로 표현하거나 정리되어 공유된다.

④ 형식지는 숨어있는 '손맛', '솜씨', '노하우' 등을 의미한다.

해설

④ 암묵지는 비법이나 노하우 등 구체적인 언어나 문서로 표현될 수 없는 지식을 의미한다.

정답 29 ④ 30 ④

31 **다음 중 예금은행의 자금조달비용을 반영하여 산출되며 주택담보 대출을 받을 때 기준이 되는 금리에 해당되는 것은 무엇인가?** [16년 2회]

① 양도성예금증서(CD)금리
② 코픽스(Cofix)금리
③ 콜(Call)금리
④ 기업어음(CP)금리

해설

② 코픽스(Cofix) 금리 : 예금은행의 자금조달비용을 반영하여 산출되며 주택담보 대출을 받을 때 기준이 되는 금리
① 양도성예금증서(CD)금리 : 은행에서 부족한 자금을 모으기 위해 30일에서 90일짜리 채권을 발행하여 유통시장에서 거래되는 금리
③ 콜(Call)금리 : 금융기관 사이의 단기적으로 필요한 자금을 대출해 줄 때 콜시장에서 형성되는 금리
④ 기업어음(CP)금리 : 기업이 단기자금을 조달하기 위해 발행하는 기업어음을 CP라고 하는데 이때 적용되는 금리

32 **다음 중 집단의사결정기법에 대한 설명으로 가장 적절하지 않은 것은?** [17년 1회]

① 명목집단기법은 구성원들이 각자 독립적으로 의사를 개진함으로써 집단구성원의 적극적 참여를 유도할 수 있다.
② 델파이 기법은 전문가 집단의 의견을 수렴하고 분석하는 대면적 집단토의방법이다.
③ 브레인스토밍은 아이디어 창출을 위한 과정이므로 아이디어에 대한 비판이나 평가는 하지 않는다.
④ 브레인스토밍은 제시된 아이디어의 수정이나 개선을 허용함으로써 아이디어들의 융합을 가능하게 한다.

해설

② 델파이 기법은 토론참가자들의 가치관이나 견해차로 인한 갈등과 대립을 회피하기 위하여 대면 접촉을 하지 않고 익명의 전문가들을 선정하여 격리시킨 채 의견을 수렴하는 방법이다.

31 ② 32 ② **정답**

33 다음의 내용은 무엇에 대한 설명인가? [20년 2회]

(A)은/는 제조공정, 제품개발 등에서 혁신을 가져왔고, 앞으로 (B)로/으로 발전할 것이다. (B)은/는 (A)을/를 부품 등의 설계도를 출력하면 스스로 조립하여 물체가 완성되는 개념으로 무생물인 물질에 생명을 불어넣는 것으로 알려진 (B)의 사례는 여러 가지가 존재한다.

① (A) ERP, (B) CRM

② (A) ERP, (B) ES

③ (A) 3D프린팅, (B) 자율자동차

④ (A) 3D프린팅, (B) 4D프린팅

해설

④ 3D프린팅은 프린터로 입체도형을 찍어내는 것을 말하며 3차원 공간 안에 실제 사물을 인쇄하는 기술로 다양한 물건을 만들어 낼 수 있다. 4D프린팅은 미리 설계된 시간이나 임의의 환경조건이 충족되면 스스로 모양을 변경, 제조하여 새로운 형태로 바뀌는 제품을 3D프린팅하는 기술이다.

34 다음 중 조직구성원을 기업경영에 참여시키는 경영참가제도의 유형과 그 예를 묶은 것으로 가장 적절한 것은? [16년 2회]

① 의사결정참가제도 – 럭카플랜

② 자본참가제도 – 스캔론플랜

③ 이익참가제도 – 노사협의회

④ 자본참가제도 – 종업원지주제도

해설

① 의사결정참가제도 : 근로자 대표 또는 노동조합이 경영의사결정에 참여하여 그들의 의사를 반영시키는 제도(예 공동의사결정체, 노사협의회)

② 자본참가제도 : 근로자들로 하여금 자금을 출자하게 하여 기업경영에 참가하는 제도(예 종업원지주제)

③ 이익참가제도 : 근로자가 기업의 경영성과의 배분에 참가하는 제도(예 이윤분배제도, 스캔론플랜, 럭카플랜)

- 럭카플랜 : 생산의 부가가치 증대를 기준으로 한 성과분배
- 스캔론플랜 : 제안 및 생산의 판매가치를 기준으로 한 성과분배

정답 33 ④ 34 ④

35 다음 중 마케팅 관련 설명으로 가장 적절하지 않은 것은? [17년 1회]

① 마케팅이란 고객의 욕구를 충족시키기 위하여 기업이 행하는 시장과의 커뮤니케이션, 적시적소의 상품유통, 적정한 가격결정, 제품의 설계와 개발 등을 의미한다.
② 마케팅 믹스는 기업이 표적시장에서 마케팅 목표를 달성하기 위하여 활용할 수 있는 마케팅 변수를 말하며, 제품(Product), 가격(Price), 유통(Place), 기획(Planning) 등이 그것이다.
③ 마케팅 관리란 조직의 목표를 달성하기 위하여 마케팅 활동의 대상이 되는 고객을 만족시킬 수 있는 마케팅 전략과 계획을 수립하고, 그것을 실행 및 통제하는 일련의 활동을 말한다.
④ 마케팅 조사는 회사가 직면하고 있는 마케팅 문제와 관련된 시장환경이나 마케팅 활동의 성과 등에 대한 정보를 체계적이고 객관적으로 수집, 분석, 보고하는 일련의 활동을 말한다.

해설

② 마케팅 믹스란 기업이 표적시장에서 마케팅 목표를 달성하기 위하여 활용할 수 있는 마케팅 변수를 말하며, 마케팅 믹스 전략은 제품(Product), 가격(Price), 유통(Place), 촉진(Promotion)의 4P 전략을 적절히 조화하여 표적 시장에 도달시키는 것이다.

36 한국기업은 A제품을 생산판매하고 있다. A제품의 제품 단위당 판매가격이 9천 원, 단위당 변동비가 3천 원, 총 고정비가 300만 원일 때 손익분기점(BEP) 판매량으로 가장 옳은 것은? [17년 2회]

① 100개
② 250개
③ 500개
④ 1000개

해설

③ 손익분기점은 한 기간의 매출액이 당해기간의 총비용과 일치하는 점을 말한다.
• 500개 만드는 비용은 3000원×500개+300만 원=450만 원(변동비+고정비)이다.
• 500개 팔면 매출액은 500개×9000원=450만 원이다.

37 브릭스(BRICS)는 2000년대를 전후해 경제성장 가능성이 높은 신흥경제국 5개국을 하나의 경제권으로 묶어 지칭하는 용어이다. 매년 정상회담을 개최하여 브릭스 회원국 간의 상호 경제협력을 강화하는 움직임을 이어가고 있다. 다음의 국가 중 브릭스(BRICS)의 회원국이 아닌 국가는? [19년 1회]

① 러시아
② 중 국
③ 남아프리카공화국
④ 멕시코

해설

④ 브릭스 5개국은 브라질(Brazil), 러시아(Russia), 인도(India), 중국(China), 남아프리카공화국(Republic of South Africa)이다.

35 ② 36 ③ 37 ④ 정답

38 아래의 글이 설명하는 용어로 가장 적합한 것은? [20년 1회]

> 무리한 인수 · 합병으로 회사 전체가 위험에 빠지고 결국 경영에 독이 되는 현상이 나타나는 경우를 말한다. 예를 들면, 인수자금을 마련하기 위해 빌린 돈의 이자를 부담할 수 없는 상황에 빠져 모기업의 현금흐름마저 이를 감당할 수 없게 되어 기업 전체가 휘청거리는 상황에 이르는 현상이다.

① 곰의 포옹
② 흑기사
③ 독약 처방
④ 승자의 저주

해설

① 곰의 포옹 : 기업 인수합병 전략의 하나로, 사전경고 없이 매수자가 목표 기업의 경영진에게 편지를 보내 매수 제의를 하고 신속한 의사결정을 요구하는 방법을 의미한다.
② 흑기사 : 적대적 기업 인수합병을 시도하는 사람이나 기업이 단독으로 필요한 주식을 취득하기가 현실적으로 어려울 때 제3자를 찾아 도움을 구하는 것을 의미한다.
③ 독약 처방 : 적대적 기업 인수합병 시도가 있을 시 이사회 결정만으로 신주를 발행해 인수자를 제외한 모든 주주에게 시가의 절반 이하의 가격으로 살 수 있도록 하여 기업 인수합병을 저지하는 방법을 의미한다.

39 최근 대두되고 있는 4차 산업혁명에 대한 설명 중 가장 거리가 먼 것은? [18년 1회]

① 2015년 세계경제포럼에서 언급되었으며, 기계 중심 기반의 새로운 산업시대를 대표하는 용어이다.
② 3차 산업혁명(정보혁명)에서 한 단계 더 진화한 혁명으로 일컬어진다.
③ AI, 사물인터넷, 클라우드 컴퓨팅, 빅데이터 등 지능정보 기술과 기존산업과의 결합이 가능하다.
④ 초연결, 초지능을 특징으로 하기에 기존산업혁명에 비해 더 넓은 범위에 더 빠른 속도로 큰 영향을 미친다.

해설

① 4차 산업혁명은 2016년 세계경제포럼에서 언급되었으며, 첨단정보통신기술이 경제 · 사회 전반에 융합되어 혁신적인 변화를 가져오는 차세대 산업혁명이다.

정답 38 ④ 39 ①

40 다음은 무엇을 의미하고 있는지 가장 적절한 것은? [17년 1회]

> 실질GDP, 소비, 투자, 고용 등 집계변수들이 장기추세선을 중심으로 상승과 하락을 반복하는 현상

① 장기불황
② 호황국면
③ 경기변동
④ 인플레이션

해설

① 경기불황이 몇 년간 계속되면서 저소득층의 일자리가 줄어들고 소득까지 감소세로 돌아서는 것을 말한다.
② 경기회복이 시작되어 기업활동은 활발해지고 그에 따라 산출량과 고용량이 증가하는 시기를 말한다.
④ 통화량의 증가로 화폐가치가 하락하고, 물가수준이 지속적으로 오르는 경제현상을 말한다.

제3과목 | 사무영어

41 Choose one which is not correct. [15년 2회]

① Fringe benefits are main source of salary that some people get from their job.
② A headhunter is an informal name for an employment recruiter, sometimes referred to as executive search.
③ Copyright is a form of intellectual property, applicable to certain forms of creative work.
④ A subsidiary is a company which is part of a larger and more important company.

해설

① '부가급여는 일부 사람들이 자신의 직업에서 얻는 월급의 주요 원천이다'는 잘못된 설명이다. 부가급여란 근로자가 기본임금 외에 사용자로부터 받는 보수이다.

- Fringe benefits : 부가급여
- headhunter : 인재 스카우트 전문가
- Copyright : 저작권
- subsidiary : 자회사

40 ③ 41 ① 정답

42 Which of the following is the most appropriate job title for the underlined blank ⓐ? [17년 2회]

Horizon Corp.
445 Main, Wellington, New Zealand
Tel : (708) 231-8877, Fax : (708) 231-8870

ABC, Inc.
1234 Main Street
Businessville, OK 43210

Dear Sir or Madam,

My previous company has dealt with you for many years and enjoyed both your merchandise and your businesslike way of dealing with customers. I am now with a new company and have recommended to them that they do business with you.
Please send your brochure and price list, including shipping information and available discounts, to my attention at the address shown above.
Thank you very much.
Yours truly,
Jacob Elli
_____ⓐ_____
JE : me

① Merchandise Manager

② Research and Development Manager

③ Personnel Director

④ Legal Affairs Executive

해설

① 머천다이즈 매니저
② 연구개발부장
③ 인사부장
④ 법무담당이사

저의 전 회사는 수년간 귀하와 거래해 왔으며 귀하의 상품과 고객을 대하는 비즈니스 방식을 누렸습니다. 지금 저는 새로운 회사에 몸담고 있으며 새 회사가 귀하와 비즈니스를 하도록 추천하고 있습니다.
안내책자 및 가격표(배송 정보 및 할인 혜택 포함)를 위에 표시된 주소로 제게 보내주십시오.

정답 42 ①

43 Which of the followings is most appropriate for the blank? [18년 1회]

> Guarantee and Cancellation Policy
> There is a credit card required for this reservation. If you wish to cancel, please do so 1 day prior to arrival to avoid cancellation ________.

① penalties
② fees
③ payment
④ fares

해설

> 보증 및 취소 정책
> 예약 시 신용카드가 필요합니다. 취소하고자 하는 경우, 위약금을 피하기 위해 도착 1일 전에 취소하시기 바랍니다.

44 Which element of a business letter cannot be inferred from the information on the envelope below? [17년 2회]

> James Anderson
> Accounting Manager
> ABC Corporation
> 2010, 1st Avenue
> Waterloo, Ontario, Canada N2L4P3
>
> SPECIAL DELIVERY
>
> CONFIDENTIAL
>
> Mr. Mark Harrison
> Director of Finance
> Alan Master Corporation
> 100 E Main Street
> Seattle, WA 98685
> USA

① Letterhead
② Inside Address
③ Writer's name
④ Subject of Letter

43 ① 44 ④ **정답**

해설

④ 편지의 제목은 나타나 있지 않다.

① Letterhead는 편지지 위쪽에 인쇄 문구(로고, 회사명, 소재지, 전화번호 등)가 찍힌 것을 말하므로 위 봉투 내용으로도 추론할 수 있다.

② 편지 왼쪽 상단에 표기되어 있다.

③ Writer's name은 James Anderson이다.

45 What is the LEAST correct information about the below fax? [20년 2회]

FAX from : Jefferey Duncan
ICN Co. ESH Singapore
Tel. +65 6426 7823
Fax +65 6426 7824
# of Pages : 1 including this page
DATE : May 2, 2020
FAX to : Kevin Meier of ABC company +81 3 5277 061

MESSAGE

Dear Mr. Meier :
Thank you for your fax. Most of all, we apologize for the delay in shipping your order.
We normally keep to our delivery dates, but in this case our suppliers shipped to us late. Your order will be shipped today, and the date of delivery will be May 11.
We are very sorry for the inconvenience, and will make every effort to prevent a recurrence.

① ICN Co. has had a business with ABC company.

② Kevin Meier is expected to get the ordered goods on May 2.

③ The main purpose of this fax is to apologize for the delay and inform the delivery date.

④ Kevin Meier must have sent a fax to ask for the shipment of his order.

해설

② Kevin Meier가 주문한 물건은 오늘 발송되어 5월 11일에 도착할 예정이다.

정답 45 ②

46 Which of the followings is the MOST appropriate order? [19년 2회]

> Mr. Banta
> Personnel Director
> AAA Ltd.
> Dear Mr. Banta,
>
> (a) I have been working as a marketing manager at Media.com. I am in charge of directing market research in addition to recommending business strategies and planning.
> (b) I believe my education and experience have given me the background you desire for the position.
> (c) I would like to apply for the position of marketing manager, which you advertised in the recruiting site on November 10, 2018.
> (d) Thank you very much for your consideration, and I look forward to hearing from you soon.
> (e) The enclosed resume will provide you further details of my qualifications, and I would appreciate it if you could give me a chance to have an interview.
>
> Sincerely yours,

① (c) – (b) – (a) – (e) – (d)
② (b) – (c) – (e) – (a) – (d)
③ (c) – (d) – (b) – (e) – (a)
④ (b) – (e) – (c) – (d) – (a)

해설

예문은 Cover letter이며 Resume와 함께 자기소개서를 첨부해 보내기 위해서 지원 의사를 밝히는 편지로 (c) 지원경로, (b) 지원동기, (a) 자격요건, (e) 간단한 자기 PR, (d) 마무리 순으로 작성한다.

(c) 귀사에서 2018년 11월 10일에 채용 사이트에 공고하신 마케팅 책임자 자리에 지원하고 싶습니다.
(b) 제가 받은 교육과 제가 한 경험이 저에게 귀사에서 그 자리에 바라는 배경이 되어 주리라 확신합니다.
(a) 저는 Media.com에서 마케팅 책임자로 일했습니다. 저는 사업전략과 계획을 권고하는 일에 덧붙여 사장 조사를 총괄하는 일을 맡았습니다.
(e) 동봉한 이력서에 저의 자격요건에 대해 더 자세히 제시했고 귀사에서 저에게 면접 볼 기회를 주신다면 감사하겠습니다.
(d) 배려에 감사드리며 좋은 소식이 있기를 바랍니다.

46 ① **정답**

47 **Read the following itinerary for Mr. Jim Blake and choose one which is not scheduled for him to do in New York.** [16년 2회]

Date	Time	Event
Monday, July 12	6:30 P.M.	Arrival at La Guardia Airport
Tuesday, July 13	11:00 A.M.~1:00 P.M.	Meeting and Lunch, New York Dental Association
	3:00 P.M.~5:00 P.M.	Meeting at Cosmetic Dentist Partners
Wednesday, July 14	10:00 A.M.~11:30 A.M.	Q&A Session with editors, Dental Innovation and Creativeness Magazine
	4:45 P.M.	Departure from La Guardia Airport

① He is scheduled to participate in meetings.

② He will take a field trip to La Guardia Airport.

③ He is supposed to have one interview with editors of magazine.

④ He will have lunch with someone from New York Dental Association on Tuesday.

해설

② 라과디아 공항은 도착지이다.

① 7월 13일 11시와 3시에 회의가 잡혀있다.

③ 7월 14일에 치과 혁신창조 매거진 편집자와 질의응답 시간이 있다.

④ 7월 13일에 11시부터 1시까지 뉴욕 치과협회와의 회의와 점심식사가 예정되어 있다.

- field trip : 현지 견학
- be scheduled to : ~하기로 되어있다
- editor : 편집자

정답 47 ②

48 Choose one which is the most appropriate expression for the blank. [17년 2회]

A : I need an one-way ticket to Las Vegas.
B : When do you need it, sir?
A : This Saturday. By the way, is it a nonstop flight?
B : No. You have a 2-hours in ________ L.A. I'm afraid we don't have any nonstop flight to Las Vegas.
A : O.K. Then can you tell me what flights are available for the day?
B : We have two flights available for that day, one at 10:00 a.m. and the other at 4:30 p.m.
A : I'll take 10:00 a.m. flight.

① stopover ② direct flight
③ round-trip flight ④ open-ended ticket

해설

① 기 착
② 직항편
③ 왕복 항공편
④ 돌아오는 항공권 날짜 제약을 두지 않은 표

A : 라스베가스로 가는 편도 티켓이 필요합니다.
B : 언제 필요하십니까?
A : 이번 주 토요일입니다. 그런데 논스톱 비행기인가요?
B : 아닙니다. L.A.에서 2시간 기착이 있습니다. 라스베가스로 가는 직항 항공편은 없습니다.
A : 그럼 그날 이용할 수 있는 항공편을 알려주시겠어요?
B : 우리는 그날 두 편의 비행이 가능합니다. 오전 10시와 오후 4시 30분입니다.
A : 오전 10시 비행기로 할게요.

48 ① **정답**

49 Choose the one which is not correctly translated into Korean. [16년 1회]

① I am pleased to inform you that we have decided to sign the contract.
우리가 계약을 체결하기로 결정했음을 알려 드리게 되어 기쁩니다.

② Please, note that our agency will be closed from the 7th until 9th.
우리 영업소는 7일부터 9일까지 문을 닫으니 유념해 주시기 바랍니다.

③ Send me an acknowledgement e-mail as soon as you receive my e-mail.
당신이 내 이메일을 받고 바로 확인 이메일을 보내주세요.

④ Let me know if you experience any difficulties in viewing the file I sent.
파일을 여는 데 어려움이 있으시면 제가 다시 당신에게 파일을 보내드릴 수 있도록 알려주십시오.

해설

④ 자신이 보낸 파일을 보는 데 어려움이 있다면 알려달라는 내용이다.

50 Choose the one that is the most appropriate purpose for the following message. [16년 1회]

> Dear Mr. Brown,
> I wish I could send you a copy of our New Employees Training Manual to help you establish your own manual, but the information in our Employee Training Manual is classified as confidential and is available only to our management employees. Instead, I am sending you a copy of a booklet which is for our incoming employees. I'm sure it will be helpful to you since it does contain some of our training policies.
> With best regards,

① The purpose of this message is to request a copy of a manual.

② The purpose of this message is to refuse Mr. Brown's information request.

③ The purpose of this message is to inquire some information.

④ The purpose of this message is to notify the date of shipment.

해설

② Mr. Brown이 요청한 정보인 신입사원 교육 매뉴얼은 기밀사항이라 보내줄 수가 없다는 거절의 의사를 표현하는 것을 목적으로 하는 메시지이다.

① 매뉴얼 사본을 요청하기 위하여

③ 어떤 정보를 요청하기 위하여

④ 선적날짜를 공지하기 위하여

> 귀사의 매뉴얼을 만드는 데 도움이 될 수 있도록 저희 회사의 신입사원 교육 매뉴얼을 보내드리려 했지만, 저희 직원 교육 매뉴얼이 기밀사항이어서 경영층에게만 허용됩니다. 대신에 새로 들어오는 저희 직원들을 위한 소책자를 보내 드립니다. 여기에도 우리의 교육정책의 일부를 포함하고 있기 때문에 당신에게 도움이 될 것이라고 확신합니다.

정답 49 ④ 50 ②

51 Which of the following is the MOST appropriate expression for the blanks ⓐ, ⓑ and ⓒ? [19년 1회]

A : Do you have any plans after this?
B : Nothing in particular. I will go back to the hotel and get some rest.
A : Then, now that you have tried Korean food, ⓐ ________ go to a Korean tourist attraction near here?
B : Great. Do you know anywhere you'd like to ⓑ ________?
A : There is Insadong in Jongno, a very popular place among foreign visitors. You can experience traditional Korean culture in Insadong. This includes Korean paintings, handicrafts and traditional clothing.
B : That sounds interesting. Maybe I could shop for some ⓒ ________ there as well.
A : Good!

① ⓐ how do you ⓑ suggest ⓒ gift wrap
② ⓐ why do you ⓑ propose ⓒ valuable
③ ⓐ why don't we ⓑ recommend ⓒ souvenirs
④ ⓐ when do you ⓑ notify ⓒ product

해설

- why don't we ~ : ~하는 게 어때(요)?; ~합시다(권유, 청유)
- souvenir : 기념품(선물)

A : 다음에는 무슨 계획이 있습니까?
B : 특별한 건 없습니다. 호텔로 돌아가서 쉴까 하는데요.
A : 그렇다면, 이제 한국 음식도 먹었고, 주변에 있는 한국 관광 명소로 가보는 게 어떨까요?
B : 좋습니다. 추천하고 싶은 장소가 있습니까?
A : 종로에 인사동이라고 외국 관광객들에게 아주 인기 있는 곳이 있습니다. 인사동에 가면 그림, 수공예, 전통 복식과 같은 한국의 전통문화를 경험할 수 있습니다.
B : 괜찮을 것 같네요. 거기서 기념품 역시 살 수 있겠지요.
A : 그렇지요!

52 Which of the following is the most appropriate expression for the blank ⓐ and ⓑ? [16년 2회]

Mr. Edwards	: Yes, Tina?
Secretary	: Excuse me, Mr. Edwards. It's Mr. David Jones from Asia Corporation. He's calling long distance.
Mr. Edwards	: What does he want?
Secretary	: He's responding to the e-mail you sent him.
Mr. Edwards	: Ah, yes. Okay. ⓐ ________ him through.
Secretary	: Mr. Jones?
Mr. Jones	: Yes?
Secretary	: ⓑ ________________.
Mr. Jones	: Thank you.
Mr. Edwards	: Hello, this is Bill Edwards.
Mr. Jones	: Mr. Edwards, this is David Jones from Asia Corporation. Thanks for taking my call.

① ⓐ Connect ⓑ Would you like to leave a message?

② ⓐ Take ⓑ I'll connect you to Mr. Edwards.

③ ⓐ Transfer ⓑ I'll put you with Mr. Edwards.

④ ⓐ Put ⓑ I'll transfer your call to Mr. Edwards.

해설

Mr. David Jones가 장거리 전화로 Mr. Edwards가 보낸 이메일에 응답하고자 하므로 비서는 전화를 연결해주려 하고 있다. ⓐ Mr. Edwards가 그의 전화를 연결해 달라고 하는 것이고, ⓑ 비서가 Mr. David Jones에게 전화를 연결해 주겠다는 뜻이다.

• put somebody through : 연결해주다
• transfer A to B : A에게 B를 연결해주다

정답 52 ④

53 Read the following conversation and choose one which is true. [15년 1회]

> A : There are several to be done by the end of this month. As you all know, we're going to conduct a customer satisfaction survey on our new product. Kelly, can I leave it to you?
> B : All right. I'll do that.
> A : Jack, please create a February sales report.
> C : No problem.
> A : Norah, I'd like you to attend the meeting with our clients this afternoon.
> D : Sorry, Mr. Yoon. I'm fully booked for the day. So I'm afraid that I can't make it to the meeting.
> A : I see. Then I will attend the meeting instead. Okay, that's it. Let's get back to work!

① The production quality test should be done by the end of this month.
② Norah takes in charge of having a customer satisfaction survey on customer service of this company.
③ Jack is going to make a monthly sales report.
④ Kelly is responsible for attending a meeting on behalf of Norah.

해설

2월 영업보고서를 작성해달라는 요청에 Jack은 'No problem'이라고 대답하였으므로, Jack이 월별 영업보고서를 작성할 것이라는 ③이 대화의 내용에 맞는 답이다.
① 이번 달 말까지 해야 할 일은 품질테스트가 아닌 고객만족도 조사라고 하였다.
② 고객만족도 조사를 요청받고 이를 수락한 사람은 Kelly이다.
④ Kelly는 고객만족도 조사의 실시를 맡았으며, Norah 대신 미팅에 참석하는 사람은 Mr. Yoon이다.

- conduct a survey : 조사를 실시하다
- make it : 가다[참석하다]
- in charge of : ~을(를) 담당하는(맡은)

> A : 이번 달 말까지 해야 할 일이 있습니다. 다들 아시다시피 당사 신제품에 대한 고객만족도 조사를 하고자 합니다. Kelly, 이 일을 맡겨도 될까요?
> B : 네, 그렇게 하겠습니다.
> A : Jack, 2월 영업보고서를 작성해줘요.
> C : 문제없습니다.
> A : Norah, 오늘 오후에 클라이언트와의 미팅에 참석해줘요.
> D : Mr. Yoon, 죄송합니다만 일정이 꽉 차서 회의에 참석하기 어려울 것 같습니다.
> A : 알겠어요. 그럼 제가 대신 참석하지요. 이만 마치겠어요. 모두 업무로 돌아가세요.

53 ③ 정답

54 According to the followings, which is LEAST true? [20년 제2회]

S : Mr. Chang. Can I come in and fill you in on your schedule for today?
B : Well, I looked it through before I left home this morning, but come in Ms. Lee. It doesn't harm to double check, does it?
S : Not at all sir. Actually, Mr. Trevor of the finance department dropped by yesterday after you left for home. He wanted to see you to discuss funding for the next year's project.
B : I can see him now.
S : Well. Mr. Trevor has a department meeting at the moment. He will come to see you at 11:00. Mr. Chang, you don't have anything scheduled from 11 until noon.
B : 11 o'clock is good. Let me know when he is here. Anything else?
S : You are scheduled to go to the 5th Annual Meeting for Seoul SME Executives Association.
B : What time is the meeting and where should I go?
S : It is at 6:00 p.m. at the ABC Hotel. Because it's rush hour, I suggest your leaving at least an hour earlier.
B : OK. Thank you. Ms. Lee.

① Mr. Chang will leave for ABC Hotel around 5 o'clock.
② Mr. Trevor wanted to see Mr. Chang yesterday, but he couldn't.
③ Mr. Chang already looked through today's schedule this morning.
④ Ms. Lee is Mr. Trevor's secretary.

해설

④ Ms. Lee는 Mr. Chang의 비서이다.
① Mr. Chang은 약 5시에 ABC 호텔을 향해 출발할 것이다.
② Mr. Trevor은 어제 Mr. Chang을 보기를 원했지만, 그러지 못했다.
③ Mr. Chang은 아침에 오늘 일정을 이미 살펴보았다.

정답 54 ④

55 According to the dialogue, choose one which is not true. [15년 1회]

A : Good afternoon. May I help you?
B : Good afternoon, Is Ms. Smith in?
A : May I ask your name and nature of your business?
B : I am John of PAG Life Insurance. I'd like to see her for a few minutes.
A : I'm sorry Mr. Kim, but could you let me know the nature of your business, too?
B : I'd like to talk to her about our new insurance product.
A : I see. I'll see if she's available. One moment, please. I'm sorry but she is talking someone on the phone now. Why don't you make an appointment before you visit her?
B : I will. Here's my business card. Could you give it to her?
A : Sure.

① John Kim visited Ms. Smith's office without appointment.
② John Kim visited Ms. Smith to introduce the new insurance product of PAG.
③ Ms. Smith is having conversation on the phone.
④ John Kim informed Ms. Smith of his visit in advance.

해설

'Why don't you ~ visit her?'의 A의 말에 B인 John이 그렇게 하겠다고 대답하고 있으므로 Ms. Smith에게 미리 방문을 알렸다는 ④는 사실이 아니다.

- nature of business : 업무의 성질
- insurance product : 보험 상품
- see if : ~인지 아닌지 확인하다
- available : 만날 수 있는, 이야기할 시간이 있는
- talk on the phone : 통화 중이다
- make an appointment : 만날 약속을 하다
- business card : 명함
- have a conversation : 대화를 나누다
- inform someone of : ~에게 ~을(를) 알리다

55 ④ 정답

56 **Choose the correct inside address in a business letter.** [15년 2회]

① Mr. Brian Taylor
TDM Co.
Sales & Marketing Director
11 Main Street
Grand Plains, NY 21596

② Mr. Brian Taylor
Sales & Marketing Director
TDM Co.
11 Main Street
Grand Plains, NY 21596

③ Dear Mr. Brian Taylor
11 Main Street
Grand Plains, NY 21596
TDM Co.
Sales & Marketing Director

④ Mr. Brian Taylor/TDM Co.
Sales & Marketing Director
11 Main Street
Grand Plains, NY 21596

해설

Inside address란 봉투 안의 서신에 재차 표기하는 수신인의 주소를 가리킨다.
개인에게 보내는 서신을 그의 회사에 보내는 경우, 주소의 영문표기는 다음의 순서를 따른다.

- 개인의 성명(직책)
- 회사명
- 번지, 도로명
- 구(區) · 시(市) · 주(州) · 우편번호 등
- 국가명

정답 56 ②

57 Which is the MOST appropriate expression for the blank? [20년 1회]

A : Ms. Lee, can you come to my office now? I have something to ask you.
B : Sure.
A : Can you make copies of these paper?
B : Yes, just one copy for each?
A : No, I need two copies for them. One for me and the other for the sales manager.
B : Ok. I'll make two copies for them.
A : And please enlarge the size of them. ________________.
B : No problem. I'll make it enlarged size. Is there anything else?
A : No. Thank you, Ms. Lee.

① Please reduce this paper to 50%.

② The letters are too small to read.

③ Make color copies, please.

④ I've done about half for it.

해설

② A는 B에게 서류의 카피본의 사이즈를 더 크게 만들어 달라고 요청하고 있다. 따라서 글자가 읽기에 너무 작으니 사이즈를 크게 만들어 달라고 하는 것이 가장 적절하다.

57 ② 정답

58 According to the following conversation, which one is NOT true? [20년 2회]

A : Ms. Lee, could you tell me my schedule for today?
B : Yes. Mr. Taylor, there'll be a meeting on our new product promotion at 10:30. Mr. Y. G. Seo, Marketing Director, would like you to join the meeting. At 12:00 you have a lunch appointment with Ms. Jill Sander at the cafeteria.
A : Cafeteria on the first floor?
B : Yes, it is. After lunch, at two o'clock Lawyer Park will visit you to discuss the labor agreement.
A : All right. Tell me how you've planned my business trip to New York.
B : You're leaving Seoul at 9:30 on Tuesday morning on OZ780 and arriving at JFK Airport at 10 o'clock on the same day. Mr. John Park will meet you at the airport and take you to the headquarters.
A : Good.
B : You will be staying at the Royal Garden Hotel for 5 nights.
A : And on the way back?
B : The return flight leaves at 4 o'clock on Sunday afternoon and arrives at the Incheon Airport at 9:00 p.m. next Monday. Mr. Kim, driver, will meet you at the airport.

① Mr. Taylor has a meeting at 10:30 regarding new product promotion.
② Mr. Taylor has a lunch appointment with Ms. Jill Sander at the cafeteria on the first floor today.
③ Mr. Taylor will fly to New York on a business trip.
④ Mr. John Park will stay at the Royal Garden Hotel for 5 days.

해설

④ Mr. Taylor가 Royal Garden Hotel에서 5일을 머무를 것이다.

A : Ms. Lee 오늘 일정을 말해주시겠습니까?
B : 네. Mr. Taylor. 10시 30분에 우리의 신제품 프로모션 미팅이 있습니다. 마케팅 디렉터 Y. G. Seo 씨가 당신이 회의에 참석하기를 원합니다. 12시에는 Jill Sander 씨와 카페테리아에서 점심 약속이 있습니다.
A : 일 층에 있는 카페테리아 말하는 것인가요?
B : 네 맞습니다. 점심 이후 2시에 변호사 Park 씨가 노사협의로 의논할 것이 있어 방문할 것입니다.
A : 알겠습니다. 뉴욕 비즈니스 출장 계획은 어떻게 되는지 말씀해주세요.
B : 화요일 아침 9시 30분에 OZ780를 타고 서울을 떠나 JFK공항에 같은 날 10시에 도착할 것입니다. John Park 씨가 공항에 마중 나와서 본사로 안내할 것입니다.
A : 좋습니다.
B : 당신은 Royal Garden Hotel에서 5일간 머무를 것입니다.
A : 그리고 돌아오는 편은 어떻게 됩니까?
B : 돌아오는 비행은 일요일 오후 4시에 떠나는 비행기로 인천공항에 그다음 월요일 오후 9시에 도착할 것입니다. 운전기사 Mr. Kim께서 공항에 마중 나갈 것입니다.

정답 58 ④

59 Which of the following should you NOT do when transferring a call? [18년 1회]

① Tell the caller to whom he is being transferred.

② Be polite and professional.

③ Disconnect the caller.

④ Ask the caller for permission before you make the transfer.

해설

③ 발신자와의 연결을 끊어서는 안 된다.

60 Which of the following is the Most appropriate expression for the blank? [19년 1회]

> A : Hello. Export and Import Department.
> B : Can I speak to Mr. Taylor, please?
> A : Sorry, but (   )
> B : Gee. It's only 2 o'clock.
> A : Yes, but he was coming down with flu. So he left early. Wil you leave a message?
> B : No, just tell him John called.

① he comes back.

② he went home already.

③ he didn't come today.

④ his line is busy.

해설

괄호 안에 들어갈 적합한 말은 ②의 "그는 이미 퇴근하였습니다(he went home already)"가 적합하다. Mr. Taylor는 출근하였으나 독감으로 몸이 너무 좋지 않아 조퇴하였다.

59 ③ 60 ② 정답

61 **다음은 공문서의 두문과 결문이다. 이 문서에 관한 설명으로 올바른 것은?** [19년 2회]

대 한 사 회 과 학 회

수신자 상공대학교 총장 (인문사회연구소장)
(경유) 사회과학데이터센터장
제목 사회과학연구지 논문모집 안내

-내용 생략-

대 한 사 회 과 학 회 장 직인생략

★ 연구원 홍미순 편집국장 김주현 학회장 양지석
협조자 사무국장 윤정혜
시행 편집 2019-093 (2019. 8. 2) 접수

① 대한사회과학회에서 상공대학교 사회과학데이터센터로 발송되는 문서이다.
② 홍미순 연구원이 기안해서 김주현 국장의 검토를 거쳐서 양지석 학회장이 결재한 후 윤정혜 사무국장에게 협조받은 문서이다.
③ 이 문서는 사회과학데이터센터의 사무국에서 발송되었다.
④ 이 문서를 최종적으로 받는 사람은 상공대학교 인문사회연구소장이다.

해설

④ 공문은 두문(행정기관명, 수신자), 본문(제목, 내용, 붙임), 결문(발신명의)의 형식이다. 위 공문의 두문(수신자)에는 상공대학교 총장(인문사회연구소장)이라고 명시되어 있다.

정답 61 ④

62 **다음 중 문장부호와 띄어쓰기가 공공언어 바로 쓰기에 맞춰 올바르게 바뀐 것은?** [20년 1회]

항 목	수정 전	수정 후
가	4. 29 ~ 10. 31	4. 29. ~ 10. 31.
나	1950. 7월 ~ 1953. 1월	1950. 7. ~ 1953. 1.
다	융 · 복합	융복합
라	장 · 차관	장차관
마	21,345천원	2,134만 5천 원

① 가, 나, 다, 라, 마
② 가, 나, 라, 마
③ 가, 나, 다, 마
④ 가, 나, 마

해설

가 · 나. 공문서로 날짜를 표기할 때는 숫자로 표기하되 연 · 월 · 일의 글자는 생략하고 그 자리에 마침표(.)를 찍어 표시한다. 숫자로 연 · 월 · 일을 표시할 때 '일'의 마지막에 마침표를 찍어야 한다.

다 · 라. 가운뎃점은 열거할 어구들을 일정한 기준으로 묶어서 나타날 때 사용하거나 짝을 이루는 어구들 사이에 사용하고 공통 성분을 줄여서 하나의 어구로 묶을 때 사용한다. '장차관'은 표준국어대사전에 한 단어로 올라와 있어 굳이 가운뎃점을 쓰지 않아도 된다.

마. '원'은 화폐의 단위를 나타내는 말로 앞말과 띄어 써야 한다.

63 **다음은 학회 사무국에서 근무하고 있는 최시은 비서가 작성한 안내장이다. 다음 밑줄 친 표현 중 적절하지 못한 것을 모두 고른 것은?** [16년 2회]

> 회원님 안녕하십니까?
> (ㄱ) <u>근 20년 가까이</u> 학회에 깊은 관심과 배려를 보여주신 회원님께 진심으로 감사드립니다. 학회 이사들이 (ㄴ) <u>서로 상의하여</u> 올 4월에 학회 설립 20주년을 맞아 '미래의 산업교육'이라는 주제로 상공대학에서 (ㄷ) <u>총회를 개최하기로</u> 결정하였습니다. 또한 이번 총회는 일본, 중국의 산업교육 전문가들이 모이는 국제 학회로 개최되는 (ㄹ) <u>수확을 거두게</u> 될 예정입니다. 이에 회원님의 적극적인 참여가 있으시길 바라며 (ㅁ) <u>신년 새해</u>에 복 많이 받으시고 학회 이사진은 (ㅂ) <u>맡은 바 임무</u>를 다해 학회 발전을 위해 노력하겠습니다.

① (ㄱ), (ㄴ), (ㄷ)
② (ㄱ), (ㄴ), (ㄹ), (ㅁ), (ㅂ)
③ (ㄱ), (ㄴ), (ㄷ), (ㄹ), (ㅂ)
④ (ㄱ), (ㄴ), (ㄹ), (ㅂ)

해설

(ㄱ), (ㄴ), (ㄹ), (ㅁ), (ㅂ) 서로 의미가 같은 말들이 반복되어 표현된 것이다('근'과 '가까이', '서로'와 '상의', '수확'과 '거두다', '신년'과 '새해', '맡은 바'와 '임무').

62 ② 63 ② **정답**

64 **다음 감사장 작성에 관한 설명 중 가장 옳지 않은 것은?** [17년 1회]

① 취임 축하장에 대한 감사장은 취임에 대한 포부와 결의를 밝힌 후에 축하장에 대한 감사인사를 하는 순서로 작성한다.
② 수상 축하장에 대한 감사장은 수상할 수 있게 된 것이 상대방 덕분이라는 표현을 먼저 하는 것이 좋다.
③ 출장 중 상대방의 호의에 대한 감사장은 가급적 출장지에서 돌아온 직후에 작성하는 것이 바람직하다.
④ 문상에 대한 답례장은 미사여구를 나열하는 것보다는 솔직한 감사의 인사를 전한다.

해설

① 취임 축하장에 대한 감사장은 축하에 대해서 감사 인사를 한 후 포부와 결의를 밝히면서 마지막에 상대방의 지원을 부탁하는 글로 끝맺는다.

65 **다음은 ㈜진우 기업의 문서 접수 대장이다. 문서 접수 대장에 대한 설명이 가장 적절하지 않은 것은?** [20년 1회]

일련 번호	접수 일자	발신처	문서 번호	문서 제목	상사 전달	전달일	담당 부서	인수자	기 타
20-112	20.3.16.	보람 카드	–	2월 카드명세서	○	3.16			
20-113	20.3.16.	상공 협회	상공 20-15	국가자격증 안내		3.16	인사팀	최문영	
20-114	20.3.17.	한울 대학	교무-35	취업교육 의뢰		3.17	교육팀	김세인	

① 2020년 3월 16일에 접수한 문서는 두 건이다.
② 한울대학에서 온 취업교육의뢰 문서는 교육팀 김세인 씨가 비서실로 전달해 주었다.
③ 상공협회에서 온 국가자격증 안내문서는 인사팀에서 처리할 문서이다.
④ 보람카드에서 온 카드명세서는 상사의 개인 카드명세서여서 봉투를 개봉하지 않고 전달했다.

해설

② 한울대학에서 온 취업교육의뢰 문서는 교육팀 김세인 씨가 인수하였다.

정답 64 ① 65 ②

66 다음은 김 비서가 상사에게 받은 명함이다. 정리순서대로 나열한 것은? [16년 1회]

가. Kimberley, Charles
나. Dr. Stephen Leigh
다. Eugene Maslov, Jr.
라. Charlie Kimberly, CAP
마. Stephanie Lee

① 라 - 나 - 다 - 가 - 마
② 가 - 라 - 마 - 나 - 다
③ 가 - 라 - 나 - 마 - 다
④ 라 - 가 - 마 - 나 - 다

해설

영문명의 명함정리는 먼저 '성'을 기준으로 알파벳순으로 정리한다. '성'이 동일할 경우 이름을 기준으로 알파벳순으로 정리한다.

67 다음 중 기안문의 수신표시가 가장 부적절한 것은? [18년 1회]

① 수신자 청양군수(기획과장)
② 수신자 청양군
③ 수신자 수신자 참조
④ 수신자 가47(예산업무 담당과장)

해설

② 수신표시는 가능한 한 정확히 하는 것이 좋다.

68 다음은 문서의 보존연한과 관련된 한국산업의 규정이다. 가장 적절히 문서를 폐기한 비서는 누구인가? [16년 2회]

보존연한은 문서처리 완결일인 익년 1월 1일부터 기산한다.

① 최 비서는 2015년도 5월에 작성된 문서의 보존연한이 1년이라 2016년도 6월 초에 폐기했다.
② 김 비서는 2012년도 8월에 작성된 문서의 보존연한이 3년이라 2015년 12월 31일에 폐기했다.
③ 안 비서는 2013년도 1월에 작성된 문서의 보존연한이 2년이라 2015년도 2월 초에 폐기했다.
④ 정 비서는 2012년도 7월에 작성된 문서의 보존연한이 3년이라 2016년도 1월경에 폐기했다.

해설

④ 2012년 7월에 작성된 문서이므로 그 다음해(익년)인 2013년 1월 1일부터 기산하여 3년이 경과한 2016년 1월부터 폐기해도 된다.

66 ② 67 ② 68 ④ **정답**

69 다음 중 우편물 처리가 적절한 비서로만 묶인 것은? [17년 2회]

> • 최 비서는 경품행사에 당첨된 고객 200명에게 통화등기로 상품권을 발송했다.
> • 김 비서는 일본 바이어에게 새로 나온 상품견본을 내용증명으로 발송했다.
> • 고 비서는 협력업체에 계약서를 발송하면서 배달증명을 통해 수령을 확인했다.
> • 박 비서는 요금별납을 통해 다음달에 우편물 발송 요금을 지불했다.
> • 남 비서는 사옥이전 안내장을 e그린우편을 이용하여 대량발송하였다.

① 김 비서, 박 비서
② 최 비서, 남 비서
③ 고 비서, 남 비서
④ 최 비서, 고 비서

해설

• 최 비서 : 통화등기는 우편으로 현금을 직접 수취인에게 배달하는 서비스이다. 동일 규격의 우편물을 대량으로 발송할 때 우편요금을 감액해주는 제도인 우편요금감액제도를 이용해야 한다.
• 박 비서 : 우편물 발송을 다음 달에 했으므로 요금후납이 되어야 한다.

70 전자문서 관리에 대한 설명으로 틀린 것은? [20년 1회]

① 파일명이 문서내용을 충분히 반영하여 파일명만으로도 충분히 문서내용을 유추할 수 있는지 확인한다.
② 전자문서의 경우, 종이문서와 동일하게 두 가지 이상의 주제별 정리를 이용할 경우 cross-reference를 반드시 표시해 두어야 한다.
③ 조직의 업무분류 체계를 근거로 하여 문서의 종류, 보안등급에 따라 접근에 대한 권한을 부여하여 분류한다.
④ 진행 중인 문서의 경우, 문서의 진행처리 단계에 따라서 문서의 파일명을 변경하거나 변경된 폴더로 이동시켜서 정리 · 보관한다.

해설

상호 참조 표시(Cross Referencing)

두 개 이상의 제목으로 요청될 가능성이 있는 문서의 경우, 주된 제목의 폴더에 이 문서를 넣어두고 관계가 적은 편 제목의 폴더에는 상호 참조표를 넣어둠으로써 어느 경우라도 검색이 용이하도록 한다. 혹은 복사를 하여 양쪽에 보관할 수도 있다. 상호 참조를 위한 문서 제목에는 밑줄을 긋고 옆에 '×'로 표시한다.

정답 69 ③ 70 ②

71 다음은 EDI로 문서를 작성한 예이다. 가장 적절하지 않은 것은? [15년 2회]

① 무역회사의 무역주문서 작성
② 의료기관의 국민건강보험 의료비 청구
③ 홈쇼핑회사의 물류정보 전송
④ 광고회사의 디자인시안 수정

해설

④ EDI의 대상은 컴퓨터가 직접 읽어 해독하고 인간의 개입 없이 다음 업무처리를 자체적으로 처리할 수 있는 주문서, 영수증 등과 같은 정형화된 자료이므로 광고회사의 디자인시안 수정은 적절하지 않다.

72 전자결재시스템의 특징으로 볼 수 없는 것은? [20년 1회]

① 전자결재시스템을 통해 시간적, 공간적 제약성을 극복할 수 있으나, 여러 사람이 동시에 내용을 열람하는 것은 불가능하다.
② 결재권자가 출장 중이라도 평소와 같은 통상적인 업무 수행이 가능하다.
③ 경영 의사결정 사이클을 단축하는 효과를 지닌다.
④ 결재 과정을 단축시키고 직접 접촉에 의한 업무 수행의 제한점을 극복할 수 있다.

해설

① 전자결재시스템을 사용함으로써 시간적 · 공간적 제약을 극복할 수 있으며, 여러 사람이 동시에 내용을 열람할 수도 있다.

73 마케팅 이사의 비서로서 상사 및 회사의 소셜미디어 관리를 지원하고 있다. 소셜미디어 관리에 관한 사항으로 가장 적절하지 않은 것은? [19년 2회]

① 소셜미디어에 올라온 우리회사 및 상사와 관련한 정보에 대해 항상 유의한다.
② 우리회사 SNS의 주요 게시물 및 고객의 반응에 대해 모니터링한다.
③ 경쟁사의 소셜미디어 게시물 및 고객반응에 대해서 모니터링한다.
④ 사용자 수가 감소세에 있는 매체보다는 최근에 사용자 수가 증가하고 있는 매체 중심으로 내용을 업데이트한다.

해설

④ 다양한 SNS에 관심을 가져야 하며 최근 사용추이와 새로운 소셜미디어가 무엇인지 등에 대해 확인해야 한다.

71 ④ 72 ① 73 ④ **정답**

74 다음의 컴퓨터 용어 중 설명이 틀린 것은? [18년 2회]

① 게이트웨이(Gateway) : 서로 다른 프로토콜 사이를 변환하는 하드웨어 또는 소프트웨어, 또는 다른 시스템에 대한 액세스를 제공하는 모든 메커니즘을 말한다.

② 도메인 이름 서버(DNS Server) : 도메인 이름을 IP주소로 변환하기 위해 DNS를 사용하는 서버이다.

③ 디버깅(Debugging) : 컴퓨터 프로그램이나 하드웨어 장치에서 잘못된 부분(버그)을 찾아서 수정하는 것이다.

④ 라우터(Router) : PC나 노트북, 휴대폰 등 각종 저장매체 등에 남아 있는 디지털정보를 분석하는 기술 또는 작업이다.

해설

④ 라우터(Router)는 서로 다른 네트워크를 연결하는 장치를 의미한다.

75 다음은 2016년 9월 28일 발효된 청탁금지법에 관련한 사례를 모아둔 기사 중 일부이다. 기사를 읽고 유추할 수 있는 사항으로 가장 적당하지 않은 내용은? [16년 2회]

문 : 공직자 등이 직무 관련성이 있는 사람한테서 2만 원짜리 식사를 하고 나오는 길에 4만 원짜리 선물을 받아도 처벌되나요?

답 : 네, 그렇습니다. 식사와 선물, 경조사비를 같이 받는 경우엔 그 액수를 합산해서 가액기준 상한액이 가장 높은 가액을 넘기면 안 됩니다. 이 경우 6만 원어치의 금품을 받아서 선물의 상한액인 5만 원을 넘겼기 때문에 과태료 부과 대상이 됩니다.

문 : 국립대병원 입원 순서를 앞당겨 달라고 병원 관계자에게 부탁하는 건 안 되나요?

답 : 안 됩니다. 입원 순서의 경우 특별한 사정이 없으면 접수 순서대로 하는 것이 정상적 관행입니다. 예를 들어, 입원 대기자가 제3자인 친구를 통해 원무과장에게 병원 입원 순서를 앞당겨 달라고 부탁을 한 것은 부정한 청탁입니다. 입원 대기자는 제3자를 통하여 부정청탁을 한 경우이므로, 1천만 원 이하 과태료, 친구는 제3자를 위하여 부정청탁을 했기 때문에 2천만 원 이하의 더 무거운 과태료가 부과됩니다.

문 : 기업체 직원이 공무원에게 부정청탁을 했을 경우, 회사도 같이 처벌받나요?

답 : 그렇습니다. 예를 들어 건설회사 직원이 "건축 허가를 해 달라"며 담당 지자체 공무원에게 부정청탁을 한 경우를 봅시다. 건설사 직원은 회사라는 제3자를 '위하여' 부정청탁을 했으므로 2천만 이하의 과태료 부과 대상이 됩니다. 건설사도 과태료 부과 대상입니다.

〈출처 : 한겨레신문, 2016.9.9에서 일부 발췌〉

① 기업체 직원이 공무원에게 부정청탁을 할 경우에 직원과 기업체 모두 과태료 부과대상이 될 수있다.

② 제3자를 위해서 부정청탁을 해준 경우는, 본인이 제3자를 통해서 부정청탁하는 것보다 과태료가 낮다.

③ 공직자가 직무관련자로부터 2만 원짜리 식사를 대접받는 것은 과태료 부과대상이 아니다.

④ 식사와 선물, 경조사비를 같이 받을 경우 합산하여 가액기준 상한액이 가장 높은 가액을 초과하면 과태료 대상이다.

정답 74 ④ 75 ②

해설

② 제3자를 통하여 직접 부정청탁을 한 경우에는 1천만 원 이하 과태료가 부과되고, 제3자를 위하여 부정청탁을 해준 경우에는 2천만 원 이하의 과태료가 부과되므로, 제3자를 위해서 부정청탁을 해준 경우가 과태료가 더 높다.

76 **다음 그래프는 2013년 1월부터 8월까지의 한국과 일본의 경상수지 추이를 보여주는 그래프이다. 이 그래프를 통해서 알 수 있는 내용 중 가장 올바른 것은?** [15년 1회]

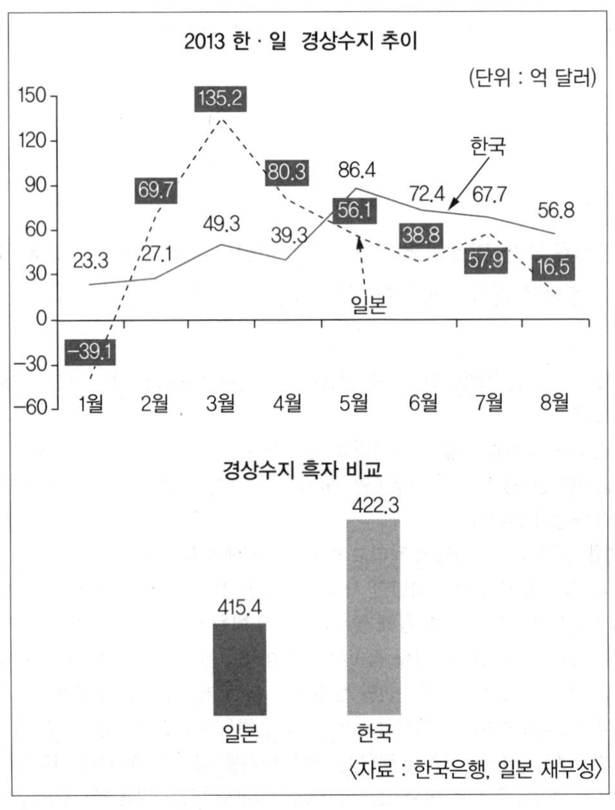

① 2013년 1월 한국과 일본 간 거래에서 일본은 적자를 기록했다.

② 한국은 일본보다 수입금액이 적다.

③ 2013년 1월부터 8월까지 한국은 경상수지가 계속 흑자이다.

④ 한국은 일본보다 국민총소득보다 국민총지출이 많다.

해설

③ 경상수지는 국제간의 거래에서 자본거래를 제외한 경상적 거래에 관한 수지로 여기에는 상품수지, 서비스수지 등이 포함된다.

76 ③ **정답**

77 **아래 표는 사무관리 자격시험의 검정현황이다. 연도별로 필기시험의 응시인원, 합격인원, 합격률을 비교하기에 가장 적절한 그래프의 유형은?** [15년 2회]

연 도	필 기			실 기		
	응 시	합 격	합격률(%)	응 시	합 격	합격률(%)
2011	36,267	19,081	52.6%	22,480	12,791	56.9%
2010	55,262	19,076	34.5%	29,683	15,583	52.5%
2009	80,976	34,590	42.7%	42,660	23,652	55.4%
2008	91,575	39,523	43.2%	53,005	34,071	64.3%
2007	96,850	60,188	62.1%	66,886	45,275	67.7%

① 연도별 필기시험의 응시인원, 합격인원 비교를 위한 세로막대와 연도별 합격률 추이를 위한 꺾은선의 혼합형 그래프

② 응시인원대비 합격률에 대한 백분율을 비교할 수 있는 100% 기준 누적 세로 막대그래프

③ 연도별 합격률 비교를 위한 거품형 그래프

④ 연도별 필기시험의 응시인원, 합격인원, 합격률을 색깔별로 표시한 꺾은선 그래프

해설

① 막대형 그래프는 각각의 크기(응시인원, 합격인원)를 비교하기에 편리하며, 꺾은선 그래프는 시간(연도)에 따라 연속적으로 변화하는 모양을 나타내는 데 편리하다.

78 **중소기업에 근무하는 서영진 비서는 상사의 임원회의 발표자료를 만들고 있다. 다음 중 서 비서의 프레젠테이션 자료작성에 대한 설명으로 가장 적절한 것은?** [15년 1회]

① 세로 방향보다 가로 방향으로 배치하여 안정감 있게 자료를 작성하였다.

② 발표가 주목받도록 애니메이션과 화면 전환 기능을 되도록 많이 사용하였다.

③ 슬라이드 개수가 많아질 것을 방지하기 위해 한 슬라이드에 내용을 많이 배치하였다.

④ 각각의 장이 강조되도록 슬라이드마다 디자인을 다르게 설정하였다.

해설

① 사람의 눈은 눈동자가 위아래 동작할 수 있는 길이보다 좌우로 움직일 수 있는 길이가 길기 때문에 가로 방향으로 배치하는 것이 더 편안하고 안정감이 있다.

정답 77 ① 78 ①

79 **다음 중 데이터베이스 관리 시스템에 대한 설명으로 가장 적절하지 않은 것은?** [15년 2회]

① Database Management System이며 약자로 DBMS라고 한다.

② 테이블에 작성되어 저장된 데이터를 이용하여 폼이나 쿼리, 보고서 등의 기능을 이용하여 데이터 관리가 가능하다.

③ MS-Access는 개인사용자용으로 개발된 데이터베이스 관리 시스템이다.

④ 다수의 컴퓨터 사용자가 이용하기 때문에 데이터가 중복되는 오류는 불가피하다.

해설

④ 데이터베이스는 여러 응용프로그램이 공동으로 소유하고, 유지하며, 이용할 수 있다. 또한, 데이터의 연결점을 유지하고 동시에 데이터의 중복을 방지하며 효율적인 데이터 사용을 가능하게 해준다.

80 **다음과 같이 애플리케이션을 이용하여 업무처리를 하고 있다. 이 중 가장 적합하지 않은 경우는?** [18년 2회]

① 상사가 스마트폰에서도 팩스를 수신하실 수 있도록 모바일 팩스 앱을 설치해 드렸다.

② 상사가 스마트폰으로 항공기 탑승 체크인을 하기를 원해서 항공권을 구입한 여행사 앱을 설치해 드렸다.

③ 상사가 스마트폰을 이용하여 발표자료 편집을 원하셔서 Keynotes 앱을 설치해 드렸다.

④ 종이문서를 스마트폰으로 간단히 스캔하기 위해서 Office Lens 앱을 사용하였다.

해설

② 여행사가 아니라 해당 항공사 앱을 설치하여야 한다.

79 ④ 80 ② **정답**

얼마나 많은 사람들이

책 한 권을 읽음으로써

인생에 새로운 전기를 맞이했던가.

–헨리 데이비드 소로–

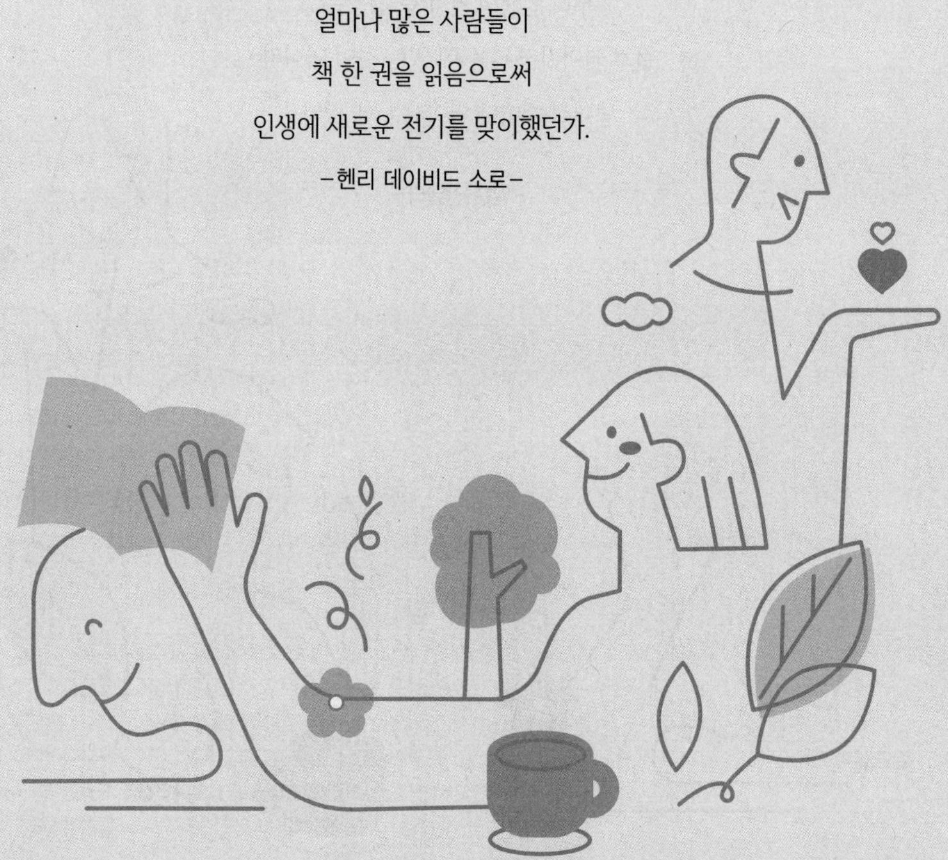

우리 인생의 가장 큰 영광은

결코 넘어지지 않는 데 있는 것이 아니라

넘어질 때마다 일어서는 데 있다

-넬슨 만델라-

좋은 책을 만드는 길, 독자님과 함께 하겠습니다.

2025 시대에듀 비서 1급 초단기합격

개정12판1쇄 발행	2024년 10월 15일 (인쇄 2024년 8월 20일)
초 판 발 행	2013년 6월 25일 (인쇄 2013년 6월 25일)
발 행 인	박영일
책 임 편 집	이해욱
저 자	비서교육연구소
편 집 진 행	노윤재 · 최은서
표지디자인	박수영
편집디자인	장성복 · 김혜지
발 행 처	(주)시대고시기획
출 판 등 록	제10-1521호
주 소	서울시 마포구 큰우물로 75 [도화동 538 성지 B/D] 9F
전 화	1600-3600
팩 스	02-701-8823
홈 페 이 지	www.sdedu.co.kr
I S B N	979-11-383-7569-6(13320)
정 가	27,000원

나는 이렇게 합격했다

자격명 : 위험물산업기사
구분 : 합격수기
작성자: 배*상

나는할수있다
69년생50중반직장인 입니다. 요즘 자격증을2개정도는가지고 입사하는젊은친구들에게 일을시키고 지시하는 역할이지만 정작 제자신에게 부족한점이많다는것을느꼈기 때문에자격증을따야겠다고 결심했습니다. 처음 시작할때는과연되겠냐?하는의문과걱정이한가득이었지만 시대에듀인강을우연히접하게되었고잘차려진밥상과같은커리큘럼은뒤늦게시작한늦깍이수험생이었던저를 합격의길로인도해주었습니다. 직장생활을 하면서취득했기에더욱기뻤습니다.

감사합니다!

합격은 시대에듀

당신의 합격 스토리를 들려주세요.
추첨을 통해 선물을 드립니다.

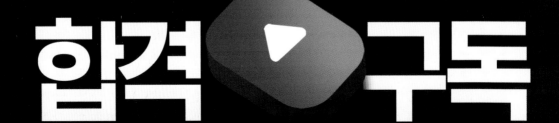